PERSPECTIVES DE L'EMPLOI DE L'OCDE

JUIN 2001

OCDE

ORGANISATION DE COOPÉRATION ET DE DÉVELOPPEMENT ÉCONOMIQUES

Les Perspectives de l'emploi de l'OCDE

présentent une évaluation annuelle de l'évolution et des perspectives des marchés du travail des pays Membres. Chaque numéro donne une analyse globale des tendances les plus récentes du marché du travail, des prévisions à court terme, et examine les principales évolutions à moyen terme. Il fournit aussi des statistiques à titre de référence.

*Les **Perspectives de l'emploi** sont l'œuvre commune des membres de la Direction de l'Éducation, de l'Emploi, du Travail et des Affaires sociales, et sont publiées sous la responsabilité du Secrétaire général. L'évaluation des perspectives des marchés du travail des divers pays ne correspond pas nécessairement à celle qu'en donnent les autorités nationales concernées.*

L'Organisation de Coopération et de Développement Économiques (OCDE)

qui a été instituée par une Convention signée le 14 décembre 1960 à Paris, a pour objectif de promouvoir des politiques visant :
- *A réaliser la plus forte expansion possible de l'économie et de l'emploi et une progression du niveau de vie dans les pays Membres, tout en maintenant la stabilité financière, contribuant ainsi au développement de l'économie mondiale.*
- *A contribuer à une saine expansion économique dans les pays Membres, ainsi que non membres, en voie de développement économique.*
- *A contribuer à l'expansion du commerce mondial sur une base multilatérale et non discriminatoire, conformément aux obligations internationales.*

Les pays Membres originaires de l'OCDE sont : l'Allemagne, l'Autriche, la Belgique, le Canada, le Danemark, l'Espagne, les États-Unis, la France, la Grèce, l'Irlande, l'Islande, l'Italie, le Luxembourg, la Norvège, les Pays-Bas, le Portugal, le Royaume-Uni, la Suède, la Suisse et la Turquie. Les pays suivants sont ultérieurement devenus Membres par adhésion aux dates indiquées ci-après : le Japon (28 avril 1964), la Finlande (28 janvier 1969), l'Australie (7 juin 1971), la Nouvelle-Zélande (29 mai 1973), le Mexique (18 mai 1994), la République tchèque (21 décembre 1995), la Hongrie (7 mai 1996), la Pologne (22 novembre 1996), la Corée (12 décembre 1996) et la République slovaque (14 décembre 2000). La Commission des Communautés européennes participe aux travaux de l'OCDE (article 13 de la Convention de l'OCDE).

Also available in English under the title:
OECD EMPLOYMENT OUTLOOK
June 2001

© OCDE 2001
Les permissions de reproduction partielle à usage non commercial ou destinée à une formation doivent être adressées au Centre français d'exploitation du droit de copie (CFC), 20, rue des Grands-Augustins, 75006 Paris, France, Tél. (33-1) 44 07 47 70, Fax (33-1) 46 34 67 19, pour tous les pays à l'exception des États-Unis. Aux États-Unis, l'autorisation doit être obtenue du Copyright Clearance Center, Service Client, (508) 750-8400, 222 Rosewood Drive, Danvers, MA 01923, USA, ou CCC Online : *www.copyright.com* – Toute autre demande d'autorisation de reproduction ou de traduction totale ou partielle de cette publication doit être adressée aux Éditions de l'OCDE, 2, rue André-Pascal, 75775 Paris Cedex 16, France.

TABLE DES MATIÈRES

ÉDITORIAL

Concilier les objectifs sociaux et les objectifs d'emploi 7

Chapitre 1
ÉVOLUTION RÉCENTE ET PERSPECTIVES DU MARCHÉ DU TRAVAIL

Résumé 11

INTRODUCTION 11

I. ÉVOLUTION RÉCENTE ET PERSPECTIVES 12
   A. Perspectives économiques à l'horizon 2002 12
   B. Emploi et chômage 12
   C. Rémunération et coûts de main-d'œuvre 12
   D. Relation entre chômage et offres d'emploi : analyse de la courbe de Beveridge 13

II. POLITIQUES DU MARCHÉ DU TRAVAIL : LE BILAN DES DÉPENSES 21
   A. Introduction 21
   B. Variations des dépenses du marché du travail entre 1985 et 1998 23
   C. Évolution des dépenses affectées aux mesures actives 29
   D. Nouvelles évolutions des politiques et des instruments de mesure 30

CONCLUSIONS 32

Annexe 1.A : Groupes de pays et estimations 34

BIBLIOGRAPHIE 35

Chapitre 2
QUAND L'ARGENT FAIT DÉFAUT : LA DYNAMIQUE DE LA PAUVRETÉ DANS LES PAYS DE L'OCDE

Résumé 37

INTRODUCTION 38

PRINCIPAUX RÉSULTATS 39

I. LES QUESTIONS A EXAMINER ET L'APPROCHE RETENUE POUR L'ANALYSE DES DONNÉES 40
   A. Questions à examiner 40
   B. Mesurer la pauvreté et sa dynamique 41
   C. Sources des données 43

II. DYNAMIQUE DE LA PAUVRETÉ SUR TROIS ANS 45
   A. Incidence de la pauvreté sur trois ans 45
   B. Dynamique à court terme 50
   C. Facteurs associés à la dynamique à court terme de la pauvreté 53

III. DYNAMIQUE DE LA PAUVRETÉ SUR UNE LONGUE PÉRIODE 65
   A. Données 65
   B. Incidence et persistance de la pauvreté 66
   C. Sorties durables de la pauvreté et épisodes répétés ... 69

   D. Modèles économétriques de la durée probable de la pauvreté et de la pauvreté au regard du revenu permanent 71

CONCLUSIONS 78

Annexe 2.A : Validation des estimations de la pauvreté établies à partir des données du PCM 83

Annexe 2.B : Sensibilité des estimations de la pauvreté à l'échelle d'équivalence et au seuil de revenu choisis 85

Annexe 2.C : Caractéristiques des non-pauvres, des pauvres pendant un an et des pauvres pendant trois ans : tableau détaillé 88

BIBLIOGRAPHIE 92

Chapitre 3
CARACTÉRISTIQUES ET QUALITÉ DES EMPLOIS DANS LE SECTEUR DES SERVICES

Résumé 95

INTRODUCTION 96

PRINCIPAUX RÉSULTATS 97

I. TRAVAIL A TEMPS PARTIEL, TRAVAIL TEMPORAIRE, ANCIENNETÉ DANS L'EMPLOI ET FORMATION 97
   A. Classification sectorielle 97
   B. Fréquence du travail à temps partiel et du travail temporaire ... 98
   C. Ancienneté dans l'emploi 100
   D. Formation 100
   E. Analyse des différences entre les pays dans les caractéristiques des emplois 101
   F. Évolution dans le temps du travail à temps partiel, du travail temporaire et de l'ancienneté dans l'emploi 103

II. CONDITIONS DE TRAVAIL ET SATISFACTION AU TRAVAIL 106
   A. Conditions de travail 106
   B. Satisfaction au travail 110

III. LES NIVEAUX DE RÉMUNÉRATION COMME INDICATEURS DE LA QUALITÉ DE L'EMPLOI 113
   A. Écarts de rémunération globaux entre secteurs 113
   B. Distribution des emplois par grands niveaux de salaire 114
   C. Taux d'emploi par niveau de salaire 115
   D. Croissance de l'emploi par niveau de salaire 118

CONCLUSIONS 121

Annexe 3.A : Classification sectorielle 125

Annexe 3.B : Caractéristiques des emplois par secteurs et pays : tableaux détaillés 126

Annexe 3.C : Emploi par niveau de salaire : sources, méthodes et tableaux complémentaires 131

© OCDE 2001

Chapitre 4
ÉQUILIBRE ENTRE TRAVAIL ET VIE FAMILIALE : AIDER LES PARENTS A OBTENIR UN EMPLOI RÉMUNÉRÉ ?

Résumé	139
INTRODUCTION	140
PRINCIPAUX RÉSULTATS	141
I. CARACTÉRISTIQUES DE L'ACTIVITÉ PROFESSIONNELLE DES PARENTS	144
A. Évolution de l'activité rémunérée	144
B. Gains relatifs des mères	148
C. Temps consacré par les femmes et les hommes aux soins aux enfants et au travail non rémunéré	150
II. POLITIQUES EN MATIÈRE D'IMPOSITION ET DE PRESTATIONS	151
III. MESURES VISANT À FACILITER L'ARTICULATION ENTRE VIE PROFESSIONNELLE ET VIE FAMILIALE	155
A. Dispositifs d'accueil des enfants	155
B. Congé de maternité et de paternité, congé parental et autres congés de garde d'enfant	157
C. Choisir entre les services d'accueil des enfants, les congés pour garde d'enfant et la prise en charge directe des enfants par leurs parents	158
IV. CONTRIBUTION DES ENTREPRISES AU PROBLÈME DE L'ARTICULATION ENTRE LA VIE PROFESSIONNELLE ET LA VIE FAMILIALE	159
A. Comment définir les mesures en faveur de la famille mises en place par les employeurs ?	159
B. Mesures en faveur de la famille mises en place par les employeurs en Australie, au Japon, au Royaume-Uni et aux États-Unis	160
C. Dispositifs en faveur de la famille mis en place par les employeurs dans l'Union européenne	161
D. Congés de maternité extralégaux accordés par les employeurs et la législation nationale	163
V. COMPARAISON SOMMAIRE DES DIFFÉRENTS PROFILS NATIONAUX	165
CONCLUSIONS	166
Annexe 4.A : Tableau complémentaire	170
Annexe 4.B : Sources de données	173
BIBLIOGRAPHIE	176

Chapitre 5
L'EMPLOI ÉTRANGER : PERSPECTIVES ET ENJEUX POUR LES PAYS DE L'OCDE

Résumé	181
INTRODUCTION	182
PRINCIPAUX RÉSULTATS	182
I. IMMIGRATION, POPULATION ET EMPLOI DANS LES PAYS DE L'OCDE	182
A. Immigration et croissance de la population	183
B. Les immigrés et le marché du travail	185
II. EMPLOI ÉTRANGER ET ÉQUILIBRE A COURT TERME SUR LE MARCHÉ DU TRAVAIL	190
A. L'emploi étranger en période de récession	195
B. L'emploi étranger en période de reprise	198
III. EMPLOI ÉTRANGER ET ÉQUILIBRE A LONG TERME SUR LE MARCHÉ DU TRAVAIL	202
A. L'immigration et le vieillissement démographique	202
B. L'immigration et les ressources en capital humain	203
Annexe 5.A : Immigration et variation de la demande de travail	207
Annexe 5.B : Probabilité d'être inactif et probabilité d'avoir un emploi pour les actifs dans différents pays européens	209
Annexe 5.C : Immigration et chômage	212
Annexe 5.D : Travailleurs étrangers qualifiés	215
BIBLIOGRAPHIE	220

ANNEXE STATISTIQUE

A. Taux de chômage standardisés dans 25 pays de l'OCDE	226
B. Rapports emploi/population, taux d'activité et taux de chômage, selon le sexe, pour les personnes âgées de 15 à 64 ans	227
C. Taux de chômage, taux d'activité et rapports emploi/population selon le groupe d'âge et le sexe	230
D. Taux de chômage, taux d'activité et rapports emploi/population selon le niveau d'éducation pour les personnes âgées de 25 à 64 ans, 1999	239
E. Fréquence et composition de l'emploi total à temps partiel, 1990-2000	242
F. Nombre moyen d'heures annuelles ouvrées par personne ayant un emploi	243
G. Fréquence du chômage de longue durée	245
H. Dépenses publiques et nouveaux participants aux programmes du marché du travail dans les pays de l'OCDE	248

LISTE DES TABLEAUX

1.1.	Croissance du volume du PIB dans les pays de l'OCDE	13
1.2.	Croissance de l'emploi et de la population active dans les pays de l'OCDE	14
1.3.	Le chômage dans les pays de l'OCDE	15
1.4.	Coûts de main-d'œuvre dans les pays de l'OCDE, secteur privé	16
1.5.	Dépenses affectées aux programmes du marché du travail, 1985, 1989, 1993 et 1998	25
1.A.1.	Groupements régionaux utilisés dans l'analyse de la présente section	34
1.A.2.	Groupements de pays : flux d'entrée de participants	34
2.1.	Divers indicateurs de la pauvreté, 1993-1995	47
2.2.	Taux bruts d'entrée et de sortie et durée moyenne de la pauvreté, 1993-1995	52
2.3.	Répartition de la durée de la pauvreté et des niveaux du revenu permanent parmi les personnes ayant connu au moins une fois la pauvreté, 1993-1995	53
2.4.	Lien entre certains événements familiaux et les flux d'entrée-sortie de la pauvreté, 1993-1995	59
2.5.	Lien entre certains événements au regard de l'emploi et les flux d'entrée-sortie de la pauvreté	60
2.6.	Lien entre certains événements familiaux et certains événements au regard de l'emploi et les flux d'entrée-sortie de la pauvreté	61
2.7.	Corrélations entre certaines mesures nationales de la pauvreté et certains indicateurs du contexte économique, démographique et institutionnel	63
2.8.	Estimation de l'impact des caractéristiques individuelles et familiales et du pays de résidence sur la persistance de la pauvreté sur trois ans (pays du PCM uniquement)	64
2.9.	Divers indicateurs de la pauvreté sur une plus longue période : Canada, Allemagne, Royaume-Uni et États-Unis	67
2.10.	Taux bruts d'entrée et de sortie et durée moyenne des épisodes de pauvreté : Canada, Allemagne, Royaume-Uni et États-Unis	68
2.11.	Durée des épisodes de pauvreté pour les personnes ayant connu au moins une fois la pauvreté : Canada, Allemagne, Royaume-Uni et États-Unis	69
2.12.	Rechutes et sorties définitives de la pauvreté: Canada, Allemagne, Royaume-Uni et États-Unis	71
2.13.	Répartition des épisodes ininterrompus et du temps total passé en situation de pauvreté : Canada, Allemagne, Royaume-Uni et États-Unis	72
2.14.	Taux de pauvreté et temps passé en situation de pauvreté selon le lien à l'emploi et les caractéristiques de la famille	73
2.15.a.	Estimation de l'impact des caractéristiques individuelles et familiales sur la durée totale de la pauvreté et sur la probabilité d'être pauvre au regard du revenu permanent : Canada, 1993-1998	74
2.15.b.	Estimation de l'impact des caractéristiques individuelles et familiales sur la durée totale de la pauvreté et sur la probabilité d'être pauvre au regard du revenu permanent : Allemagne, 1990-1997	75
2.15.c.	Estimation de l'impact des caractéristiques individuelles et familiales sur la durée totale de la pauvreté et sur la probabilité d'être pauvre au regard du revenu permanent : Royaume-Uni, 1990-1997	76
2.15.d.	Estimation de l'impact des caractéristiques individuelles et familiales sur la durée totale de la pauvreté et sur la probabilité d'être pauvre au regard du revenu permanent : États-Unis, 1985-1992	77
2.A.1.	Estimations du taux annuel de pauvreté pour l'échantillon du PCM	83
2.B.1.	Fiabilité des indicateurs de pauvreté mesurés selon plusieurs échelles d'équivalence et seuils de revenus, 1993-1995	86
2.C.1.	Caractéristiques des non-pauvres, des pauvres sur une courte période et des pauvres à long terme, 1993-1995	89
3.1.	Corrélations des variations de certaines caractéristiques de l'emploi entre secteurs et entre pays, 1998	102
3.2.	Conditions de travail en Europe par grands secteurs d'activité, 1995/96	108
3.3.	Valeurs moyennes d'un ensemble de conditions de travail en Europe, par secteur, 1995/96	110
3.4.	Satisfaction professionnelle en Europe par secteur, 1994-1996	111
3.5.	Satisfaction professionnelle par secteur, compte tenu des caractéristiques des emplois et des travailleurs	112
3.6.	Écarts de rémunération par secteur d'emploi	114
3.7.	Distribution sectorielle des emplois par niveau de salaire dans l'Union européenne et aux États-Unis, 1999	116
3.8.	Écart d'emploi entre les États-Unis et l'UE par niveaux de salaire et secteurs, 1999	117
3.A.1.	Définition des secteurs utilisée dans l'analyse de l'emploi à temps partiel et le travail temporaire, l'ancienneté moyenne dans l'emploi et la formation	125
3.B.1.	Importance relative de l'emploi à temps partiel par secteur, 1999	127
3.B.2.	Importance relative de l'emploi temporaire par secteur, 1999	128
3.B.3.	Différences sectorielles de l'ancienneté moyenne dans l'emploi, 1999	129
3.B.4.	Importance relative de la formation professionnelle continue par secteur, 1999	130
3.C.1.	Répartition de l'emploi par niveau de salaire dans l'Union européenne, 1999	133
3.C.2.	Répartition des emplois par niveau de salaire dans les pays européens, 1995	134
3.C.3.	Répartition de l'emploi par niveau de salaire aux États-Unis, 1999	135
3.C.4.	Écart de taux d'emploi entre les États-Unis et les autres pays de l'OCDE par niveau de salaire et secteur, 1999	136
4.1.	Taux d'emploi des parents d'enfant(s) de moins de 6 ans, 1989 et 1999	145
4.2.	Évolution de la structure de l'activité professionnelle dans les principaux types de familles, tous niveaux d'instruction confondus	146
4.3.	Modalités effectives et souhaitées d'exercice de l'activité professionnelle par les travailleurs à temps complet et à temps partiel, UE, 1998	147
4.4.	Temps de travail moyen effectué et souhaité, selon la situation matérielle des ménages telle qu'elle est perçue par ceux-ci, Union européenne et Norvège, 1998	149
4.5.	Temps consacré aux soins aux enfants et au travail non rémunéré par les femmes et les hommes vivant en couple et ayant un enfant de moins de 5 ans	152
4.6.	Évolution des systèmes d'imposition du revenu des personnes physiques, 1970-1999, et revenus relatifs des couples biactifs travaillant selon des modalités différentes, 1997	154
4.7.	Indicateurs synthétiques relatifs à la prise en charge des jeunes enfants par les dispositifs d'accueil institutionnalisés, et au congé de maternité	156
4.8.	Indicateurs des dispositifs en faveur de la famille mis en place dans les entreprises et aménagements du temps de travail correspondants, 1995-1996	162
4.9.	Indicateurs synthétiques des politiques de conciliation travail/famille et aménagements du temps de travail correspondants	165
4.A.1.	Évolution des types de familles	171
5.1.	Effectifs d'étrangers ou de personnes nées à l'étranger dans certains pays de l'OCDE	184
5.2.	Entrées de travailleurs temporaires dans quelques pays de l'OCDE, par principales catégories, 1992, 1996-1998	186
5.3.	Taux d'activité et taux de chômage des autochtones et des étrangers par sexe dans certains pays de l'OCDE, 1998	187
5.4.	Répartition sectorielle de l'emploi étranger dans les pays de l'OCDE	188

5.5.	Répartition de l'emploi selon la catégorie professionnelle...	190
5.6.	Disparité de la distribution de l'emploi sectoriel étranger....	191
5.7.	Emploi selon la nationalité et le statut professionnel, 1999 .	192
5.8.	Population adulte étrangère et autochtone selon le niveau d'enseignement dans certains pays de l'OCDE...................	196
5.9.	Part des étrangers dans le chômage rapportée à leur part dans la population active en période de récession................	196
5.10.	Mobilité intra-européenne des citoyens de l'Union européenne, 1997...	201
5.11.	Visas H1B aux États-Unis, limites et visas accordés (hors accompagnants)	203
5.A.1.	Estimation de la relation de causalité au sens de Granger entre immigration nette et variation de la demande de travail dans quelques pays de l'OCDE...	208
5.B.1.	Estimation de la probabilité d'être inactif dans différents pays européens (PROBIT)	210
5.B.2.	Estimation de la probabilité d'avoir un emploi pour les actifs dans différents pays européens (PROBIT)........................	211
5.C.1.	Présentation des principales études sur l'effet de l'immigration sur le chômage	213
5.D.1.	Conditions d'admission et de résidence des travailleurs étrangers qualifiés dans quelques pays de l'OCDE	216

LISTE DES GRAPHIQUES

1.1.	Postes vacants et chômage...	18
1.2.	OCDE : dépenses affectées aux mesures actives/passives, 1985-1998..	24
1.3.	Dépenses actives/passives et taux de chômage, 1985-1998....	26
1.4.	Composition des dépenses actives pour l'ensemble de l'OCDE, 1985-1998..	29
1.5.	Composition des dépenses actives dans les régions de l'OCDE, 1998	30
1.6.	OCDE : entrées de participants dans les programmes actifs du marché du travail, 1985-1998	31
2.1.	Indicateurs de la pauvreté sur une année, valeurs moyennes pour 1993-1995..	46
2.2.	Indicateurs de la pauvreté sur plusieurs années, 1993-1995 ...	48
2.3.	Durée de la pauvreté et revenu annuel moyen sur 3 ans des personnes ayant connu au moins un épisode de pauvreté, 1993-1995..	51
2.4.	Risque relatif de connaître la pauvreté, pendant une courte période ou pendant longtemps, pour différents groupes de la population, 1993-1995...	54
2.5.	Risque relatif de connaître la pauvreté, pendant une courte période ou pendant longtemps, selon le type de famille, 1993-1995..	55
2.6.	Risque relatif de connaître la pauvreté, pendant une courte période ou pendant longtemps, selon le niveau de formation du chef de ménage, 1993-1995.........................	56
2.7.	Coïncidence de la pauvreté et de l'emploi parmi les ménages d'âge actif, 1993-1995....................................	57
3.1.	Variations entre secteurs d'activité au regard de certaines caractéristiques de l'emploi, moyenne de l'OCDE	99
3.2.	Décomposition de la variation entre pays de certaines caractéristiques de l'emploi	104
3.3.	Décomposition de l'évolution dans le temps de certaines caractéristiques de l'emploi	105
3.4.	Conditions de travail en Europe par secteur, 1995	109
3.5.	Écart de taux d'emploi entre les États-Unis et les autres pays de l'OCDE par niveau de salaire et secteur, 1999	118
3.6.	Évolution de l'emploi aux États-Unis selon le niveau de salaire, 1989-1999	119
3.7.	Croissance de l'emploi par niveaux de salaire dans les pays de l'OCDE, 1993-1999	120
4.1.	Évolution du taux d'emploi et de la fécondité dans certains pays de l'OCDE	143
4.2.	Écarts de salaire entre hommes et femmes	150
4.3.	Avantages familiaux extralégaux accordés par les entreprises de l'Union européenne, 1995/96	163
4.4.	Comparaison des indicateurs des congés de maternité extralégaux accordés par les entreprises et des congés légaux, Union européenne, 1995/96	164
5.1.	Part des étrangers dans le chômage total rapportée à leur part dans la population active	193
5.2.	Taux de migration nette et fluctuations conjoncturelles dans quelques pays de l'OCDE, 1960-1995	194
5.3.	Pourcentage de chômeurs de longue durée selon la nationalité ...	197
5.4.	Population étrangère et taux de chômage dans certains pays de l'OCDE, 1998	198
5.5.	Évolution de l'emploi total et étranger en période de reprise..	199
5.6.	Taux de croissance de l'emploi par secteur et selon la nationalité entre 1994-1995 et 1998-1999	200

ÉDITORIAL

Concilier les objectifs sociaux et les objectifs d'emploi

Bien que l'amélioration de la situation économique et la faiblesse ou le recul du chômage dans de nombreux pays de l'OCDE aient, dans une certaine mesure, fait baisser les taux de pauvreté, un grand nombre d'individus continuent de vivre dans la pauvreté. Même si les besoins fondamentaux de ces personnes peuvent être satisfaits, le revenu de la famille ne permet pas un niveau de vie satisfaisant, et le risque d'exclusion sociale est grand pour tous les membres de la famille. Soucieux de réduire le plus possible ce risque, les pays de l'OCDE ont un objectif commun qui est de réduire l'incidence et la persistance de la pauvreté.

La prospérité croissante n'a pas fait disparaître la pauvreté, et les pays de l'OCDE cherchent à réduire l'exclusion sociale…

Les politiques publiques continuent de s'efforcer de répondre aux besoins de ceux qui ne sont plus aptes à travailler, mais de nouvelles stratégies de lutte contre la pauvreté et l'exclusion sociale sont également, aujourd'hui, mises en œuvre dans de nombreux pays de l'OCDE en direction de ceux qui sont toujours aptes à être présents sur le marché du travail*. Ces stratégies ont souvent pour objectif central de promouvoir l'emploi. On parle parfois, à ce propos, de politiques sociales axées sur l'emploi, et ce type d'approche implique, dans bien des cas, un renforcement de la coordination entre les politiques sociales et les politiques en faveur de l'emploi.

… souvent grâce à des stratégies destinées à stimuler l'emploi…

Il y a de bonnes raisons de vouloir mieux coordonner les politiques sociales et les politiques de l'emploi. Des politiques sociales mal conçues peuvent engendrer du chômage structurel. Par exemple, les systèmes de transferts sociaux peuvent décourager l'offre de travail s'ils assurent des taux de remplacement trop élevés et si les règles d'admissibilité et les contrôles sont insuffisants, et les transferts ainsi opérés font peser des taux effectifs d'imposition très lourds sur les revenus d'activité. Les prélèvements fiscaux qui sont la contrepartie des prestations sociales peuvent aussi décourager la demande de main-d'œuvre en renchérissant le coût indirect du travail. C'est pourquoi une réforme du système de prestations et de prélèvements destinée à développer les possibilités d'emploi a été identifiée comme l'un des grands axes de la *Stratégie de l'OCDE pour l'emploi*, et de nombreux pays ont introduit des mesures dans ce sens, ces dernières années.

… en s'efforçant d'éviter les effets négatifs sur l'offre et la demande de main-d'œuvre.

Mais les réformes à cet égard impliquent des choix difficiles et les responsables publics doivent se poser la question suivante : une redéfinition de la politique sociale destinée à contribuer à l'amélioration des performances sur le plan de l'emploi aidera-t-elle, aussi, à mieux réaliser l'objectif traditionnel de la politique sociale, à savoir faire reculer la pauvreté et l'exclusion sociale ? Les responsables publics de nombreux pays apparaissent, certes, déterminés à apporter une réponse positive à

Mais la tâche est ardue quand on veut, dans le même temps, lutter contre la pauvreté.

---

* L'OCDE et le Department of Social Security du Royaume-Uni ont organisé conjointement une conférence sur ces stratégies, à Londres, en octobre 2000. Les travaux de la conférence sont publiés sous le titre *Opportunity for All*, joint OECD/UK Conference Report 2000, Department of Social Security, Londres, février 2001.

© OCDE 2001

cette question mais, pour que les choses se passent bien ainsi, il faut qu'un certain nombre de conditions soient réunies qui, souvent, ne sont pas explicitées.

Les objectifs sur le plan social et sur le plan de l'emploi peuvent se renforcer mutuellement car le travail est la source de revenu la mieux assurée...

On comprend la complémentarité des objectifs de la politique sociale et de la politique de l'emploi quand on sait que, pour de nombreuses familles à faible revenu, l'amélioration des perspectives sur le plan de l'emploi et des revenus d'activité constitue la meilleure façon de s'assurer un revenu suffisant et de s'insérer pleinement dans la société. Une meilleure intégration des politiques sociales et des politiques de l'emploi serait donc de nature à accroître l'efficacité des politiques sociales en facilitant l'accès à l'emploi et l'évolution sur le plan professionnel des adultes appartenant à des familles à faible revenu.

... mais, à l'inverse, les mesures destinées à encourager l'activité pourraient aggraver la pauvreté...

Une vision moins optimiste amènerait à souligner que certains changements du côté de la politique sociale, dont on pense qu'ils seraient de nature à avoir un effet positif sur l'emploi, pourraient aggraver et non pas améliorer la situation sur le plan de la pauvreté. L'exemple le plus manifeste à cet égard réside dans la réduction des prestations, que celle-ci soit générale (l'objectif étant de préserver l'équilibre budgétaire tout en abaissant le coin fiscal) ou ciblée (sur les familles qui ne travaillent pas, par exemple, l'objectif étant alors de davantage les inciter à prendre un emploi). Cependant, s'il existe une relation inverse entre les objectifs de la politique sociale et les objectifs de la politique de l'emploi, elle est complexe. La diminution des prestations peut stimuler l'emploi par le biais de divers mécanismes à l'œuvre sur le marché du travail et sur les marchés de produits, compensant ainsi la baisse de revenu. Un plus haut niveau d'emploi est aussi de nature à renforcer l'intégration sociale.

... à moins que l'on n'en ait, auparavant, bien compris les causes sous-jacentes.

Une analyse approfondie des causes de la pauvreté est donc indispensable pour concevoir et mettre en œuvre des politiques sociales axées sur l'emploi qui soient efficaces. Le chapitre 2 de la présente édition des *Perspectives de l'emploi* concourt à cette analyse en examinant les structures et les déterminants de la pauvreté – incidence, flux d'entrée et de sortie, et persistance – autrement dit la « dynamique de la pauvreté ». Malgré la grande variabilité du taux annuel de pauvreté d'un pays à l'autre, il y a d'importantes similitudes dans les transitions au regard de la pauvreté et dans la persistance des situations de pauvreté. Venant compléter les récentes analyses de l'OCDE concernant l'ampleur et les causes des inégalités croissantes de revenu, l'analyse développée dans le chapitre 2 aide à caractériser le contexte, en évolution, sur lequel les politiques sociales axées sur l'emploi doivent agir.

Par exemple, alors que la pauvreté est une difficulté passagère pour de nombreuses personnes, c'est un engrenage à long terme pour beaucoup d'autres.

L'analyse met en évidence un paradoxe apparent, à savoir qu'il y a à la fois une certaine fluidité et un mécanisme d'engrenage à long terme dans les phénomènes de pauvreté. De nombreux épisodes de pauvreté représentent une difficulté passagère pour des personnes qui, sur le long terme, disposent d'un revenu suffisant. Cependant, plus généralement, les personnes pauvres restent pauvres pendant de nombreuses années et perçoivent, en moyenne, sur le long terme, des revenus qui restent en deçà du seuil de pauvreté (moins de 50 % du revenu médian selon la définition qui en est donnée au chapitre 2). Dans les douze pays de l'UE étudiés au chapitre 2, 59 % des personnes pauvres au cours d'une année donnée, vers le milieu des années 90 (on ne dispose pas de données plus récentes), ont perçu des revenus sur trois ans qui, en moyenne, sont restés en deçà du seuil de pauvreté tout au long de la période. La proportion correspondante de personnes que l'on peut ainsi qualifier de pauvres au regard du revenu permanent ressortait à 67 % au Canada et 78 % aux États-Unis. La récurrence des épisodes de pauvreté aide à comprendre l'importance des mécanismes d'engrenage à long terme, en dépit des nombreux mouvements d'entrée et de sortie au regard de la pauvreté qui s'opèrent chaque année. Les données provenant des pays de l'OCDE montrent que la majorité des individus qui sortent de la pauvreté au cours d'une année donnée connaîtront de nouveau la pauvreté à brève échéance.

Par conséquent, pour être efficaces, les politiques sociales axées sur l'emploi doivent tenir compte, parmi les personnes qui connaissent la pauvreté au cours d'une année donnée, des grandes différences qui existent dans les situations individuelles, du point de vue des antécédents et des perspectives sur le marché du travail. Lorsque la pauvreté est vraiment transitoire, il peut suffire que les pouvoirs publics apportent une garantie temporaire de revenu par le biais, par exemple, d'indemnités de chômage et d'autres prestations sociales, tout en assurant un minimum de services pour l'emploi. Mais, lorsqu'on a affaire à des personnes qui sont prises dans l'engrenage de la pauvreté, ce qui implique un faible niveau de vie et une exclusion sociale durables, il faut identifier et lever les obstacles sous-jacents qui empêchent ces personnes de s'insérer dans le mouvement général de l'activité économique si l'on veut qu'elles aient une chance raisonnable d'accéder à un emploi et de se maintenir dans l'emploi.

Les politiques publiques devraient distinguer entre ceux qui ont besoin d'une aide temporaire et ceux qui sont confrontés à un risque d'exclusion durable...

Quels sont ces obstacles ? Les caractéristiques individuelles et familiales qui vont de pair avec l'engrenage de la pauvreté présentent de grandes similitudes d'un pays à l'autre. La pauvreté touche plus durablement les ménages dans lesquels aucun adulte ne travaille, ainsi que les ménages dont le chef de famille n'a pas atteint le niveau de fin d'études secondaires du deuxième cycle et/ou qui se composent d'un seul adulte avec des enfants. En outre, la persistance de la pauvreté tend à être plus élevée pour les enfants que pour les adultes. Il y a donc manifestement un risque que la pauvreté se transmette d'une génération à l'autre. Ces observations amènent à penser qu'un *faible potentiel de gains* (dû, notamment, à l'absence de qualifications et/ou d'expérience utile au travail) et des *responsabilités familiales* qui empêchent d'exploiter pleinement son potentiel de gains (du fait, par exemple, qu'il faut s'occuper d'enfants ou de proches âgés), sont des causes importantes de pauvreté à long terme. Cette dernière constatation implique que les politiques qui facilitent la vie des familles – formules de garde d'enfants de qualité, congés de maternité, congés pour s'occuper d'un enfant et souplesse des horaires de travail, etc. – ont un rôle à jouer dans la lutte contre la pauvreté et pour ce qui est d'aider les mères à accéder au marché du travail (le chapitre 4 examine l'étendue des mesures favorables à la famille sur les lieux de travail et analyse leurs effets sur l'emploi).

... pour lesquels, compte tenu du handicap que représentent le manque de qualifications et les responsabilités familiales, des politiques favorables à la famille seront indispensables.

Un examen plus approfondi de la relation entre l'emploi et la dynamique de la pauvreté éclaire la façon dont il convient de concevoir les politiques sociales axées sur l'emploi. Il importe de souligner qu'activité et pauvreté peuvent coïncider dans une assez large mesure. Premièrement, bien que les ménages où aucun adulte ne travaille soient davantage exposés au risque d'être pris dans l'engrenage de la pauvreté, une grande partie du temps passé en situation de pauvreté concerne des ménages d'actifs, pour la simple raison que ceux-ci représentent une fraction beaucoup plus large de la population totale. Deuxièmement, la coïncidence entre l'emploi et la pauvreté s'accroît si l'on prend en compte le travail sur plusieurs années. Parmi les ménages d'âge actif concernés par la pauvreté au cours d'une année donnée, 2 sur 5 seulement ne comptaient parmi leurs membres aucun adulte qui travaille, dans l'UE, et la proportion était de 1 sur 5 aux États-Unis. Cependant, les proportions tombaient à 1 sur 4 et 1 sur 10 respectivement parmi les ménages pauvres au regard du revenu permanent sur trois ans. On peut donc penser que l'emploi précaire et à bas salaires caractérise mieux l'expérience de certains ménages pauvres que l'exclusion durable du marché du travail.

Mais il ne faudrait pas sous-estimer la pauvreté des ménages d'actifs car elle touche un grand nombre d'individus...

© OCDE 2001

... ce qui rend d'autant plus nécessaires des politiques destinées à valoriser le travail qui, si elles sont bien conçues, permettront de traiter simultanément les problèmes d'emploi et les problèmes sociaux.

Ces quelques observations concernant les phénomènes d'entrée et de sortie vis-à-vis de la pauvreté indiquent qu'il ne suffit pas de concevoir et de mettre en œuvre des politiques qui permettent aux individus qui risquent d'être pris dans l'engrenage de la pauvreté d'accéder à un emploi, aussi important cet objectif soit-il. L'ampleur de la pauvreté chez les travailleurs montre aussi que, pour être efficace, une politique sociale axée sur l'emploi doit intégrer des systèmes de transferts destinés à compléter des revenus d'activité insuffisants pour répondre aux besoins de la famille, ainsi que des mesures destinées à améliorer les perspectives sur le plan professionnel des titulaires de faibles rémunérations. Les politiques destinées à valoriser le travail sont donc d'importants éléments d'une telle stratégie, thème qui était développé dans l'éditorial de l'an passé.

De telles politiques sont davantage susceptibles de donner de bons résultats si la demande de main-d'œuvre est soutenue.

Il est à noter qu'une politique sociale axée sur l'emploi tendra à donner de meilleurs résultats dans une économie où la demande de main-d'œuvre est soutenue. Il faut donc que les paramètres des politiques macroéconomiques et structurelles visant le marché du travail et les marchés de produits contribuent à préserver une forte croissance de l'emploi.

Bien conçues, les politiques actives du marché du travail contribuent aussi à aider les gens à accéder à l'emploi.

Les politiques actives du marché du travail ont aussi un rôle à jouer dans toute stratégie visant à aider les exclus à accéder à l'emploi. Même pour les groupes en grande difficulté, l'expérience montre que des mesures apparemment simples et peu coûteuses comme le conseil professionnel et l'aide à la recherche d'emploi, si elles vont de pair avec un suivi des démarches entreprises par les bénéficiaires de prestations pour trouver du travail, peuvent avoir un effet.

Bien qu'on sache moins quelles sont les mesures efficaces à cet égard, il faut aussi se préoccuper du maintien dans l'emploi et des qualifications.

Cependant, même si des mesures peuvent être prises pour permettre à des individus qui risqueraient d'être exclus d'accéder à l'emploi, la probabilité est grande, pour nombre d'entre eux, qu'ils perdent ou quittent leur emploi rapidement et/ou gagnent trop peu pour pouvoir se sortir définitivement de la pauvreté. Les politiques publiques doivent donc aussi se préoccuper de maintenir les travailleurs dans l'emploi et d'améliorer leurs qualifications. Malheureusement, on sait beaucoup moins bien quelles sont les mesures efficaces dans ces domaines essentiels. Il serait urgent d'entreprendre des travaux de recherche sur ces aspects pour tenter d'apporter certaines réponses.

Une stratégie efficace nécessite de coordonner des mesures sociales et des mesures en faveur de l'emploi très diverses qui, certes, auront un coût, mais qui se justifieront pleinement par le fait qu'elles permettront d'éviter un gaspillage humain.

Pour lutter efficacement contre le fléau de la pauvreté et de l'exclusion, il faut que les politiques sociales et les politiques de l'emploi soient fortement intégrées, fondées sur des mesures actives plutôt que passives et bien adaptées aux circonstances nationales spécifiques. Il faut conjuguer les investissements sur les politiques destinées à valoriser le travail, émettre les incitations appropriées en direction des entreprises et des individus pour encourager une amélioration des qualifications, aider efficacement les travailleurs à conserver leur emploi, mettre en œuvre des politiques qui facilitent la vie des familles et aident les travailleurs à sortir des emplois à bas salaires, et concevoir des politiques actives du marché du travail qui soient efficaces. Certes, de telles mesures ont un coût et devront être mises en œuvre dans le contexte d'une gestion budgétaire prudente. Mais c'est un investissement qui, à terme, permettra d'atténuer les souffrances et de limiter le gaspillage de potentiel qu'il y a derrière les statistiques abstraites sur la pauvreté et l'exclusion sociale.

Mai 2001.

Chapitre 1

ÉVOLUTION RÉCENTE ET PERSPECTIVES DU MARCHÉ DU TRAVAIL

Section spéciale – Politiques du marché du travail : le bilan des dépenses

Résumé

La section spéciale de ce chapitre présente les tendances des dépenses publiques affectées aux programmes du marché du travail en utilisant la base de données développée par l'OCDE et examine leur rapport au taux de chômage. En particulier, suite aux accords des Ministérielles du travail en 1992, elle aborde la question de savoir si les gouvernements de l'OCDE ont pris en compte l'appel à un renforcement des programmes actifs (les programmes « actifs » sont ceux qui visent à aider les chômeurs à retrouver plus rapidement un emploi, par opposition aux programmes « passifs » qui comprennent l'indemnisation du chômage et les préretraites). Cette section examine aussi les variations de la répartition des dépenses consacrées aux programmes du marché du travail. Le deuxième objectif est de passer en revue les développements politiques récents et les instruments de mesure suscités par l'expérience des vingt dernières années.

Les résultats mettent en évidence des démarches timides en faveur des programmes « actifs » dans beaucoup de pays. Dans le même temps, l'expérience a montré l'importance d'une conception plus étudiée des programmes actifs du marché du travail et d'une évaluation beaucoup plus rigoureuse de leurs effets aussi bien sur le court terme que sur le long terme. Certaines mesures relativement peu coûteuses (l'aide et l'encouragement actif à la recherche d'emploi notamment) se sont révélées être parmi les plus efficaces, par rapport à leur coût, pour de nombreux chômeurs et l'accent a été mis sur un ciblage vigilant. Une autre priorité largement reconnue est d'intégrer les programmes actifs et passifs du marché du travail et d'améliorer encore les modalités de fourniture des prestations « passives » de chômage et de protection sociale, de façon à encourager une participation active au marché du travail. Ainsi, cette légère mutation vers les programmes « actifs » enregistrée dans les données ne rend pas forcément entièrement compte des changements qui se sont produits dans l'orientation des politiques du marché du travail.

Introduction

Après une année particulièrement dynamique, l'expansion économique dans la zone de l'OCDE s'est ralentie depuis l'automne 2000. D'après les prévisions, le taux de croissance devrait être deux fois moins élevé en 2001 qu'en 2000, aux alentours de 2 %, tandis que la baisse tendancielle du chômage devrait s'interrompre. Cependant, les facteurs qui pèsent actuellement sur la croissance devraient voir leurs effets se dissiper au second semestre de 2001, et le taux de croissance pourrait atteindre 2.5 à 3 % sur les douze prochains mois. Quant à l'inflation, elle semble devoir rester faible.

La section I du présent chapitre fait le point de l'évolution récente de l'activité économique et de l'emploi dans la zone de l'OCDE, en accordant une attention particulière aux perspectives du marché du travail pour 2001 et 2002. Elle étudie également la présence éventuelle de pénuries de main-d'œuvre qualifiée, ainsi que les mutations structurelles ayant caractérisé les marchés du travail de la zone de l'OCDE, grâce à une analyse

© OCDE 2001

des courbes de Beveridge. La section II est spécialement dédiée aux évolutions des dépenses consacrées aux programmes « actifs » et « passifs » du marché du travail depuis 1985 ; elle analyse les changements intervenus dans la structure des dépenses visant les politiques actives du marché du travail et décrit un certain nombre d'innovations récentes concernant les instruments d'action.

I. Évolution récente et perspectives

A. Perspectives économiques à l'horizon 2002

En 2000[1], le PIB réel a progressé dans tous les pays de l'OCDE. Pour l'ensemble de la zone, son augmentation a atteint 4.1 %, chiffre sans précédent depuis douze ans. Une croissance particulièrement soutenue a été enregistrée en Corée, au Mexique, aux États-Unis et en Irlande (11 % dans ce dernier pays, chiffre le plus élevé de la zone de l'OCDE – voir tableau 1.1). Cela étant, le taux de croissance de l'activité économique dans la zone de l'OCDE devrait tomber à 2.0 % en 2001, avant de remonter à 2.8 % en 2002. Les évolutions sont assez différentes d'une grande région de l'OCDE à l'autre. Aux États-Unis, le taux de croissance devrait accuser un recul particulièrement marqué entre 2000 et 2001, avant de dépasser légèrement la moyenne de l'OCDE en 2002. Au Japon, les perspectives semblent devoir rester plus médiocres. Dans l'Union européenne, en revanche, la croissance ne devrait marquer qu'un ralentissement très limité.

La perspective d'un raffermissement de la croissance en 2002 est étayée par un certain nombre d'observations et d'hypothèses. Les réductions de taux d'intérêt qui ont été mises en œuvre, de même que certaines mesures tendant à réduire la pression fiscale, devraient se conjuguer à la baisse des prix du pétrole pour stimuler la demande globale au cours des mois à venir. En outre, la croissance soutenue de la productivité aux États-Unis depuis plusieurs années donne à penser que les gains enregistrés seront durables et s'étendront sans doute à d'autres pays. Enfin, on n'observe pour l'instant aucun signe de pressions inflationnistes dans la plus grande partie de la zone de l'OCDE, si bien qu'il devrait être possible de continuer à mener une politique monétaire de nature à soutenir l'activité pendant la période à venir, si besoin est. Néanmoins, la situation pourrait évoluer de façon moins favorable qu'on ne le prévoit actuellement, notamment au cas où les cours des actions continueraient de baisser, l'endettement de certains pays s'accroîtrait et la confiance des consommateurs se détériorerait.

B. Emploi et chômage

En 2000, à la faveur d'une expansion économique généralement soutenue, la croissance de l'emploi dans la zone de l'OCDE a atteint 1.2 % (tableau 1.2). Elle a été particulièrement prononcée en Espagne et en Irlande, où elle s'est approchée de 5 %, tandis que l'emploi a reculé au Japon, en Pologne et en République tchèque. Dans tous les pays de l'OCDE à l'exception du Japon et de la Turquie, l'emploi devrait progresser en 2001 et 2002, mais son taux de croissance à l'échelle de la zone devrait néanmoins tomber à 0.6 % en 2001 avant de passer à 0.9 % en 2002. Comme dans le cas de l'expansion économique, le ralentissement sera sans doute plus prononcé aux États-Unis que dans l'Union européenne.

En 2000, le taux de chômage de la zone de l'OCDE a atteint son plus bas niveau depuis 1990, tombant à 6.3 % (tableau 1.3). Son recul depuis 1999 a été général, atteignant jusqu'à un point dans l'Union européenne. A l'échelle de la zone, on s'attend à ce qu'il reste relativement bas. Néanmoins, il devrait augmenter aux États-Unis jusqu'à la fin de la période considérée, ainsi qu'au Japon en 2001. Des diminutions des taux de chômage sont prévues pour la plupart des États membres de l'Union européenne.

C. Rémunération et coûts de main-d'œuvre

Pour l'ensemble de la zone de l'OCDE, la rémunération par salarié dans le secteur des entreprises a progressé de 3.6 % en 2000, marquant ainsi une très légère accélération par rapport aux 3.5 % enregistrés en 1999 (tableau 1.4). Son augmentation a été proche de 10 %, voire supérieure, en Corée, en Hongrie, en Irlande, au Mexique, en Pologne et en Turquie, mais la Hongrie et l'Irlande sont les seuls pays où elle s'est accélérée. Simultanément, la croissance des coûts unitaires de main-d'œuvre dans la zone de l'OCDE s'est légèrement ralentie, passant de 1.3 % en 1999 à 1.1 % en 2000. Ces évolutions favorables, malgré l'augmentation des prix de l'énergie, sont l'un des aspects surprenants du cycle économique récent. Même aux États-Unis, où le marché du travail est tendu, la hausse des coûts unitaires de main-d'œuvre n'a été que de 1.0 % en 2000, contre 1.6 % en 1999. On s'attend à une nouvelle accélération modérée, à 3.8 %, de la croissance de la rémunération moyenne par salarié dans la zone de l'OCDE en 2001, avant un léger recul à 3.7 % en 2002. L'augmentation des coûts unitaires de main-d'œuvre devrait être un peu plus significative en atteignant 2.3 % en 2001 avant de revenir à 1.6 % en 2002. Aux États-Unis, la croissance des coûts unitaires de main-d'œuvre devrait atteindre 3.5 % en 2001, puis retomber à 1.8 % en 2002.

Évolution récente et perspectives du marché du travail – **13**

Tableau 1.1. **Croissance du volume du PIB dans les pays de l'OCDE**[a,b]

Variation annuelle, en pourcentage

	Part dans le PIB total de l'OCDE 1995	Moyenne 1988-1998	1999	2000	Prévisions 2001	Prévisions 2002
Amérique du Nord						
Canada	3.2	2.1	4.5	4.7	2.3	3.2
Mexique	2.9	3.4	3.8	6.9	3.7	4.7
États-Unis	35.0	2.9	4.2	5.0	1.7	3.1
Asie						
Japon	13.9	2.2	0.8	1.7	1.0	1.1
Corée	2.9	5.6	10.9	8.8	4.2	5.5
Europe						
Danemark	0.6	1.9	2.1	2.9	2.0	2.0
Finlande	0.5	1.7	4.2	5.7	4.0	3.7
Norvège	0.5	3.3	0.9	2.2	2.0	2.0
Suède	0.8	1.3	4.1	3.6	2.8	3.0
Grèce	0.6	1.9	3.4	4.1	4.0	4.4
Italie	5.5	1.6	1.6	2.9	2.3	2.5
Portugal	0.6	2.9	3.0	3.2	2.6	2.8
Espagne	2.8	2.7	4.0	4.1	2.9	2.9
République tchèque	0.6	..	–0.8	3.1	3.0	3.5
Hongrie	0.4	..	4.5	5.1	5.1	4.7
Pologne	1.3	..	4.0	4.1	3.8	3.9
République slovaque	0.2	..	1.9	2.2	2.8	3.6
Autriche	0.8	2.5	2.8	3.2	2.3	2.5
Belgique	1.0	2.1	2.7	4.0	2.8	2.7
France	5.7	1.8	3.2	3.2	2.6	2.7
Allemagne[c]	8.3	2.4	1.6	3.0	2.2	2.4
Islande	0.0	1.8	4.1	3.6	1.5	2.4
Irlande	0.3	6.4	9.8	11.0	7.8	7.8
Luxembourg	0.1	5.4	7.5	8.5	5.6	5.5
Pays-Bas	1.6	3.0	3.9	3.9	3.0	2.8
Suisse	0.9	1.2	1.5	3.4	2.1	2.0
Turquie	1.6	4.3	–4.7	7.2	–4.2	5.2
Royaume-Uni	5.2	1.9	2.3	3.0	2.5	2.6
Océanie						
Australie	1.8	3.4	4.7	3.7	2.0	3.8
Nouvelle-Zélande	0.3	2.0	4.0	3.0	2.2	3.0
OCDE Europe[d]	39.9	2.2	2.2	3.5	2.4	2.8
UE	34.4	2.1	2.6	3.3	2.6	2.7
Total OCDE[d]	100.0	2.6	3.2	4.1	2.0	2.8

.. Données non disponibles.
a) Les méthodes de prévisions du Secrétariat de l'OCDE ainsi que les concepts et sources statistiques utilisés sont amplement décrits dans le document « Sources et méthodes des Perspectives économiques de l'OCDE » qui peut être consulté sur le site Internet de l'OCDE www.oecd.org/eco/out/source.htm
b) Les agrégats sont calculés sur la base des pondérations du PIB de 1995 exprimées en parités de pouvoir d'achat de 1995.
c) Le taux de croissance moyen a été calculé en reliant les données de l'Allemagne dans son ensemble à celles de l'Allemagne occidentale avant 1992.
d) Les moyennes pour 1988-1998 excluent la Hongrie, la Pologne, la République tchèque et la République slovaque.
Source : OCDE (2001c), *Perspectives économiques de l'OCDE*, n° 69, juin.

D. Relation entre chômage et offres d'emploi : analyse de la courbe de Beveridge

Au cours de l'année passée, on a de plus en plus souvent parlé, dans de nombreux pays, de pénuries de travailleurs qualifiés qui interviendraient aussi bien dans les secteurs en rapport avec les technologies de l'information et de la communication que dans les secteurs plus traditionnels comme la construction et l'agriculture[2]. On tente dans la présente sous-section, en utilisant à cet effet des courbes de Beveridge (voir encadré 1.1), d'expliquer pourquoi il pourrait se produire des pénuries de main-d'œuvre qualifiée et non qualifiée dans la période d'expansion actuelle et d'examiner parallèlement les changements structurels auxquels les marchés du travail des pays de l'OCDE

© OCDE 2001

Tableau 1.2. Croissance de l'emploi et de la population active dans les pays de l'OCDE[a]

Variation annuelle, en pourcentage

	Emploi Niveau en 1999 (milliers)	Emploi Moyenne 1988-1998	Emploi 1999	Emploi 2000	Prévisions 2001	Prévisions 2002	Population active Niveau en 1999 (milliers)	Population active Moyenne 1988-1998	Population active 1999	Population active 2000	Prévisions 2001	Prévisions 2002
Amérique du Nord												
Canada	14 533	1.0	2.8	2.6	1.2	1.3	15 722	1.0	2.0	1.8	1.6	1.4
Mexique[b]	18 457	3.0	1.3	3.4	2.0	2.5	18 950	3.0	0.7	3.1	2.2	2.6
États-Unis	133 501	1.3	1.5	1.3	0.4	0.4	139 380	1.2	1.2	1.1	1.0	0.9
Asie												
Japon	64 620	0.8	–0.8	–0.2	–0.1	0.2	67 793	1.0	–0.2	–0.2	0.1	0.2
Corée	20 281	1.7	1.4	3.8	0.5	2.0	21 634	2.2	0.8	1.5	0.6	1.8
Europe												
Danemark	2 708	0.0	0.9	0.8	0.6	0.5	2 856	0.0	0.8	0.3	0.6	0.5
Finlande	2 287	–0.9	3.3	1.7	1.7	1.6	2 548	–0.1	2.0	1.2	0.9	1.0
Norvège	2 258	0.6	0.4	0.5	0.6	0.7	2 333	0.6	0.4	0.7	0.6	0.6
Suède	4 067	–0.9	2.2	2.2	1.6	1.0	4 308	–0.5	1.2	1.2	1.0	0.8
Grèce	3 893	0.7	–0.7	1.2	1.1	1.4	4 426	1.1	0.2	0.4	0.4	0.6
Italie	20 492	–0.3	1.2	1.9	1.6	1.7	23 162	–0.1	0.8	0.9	0.8	0.8
Portugal	4 791	1.0	1.9	1.7	1.0	1.0	5 012	0.9	1.2	1.2	1.1	1.1
Espagne	13 817	0.9	4.6	4.8	2.9	2.2	16 422	0.9	1.0	2.6	1.9	1.5
République tchèque	4 709	..	–2.3	–0.7	0.2	0.1	5 163	..	0.2	–0.7	–0.2	–0.3
Hongrie	3 750	..	3.6	0.9	1.3	1.2	4 035	..	2.6	0.3	1.1	1.0
Pologne	14 757	..	–3.9	–1.6	0.0	0.0	17 148	..	–0.1	1.0	0.6	0.8
Autriche	4 011	0.7	1.4	1.0	0.3	0.6	4 237	0.9	0.9	0.3	0.3	0.4
Belgique	3 906	0.4	1.3	1.7	1.1	0.9	4 283	0.4	0.5	–0.2	0.8	0.7
France	23 222	0.3	1.4	2.4	1.6	1.5	26 146	0.5	0.7	0.6	0.5	0.9
Allemagne[c]	37 942	0.4	1.1	1.5	0.9	0.8	41 370	0.6	0.3	1.0	0.4	0.2
Islande	137	0.4	2.7	2.0	0.1	0.6	139	0.6	1.8	1.4	1.0	1.0
Irlande	1 616	3.2	6.3	4.7	3.7	3.1	1 711	2.2	4.0	3.3	3.2	3.1
Luxembourg	178	1.0	2.5	2.9	1.8	1.6	183	1.2	2.3	2.6	1.7	1.6
Pays-Bas	6 805	2.1	3.0	2.5	1.7	1.3	7 027	1.7	1.9	1.7	1.5	1.4
Suisse	3 867	0.6	0.7	1.0	0.7	0.7	3 966	0.9	–0.4	0.3	0.7	0.7
Turquie	21 913	1.4	2.5	–3.8	–2.0	2.0	23 687	1.2	3.4	–4.9	–1.5	1.8
Royaume-Uni	27 649	0.4	1.3	1.0	0.6	0.4	29 428	0.2	1.4	0.5	0.5	0.5
Océanie												
Australie	8 811	1.5	2.3	2.9	1.0	1.8	9 491	1.6	1.4	2.2	1.8	1.7
Nouvelle-Zélande	1 751	1.4	1.5	1.6	1.0	1.0	1 878	1.6	0.7	0.8	0.6	1.0
OCDE Europe[d, e]	**208 776**	**1.0**	**1.3**	**1.0**	**0.8**	**1.1**	**229 590**	**1.1**	**1.1**	**0.3**	**0.5**	**0.8**
UE	**157 385**	**1.0**	**1.7**	**2.0**	**1.3**	**1.2**	**173 119**	**1.1**	**0.9**	**1.0**	**0.8**	**0.7**
Total OCDE[d, e]	**470 727**	**1.2**	**1.1**	**1.2**	**0.6**	**0.9**	**504 438**	**1.2**	**0.9**	**0.7**	**0.7**	**0.9**

.. Données non disponibles.
a) Voir la note a) du tableau 1.1.
b) Données basées sur l'enquête nationale sur l'emploi urbain (voir les « Sources et méthodes des Perspectives économiques de l'OCDE », www.oecd.org/eco/out/source.htm).
c) Le taux de croissance moyen a été calculé en reliant les données de l'Allemagne dans son ensemble à celles de l'Allemagne occidentale avant 1992.
d) Les moyennes pour 1988-1998 excluent la Hongrie, la Pologne et la République tchèque.
e) Pays indiqués.
Source : OCDE (2001c), Perspectives économiques de l'OCDE, n° 69, juin.

auraient pu être soumis. On s'efforce, lorsque cela est possible[3] de comparer la période de reprise actuelle à la précédente. On a naturellement étudié de près, comme il est de coutume dans toute analyse des pénuries de main-d'œuvre qualifiée, la situation des pays où une hausse rapide des salaires est intervenue récemment. Il faut préciser cependant que de manière générale, on n'observe guère d'accélération de la hausse des salaires. Le pays où la hausse des salaires a été la plus forte au cours de l'année passée est l'Irlande, où la croissance annuelle de la rémunération des salariés est passée de 4.0 % en 1999 à 8.3 % en 2000 (voir tableau 1.4).

Tableau 1.3. **Le chômage dans les pays de l'OCDE**[a]

	Pourcentage de la population active					Millions				
	Moyenne 1988-1998	1999	2000	Prévisions 2001	Prévisions 2002	Moyenne 1988-1998	1999	2000	Prévisions 2001	Prévisions 2002
Amérique du Nord										
Canada	9.4	7.6	6.8	7.2	7.2	1.4	1.2	1.1	1.2	1.2
Mexique[b]	3.7	2.6	2.3	2.5	2.6	0.6	0.5	0.5	0.5	0.5
États-Unis	5.8	4.2	4.0	4.6	5.0	7.5	5.9	5.7	6.5	7.1
Asie										
Japon	2.8	4.7	4.7	4.9	4.8	1.8	3.2	3.2	3.3	3.3
Corée	2.8	6.3	4.1	4.1	4.0	0.6	1.4	0.9	0.9	0.9
Europe										
Danemark	7.5	5.2	4.8	4.7	4.8	0.2	0.1	0.1	0.1	0.1
Finlande	10.6	10.2	9.8	9.1	8.6	0.3	0.3	0.3	0.2	0.2
Norvège	4.8	3.2	3.4	3.4	3.3	0.1	0.1	0.1	0.1	0.1
Suède	5.4	5.6	4.7	4.1	3.9	0.2	0.2	0.2	0.2	0.2
Grèce	9.0	12.0	11.3	10.8	10.0	0.4	0.5	0.5	0.5	0.5
Italie	10.5	11.5	10.7	10.0	9.2	2.4	2.7	2.5	2.4	2.2
Portugal	5.7	4.4	4.0	4.1	4.2	0.3	0.2	0.2	0.2	0.2
Espagne	19.6	15.9	14.1	13.2	12.6	3.1	2.6	2.4	2.3	2.2
République tchèque	..	8.8	8.8	8.4	8.1	..	0.5	0.5	0.4	0.4
Hongrie	..	7.1	6.5	6.3	6.1	..	0.3	0.3	0.3	0.3
Pologne	..	13.9	16.1	16.6	17.3	..	2.4	2.8	2.9	3.0
République slovaque	..	16.4	18.8	18.3	17.5	..	..	..	..	..
Autriche	5.0	5.3	4.6	4.6	4.4	0.2	0.2	0.2	0.2	0.2
Belgique	8.6	8.8	7.0	6.8	6.5	0.4	0.4	0.3	0.3	0.3
France	10.9	11.2	9.7	8.6	8.1	2.8	2.9	2.5	2.3	2.2
Allemagne	7.5	8.3	7.8	7.3	6.8	2.9	3.4	3.2	3.1	2.9
Islande	3.1	1.9	1.3	2.2	2.6	0.0	0.0	0.0	0.0	0.0
Irlande	13.2	5.6	4.3	3.9	3.9	0.2	0.1	0.1	0.1	0.1
Luxembourg	2.3	2.9	2.6	2.5	2.5	0.0	0.0	0.0	0.0	0.0
Pays-Bas	6.3	3.2	2.4	2.2	2.3	0.4	0.2	0.2	0.2	0.2
Suisse	3.0	2.7	2.0	1.9	1.9	0.1	0.1	0.1	0.1	0.1
Turquie	7.7	7.5	6.4	6.9	6.7	1.6	1.8	1.5	1.5	1.5
Royaume-Uni	7.9	6.0	5.5	5.4	5.5	2.3	1.8	1.6	1.6	1.7
Océanie										
Australie	8.6	7.2	6.6	7.4	7.2	0.8	0.7	0.6	0.7	0.7
Nouvelle-Zélande	7.7	6.8	6.0	5.6	5.6	0.1	0.1	0.1	0.1	0.1
OCDE Europe[c]	**9.2**	**9.1**	**8.4**	**8.1**	**7.9**	**17.7**	**20.8**	**19.4**	**18.8**	**18.3**
UE	**9.6**	**9.1**	**8.2**	**7.7**	**7.3**	**15.9**	**15.7**	**14.3**	**13.5**	**13.0**
Total OCDE[c]	**6.9**	**6.7**	**6.3**	**6.3**	**6.3**	**30.5**	**33.7**	**31.5**	**32.0**	**32.2**

.. Données non disponibles.
a) Voir la note a) du tableau 1.1.
b) Voir la note b) du tableau 1.2.
c) Les moyennes pour 1988-1998 excluent la Hongrie, la Pologne, la République slovaque et la République tchèque.
Source : OCDE (2001c), *Perspectives économiques de l'OCDE,* n° 69, juin.

La pénurie de main-d'œuvre qualifiée est-elle avérée ?

Il y a un certain nombre de pays où la conjonction actuelle du taux de chômage et du taux d'offres d'emploi, par rapport à celle qui existait à la fin de la période de reprise précédente, paraît indiquer qu'une certaine tension s'installe sur les marchés du travail et que des pénuries de main-d'œuvre non qualifiée et qualifiée se profilent (voir les courbes de Beveridge dans le graphique 1.1). Sont concernés l'Espagne, les Pays-Bas, le Portugal, et le Royaume-Uni où les taux de chômage sont à des niveaux proches ou plus bas que ceux à la fin de la reprise précédente mais où les taux d'offres d'emploi sont plus élevés. En outre, aux États-Unis, le taux de chômage est plus faible tandis que le taux d'offres d'emploi est similaire. Pour le Canada et la France, les deux variables sont à des niveaux comparables[4]. Le Danemark fait exception : la courbe de décrue des emplois vacants semble

16 – Perspectives de l'emploi de l'OCDE

Tableau 1.4. **Coûts de main-d'œuvre dans les pays de l'OCDE[a,b], secteur privé**

Pourcentages de variation par rapport à la période précédente

	Rémunération par salarié					Coûts unitaires de main-d'œuvre				
	Moyenne 1988-1998	1999	2000	Prévisions 2001	Prévisions 2002	Moyenne 1988-1998	1999	2000	Prévisions 2001	Prévisions 2002
Amérique du Nord										
Canada	3.5	2.6	3.6	3.2	3.4	2.3	0.7	1.4	2.1	1.4
Mexique	21.4	13.5	12.0	9.0	7.0	21.4	10.4	9.4	7.0	4.7
États-Unis	3.5	4.3	4.5	4.7	4.4	2.0	1.6	1.0	3.5	1.8
Asie										
Japon	1.7	−1.1	0.1	0.3	0.4	0.3	−2.4	−1.7	−0.7	−0.5
Corée	10.9	12.2	8.0	6.6	6.8	6.5	2.1	2.9	2.7	3.1
Europe										
Danemark	3.7	3.8	3.8	3.8	3.9	1.3	2.2	1.1	2.0	1.9
Finlande	4.5	3.1	4.7	4.5	4.4	0.9	0.9	0.0	1.9	2.1
Norvège	4.0	5.7	4.5	4.5	4.8	1.7	4.8	2.9	3.3	2.8
Suède	6.1	2.8	3.7	3.7	4.3	3.4	0.1	2.2	2.3	1.8
Grèce	13.0	4.2	5.1	5.0	5.2	11.5	−0.4	1.9	1.7	1.9
Italie	5.3	2.1	2.9	2.6	3.0	3.3	1.3	1.4	1.5	1.9
Portugal	9.7	4.2	5.8	5.5	5.3	7.6	2.9	4.1	4.0	3.3
Espagne	6.9	3.0	3.5	4.3	4.3	4.8	2.6	3.0	3.4	3.0
République tchèque	. .	4.9	7.0	7.1	6.5	. .	3.2	2.8	3.9	2.7
Hongrie	. .	11.4	13.1	18.0	11.9	. .	11.4	8.5	13.9	8.2
Pologne	. .	15.2	8.4	8.1	7.1	. .	5.4	1.8	3.7	2.7
Autriche	3.6	1.6	2.2	2.7	3.0	1.5	−0.1	−0.3	0.5	0.8
Belgique	3.7	2.0	2.7	3.3	3.2	2.0	0.5	0.3	1.4	1.2
France	2.6	2.3	1.4	2.7	2.9	0.8	0.3	0.7	1.6	1.6
Allemagne[c]	3.5	0.9	1.3	1.9	2.3	1.4	0.5	−0.1	0.5	0.6
Islande	7.9	4.5	5.7	7.0	7.0	6.1	3.1	3.8	5.3	5.0
Irlande	3.8	4.0	8.3	7.8	7.6	0.2	0.3	1.6	3.4	2.7
Luxembourg	4.5	3.6	4.9	3.6	3.2	. .	. .	. .	. .	. .
Pays-Bas	2.7	2.9	4.1	4.4	4.2	1.3	1.9	2.5	2.8	2.4
Suisse	3.4	1.3	1.9	2.6	2.7	2.2	0.1	−0.6	1.1	1.3
Royaume-Uni	5.6	4.9	4.4	4.8	4.9	4.4	3.9	2.3	2.6	2.4
Océanie										
Australie	4.2	2.4	3.0	4.0	3.7	2.1	0.1	2.3	2.9	1.6
Nouvelle-Zélande	2.0	2.4	3.1	3.7	3.2	1.4	−0.2	1.1	2.4	1.1
OCDE Europe[d, e]	**4.5**	**3.1**	**3.7**	**3.6**	**3.7**	**2.7**	**1.7**	**1.3**	**2.0**	**1.9**
UE	**4.6**	**2.5**	**2.8**	**3.2**	**3.5**	**2.7**	**1.4**	**1.2**	**1.7**	**1.7**
Total OCDE *moins* les pays à forte inflation[d, e, f]	**3.6**	**2.6**	**3.1**	**3.3**	**3.4**	**1.9**	**0.9**	**0.7**	**2.1**	**1.4**
Total OCDE[d, e]	**4.4**	**3.5**	**3.6**	**3.8**	**3.7**	**2.7**	**1.3**	**1.1**	**2.3**	**1.6**

. . Données non disponibles.
a) Voir la note a) du tableau 1.1.
b) Les agrégats sont calculés sur la base des pondérations du PIB de 1995 exprimées en parités de pouvoir d'achat de 1995.
c) Le taux de croissance moyen a été calculé en reliant les données de l'Allemagne dans son ensemble à celles de l'Allemagne occidentale avant 1992.
d) Les moyennes pour 1988-1998 excluent la Hongrie, la Pologne et la République tchèque.
e) Pays indiqués.
f) Les pays à forte inflation sont ceux pour lesquels l'inflation mesurée par l'indice implicite des prix du PIB a été, sur la base des données historiques, égale ou supérieure à 10 pour cent en moyenne entre 1988 et 1998. Ainsi, la République tchèque, la Grèce, la Hongrie, la Corée, le Mexique et la Pologne sont exclus du total.
Source : OCDE (2001c), *Perspectives économiques de l'OCDE,* n° 69, juin.

aller de pair avec la décrue du chômage, contrairement à ce qui s'était produit lors de la précédente embellie. On remarque qu'à la fin de la période des années 80, la courbe de Beveridge s'infléchit souvent vers la gauche, mais il est difficile de dire dans quelle mesure ce déplacement est dû à une amélioration du fonctionnement du marché du travail plutôt qu'à un ralentissement de la demande d'emplois qui induirait un recul du nombre d'offres.

Encadré 1.1. Courbes de Beveridge

Les courbes de Beveridge jettent un éclairage utile sur les pénuries de main-d'œuvre qualifiée possibles ainsi que sur les changements structurels du marché du travail. Un nombre élevé, et en hausse, de postes non pourvus, surtout à des bas niveaux de chômage, peut être le signal d'une pénurie de main-d'œuvre qualifiée et de tension du marché du travail. S'il est associé à la persistance d'un niveau élevé de chômage, il peut indiquer une inadéquation entre les qualifications disponibles et les qualifications demandées sur le marché du travail. De plus, un infléchissement vers la droite (vers la gauche) de la courbe peut être le signe d'une meilleure (moins bonne) mise en correspondance des demandes et des offres d'emplois. Il ne faut pas oublier toutefois, lorsqu'on analyse une courbe de Beveridge, que les statistiques sur les emplois vacants dont on dispose à un moment donné ne sont pas un excellent indicateur de la demande de main-d'œuvre non satisfaite.

Dans la plupart des cas, les données sur les emplois vacants émanent du Service public de l'emploi (SPE). Or, les offres d'emplois ne sont pas systématiquement signalées au SPE. La notion de poste vacant et la proportion de postes vacants qui sont signalés au SPE varient énormément d'un pays à l'autre. Les changements institutionnels peuvent influer sur la proportion de postes vacants signalés, ce qui complique l'interprétation de la tendance du moment comme de son évolution dans le temps. On en donnera pour exemple le changement institutionnel intervenu en Australie où le service national de l'emploi (Commonwealth Employment Service) a été supprimé en mai 1998 et remplacé par le système du Job Network (réseau pour l'emploi) qui fait appel à des prestataires contractuels de services pour l'emploi [OCDE (2001a)]. Il n'est pas exclu qu'un changement structurel de cette nature ait faussé les statistiques*. Autre exemple de changement institutionnel : le recours aux technologies de l'information, notamment à l'Internet, comme moyen supplémentaire de recherche d'emploi et de placement dans un certain nombre de pays. Le Service pour l'emploi flamand a notamment mis en place un vaste réseau électronique dès 1992 qui a donné lieu à une hausse importante des offres d'emploi signalées [OCDE (2001b)].

Pour la France, où le Service public de l'emploi fait des statistiques sur les offres d'emploi recueillies, un changement de méthode paraît devoir interdire toute comparaison entre les années 90 et les années 80. Les seules informations cohérentes proviennent des déclarations des employeurs au sujet de leurs difficultés de recrutement. Pour l'Irlande, on ne dispose de statistiques sur les offres d'emploi qu'en ce qui concerne celles signalées à l'Agence pour la formation et l'emploi (Training and Employment Authority, FAS) depuis 1985. Enfin, pour ce qui est du Canada et des États-Unis, on considère que le meilleur indicateur des demandes de main-d'œuvre non satisfaites est l'Indice de l'offre d'emploi (*Help-Wanted Index*) établi par comptage des annonces dans les journaux.

* Les employeurs peuvent faire connaître les emplois offerts au « Service pour l'emploi » en Australie, par le truchement des prestataires du Job Network ou les afficher directement sur le site Internet Australian Job Search.

Signes d'un changement structurel ?

On note un déplacement vers la droite de la courbe de Beveridge pour la Finlande, la France, la Norvège, la Nouvelle-Zélande, la Suède et la Suisse[5]. Si l'on peut considérer ce fait comme le signe d'une détérioration du fonctionnement du marché du travail, en ce qui concerne la Finlande et la Suède, l'explication doit être plutôt recherchée dans les graves crises économiques intervenues dans les années 90 qui permettent difficilement de comparer la phase d'expansion actuelle avec la précédente. Pour la France, le déplacement vers l'extérieur est très faible et l'on peut déduire des chiffres les plus récents que la demande de main-d'œuvre est plus importante qu'elle ne l'était à la fin de la phase de reprise précédente, le taux de chômage demeurant similaire. Il est encore trop tôt pour évaluer l'effet de la loi sur les 35 heures qui commence à s'appliquer depuis janvier 2000 et dont l'objet est d'accroître la demande de main-d'œuvre. De premières indications montrent que les secteurs où la semaine de 35 heures a été assez vite appliquée n'enregistrent pas de pénurie de main-d'œuvre qualifiée particulièrement forte[6]. On ne sait cependant pas encore ce qu'il en sera dans les autres secteurs. En Nouvelle-Zélande, l'inflexion s'expliquerait en partie par d'importantes réformes dans les politiques depuis 1984. Dans le cas de la Norvège, l'inflexion de la courbe s'explique sans doute en partie par le fait que le Service public de l'emploi est parvenu à mieux adapter les offres d'emploi aux besoins du marché[7]. Cependant, elle est peut-être aussi attribuable à une certaine détérioration de l'adéquation entre l'offre et la demande de main-d'œuvre. En Suisse, le déplacement vers la droite de la courbe a accompagné une hausse rapide du chômage de longue durée, ce qui confirme l'hypothèse selon laquelle un déplacement vers la droite serait le signe d'un changement structurel défavorable du marché du travail. [L'interprétation des déplacements vers la droite de la courbe intéressant la Norvège et l'Espagne est encore en cours.]

18 – *Perspectives de l'emploi de l'OCDE*

Graphique 1.1. **Postes vacants**[a] **et chômage**

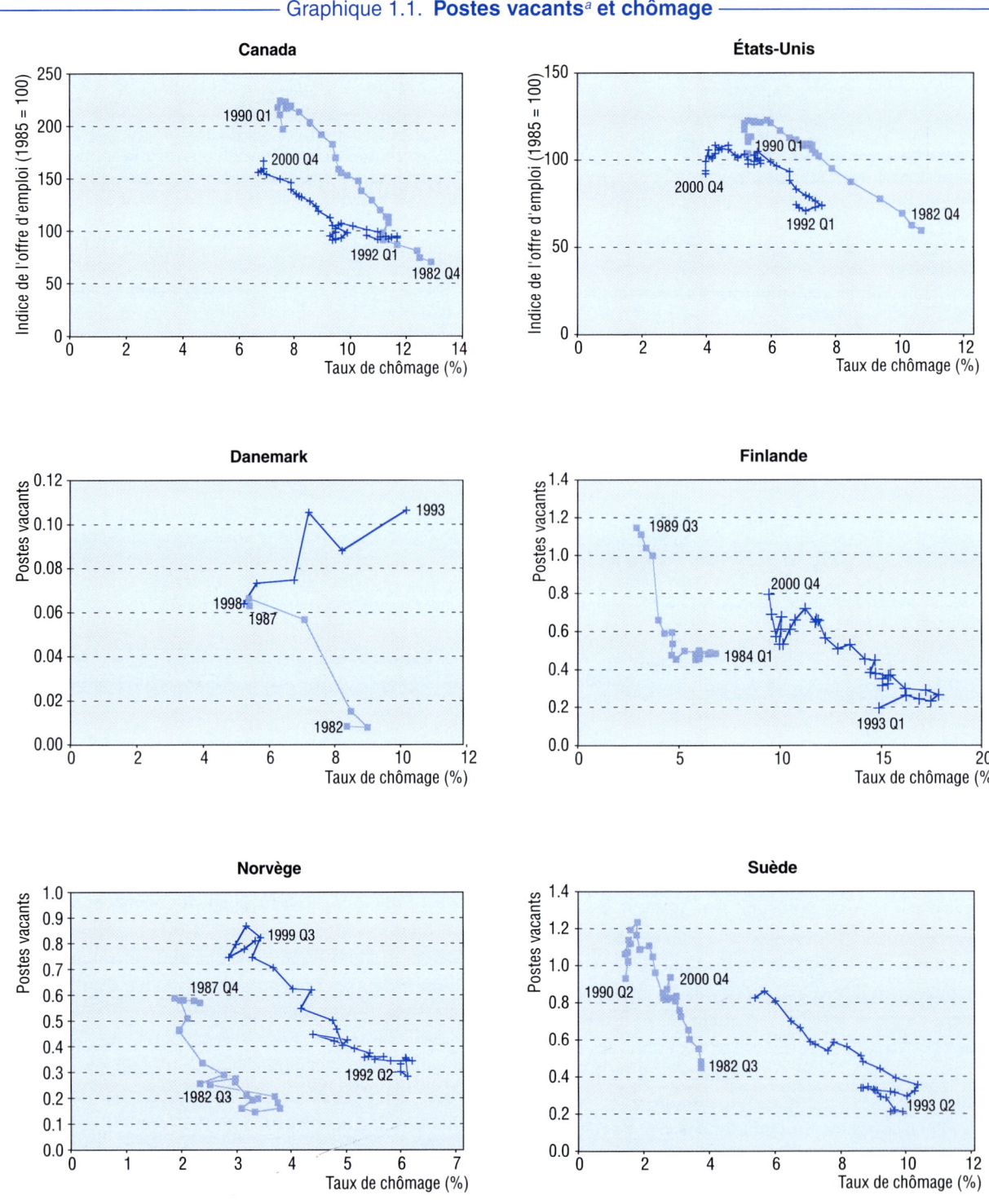

De leur côté, le Canada, le Danemark, les États-Unis, les Pays-Bas et le Royaume-Uni enregistrent un déplacement vers la gauche de la courbe de Beveridge qui pourrait témoigner d'une efficacité accrue de l'ajustement du marché et d'une meilleure adéquation entre l'offre et la demande d'emplois par rapport à la période d'expansion des années 80. Cela est peut-être dû en partie au fait que l'on s'attache davantage à inciter les chômeurs à accepter

Graphique 1.1. **Postes vacants**[a] **et chômage** *(suite)*

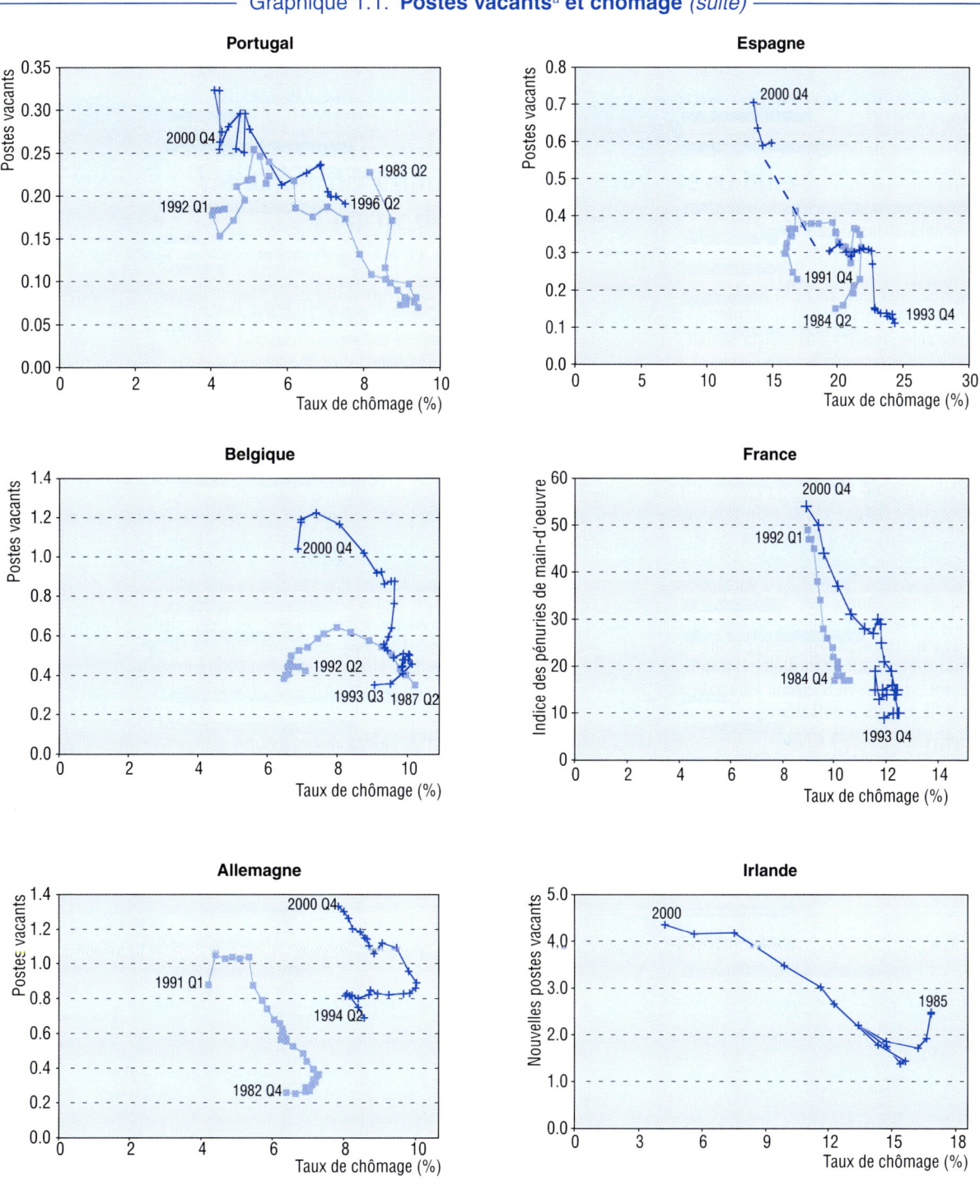

les postes qui leur sont proposés [Layard (2001)]. Tel était l'objectif de la réforme canadienne de l'assurance-emploi intervenue en 1996, de celle de l'assurance-emploi danoise de 1994, de la loi pour l'emploi des demandeurs d'emploi adoptée aux Pays-Bas en 1998 et du New Deal mis en place au Royaume-Uni en 1997. La réforme de l'aide sociale opérée aux États-Unis peut avoir eu un effet analogue sur certaines catégories de chômeurs. Comme

20 – *Perspectives de l'emploi de l'OCDE*

Graphique 1.1. **Postes vacants**[a] **et chômage** *(suite)*

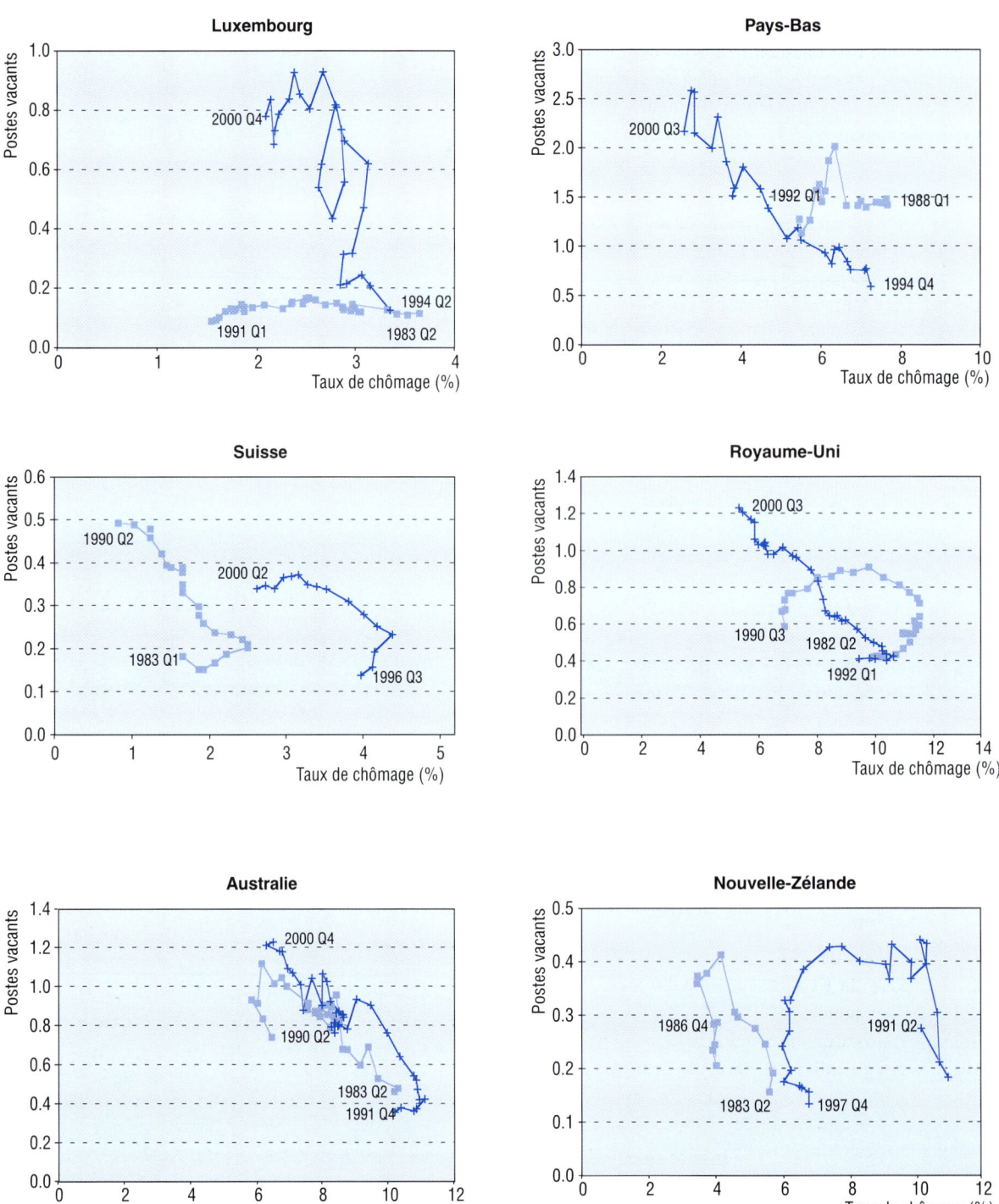

a) Les données sur les postes vacants sont exprimées en pourcentage de la population active.
Sources : OCDE, *Principaux indicateurs économiques* ; Institut national de la statistique et des études économiques ; Training and Employment Authority (FÁS, Irlande) ; Richard Layard (données danoises sur les postes vacants) et Economic Cycle Research Institute.

dans la majorité des cas, ces mesures ne touchent que les chômeurs indemnisés et qu'elles sont pour certaines relativement récentes, elles ne peuvent expliquer la totalité du déplacement. On est cependant en droit de penser que la politique de ces pays tend depuis déjà un certain temps à s'orienter vers « l'activation » des chômeurs, ce qui pourrait avoir contribué à améliorer le fonctionnement du marché du travail au cours du dernier cycle économique.

En conclusion, une comparaison des différents profils de la courbe de Beveridge au cours des cycles économiques récents peut laisser craindre, dans une certaine mesure, d'éventuelles pénuries de main-d'œuvre et de travailleurs qualifiés. Cependant, ainsi qu'on l'a noté plus haut, ces pénuries ne semblent guère s'être traduites pour l'instant par une accélération des hausses de salaire. Il reste que ce problème potentiel ne doit en aucun cas être passé sous silence. Par ailleurs, si des mutations structurelles favorables semblent s'être produites sur les marchés du travail de nombreux pays, ce n'est pas le cas partout, et le processus de réforme doit en général être poursuivi. Les initiatives visant à rendre l'emploi rémunéré financièrement plus intéressant, à accroître la flexibilité des modes de travail et à améliorer la productivité des travailleurs peu qualifiés devraient contribuer à accroître les gains d'emploi enregistrés ces dernières années. La section qui suit analyse les dépenses consacrées à un certain nombre de politiques du marché du travail dans les pays et régions de l'OCDE depuis 1985 et examine les tendances les plus récentes de l'action menée par les pouvoirs publics.

II. Politiques du marché du travail : le bilan des dépenses

A. Introduction

Les forts taux de chômage enregistrés par la quasi-totalité des pays de l'OCDE dans les années 80 et une grande partie des années 90 se sont traduits par des augmentations considérables des dépenses publiques d'indemnisation du chômage. Parallèlement, des dépenses considérables ont été affectées à des programmes actifs du marché du travail (PAMT). Beaucoup d'entre eux visaient à aider les chômeurs à retrouver plus rapidement un emploi ; d'autres avaient pour ambition de favoriser la croissance de l'emploi et de réduire le chômage à moyen terme en restructurant le marché du travail. En 1992, reconnaissant que « les programmes du marché du travail sont des instruments importants pour la poursuite des réformes structurelles », les ministres du Travail de l'OCDE ont souscrit à la stratégie à long terme pour « passer progressivement des politiques du marché du travail passives à des politiques actives et à des politiques sociales du même ordre ». L'*Étude de l'OCDE sur l'emploi* de 1994 expliquait que les PAMT « visent à améliorer le fonctionnement du marché du travail en augmentant la mobilité et l'ajustement ; en facilitant le redéploiement des travailleurs […] et, de manière générale, en permettant aux travailleurs de saisir les chances d'emploi qui se présentent », ajoutant qu'elles peuvent se révéler « particulièrement utiles pour améliorer les perspectives d'emploi des demandeurs peu qualifiés et des chômeurs de longue durée ». L'*Étude sur l'emploi* recommandait notamment de « mettre davantage l'accent sur les politiques actives du marché du travail » et de « les rendre plus efficaces ».

L'objectif de cette section est d'informer sur les tendances des dépenses publiques affectées aux programmes du marché du travail en utilisant la base de données de l'OCDE sur les programmes du marché du travail, dont les données remontent à 1985. Au départ, celles-ci étaient limitées aux dépenses relatives à certaines catégories de programmes, mais elles ont par la suite été élargies à un nombre limité d'informations relatives aux nombres de participants.

La base de données sur les programmes du marché du travail est un excellent outil pour suivre les évolutions internationales des dépenses consacrées aux programmes du marché du travail, bien qu'il ne faille pas en oublier les limites. Elle repose sur trois principes (voir encadré 1.2). Le premier est la distinction entre les programmes « passifs » (qui comprennent non seulement l'indemnisation du chômage mais aussi les préretraites) et les programmes « actifs ». Le second est l'importance du ciblage – comme on le voit pour les catégories spéciales en faveur des jeunes et des handicapés. Le troisième est la séparation des dépenses par « fonctions » de l'État, à savoir administration et service public de l'emploi, formation professionnelle, et mesures d'aide à l'embauche.

Ces principes conservent toute leur validité. Cela dit, alors même que le chômage est revenu à ses niveaux du milieu des années 80, on commence à reconsidérer le rôle des PAMT. Il en résulte qu'il est nécessaire de remanier la base de données. Il y a à cela notamment deux raisons principales : d'une part, la distinction entre programmes actifs et passifs s'est un peu estompée du fait que le paiement des indemnités de chômage est de plus en plus soumis à des conditions de participation active au marché du travail, et, d'autre part, de nouveaux types de mesures sont apparus, comme celles qui visent à « valoriser le travail », qui n'étaient pas prévues dans la base de données initiale. La construction d'une base améliorée de données de l'OCDE est actuellement en préparation avec EUROSTAT, l'office statistique de

Encadré 1.2. **Principales caractéristiques de la base de données de l'OCDE sur les programmes du marché du travail**

Cette base regroupe les données relatives aux dépenses publiques depuis 1985 pour la majorité des pays, auxquelles s'ajoutent les données relatives au nombre de participants pour 10 pays depuis 1985 et pour 16 pays à partir de 1992. L'année la plus récente généralement disponible pour les pays de l'OCDE est 1998. Les informations sont basées sur des données fournies chaque année par les pays Membres pour chacun de leurs programmes du marché du travail. Ces programmes sont répartis par les pays Membres dans les catégories appropriées, en concertation avec le Secrétariat et selon les règles convenues par l'OCDE. Tous les pays Membres sont couverts, à l'exception de l'Islande, de la République slovaque et de la Turquie. Cela dit, tous les pays n'ont pas communiqué leurs données tous les ans ; aussi n'ont-ils pas pu être pris en compte dans l'analyse et a-t-on dû procéder à un certain nombre d'estimations, qui sont indiquées dans l'annexe 1.A.

Les dépenses publiques affectées aux programmes du marché du travail comprennent toutes les dépenses publiques afférentes, y compris les manques à gagner, qu'il s'agisse de consommation finale du secteur public ou de transferts aux individus et aux entreprises. Aucune distinction n'est faite entre les dépenses financées par le gouvernement central, les collectivités territoriales et des sources parapubliques comme l'assurance sociale financée par des cotisations obligatoires. L'accent est mis sur les programmes du marché du travail plutôt que sur les politiques de l'emploi ou les politiques macroéconomiques d'ordre général et la base de données ne couvre donc que les dépenses affectées à des groupes spécifiques du marché du travail. Par exemple, les réductions de charges fiscales et sociales ne sont prises en compte que lorsqu'elles concernent des groupes spécifiques du marché du travail. Les réductions de charges sociales sur les bas salaires sont considérées comme des politiques de l'emploi d'ordre général et ne sont pas incluses.

La participation aux PAMT est mesurée la plupart du temps par le nombre de personnes participant aux programmes, c'est-à-dire le nombre de personnes qui y entrent au cours de l'année en question. Cela correspond généralement au type de données le plus facilement disponible. Des données de stock sont néanmoins incluses pour certains types de programmes, tels que la création d'emploi directe et le travail des handicapés.

Définitions des catégories

1) **Administration et services publics de l'emploi**. Cette catégorie recouvre les services suivants : placement, conseils et orientation professionnelle ; stages pour la recherche d'emploi ; aide à la mobilité géographique ; paiement des indemnités de chômage ; et l'ensemble des coûts administratifs des organismes qui interviennent sur le marché du travail (tant à l'échelon central qu'à l'échelon local), notamment ceux qui gèrent les programmes du marché du travail.

2) **Formation professionnelle**. Les dépenses comprennent à la fois le coût de la formation et les indemnités de subsistance versées aux stagiaires et sont divisées en deux sous-catégories : la formation des chômeurs adultes et des travailleurs menacés de perdre leur emploi, et la formation des adultes pourvus d'un emploi. Sont exclus les programmes spéciaux en faveur des jeunes et des handicapés (voir plus loin).

3) **Les mesures en faveur des jeunes** recouvrent uniquement les programmes spécialement destinés aux jeunes pour faciliter le passage de l'école à la vie active. Elles ne recouvrent donc pas leur participation à des programmes qui s'adressent aussi aux adultes. Elles se divisent en deux sous-catégories : les mesures destinées aux jeunes sans emploi et défavorisés, essentiellement destinées à ceux qui ne suivent pas un enseignement secondaire de deuxième cycle ou un enseignement professionnel ordinaire et qui n'arrivent pas à trouver un emploi ; et l'aide à l'apprentissage et aux autres types de formation générale des jeunes, qui recouvre divers types de formation et d'initiation pratique au travail en entreprise.

4) **Les mesures d'aide à l'embauche** sont des mesures ciblées qui visent à favoriser l'embauche de chômeurs et d'autres groupes prioritaires (autres que les jeunes et les handicapés). Elles se divisent en deux catégories : les subventions salariales versées aux entreprises du secteur privé pour encourager l'embauche de certains types de travailleurs ou le maintien en poste de personnes dont l'emploi est menacé (à l'exclusion des subventions générales en faveur de l'emploi) ; et l'aide aux chômeurs créateurs d'entreprises et la création directe d'emplois (dans le secteur public ou associatif) au profit des chômeurs.

5) **Les mesures en faveur des handicapés** recouvrent uniquement les programmes spéciaux destinés aux handicapés et ne rendent pas compte de l'effort total des pouvoirs publics en faveur de cette catégorie. Elles se décomposent en : réadaptation professionnelle et emplois protégés.

6) **L'indemnisation du chômage** comprend toutes formes d'indemnisation en espèces, à l'exception de la retraite anticipée. Outre les indemnités d'assurance chômage et d'aide aux chômeurs, cette catégorie recouvre l'indemnisation des travailleurs dont l'employeur fait faillite et les aides spéciales versées à divers groupes comme les ouvriers du bâtiment en chômage technique pour cause d'intempéries.

7) **Les retraites anticipées pour motif lié au marché du travail** sont limitées aux dispositifs spéciaux permettant le paiement de pensions de retraite aux personnes qui sont sans travail ou dont le poste est libéré au profit d'autres personnes. Les pensions d'invalidité sont exclues.

Ces grandes catégories sont définies plus en détail dans OCDE (1990). On retiendra ici que les programmes « actifs » sont ceux des catégories 1 à 5, et les programmes « passifs » ceux des catégories 6 et 7.

> **Encadré 1.2. Principales caractéristiques de la base de données de l'OCDE sur les programmes du marché du travail** (*suite*)
>
> **Limitations des données à des fins analytiques**
>
> Il importe, pour interpréter ces données, de tenir compte des limitations suivantes [voir aussi OCDE (1988) ; OCDE (1993) ; Martin (2000)] :
> – Les chiffres des différents pays Membres peuvent ne pas être totalement cohérents en raison de différences d'institutions et d'interprétation des critères et des catégories.
> – Les chiffres ne rendent pas forcément compte de la totalité des programmes du marché du travail aux niveaux régional ou infranational.
> – Les chiffres des dépenses publiques à eux seuls ne peuvent pas rendre compte de l'ensemble de la politique du marché du travail d'un pays, qui comporte aussi de nombreuses mesures législatives et réglementaires. En outre, comme l'un des critères est que les programmes doivent être ciblés, les chiffres ne rendent compte ni des politiques macroéconomiques d'ensemble, ni des exonérations fiscales générales, ni des mesures de réduction du temps de travail, etc.
> – La base de données ne couvrant que les dépenses publiques, elle exclut les dépenses du secteur privé, par exemple pour les programmes organisés au niveau des branches et financés par des cotisations spéciales sur les salaires, les dépenses privées d'apprentissage, de formation, etc.
> – Les données relatives aux participants correspondent aux flux d'entrée annuels dans les divers programmes du marché du travail. Elles ne donnent pas d'information directe sur le temps moyen passé dans un programme ni sur le nombre de périodes répétées.

l'Union européenne pour mieux suivre le développement de ces mesures (voir encadré 1.3).

Cette section s'articule de la façon suivante :

- La sous-section B examine l'évolution des dépenses affectées aux programmes du marché du travail et leur rapport au taux de chômage, et aborde la question de savoir si les gouvernements de l'OCDE ont pris en compte l'appel à un renforcement des programmes actifs.
- La sous-section C examine les variations de la répartition des dépenses consacrées aux PAMT.
- La sous-section D passe en revue les développements politiques et les instruments de mesure suscités par l'expérience des vingt dernières années.

B. Variations des dépenses du marché du travail entre 1985 et 1998

Le graphique 1.2 montre que, pour les pays de l'OCDE, le pourcentage moyen du PIB consacré aux programmes du marché du travail varie beaucoup selon la conjoncture. Il est par exemple passé de 2.1 % en 1989, avant la récession du début des années 90, à 3.0 % en 1993, où le taux moyen de chômage était à son maximum[8]. Sur l'ensemble de la période 1985-1998, la moyenne s'est établie à 2.5 % du PIB pour le total des dépenses consacrées aux programmes du marché du travail, dont 0.8 % pour les mesures « actives ».

Le tableau 1.5 donne le détail des dépenses par pays. Pour 1998, les chiffres les plus élevés, aussi bien pour les dépenses totales de PMT que pour les dépenses actives, sont ceux des pays nordiques – respectivement 3.6 et 1.5 %. Les chiffres des quatre pays d'Europe du Sud tendent à être plus faibles, respectivement 1.6 et 0.7 % en moyenne, tandis que pour les pays d'Europe orientale, ils sont plus faibles encore, à 0.8 et 0.3 %. Le reste des pays d'Europe occupe une position intermédiaire. Globalement, les dépenses dans les pays européens de l'OCDE tendent à être plus élevées que pour les autres régions de l'OCDE. Les dépenses totales les plus faibles en 1998 sont celles du Mexique, de la République tchèque et des États-Unis ; les dépenses actives les plus faibles sont celles du Mexique, du Japon et de la République tchèque.

Le graphique 1.3 passe en revue la relation entre les dépenses de PMT et le taux de chômage. Dans sa première section, il présente la moyenne (non pondérée) des pays de l'OCDE. Celle-ci appelle plusieurs observations :

- Les deux types de dépenses, passives et actives, augmentent et diminuent avec le taux de chômage. Toutefois, la pente de la courbe passive est plus forte que celle de la courbe active – les dépenses passives sont plus réactives aux variations du taux de chômage que les dépenses actives, ce qui est logique, puisqu'il faut un certain temps pour mettre en place les politiques actives, tandis que le paiement des indemnités de chômage, qui sont le constituant principal des

24 – Perspectives de l'emploi de l'OCDE

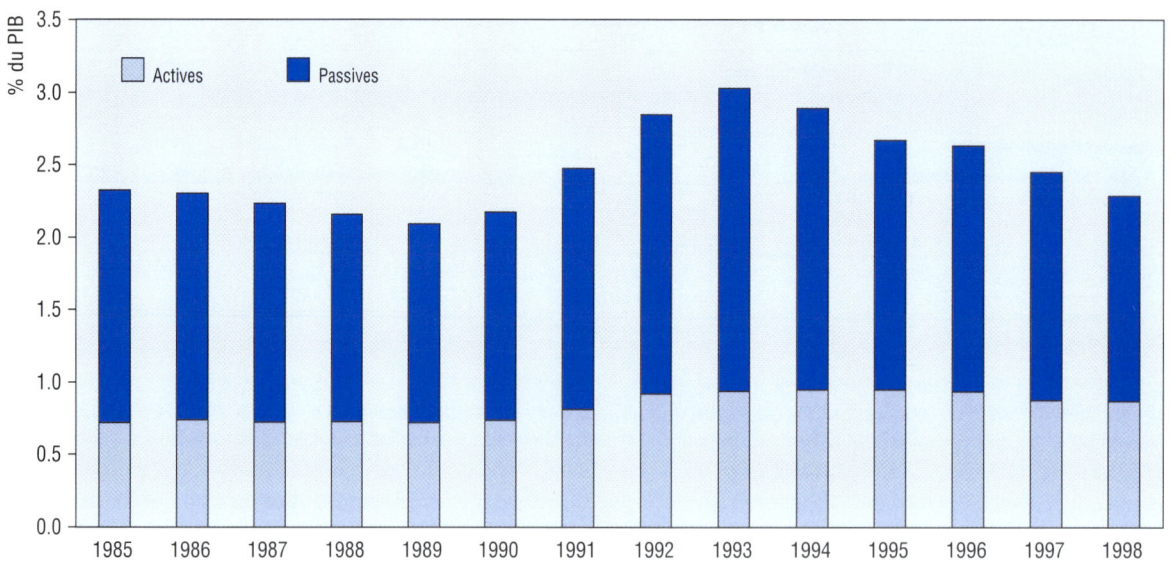

Graphique 1.2. **OCDE : Dépenses affectées aux mesures actives/passives, 1985-1998**[a]

a) Tous les pays de l'OCDE ne sont pas inclus dans les chiffres indiqués, et certaines données manquantes ont fait l'objet d'estimations du Secrétariat. Pour plus de détails, voir annexe 1.A.
Source : Base de données de l'OCDE sur les programmes du marché du travail.

programmes passifs, est immédiat. De plus, les indemnités sont généralement appliquées sans limitation de durée et tendent à augmenter automatiquement avec le chômage.

- La relation entre les dépenses passives et le taux de chômage s'est modifiée au cours du temps. Ainsi, pour un taux de chômage à peu près identique, les dépenses passives ont été plus fortes en 1991 qu'en 1987. Toutefois, à la fin des années 90, alors que le taux de chômage était aussi à peu près le même, la proportion des dépenses passives était redescendue juste en dessous du niveau de 1987. Cela peut s'expliquer par un resserrement, dans la période récente, des critères d'admission au bénéfice de l'indemnisation, un changement dans la composition des chômeurs par une réduction des dépenses affectées aux préretraites et par quelques transferts de dépenses vers les programmes actifs (voir plus loin).

- Pour les programmes actifs, le rapport entre les dépenses et le chômage semble aussi s'être modifié au cours du dernier cycle conjoncturel. En moyenne, pour les pays de l'OCDE, les dépenses actives ont eu tendance à augmenter avec le taux de chômage jusqu'en 1993, mais elles n'ont que peu baissé lorsque le chômage a diminué dans les années suivantes, ce qui s'explique par les efforts de réforme structurelle poursuivis après la montée du chômage à des niveaux record [OCDE (1996a)].

Les autres sections du graphique 1.3 montrent quelle a été l'évolution pour divers groupes de pays de l'OCDE : les pays nordiques, l'Europe du Sud[9], l'Europe centrale et occidentale, l'Amérique du Nord et l'Océanie. Les schémas pour ces différentes régions montrent des variations considérables. Dans les pays nordiques, il y a une forte corrélation entre la proportion de dépenses actives et l'augmentation des taux de chômage, probablement parce que des programmes actifs sont offerts à un nombre relativement élevé de chômeurs. Dans les pays d'Europe du Sud et d'Europe centrale et orientale, les dépenses actives ont sensiblement augmentées. Pour l'Amérique du Nord, on constate que les dépenses affectées à des programmes passifs sont beaucoup plus faibles en 1998 qu'en 1989. Cela tient au fait qu'en 1996 le Canada a réformé ses régimes d'assurance-chômage tandis que les États-Unis ont introduit un mécanisme d'établissement de profil des chômeurs (et la réforme de leur régime de protection sociale a eu des effets indirects) [voir OCDE (2001b)]. Pour l'Océanie, la courbe des dépenses actives s'infléchit fortement à partir de 1995, témoignant d'une réduction considérable des dépenses publiques affectées aux programmes actifs aussi bien en Australie [voir OCDE (2001a)] qu'en Nouvelle-Zélande.

Tableau 1.5. **Dépenses affectées aux programmes du marché du travail, 1985, 1989, 1993 et 1998**

	Dépenses totales (en % du PIB)				Dépenses actives (en % du PIB)				Dépenses actives (en % du total)			
	1985	1989	1993	1998	1985	1989	1993	1998	1985	1989	1993	1998
Canada	2.49	2.07	2.60	1.49	0.64	0.51	0.66	0.50	25.9	24.5	25.3	33.8
Mexique	..	0.01	0.01	0.08	..	0.01	0.01	0.07	..	59.8	56.4	98.2
États-Unis	0.79	0.62	0.79	0.42	0.25	0.23	0.21	0.17	32.1	36.8	26.1	41.4
Amérique du Nord[a, b]	**1.64**	**1.34**	**1.70**	**0.96**	**0.45**	**0.37**	**0.43**	**0.34**	**29.0**	**30.6**	**25.7**	**37.6**
Japon	0.50	0.40	0.39	0.61	0.17	0.16	0.09	0.09	33.5	41.1	22.8	15.0
Corée	..	..	0.06	0.64	..	..	0.06	0.46	..	..	100.0	71.7
Asie[b]	..	..	**0.22**	**0.62**	..	..	**0.07**	**0.27**	..	..	**61.4**	**43.3**
Danemark	5.38	5.49	7.08	5.03	1.14	1.13	1.74	1.66	21.2	20.6	24.6	33.1
Finlande	2.22	2.11	6.57	3.96	0.90	0.97	1.69	1.40	40.7	46.0	25.8	35.2
Norvège	1.09	1.83	2.64	1.39	0.61	0.81	1.15	0.90	55.7	44.0	43.7	64.7
Suède	2.97	2.17	5.73	3.92	2.10	1.54	2.97	1.97	70.8	70.9	51.8	50.4
Pays nordiques[a, b]	**2.92**	**2.90**	**5.51**	**3.58**	**1.19**	**1.11**	**1.89**	**1.48**	**47.1**	**45.4**	**36.5**	**45.8**
Grèce	0.53	0.80	0.72	0.84	0.17	0.38	0.31	0.35	32.7	47.5	43.0	41.5
Italie	..	..	2.51	1.83	..	..	1.36	1.12	..	..	54.2	61.1
Portugal	0.69	0.72	1.74	1.60	0.33	0.48	0.84	0.78	47.3	66.9	48.2	48.6
Espagne	3.14	3.18	3.83	2.25	0.33	0.85	0.50	0.70	10.5	26.9	13.1	30.4
Europe du Sud[a, b]	**1.45**	**1.57**	**2.10**	**1.56**	**0.28**	**0.57**	**0.55**	**0.60**	**30.2**	**47.1**	**34.7**	**40.2**
République tchèque	..	..	0.30	0.36	..	..	0.16	0.13	..	..	54.3	35.7
Hongrie	..	..	2.76	1.01	..	..	0.65	0.39	..	..	23.6	38.6
Pologne	..	..	2.45	1.00	..	..	0.58	0.44	..	..	23.6	44.4
Pays ci-dessus[a, b]	..	..	**1.84**	**0.79**	..	..	**0.47**	**0.32**	..	..	**33.9**	**39.6**
Autriche	1.20	1.20	1.74	1.71	0.27	0.27	0.32	0.44	22.6	22.6	18.5	25.9
Belgique	4.68	3.91	4.24	3.87	1.31	1.26	1.24	1.42	28.0	32.2	29.2	36.7
France	3.03	2.60	3.32	3.11	0.66	0.73	1.25	1.30	21.9	28.2	37.6	42.5
Allemagne	2.22	2.26	4.10	3.54	0.80	1.03	1.58	1.26	36.1	45.6	38.6	35.6
Irlande	5.04	4.17	4.64	3.44	1.52	1.41	1.54	1.54	30.2	33.9	33.3	44.7
Luxembourg	1.48	0.96	0.88	0.96	0.52	0.30	0.19	0.29	35.3	31.1	21.4	30.3
Pays-Bas	4.65	4.04	4.61	4.72	1.16	1.25	1.59	1.74	25.0	31.0	34.5	37.0
Suisse	0.46	0.34	1.99	1.77	0.19	0.21	0.38	0.77	42.0	62.0	19.1	43.5
Royaume-Uni	2.86	1.53	2.15	0.98	0.75	0.67	0.57	0.34	26.2	43.9	26.4	36.4
Europe centrale et occidentale[a, b]	**2.85**	**2.33**	**3.07**	**2.68**	**0.80**	**0.79**	**0.96**	**1.01**	**29.7**	**36.7**	**28.7**	**36.9**
Europe de l'OCDE[a, b]	**2.60**	**2.33**	**3.50**	**2.69**	**0.80**	**0.83**	**1.12**	**1.05**	**34.1**	**40.8**	**31.8**	**39.8**
Australie	1.72	1.04	2.51	1.48	0.42	0.24	0.71	0.42	24.7	23.3	28.4	28.4
Nouvelle-Zélande	1.54	2.66	2.40	2.21	0.90	0.93	0.79	0.63	58.6	35.0	32.8	28.3
Océanie[b]	**1.63**	**1.85**	**2.46**	**1.84**	**0.66**	**0.59**	**0.75**	**0.52**	**41.6**	**29.1**	**30.6**	**28.4**
Union européenne[a, b]	**2.91**	**2.53**	**3.63**	**2.80**	**0.86**	**0.86**	**1.13**	**1.07**	**31.7**	**38.6**	**31.3**	**37.7**
OCDE[a, b]	**2.32**	**2.09**	**3.03**	**2.29**	**0.72**	**0.72**	**0.94**	**0.87**	**34.2**	**38.4**	**30.3**	**37.3**

.. Données non disponibles.
a) Les moyennes sont calculées en tenant compte des pays pour lesquels les données sont disponibles pour toutes les années montrées, et certaines données manquantes ont fait l'objet d'estimations du Secrétariat. Pour plus de détails, voir annexe 1.A .
b) Moyennes non pondérées.
Source : Base de données de l'OCDE sur les programmes du marché du travail.

A la question posée au début de cette section, « Les gouvernements de l'OCDE ont-ils pris en compte l'appel à un renforcement des programmes actifs du marché du travail ? », on peut donc répondre par un « oui » nuancé. Entre 1986 et 1998, deux années où les taux de chômage ont été approximativement les mêmes dans l'ensemble de l'OCDE, la proportion des dépenses de PMT affectées à des programmes actifs a augmenté dans les deux tiers des pays de l'OCDE et la moyenne pour l'ensemble a elle aussi très légèrement augmenté,

Graphique 1.3. **Dépenses actives/passives et taux de chômage, 1985-1998**[a]

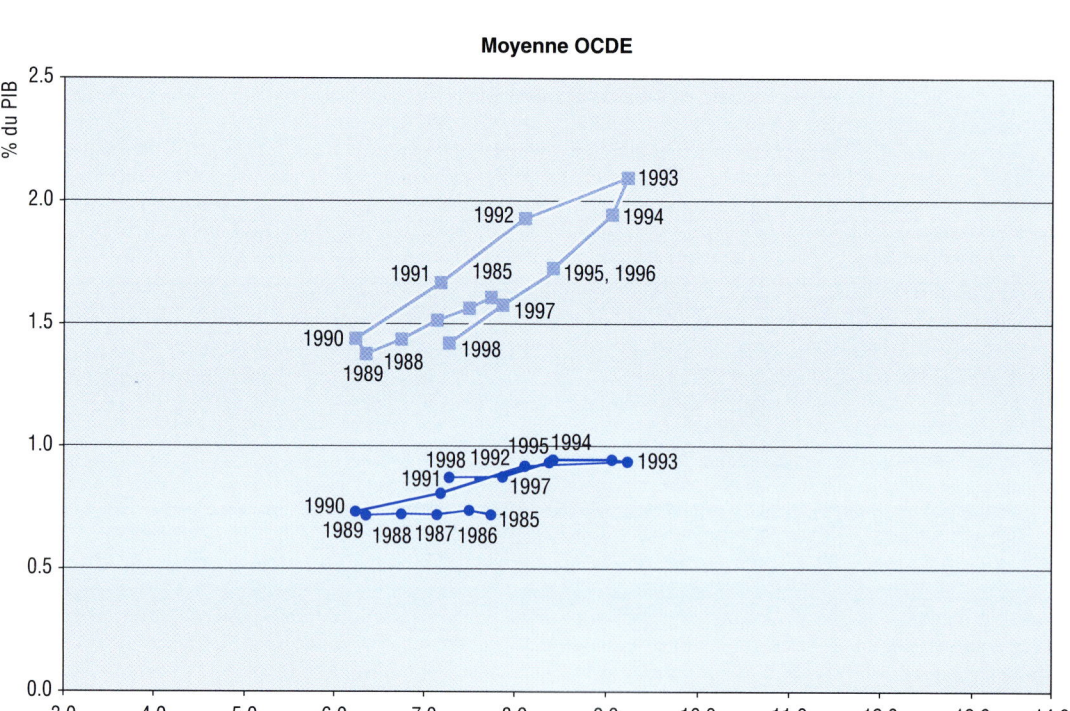

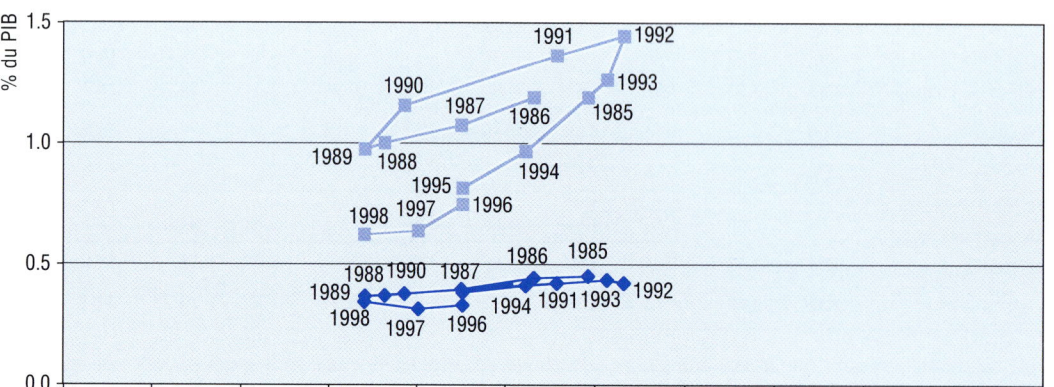

passant de 35.0 à 37.3 %, compte tenu de baisses en Finlande, au Japon, au Luxembourg, en Nouvelle-Zélande, en Suède et en Suisse. Cela dit, la Finlande, le Japon, la Suède et la Suisse figurent parmi les rares pays où le chômage a été nettement plus élevé en 1998 qu'en 1986, ce qui a gonflé la part des dépenses passives.

Il faut noter par ailleurs qu'en Australie, en Irlande, au Royaume-Uni et aux États-Unis, si la proportion des dépenses actives dans le total des dépenses de PMT a augmenté, ce n'est pas parce que les dépenses actives se sont accrues mais parce que les dépenses passives ont diminué en proportion du PIB.

Évolution récente et perspectives du marché du travail – 27

Graphique 1.3. **Dépenses actives/passives et taux de chômage, 1985-1998**[a] *(suite)*

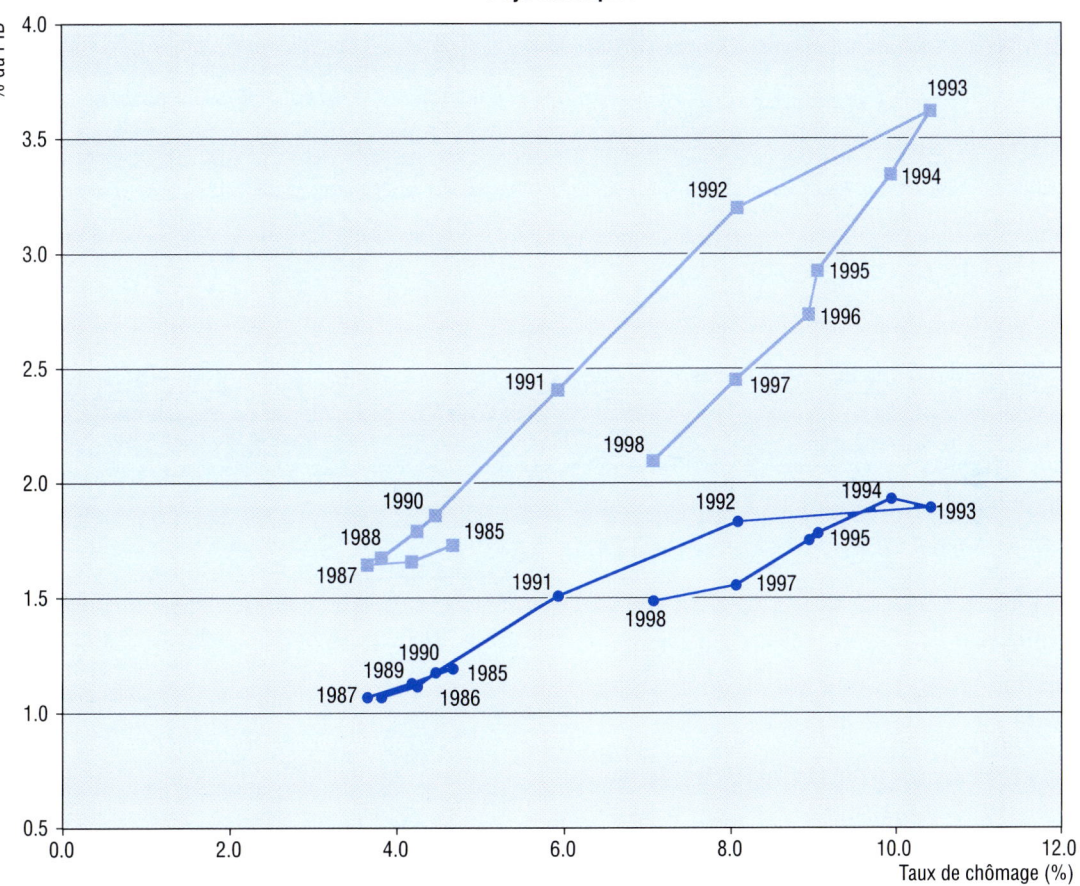

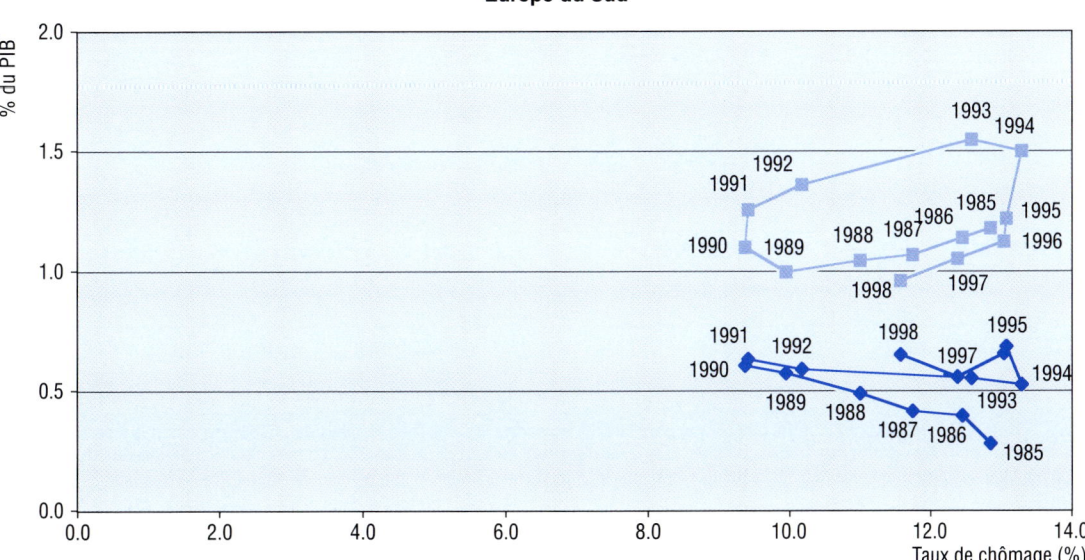

© OCDE 2001

28 – *Perspectives de l'emploi de l'OCDE*

Graphique 1.3. **Dépenses actives/passives et taux de chômage, 1985-1998**[a] *(suite)*

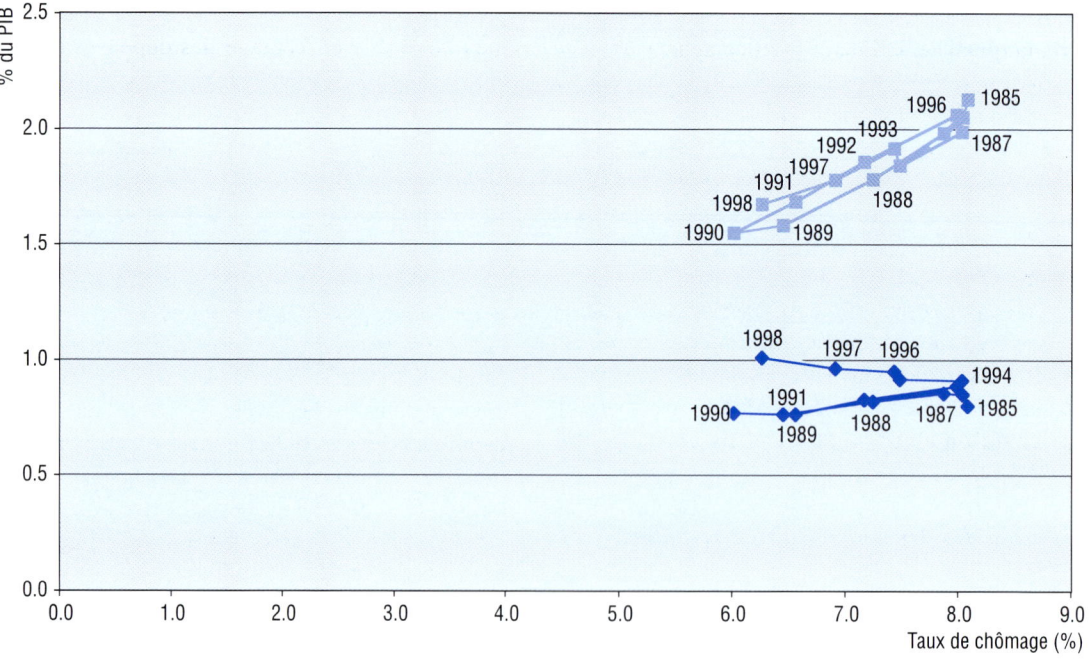

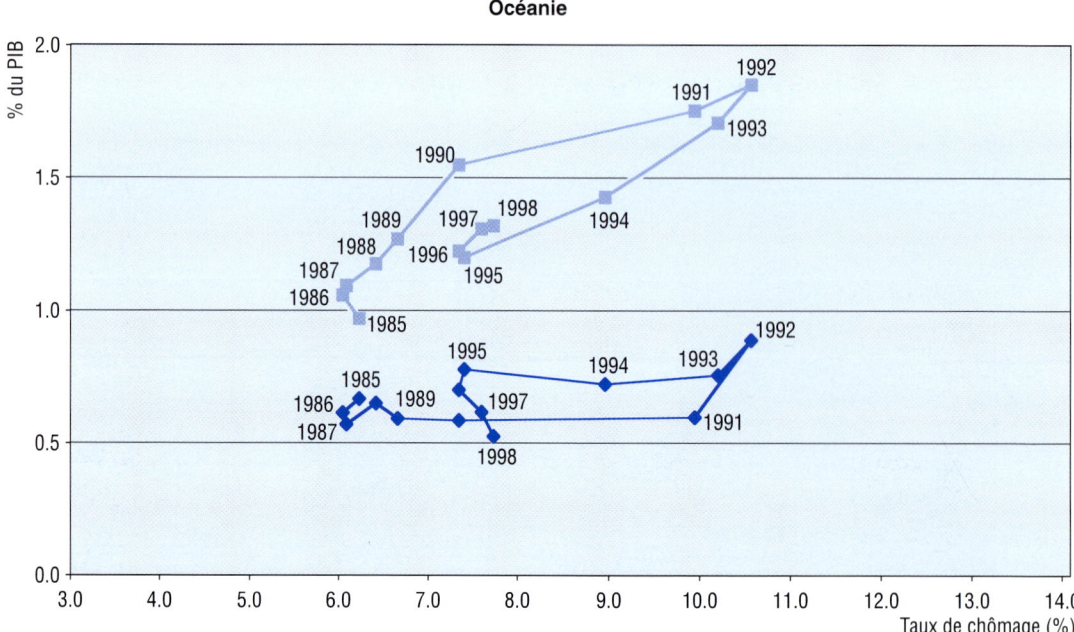

a) La même échelle a été utilisée pour tous les graphiques pour faciliter les comparaisons. Tous les pays de l'OCDE ne sont pas inclus dans les chiffres et régions indiqués, et certaines données manquantes ont fait l'objet d'estimations du Secrétariat. Pour plus de détails, voir annexe 1.A.

Source : Base de données de l'OCDE sur les programmes du marché du travail.

Comme on l'a vu, l'une des raisons de la baisse des dépenses passives en pourcentage du PIB est que la part des préretraites dans le total de ces dépenses a eu tendance à se réduire depuis le milieu des années 80. Les données relatives à ces régimes n'existent depuis 1985 que pour 10 pays : l'Australie, l'Autriche, la Belgique, le Danemark, la Finlande, la France, l'Allemagne, l'Italie, le Luxembourg et la Suède. A partir de 1992, on dispose aussi des données de la Hongrie, de l'Irlande, de la Pologne et du Portugal. En pourcentage du PIB, les dépenses ont diminué de façon assez régulière depuis 1985, de 0.5 % en 1985 à 0.4 % en 1992 (moyenne pour les 10 pays) et de 0.4 % en 1992 à 0.3 % en 1998 (moyenne pour les 14 pays), ce qui est logique compte tenu des préoccupations suscitées par le coût à long terme de ce type de mesures, des réformes récemment introduites dans certains pays (par exemple Danemark, Finlande, Allemagne et Pays-Bas) et de l'orientation nouvelle qui se dessine en faveur de ce qu'on a appelé le « vieillissement actif » [OCDE (1994, 1995, 2000a)].

C. Évolution des dépenses affectées aux mesures actives

Le graphique 1.4 montre que la répartition de ces dépenses a en moyenne remarquablement peu varié pour l'ensemble des pays de l'OCDE entre 1985 et 1998. Les principales modifications sont une légère baisse de la proportion des dépenses actives en faveur des jeunes et des handicapés (sur une période où les effectifs de jeunes diminuaient et où les critères d'ouverture des droits aux pensions d'invalidité se renforçaient), et une légère augmentation du pourcentage des dépenses correspondant aux subventions à l'embauche.

Le graphique 1.5 fait en revanche apparaître pour 1998 des différences considérables entre les groupements régionaux. Par rapport aux autres, la région nordique consacre un pourcentage élevé de ses dépenses actives à la formation. Un examen détaillé de la base de données montre que, comme ailleurs, on privilégie surtout la formation des chômeurs et des personnes menacées de licenciement par rapport à celle des adultes pourvus d'un emploi (à l'exception du Danemark). Les dépenses consacrées aux mesures en faveur des jeunes ont beaucoup augmenté, atteignant 39 % du total des dépenses actives en moyenne pour les pays de l'Europe du Sud (en 1998), contre 6 % en 1985. Les dépenses de subvention à l'embauche représentent aujourd'hui une proportion particulièrement forte des dépenses actives au Japon et en Corée, ainsi qu'en Europe centrale et occidentale, où elles ont augmenté ces dernières années. En moyenne, un peu

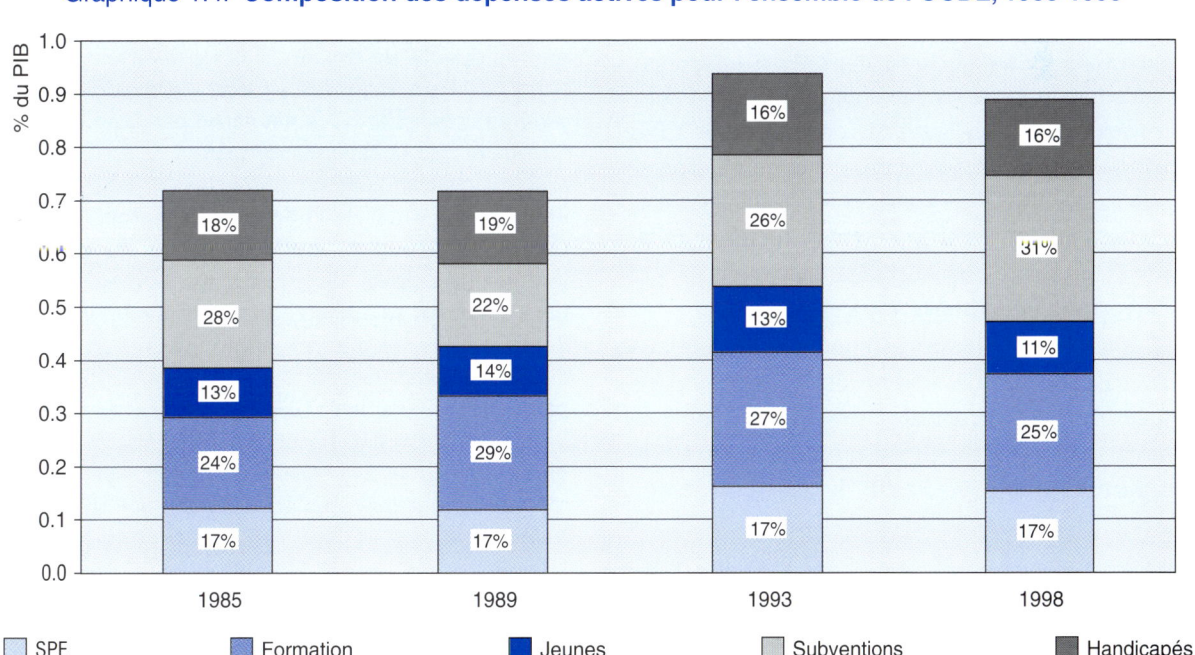

Graphique 1.4. **Composition des dépenses actives pour l'ensemble de l'OCDE, 1985-1998**

Note : Moyennes non pondérées.
Source : Base de données de l'OCDE sur les programmes du marché du travail.

30 – Perspectives de l'emploi de l'OCDE

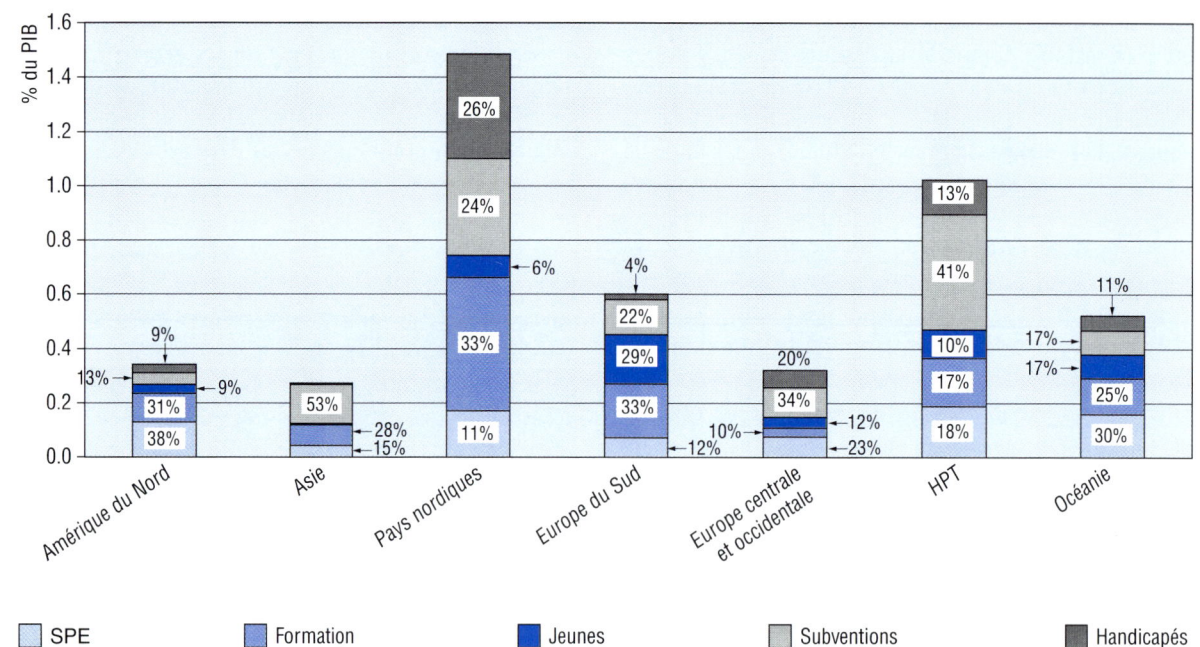

Graphique 1.5. **Composition des dépenses actives dans les régions de l'OCDE, 1998**

Note : Moyennes non pondérées. HPT représente la Hongrie, la Pologne et la République tchèque.
Source : Base de données de l'OCDE sur les programmes du marché du travail.

plus de la moitié de ce type de dépenses est consacré à la création directe d'emplois, qui reste dans beaucoup de pays une composante importante de la politique du marché du travail. Certains ont mis au point des programmes plus individualisés, tandis que d'autres ont mis en place des formations qualifiantes [Brodsky (2000)]. Pour l'Amérique du Nord, les dépenses qui correspondent aux programmes en faveur des jeunes et des handicapés et aux subventions à l'embauche représentent toutes de faibles proportions d'un pourcentage déjà relativement bas du PIB affecté aux programmes actifs.

Le graphique 1.6 présente un autre aspect de la variation de structure des dépenses : l'évolution des flux d'entrée annuels de participants dans les divers programmes. Alors que les dépenses actives n'ont augmenté que faiblement en proportion du PIB, les entrées de participants ont, elles, augmenté beaucoup plus vite. Le nombre de participants aux PAMT a en effet plus que doublé en 1998 par rapport à 1985, et encore augmenté de 50 % environ par rapport à 1992. Cela indique probablement un recours accru à des mesures actives « plus légères », et une réduction des programmes coûteux tels que les formations d'une certaine durée [voir OCDE (1996b)].

D. Nouvelles évolutions des politiques et des instruments de mesure

L'importance des dépenses consacrées aux programmes du marché du travail a suscité diverses préoccupations. Si l'on a décidé de faire plus de place aux programmes actifs, c'est en partie parce qu'on avait le sentiment que la dépendance excessive sur les mesures passives pourrait conduire à l'exclusion progressive d'un nombre important de chômeurs du marché du travail. Cela étant, l'efficacité des PAMT eux-mêmes a aussi soulevé de plus en plus d'interrogations. Même si les évaluations sérieuses sont encore trop peu nombreuses[10], elles donnent à penser que des programmes trop largement ciblés atteignent rarement les objectifs définis pour les participants. Par ailleurs, la plupart des mesures destinées à aider les jeunes défavorisés, qu'il s'agisse de formations ou de subventions à la création d'emploi, sont loin d'avoir répondu aux attentes [OCDE (1996b) ; OCDE (1999a) ; Martin (2000)].

Aussi les PAMT nouveaux sont-ils souvent beaucoup plus soigneusement ciblés. S'agissant des jeunes, beaucoup de pays cherchent maintenant davantage à faciliter le passage de l'école à la vie active qu'à appliquer des mesures très générales aux jeunes qui sortent du système scolaire [OCDE (1999a) et OCDE (2000b)]. Une autre

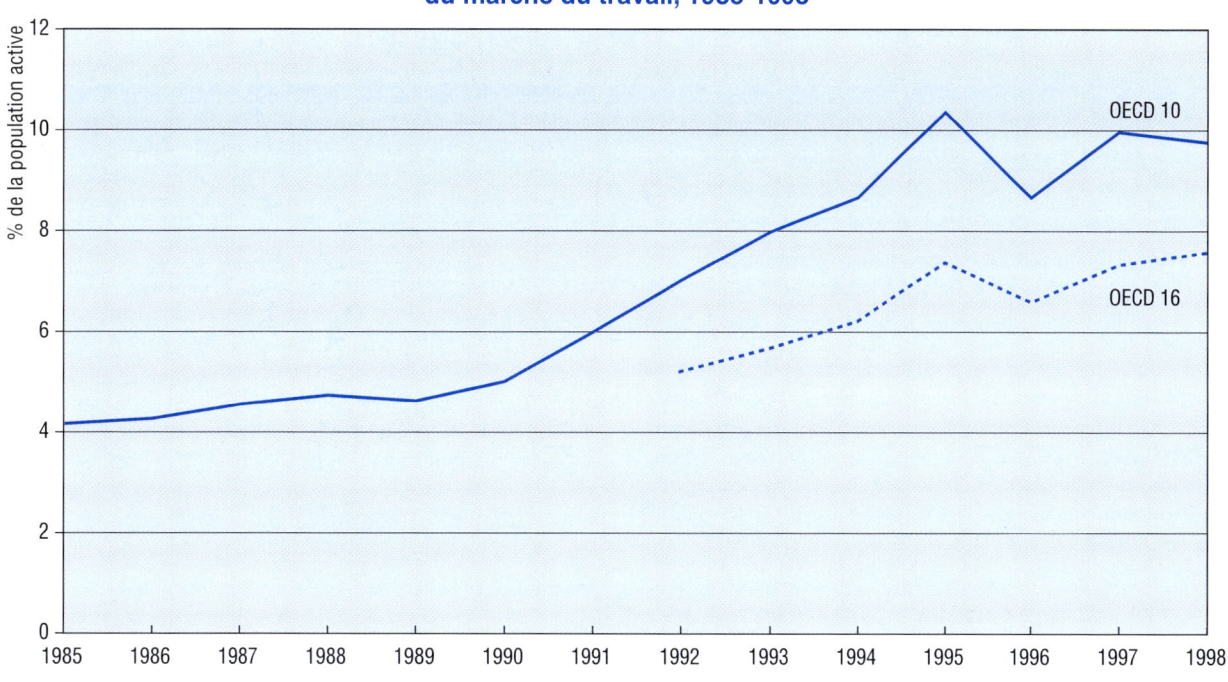

Graphique 1.6. **OCDE : entrées de participants dans les programmes actifs du marché du travail, 1985-1998**

Note : Moyennes non pondérées.
OCDE 10 : Australie, Canada, Danemark, Finlande, France, Pays-Bas, Portugal, Espagne, Suède et Suisse.
OCDE 16 : Australie, Canada, Corée, Danemark, Espagne, Finlande, France, Grèce, Hongrie, Mexique, Pays-Bas, Portugal, République tchèque, Royaume-Uni, Suède et Suisse.
Source : Base de données de l'OCDE sur les programmes du marché du travail.

tendance qui se dessine est celle d'une meilleure coordination des programmes du marché du travail, aussi bien entre eux qu'avec les politiques économiques. C'est ainsi par exemple que les récentes réformes du régime d'assurance-emploi au Canada, du régime de protection sociale aux États-Unis, en Corée (vers le régime *Productive Welfare*) et des régimes d'indemnisation du chômage au Danemark, les procédures « d'activation » des chômeurs indemnisés en Suisse, le *New Deal* au Royaume-Uni et le Plan d'aide au retour à l'emploi (PARES) en France, renforcent la coordination entre mesures passives et actives. Enfin, plusieurs pays ont mis en place des programmes innovants ; c'est le cas des mesures de valorisation du travail prises en Belgique, en France, au Royaume-Uni et aux États-Unis. Ces mesures, qui relèvent à la fois de la politique sociale et de celles de l'emploi, visent à aider les familles à faible revenu tout en stimulant l'emploi [OCDE (1999c) ; OCDE (2000c, éditorial)].

Même si, on l'a vu, le service public de l'emploi (SPE) continue de représenter une proportion assez faible du total des dépenses actives dans la plupart des pays, on considère de plus en plus que son rôle est essentiel dans l'exécution et le suivi des programmes du marché du travail. Une aide plus intensive à la recherche d'emploi s'est révélée être une forme de programme actif particulièrement rentable : elle n'est pas onéreuse et les évaluations émanant de plusieurs pays montrent qu'elle produit des effets positifs [Martin (2000)]. De nombreux pays cherchent en outre à encourager la recherche d'emploi en imposant des conditions plus strictes au versement des allocations et en étudiant de plus près le comportement des bénéficiaires au niveau de leur recherche d'emploi. Le SPE est donc considéré comme ayant un rôle important à jouer dans la coordination des mesures actives et passives. Divers pays (comme la France, la Corée, les Pays-Bas, la Nouvelle-Zélande, le Royaume-Uni et les États-Unis) ont mis en place de « guichets uniques » et autres initiatives du même genre pour diriger plus rapidement le demandeur d'emploi vers le service le plus approprié [OCDE (1999b) ; OCDE (2001b)][11].

Cette évolution dans le sens d'une certaine « activation » des mesures « passives » tend aussi à affaiblir la distinction entre mesures actives et passives qui jusque-là caractérisait la base de données de l'OCDE. La

> **Encadré 1.3. Nouveaux instruments de mesure des programmes du marché du travail**
>
> La stratégie pour l'emploi de l'Union européenne incorpore un suivi étroit des efforts nationaux de politique du marché du travail. Pour répondre à ce mandat, EUROSTAT a commencé la construction d'une nouvelle base de données sur les politiques du marché du travail. Celle-ci est fondée sur la base de données PMT de l'OCDE, mais est enrichie par des informations plus détaillées sur les caractéristiques des PMT et sur les flux et stocks de participants. Grâce à sa structure multidimensionnelle, elle permet d'examiner les données sur les dépenses et par type d'action et par type de dépense. Les données sur les participants sont classées par type d'action et par caractéristiques individuelles. La base de données contient aussi des informations qualitatives sur les programmes qui permettent des classifications croisées des mesures selon un certain nombre de dimensions, telles que la source de financement, le groupe cible, la région d'application, etc.
>
> La méthodologie de la nouvelle base de données EUROSTAT a été mise au point en étroite collaboration avec l'OCDE, qui, à son tour, se prépare à adapter son cadre de collecte de données à celui d'EUROSTAT. Ceci permettra d'éviter une duplication inutile du travail de collecte de données auprès des États membres de l'Union européenne et d'établir une base de données plus informative et cohérente pour tous les pays de l'OCDE. Toutefois, la base de données OCDE restera l'unique source de données historiques sur les programmes du marché du travail pour les pays Membres de l'OCDE, et une attention particulière sera donc consacrée au maintien de la continuité des séries historiques.
>
> Une classification importante dans la nouvelle base de données est celle par « type d'action », qui remplace la catégorisation actuelle des programmes. Elle comprend une catégorie de base pour les services à caractère général du service public de l'emploi et neuf grandes catégories de programmes du marché du travail, à savoir : 1) activités soutenues de conseil professionnel et aide à la recherche d'un emploi ; 2) formation ; 3) rotation d'un emploi à l'autre et partage de poste ; 4) incitations à l'emploi ; 5) intégration des handicapés ; 6) création directe d'emplois ; 7) incitations à la création d'entreprises ; 8) garantie de revenu en faveur des sans-emploi ; et 9) départ anticipé à la retraite. Une autre classification importante, par « type de dépenses » porte à la fois sur les modes de distribution des fond publics aux groupes cibles (par exemple, versements périodiques en espèces, biens et services, réduction des charges sociales) et sur ses bénéficiaires directs (notamment, les participants aux programmes, les employeurs et les prestataires de services).

base améliorée en tiendra compte, en même temps qu'elle permettra le suivi des dépenses correspondant aux nouveaux types de mesures (voir encadré 1.3).

Conclusions

En 1992, les gouvernements des pays de l'OCDE ont annoncé leur intention de réduire les dépenses consacrées aux programmes « passifs » d'indemnisation du chômage et de préretraite, au profit des programmes « actifs » destinés à aider le retour des chômeurs à l'emploi. Nous avons vu ici que cette intention s'était concrétisée dans une faible mesure seulement. Entre 1986 et 1998, le chômage dans la zone OCDE a commencé par monter à des niveaux records depuis la guerre, pour revenir ensuite à son niveau de 1985. Dans la même période, la proportion moyenne du PIB consacrée à des politiques actives dans les pays Membres de l'OCDE a légèrement augmenté tandis que, pour les politiques passives, elle diminuait : la part moyenne des dépenses du marché du travail affectées aux programmes actifs est ainsi passée de 35 % en 1986 à 37.3 % en 1998 ; mais cette augmentation ne s'est pas produite dans tous les pays.

Dans le même temps, l'expérience a montré l'importance d'une conception plus étudiée des programmes actifs du marché du travail et d'une évaluation beaucoup plus rigoureuse de leurs effets aussi bien sur le court terme que sur le long terme. Certaines mesures relativement peu coûteuses (l'aide et l'encouragement actif à la recherche d'emploi notamment) se sont révélées être parmi les plus efficaces, par rapport à leur coût, pour de nombreux chômeurs. Une autre priorité largement reconnue est d'intégrer les programmes actifs et passifs du marché du travail et d'améliorer encore les modalités de fourniture des prestations « passives » de chômage et de protection sociale, de façon à encourager une participation active au marché du travail. Par conséquent, la distinction entre les programmes actifs et les programmes passifs devraient s'estomper dans le futur.

NOTES

1. Comme dans le reste du chapitre, il faut entendre par croissance économique « en 2000 » des estimations de la croissance entre le milieu de 1999 et le milieu de 2000.

2. Voir par exemple *The Economist* (2001) ; Cordon (2001) ; Dobbins (2000) ; Pisani-Ferry (2000) ; et Dunne (2000).

3. Les périodes de croissance correspondent aux phases ascendantes du cycle économique telles qu'estimées par l'OCDE et l'Economic Cycle Research Institute quand ces données sont disponibles. En leur absence, on s'est fondé sur les variations du chômage, à savoir pour la Finlande, le Luxembourg, les Pays-Bas et la Nouvelle-Zélande (pour laquelle on a fait abstraction d'un cycle économique intermédiaire des années 80 de façon à créer une série plus longue).

4. Pour l'Espagne, les données concernant la période allant du deuxième trimestre 1998 au quatrième trimestre 1999 n'ont pas été prises en compte en raison d'une rupture de la série concernant les offres d'emploi. En Irlande, où le taux actuel d'emplois vacants et de chômage n'est comparable à ce qu'il était dans la période d'expansion précédente, l'augmentation du nombre d'emplois non pourvus, associée à des signes d'accentuation des revendications salariales, peut être le signe d'un resserrement du marché du travail et de pénuries de main-d'œuvre qualifiée. Pour l'Allemagne, la courbe indiquée entre 1982 et 1991 concerne uniquement l'Allemagne occidentale et ne peut donc pas être directement comparée à l'évolution observée au cours de la dernière phase d'expansion.

5. Un déplacement de la courbe s'observe aussi pour la Belgique et le Luxembourg. Pour la Belgique, cela tient sans doute en grande partie au fait que le SPE a réussi à faire augmenter la proportion d'offres d'emplois qui lui sont signalées grâce aux modifications technologiques dont il a été question dans l'encadré 1.1.

6. Communication du ministère français de l'Emploi et de la Solidarité.

7. Communication du ministère du Travail et de l'Administration de la Norvège.

8. On a préféré dans cette section considérer la moyenne des dépenses des pays de l'OCDE plutôt que la dépense moyenne de l'économie de l'OCDE prise comme unité. Aussi, les moyennes citées, qu'il s'agisse des dépenses ou des taux de chômage ne sont-elles pas pondérées ; elles diffèrent donc des moyennes pondérées que l'on peut trouver ailleurs. Les chiffres du chômage sont tirés, chaque fois que c'est possible, de la base de données de l'OCDE sur les taux de chômage standardisés, qui se prêtent mieux que les taux nationaux aux comparaisons, aussi bien dans le temps qu'entre les pays. On trouvera dans les *Statistiques trimestrielles de la population active* de l'OCDE l'explication de la manière dont ils sont construits.

9. Le graphique exclut l'Italie, pour laquelle les données n'existent qu'à partir de 1992. Toutefois, l'inclusion de l'Italie après cette date ne change pas grand-chose à l'évolution globale.

10. Cependant, on constate dans plusieurs pays un déploiement d'efforts croissant pour évaluer les programmes et leurs résultats [WZB (1997) ; OCDE (1999c, 2000d)].

11. En Australie, une grande partie de la fonction de placement réalisée auparavant par les SPE a été sous-traitée à diverses organisations privées et communautaires [OCDE (2001a)].

Annexe 1.A

Groupes de pays et estimations

Les tableaux 1.A.1 et 1.A.2 indiquent les groupes de pays retenus pour classer les chiffres de dépenses et de participation, respectivement, et précisent dans quels cas il y a eu estimation.

Tableau 1.A.1. Groupements régionaux utilisés dans l'analyse de la présente section

Groupements	Pays	Périodes couvertes	Valeurs prévues/estimées des PAMT
OCDE	Australie, Autriche, Belgique, Canada, Danemark, Finlande, France, Grèce, Irlande, Japon, Luxembourg, Pays-Bas, Nouvelle-Zélande, Norvège, Portugal, Espagne, Suède, Suisse, Royaume-Uni et États-Unis	1985-1998	Danemark 1985 ; Irlande 1992-1993, 1997-1998 ; Japon 1986-1986 ; Luxembourg 1998 ; Portugal 1985, 1997-1998 ; États-Unis 1985
Union européenne	Autriche, Belgique, Danemark, Finlande, France, Grèce, Irlande, Luxembourg, Pays-Bas, Portugal, Espagne, Suède et Royaume-Uni	1985-1998	Danemark 1985 ; Irlande 1992-1993, 1997-1998 ; Luxembourg 1998 ; Portugal 1985, 1997-1998
Amérique du Nord	Canada et États-Unis	1985-1998	États-Unis 1985
Asie	Japon et Corée	1990-1998	Japon 1985-1986
Pays nordiques	Danemark, Finlande, Suède et Norvège	1985-1998	Danemark 1985
Europe de l'Est	République tchèque, Hongrie et Pologne	1993-1998	Pologne 1997-1998
Europe du Sud	Grèce, Espagne et Portugal	1985-1998	Portugal 1985, 1997-1998
Europe centrale et occidentale	Autriche, Belgique, France, Irlande, Luxembourg, Pays-Bas, Suisse et Royaume-Uni	1985-1998	Irlande 1992-93, 1997-1998 ; Luxembourg 1998
Océanie	Australie et Nouvelle-Zélande	1985-1998	–

– Sans objet.
Source : Les moyennes non pondérées présentées dans les tableaux et graphiques couvrent seulement les pays pour lesquels les données sont disponibles pour toutes les années. Pays non inclus dans les totaux de l'OCDE et les groupements régionaux (motif) : Corée, Hongrie, Italie, Mexique, Pologne et la République tchèque (les données commencent plus tard) ; Allemagne (rupture dans la série) ; République slovaque (adhésion en 2000) ; Islande et Turquie (pas de données).

Tableau 1.A.2. Groupements de pays : flux d'entrée de participants

Groupements	Pays	Périodes couvertes	Valeurs prévues/estimées des PAMT
OCDE 10	Australie, Canada, Danemark, Finlande, France, Pays-Bas, Portugal, Espagne, Suède et Suisse	1985-1998	Australie 1998 ; Canada 1985, 1997-1998 ; Danemark 1985, 1988 ; Finlande 1985 ; Portugal 1997-1998 ; Suède 1985-1986 ; Suisse 1996-1997
OCDE 16	Australie, Canada, République tchèque, Danemark, Finlande, France, Grèce, Hongrie, Corée, Mexique, Pays-Bas, Portugal, Espagne, Suède, Suisse et Royaume-Uni	1992-1998	Australie 1998 ; Canada 1985, 1997-1998 ; Danemark 1985, 1988 ; Finlande 1985 ; Grèce 1997-1998 ; Portugal 1997-1998 ; Suède 1985-1986 ; Suisse 1996-1997

BIBLIOGRAPHIE

BRODSKY, M.M. (2000),
« Public-Service Employment Programs in Selected OECD Countries », *Monthly Labor Review*, octobre, pp. 31-41.

CALMFORS, L. (1994),
« Politiques actives du marché du travail et chômage – Cadre d'analyse des aspects cruciaux de la conception des mesures », *Revue économique,* n° 22, pp. 7-52, OCDE, Paris.

CALMFORS, L. et SKEDINGER, P. (1995),
« Does Active Labour Market Policy Increase Employment? Theoretical Considerations and Some Empirical Evidence from Sweden », *Oxford Review of Economic Policy*, vol. 11, n° 1, pp. 91-109.

CORDON, S. (2001),
« Shortage of Skilled Workers Will Get Worse: Labour Experts », *The Globe and Mail*, 23 février.

DOBBINS, A. (2000),
« Labour and Skill Shortages Intensify », *Observatoire européen des relations industrielles*, 20 juin, www.eiro.eurofound.ie/2000/06/features/ie0006152f.html

DUNNE, M. (2000),
« The Skills Shortage – The Battle Goes On », *Advanced Manufacturing Technology*, vol.13, n° 3, pp. 34-35.

ECONOMIST, THE (2001),
« Bridging Europe's Skills Gap », *The Economist,* 31 mars, pp. 67-68.

FAY, R. (1996),
« Enhancing the Effectiveness of Active Labour Market Policies: Evidence from Programme Evaluations in OECD Countries », Politique du marché du travail et politique sociale, documents hors série n° 18, Direction de l'éducation, de l'emploi et des affaires sociales, OCDE, Paris.

JONGEN, E.L.W., van GAMEREN, E. et GRAAFLAND, J.J. (2000),
« The Impact of Active Labour Market Policy », Research Memorandum n° 166, CPB (Netherlands Bureau for Economic Policy Analysis), La Haye, juin.

LAYARD, R. (2001),
« Mobilising the Unemployed », document de travail, London School of Economics, janvier.

MARTIN, J.P. (2000),
« Ce qui fonctionne dans les politiques actives du marché du travail : Observations découlant de l'expérience des pays de l'OCDE », *Revue économique n° 30*, pp. 85-122, OCDE, Paris.

NICKELL, S. et LAYARD, R. (2000),
« Labor Market Institutions and Economic Performance », dans Ashenfelter, O. et Card, D. (dir. pub.), *Handbook of Labor Economics, vol. 3C*, Elsevier Science.

OCDE (1988),
Perspectives de l'emploi, Paris.

OCDE (1990),
Le marché du travail : Quelles politiques pour les années 1990 ?, Paris.

OCDE (1992),
Perspectives de l'emploi, Paris.

OCDE (1993),
Perspectives de l'emploi, Paris.

OCDE (1994),
L'étude de l'OCDE sur l'emploi : partie II, Paris.

OCDE (1995),
L'étude de l'OCDE sur l'emploi : La mise en œuvre de la stratégie, Paris.

OCDE (1996*a*),
La stratégie de l'OCDE pour l'emploi : Accélérer la mise en œuvre, Paris.

OCDE (1996*b*),
La stratégie de l'OCDE pour l'emploi : Renforcer l'efficacité des politiques actives du marché du travail, Paris.

OCDE (1999a),
Preparing Youth for the 21st century: The Transition from Education to the Labour Market (disponible uniquement en anglais), Paris.

OCDE (1999b),
Le service public de l'emploi aux États-Unis, Paris.

OCDE (1999c),
La mise en œuvre de la stratégie de l'OCDE pour l'emploi : Évaluation des performances et des politiques, Paris.

OCDE (2000a),
Des réformes pour une société vieillissante, Paris.

OCDE (2000b),
De la formation initiale à la vie active : Faciliter les transitions, Paris.

OCDE (2000c),
Perspectives de l'emploi, Paris.

OCDE (2000d),
Approfondir les réformes en Corée, Paris.

OCDE (2001a),
Politiques du marché du travail en Australie, Paris.

OCDE (2001b),
Politiques du marché du travail et service public de l'emploi, Paris.

OCDE (2001c),
Perspectives économiques, n° 69, juin, Paris.

PISANI-FERRY, J. (2000),
« Plein emploi », *Analyses économiques*, n° 7, décembre, Conseil d'analyse économique.

WZB (Social Science Research Center Berlin) (1997),
« Progress in Evaluation Research: Documentation of Two Transfer-Workshops on the International Handbook of Labour Market Policy and Evaluation », document de travail FSI97-203.

Chapitre 2

QUAND L'ARGENT FAIT DÉFAUT : LA DYNAMIQUE DE LA PAUVRETÉ DANS LES PAYS DE L'OCDE

Résumé

En dépit de la solide croissance économique qu'a connue la zone de l'OCDE pendant ces dernières décennies, une fraction non négligeable de la population, dans de nombreux pays de l'OCDE, est constituée d'individus appartenant à des ménages dont le revenu n'est pas suffisant pour leur assurer un niveau de vie jugé satisfaisant dans le pays où ils résident. Ces individus sont considérés comme étant en situation de pauvreté, même s'ils sont en mesure d'assurer leur subsistance physique. Si les critères précis au regard desquels il convient d'évaluer la pauvreté varient d'un pays à l'autre, s'efforcer de réduire l'incidence et la persistance de la pauvreté est un objectif partagé par tous. Réaliser cet objectif est d'autant plus difficile que l'expérience de la pauvreté est variable d'un individu à l'autre et d'un pays à l'autre. De nombreuses analyses de la pauvreté se focalisent sur le niveau de la pauvreté à une ou quelques dates particulières. Cette approche apporte d'intéressantes informations sur l'étendue de la pauvreté et ses caractéristiques selon les époques et selon les pays, mais elle rend mal compte de l'expérience individuelle de la pauvreté et, par conséquent, n'éclaire pas sur la meilleure attitude à adopter pour lutter contre la pauvreté. Certains individus ne connaissent qu'un seul épisode de pauvreté, de courte durée, tandis que d'autres sont pris dans un engrenage de la pauvreté. La part relative de la pauvreté passagère et de la pauvreté persistante est sans doute très variable d'un pays à l'autre, de même sans doute que la relation entre la persistance de la pauvreté et les caractéristiques individuelles, familiales et sociales. Pour concevoir des politiques efficaces pour lutter contre la pauvreté, il faut bien comprendre ces situations et ces mécanismes.

Ce chapitre vise à aider à élaborer des politiques nationales de lutte contre la pauvreté en examinant les structures et les déterminants de la pauvreté – incidence, flux d'entrée et de sortie et persistance – autrement dit la « dynamique de la pauvreté ». Certes, des travaux ont déjà été consacrés, dans le passé, à la dynamique de la pauvreté dans un certain nombre de pays de l'OCDE. Ce qui fait la spécificité de la présente étude c'est qu'elle utilise des données portant sur un plus grand nombre de pays, à savoir les pays de l'Union européenne retenus dans le panel communautaire des ménages (PCM). L'analyse empirique est structurée en fonction de la durée sur laquelle la persistance de la pauvreté et les flux d'entrée et de sortie de la pauvreté peuvent être observés, sur la base de plusieurs sources de données. La dynamique de la pauvreté à court terme est analysée pour douze pays de l'Union européenne, le Canada et les États-Unis sur la base de données de panel sur trois ans. La dynamique de la pauvreté à plus long terme, sur six à huit ans, est également analysée, mais pour un plus petit nombre de pays (quatre), les données longitudinales requises n'étant pas toujours disponibles. Les données de panel sur une courte et une longue période sont exploitées pour établir des tableaux décrivant la dynamique de la pauvreté et ses liens avec certaines caractéristiques familiales et individuelles et procéder à une analyse économétrique de ces divers éléments. Les caractéristiques considérées, en rapport avec l'environnement économique et social, sont par exemple le lien à l'emploi, l'existence de revenu d'activité et autres sources de revenus, la structure familiale, l'éducation, l'âge et la structure du système fiscal et de transferts.

L'analyse met en évidence un paradoxe apparent, à savoir qu'il y a à la fois une certaine fluidité de la pauvreté et des mécanismes d'engrenage à long terme. Les épisodes de pauvreté sont en général courts et semblent alors le plus souvent correspondre à une détérioration passagère de la situation de personnes qui ont un revenu suffisant sur une longue période. En revanche, la plupart des années de pauvreté correspondent à des personnes qui connaissent généralement plusieurs épisodes de pauvreté et ont un revenu moyen sur une longue période inférieur au seuil de

© OCDE 2001

pauvreté, même si leur revenu annuel peut, occasionnellement, excéder le seuil de pauvreté. Dans tous les pays, la pauvreté persistante est étroitement associée à l'absence d'actifs dans un ménage et aux ménages avec enfants où il n'y a qu'un seul adulte. Cependant, ces types de ménage ne représentant qu'une part relativement faible de la population, une grande partie du temps passé en situation de pauvreté concerne, en fait, des ménages d'actifs ou des ménages caractérisés par une structure familiale plus traditionnelle. Les flux d'entrée et de sortie de la pauvreté sont plus fréquemment associés à des changements dans la situation au regard de l'emploi qu'à des changements touchant la structure familiale, encore que les deux soient étroitement liés. Dans les pays de l'Union européenne, mais à un moindre degré aux États-Unis, il y a un lien étroit entre le système fiscal et de transferts et les flux d'entrée-sortie et la persistance de la pauvreté. Par rapport à la situation observée dans les États membres de l'Union européenne, les flux d'entrée et de sortie de la pauvreté, au Canada et aux États-Unis, sont plus étroitement liés à des changements touchant la structure familiale, et une plus grande partie du temps total passé en situation de pauvreté, aux États-Unis, concerne des ménages où le lien à l'emploi est fort.

La relation étroite constatée entre la situation au regard de l'emploi et les flux d'entrée-sortie et la persistance de la pauvreté valide l'orientation générale de la politique sociale, axée sur l'emploi. Cependant, la forte incidence de la pauvreté dans les ménages d'actifs signale la nécessité de mettre en œuvre des politiques destinées à améliorer le maintien dans l'emploi et faciliter la progression dans l'échelle des emplois pour les individus appartenant à des ménages qui sortent de la pauvreté, parallèlement aux politiques destinées à faciliter l'accès à l'emploi. L'analyse des données confirme également la conclusion mise en évidence par de précédentes études selon lesquelles un système de protection sociale étendu réduit la pauvreté au cours d'une année donnée, mais elle élargit cette conclusion en montrant que ce type de transferts publics tend aussi à limiter la persistance de la pauvreté. Lorsque ces transferts prennent la forme de prestations liées à l'exercice d'une activité, ils peuvent aussi contribuer à l'accroissement de l'emploi.

Introduction

Remédier aux problèmes que sont la pauvreté et l'exclusion sociale vient aux premiers rangs des priorités des pays de l'OCDE. Parmi les difficultés auxquelles les gouvernants se trouvent confrontés, il y a la grande variabilité des expériences individuelles et familiales. L'analyse de la pauvreté consiste, en règle générale, à observer la population pauvre à une ou quelques dates particulières. Bien que cette approche soit utile pour suivre l'évolution générale de la pauvreté dans le temps, elle ne rend pas compte des grandes disparités entre individus du point de vue du parcours et des perspectives sur un plan économique, non plus que de la diversité des flux d'entrée et de sortie de la pauvreté et des différences qui en résultent, d'un pays à l'autre, en ce qui concerne le temps passé en situation de pauvreté. Pour certains, la pauvreté est temporaire. Alors que d'autres se trouvent pris dans un engrenage de la pauvreté, qui implique faiblesse du niveau de vie et risque accru d'exclusion sociale sur une longue période.

Des politiques publiques de nature à assurer un niveau minimum de consommation et la réinsertion dans la vie économique seraient peut-être souhaitables pour tous les individus en situation de pauvreté, que l'on s'attende à ce que cette situation perdure ou non. Cependant, pour que les politiques de lutte contre la pauvreté soient efficaces, il faut auparavant avoir bien compris les situations de pauvreté individuelles. Cela signifie caractériser précisément les épisodes de pauvreté en termes de durée, comprendre les besoins économiques et les perspectives des individus exposés au risque de pauvreté, et aussi comprendre leur réaction probable à des mesures d'aide. Dans cette optique, on analyse ici la « dynamique » de la pauvreté, en examinant notamment la durée des épisodes de pauvreté et la fréquence et la nature des mouvements d'entrée et de sortie de la pauvreté. Cette analyse vise à permettre des comparaisons plus approfondies de l'incidence, de l'intensité et de la persistance de la pauvreté monétaire dans différents pays de l'OCDE. Sont aussi analysées les spécificités de l'expérience de la pauvreté selon les groupes de population à l'intérieur d'un même pays. Enfin, on s'attache à analyser les déterminants de ces situations, surtout dans la mesure où cela peut aider à apprécier les diverses stratégies envisageables de lutte contre la pauvreté.

L'analyse empirique est structurée en fonction de la durée sur laquelle la persistance et les flux d'entrée et de sortie de la pauvreté peuvent être observés. La section I fixe le cadre de l'analyse empirique, définissant les problèmes à traiter et décrivant les définitions et sources de données utilisées pour mesurer la pauvreté monétaire et sa dynamique. La section II analyse la dynamique de la pauvreté sur une période de trois ans, période la plus longue pour laquelle des données longitudinales sont disponibles pour un nombre appréciable de pays de l'OCDE. Même sur une aussi courte période, une vision dynamique de la pauvreté apporte un éclairage intéressant. La dynamique de la pauvreté à plus long terme est analysée à la section III, mais pour un plus petit nombre de pays, les données longitudinales requises n'étant pas toujours disponibles. Cette analyse aide à comprendre l'étendue et les causes d'une pauvreté persistante, ainsi que les facteurs qui facilitent – ou gênent – une sortie durable de la pauvreté.

Principaux résultats

Les principales conclusions dégagées dans ce chapitre sont les suivantes :

- L'analyse de la dynamique de la pauvreté fait apparaître une situation générale paradoxale : il y a une certaine fluidité dans la pauvreté mais, dans le même temps, elle se caractérise par des mécanismes d'engrenage à long terme. Les épisodes de pauvreté sont en général courts et semblent alors le plus souvent correspondre à une détérioration passagère de la situation de personnes qui ont un revenu suffisant sur une longue période. En revanche, la plupart des années de pauvreté correspondent à des personnes qui connaissent généralement plusieurs épisodes de pauvreté et ont un revenu sur une longue période inférieur à la moitié du revenu médian au niveau national. Les rechutes contribuent à expliquer ce paradoxe apparent : en effet, la plupart des personnes qui parviennent à échapper à la pauvreté au cours d'une année y retomberont dans un délai relativement court. Si les personnes qui vivent en permanence dans la pauvreté pendant une longue période sont relativement rares, la plupart des individus qui font l'expérience de la pauvreté au cours d'une année perçoivent sur plusieurs années des revenus qui ne leur permettent pas de s'élever au-dessus du seuil de pauvreté, en moyenne. La prise en compte de ces éléments accroît notablement la persistance mesurée de la pauvreté.

- Les deux aspects de la pauvreté s'observent dans tous les pays analysés, mais leur importance relative varie. En général, les pays où le taux de pauvreté est élevé, selon la mesure traditionnelle (autrement dit au regard du revenu annuel), se caractérisent également par une plus grande persistance de la pauvreté. Cela signifie qu'une analyse à plus long terme de la pauvreté tend à accentuer et non pas atténuer les écarts entre pays. Sur la base des données de panel sur trois ans, on observe que 44 pour cent des pauvres au regard du revenu annuel au Danemark (qui est le pays où le taux de pauvreté est le plus faible) se situent également en dessous du seuil de pauvreté en termes de revenu moyen sur trois ans, alors que la proportion est de 89 pour cent aux États-Unis (pays où le taux de pauvreté est le plus élevé). Lorsqu'on utilise des séries plus longues, la persistance de la pauvreté et sa concentration apparaissent particulièrement fortes aux États-Unis. La persistance et la concentration de la pauvreté sont plus faibles en Allemagne, au Canada et au Royaume-Uni, bien qu'elles soient assez élevées en Allemagne lorsque la pauvreté est mesurée par rapport au revenu avant impôt et transferts.

- Les caractéristiques essentielles de l'incidence et de la persistance de la pauvreté ne sont pas influencées par une modification de l'échelle utilisée, autrement dit des coefficients d'ajustement appliqués pour tenir compte de la taille de la famille et du seuil de pauvreté. Si le seuil de pauvreté est fixé à un niveau plus élevé, l'incidence et la persistance de la pauvreté s'en trouvent accrues mais les comparaisons entre pays ne sont guère affectées par le recours à une échelle *relative* différente de la pauvreté. L'utilisation d'un seuil *absolu* de pauvreté altérerait par contre sensiblement le classement des pays, au profit de ceux où le revenu moyen est élevé, mais les données analysées dans ce chapitre se prêtent vraisemblablement mal à l'application d'une telle approche.

- Le profil des ménages qui présentent un risque de pauvreté supérieur à la moyenne est qualitativement comparable dans tous les pays : le risque est particulièrement élevé pour les ménages dont le chef de famille est une femme, un jeune ou un parent isolé, ou n'a pas achevé ses études secondaires du deuxième cycle, ainsi que pour les ménages dans lesquels aucun adulte n'a d'emploi. Qui plus est, dans la plupart des pays étudiés, les enfants ont plus de risques que les adultes de souffrir de la pauvreté. La concentration de la pauvreté sur les groupes les plus vulnérables tend à s'accroître avec la persistance de la pauvreté. Les groupes les plus exposés ne représentant souvent qu'une petite fraction de la population totale, les groupes comparativement moins exposés (ménages dont le chef de famille est un homme ou dans lesquels au moins une personne est au travail, par exemple) peuvent néanmoins constituer l'essentiel de la population pauvre.

- Il est fréquent qu'aucun adulte n'ait d'emploi dans les ménages d'âge actif en situation de pauvreté au cours d'une année donnée, mais la coexistence entre l'emploi et la pauvreté s'accroît notablement lorsque l'on prend en compte l'emploi intermittent sur plusieurs années. Cela incite à penser que l'emploi à bas salaire et précaire caractérise mieux l'expérience de nombreux ménages pauvres qu'une exclusion durable du marché du travail.

- Les entrées et sorties de la pauvreté coïncident souvent avec des changements par rapport à l'emploi, changements concernant le nombre de personnes qui travaillent au sein du ménage ou le nombre de mois travaillés durant l'année, par exemple. Les changements touchant la structure familiale sont moins souvent associés à ces mouvements d'entrée-sortie de la pauvreté. Cependant, l'entrée dans la pauvreté liée à une diminution du nombre d'actifs occupés au sein du ménage s'explique plus souvent par le départ du ménage d'un actif occupé que par la perte d'emploi de l'un des membres du ménage (c'est le cas environ une fois sur trois dans les pays membres de l'Union européenne et près de deux fois sur trois aux États-Unis). Dans les pays membres de l'Union européenne, mais pas aux États-Unis, les changements touchant les revenus de transfert jouent un grand rôle dans les flux de pauvreté.

- Les régressions intégrant les caractéristiques familiales et individuelles confirment l'importance du rôle qui revient à la situation au regard de l'emploi et aux caractéristiques démographiques dans les entrées et sorties et la persistance de la pauvreté. Les régressions se fondant sur les séries longues montrent que les personnes appartenant aux catégories à haut risque définies sur la base de caractéristiques mesurables passeront plus de la moitié d'une période donnée de six à huit ans dans la pauvreté. Malgré l'importance des caractéristiques familiales et individuelles pour la détermination du risque relatif de pauvreté des diverses catégories de la population d'un même pays, les régressions utilisant les séries courtes font apparaître des différences substantielles entre pays dans la dynamique de la pauvreté, différences qui ne sont guère affectées par l'élimination des effets des divergences observées entre pays dans la répartition de ces caractéristiques associées à la pauvreté.

- Les corrélations simples mises en évidence au niveau international tendent à montrer qu'un système de protection sociale étendu et un ciblage accentué des dépenses sociales sur les ménages à bas revenu contribuent à faire décroître la persistance de la pauvreté, sans parler de l'efficacité reconnue de ces dispositifs pour ce qui est de faire reculer la pauvreté sur un plan transversal. Il semble aussi qu'une part plus élevée d'emploi à bas salaire dans l'emploi total puisse accroître la persistance de la pauvreté, et qu'à l'inverse une plus forte densité syndicale puisse contribuer à la faire décroître. Les écarts entre pays du point de vue des taux d'emploi et de chômage ne paraissent pas jouer un grand rôle pour expliquer les écarts dans la persistance de la pauvreté.

- Parmi les quatre pays pour lesquels les données requises sont disponibles, on observe que c'est en Allemagne que le système fiscal et de transferts contribue le plus à réduire la pauvreté, après quoi viennent le Canada, le Royaume-Uni et les États-Unis. Dans chacun de ces pays, l'effet est particulièrement net pour la population ayant atteint l'âge de la retraite. Aux États-Unis, les impôts et transferts publics n'ont pratiquement aucune incidence sur les taux de pauvreté parmi les ménages d'âge actif lorsque, comme c'est le cas ici, le seuil de pauvreté est fixé à la moitié du revenu médian à l'échelon national. Par contre, l'efficacité de ces mesures fiscales en tant qu'instrument de lutte contre la pauvreté se trouverait améliorée si on utilisait le seuil officiel de pauvreté aux États-Unis, par exemple, dont le niveau est inférieur.

I. Les questions à examiner et l'approche retenue pour l'analyse des données

A. Questions à examiner

Le présent chapitre s'appuie sur plusieurs études menées récemment à l'OCDE sur l'inégalité des revenus et la pauvreté, dans le cadre des efforts accrus de recherche suscités par la suspicion d'une aggravation des inégalités de revenu. Les données d'observation disponibles témoignent en effet que les écarts de revenu se sont creusés ces derniers temps dans de nombreux pays de l'OCDE, et que cette tendance est imputable pour beaucoup à la polarisation de l'emploi et à une plus grande dispersion des salaires [Förster (2000) ; Gregg et Wadsworth (1996) ; Nolan et Hughes (1997)]. Les évolutions constatées dans les divers pays sont toutefois loin d'être uniformes et les différences existant dans la structure de l'emploi et des gains contribuent largement à expliquer les disparités entre pays que les données transversales font ressortir dans le degré global d'inégalité des revenus et l'incidence de la pauvreté [Oxley *et al.* (1999) ; Smeeding, Rainwater et Burtless (2000)].

Contrairement à la plupart des études, qui reposent sur des données transversales ou sur des données longitudinales concernant un seul pays, Duncan *et al.* (1993, 1995) et Oxley *et al.* (2000) ont utilisé des microdonnées longitudinales pour réaliser une analyse comparative de la *dynamique* de la pauvreté dans différents pays. Ces auteurs mettent ainsi en évidence des flux importants d'entrée et de sortie de la pauvreté d'une année sur l'autre dans les six à huit pays relativement riches composant leur échantillon. Ces mouvements font que les taux instantanés de pauvreté risquent de fournir des informations trompeuses, conduisant à sous-estimer la part de la population qui connaît la pauvreté au moins une fois au cours d'une période de plusieurs années et à surestimer la part de la population qui vit en permanence dans la pauvreté.

L'analyse fournie dans les sections II et III ci-après étend l'étude de la dynamique de la pauvreté à un échantillon de pays plus important que ceux de Duncan *et al.* (1993, 1995) et d'Oxley *et al.* (2000) et vise à permettre un examen plus approfondi de certaines questions. Une attention particulière est portée à l'analyse des liens entre l'évolution des marchés du travail et la dynamique de la pauvreté étant donné que la détérioration de la sécurité des rémunérations et de l'emploi observée pour certaines catégories de travailleurs (notamment les personnes possédant un faible niveau d'instruction) semble avoir contribué à l'augmentation du nombre de ce qu'on appelle « les travailleurs pauvres » dans certains pays de l'OCDE [Keese *et al.* (1998) ; Nolan et Marx (1999) ; Mishel, Bernstein et Schmitt (2001)]. Le fait que les gouvernements des pays de l'OCDE tendent de plus en plus à privilégier les « politiques sociales axées sur l'emploi », c'est-à-dire à faire des programmes visant à accroître l'emploi le pivot de leur stratégie de lutte contre la pauvreté et l'exclusion sociale [OCDE (2000)], constitue une raison supplémentaire de s'intéresser à ces liens.

En centrant par trop l'analyse sur les événements liés à l'emploi et sur la dynamique à court terme de la pauvreté, on risque toutefois de négliger le caractère persistant de la pauvreté pour certaines catégories importantes de la population. Grâce à l'étude novatrice qu'ils on pu mener sur ce sujet en s'appuyant sur des données américaines, Bane et Ellwood (1986) ont montré que la majorité des pauvres recensés à un instant donné sont des personnes qui traversent une longue période de pauvreté et que certaines structures familiales (par exemple les familles ayant à leur tête une mère isolée) accroissent grandement le risque de pauvreté durable. Par ailleurs, le revenu d'une personne qui sort de la pauvreté n'excède parfois que de peu le seuil de pauvreté, et ce, finalement, pendant un temps assez court seulement. En conséquence, on s'applique dans le présent chapitre à analyser non seulement la *dynamique* de la pauvreté mais aussi les facteurs qui peuvent contribuer à la *pérenniser* et ses *effets cumulatifs*.

L'objectif ultime du présent chapitre est de permettre un débat mieux informé sur la nature, les causes et les remèdes de la pauvreté monétaire dans les pays de l'OCDE. Parmi les principales questions qu'il convient de se poser figure celle de savoir si la pauvreté touche de manière à peu près égale tous les segments de la population ou si elle est concentrée dans certaines sous-catégories restreintes de cette dernière. En effet, si les expériences individuelles de pauvreté résultent essentiellement de fluctuations passagères des revenus dues à l'instabilité de l'emploi, le meilleur remède consiste vraisemblablement à recourir à des dispositifs comme les prestations de chômage et les services de placement et à des mesures macro-économiques. Par contre, si la pauvreté est concentrée sur des groupes qui rencontrent des difficultés durables pour accéder à l'emploi – personnes ne possédant pas les compétences rudimentaires ou mères isolées, par exemple – des dispositions comme la mise en place de cours de « rattrapage » pour adultes ou de services subventionnés de garderie seront sans doute plus efficaces. C'est pourquoi on a procédé ici à une analyse détaillée des effets des antécédents d'emploi et de la structure familiale sur la dynamique de la pauvreté. Il se pourrait enfin que la structure de la fiscalité et des transferts influe sur la persistance de la pauvreté, avec le risque que la dépendance à l'égard des transferts ne devienne un problème majeur [Gallie et Paugam (2000) ; Lindbeck (1995a, b)]. Un dernier ensemble de questions s'articule donc autour de l'influence de la politique en matière de fiscalité et de transferts sur l'incidence et la dynamique de la pauvreté. Pour y répondre, on a rassemblé des données de panel portant sur trois ans pour quatorze pays et sur une période plus longue pour quelques pays.

B. Mesurer la pauvreté et sa dynamique

L'unité de référence est l'individu, mais la situation de chaque individu au regard de la pauvreté est appréciée en fonction de l'adéquation du revenu disponible total du ménage auquel cet individu appartient[1]. La principale variable étudiée est le revenu monétaire annuel disponible (autrement dit après impôts directs et transferts). Afin de tenir compte de la taille de la famille, le revenu disponible annuel est ajusté au moyen de l'échelle d'équivalence modifiée mise au point par l'OCDE[2]. « L'équivalent » revenu ainsi obtenu fournit une estimation du potentiel de consommation de chaque membre du ménage[3], sachant qu'est considéré comme pauvre tout individu dont l'équivalent revenu disponible est inférieur à 50 % de la médiane de la distribution des équivalents revenus disponibles à l'échelon national (l'encadré 2.1 fournit des informations sur la manière dont il convient d'interpréter les mesures *relatives* de la pauvreté, du type de celles utilisées ici, et explique en quoi elles se différencient des mesures *absolues*).

Encadré 2.1. Mesures relatives et absolues de la pauvreté

Un élément déterminant dans la définition de la pauvreté est le choix du seuil de revenu en deçà duquel un individu sera considéré comme pauvre. Dans ce chapitre, on utilise un seuil *relatif* de pauvreté, qui a été fixé à la moitié du revenu médian à l'échelon national. Autrement dit, entrent dans la population pauvre toutes les personnes dont le revenu disponible est sensiblement inférieur à celui du citoyen moyen de leur pays. La principale autre possibilité consiste à fixer le seuil de pauvreté au niveau minimum de revenu indispensable pour s'assurer un niveau de vie *absolu* satisfaisant. C'est en général ce qui se fait dans les études concernant les pays en développement. La Banque mondiale, par exemple, utilise le concept « d'extrême pauvreté », lequel se définit comme la disposition d'un revenu de moins d'un dollar par jour, seuil jugé rendre à peu près compte du minimum de ressources nécessaire pour assurer sa subsistance physique*. Certains pays de l'OCDE ont eux aussi recours à des mesures absolues de la pauvreté (cas, par exemple, du seuil officiel de pauvreté aux États-Unis). D'autres ont opté pour des mesures relatives, par exemple 60 pour cent du revenu moyen, seuil utilisé par Eurostat et certains États membres de l'Union européenne.

L'analyse de la dynamique de la pauvreté présentée ici est influencée par la décision qui a été prise de retenir un seuil relatif et non absolu de pauvreté. Les comparaisons internationales s'en trouvent en effet considérablement affectées dès lors que le niveau moyen de revenu diffère d'un pays à l'autre. Si on avait utilisé des mesures absolues, la pauvreté en aurait été réduite dans les pays à revenu élevé par rapport aux pays à faible revenu. Et comme il existe une corrélation positive entre la persistance de la pauvreté et le niveau de la pauvreté annuelle, la persistance de la pauvreté en aurait, elle aussi, été réduite dans les pays à revenu élevé par rapport aux pays à faible revenu.

Sur le plan pratique, il ne paraissait pas possible d'obtenir des résultats fiables en retenant une mesure absolue de la pauvreté avec les données utilisées dans ce chapitre. Le principal problème vient du fait que les niveaux de revenu se prêtent beaucoup moins bien à des comparaisons entre pays que les revenus relatifs à l'intérieur d'un même pays [Eurostat (2000*b*)]. Dans le panel communautaire des ménages, par exemple, le degré de sous-évaluation des revenus déclarés semble varier d'un pays à l'autre. Si on utilise les parités de pouvoir d'achat pour convertir un seuil absolu de pauvreté dans les différentes monnaies nationales, les estimations de la pauvreté sont alors gonflées pour les pays où ce degré de sous-évaluation est le plus important (certains calculs, dont il n'est pas rendu compte ici, tendent à montrer que cela constitue un sérieux problème dans le cas de certains pays couverts par le panel communautaire). Une deuxième difficulté vient de ce que le concept de revenu monétaire, auquel renvoient les données, se prête mal à une comparaison des niveaux de vie absolus car il ne tient pas compte des disparités entre pays dans la fourniture d'avantages non marchands tels que les services publics de soins de santé, de logement ou d'enseignement. Autant de raisons qui, liées à certaines autres du même ordre (notamment les limites des parités de pouvoir d'achat pour la comparaison des niveaux de vie), font que pratiquement toutes les études comparatives sur la pauvreté dans les pays développés s'appuient sur une mesure relative de la pauvreté.

Diverses considérations théoriques justifient également le recours à une mesure relative de la pauvreté pour l'analyse de la dynamique des bas revenus et de l'exclusion sociale dans les pays développés. Pour être en mesure de participer pleinement à la vie sociale de la communauté dans laquelle il vit, il est vraisemblable qu'un individu doive pouvoir se prévaloir d'un niveau de ressources qui ne soit pas par trop inférieur à la norme. Le budget qu'il faut consacrer à l'habillement d'un enfant pour que celui-ci ne se sente pas la risée de ses camarades de classe, par exemple, est bien davantage fonction du niveau de vie national que du niveau des ressources strictement nécessaires pour assurer la subsistance physique de tout être humain. En outre, la pauvreté monétaire relative – surtout si elle dure – s'accompagne d'un risque élevé de privations (régime alimentaire ou logement inadéquat, par exemple) et d'un sentiment latent d'insécurité financière (les intéressés ayant du mal à « joindre les deux bouts » ou accumulant les retards de paiement, par exemple) [Layte *et al.* (2000*b*) ; Whelan *et al.* (1999)]. Enfin, d'un point du vue éthique, il peut apparaître injuste que les membres d'une même communauté ne bénéficient pas également d'un accroissement général de la prospérité. Ce type de relativisation soulève des problèmes sociaux et normatifs complexes mais les mesures relatives de la pauvreté sur lesquelles il se fonde fournissent un instrument utile pour évaluer les performances économiques. Cela dit, dans les comparaisons internationales de la pauvreté et de sa dynamique, il ne faut pas perdre de vue qu'un même seuil relatif de pauvreté (la moitié du revenu médian, par exemple) peut correspondre à des niveaux de vie absolus différents d'un pays à l'autre.

---

* Le premier des sept objectifs internationaux de développement adopté par les Nations Unies est la réduction de moitié, entre 1990 et 2015, de la proportion de personnes vivant dans l'extrême pauvreté [Banque mondiale (2001)].

L'échelle d'équivalence et le seuil de pauvreté retenus ici sont certes quelque peu arbitraires. Cela dit, ces valeurs étant celles – ou très proches de celles – qui sont utilisées dans la plupart des travaux publiés [par exemple CBS (2000) ; Layte, Nolan et Whelan (2000) ; Oxley *et al.* (2000)], les choisir facilite la comparaison des résultats présentés dans les sections II et III avec ceux des précédentes études. Étant donné que la taille des familles et la densité de la distribution des revenus autour du seuil de pauvreté de 50 % du revenu médian varient d'un pays à l'autre, les comparaisons internationales et la dynamique de la pauvreté risquent d'être influencées par l'indicateur utilisé. Les travaux passés donnent toutefois à penser que cela n'a le plus souvent guère d'incidence sur les comparaisons d'ordre qualitatif [Förster (2000) ; Oxley *et al.* (1999)]. Cette question est étudiée plus avant dans l'annexe 2.B où sont utilisés plusieurs échelles d'équivalence et seuils de pauvreté afin d'évaluer la sensibilité des résultats à ces paramètres. Le plupart des résultats d'ordre qualitatif présentés dans le corps du texte ne sont pas affectés par ces modifications.

Comme on s'intéresse avant tout dans le présent chapitre à la dynamique de la pauvreté, il était particulièrement important de définir des mesures de la pauvreté tenant compte des entrées et sorties et de la persistance de la pauvreté. A cet effet, on a eu recours à deux grands types d'indicateurs dans les analyses présentées aux sections II et III. Comme l'ont fait les études précédentes, on s'est intéressé au nombre d'années pendant lequel les individus restent pauvres et au rythme auquel ils entrent et sortent de la pauvreté. En plus de ces indicateurs classiques, on a fait intervenir un concept différent, relativement nouveau, qui permet de tenir compte du flux de revenus sur une période supérieure à l'année. Cet indicateur, qu'on a appelé « pauvreté au regard du revenu permanent » est donné par la moyenne des revenus sur plusieurs années, laquelle est ensuite comparée au seuil moyen de pauvreté pour la même période. Les individus dont le revenu moyen est inférieur au seuil moyen de pauvreté sont dits « pauvres au regard du revenu permanent », ce qui implique que le flux de revenus qu'ils perçoivent au cours d'une période supérieure à l'année (pouvant atteindre jusqu'à huit ans dans la section III) ne leur permet pas de se maintenir à un niveau de vie satisfaisant. Cet indicateur se fonde sur la théorie voulant que le niveau de vie soit davantage déterminé par le « revenu permanent » (c'est-à-dire le revenu « lissé » sur une période relativement longue) que par le revenu d'une seule année[4]. Il se peut, par exemple, que le revenu d'une personne qui échappe à la pauvreté une année donnée n'excède que de peu le seuil de pauvreté et seulement pendant un temps relativement court[5]. Si, pendant qu'elle était pauvre, cette personne disposait d'un revenu nettement inférieur au seuil de pauvreté, la courte période pendant laquelle son revenu excède ce seuil ne lui permet vraisemblablement pas d'atteindre un niveau de pouvoir d'achat l'autorisant à échapper durablement à la pauvreté. Dans les sections II et III, cette mesure de la pauvreté sur une longue période sera associée à des indicateurs classiques des entrées et sorties et de la persistance de la pauvreté afin de donner du problème de la pauvreté une analyse plus approfondie que celle que permet la simple étude du taux annuel de pauvreté.

C. Sources des données

Pour étudier toutes ces questions, il faut des données longitudinales (« de panel ») permettant de suivre l'évolution sur plusieurs années de l'équivalent revenu du ménage pour un échantillon représentatif d'individus. Il faut aussi disposer d'informations sur la situation de tous les membres de ces ménages au regard du marché du travail afin de pouvoir mettre en évidence un lien éventuel entre la dynamique de la pauvreté, d'une part, et la situation au regard de l'emploi et le niveau de rémunération, d'autre part. Jusqu'à récemment, les données longitudinales existantes n'étaient suffisantes que pour quelques pays de l'OCDE seulement[6].

Depuis quelque temps, des données longitudinales adaptées à l'analyse de la dynamique de la pauvreté sont toutefois devenues disponibles pour un nombre plus important de pays de l'OCDE constituant un échantillon plus varié. Les données sous-tendant l'analyse présentée dans les sections II et III proviennent pour l'essentiel de deux sources :

- Le *panel communautaire des ménages (PCM)*, qui fournit trois séries de données (sur les revenus des années 1993 à 1995) pour douze des quinze États membres de l'Union européenne [Eurostat (1997, 2000*a*)][7]. Le PCM a permis une harmonisation et une amélioration de la comparabilité des données de panel relatives aux différents pays car les questionnaires administrés dans les divers pays participants ont été élaborés sur la base d'un ensemble commun de spécifications techniques.

- Les *Cross-National Equivalent Files (CNEF)*. Ceux-ci regroupent des données de panel pour quatre pays, l'Allemagne, le Canada, les États-Unis et le Royaume-Uni, qu'a rassemblées, harmonisées et mises à la disposition des autres chercheurs un groupe de chercheurs de l'Université Cornell [Burkhauser *et al.* (2000)][8]. Ces données présentent deux caractéristiques qui méritent d'être mentionnées : *i)* elles portent sur une période plus longue (6 à 19 ans) que celles provenant du PCM et *ii)* elles fournissent une estimation fiable aussi bien du revenu des ménages avant impôts directs et transferts (autrement dit du revenu « marchand ») que du revenu disponible après impôts et transferts.

Le principal avantage du PCM est le nombre de pays couverts ce qui – en y associant des données provenant d'autre sources – permet une analyse comparative de la dynamique à court terme de la pauvreté pour un échantillon plus nombreux et plus varié de pays de l'OCDE. Outre les données du PCM, ont été utilisées pour l'analyse de la dynamique à court terme de la pauvreté, les données relatives au Canada et aux États-Unis concernant les trois années considérées contenues dans les séries

CNEF, plus longues, afin d'accroître encore la diversité de l'échantillon de pays couvert.

Le principal inconvénient des séries nationales provenant du PCM est le nombre limité d'années pour lequel il existe des données. Un second inconvénient vient du fait qu'elles ne fournissent pas une estimation fiable du revenu avant impôts et transferts. Les données CNEF sont donc extrêmement précieuses en raison de la longueur de la période couverte, qui permet une analyse plus complète et plus fine de la dynamique de la pauvreté sur la base du revenu aussi bien avant impôts qu'après impôts. Ces données autorisent par conséquent, non seulement l'étude de la dynamique de la pauvreté sur une période plus longue, mais aussi une comparaison des effets des systèmes nationaux d'imposition et de transferts du fait qu'elles renvoient à des variables de revenu appropriées répondant à des définitions identiques. L'analyse de la dynamique sur une longue période de la pauvreté proposée dans la section III s'appuie en conséquence sur deux indicateurs du revenu pour chaque pays : l'équivalent revenu *disponible*, c'est-à-dire le revenu après impôts et transferts ajusté pour tenir compte de la taille du ménage (c'est aussi la variable utilisée pour l'étude de la dynamique à court terme de la pauvreté dans la section II), et l'équivalent revenu *marchand*, c'est-à-dire le revenu avant impôts et transferts ajusté pour tenir compte de la taille du ménage. Dans les *deux* cas, le seuil de pauvreté est fixé à 50 % de la médiane de la distribution des équivalents revenus disponibles (après impôts), laquelle reflète mieux la structure de la consommation.

Utiliser des données transversales pour des comparaisons internationales de la répartition du revenu soulève de nombreux problèmes de comparabilité qui ont déjà été analysés en détail [Atkinson *et al.* (1995) ; The Canberra Group (2001)]. Si, en plus, les données sont tirées d'enquêtes longitudinales différentes, cela pose d'autres problèmes qu'il convient encore d'étudier de tout aussi près. Parmi ces derniers, les cinq suivants peuvent se révéler importants et il convient par conséquent d'en tenir compte dans l'interprétation des résultats présentés dans les sections II et III :

- Les données de panel sont sujettes à un phénomène d'attrition qui peut porter atteinte à la représentativité des échantillons et donc biaiser les estimations. Le risque de *biais d'attrition* est particulièrement important dans le cas du PCM car les taux d'attrition sont fort élevés pour certains des pays participants (jusqu'à 25 %, dans le cas du Royaume-Uni, entre la première et la deuxième édition) et le nombre de pauvres que compte l'échantillon semble diminuer à un rythme disproportionné dans la plupart de ces pays. Des vérifications indépendantes rassurent cependant quelque peu sur l'ampleur du biais qui en résulte dans les estimations transversales de l'incidence de la pauvreté fondées sur les données des deuxième et troisième éditions de l'enquête [CBS (2000) ; Eurostat (2000*b*)], mais le biais d'attrition paraît plus grave dans les estimations s'appuyant sur l'échantillon des personnes qui ont participé aux *trois* éditions du PCM (voir l'annexe 2.A). En conséquence, les estimations de la pauvreté au cours d'une seule année présentées dans ce chapitre reposent en règle générale sur des données transversales concernant des échantillons indépendants les uns des autres, alors que, les estimations de la dynamique de la pauvreté au fil des ans se fondent forcément sur des informations relatives à un échantillon ayant participé à plusieurs éditions successives de la même enquête. Les estimations reposant sur la distribution *conditionnelle* des durées des épisodes de pauvreté et des taux d'entrée et de sortie de la pauvreté sont peut-être moins affectées par le biais d'attrition que celles fondées sur un « décompte » *inconditionnel* des pauvres[9]. Il n'est malheureusement pas possible de vérifier qu'il en va bien ainsi.

- Même si de gros efforts ont été déployés pour harmoniser les données entre pays, il subsiste des différences du fait que les instruments d'enquêtes et les protocoles de collecte des données ne sont pas partout les mêmes. Ce problème d'*harmonisation incomplète* des données est vraisemblablement plus marqué lorsque les comparaisons entre pays reposent sur des données provenant de sources différentes (CNEF pour le Canada et PCM pour l'Italie, par exemple) que lorsqu'elles s'appuient sur des données tirées d'une même source (PCM pour l'Allemagne comme pour le Portugal, par exemple). Cela dit, il semble y avoir de grandes différences, d'un pays à l'autre du PCM, dans le degré de sous-évaluation des revenus déclarés par les ménages[10].

- Des erreurs peuvent se glisser dans les réponses aux questions sur le revenu, conduisant à conclure à tort à une entrée ou une sortie de la pauvreté. Il est mal aisé d'apprécier jusqu'à quel point ces *erreurs de mesure* faussent les estimations de la persistance de la pauvreté. On peut toutefois penser que leur effet est moins marqué lorsque les estimations reposent sur le revenu permanent que lorsqu'elles sont fondées sur les modifications d'une année sur l'autre de la situation au regard de la pauvreté.

- Les *périodes* sur lesquelles portent les données utilisées pour étudier la dynamique de la pauvreté ne sont *pas* totalement *identiques* pour tous les pays.

Les données relatives aux États-Unis en particulier couvrent une période antérieure (milieu des années 80 à 1992) à celle utilisée pour les autres pays, en raison de problèmes dans la cohérence des données américaines concernant les années plus récentes[11]. Même si les années retenues pour les États-Unis ont été choisies de telle sorte que les conditions conjoncturelles prévalant dans ce pays correspondent à peu près à celles observées dans les autres pays étudiés, il n'en reste pas moins qu'en raison de cette différence les résultats ne reflètent pas les répercussions sur la dynamique de la pauvreté aux États-Unis des récentes réformes des programmes d'aide sociale et de la générosité accrue des prestations assujetties à l'exercice d'un emploi (notamment l'EITC, *Earned Income Tax Credit*). Cela dit, les données PSID relatives aux revenus des années ultérieures à 1992 témoignent d'un accroissement de l'incidence et de la persistance de la pauvreté aux États-Unis de sorte que leur utilisation aurait encore accentué les différences entre les États-Unis et les autres pays. Le choix qui a été fait de les exclure peut être considéré comme conduisant à une évaluation prudente de la pauvreté aux États-Unis.

- En raison des sources de données et des méthodes utilisées, certains aspects de la dynamique de la pauvreté sont passés sous silence. Les épisodes très courts de pauvreté sont ignorés du fait que l'analyse se fonde sur des données annuelles et il n'est procédé à aucune étude de la pauvreté des sans domicile fixe et des ménages collectifs.

II. Dynamique de la pauvreté sur trois ans

La présente section est centrée sur la dynamique à court terme de la pauvreté dans douze États membres de l'Union européenne, au Canada et aux États-Unis. Les estimations qui y sont fournies sont dérivées des observations relatives à trois années (1993 à 1995 pour la majorité des pays). L'utilisation d'une période aussi courte limite la portée des résultats à plusieurs égards importants. Premièrement, les statistiques relatives aux différentes années risquent de présenter un biais d'attrition car elles sont dérivées d'échantillons se composant des personnes qui ont participé aux trois éditions successives de l'enquête. Deuxièmement, la dynamique de la pauvreté mise en évidence sur la période de trois ans étudiée ici ne peut être généralisée à d'autres périodes de trois ans au cours desquelles les conditions conjoncturelles auraient été différentes[12]. Enfin, les épisodes de pauvreté ne sont pas forcément saisis dans leur totalité. On ne peut en effet disposer d'informations concernant la durée totale de l'épisode *complet* de pauvreté pour les personnes qui comptaient parmi les pauvres lors de la première ou de la troisième édition de l'enquête dès lors que cet épisode a un horizon temporel supérieur à la période considérée. En conséquence, l'analyse présentée ici s'apparente davantage à un examen de ce qu'a été la pauvreté au cours d'une période donnée de trois ans qu'à une étude complète de la dynamique des épisodes de pauvreté. Celle fournie dans la section III, qui s'appuie sur des séries plus longues, est par contre plus instructive sur la dynamique de la pauvreté sur une longue période, notamment les risques de rechute.

A. Incidence de la pauvreté sur trois ans

Taux transversal de pauvreté : le modèle de base

Le graphique 2.1 présente les taux de pauvreté tels qu'ils ressortent des données sur les revenus annuels. Dans les États membres de l'Union européenne, ces taux résultant d'un simple « décompte » s'échelonnent de 4.7 % de la population au Danemark à 15.3 % au Portugal (chiffres fournis dans le tableau 2.1). Aux États-Unis, ce taux est un peu plus élevé, avec 16 %, tandis qu'au Canada et dans les grands pays de l'Union européenne (Allemagne, France, Italie et Royaume-Uni) il se situe entre ces deux extrêmes.

A côté de cette mesure classique, « par décompte », de la pauvreté, on peut, en se fondant sur les travaux de Sen (1976), établir d'autres indicateurs intégrant des informations sur la gravité de la pauvreté à un moment donné. Le graphique 2.1 renvoie donc également à deux autres indicateurs de la pauvreté, à savoir un « indice partiel de Sen », dans lequel le décompte est pondéré par le pourcentage moyen d'écart entre les revenus des pauvres et le seuil de pauvreté, et l'indice de Sen complet, dans lequel intervient également le coefficient de Gini sur les revenus des pauvres[13]. Ces deux derniers indices ont été normalisés de telle sorte que leur valeur soit égale à celle du taux de pauvreté obtenu par simple décompte pour l'ensemble de l'échantillon (de pays)[14]. Le classement général des pays n'est guère modifié par l'utilisation d'indicateurs plus globaux, tenant compte du degré de pauvreté ; cela dit, on constate que le degré de pauvreté tend à être plus élevé dans les pays qui affichent le plus fort taux de pauvreté sur la base d'un simple décompte (coefficient de corrélation : 0.65). En conséquence, l'intégration d'informations sur les écarts de revenus des pauvres dans l'indice de pauvreté se traduit plutôt par une accentuation des différences entre pays dans la gravité estimée de la pauvreté (la variance entre pays de l'indice partiel de Sen est 1.7 fois supérieure à celle du taux de pauvreté basé sur un simple décompte).

Graphique 2.1. Indicateurs de la pauvreté sur une année[a]**, valeurs moyennes pour 1993-1995**

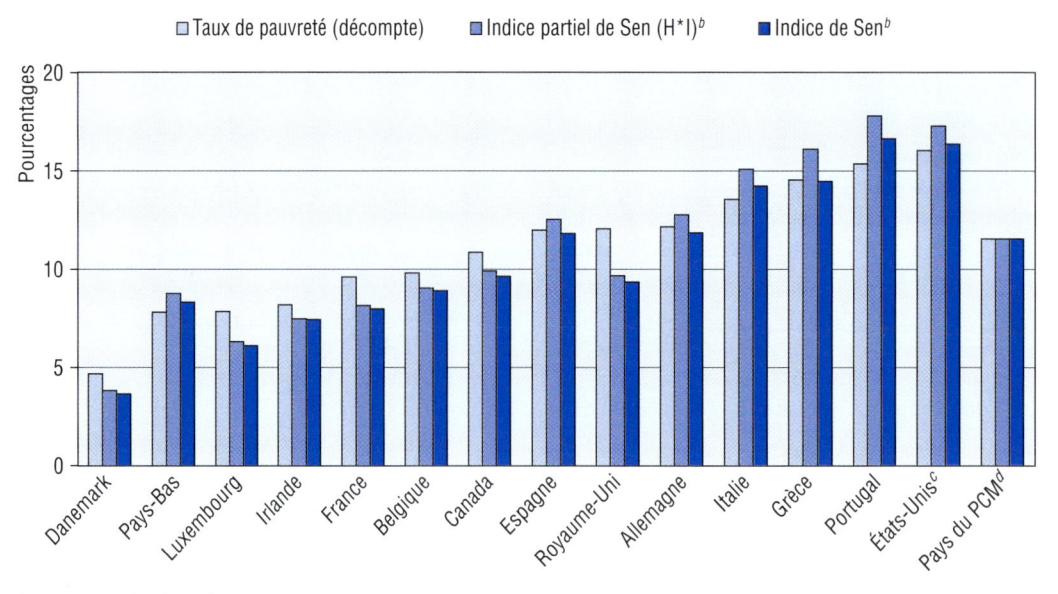

☐ Taux de pauvreté (décompte)   ▨ Indice partiel de Sen (H*I)[b]   ■ Indice de Sen[b]

PCM : Panel communautaire des ménages.
Note : Les pays sont classés par ordre croissant du taux de pauvreté.
a) Se reporter au texte pour la définition des trois indicateurs de la pauvreté.
b) Indice normalisé de façon que la valeur pour tous les pays soit égale au décompte pour l'ensemble de l'échantillon.
c) Les données se rapportent à la période 1987-1989.
d) Moyennes pondérées par la population pour l'ensemble des pays du PCM.
Sources : PCM, vagues 1994, 1995 et 1996 pour les pays de l'UE ; SLID pour le Canada ; PSID pour les États-Unis.

Indicateurs pluriannuels de l'incidence de la pauvreté

Le tableau 2.1 compare le taux annuel de pauvreté ressortant d'un simple décompte à deux autres indicateurs intégrant des informations sur la dynamique de la pauvreté sur trois ans. Le taux moyen de pauvreté de près de 12 % obtenu pour l'ensemble des pays participant au PCM[15], tient au fait que pas loin de 20 % de l'échantillon a connu la pauvreté au moins une fois au cours de la période 1993-1995. En revanche, seulement 4 % environ de la population des États membres de l'Union européenne, soit à peu près un cinquième des personnes qui ont connu la pauvreté au moins une fois, ont vécu dans la pauvreté pendant la totalité de ces trois années.

Dans tous les pays, les personnes ayant vécu en permanence dans la pauvreté sont moins nombreuses que celles qui ont connu la pauvreté au moins une fois, ce qui tendrait à montrer que les épisodes de pauvreté sont souvent courts (graphique 2.2). La taille relative des deux groupes est toutefois variable en raison de différences dans la persistance de la pauvreté d'un pays à l'autre. Le rapport entre les deux catégories oscille entre moins de 10 % au Danemark et aux Pays-Bas et 32 % au Portugal et 40 % aux États-Unis (tableau 2.1). En règle générale, les épisodes de pauvreté durent plus longtemps dans les pays qui affichent les taux annuels de pauvreté les plus élevés, de sorte que le classement des pays est à peu près le même au regard des trois indicateurs, à cela près que les écarts (relatifs) sont nettement plus marqués lorsqu'on considère la part de la population qui a vécu dans la pauvreté tout au long des trois années étudiées. Enfin, les comparaisons internationales de l'incidence et de la persistance de la pauvreté aboutissent à des résultats très différents selon qu'on s'intéresse aux retraités (c'est-à-dire aux personnes vivant dans un ménage dont le chef est âgé de 65 ans ou plus) ou à la population d'âge actif (graphique 2.2, parties B et C). Ces différences s'expliquent par l'évolution de l'importance relative des diverses sources de revenu (salaires et pensions, notamment) au cours du cycle de vie des individus, laquelle peut, au bout du compte, se traduire par une augmentation ou une diminution de l'incidence et de la persistance de la pauvreté selon les dispositions en vigueur à l'échelon national. Outre les répartitions par âge du chef de famille, les répartitions par âge des individus de la même famille sont intéressantes. Probablement le groupe le plus important à ce regard est celui des enfants, comme mentionné dans l'encadré 2.2.

Tableau 2.1. **Divers indicateurs de la pauvreté, 1993-1995**

	Nombre d'observations[a]	Taux annuel de pauvreté[b]	Personnes ayant connu au moins un épisode de pauvreté	Pauvres les trois années[c]	Pauvres au regard du revenu permanent[c, d]
			Pourcentages		
Belgique	7 515	9.8	16.0	2.8 (0.17)	5.2 (0.32)
Danemark	5 710	4.7	9.1	0.8 (0.08)	1.8 (0.20)
France	15 470	9.6	16.6	3.0 (0.18)	6.6 (0.40)
Allemagne	10 748	12.1	19.2	4.3 (0.22)	8.1 (0.42)
Grèce	13 114	14.5	25.1	6.5 (0.26)	12.2 (0.49)
Irlande	10 187	8.2	15.3	1.3 (0.08)	5.3 (0.35)
Italie	18 372	13.5	21.5	5.6 (0.26)	10.4 (0.48)
Luxembourg	2 467	7.8	12.7	2.2 (0.17)	5.1 (0.40)
Pays-Bas	10 942	7.8	12.9	1.6 (0.12)	4.5 (0.35)
Portugal	12 832	15.3	24.2	7.8 (0.32)	13.4 (0.56)
Espagne	17 538	12.0	21.3	3.7 (0.17)	8.7 (0.41)
Royaume-Uni	8 713	12.1	19.5	2.4 (0.12)	6.5 (0.34)
Moyenne du PCM[e]	**133 608**	**11.7**	**19.2**	**3.8 (0.20)**	**7.9 (0.41)**
Canada	32 687	10.9	18.1	5.1 (0.28)	8.9 (0.49)
États-Unis[f]	7 325	16.0	23.5	9.5 (0.40)	14.5 (0.62)

PCM : Panel communautaire des ménages.
a) Nombre de personnes présentes lors des trois éditions de l'enquête. Les observations, plus nombreuses, disponibles pour chacun des trois échantillons transversaux distincts ont servi de base pour le calcul des taux annuels de pauvreté.
b) Le taux de pauvreté indique le nombre d'individus dont l'équivalent revenu disponible est inférieur à 50 % de la médiane de l'équivalent revenu disponible à l'échelon national. Le taux est calculé pour chaque année séparément puis on fait une moyenne.
c) Les coefficients entre parenthèses indiquent le rapport du nombre de personnes ayant le statut indiqué au regard de la pauvreté au nombre de personnes ayant connu la pauvreté au moins une fois.
d) Pourcentage de l'échantillon dont l'équivalent revenu moyen sur les trois années considérées est inférieur au seuil de pauvreté sur cette période – autrement dit dont l'équivalent revenu global sur les trois années est inférieur au revenu global définissant le seuil de pauvreté sur cette période.
e) Moyennes pondérées par la population pour l'ensemble des pays du PCM.
f) Les données se rapportent à la période 1987-1989.
Source: PCM, vagues 1994, 1995 et 1996 pour les pays de l'UE ; SLID pour le Canada ; PSID pour les États-Unis.

Le recours à un indicateur de la pauvreté « au regard du revenu permanent », fondé sur l'adéquation du revenu moyen sur les trois années considérées[16], aboutit à une image moins rassurante de la persistance de la pauvreté que celle qui ressort de l'examen du nombre de personnes ayant vécu en permanence dans la pauvreté au cours de la période considérée. Pour l'ensemble des pays participant au PCM, cet indicateur de la « pauvreté au regard du revenu permanent » (dernière colonne du tableau 2.1) représente 41 % du pourcentage de personnes ayant connu la pauvreté au moins une fois, et 67 % du taux traditionnel de pauvreté obtenu par décompte. L'incidence de la pauvreté au regard du revenu permanent est plus forte au Canada que dans les pays du PCM, et plus marquée encore aux États-Unis. Dans ce dernier pays, le taux de pauvreté au regard du revenu permanent atteint 62 % du pourcentage de personnes ayant connu la pauvreté au moins une fois et est à peu près aussi élevé que le taux classique de pauvreté fondé sur un simple décompte (14.5 % contre 16 %), ce qui donne à penser qu'un pourcentage très important des personnes recensées comme pauvres au cours de l'une des années étudiées ne disposent pas de ressources financières suffisantes pour se maintenir à un niveau de vie correct, du moins sur l'horizon temporel de trois ans utilisé ici.

Le graphique 2.3 fait la synthèse de ces deux aspects de la persistance de la pauvreté que sont le risque, relativement faible, de vivre en permanence dans la pauvreté sur une période de plusieurs années (segment inférieur des barres) et le risque, plus grand, de disposer d'un revenu permanent trop faible pour se maintenir à un niveau de vie correct même si le revenu excède périodiquement le seuil de pauvreté (somme des deux segments inférieurs des barres). Les pauvres, au regard du revenu permanent, sont certes nettement plus nombreux que les personnes ayant vécu en permanence dans la pauvreté dans tous les pays, mais leur part dans le nombre de personnes ayant connu la pauvreté au moins une fois varie grandement d'un pays à l'autre, s'échelonnant de un cinquième au Danemark à plus de 60 % aux États-Unis. Parmi les personnes qui ont passé une partie des trois années considérées dans la pauvreté sans pour autant pouvoir être regardées comme pauvres au regard de leur

48 – Perspectives de l'emploi de l'OCDE

Graphique 2.2. Indicateurs de la pauvreté sur plusieurs années, 1993-1995[a]

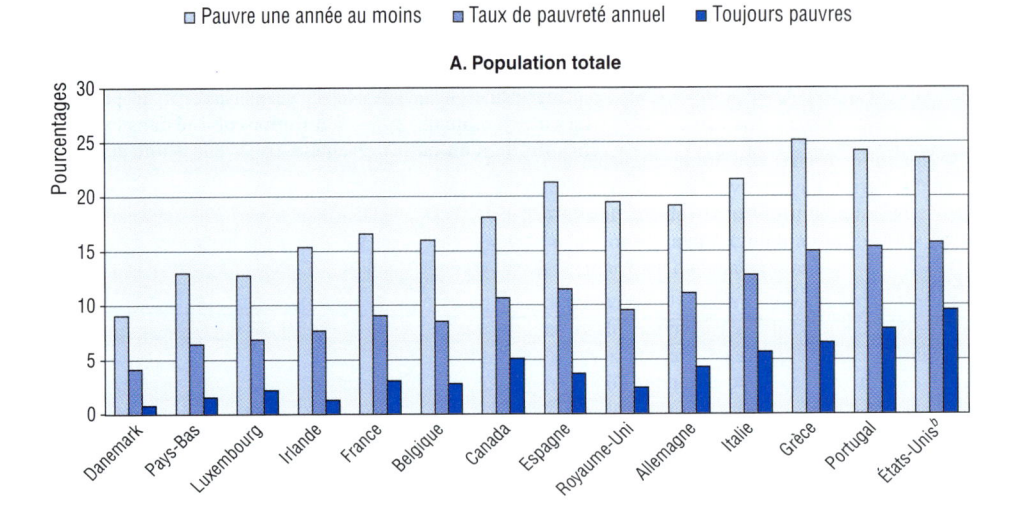

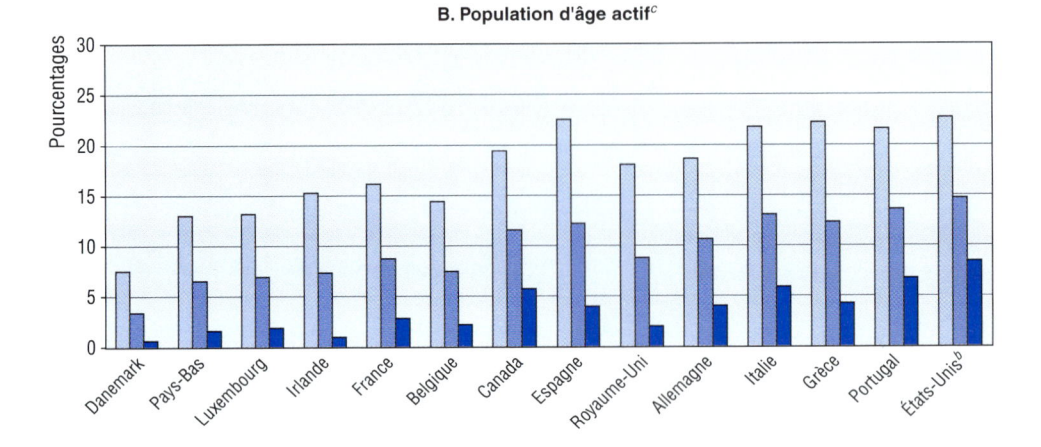

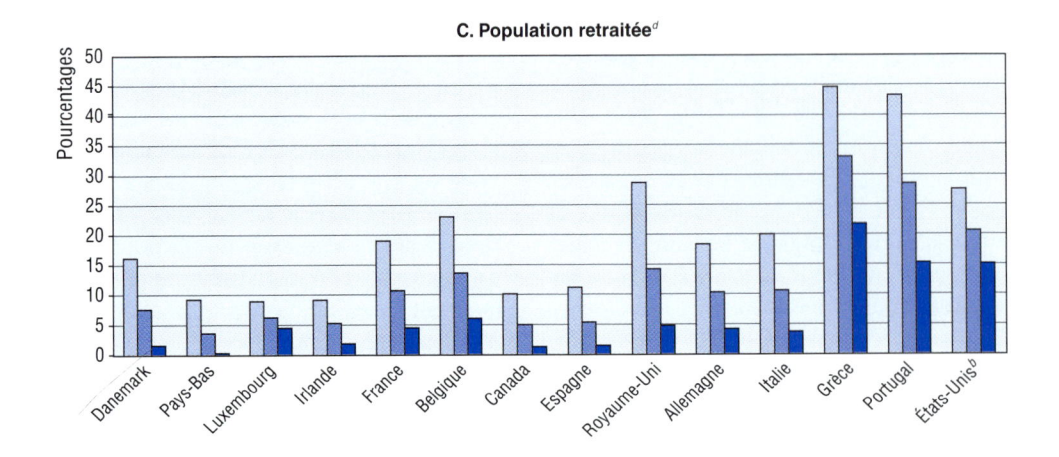

☐ Pauvre une année au moins   ☐ Taux de pauvreté annuel   ■ Toujours pauvres

A. Population totale

B. Population d'âge actif[c]

C. Population retraitée[d]

Note : Les pays sont classés par ordre croissant du taux annuel de pauvreté pour l'ensemble de la population, tel qu'indiqué tableau 2.1.
a) Les taux de pauvreté sont calculés pour les personnes présentes pendant les trois vagues.
b) Les données se rapportent à la période 1987-1989.
c) Chef de ménage âgé de 15 à 64 ans.
d) Chef de ménage âgé de 65 ans ou plus.
Sources : PCM, vagues 1994, 1995 et 1996 pour les pays de l'UE ; SLID pour le Canada ; PSID pour les États-Unis.

Encadré 2.2. La pauvreté chez les enfants

Parmi les catégories de personnes dont la situation au regard de la pauvreté peut donner lieu à une analyse distincte, la plus importante est peut être la population des enfants. Ainsi que le notent Bradbury *et al.* (2000), plusieurs considérations évidentes justifient qu'un intérêt particulier soit porté à la pauvreté des enfants. Ceux-ci étant l'avenir du pays, le rationalisme économique veut qu'on investisse dans leur bien-être. La vulnérabilité des enfants et l'impossibilité dans laquelle ils se trouvent de répondre aux signaux incitatifs émis par les marchés militent en outre fortement en faveur d'une action collective et de transferts directs destinés à protéger leur niveau de vie.

Les écarts internationaux entre les taux de pauvreté des enfants mobilisent certes l'attention depuis un certain temps déjà, mais ce n'est que depuis peu qu'on a entrepris de procéder à des comparaisons internationales de la *dynamique* de la pauvreté chez les enfants. La première étude digne de ce nom sur ce sujet a été réalisée par Duncan *et al.* (1993), qui ont centré leur analyse sur les familles avec enfants en s'appuyant sur des données relatives à huit pays remontant jusqu'au milieu des années 80. Plus récemment, Bradbury *et al.* (2001) ont également procédé à différentes analyses comparatives de la pauvreté enfantine sur la base de données concernant divers pays.

Pauvreté des enfants comparée celle des adultes sur trois ans[a]

a) Les enfants sont définis comme les personnes âgées de 17 ans ou moins lors de la première vague (chaque vague pour le taux de pauvreté annuel).
Sources et définitions : Voir le tableau 2.1.

> **Encadré 2.2. La pauvreté chez les enfants** (*suite*)
>
> Les données utilisées ici permettent elles aussi d'étudier séparément l'incidence de la pauvreté chez les enfants. Si une analyse approfondie de ce phénomène déborderait certes le cadre de la présente étude, il est néanmoins possible d'exploiter le vaste échantillon de pays pour lesquels on dispose d'informations pour opérer quelques calculs de base, fort instructifs, permettant de rendre compte de la dynamique de la pauvreté chez les enfants. Les résultats de ces calculs sont récapitulés dans le graphique ci-joint, qui fournit une comparaison de la situation des enfants et de celle des adultes au regard des quatre grands indicateurs de la pauvreté distingués dans le tableau 2.1. La première partie du graphique montre comment le taux annuel de pauvreté des enfants se situe par rapport à celui des adultes dans chacun des 14 pays pris en compte dans l'analyse de la dynamique à court terme de la pauvreté. Les trois autres parties apportent des informations analogues concernant trois indicateurs de la dynamique de la pauvreté sur trois ans, à savoir « personnes ayant connu au moins une fois la pauvreté », « pauvres au regard du revenu permanent » et « personnes vivant en permanence dans la pauvreté ».
>
> Les points situés au-dessus de la bissectrice indiquent un taux de pauvreté plus élevé chez les enfants que chez les adultes. Il apparaît que c'est presque toujours le cas. Qui plus est, le risque accru de pauvreté auquel sont confrontés les enfants semble d'autant plus important que le taux national de pauvreté chez les adultes ou dans l'ensemble de la population est élevé : la distance verticale à la bissectrice est plus grande dans le cas des pays où le taux de pauvreté des adultes est plus élevé. Par contre, le risque accru de pauvreté auquel sont confrontés les enfants ne paraît pas être plus marqué pour les formes plus durables de pauvreté (pauvreté au regard du revenu permanent et personnes vivant en permanence dans la pauvreté). Autrement dit, il semblerait que, une fois la pauvreté installée, la situation des adultes et des enfants évolue d'une manière similaire.
>
> Ces calculs donnent à penser qu'il est justifié de concentrer l'attention sur la pauvreté des enfants étant donné les taux relativement élevés et la persistance moyenne de pauvreté observés dans la population enfantine de la plupart des pays, sans compter les arguments économiques et sociaux concernant le rôle et la position des enfants dans la société qui militent également dans ce sens. Cette conclusion est renforcée par les analyses de régression présentées dans les sections II et III, dont il ressort que le risque relativement élevé de pauvreté auquel sont confrontés les enfants subsiste même si on annule l'effet de variables apparentées (comme la structure de la famille).

revenu permanent (somme des deux segments supérieurs des barres), un pourcentage élevé disposaient malgré tout de revenus très modestes. Le tiers environ de ces personnes ont en effet touché, en moyenne sur les trois années étudiées, un revenu inférieur à 60 % de l'équivalent revenu médian (troisième segment des barres)[17]. Là encore, on note de grandes divergences d'un pays à l'autre. Le pourcentage de personnes ayant connu au moins une fois la pauvreté dont le revenu moyen représente au moins 60 % du revenu médian oscille entre plus de 50 % au Danemark et moins de 20 % aux États-Unis.

B. Dynamique à court terme

Taux d'entrée et de sortie

Le tableau 2.2 indique les taux d'entrée et de sortie de la pauvreté (par rapport à la population « à risque ») et la durée moyenne des épisodes de pauvreté recensés au cours des trois années étudiées. En moyenne dans l'ensemble des pays, environ 5 % des personnes qui ne vivaient pas dans la pauvreté auparavant ont rejoint les rangs des pauvres chaque année. Le risque de devenir pauvre est en général plus élevé dans les pays qui ont un fort taux de pauvreté (coefficient de corrélation : 0.85), ce qui n'a rien d'étonnant. Une grande partie de la population semble néanmoins avoir des chances d'échapper à la pauvreté dans tous les pays. Dans l'ensemble des pays couverts par le PCM et au Canada, près des deux tiers des personnes qui sont devenues pauvres avaient auparavant un revenu représentant au moins 60 % de l'équivalent revenu médian, ce qui veut dire qu'en dépit d'une chute spectaculaire de leurs revenus d'une année sur l'autre elles disposaient vraisemblablement d'un revenu permanent encore nettement supérieur au seuil de pauvreté.

Les taux annuels de sortie de la pauvreté ont atteint en moyenne 46 % dans les pays participant au PCM, et dépassé 50 % dans quatre États membres de l'Union européenne. En revanche, au Canada, ce taux est de l'ordre de 36 %, et aux États-Unis, moins de 30 % des pauvres ont échappé à la pauvreté chaque année. En règle générale, les taux de sortie sont plus faibles dans les pays où le taux annuel de pauvreté est élevé (coefficient de corrélation : –0.81), ce qui va dans le sens de la constatation antérieure selon laquelle un faible taux de pauvreté transversal est associé à une moindre persistance de la pauvreté. Symétriquement à ce qu'on avait observé pour les entrées, la majorité des personnes qui sont sorties de la pauvreté ont vu leurs revenus s'accroître de façon sensible. Leur équivalent revenu est en effet passé à plus de 60 % de la médiane pour 70 % d'entre elles dans les pays couverts par le PCM, pour 67 % d'entre elles aux États-Unis et pour 62 % d'entre elles au Canada. Plus les taux de sortie sont faibles plus la durée des épisodes de pauvreté est longue, mais du fait de la brièveté de la période sur laquelle portent les observations la durée moyenne de ces derniers oscille dans une fourchette étroite, comprise entre 1.4 et 2.0 ans.

Graphique 2.3. **Durée de la pauvreté et revenu annuel moyen sur trois ans des personnes ayant connu au moins un épisode de pauvreté, 1993-1995**

- Pauvres pendant 1 à 2 ans et revenu moyen ≥ 60 % du revenu médian
- Pauvres pendant 1 à 2 ans et revenu moyen entre 50 et 60 % du revenu médian
- Pauvres pendant 1 à 2 ans et revenu moyen < 50 % du revenu médian
- Toujours pauvres et revenu moyen < 50 % du revenu médian

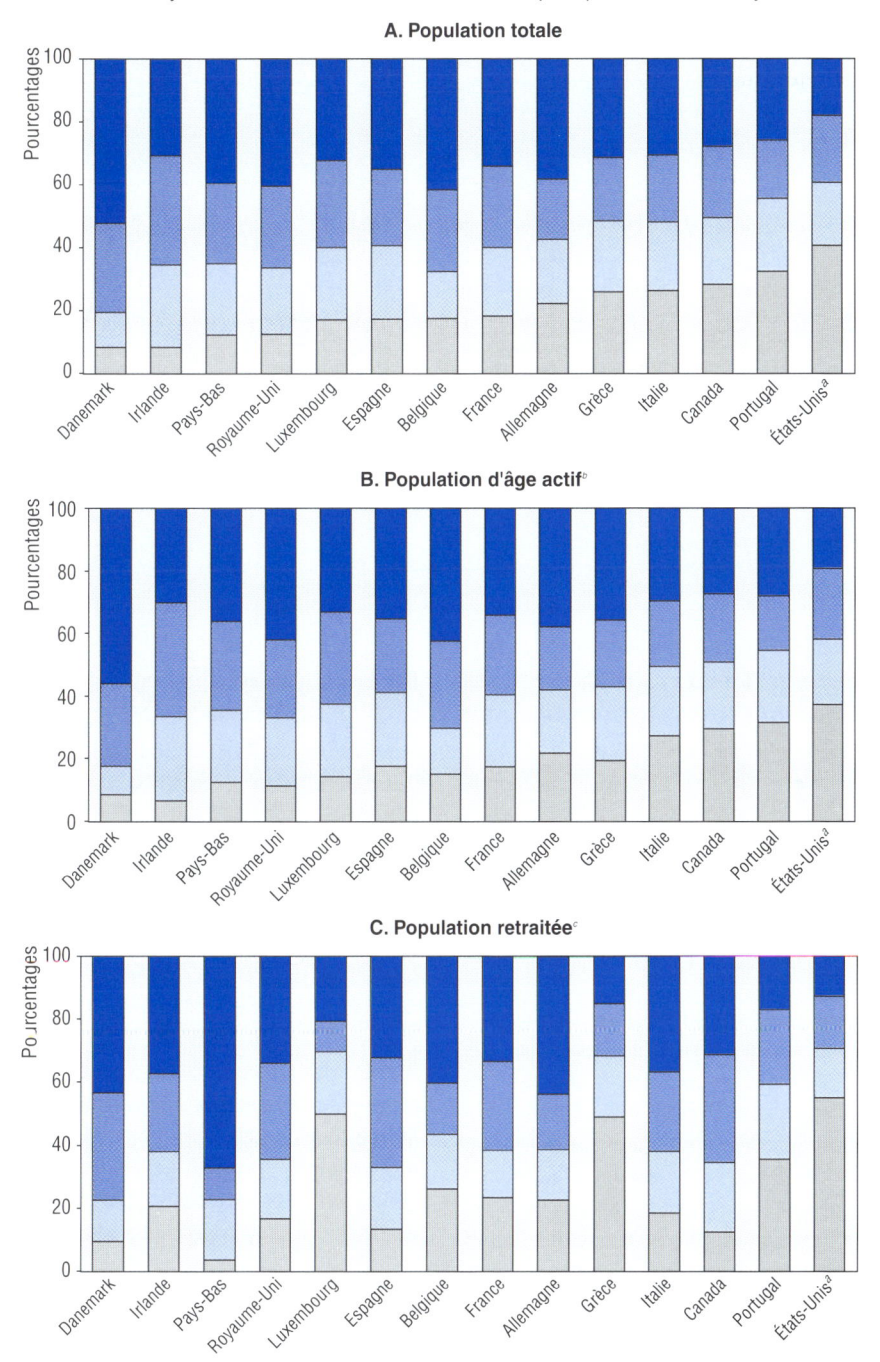

A. Population totale

B. Population d'âge actif[b]

C. Population retraitée[c]

Note : Les pays sont classés par ordre croissant de la part des personnes toujours pauvres dans la population totale.
a) Les données portent sur 1987-1989.
b) Chef de ménage âgé de 15 à 64 ans.
c) Chef de ménage âgé de 65 ans ou plus.
Sources : PCM, vagues 1994, 1995 et 1996 pour les pays de l'UE ; SLID pour le Canada ; PSID pour les États-Unis.

52 – *Perspectives de l'emploi de l'OCDE*

Tableau 2.2. **Taux bruts d'entrée et de sortie et durée moyenne de la pauvreté, 1993-1995**

	Taux annuel de pauvreté	Taux annuel d'entrée[a]	Taux annuel de sortie[b]	Durée moyenne[c]
		Pourcentages		
Belgique	9.8	4.7 (71.9)	48.2 (78.8)	1.6
Danemark	4.7	3.1 (76.2)	60.4 (74.6)	1.4
France	9.6	4.6 (54.6)	46.9 (64.9)	1.6
Allemagne	12.1	5.1 (70.3)	41.1 (71.5)	1.7
Grèce	14.5	6.5 (55.2)	38.8 (73.2)	1.8
Irlande	8.2	5.0 (62.2)	54.6 (58.9)	1.5
Italie	13.5	5.3 (60.4)	40.6 (72.0)	1.8
Luxembourg	7.8	3.6 (62.1)	47.4 (60.3)	1.6
Pays-Bas	7.8	4.2 (66.1)	55.7 (77.1)	1.5
Portugal	15.3	5.4 (55.9)	37.0 (66.0)	1.9
Espagne	12.0	5.9 (67.3)	49.6 (70.3)	1.6
Royaume-Uni	12.1	6.0 (62.5)	58.8 (69.1)	1.5
Moyenne du PCM[d]	**11.7**	**5.2 (63.4)**	**46.1 (70.2)**	**1.7**
Canada	10.9	4.8 (63.2)	36.4 (62.2)	1.8
États-Unis[e]	16.0	4.5 (57.3)	29.5 (66.6)	2.0

PCM : Panel communautaire des ménages.
a) Nombre de personnes entrant dans la pauvreté entre l'instant t et t + 1, en proportion de la population non pauvre à l'instant t (moyenne sur la période). Les chiffres entre parenthèses indiquent le pourcentage d'entrées pour lesquelles l'équivalent revenu antérieur était d'au moins 60 % de la médiane.
b) Nombre de pauvres à l'instant t qui sortent de la pauvreté à l'instant t + 1, en proportion de la population pauvre à l'instant t (moyenne sur la période). Les chiffres entre parenthèses indiquent le pourcentage de sorties débouchant sur un équivalent revenu d'au moins 60 % de la médiane.
c) Nombre moyen d'années de pauvreté pour ceux qui font l'expérience de la pauvreté.
d) Moyennes pondérées par la population pour l'ensemble des pays du PCM.
e) Les données se rapportent à la période 1987-1989.
Source: PCM, vagues 1994, 1995 et 1996 pour les pays de l'UE ; SLID pour le Canada ; PSID pour les États-Unis.

Nombre total d'années passé dans la pauvreté et revenu permanent des personnes ayant connu au moins une fois la pauvreté

La partie A du tableau 2.3 fournit sur la durée de la pauvreté des informations plus précises que celles qu'on peut tirer des seules données sur la durée moyenne. Le cadre de gauche retrace simplement la répartition des épisodes de pauvreté, c'est-à-dire la part respective de ceux qui ont duré un an, deux ans et trois ans. Les épisodes courts sont les plus nombreux. Environ la moitié des personnes qui ont connu au moins une fois la pauvreté dans les pays participant au PCM et au Canada entre 1993 et 1995 (contre 37 % aux États-Unis) n'ont vécu dans la pauvreté que pendant un an[18]. Cela dit, du cadre de droite, il ressort que les épisodes longs comptent pour beaucoup dans le nombre total d'années passé dans la pauvreté : les épisodes de trois ans expliquent plus du tiers du nombre total d'années de pauvreté recensé dans les pays couverts par le PCM bien que moins d'un cinquième des personnes ayant connu au moins une fois la pauvreté soient restées pauvres pendant toute la période considérée. Le pourcentage d'années de pauvreté imputable aux personnes qui ont vécu en permanence dans la pauvreté augmente en règle générale avec le taux annuel de pauvreté (coefficient de corrélation : 0.87). Aux États-Unis, 60 % des années de pauvreté recensées peuvent être imputées à des personnes qui vivent en permanence dans la pauvreté, contre moins de 20 % au Danemark.

Le même type d'analyse appliqué à la distribution des revenus permanents aboutit à des conclusions similaires (partie B du tableau 2.3). Dans la plupart des pays (à l'exception du Portugal et des États-Unis), la majorité des personnes qui ont connu la pauvreté ne pouvaient pas être considérées comme pauvres au regard de leur revenu permanent. Il n'en reste pas moins que, dans la quasi-totalité des pays, la plus grande partie des années de pauvreté recensées est imputable aux personnes qui pouvaient être regardées comme pauvres compte tenu du niveau de leur revenu permanent (le Danemark fait exception avec un rapport bien inférieur à 50 %). La proportion d'années de pauvreté imputable aux personnes dont le revenu permanent est inférieur au seuil de pauvreté augmente par ailleurs nettement à mesure que s'accroît le taux annuel de pauvreté (coefficient de corrélation : 0.96).

En résumé, l'analyse descriptive de la dynamique à court terme de la pauvreté conduit à une conclusion globalement paradoxale, à savoir que la pauvreté est un phénomène très fluide mais constitue en même temps un piège à long terme. Les entrées et les sorties de la pauvreté sont nombreuses, les épisodes de pauvreté sont le plus souvent courts et la plupart des personnes qui rejoignent au moins une fois les rangs des pauvres n'ont pas à souffrir de difficultés financières durables. Parallèlement,

Tableau 2.3. **Répartition de la durée de la pauvreté et des niveaux du revenu permanent parmi les personnes ayant connu au moins une fois la pauvreté, 1993-1995**

Pourcentages

A. Durée de la pauvreté

	Taux annuel de pauvreté	Part des personnes connaissant un épisode de pauvreté de			Part du temps total passé dans la pauvreté imputable aux personnes connaissant des épisodes de pauvreté de 1 à 3 ans		
		1 an	2 ans	3 ans	1 an	2 ans	3 ans
Belgique	9.8	57.5	25.2	17.4	35.9	31.5	32.6
Danemark	4.7	71.6	20.1	8.3	52.4	29.4	18.2
France	9.6	54.9	26.8	18.3	33.6	32.8	33.6
Allemagne	12.1	48.6	29.2	22.2	28.0	33.6	38.4
Grèce	14.5	47.1	27.0	25.9	26.3	30.2	43.5
Irlande	8.2	59.3	32.4	8.3	39.8	43.5	16.8
Italie	13.5	48.8	25.0	26.2	27.5	28.2	44.3
Luxembourg	7.8	55.0	27.9	17.1	33.9	34.4	31.6
Pays-Bas	7.8	62.8	25.1	12.1	42.0	33.6	24.4
Portugal	15.3	41.7	26.0	32.3	21.9	27.2	50.9
Espagne	12.0	55.6	27.1	17.3	34.4	33.5	32.0
Royaume-Uni	12.1	65.4	22.3	12.3	44.6	30.3	25.1
Moyenne PCM[a]	**11.7**	**53.9**	**26.2**	**19.9**	**32.4**	**31.5**	**36.0**
Canada	10.9	47.0	24.8	28.2	26.0	27.4	46.7
États-Unis[b]	16.0	36.9	22.5	40.6	18.1	22.1	59.8

B. Revenu permanent

	Taux de pauvreté au regard du revenu permanent	Part des personnes ayant un revenu équivalent moyen sur trois ans de			Part du temps total passé dans la pauvreté imputable aux personnes ayant un revenu équivalent moyen sur trois ans de		
		au moins 60 % de la médiane	au moins 50 % mais moins que 60 % de la médiane	moins que 50 % de la médiane	au moins 60 % de la médiane	au moins 50 % mais moins que 60 % de la médiane	moins que 50 % de la médiane
Belgique	5.2	41.8	25.7	32.4	30.4	20.4	49.3
Danemark	1.8	52.4	28.1	19.5	41.4	25.5	33.1
France	6.6	34.1	25.8	40.1	22.2	19.9	57.9
Allemagne	8.1	38.3	19.3	42.5	25.5	14.3	60.2
Grèce	12.2	31.3	20.2	48.5	19.2	14.2	66.6
Irlande	5.3	30.7	34.8	34.5	25.1	28.1	46.8
Italie	10.4	30.7	21.3	48.1	18.7	15.3	66.0
Luxembourg	5.1	32.3	27.7	40.0	21.9	23.0	55.1
Pays-Bas	4.5	39.7	25.4	34.9	28.5	21.4	50.1
Portugal	13.4	25.8	18.7	55.5	14.8	12.1	73.0
Espagne	8.7	35.2	24.1	40.7	23.6	18.6	57.8
Royaume-Uni	6.5	40.5	25.9	33.6	29.6	21.2	49.2
Moyenne PCM[a]	**7.9**	**35.7**	**22.9**	**41.4**	**23.7**	**17.3**	**59.1**
Canada	8.9	27.8	22.8	49.4	19.6	13.6	66.8
États-Unis[b]	14.5	18.1	20.0	61.9	11.4	10.9	77.7

PCM : Panel communautaire des ménages.
a) Moyennes pondérées par la population pour l'ensemble des pays du PCM.
b) Les données se rapportent à la période 1987-1989.
Source : PCM, vagues 1994, 1995 et 1996 pour les pays de l'UE ; SLID pour le Canada ; PSID pour les États-Unis.

de nombreuses personnes se trouvent piégées pendant de longues périodes dans une situation de pauvreté. S'il n'est pas rare que leur revenu excède de temps à autres le seuil de pauvreté, elles disposent toutefois d'un faible revenu moyen sur une longue période. Dans la plupart des pays de l'OCDE, plus de la moitié du nombre total d'années de pauvreté recensé (sur la base du revenu annuel) est imputable à cette catégorie de la population.

C. Facteurs associés à la dynamique à court terme de la pauvreté

Pauvreté et caractéristiques du ménage et de la situation au regard de l'emploi

L'objectif de la présente section est d'examiner la distribution de probabilité de la pauvreté – au regard du revenu permanent en particulier – entre les différentes catégories de la population. Le graphique 2.4 donne un aperçu de l'évolution des risques relatifs de pauvreté en fonction des caractéristiques du ménage (une valeur supérieure à 1.0 indique un risque supérieur à la moyenne) tels qu'ils ressortent, d'un côté, des données pondérées par la population relatives aux pays participant au PCM et, de l'autre, des informations concernant les États-Unis. Les ménages courant un risque supérieur à la moyenne de pauvreté présentent des caractéristiques similaires à de nombreux égards en Europe et aux États-Unis : le risque de pauvreté est élevé pour les ménages dont le chef est une femme, est jeune, est un parent isolé ou n'a pas terminé ses études secondaires, de même que pour ceux qui ne comptent aucun adulte travaillant une grande partie de l'année[19].

Graphique 2.4. Risque relatif de connaître la pauvreté, pendant une courte période ou pendant longtemps, pour différents groupes de la population[a], 1993-1995

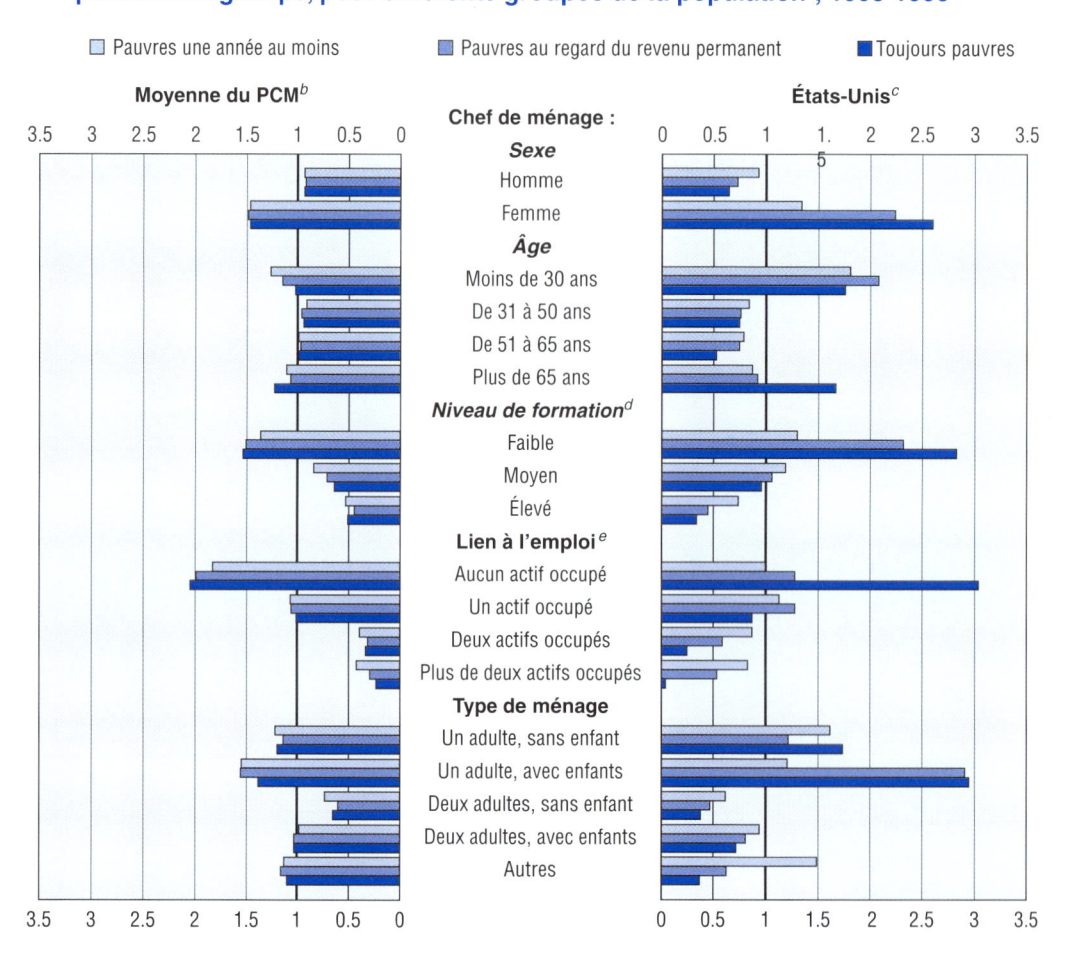

PCM : Panel communautaire des ménages.
a) Rapport du taux de pauvreté pour le groupe considéré au taux de pauvreté pour l'ensemble de la population. Les groupes sont définis en fonction de leurs caractéristiques en début de période.
b) Moyenne pondérée par la population pour l'ensemble des pays du PCM.
c) Les données se rapportent à la période 1987-1989.
d) Faible : niveau de formation inférieur au deuxième cycle du secondaire ; moyen : niveau de fin du deuxième cycle du secondaire ; élevé : niveau de formation supérieur.
e) Pour les pays du PCM, un individu est considéré comme un actif occupé, au cours d'une année donnée, si le nombre de mois pendant lequel il a occupé un emploi est égal ou supérieur au nombre de mois pendant lequel il n'a pas travaillé. Pour les États-Unis, la définition est basée sur un volume annuel d'heures travaillées d'au moins 1 000 heures.
Sources : PCM, vagues 1994, 1995 et 1996 pour les pays de l'UE ; PSID pour les États-Unis.

Graphique 2.5. Risque relatif de connaître la pauvreté, pendant une courte période ou pendant longtemps, selon le type de famille[a]**, 1993-1995**

☐ Un adulte, sans enfant ☐ Un adulte, avec enfants ■ Deux adultes, sans enfant ☐ Deux adultes, avec enfants

Pauvres une année au moins | **Pauvres au regard du revenu permanent**

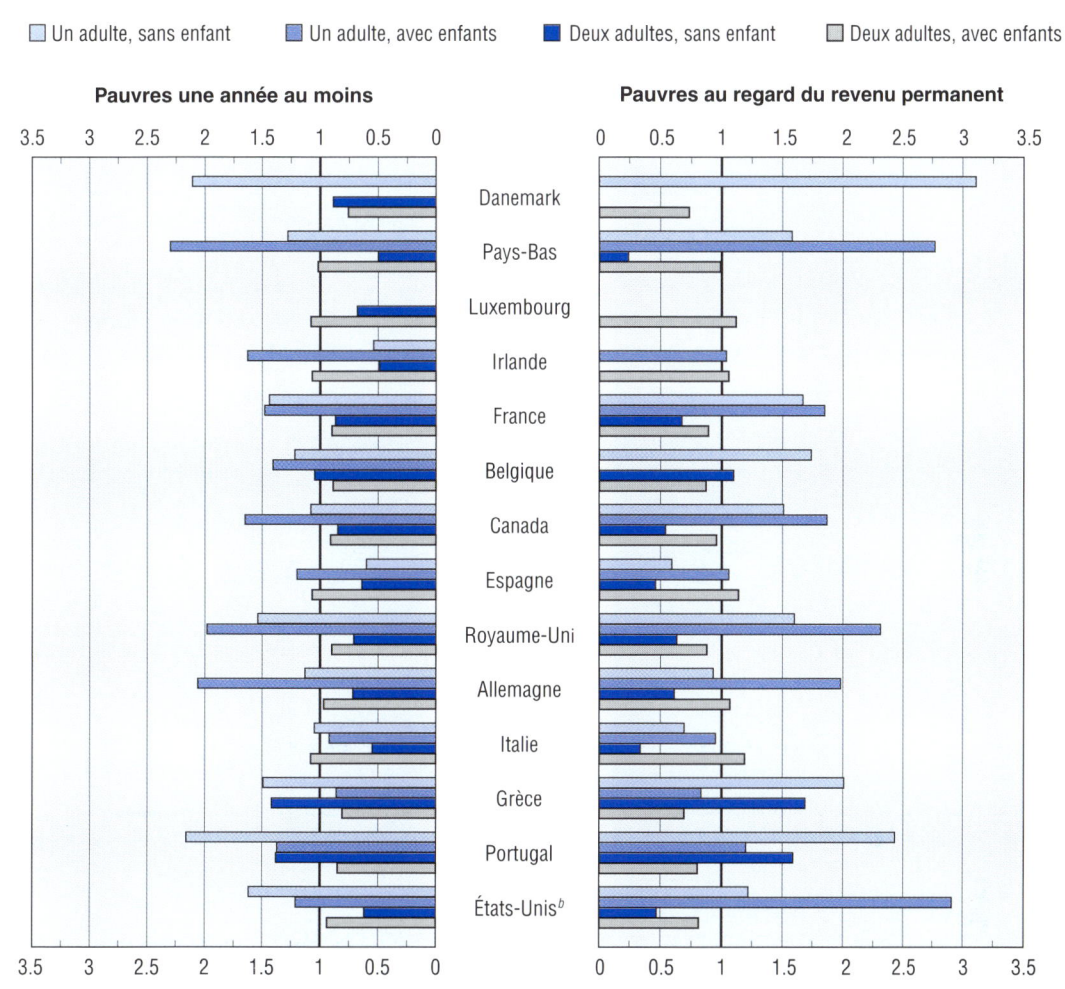

Danemark, Pays-Bas, Luxembourg, Irlande, France, Belgique, Canada, Espagne, Royaume-Uni, Allemagne, Italie, Grèce, Portugal, États-Unis[b]

Note : Les pays sont classés par ordre décroissant en fonction du taux annuel moyen de pauvreté tel qu'indiqué tableau 2.1. Les valeurs correspondant à moins de 30 observations ne sont pas prises en compte.
a) Rapport du taux de pauvreté pour le groupe considéré au taux de pauvreté pour l'ensemble de la population.
b) Les données se rapportent à la période 1987-1989.
Sources : PCM, vagues 1994, 1995 et 1996 pour les pays de l'UE ; SLID pour le Canada ; PSID pour les États-Unis.

Une comparaison des profils de risque observés dans les pays participant au PCM et aux États-Unis montre que la corrélation entre les caractéristiques du ménage et le risque de pauvreté est plus élevée aux États-Unis, en particulier en ce qui concerne les risques de pauvreté au regard du revenu permanent et de pauvreté permanente. Cela s'explique toutefois en partie par le fait que les différences relevées entre les profils de risque des divers États membres de l'Union européenne tendent à se compenser. On constate en effet des divergences sensibles, entre pays de l'Union européenne, dans les profils de risque associés aux différentes catégories de population, lesquels sont dans certains cas fort proches de ceux observés aux États-Unis. A titre d'exemple, le risque de pauvreté est, comme aux États-Unis, à peu près deux fois plus élevé parmi les familles monoparentales comptant des enfants que dans l'ensemble de la population en Allemagne, aux Pays-Bas et au Royaume-Uni (graphique 2.5). De même, un faible niveau d'instruction accroît le risque de pauvreté à peu près dans les mêmes proportions qu'aux États-Unis dans de nombreux pays européens, alors qu'il n'existe quasiment aucune corrélation entre ces deux facteurs en Allemagne (graphique 2.6).

© OCDE 2001

56 – Perspectives de l'emploi de l'OCDE

Graphique 2.6. Risque relatif de connaître la pauvreté, pendant une courte période ou pendant longtemps, selon le niveau de formation du chef de ménage[a, b]**, 1993-1995**

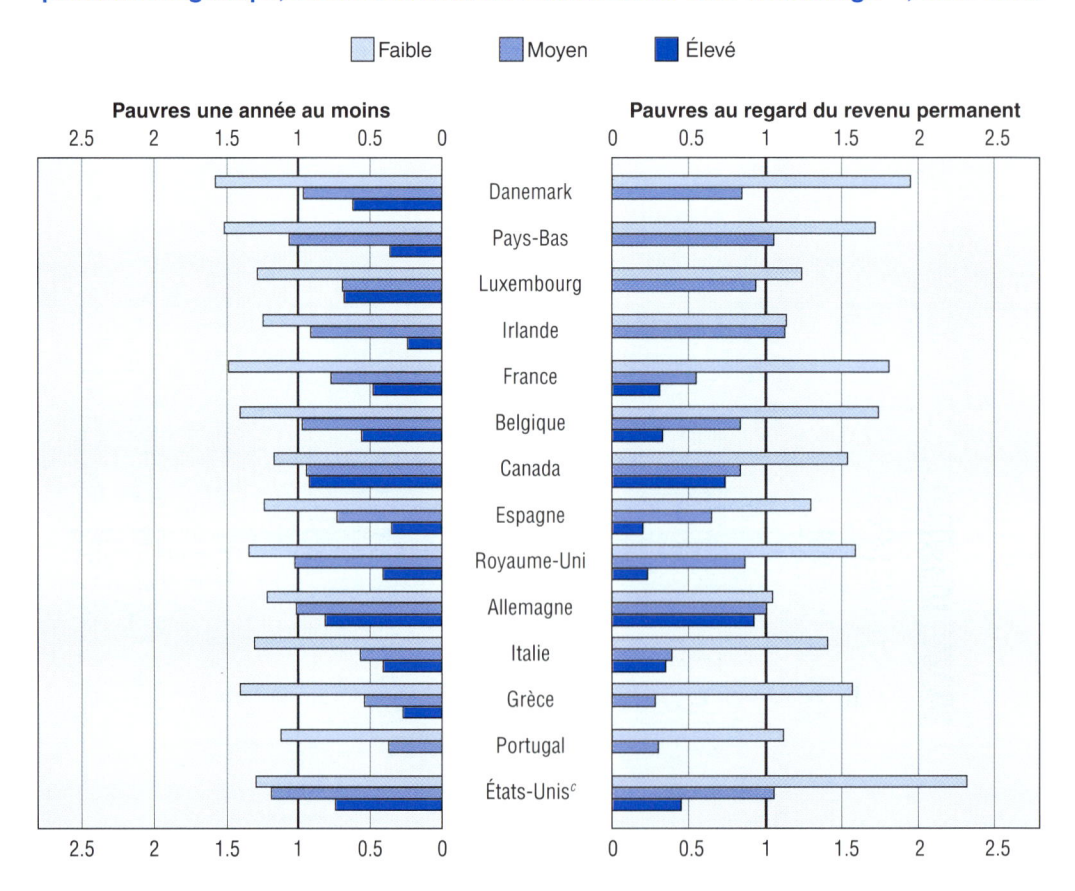

☐ Faible   ▨ Moyen   ■ Élevé

Pauvres une année au moins | Pauvres au regard du revenu permanent

Danemark, Pays-Bas, Luxembourg, Irlande, France, Belgique, Canada, Espagne, Royaume-Uni, Allemagne, Italie, Grèce, Portugal, États-Unis[c]

Note : Les pays sont classés par ordre décroissant du taux annuel moyen de pauvreté tel qu'indiqué tableau 2.1.
Les valeurs correspondant à moins de 30 observations ne sont pas prises en compte.
a) Rapport du taux de pauvreté pour le groupe considéré au taux de pauvreté pour l'ensemble de la population.
b) Faible : niveau de formation inférieur au deuxième cycle du secondaire ; moyen : niveau de fin de deuxième cycle du secondaire ; élevé : niveau de formation supérieur.
c) Les données se rapportent à la période 1987-1989.
Sources : PCM pour les pays de l'UE, vagues 1994, 1995 et 1996 ; SLID pour le Canada ; PSID pour les États-Unis.

Ce genre d'informations peut se révéler utile pour la formulation des politiques car il donne une idée de la composition de la population pauvre, et notamment des différences notables qui existent entre les caractéristiques des ménages pauvres au regard du revenu permanent, d'une part, et temporairement pauvres, d'autre part. Le tableau 2.B.1 (de l'annexe 2.B) récapitule, pour les différents pays, la distribution des caractéristiques des ménages dans l'ensemble de la population et celle de quatre indicateurs du degré de pauvreté sur trois ans : absence de pauvreté, une année de pauvreté, pauvreté au regard du revenu permanent, et pauvreté permanente. Ces données fournissent un aperçu de l'effet conjoint des risques liés aux diverses formes de pauvreté et de la composition démographique de la population. Il s'en dégage un enseignement important, à savoir que les catégories de ménages qui connaissent des taux de pauvreté supérieurs à la moyenne peuvent ne représenter qu'une fraction minime de la population que doivent viser les programmes de lutte contre la pauvreté. Les personnes vivant dans des ménages dont le chef est une femme ou des familles monoparentales, par exemple, sont dans tous les pays minoritaires au sein de la population pauvre bien qu'elles présentent un risque élevé[20]. En conséquence, il est important de ne pas cibler exclusivement les mesures de lutte contre la pauvreté sur les populations « à haut risque ». Les ménages ayant à leur tête un homme et ceux dont un ou plusieurs membres travaillent ne figurent pas parmi les catégories à haut risque mais constituent la majorité de la population qu'on peut qualifier de pauvre au regard du revenu permanent, dans les États membres de l'Union européenne comme aux États-Unis[21].

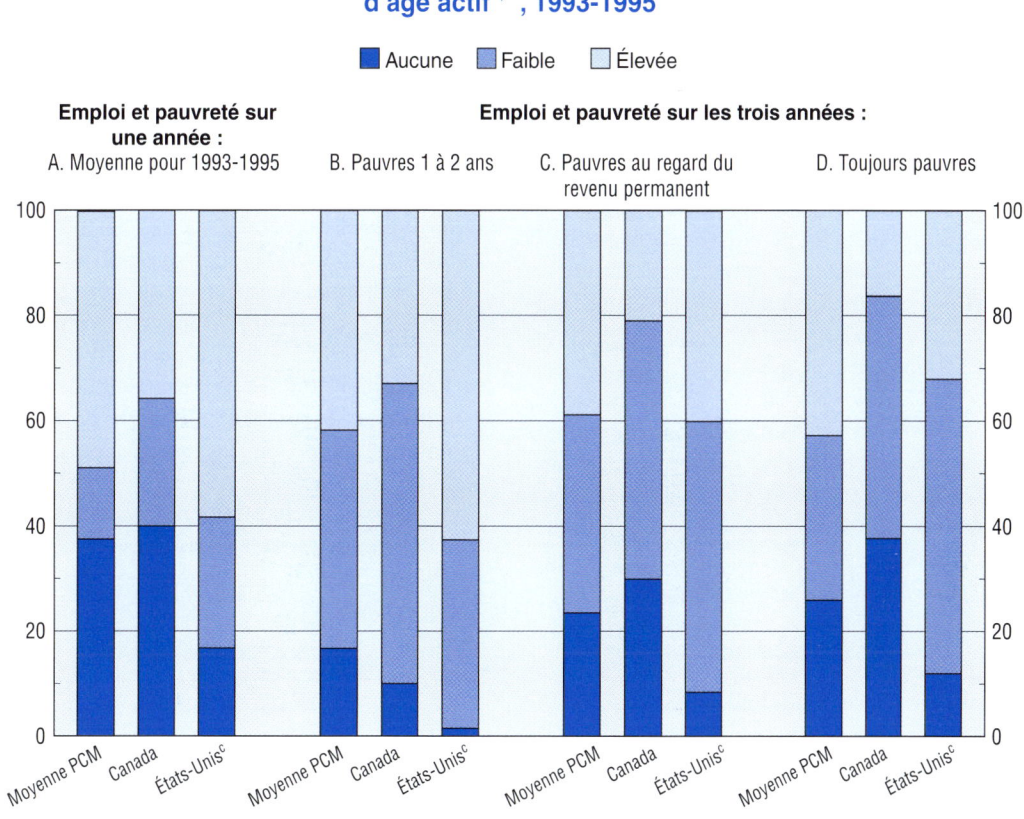

Graphique 2.7. Coïncidence de la pauvreté et de l'emploi parmi les ménages d'âge actif[a, b], 1993-1995

■ Aucune ■ Faible □ Élevée

Emploi et pauvreté sur une année :
A. Moyenne pour 1993-1995

Emploi et pauvreté sur les trois années :
B. Pauvres 1 à 2 ans
C. Pauvres au regard du revenu permanent
D. Toujours pauvres

PCM : Panel communautaire des ménages.
a) Chef de ménage âgé de 18 à 64 ans.
b) On considère qu'il y a haut niveau d'emploi lorsqu'il y a au moins un équivalent plein temps pendant une année pleine, deux mois d'emploi à temps partiel étant considérés comme équivalant à un mois à plein temps. Ce critère s'applique sur une année, partie A, mais il doit s'appliquer sur les trois ans, parties B à D. Un faible niveau d'emploi s'entend de tous les autres ménages enregistrant un niveau d'emploi non nul.
c) Les données se rapportent à la période 1987-1989.
Sources : PCM, vagues 1994, 1995 et 1996 pour les pays de l'UE ; SLID pour le Canada ; PSID pour les États-Unis.

En raison de l'emploi intermittent, le nombre de pauvres qui travaillent est encore plus important lorsqu'on considère la situation au regard de l'emploi sur plusieurs années, et non uniquement au début de la période étudiée. Le graphique 2.7 montre que l'exercice d'un emploi est moins fréquemment associé à la pauvreté lorsqu'on se place dans un horizon temporel d'une seule année (partie A) que lorsqu'on se place sur trois ans. Au sein de la population d'âge actif, même les pauvres au regard du revenu permanent et les personnes qui vivent en permanence dans la pauvreté ont peu de risques d'appartenir à un ménage dont aucun membre n'a de travail rémunéré, encore que le niveau d'emploi déclaré sera vraisemblablement faible (travail intermittent ou à temps partiel, par exemple). Autrement dit, la pauvreté touchant les personnes pourvues d'un travail semble plus répandue que ne le laissaient supposer les études antérieures fondées sur des données transversales [Nolan et Marx (1999) ; OCDE (1997)] ; et nombre de ménages pauvres se composent de personnes qui ont un emploi peu rémunéré ou précaire plutôt que de personnes définitivement exclues du marché du travail.

L'analyse des différences entre les divers types de ménages au regard du risque de pauvreté et de la persistance de la pauvreté peut apporter d'autres informations encore aux gouvernants. Ces différences constituent en effet des éléments essentiels pour appréhender les causes de la pauvreté. Dans les trois sections qui suivent, on s'appliquera donc à examiner les événements de la vie familiale et professionnelle qui sont associés aux mouvements individuels d'entrée et de sortie de la pauvreté, à étudier la corrélation qui peut exister entre les indicateurs nationaux de la pauvreté et le contexte économique, démographique et institutionnel et à présenter des modèles économétriques raccordant le risque de pauvreté et la durée de la pauvreté à plusieurs variables.

Événements coïncidant avec les entrées et les sorties de la pauvreté

La structure de la famille, la situation au regard de l'emploi et d'autres caractéristiques individuelles influent à l'évidence sur le risque qu'a une personne de devenir pauvre et de le rester. On s'appuie ici sur les données de panel relatives à trois années pour analyser ces liens. Les tableaux 2.4 (événements de la vie familiale), 2.5 (événements de la vie professionnelle) et 2.6 (événements de la vie familiale et professionnelle) indiquent la fréquence avec laquelle diverses modifications de la structure familiale et de la situation au regard de l'emploi coïncident avec une entrée et une sortie de la pauvreté. Les deux premiers tableaux sont consacrés chacun à un de ces aspects tandis que le troisième les rassemble afin de tenir compte des liens étroits qui existent souvent entre eux. Cette analyse complète celle qui était fournie dans la section précédente concernant la relation entre les caractéristiques des ménages en début de période et l'évolution ultérieure de leur situation au regard de la pauvreté.

Dans les pays couverts par le PCM, 25 % des entrées dans la pauvreté et 15 % des sorties de la pauvreté ont coïncidé avec des événements tels qu'un mariage, une naissance ou la création d'un nouveau foyer (tableau 2.4). Les chiffres sont encore plus élevés pour le Canada et les États-Unis, avec 41 % et 37 % des entrées, et 31 % et 27 % des sorties, respectivement. Dans l'ensemble des États membres de l'Union européenne comme au Canada et aux États-Unis, l'événement familial le plus souvent associé à une entrée dans la pauvreté est le divorce alors que le mariage ne coïncide avec un nombre important de sorties que dans le cas du Canada et des États-Unis. Il est également à noter que, dans tous les pays, la grande majorité des entrées et des sorties n'ont été associées à aucune modification de la structure de la famille[22].

Le tableau 2.5 montre pour sa part qu'il existe une étroite relation entre les événements de la vie professionnelle et les entrées et les sorties de la pauvreté. Cette relation semble particulièrement forte aux États-Unis. C'est ainsi que, dans ce pays, 31 % des sorties de la pauvreté ont coïncidé avec un accroissement du nombre de membres du ménage pourvus d'un travail, 30 % avec un accroissement du nombre de mois travaillés (pour un nombre inchangé de travailleurs), et 33 % avec une augmentation d'au moins 10 % des gains (pour un nombre de travailleurs et de mois de travail inchangés). On observe un tableau quasi-symétrique en ce qui concerne les entrées, si ce n'est que celles-ci sont moins souvent associées (21 % des cas) à une modification (en l'occurrence une réduction) du nombre de mois travaillés par an. La principale différence entre les pays participant au PCM et les États-Unis est que, dans les premiers, les entrées et les sorties de la pauvreté s'accompagnent moins fréquemment de fluctuations de la durée du travail (6 % des mouvements, contre 21-30 %)[23].

Faut-il en déduire que les événements de la vie familiale sont une cause moins importante d'entrée et de sortie de la pauvreté que les événements de la vie professionnelle ? Il s'agit d'une question complexe car les deux types d'événements peuvent être étroitement liés (voire indissociables, par exemple lorsqu'un divorce réduit le nombre de membres du ménage qui travaillent). Afin d'apporter des éléments complémentaires de réponse à cette question, ces deux aspects ont été rassemblés dans le tableau 2.6. Pour obtenir une estimation plancher de l'impact des événements de la vie professionnelle on a fait abstraction de tous les ménages dont la structure a été modifiée pour ne considérer que le pourcentage des autres (ceux dont la structure familiale n'a pas changé) dont la situation au regard de la pauvreté a été affectée par un événement en rapport avec la vie professionnelle. L'importance relative d'une modification du nombre de membres du ménage qui travaillent s'en trouve sensiblement réduite, en particulier pour les entrées dans la pauvreté (celles qui sont associées à cet événement tombent de 30 % à 18 % en moyenne dans les pays participant au PCM et la chute est plus spectaculaire encore pour le Canada et les États-Unis où elles reviennent de 30 % à 9 % et de 42 % à 15 %, respectivement). Autrement dit, une fois sur deux à peu près, voire plus souvent encore, lorsqu'une réduction du nombre de membres du ménage qui travaillent coïncide avec le début d'un épisode de pauvreté, l'événement déclenchant est le départ d'un membre actif du ménage ou un événement familial du même ordre et non le fait qu'un membre permanent du ménage a perdu son emploi.

Cela dit, le tableau 2.6 confirme que des fluctuations annuelles de salaire accompagnent souvent les entrées et les sorties de la pauvreté même si aucune modification n'intervient dans la structure de la famille ou dans le nombre de membres actifs. Les salaires sont la source la plus importante des variations de revenu associées aux entrées et aux sorties de la pauvreté aux États-Unis. Ils jouent aussi un grand rôle au Canada et dans les pays couverts par le PCM mais dans ces derniers les transferts publics interviennent également pour beaucoup. Dans les pays participant au PCM, une variation des transferts publics est plus souvent à l'origine de la plus grande partie des fluctuations de revenu associées aux entrées et sorties de la pauvreté qu'une variation de salaire. Cela contraste nettement avec ce qu'on observe aux États-Unis, où l'évolution des transferts ne revêt pas autant d'importance pour les entrées et les

— Tableau 2.4. **Lien entre certains événements familiaux et les flux d'entrée-sortie de la pauvreté, 1993-1995** —

Entrées dans la pauvreté

Pourcentage du nombre total des entrées lié à :

	Nombre d'observations	Pas de changement dans la structure familiale[a]	Nouvelle naissance[b]	Augmentation du nombre de personnes dans la famille[c]	Diminution du nombre de personnes dans la famille[d]	Séparation/ divorce[e]	Famille nouvellement constituée[f]	Autres changements
Belgique	632	83.5	–	–	(2.2)	(4.3)	(1.7)	–
Danemark	339	61.0	–	15.6	–	(7.3)	9.6	–
France	1 285	72.9	(2.0)	3.4	3.1	9.1	6.8	(2.7)
Allemagne	936	78.4	(3.0)	(2.7)	(1.8)	7.2	(3.0)	(3.9)
Grèce	1 481	78.6	(1.7)	3.4	4.8	6.9	2.1	(2.4)
Irlande	784	67.7	5.5	4.1	6.5	5.3	(2.0)	(8.9)
Italie	1 702	74.4	2.8	(0.9)	5.1	6.3	2.9	(7.5)
Luxembourg	185	68.3	–	–	(5.8)	(8.8)	–	–
Pays-Bas	848	71.4	(3.4)	4.2	3.7	5.0	5.7	(6.5)
Portugal	1 315	77.7	3.5	2.5	6.0	4.5	(2.1)	(3.7)
Espagne	1 897	74.7	3.2	(1.5)	6.0	6.7	(1.0)	(6.9)
Royaume-Uni	1 015	74.1	4.1	3.9	3.6	8.5	(2.6)	(3.1)
Moyenne PCM[g]	**12 419**	**75.3**	**3.0**	**2.7**	**3.8**	**7.3**	**3.3**	**4.7**
Canada	2 182	58.8	4.3	1.6	3.7	12.6	12.9	6.0
États-Unis[h]	564	62.6	8.8	2.5	4.2	10.9	8.8	2.3

Sorties de la pauvreté

Pourcentage du nombre total des sorties lié à :

	Nombre d'observations	Pas de changement dans la structure familiale[a]	Nouvelle naissance[b]	Augmentation du nombre de personnes dans la famille[c]	Diminution du nombre de personnes dans la famille[d]	Mariage[i]	Famille nouvellement constituée[f]	Autres changements
Belgique	573	90.1	(2.6)	–	–	(3.1)	–	–
Danemark	262	79.3	–	–	(5.4)	(7.3)	–	–
France	1 333	85.6	(1.5)	(1.5)	4.6	4.4	–	–
Allemagne	954	88.7	–	–	4.0	(2.2)	–	–
Grèce	1 566	81.3	(1.9)	(1.7)	5.7	3.6	(0.7)	(5.0)
Irlande	655	79.2	7.3	–	5.6	(4.2)	–	–
Italie	2 045	79.8	2.4	2.2	2.7	5.3	(1.0)	(6.5)
Luxembourg	183	75.8	–	–	(12.5)	(5.9)	–	–
Pays-Bas	684	76.4	–	(1.9)	11.7	5.4	–	–
Portugal	1 696	82.4	2.2	1.8	2.9	(1.6)	(1.0)	(8.1)
Espagne	2 084	83.3	(0.8)	1.6	3.9	4.2	(1.2)	(5.0)
Royaume-Uni	1 062	87.9	(1.8)	(1.1)	(2.8)	3.8	–	–
Moyenne PCM[g]	**13 097**	**84.8**	**1.6**	**1.4**	**3.8**	**3.8**	**0.6**	**4.0**
Canada	1 980	68.5	2.5	1.7	5.2	8.9	4.5	8.6
États-Unis[h]	698	73.0	1.4	2.9	12.2	8.1	1.3	1.3

PCM : Panel communautaire des ménages.
– Pas d'estimation en raison du petit nombre d'observations (moins de 10).
(Estimations basées sur moins de 30 observations).
a) Pas de changement concernant le chef de la famille ni la taille de la famille.
b) Pas de séparation, pas de changement de statut matrimonial, pas de changement concernant le chef de famille, augmentation du nombre d'enfants.
c) Pas de séparation, pas de changement de statut matrimonial, pas de changement concernant le chef de famille, augmentation du nombre de personnes (autant d'enfants ou moins).
d) Pas de séparation, pas de changement de statut matrimonial, pas de changement concernant le chef de famille, diminution du nombre de personnes.
e) Il y a un conjoint/partenaire dans le ménage à l'instant t – 1 et pas à l'instant t.
f) Ménage éclaté et un enfant ou un autre membre de la famille devient lui-même chef de famille ou conjoint.
g) Moyennes pondérées par la population pour l'ensemble des pays couverts par le PCM. Dans le cas où l'estimation pour un seul des pays n'est pas reportée, car portant sur moins de 10 observations, ce pays est exclu de la moyenne.
h) Les données se rapportent à la période 1987-1989.
i) Il y a un conjoint/partenaire dans le ménage à l'instant t et pas à l'instant t – 1.
Sources : PCM, vagues 1994, 1995 et 1996 pour les pays de l'UE ; SLID pour le Canada ; PSID pour les États-Unis.

— Tableau 2.5. **Lien entre certains événements au regard de l'emploi et les flux d'entrée-sortie de la pauvreté** —

Entrées dans la pauvreté

	Nombre d'observations	Diminution du nombre de travailleurs[a]	Dont : Chef de famille	Dont : Partenaire	Diminution du nombre de mois travaillés[b]	Dont : Chef de famille	Dont : Partenaire	Diminution des revenus d'activité d'au moins 10 %[c]	Autres
Belgique	608	30.7	55.8	17.5	5.0	(54.3)	–	21.5	42.8
Danemark	339	32.9	57.2	36.4	11.3	(49.1)	–	22.8	32.9
France	1 285	21.5	41.5	39.5	11.7	67.4	(16.6)	25.7	41.2
Allemagne	907	24.6	36.0	35.3	9.0	79.3	–	31.5	34.9
Grèce	1 479	37.4	41.0	29.7	6.9	56.0	(23.1)	32.3	23.4
Irlande	784	36.4	56.1	(6.1)	6.7	(32.3)	(25.1)	20.2	36.6
Italie	1 702	34.9	32.9	24.8	6.1	59.8	(21.0)	26.5	32.5
Luxembourg	184	33.8	–	–	(13.5)	(88.1)	–	35.9	(16.8)
Portugal	1 308	47.6	43.1	25.8	4.7	73.3	–	18.3	29.5
Espagne	1 896	42.9	51.7	15.7	15.4	63.2	18.5	29.5	12.1
Royaume-Uni	1 015	27.0	34.1	38.8	7.9	74.4	–	25.2	40.0
Moyenne PCM[d]	**11 507**	**30.3**	**40.2**	**29.1**	**9.2**	**68.6**	**14.9**	**27.4**	**33.1**
Canada	2 182	30.0	66.5	29.5	22.3	69.3	27.1	36.0	11.7
États-Unis[e]	564	42.3	54.8	42.1	20.5	78.0	39.3	30.6	6.6

Sorties de la pauvreté

	Nombre d'observations	Augmentation du nombre de travailleurs[a]	Dont : Chef de famille	Dont : Partenaire	Augmentation du nombre de mois travaillés[b]	Dont : Chef de famille	Dont : Partenaire	Augmentation des revenus d'activité d'au moins 10 %[c]	Autres
Belgique	553	22.7	68.0	32.9	10.3	(32.0)	(27.4)	26.4	40.5
Danemark	262	22.8	63.8	(32.7)	18.6	(55.3)	–	40.5	18.1
France	1 329	32.5	63.8	28.6	12.8	60.6	(11.4)	30.3	24.4
Allemagne	928	25.5	50.5	25.6	4.2	(60.0)	–	31.6	38.7
Grèce	1 566	31.1	55.2	24.4	7.9	53.6	36.7	40.9	20.1
Irlande	655	35.0	48.6	(7.1)	12.3	39.7	–	27.8	24.9
Italie	2 038	30.4	42.7	20.7	8.7	46.8	(13.0)	30.4	30.5
Luxembourg	182	18.9	(46.9)	(43.4)	(11.8)	–	–	45.4	(23.9)
Portugal	1 689	48.0	52.6	23.0	10.9	43.1	(11.7)	25.1	16.0
Espagne	2 081	41.8	66.4	16.4	14.1	62.0	15.5	33.7	10.5
Royaume-Uni	1 062	26.6	71.2	32.9	7.8	81.0	(18.6)	26.9	38.7
Moyenne PCM[d]	**12 345**	**30.9**	**58.2**	**24.5**	**9.1**	**59.7**	**15.7**	**30.6**	**29.5**
Canada	1 980	29.4	72.2	29.3	23.1	77.2	36.6	35.2	12.4
États-Unis[e]	698	30.5	39.6	42.3	29.8	71.9	34.1	32.7	7.1

PCM : Panel communautaire des ménages.
– Pas d'estimation en raison du petit nombre d'observations (moins de 10).
( ) Estimations basées sur moins de 30 observations.
a) Pour les pays du PCM, un individu est considéré comme un actif occupé, au cours d'une année donnée, si le nombre de mois pendant lequel il a occupé un emploi est égal ou supérieur au nombre de mois pendant lequel il n'a pas travaillé. Pour le Canada et les États-Unis, la définition est basée sur un volume annuel d'heures travaillées d'au moins 1 000 heures.
b) Pas de changement dans le nombre de travailleurs. Les valeurs pour le Canada et les États-Unis prennent en compte un changement dans le volume annuel d'heures travaillées d'au moins 160 heures dans le sens indiqué.
c) Pas de changement en ce qui concerne le nombre de travailleurs ni le nombre de mois travaillés.
d) Moyennes pondérées par la population pour l'ensemble des pays couverts par le PCM. Dans le cas où l'estimation pour un seul des pays n'est pas reportée, car portant sur moins de 10 observations, ce pays est exclu de la moyenne.
e) Les données se rapportent à la période 1987-1989.
Source : PCM, vagues 1994, 1995 et 1996 pour les pays de l'UE ; SLID pour le Canada ; PSID pour les États-Unis.

sorties de la pauvreté, et donne à penser que les systèmes plus larges de protection sociale qui caractérisent la plupart des pays européens, outre qu'ils contribuent comme en témoignent de nombreuses études [Förster (2000) ; Smeeding et al. (2000)] à atténuer l'incidence transversale de la pauvreté, affectent la dynamique de la pauvreté. Le Canada se situe entre ces deux extrêmes, la contribution des transferts s'y établissant à un niveau

Tableau 2.6. Lien entre certains événements familiaux et certains événements au regard de l'emploi et les flux d'entrée-sortie de la pauvreté

Entrées dans la pauvreté

Pourcentage du nombre total d'entrées lié à :

	Nombre d'observations	Changement dans la structure familiale	Diminution du nombre de travailleurs[a]	Diminution affectant principalement : Les revenus d'activité[b]	Les revenus de transfert[b]	Les revenus du patrimoine et autres revenus[b]	Autres cas
Belgique	632	16.5	20.7	18.1	33.3	7.2	4.2
Danemark	339	39.0	15.2	13.5	26.0	–	–
France	1 285	27.1	10.8	21.7	35.3	3.1	1.9
Allemagne	936	21.6	15.9	27.2	26.0	7.5	1.8
Grèce	1 481	21.4	25.6	29.8	8.8	9.9	4.5
Irlande	784	32.3	21.0	17.3	22.7	5.0	1.7
Italie	1 702	25.6	21.4	24.1	23.2	3.9	1.8
Luxembourg	185	31.7	(15.6)	27.1	20.3	–	–
Pays-Bas	848	28.6	..	37.5	32.3	–	–
Portugal	1 315	22.3	35.5	17.6	17.9	3.8	2.8
Espagne	1 897	25.3	30.1	22.4	17.5	4.1	0.6
Royaume-Uni	1 015	25.9	16.2	17.5	32.9	5.8	1.7
Moyenne PCM[c]	**12 419**	**24.8**	**18.4**	**21.7**	**25.6**	**5.2**	**4.4**
Canada	2 182	41.2	9.3	26.1	16.9	6.4	0.2
États-Unis[d]	564	37.5	15.0	27.6	2.8	16.5	0.7

Sorties de la pauvreté

Pourcentage du nombre total de sorties lié à :

	Nombre d'observations	Changement dans la structure familiale	Augmentation du nombre de travailleurs[a]	Augmentation touchant principalement : Les revenus d'activité[b]	Les revenus de transfert[b]	Les revenus du patrimoine et autres revenus[b]	Autres cas
Belgique	573	9.9	18.2	17.0	41.5	[13.4]	
Danemark	262	20.7	16.3	29.2	27.6	–	–
France	1 333	14.4	26.9	22.4	29.6	3.1	3.7
Allemagne	954	11.3	21.9	26.7	32.0	[8.1]	
Grèce	1 566	18.7	22.2	38.0	15.8	3.3	2.0
Irlande	655	20.8	27.7	20.6	29.9	–	–
Italie	2 045	20.2	23.6	29.2	24.2	[2.8]	
Luxembourg	183	24.2	(10.1)	29.4	23.7	–	–
Pays-Bas	684	23.6	..	33.2	41.2	–	–
Portugal	1 696	17.6	41.2	16.0	22.0	2.4	1.0
Espagne	2 084	16.7	34.5	30.6	15.2	[2.9]	
Royaume-Uni	1 062	12.1	20.5	23.7	40.3	[3.4]	
Moyenne PCM[c]	**13 097**	**15.2**	**24.2**	**25.4**	**27.9**	**2.0**	**5.3**
Canada	1 980	31.5	15.6	25.5	19.6	7.5	0.4
États-Unis[d]	698	27.0	19.1	36.8	3.8	13.2	0.1

PCM : Panel communautaire des ménages.
.. Données non disponibles.
– Pas d'estimation en raison du petit nombre d'observation (moins de 10).
( ) Estimations basées sur moins de 30 observations).
[ ] Ensemble des valeurs des « revenus du patrimoine et autres revenus » et des « autres cas »].
a) Pas de changement dans la structure familiale.
b) Pas de changement dans la structure familiale ni dans le nombre de travailleurs.
c) Moyennes pondérées par la population pour l'ensemble des pays couverts par le PCM.
d) Les données se rapportent à la période 1987-1989.
Source : PCM, vagues 1994, 1995 et 1996 pour les pays de l'UE ; SLID pour le Canada ; PSID pour les États-Unis.

intermédiaire entre ce qu'elle est en Europe d'une part et aux États-Unis d'autre part. Il est intéressant de noter que, aussi bien dans l'Union européenne qu'au Canada ou aux États-Unis, une réduction des transferts a presque autant d'effet sur le nombre d'entrées dans la pauvreté qu'une augmentation en a sur les sorties.

Facteurs présentant une corrélation avec les écarts de pauvreté entre pays

L'analyse qui précède fait apparaître des différences significatives dans la dynamique à court terme de la pauvreté, aussi bien entre catégories de la population d'un même pays qu'entre pays de l'OCDE. Il est toutefois indispensable de recourir à des outils statistiques plus élaborés pour rechercher les facteurs qui expliquent ces divergences et mettre en évidence les relations de causalité sous-jacentes. La présente section et celle qui la suit fournissent quelques éléments sur lesquels fonder une telle analyse. On a déjà recensé un certain nombre de facteurs, liés aux caractéristiques démographiques et à la situation au regard du marché du travail des *individus*, qu'il convient d'intégrer à l'analyse économétrique de la dynamique de la pauvreté. Par contre, on ne dispose encore que d'informations fragmentaires sur les facteurs *macro-économiques* qui peuvent aussi contribuer à expliquer les différences entre pays observées dans la dynamique de la pauvreté et dont il convient donc de tenir compte. Les corrélations rapportées dans le tableau 2.7, qui ont été établies sur la base de données agrégées concernant les quatorze pays considérés plus haut, donnent une idée de ce que peuvent être ces facteurs[24].

Les sept indicateurs de l'incidence et de la persistance de la pauvreté présentent une forte corrélation négative avec à la fois la générosité des dépenses sociales et la mesure dans laquelle celles-ci sont ciblées sur les ménages à bas revenu (la corrélation est significative dans 13 cas sur 14 malgré la taille restreinte de l'échantillon), ce qui confirme le rôle important des transferts dans la situation au regard de la pauvreté. Plusieurs autres facteurs paraissent aussi pouvoir influer sur le degré global de pauvreté. C'est ainsi qu'il existe une corrélation significative entre un accroissement du PIB par habitant et une baisse du taux annuel de pauvreté, de même qu'entre une augmentation de la proportion d'adultes possédant un faible niveau d'instruction et une hausse du taux de pauvreté. Cela dit, aucun de ces facteurs ne présente de relation significative avec la persistance de la pauvreté. En revanche, la part des bas salaires dans l'emploi total (et la persistance d'un faible niveau de rémunération) présente une corrélation positive avec les quatre indicateurs de la persistance de la pauvreté, mais cette corrélation n'est significative que pour le rapport entre le taux de pauvreté au regard du revenu permanent et le taux annuel de pauvreté. Ce dernier diminue en outre sensiblement lorsque le taux de syndicalisation augmente, peut-être parce qu'un accroissement du taux de syndicalisation va de pair avec une moindre dispersion des salaires [OCDE (1997)]. Aucune corrélation significative ne peut être mise en évidence entre les taux globaux d'emploi et de chômage, d'un côté, et un des indicateurs de pauvreté, de l'autre. Cela montre que l'association étroite observée au niveau micro-économique entre l'augmentation du nombre de membres des ménages qui travaillent et la diminution du risque de pauvreté, par exemple, vaut peut-être moins au niveau macro-économique. Dans la section qui suit, des techniques statistiques plus élaborées sont utilisées pour tenir compte à la fois des facteurs micro-économiques et des facteurs macro-économiques qui influent sur la dynamique de la pauvreté.

Modèles économétriques

Afin d'approfondir l'analyse de la relation entre la dynamique à court terme de la pauvreté avec les caractéristiques des individus, on a estimé des modèles économétriques des flux d'entrée et de sortie de la pauvreté en se fondant sur les données de panel relatives à trois années. Ces modèles répondent en gros à un double objectif. Premièrement, mieux isoler l'effet individuel des différentes variables affectant les entrées et sorties de la pauvreté au moyen de techniques de régression à plusieurs variables. Les variables prises en compte sont représentées par leur niveau au cours de la première année et renvoient à l'âge de l'intéressé et du chef de ménage, au niveau d'instruction du chef de ménage, au nombre de membres du ménage qui travaillent, à la structure de la famille et au pays de résidence (la liste exacte en est fournie dans le tableau 2.8). Deuxièmement, il s'agit de voir dans quelle mesure les différences internationales dans la dynamique de la pauvreté mises en évidence dans les paragraphes précédents tiennent à des disparités entre pays dans la répartition de ces caractéristiques.

Les modèles sont estimés par application de la méthode du maximum de vraisemblance à une spécification sous forme de logit, technique courante lorsqu'on veut modéliser les effets de variables explicatives sur une variable qui ne peut prendre que deux valeurs discrètes[25]. Les équations ont été estimées sur l'ensemble des pays participant au PCM et renvoient à trois variables dépendantes distinctes : le taux de sortie de la pauvreté, le pourcentage de pauvres au regard du revenu permanent parmi les personnes qui ont connu au moins une fois la pauvreté et le pourcentage de personnes vivant en permanence dans la pauvreté parmi celles qui ont connu au moins une fois la pauvreté. Si on a choisi ces variables, c'est afin de pouvoir apprécier sur la base d'un minimum d'éléments l'effet des variables indépendantes (y compris les effets-pays) sur la dynamique de la pauvreté comme sur sa persistance à court terme. Les coefficients estimés servent ensuite à établir des probabilités concernant le devenir des individus présentant telle ou telle combinaison de caractéristiques.

Tableau 2.7. Corrélations entre certaines mesures nationales de la pauvreté et certains indicateurs du contexte économique, démographique et institutionnel

Pays du PCM, Canada et États-Unis

A. Corrélations entre certaines mesures de la pauvreté, et l'emploi et le chômage

Mesures de la pauvreté	Rapport emploi/ population, total	Rapport emploi/ population, femmes	Proportion de ménages d'âge actif sans emploi	Taux de chômage standardisé	Taux de chômage des hommes de 25 à 54 ans	Taux de chômage des femmes de 25 à 54 ans
Mesures sur une année						
Taux de pauvreté	−0.068	−0.103	−0.418	0.021	−0.106	0.011
Intensité	−0.227	−0.284	−0.369	0.050	−0.184	0.154
Indice de Sen	−0.108	−0.151	−0.485*	0.016	−0.154	0.043
Mesures sur trois ans						
Pauvreté revenu permanent	−0.102	−0.142	−0.556**	0.005	−0.135	0.019
Rapport pauvreté revenu permanent/pauvreté au cours d'une année donnée	−0.266	−0.293	−0.591**	0.073	−0.036	0.090
Rapport toujours pauvres/ pauvres au moins une fois	0.149	0.106	−0.559**	−0.233	−0.359	−0.197
1-taux de sortie	0.012	−0.029	−0.476	−0.193	−0.321	−0.137

B. Corrélations entre certaines mesures de la pauvreté, et le contexte salarial et les dépenses sociales

Mesures de la pauvreté	Part de l'emploi à bas salaire	Nombre moyen cumulé d'années passées dans l'emploi à bas salaire	Taux de syndicalisation	Dépenses sociales publiques en % du PIB	Part de transferts publics bénéficiant aux trois déciles inférieurs de la distribution des revenus dans la population d'âge actif	Taux brut de remplacement assuré par les prestations de chômage
Mesures sur une année						
Taux de pauvreté	0.365	0.830**	−0.551*	−0.638**	−0.452	−0.820**
Intensité	0.027	0.243	−0.362	−0.358	−0.582*	−0.512*
Indice de Sen	0.270	0.686	−0.506	−0.610**	−0.554*	−0.767**
Mesures sur trois ans						
Pauvreté revenu permanent	0.384	0.712	−0.532*	−0.685**	−0.562*	−0.737**
Rapport pauvreté revenu permanent/pauvreté au cours d'une année donnée	0.484*	0.530	−0.614**	−0.705**	−0.541*	−0.598**
Rapport toujours pauvres/ pauvres au moins une fois	0.294	0.584	−0.400	−0.577**	−0.507	−0.546**
1-taux de sortie	0.314	0.434	−0.405	−0.553**	−0.598*	−0.521*

C. Corrélations entre certaines mesures de la pauvreté, et la distribution du revenu et certaines caractéristiques démographiques

Mesures de la pauvreté	PIB par tête en PPA	Coefficient de Gini sur le revenu pour l'ensemble de la population	Coefficient de Gini sur le revenu pour la population d'âge actif	Rapport de dépendance économique pour 1990	Proportion de familles monoparentales	Part de la population âgée de 25 à 64 ans n'ayant pas achevé le deuxième cycle de l'enseignement secondaire
Mesures sur une année						
Taux de pauvreté	−0.304	0.836**	0.823**	0.001	−0.001	0.264
Intensité	−0.424	0.436	0.439	−0.232	−0.221	0.472
Indice de Sen	−0.348	0.813**	0.801**	−0.054	−0.048	0.372
Mesures sur trois ans						
Pauvreté revenu permanent	−0.334	0.822**	0.807**	−0.031	−0.100	0.375
Rapport pauvreté revenu permanent/pauvreté au cours d'une année donnée	−0.285	0.728**	0.750**	−0.039	−0.219	0.439
Rapport toujours pauvres/ pauvres au moins une fois	0.027	0.571*	0.572*	−0.242	0.190	0.111
1-taux de sortie	0.041	0.559*	0.579*	−0.234	0.134	0.123

* Significatif au seuil de 10 %.
** Significatif au seuil de 5 %.

Source : Mesures de l'emploi et du chômage : OCDE (2000), *Perspectives de l'emploi* ; emploi à bas salaire : base de données de l'OCDE sur la structure des revenus d'activité ; nombre moyen cumulé d'années dans l'emploi à bas salaire : OCDE (1997), *Perspectives de l'emploi*, chapitre 2 ; densité syndicale : OCDE (1997), *Perspectives de l'emploi*, chapitre 3 ; dépenses sociales publiques : base de données de l'OCDE sur les dépenses sociales ; taux de remplacement : OCDE (1999), *Systèmes de prestations et incitations au travail* ; PIB par tête : base de données analytiques de l'OCDE ; coefficients de Gini : Förster, M.F. (2000) ; rapport de dépendance économique et proportion de familles monoparentales : OCDE (2000) ; mesure de l'éducation : OCDE (2000), *Regards sur l'éducation – Les indicateurs de l'OCDE*.

Tableau 2.8. **Estimation de l'impact des caractéristiques individuelles et familiales et du pays de résidence sur la persistance de la pauvreté sur trois ans**[a] **(pays du PCM uniquement)**

Taux de pourcentages donnés par les régressions logistiques multivariées[b]

	Taux de sortie de la pauvreté (annuel)	Pauvre au regard du revenu permanent, si pauvre au moins une fois	Toujours pauvre, si pauvre au moins une fois
	(1)	(2)	(3)
Personne de référence[c]	50.3	37.1	14.4
Âge de la personne (personne de référence = âge actif)			
Enfant (moins de 18 ans)	45.0***	42.9***	17.6***
Retraité (plus de 65 ans)	52.8*	33.4***	13.1
Âge du chef de famille (personne de référence = 31 à 50 ans)			
Jeune adulte (30 ans ou moins)	55.0***	33.3***	12.0***
Actif plus âgé (51 à 65 ans)	51.5	35.5*	13.6
Retraité (plus de 65 ans)	46.4***	36.9	14.8
Niveau de formation du chef de famille (personne de référence = moyen)			
Faible (moins que le 2e cycle du secondaire)	43.7***	46.8***	20.8***
Élevé (supérieur)	57.0***	30.5***	12.7*
Nombre d'actifs occupés dans le ménage (personne de référence = un actif occupé)			
Aucun	48.3***	48.4***	21.8***
Deux ou plus	52.4*	23.7***	9.3***
Type de ménage (personne de référence = deux adultes avec enfants)			
Un adulte, sans enfant	45.4***	36.7	16.9***
Deux adultes, sans enfant	52.4*	30.8***	12.6***
Un adulte, avec enfants	52.9**	31.8***	12.1***
	53.3***	35.5	13.0***
Cas extrême[d]			
Enfant dans un ménage où le chef de famille possède un faible niveau de formation et ne comportant aucun actif occupé	36.8***	64.1***	35.7***
Pays (personne de référence = moyenne du PCM)			
Belgique	54.0*	25.2***	11.0***
Danemark	66.5***	17.1***	5.0***
France	51.6	34.0**	12.5
Allemagne	40.2***	44.6***	20.5***
Grèce	45.3***	41.4***	18.0***
Irlande	62.1***	24.5***	4.1***
Italie	44.8***	42.1***	20.7***
Luxembourg	54.6	31.9	11.3
Pays-Bas	54.9**	48.9***	15.8**
Portugal	39.6***	51.3***	24.9***
Espagne	53.6***	33.8***	12.1***
Royaume-Uni	64.4***	27.7***	7.7***
Nombre d'observations	30 081	26 256	26 256
Log vraisemblance	−20 051.7	−17 073.4	−13 031.0
Test du ratio de vraisemblance pour tous les cofficients [chi² (24)]	1 094.0***	1 937.3***	1 797.3***
Test du ratio de vraisemblance pour les effets pays [chi² (11)]	626.1***	772.5***	954.1***
Variation relative des effets pays corrigés[e,f]	1.04	1.27	1.16
Corrélation des effets pays corrigés avec les effets pays non corrigés[f]	0.95	0.80	0.91

PCM : Panel communautaire des ménages.
*, ** et *** désignent les différences par rapport à la personne de référence significatives aux seuils de 10 %, 5 % et 1 % respectivement.
a) Caractéristiques définies en début de période.
b) Probabilités ajustées à partir de modèles de régression logistiques estimés par maximum de vraisemblance et utilisant les données de 1993-1995.
c) La personne de référence est un adulte d'âge actif vivant dans une famille de deux adultes avec enfants. Le ménage comprend un actif occupé et son chef, d'âge compris entre 31 et 50 ans, possède un niveau de formation moyen. La personne de référence est attribuée à chaque pays en pondérant par la population.
d) Les caractéristiques indiquées marquent les différences du cas extrême avec la personne de référence.
e) Coefficient de variation des effets pays corrigés rapporté au coefficient de variation des effets pays non corrigés.
f) Les effets pays non corrigés désignent les différences dans les moyennes des trois mesures de pauvreté entre les pays. Les effets pays corrigés désignent les différences touchant les mesures de pauvreté ajustées pour une personne de référence définie selon la note c).

Source: PCM, vagues 1994, 1995 et 1996.

Les résultats ainsi obtenus, présentés dans le tableau 2.8, témoignent que les variables explicatives ont un effet important et significatif sur l'évolution mesurée de la situation au regard de la pauvreté. L'ampleur de cet effet est déterminé par l'écart entre la probabilité obtenue pour un individu présentant les caractéristiques considérées et celle obtenue pour la personne de référence (voir les notes au tableau pour la définition de la personne de référence). D'une manière générale, les caractéristiques mesurées affectent sensiblement la probabilité de sortie et les probabilités de connaître la pauvreté pendant une longue période, leur effet étant toutefois plus ou moins marqué selon la variable considérée. Les taux de sorties sont surtout influencés par le niveau d'instruction du chef de ménage alors que les probabilités d'être pauvre au regard du revenu permanent et de vivre en permanence dans la pauvreté le sont avant tout par le nombre de membres du ménage qui travaillent au début de la période de trois ans étudiée. Pour prendre un cas extrême, un enfant vivant dans une famille dont le chef a un faible niveau d'instruction et dont aucun membre ne travaille a une probabilité de sortie inférieure d'environ 14 points (27 %) et des probabilités d'être pauvre au regard du revenu permanent et de vivre en permanence dans la pauvreté supérieures de 27 points (73 %) et 21 points (148 %) à celles de la personne de référence. Assez étonnamment, toutefois, les individus vivant dans un ménage se composant d'un seul adulte avec enfants ont une probabilité de sortie nettement plus élevée et des probabilités d'être pauvre au regard du revenu permanent et de vivre en permanence dans la pauvreté plus faibles que ceux vivant dans la famille de référence (deux adultes avec enfants)[26].

Ainsi qu'en témoigne la valeur estimée des effets-pays, indiquée en bas du tableau 2.8, les devenirs mesurés au regard de la pauvreté diffèrent sensiblement d'un pays à l'autre. La prise en compte des caractéristiques individuelles n'influe guère sur la valeur estimée des effets-pays : on note en effet une forte corrélation entre les valeurs non ajustées et ajustées, celle-ci s'échelonnant de 0.80 à 0.95 pour les trois devenirs considérés. Lorsqu'on tient compte des caractéristiques individuelles, le Danemark, l'Irlande et le Royaume-Uni affichent de forts taux de sortie de la pauvreté et de faibles taux de pauvreté permanente, et l'Italie et le Portugal de faibles taux de sortie de la pauvreté et des taux élevés de pauvreté permanente. Les coefficients de corrélation entre les effets-pays ajustés et les variables macro-économiques considérées dans la section précédente sont du même ordre de grandeur que ceux rapportés dans le tableau 2.7, ce qui donne à penser que l'influence exercée par certaines de ces variables sur la dynamique de la pauvreté n'est pas atténuée par la prise en compte des caractéristiques individuelles et familiales.

III. Dynamique de la pauvreté sur une longue période

A. Données

On s'appuie ici sur les données des Cross-National Equivalent Files (CNEF) pour étudier la dynamique de la pauvreté sur une plus longue période. Ces fichiers comprennent des données provenant du panel socio-économique (GSOEP) pour l'Allemagne, de l'Enquête sur la dynamique du travail et du revenu (SLID) pour le Canada, de la Panel Study of Income Dynamics (PSID) pour les États-Unis et de la British Household Panel Survey (BHPS) pour le Royaume-Uni. On a construit des panels couvrant huit années, et renvoyant aux revenus des années 1985 à 1992 pour les États-Unis et 1990 à 1997 pour l'Allemagne et le Royaume-Uni ; dans le cas du Canada, les données ne portent que sur six années, et concernent les revenus des années 1993 à 1998.

Le choix de ces périodes a été dicté par plusieurs considérations d'ordre pratique. La principale est la comparabilité des résultats au regard de la durée de la période considérée et des conditions économiques prévalant au cours de cette période. Comme on l'a déjà indiqué, les séries PSID relatives aux États-Unis couvrent jusque et y compris les revenus de l'année 1996. Cependant, en raison des modifications intervenues dans les procédures d'administration de l'enquête et les délais de traitement des données, les chiffres concernant les revenus des années 1993 à 1996 ne sont pas totalement comparables à ceux relatifs aux années antérieures. En raison de ces problèmes, il était impossible de construire pour les États-Unis un panel portant sur une période identique à celle que couvraient les panels établis pour l'Allemagne et le Royaume-Uni. Cela risque de poser des problèmes de comparabilité si la dynamique de la pauvreté a changé aux États-Unis entre les années 80 et les années 90. Cela dit, au vu des chiffres du Bureau of the Census et d'autres sources, il ne semble pas que le taux de pauvreté ait beaucoup bougé aux États-Unis entre la fin des années 80 et le milieu voire la fin des années 90, de sorte que l'utilisation pour ce pays de données concernant le début de cette période ne devrait pas soulever trop de problèmes[27].

Comme on l'a déjà indiqué, les données sur les revenus des ménages contenues dans les CNEF sont disponibles avant et après impôts et transferts. Le revenu avant impôts et transferts (revenu marchand) est le montant du revenu avant paiement des impôts directs et réception des transferts publics. Le revenu après impôts et transferts (revenu disponible) est le montant du revenu déduction faite des impôts directs et compte tenu des transferts publics reçus. Ce dernier recouvre un concept de revenu pour l'essentiel identique à celui utilisé dans le PCM. Les deux variables de revenu sont ajustées pour tenir compte de la taille de la famille et des économies d'échelle qui en résultent dans la consommation par application de l'échelle d'équivalence modifiée de l'OCDE. Sont considérées comme pauvres les personnes dont l'équivalent revenu disponible familial est inférieur à 50 % de la médiane de la distribution des équivalents revenus disponibles dans leur pays de résidence. Le même seuil, fondé sur l'équivalent revenu disponible, est utilisé pour le revenu marchand et pour le revenu disponible. Les CNEF contiennent en outre des informations détaillées, qui seront exploitées dans l'analyse qui suit, sur la situation au regard de l'emploi et les caractéristiques des familles.

B. Incidence et persistance de la pauvreté

Le tableau 2.9 indique les taux de pauvreté, les pourcentages de personnes ayant connu un épisode passager de pauvreté et les taux de pauvreté au regard du revenu permanent observés, respectivement, dans l'ensemble de la population des ménages, parmi les ménages d'âge actif et parmi les ménages retraités[28]. D'une manière générale, c'est en Allemagne que la pauvreté est la plus faible sur la base des revenus après impôts et transferts ; viennent ensuite le Canada, le Royaume-Uni puis les États-Unis[29]. L'effet de la fiscalité et des transferts est assez important en Allemagne et au Canada. Dans le cas de l'Allemagne, lorsqu'on considère l'ensemble de la population, le taux de pauvreté est à peu près trois fois plus élevé sur la base du revenu marchand (avant impôts et transferts) que sur la base du revenu disponible (après impôts et transferts). Cet écart est imputable pour l'essentiel à la population retraitée, dont le taux annuel de pauvreté est multiplié par près de dix lorsque les calculs se fondent sur le revenu avant impôts et transferts et non plus sur le revenu après impôts et transferts. Au Royaume-Uni et aux États-Unis, la pauvreté est également plus forte sur la base du revenu avant impôts et transferts que sur la base du revenu après impôts et transferts, mais l'écart n'est pas aussi prononcé que dans le cas de l'Allemagne et du Canada. Aux États-Unis, la fiscalité et les transferts n'ont quasiment aucune incidence sur le taux de pauvreté des ménages d'âge actif. Par contre, les mécanismes de redistribution se traduisent par une réduction plus importante de la pauvreté des retraités aux États-Unis qu'au Royaume-Uni. Malgré l'effet redistributif notable qu'ont la fiscalité et les transferts sur le niveau de revenu des ménages retraités, les taux de pauvreté fondés sur le revenu après impôts et transferts sont plus élevés parmi les personnes vivant dans un ménage retraité que parmi celles appartenant à un ménage d'âge actif dans tous les pays considérés à l'exception du Canada.

Du tableau 2.9, il ressort également que l'incidence de la pauvreté est élevée au Royaume-Uni et aux États-Unis, entre 30 et 40 % environ, selon l'indicateur retenu de la population, ayant connu au moins une année de pauvreté au cours des huit années considérées. L'incidence de la pauvreté est plus faible en Allemagne et au Canada, encore qu'elle y soit particulièrement forte parmi les personnes vivant dans un ménage retraité sur la base du revenu avant impôts et transferts.

Les deux dernières colonnes du tableau 2.9 donnent un premier aperçu du degré de persistance de la pauvreté dans les quatre pays. En règle générale, la proportion de personnes vivant en permanence dans la pauvreté est faible par rapport au taux annuel moyen de pauvreté en Allemagne et au Royaume-Uni, sauf, dans le cas de l'Allemagne, lorsqu'on utilise le revenu avant impôts et transferts. Le pourcentage de personnes vivant en permanence dans la pauvreté est plus élevé au Canada et aux États-Unis que dans les deux autres pays. Sur la base du revenu après impôts et transferts, sur le nombre total de pauvres recensés au cours d'une année, ceux qui ont vécu dans la pauvreté pendant la totalité de la période étudiée représentent entre environ 15 % au Royaume-Uni et 27 % aux États-Unis. Le plus étonnant est peut-être toutefois la forte incidence, dans les quatre pays, de la pauvreté au regard du revenu permanent par rapport au taux annuel moyen de pauvreté. Les personnes dont le revenu moyen sur une longue période est inférieur au seuil de pauvreté représentent entre environ 45 et 100 % des pauvres recensés au cours d'une année, selon le pays et l'indicateur du revenu considéré. Cela montre bien à quel point il est important de mettre au point des indicateurs de la persistance de la pauvreté intégrant les flux de revenus perçus au cours d'une période s'étalant sur plusieurs années.

Le tableau 2.10 fournit les taux d'entrée et de sortie de la pauvreté, au sein des ménages d'âge actif d'une part et au sein des ménages retraités de l'autre. Ces chiffres renvoient au nombre d'entrées et de sorties dans la population « à risque ». D'une manière générale, plus le taux de pauvreté est élevé plus le taux d'entrée l'est aussi, plus le taux de sortie est faible et plus la durée moyenne est longue. Font exception à ce schéma général les chiffres obtenus sur la base du revenu avant impôts et transferts pour les ménages d'âge actif au Royaume-Uni (partie A, sixième ligne). Bien que le taux annuel de pauvreté de cette catégorie de la population britannique soit légèrement supérieur aux taux (avant et après impôts et transferts) observés aux États-Unis pour la même catégorie, les taux d'entrée et de sortie sont plus élevés et la durée moyenne plus courte au Royaume-Uni qu'aux États-Unis. Il semblerait par conséquent que la pauvreté mesurée à l'aune du revenu marchand soit un phénomène plus transitoire au

Tableau 2.9. **Divers indicateurs de la pauvreté sur une plus longue période : Canada, Allemagne, Royaume-Uni et États-Unis**

A. Ensemble de la population

	Nombre de personnes[a]	Taux annuel de pauvreté[b]	Au moins un épisode de pauvreté	Toujours pauvres	Pauvres au regard du revenu permanent[c]
			Pourcentages		
Canada, 1993-1998					
Après impôts et transferts	29 883	11.5	23.8	3.0	8.3
Avant impôts et transferts	29 883	24.7	38.3	12.7	20.6
Allemagne, 1990-1997					
Après impôts et transferts	5 491	9.6	17.4	1.0	4.1
Avant impôts et transferts	5 491	27.7	38.8	12.9	19.9
Royaume-Uni[d], 1990-1997					
Après impôts et transferts	8 179	15.1	31.2	2.2	9.8
Avant impôts et transferts	8 179	20.1	48.4	2.7	12.4
États-Unis, 1985-1992					
Après impôts et transferts	6 243	16.8	34.0	4.5	12.5
Avant impôts et transferts	6 243	21.0	38.2	7.6	16.0

B. Population d'âge actif[e]

	Nombre de personnes[a]	Taux annuel de pauvreté[b]	Au moins un épisode de pauvreté	Toujours pauvres	Pauvres au regard du revenu permanent[c]
			Pourcentages		
Canada, 1993-1998					
Après impôts et transferts	24 803	12.4	25.0	3.3	9.0
Avant impôts et transferts	24 803	19.8	32.8	8.1	14.9
Allemagne, 1990-1997					
Après impôts et transferts	4 301	9.4	17.5	0.9	4.0
Avant impôts et transferts	4 301	16.1	24.9	3.3	7.3
Royaume-Uni[d], 1990-1997					
Après impôts et transferts	6 441	14.7	30.4	2.4	9.6
Avant impôts et transferts	6 441	18.3	47.4	2.1	10.7
États-Unis, 1985-1992					
Après impôts et transferts	5 137	15.7	33.9	3.9	11.9
Avant impôts et transferts	5 137	15.9	33.0	4.8	12.0

C. Population retraitée[f]

	Nombre de personnes[a]	Taux annuel de pauvreté[b]	Au moins un épisode de pauvreté	Toujours pauvres	Pauvres au regard du revenu permanent[c]
			Pourcentages		
Canada, 1993-1998					
Après impôts et transferts	3 650	6.9	12.7	0.4	2.7
Avant impôts et transferts	3 650	54.3	68.1	45.0	56.6
Allemagne, 1990-1997					
Après impôts et transferts	982	9.9	16.4	1.6	4.7
Avant impôts et transferts	982	67.9	84.3	50.2	66.8
Royaume-Uni[d], 1990-1997					
Après impôts et transferts	1 397	15.1	33.9	2.0	11.5
Avant impôts et transferts	1 397	24.6	52.3	5.2	19.8
États-Unis, 1985-1992					
Après impôts et transferts	863	18.8	38.6	8.5	17.5
Avant impôts et transfert	863	39.1	68.8	24.2	40.0

a) Nombre de personnes présentes dans toutes les vagues d'enquête. Les observations, plus nombreuses, correspondant aux échantillons transversaux distincts pour chaque année ont été utilisées pour calculer les taux annuels de pauvreté.
b) Le taux de pauvreté indique le nombre d'individus dont l'équivalent revenu disponible est inférieur à 50 % de la médiane de l'équivalent revenu disponible à l'échelon national. Le taux est calculé pour chaque année séparément puis on fait une moyenne.
c) Pourcentage de l'échantillon dont l'équivalent revenu moyen est inférieur au seuil de pauvreté moyen sur la période considérée, autrement dit dont l'équivalent revenu global est inférieur au revenu global définissant le seuil de pauvreté sur cette période.
d) Les données se rapportent à la Grande-Bretagne uniquement.
e) Chef de ménage âgé de 15 à 64 ans (sur toute la durée d'observation).
f) Chef de ménage âgé de 60 ans et plus (sur toute la durée d'observation).
Sources : Canada : SLID ; Allemagne : GSOEP ; Royaume-Uni : BHPS ; États-Unis : PSID.

Royaume-Uni qu'aux États-Unis. L'effet des impôts directs et des transferts sur la dynamique de la pauvreté est, lui aussi, variable selon les pays, en particulier dans le cas de la population d'âge actif. Au sein de cette dernière, la pauvreté sur la base du revenu après impôts et transferts est moins durable que la pauvreté sur la base du revenu avant impôts et transferts en Allemagne et au Canada tandis qu'elle présente une persistance à peu près équivalente aux États-Unis et qu'elle dure un peu plus longtemps au Royaume-Uni.

Le tableau 2.11 donne une ventilation des épisodes de pauvreté en fonction de leur longueur, comme le faisait le tableau 2.3 pour les données tirées du PCM, pour la population d'âge actif d'un côté et la population retraitée de l'autre. Les CNEF couvrant un horizon temporel plus long, les catégories de durée distinguées sont toutefois plus nombreuses.

En outre, la mesure de la durée renvoie à un épisode type et non aux individus observés : elle représente donc le temps passé sans interruption dans la pauvreté (une même personne pouvant avoir accumulé plusieurs épisodes de pauvreté) et non le nombre total d'années passées dans la pauvreté par chaque individu (comme c'était le cas précédemment dans l'analyse de la dynamique à court terme de la pauvreté). De la partie gauche du tableau, qui indique la répartition des épisodes de pauvreté par durée, il ressort que la plupart de ces épisodes sont de courte durée dans les quatre pays. Les épisodes d'un an représentent entre 35 et 65 % environ de l'ensemble des épisodes de pauvreté (sauf, dans plusieurs cas, pour la population retraitée). D'une manière générale, plus le taux de pauvreté est élevé, plus la durée des épisodes de pauvreté est longue.

Tableau 2.10. **Taux bruts d'entrée et de sortie et durée moyenne des épisodes de pauvreté : Canada, Allemagne, Royaume-Uni et États-Unis**

A. Population d'âge actif[a]

	Taux annuel de pauvreté	Taux annuel d'entrée[b]	Taux annuel de sortie[c]	Durée moyenne[d]
	Pourcentages			
Canada, 1993-1998				
Après impôts et transferts	12.4	4.5	33.7	2.6
Avant impôts et transferts	19.8	5.0	24.1	3.1
Allemagne, 1990-1997				
Après impôts et transferts	9.4	2.7	45.0	1.9
Avant impôts et transferts	16.1	3.4	24.9	2.6
Royaume-Uni[e], 1990-1997				
Après impôts et transferts	14.7	5.3	34.5	2.3
Avant impôts et transferts	18.3	9.1	39.0	2.0
États-Unis, 1985-1992				
Après impôts et transferts	15.7	5.1	30.0	2.5
Avant impôts et transferts	15.9	5.0	26.8	2.5

B. Population retraitée[f]

	Taux annuel de pauvreté	Taux annuel d'entrée[b]	Taux annuel de sortie[c]	Durée moyenne[d]
	Pourcentages			
Canada, 1993-1998				
Après impôts et transferts	6.9	2.2	51.4	1.8
Avant impôts et transferts	54.3	10.5	6.0	4.9
Allemagne, 1990-1997				
Après impôts et transferts	9.9	2.4	39.0	2.2
Avant impôts et transferts	67.9	17.2	6.4	5.4
Royaume-Uni[e], 1990-1997				
Après impôts et transferts	15.1	6.2	34.2	2.2
Avant impôts et transferts	24.6	10.4	30.0	2.4
États-Unis, 1985-1992				
Après impôts et transferts	18.8	6.4	17.9	3.0
Avant impôts et transferts	39.1	14.1	11.4	3.8

a) Chef de ménage âgé de 15 à 64 ans (sur toute la durée d'observation).
b) Nombre de personnes en voie de paupérisation entre l'instant t et t + 1, en proportion de la population non pauvre à l'instant t, moyenne calculée sur la période.
c) Nombre de pauvres à l'instant t qui sortent de la pauvreté en t + 1, en proportion de la population pauvre à l'instant t, moyenne calculée sur la période.
d) Durée moyenne des épisodes de pauvreté (durées non nulles en années).
e) Les données se rapportent à la Grande-Bretagne uniquement.
f) Chef de ménage âgé de 60 ans et plus (pour tout le panel).
Source: Canada : SLID ; Allemagne : GSOEP ; Royaume-Uni : BHPS ; États-Unis : PSID.

Tableau 2.11. **Durée des épisodes de pauvreté pour les personnes ayant connu au moins une fois la pauvreté : Canada, Allemagne, Royaume-Uni et États-Unis**
Pourcentages

A. Population d'âge actif[a]

	Taux annuel de pauvreté	Part des épisodes de pauvreté durant :[b]				Part du temps total passé dans la pauvreté imputable aux épisodes durant :[b]			
		1 an	2 à 3 ans	4 à 6 ans	7 à 8 ans	1 an	2 à 3 ans	4 à 6 ans	7 à 8 ans
Canada, 1993-1998									
Après impôts	12.4	59.3	29.1	11.6	–	22.1	28.5	49.5	–
Avant impôts	19.8	52.3	30.6	17.1	–	15.4	23.0	61.7	–
Allemagne, 1990-1997									
Après impôts	9.4	65.4	21.3	7.8	5.5	33.9	24.9	19.2	22.0
Avant impôts	16.1	44.7	31.7	12.6	11.0	16.9	27.4	22.5	33.2
Royaume-Uni[c], 1990-1997									
Après impôts	14.7	48.7	31.4	11.7	8.3	21.4	31.6	22.4	24.5
Avant impôts	18.3	58.0	27.5	9.1	5.4	29.3	32.0	20.3	18.4
États-Unis, 1985-1992									
Après impôts	15.7	46.3	28.4	14.4	10.9	18.7	26.4	24.8	30.1
Avant impôts	15.9	45.2	29.3	12.7	12.8	17.7	26.3	21.2	34.8

B. Population retraitée[d]

	Taux annuel de pauvreté	Part des épisodes de pauvreté durant :[b]				Part du temps total passé dans la pauvreté imputable aux épisodes durant :[b]			
		1 an	2 à 3 ans	4 à 6 ans	7 à 8 ans	1 an	2 à 3 ans	4 à 6 ans	7 à 8 ans
Canada, 1993-1998									
Après impôts	6.9	72.1	23.0	4.9	–	39.5	30.5	30.0	–
Avant impôts	54.3	26.5	23.0	50.5	–	3.4	6.8	89.8	–
Allemagne, 1990-1997									
Après impôts	9.9	60.1	23.1	10.0	6.8	27.9	24.4	22.7	25.0
Avant impôts	67.9	18.6	15.4	14.4	51.6	3.5	7.0	13.1	76.5
Royaume-Uni[c], 1990-1997									
Après impôts	15.1	52.7	27.6	13.6	6.0	23.2	28.9	28.6	19.3
Avant impôts	24.6	49.8	27.1	14.2	9.0	20.0	25.9	27.1	27.0
États-Unis, 1985-1992									
Après impôts	18.8	48.3	19.9	13.6	18.2	15.4	15.0	20.8	48.8
Avant impôts	39.1	36.0	21.9	12.2	29.9	9.0	13.1	15.1	62.8

– Sans objet.
a) Chef de ménage âgé de 15 à 64 ans (sur toute la durée d'observation).
b) Durée de l'épisode de pauvreté mesurée en nombre d'années consécutives (les individus peuvent connaître plusieurs épisodes répétés).
c) Les données se rapportent à la Grande-Bretagne uniquement.
d) Chef de ménage âgé de 60 ans et plus (sur toute la durée d'observation).
Source : Canada : SLID ; Allemagne : GSOEP ; Royaume-Uni : BHPS ; États-Unis : PSID.

Malgré cette prédominance des épisodes courts, la partie droite du tableau 2.11 montre que les épisodes longs pèsent très lourdement sur le temps total passé dans la pauvreté. Si on considère le revenu avant impôts et transferts de la population d'âge actif (partie A), sur le nombre total d'années de pauvreté, le tiers environ est imputable à des épisodes de 7 à 8 ans. Lorsqu'on se fonde sur le revenu après impôts et transferts, cette part ne diminue que légèrement aux États-Unis tandis qu'elle tombe aux alentours d'un cinquième en Allemagne. Au Canada, les épisodes de quatre à six ans (durée maximale recensée par la SLID) expliquent la moitié environ, voire plus, du nombre total d'années passées dans la pauvreté.

C. Sorties durables de la pauvreté et épisodes répétés

Dans l'analyse qui précède, on a utilisé un indicateur de la pauvreté fondé sur le « revenu permanent », autrement dit sur la moyenne des revenus annuels perçus au cours d'une période de plusieurs années. Cela permet, d'une part, de lisser les fluctuations passagères de revenu et, d'autre part, de rendre compte de la proportion dans laquelle le revenu est inférieur au seuil de pauvreté. En soi, un indicateur de la pauvreté au regard du revenu permanent apporte donc des informations plus exactes sur le degré de persistance d'un faible niveau de revenu que les mesures classiques s'appuyant sur les revenus d'une seule année.

Un indicateur de la pauvreté au regard du revenu permanent permet également de tenir compte de la succession d'épisodes de pauvreté. Lorsqu'on utilise un indicateur de la persistance de la pauvreté fondé sur un épisode type, une personne qui a vécu dans la pauvreté pendant trois ans, en est sortie un an puis y est retombée pour quatre ans est considérée comme ayant connu deux épisodes de pauvreté, de trois et de quatre ans respectivement. Or un tel profil laisse supposer un niveau de vie inférieur au seuil de pauvreté pendant la totalité de la période considérée. Pour se faire une idée exacte de la persistance de la pauvreté, il est indispensable de savoir dans quelle mesure les épisodes de pauvreté se répètent. Une autre méthode consiste à examiner les « sorties définitives » de la pauvreté, c'est-à-dire les sorties observées au cours d'une année qui ne sont pas suivies d'un nouvel épisode ultérieur de pauvreté.

Le tableau 2.12 récapitule les sorties annuelles (totales), les rechutes et les sorties définitives. Les chiffres figurant dans la deuxième colonne renvoient au taux de sortie usuel, tel qu'il est défini dans le tableau 2.10. Comme on voulait pouvoir observer les éventuelles rechutes, la période d'estimation a été limitée aux années 2 à 4 de la période couverte par le panel relatif à chaque pays (et aux années 2 et 3 dans le cas du Canada pour lequel on ne dispose que de données portant sur un total de six années). Des rechutes sont ainsi possibles au cours de six des huit années considérées et le fait de choisir de mesurer les sorties des trois premières années autorise un nombre important de rechutes[30]. La troisième colonne du tableau 2.12 indique la fréquence des rechutes, en pourcentage du nombre de sorties enregistrées au cours de chacune des années de cette période tronquée. La dernière colonne présente quant à elle le taux de sortie définitive, tel qu'il a été défini au paragraphe précédent, en pourcentage du nombre de pauvres.

Du tableau 2.12, il ressort que moins de la moitié des sorties de la pauvreté sont définitives en ce sens qu'elles ne sont pas suivies assez rapidement d'un nouvel épisode de pauvreté. Le plus frappant est probablement le fait que cela vaut pour tous les pays et quel que soit l'indicateur du revenu utilisé. Parmi les personnes qui échappent à la pauvreté au cours d'une année, entre quelque 55 et 65 % de celles appartenant à des ménages d'âge actif et entre 65 et 85 % environ de celles vivant dans des ménages retraités retombent dans la pauvreté au cours des trois à six années suivantes. Par conséquent, comme on le constate à la lecture de la dernière colonne du tableau, le pourcentage de pauvres dont les perspectives de revenu s'améliorent sensiblement d'une année sur l'autre est extrêmement faible. Au sein de la population d'âge actif par exemple, seulement 10 à 20 % des personnes qui parviennent à échapper chaque année à la pauvreté n'y retombent pas au cours des deux à six années suivantes.

Compte tenu de l'importance des rechutes, mise en évidence par le tableau 2.12, pour bien appréhender le phénomène de la pauvreté il vaut peut-être mieux s'intéresser au nombre total d'années qu'au nombre d'années consécutives passées dans la pauvreté. Telle est la question à laquelle le tableau 2.13 vise à apporter des éléments de réponse grâce à une comparaison de ces deux indicateurs de la durée de la pauvreté en se fondant sur le revenu après impôts et transferts. D'une manière générale, mesurer la persistance de la pauvreté par le nombre total d'années passées dans la pauvreté et non par la longueur des épisodes ininterrompus accroît la durée moyenne de la pauvreté de façon marginale au Canada mais d'environ un an dans les trois autres pays, pour lesquels les panels couvrent huit années, ce qui est considérable par rapport à la durée moyenne des épisodes ininterrompus, laquelle est de l'ordre de deux à trois ans. Les deux dernières colonnes du tableau montrent que des durées de quatre ans ou plus sont nettement plus fréquentes lorsque la persistance de la pauvreté est mesurée par le nombre total d'années de pauvreté que lorsqu'elle est évaluée sur la base de la longueur des épisodes ininterrompus. L'effet des rechutes sur le nombre total d'années de pauvreté serait vraisemblablement encore plus marqué si l'analyse portait sur une période plus longue.

Le tableau 2.14 fournit des informations sur le risque de pauvreté encouru en fonction de la situation au regard de l'emploi et de la structure familiale du ménage. Là encore l'échantillon est limité à la population des ménages d'âge actif et l'indicateur du revenu utilisé est le revenu après impôts et transferts. Les ménages sont ventilés entre les différentes catégories sur la base des caractéristiques qu'ils présentaient la première année de l'enquête. On constate que les ménages pour lesquels la pauvreté constitue la menace la plus lourde – au vu des taux annuels de pauvreté, de la durée moyenne de la pauvreté et des parts dans le nombre total d'années de pauvreté – sont ceux dont aucun membre ne travaille et les ménages monoparentaux avec enfants. La part de ces derniers dans le nombre total d'années de pauvreté, par exemple, est environ deux à trois fois supérieure, dans les quatre pays, à leur part dans la population. On note cependant de grandes différences d'un pays à l'autre. Par rapport à ce qu'on observe dans les trois autres pays, aux États-Unis, une fraction bien plus importante du nombre total d'années de pauvreté est imputable aux personnes vivant dans des familles dont au moins un membre travaillait au début de la période considérée : 77.4 %, contre 58.1 % en Allemagne, 48.0 % au Canada et 49.5 % au Royaume-Uni. Il semblerait donc que la pauvreté soit

Tableau 2.12. **Rechutes et sorties définitives de la pauvreté[a] : Canada, Allemagne, Royaume-Uni et États-Unis**

A. **Population d'âge actif[b]**

	Nombre d'observations	Sorties annuelles[c] (%)	Rechutes[d] (%)	Sorties annuelles définitives[e] (%)
Canada, 1993-1998				
Après impôts et transferts	5 597	34.8	43.8	19.6
Avant impôts et transferts	9 879	24.2	39.2	14.7
Allemagne, 1990-1997				
Après impôts et transferts	506	42.0	57.0	18.1
Avant impôts et transferts	982	24.7	50.9	12.1
Royaume-Uni[f], 1990-1997				
Après impôts et transferts	1 497	37.6	52.6	17.8
Avant impôts et transferts	1 547	38.1	61.7	14.6
États-Unis, 1985-1992				
Après impôts et transferts	2 528	29.8	52.8	14.1
Avant impôts et transferts	2 251	29.6	59.6	12.0

B. **Population retraitée[g]**

	Nombre d'observations	Sorties annuelles[c] (%)	Rechutes[d] (%)	Sorties annuelles définitives[e] (%)
Canada, 1993-1998				
Après impôts et transferts	405	52.5	24.0	39.9
Avant impôts et transferts	4 263	6.4	54.2	2.9
Allemagne, 1990-1997				
Après impôts et transferts	154	40.6	64.9	14.3
Avant impôts et transferts	1 766	7.0	83.8	1.1
Royaume-Uni[f], 1990-1997				
Après impôts et transferts	577	37.1	70.6	10.9
Avant impôts et transferts	1 001	32.1	74.6	8.1
États-Unis, 1985-1992				
Après impôts et transferts	455	19.0	77.8	4.2
Avant impôts et transferts	977	12.4	83.1	2.1

a) La période d'estimation a été limitée à la première partie de la période couverte par le panel ; se reporter au texte pour plus d'explications.
b) Chef de ménage âgé de 15 à 64 ans (sur toute la durée d'observation).
c) En pourcentage de la population pauvre.
d) En pourcentage des sorties.
e) Sorties ne débouchant pas sur une rechute, calculées en pourcentage de la population pauvre.
f) Les données se rapportent à la Grande-Bretagne uniquement.
g) Chef de ménage âgé de 60 ans et plus (sur toute la durée d'observation).
Source : Canada : SLID ; Allemagne : GSOEP ; Royaume-Uni : BHPS ; États-Unis : PSID.

plus répandue parmi les familles pourvues d'un emploi aux États-Unis, et que des mesures destinées à améliorer les perspectives de gain des travailleurs peu rémunérés y seront vraisemblablement plus efficaces qu'en Allemagne, au Canada ou au Royaume-Uni.

D. Modèles économétriques de la durée probable de la pauvreté et de la pauvreté au regard du revenu permanent

On a pu mettre en évidence une étroite relation entre les caractéristiques familiales et individuelles, d'une part, et la durée probable et la gravité des épisodes de pauvreté, d'autre part. Les résultats présentés dans les tableaux 2.12 et 2.13 montrent en outre qu'en raison des rechutes, le nombre total d'années de pauvreté (y compris au regard du revenu permanent) est un meilleur indicateur de la persistance de la pauvreté que la durée des épisodes ininterrompus de pauvreté, pourtant plus couramment utilisée. Afin de mieux cerner les liens entre diverses caractéristiques et la persistance de la pauvreté, on a estimé des modèles de régression à plusieurs variables. Cette analyse économétrique complète les informations qui étaient ressorties des régressions sur courte période en fournissant des éléments concernant la manière dont les caractéristiques considérées affectent la durée probable de la pauvreté sur une plus longue période. Les périodes étudiées sont les mêmes que celles retenues dans les paragraphes qui précèdent, autrement dit couvrent huit ans pour l'Allemagne, les États-Unis et le Royaume-Uni et six pour le Canada.

Tableau 2.13. Répartition des épisodes ininterrompus et du temps total passé en situation de pauvreté : Canada, Allemagne, Royaume-Uni et États-Unis
Revenu après impôts et transferts

A. Population d'âge actif[a]

	Durée moyenne[b]	Part du temps total passé dans la pauvreté pour des périodes de :			
		1 an	2 à 3 ans	4 à 6 ans	7 à 8 ans
Canada, 1993-1998					
Épisodes ininterrompus[c]	2.6	22.1	28.5	49.5	–
Temps total[d]	2.8	12.2	28.3	59.6	–
Allemagne, 1990-1997					
Épisodes ininterrompus[c]	1.9	33.9	24.9	19.2	22.0
Temps total[d]	2.8	14.6	27.1	29.6	28.7
Royaume-Uni[e], 1990-1997					
Épisodes ininterrompus[c]	2.3	21.4	31.6	22.4	24.5
Temps total[d]	3.4	8.1	22.7	35.9	33.4
États-Unis, 1985-1992					
Épisodes ininterrompus[c]	2.5	18.7	26.4	24.8	30.1
Temps total[d]	3.5	8.6	18.4	34.6	38.4

B. Population retraitée[f]

	Durée moyenne[b]	Part du temps total passé dans la pauvreté pour des périodes de :			
		1 an	2 à 3 ans	4 à 6 ans	7 à 8 ans
Canada, 1993-1998					
Épisodes ininterrompus[c]	1.8	39.5	30.5	30.0	–
Temps total[d]	2.0	27.7	34.9	37.4	–
Allemagne, 1990-1997					
Épisodes ininterrompus[c]	2.2	27.9	24.4	22.7	25.0
Temps total[d]	3.3	9.2	19.5	37.3	34.0
Royaume-Uni[e], 1990-1997					
Épisodes ininterrompus[c]	2.2	23.2	28.9	28.6	19.3
Temps total[d]	3.6	7.3	21.5	38.6	32.6
États-Unis, 1985-1992					
Épisodes ininterrompus[c]	2.9	15.4	15.0	20.8	48.8
Temps total[d]	4.1	5.7	16.1	23.5	54.8

– Sans objet.
a) Chef de ménage âgé de 15 à 64 ans (sur toute la durée d'observation).
b) Nombre moyen d'années passées dans la pauvreté pour les personnes ayant connu au moins un épisode de pauvreté.
c) Durée de l'épisode de pauvreté mesurée en nombre d'années consécutives en situation de pauvreté (les individus peuvent connaître plusieurs épisodes répétés de pauvreté).
d) Nombre total d'années en situation de pauvreté durant la période considérée.
e) Les données se rapportent à la Grande-Bretagne uniquement (sur toute la durée d'observation).
f) Chef de ménage âgé de 60 ans et plus.
Source : Canada : SLID ; Allemagne : GSOEP ; Royaume-Uni : BHPS ; États-Unis : PSID.

Les modèles estimés sont des modèles ordonnés de logit pour le nombre total d'années passées dans la pauvreté et des modèles de logit à variable dichotomique pour l'incidence de la pauvreté au regard du revenu permanent. Des modèles ordonnés ont été utilisés pour estimer la relation entre un ensemble de variables explicatives et une variable de résultat pouvant prendre un nombre limité de valeurs discrètes représentées par des nombres entiers. A chaque nombre entier correspond une catégorie de résultats concernant une variable continue non observée (latente), sachant qu'à un nombre entier de plus en plus grand correspond une valeur de plus en plus élevée de la variable latente. Dans le cas du nombre total d'années de pauvreté, la variable latente pourrait être le temps cumulé de pauvreté, avec comme valeur réalisée le nombre observé d'années de pauvreté. La variable dépendante est conçue de manière à rendre compte de l'absence d'année de pauvreté, et peut donc prendre une valeur comprise entre zéro et huit (six dans le cas du Canada). Les coefficients estimés indiquent l'effet des variables explicatives sur la probabilité d'observer un résultat correspondant à la valeur la plus élevée de l'échelle. Comme une valeur spécifique est prévue pour l'absence d'année de pauvreté, les coefficients estimés rendent compte de

Tableau 2.14. Taux de pauvreté et temps passé en situation de pauvreté selon le lien à l'emploi et les caractéristiques de la famille[a, b]

Population d'âge actif[c], revenu après impôts

	Part dans l'échantillon	Taux annuel de pauvreté	Temps moyen en situation de pauvreté[d]	Part dans le temps total en situation de pauvreté[e]
Canada, 1993-1998	**100.0**	**10.6**	**2.9**	**100.0**
Lien à l'emploi				
Aucun actif occupé	14.5	38.6	3.8	51.9
Un actif occupé	41.2	8.6	2.5	33.2
Deux actifs occupés ou plus	44.3	3.3	2.0	14.8
Type de ménage				
Un adulte, sans enfant	5.6	20.1	3.9	10.2
Deux adultes, sans enfant	19.2	5.0	2.3	9.3
Un adulte, avec enfants	10.4	23.0	3.3	22.4
Deux adultes, avec enfants	60.8	9.2	2.8	52.9
Autres	4.0	13.1	2.6	5.2
Allemagne, 1990-1997	**100.0**	**6.0**	**2.8**	**100.0**
Lien à l'emploi				
Aucun actif occupé	7.4	34.0	3.4	42.0
Un actif occupé	57.6	5.1	2.7	48.7
Deux actifs occupés ou plus	35.0	1.6	1.6	9.4
Type de ménage				
Un adulte, sans enfant	11.9	10.3	3.1	20.4
Deux adultes, sans enfant	11.2	3.4	2.9	6.4
Un adulte, avec enfants	9.7	18.3	3.3	29.6
Deux adultes, avec enfants	62.1	3.7	2.3	38.0
Autres	5.1	6.7	2.4	5.7
Royaume-Uni[f]**, 1990-1997**	**100.0**	**12.9**	**3.4**	**100.0**
Lien à l'emploi				
Aucun actif occupé	13.7	47.1	4.8	50.5
Un actif occupé	42.2	11.4	2.8	37.1
Deux actifs occupés ou plus	44.2	0.0	2.3	12.4
Type de ménage				
Un adulte, sans enfant	4.1	12.4	3.4	4.0
Deux adultes, sans enfant	15.7	5.3	2.9	5.9
Un adulte, avec enfants	9.6	35.6	4.4	26.9
Deux adultes, avec enfants	68.6	11.6	3.2	62.0
Autres	2.1	8.0	2.2	1.2
États-Unis, 1985-1992	**100.0**	**14.5**	**3.5**	**100.0**
Lien à l'emploi				
Aucun actif occupé	6.4	54.5	5.4	24.6
Un actif occupé	48.8	16.2	3.5	54.4
Deux actifs occupés ou plus	44.8	7.0	2.6	21.0
Type de ménage				
Un adulte, sans enfant	9.5	13.7	3.1	8.9
Deux adultes, sans enfant	12.3	6.5	3.1	5.3
Un adulte, avec enfants	11.4	36.4	4.7	29.4
Deux adultes, avec enfants	65.5	12.4	3.3	55.4
Autres	1.4	11.1	2.1	1.0

a) Caractéristiques définies en début de période.
b) Échantillon restreint aux personnes présentes dans toutes les vagues d'enquête.
c) Chef de ménage âgé de 15 à 64 ans (sur toute la durée d'observation).
d) Nombre moyen d'années passées dans la pauvreté pour les personnes ayant connu au moins un épisode de pauvreté.
e) Part du temps total passé dans la pauvreté par les personnes présentant les caractéristiques indiquées ; la somme des chiffres est égale à 100 % pour toutes les catégories relatives au travail ou au type de ménage.
f) Les données se rapportent sur la Grande-Bretagne uniquement.
Source: Canada : SLID ; Allemagne : GSOEP ; Royaume-Uni : BHPS ; États-Unis : PSID.

Tableau 2.15*a*. **Estimation de l'impact des caractéristiques individuelles et familiales sur la durée totale de la pauvreté et sur la probabilité d'être pauvre au regard du revenu permanent : Canada, 1993-1998**[a]

Coefficient estimés à partir de modèles de régression multivariés

	Durée totale escomptée de la pauvreté (années)[b]	Pauvre au regard du revenu permanent (probabilité en taux de pourcentage)[c]
Personne de référence[d]	0.5	6.3
Âge de la personne (personne de référence = âge actif)		
Enfant (moins de 18 ans)	0.6**	6.6
Retraité (plus de 65 ans)	0.5	6.3
Âge du chef de famille (personne de référence = 31 à 50 ans)		
Jeune adulte (30 ans ou moins)	0.7***	7.6*
Actif plus âgé (51 à 65 ans)	0.5	6.0
Retraité (plus de 65 ans)	0.2***	3.0***
Niveau de formation du chef de famille (personne de référence = moyen)		
Faible (moins que le 2e cycle du secondaire)	0.8***	11.1***
Élevé (supérieur)	0.3***	4.1***
Nombre d'actifs occupés dans le ménage (personne de référence = un actif occupé)		
Aucun	1.7***	30.3***
Deux ou plus	0.3***	2.4***
Type de ménage (personne de référence = deux adultes avec enfants)		
Un adulte, sans enfant	0.6*	6.8
Deux adultes, sans enfant	0.3***	1.9***
Un adulte, avec enfants	0.8***	8.1**
Autres types de famille	0.7***	6.5
Cas extrêmes[e]		
Enfant vivant dans une famille dont le chef est célibataire	1.1***	10.1***
Enfant vivant dans une famille dont le chef est célibataire et de niveau de formation faible, et ne comportant aucun actif occupé	3.5***	57.8***
Nombre d'observations	20 431	20 431
Log vraisemblance	–16 326.8	–4 539.3

*, ** et *** désignent les différences par rapport à la personne de référence significatives aux seuils de 10 %, 5 % et 1 % respectivement.
a) Caractéristiques définies en début de période.
b) Basé sur les probabilités ajustées à partir d'un modèle de régression logistique ordonné du temps total passé en pauvreté (de 0 à 6 ans), estimé par maximum de vraisemblance.
c) Probabilités ajustées à partir d'un modèle de régression logistique estimé par maximum de vraisemblance.
d) La personne de référence est un adulte d'âge actif vivant dans une famille de deux adultes avec enfants. Le ménage comprend un actif occupé et son chef, d'âge compris entre 31 et 50 ans, possède un niveau de formation moyen.
e) Les caractéristiques indiquées marquent les différences des cas extrêmes avec la personne de référence.
Source : SLID.

Tableau 2.15b. Estimation de l'impact des caractéristiques individuelles et familiales sur la durée totale de la pauvreté et sur la probabilité d'être pauvre au regard du revenu permanent : Allemagne, 1990-1997[a]

Coefficient estimés à partir de modèles de régression multivariés

	Durée totale escomptée de la pauvreté (années)[b]	Pauvre au regard du revenu permanent (probabilité en taux de pourcentage)[c]
Personne de référence[d]	0.2	1.2
Âge de la personne (personne de référence = âge actif)		
Enfant (moins de 18 ans)	0.2***	2.0
Retraité (plus de 65 ans)	0.1*	1.5
Âge du chef de famille (personne de référence = 31 à 50 ans)		
Jeune adulte (30 ans ou moins)	0.4***	2.3
Actif plus âgé (51 à 65 ans)	0.1*	0.6
Retraité (plus de 65 ans)	0.1*	0.4**
Niveau de formation du chef de famille (personne de référence = moyen)		
Faible (moins que le 2e cycle du secondaire)	0.4***	3.4**
Élevé (supérieur)	0.2***	0.4*
Nombre d'actifs occupés dans le ménage (personne de référence = un actif occupé)		
Aucun	0.9***	6.5***
Deux ou plus	0.1***	0.1
Type de ménage (personne de référence = deux adultes avec enfants)		
Un adulte, sans enfant	0.2	1.9
Deux adultes, sans enfant	0.1***	0.7
Un adulte, avec enfants	0.4***	4.0***
Autres types de famille	0.2	0.7
Cas extrêmes[e]		
Enfant vivant dans une famille dont le chef est célibataire	1.1***	11.8***
Enfant vivant dans une famille dont le chef est célibataire et de niveau de formation faible, et ne comportant aucun actif occupé	4.7***	68.3***
Nombre d'observations	5 490	5 490
Log vraisemblance	–3 736.3	–697.6

*, ** et *** désignent les différences par rapport à la personne de référence significatives aux seuils de 10 %, 5 % et 1 % respectivement.
a) Caractéristiques définies en début de période.
b) Basé sur les probabilités ajustées à partir d'un modèle de régression logistique ordonné du temps total passé en pauvreté (de 0 à 8 ans), estimé par maximum de vraisemblance.
c) Probabilités ajustées à partir d'un modèle de régression logistique estimé par maximum de vraisemblance.
d) La personne de référence est un adulte d'âge actif vivant dans une famille de deux adultes avec enfants. Le ménage comprend un actif occupé et son chef, d'âge compris entre 31 et 50 ans, possède un niveau de formation moyen.
e) Les caractéristiques indiquées marquent les différences des cas extrêmes avec la personne de référence.
Source : GSOEP.

Tableau 2.15c. **Estimation de l'impact des caractéristiques individuelles et familiales sur la durée totale de la pauvreté et sur la probabilité d'être pauvre au regard du revenu permanent : Royaume-Uni[a], 1990-1997[b]**

Coefficient estimés à partir de modèles de régression multivariés

	Durée totale escomptée de la pauvreté (années)[c]	Pauvre au regard du revenu permanent (probabilité en taux de pourcentage)[d]
Personne de référence[e]	0.7	4.9
Âge de la personne (personne de référence = âge actif)		
Enfant (moins de 18 ans)	1.1***	7.5***
Retraité (plus de 65 ans)	0.8	9.8**
Âge du chef de famille (personne de référence = 31 à 50 ans)		
Jeune adulte (30 ans ou moins)	1.5***	11.1***
Actif plus âgé (51 à 65 ans)	0.6**	2.7***
Retraité (plus de 65 ans)	0.4***	1.5***
Nombre d'actifs occupés dans le ménage (personne de référence = un actif occupé)		
Aucun	2.5***	35.4***
Deux ou plus	0.3***	1.0***
Type de ménage (personne de référence = deux adultes avec enfants)		
Un adulte, sans enfant	0.6*	4.8
Deux adultes, sans enfant	0.3***	1.5***
Un adulte, avec enfants	1.1***	5.4
Autres types de famille	0.3***	0.8***
Cas extrêmes[f]		
Enfant vivant dans une famille dont le chef est célibataire	2.9***	17.7***
Enfant vivant dans une famille dont le chef est célibataire et de niveau de formation faible, et ne comportant aucun actif occupé	5.6***	69.6***
Nombre d'observations	8 127	8 127
Log vraisemblance	−8 695.2	−1 743.0

*, ** et *** désignent les différences par rapport à la personne de référence significatives aux seuils de 10 %, 5 % et 1 % respectivement.
a) Les données se rapportent à la Grande-Bretagne uniquement.
b) Caractéristiques définies en début de période. Les données sur le niveau de formation du chef de ménage ne sont pas disponibles.
c) Basé sur les probabilités ajustées à partir d'un modèle de régression logistique ordonné du temps total passé en pauvreté (de 0 à 8 ans), estimé par maximum de vraisemblance.
d) Probabilités ajustées à partir d'un modèle de régression logistique estimé par maximum de vraisemblance.
e) La personne de référence est un adulte d'âge actif vivant dans une famille de deux adultes avec enfants. Le ménage comprend un actif occupé et son chef est d'âge compris entre 31 et 50 ans.
f) Les caractéristiques indiquées marquent les différences des cas extrêmes avec la personne de référence.
Source: BHPS.

Tableau 2.15*d*. **Estimation de l'impact des caractéristiques individuelles et familiales sur la durée totale de la pauvreté et sur la probabilité d'être pauvre au regard du revenu permanent : États-Unis, 1985-1992**[a]

Coefficient estimés à partir de modèles de régression multivariés

	Durée totale escomptée de la pauvreté (années)[b]	Pauvre au regard du revenu permanent (probabilité en taux de pourcentage)[c]
Personne de référence[d]	1.1	8.3
Âge de la personne (personne de référence = âge actif)		
Enfant (moins de 18 ans)	1.5***	14.4***
Retraité (plus de 65 ans)	1.2	8.8
Âge du chef de famille (personne de référence = 31 à 50 ans)		
Jeune adulte (30 ans ou moins)	2.0***	16.6***
Actif plus âgé (51 à 65 ans)	0.8***	6.3
Retraité (plus de 65 ans)	0.7***	5.2
Niveau de formation du chef de famille (personne de référence = moyen)		
Faible (moins que le 2e cycle du secondaire)	2.5***	25.5***
Élevé (supérieur)	0.5***	2.7***
Nombre d'actifs occupés dans le ménage (personne de référence = un actif occupé)		
Aucun	2.9***	32.9***
Deux ou plus	0.6***	3.3***
Type de ménage (personne de référence = deux adultes avec enfants)		
Un adulte, sans enfant	1.1	7.9
Deux adultes, sans enfant	0.5***	2.9***
Un adulte, avec enfants	1.8***	17.1***
Autres types de famille	1.1	3.4*
Cas extrêmes[e]		
Enfant vivant dans une famille dont le chef est célibataire	3.5***	45.5***
Enfant vivant dans une famille dont le chef est célibataire et de niveau de formation faible, et ne comportant aucun actif occupé	7.0***	94.5***
Nombre d'observations	6 143	6 143
Log vraisemblance	−6 825.4	−1 561.7

*, ** et *** désignent les différences par rapport à la personne de référence significatives aux seuils de 10 %, 5 % et 1 % respectivement.
a) Caractéristiques définies en début de période.
b) Basé sur les probabilités ajustées à partir d'un modèle de régression logistique ordonné du temps total passé en pauvreté (de 0 à 8 ans), estimé par maximum de vraisemblance.
c) Probabilités ajustées à partir d'un modèle de régression logistique estimé par maximum de vraisemblance.
d) La personne de référence est un adulte d'âge actif vivant dans une famille de deux adultes avec enfants. Le ménage comprend un actif occupé et son chef, d'âge compris entre 31 et 50 ans, possède un niveau de formation moyen.
e) Les caractéristiques indiquées marquent les différences des cas extrêmes avec la personne de référence.
Source: PSID.

l'effet des variables explicatives sur l'incidence et sur la durée de la pauvreté. Ces coefficients sont ensuite utilisés pour prévoir l'espérance mathématique du nombre total d'années de pauvreté que risquent de connaître des individus présentants différentes caractéristiques. L'incidence de la pauvreté au regard du revenu permanent est, de son côté, modélisée au moyen d'un modèle de logit dichotomique semblable à celui utilisé pour les régressions sur courte période, et les coefficients estimés de ce modèle servent ensuite à déterminer la probabilité de pauvreté au regard du revenu permanent de personnes affichant une combinaison particulière de caractéristiques. Les variables explicatives sont les mêmes que celles retenues pour l'analyse sur courte période, à savoir l'âge de l'intéressé et du chef de ménage, le niveau d'instruction du chef de ménage, le nombre de membres du ménage qui travaillent, la structure de la famille et le pays de résidence. Les deux modèles sont estimés par la méthode du maximum de vraisemblance[31].

Les résultats ainsi obtenus pour le Canada, l'Allemagne, le Royaume-Uni et les États-Unis sont récapitulés dans les parties *a* à *d*, respectivement, du tableau 2.15. Ils confirment dans une large mesure, ceux, rapportés dans le tableau 2.8, qui étaient ressortis des régressions sur courte période concernant les taux de sortie et les probabilités d'être pauvre au regard du revenu permanent et de vivre en permanence dans la pauvreté. Les enfants et les personnes appartenant à des familles dont le chef est jeune, a un faible niveau d'instruction et est célibataire ou à des familles dont peu de membres travaillent passent plus d'années dans la pauvreté et ont une probabilité plus élevée d'être pauvres au regard du revenu permanent que les autres. C'est le nombre de travailleurs que compte la famille qui a l'effet le plus marqué sur les devenirs étudiés au regard de la pauvreté. Cependant, contrairement à ce qu'on avait observé sur courte période, le risque de pauvreté est beaucoup plus élevé pour les membres des familles composées d'un adulte célibataire avec enfants que pour ceux des familles biparentales. Le risque de pauvreté est plus grand, d'une manière générale, pour les enfants, et ce dans les quatre pays étudiés, encore que la différence soit peu sensible en Allemagne et au Canada. Le tableau rend également compte des risques de pauvreté encourus par les individus associant diverses caractéristiques qui accroissent toutes la probabilité de pauvreté. Dans un premier temps, n'interviennent que des caractéristiques démographiques défavorables – enfant vivant dans un ménage dont le chef est un jeune adulte – avec un accroissement net substantiel du risque de pauvreté. A la dernière ligne, on constate que si ont tient compte également des caractéristiques influant sur le niveau des gains – niveau d'instruction du chef du ménage et nombre de membres du ménage qui travaillent – l'augmentation du risque de pauvreté est particulièrement marquée. Dans les quatre pays considérés, un individu présentant la totalité des caractéristiques aggravantes risque fort de passer plus de la moitié de la période étudiée dans la pauvreté et a une probabilité supérieure à 50 % d'être pauvre au regard du revenu permanent. Aux États-Unis, un tel individu risque de passer dans la pauvreté sept années sur huit et a la quasi certitude d'avoir un niveau de vie sur une longue période inférieur en moyenne au seuil de pauvreté.

Conclusions

L'analyse présentée dans ce chapitre a mis en évidence une situation générale paradoxale qui a d'importantes conséquences pour l'élaboration des politiques : il y a une certaine fluidité de la pauvreté et, dans le même temps, la pauvreté se caractérise par des phénomènes d'engrenage à long terme. Les épisodes de pauvreté sont en général courts et semblent le plus souvent correspondre à une détérioration passagère de la situation de personnes qui ont un revenu suffisant sur une longue période. En revanche, les personnes qui passent une année entière dans la pauvreté connaissent généralement plusieurs années de pauvreté – souvent du fait qu'elles traversent des épisodes de pauvreté à répétition – et disposent d'un revenu à long terme inférieur à la moitié du revenu médian au niveau national. Si les personnes restant pauvres pendant longtemps sont relativement peu nombreuses, en revanche nombre des personnes en situation de pauvreté au cours d'une année donnée sont pauvres au regard du revenu permanent. Bien que les deux aspects de la pauvreté s'observent dans tous les pays analysés, les pays où le taux de pauvreté est particulièrement élevé selon la mesure traditionnelle (autrement dit par référence au revenu annuel) se caractérisent également par une plus grande persistance de la pauvreté. Les mesures de lutte contre la pauvreté doivent tenir compte de cette hétérogénéité fondamentale de la population pauvre, et aussi des différences dans les situations de départ au plan national.

La structure familiale, la situation au regard de l'emploi et d'autres caractéristiques individuelles ont manifestement un lien avec le risque de devenir ou de rester pauvre. Ces liens peuvent orienter l'élaboration des politiques publiques, mais il importe de distinguer entre les situations *transitoires* sur le marché du travail et sur le plan démographique qui sont associées à des changements de statut vis-à-vis de la pauvreté, et les situations *durables* sur le marché du travail et sur le plan démographique qui sont associées à une pauvreté permanente. Par exemple, si la perte ou, à l'inverse, l'obtention d'un emploi semblent souvent aller de pair avec un changement de statut vis-à-vis de la pauvreté, le fait que le ménage soit dirigé par une femme et un faible niveau de formation paraissent plus étroitement liés à une pauvreté permanente. La situation est d'autant plus complexe que le degré de concentration de la pauvreté – surtout de la pauvreté permanente – sur ces groupes « à haut risque » diffère notablement d'un pays à l'autre, parce que l'intensité de la corrélation entre ces caractéristiques et le risque de pauvreté n'est pas la même dans tous les pays et que l'importance de ces groupes par rapport à l'ensemble de la population est également variable. L'une des conclusions qui s'impose est que les catégories de ménages qui présentent un taux de pauvreté supérieur à la moyenne peuvent néanmoins ne représenter qu'une fraction minime de la population visée par les mesures de lutte contre la pauvreté. C'est ainsi que les personnes vivant dans un ménage dirigé par une femme ou dans un ménage monoparental ne représentent partout qu'une minorité de la population pauvre, bien qu'elles présentent un degré de risque élevé. Cela signifie que les mesures de lutte contre la pauvreté ne devront pas viser exclusivement les populations « à haut risque ». Les ménages dirigés par un homme et dans lesquels au moins une personne travaille ne figurent pas parmi les groupes « à haut risque ». Néanmoins, ils constituent l'essentiel de la population pauvre au regard du revenu permanent, tant dans les États membres de l'Union européenne qu'au Canada et aux États-Unis.

L'analyse des données d'observation montre qu'un changement dans la situation au regard de l'emploi est souvent associé à un changement dans la situation au regard de la pauvreté et que le niveau d'activité des pauvres d'âge actif – y compris des pauvres au regard du revenu permanent – est notablement accru lorsque l'on prend en compte le travail intermittent sur plusieurs années. Cette observation valide l'orientation générale des politiques sociales, axées sur l'emploi, mais elle indique aussi que ces politiques ne doivent pas avoir pour seul objectif de permettre aux adultes pauvres d'accéder à l'emploi. De nombreux pauvres occupent des emplois à bas salaire ou alternent emploi de courte durée et non-emploi, plus qu'ils ne sont constamment exclus du marché du travail. Par conséquent, pour être efficace, une politique sociale axée sur l'emploi devrait aussi viser à assurer un revenu suffisant aux ménages d'actifs, aider ceux qui sortent de la pauvreté à conserver leur emploi et aider les travailleurs à bas salaire à s'élever dans la hiérarchie des emplois. En ce qui concerne le niveau de revenu, l'analyse empirique confirme la conclusion mise en évidence par de précédentes études selon lesquelles un système de protection sociale étendu et le ciblage d'une part plus importante des dépenses sociales sur les ménages à faible revenu font régresser la pauvreté au cours d'une année donnée, mais elle élargit cette conclusion en montrant que ce type de transferts tend aussi à faire décroître la persistance de la pauvreté. Lorsque les paiements de transferts prennent la forme de prestations liées à l'exercice d'une activité, ils peuvent aussi accroître l'emploi. On sait beaucoup moins bien comment aider les gens à conserver leur emploi ou éviter l'engrenage des basses rémunérations [Freedman (2000)]. Les mesures telles que les aides à la formation visant directement les titulaires de faibles revenus occupant des emplois à bas salaire ou précaires méritent assurément de retenir l'attention, mais les mesures indirectes destinées à encourager la demande de main-d'œuvre et l'élévation des niveaux de rémunération peuvent aussi contribuer grandement à une stratégie globale de lutte contre la pauvreté.

NOTES

1. Cette approche est celle qui est habituellement utilisée [voir Oxley *et al.* (2000) et les autres études qui y sont citées]. Étudier la dynamique de la pauvreté au niveau de l'individu présente deux avantages. Le premier, d'ordre normatif, vient de ce que, dans l'évaluation de l'incidence de la pauvreté un poids plus important est ainsi affecté aux familles nombreuses qu'aux familles plus petites. Le second, d'ordre analytique, tient au fait qu'il est possible de suivre l'évolution au fil du temps de la situation d'un individu au regard de la pauvreté, alors qu'il est souvent malaisé d'apprécier les modifications dans le temps de la situation d'une cellule familiale au regard de la pauvreté lorsque des changement interviennent dans la structure de cette dernière (mariage ou divorce, par exemple).

2. Cette échelle, imaginée par Hagenaars *et al.* (1994), affecte un poids égal à 1.0 au premier adulte du ménage, à 0.5 à chacun des autres membres du ménage âgés de 14 ans ou plus, et à 0.3 à chacun des enfants de moins de 14 ans.

3. Le revenu par équivalent membre d'un ménage présente plusieurs limitations en tant qu'indicateur du potentiel de consommation. Premièrement, il suppose implicitement que les ressources du ménage sont également réparties entre tous ses membres. Deuxièmement, il ne tient pas compte de la consommation non marchande, notamment de la consommation financée sur les deniers publics (par exemple les soins de santé ou les services éducatifs mis gratuitement à la disposition de tous les citoyens), ni de la consommation résultant de transferts au sein de la famille élargie.

4. Cet indicateur de la pauvreté au regard du revenu permanent présent deux limitations qu'il convient de mentionner. Premièrement, les ménages ne sont pas toujours en mesure de faire un sorte qu'une baisse passagère de leurs revenus ne se répercute pas sur leur niveau de consommation du moment, même si leur revenu moyen sur plusieurs années paraît adéquat. Deuxièmement, dans le présent chapitre, le revenu permanent est donné par la moyenne simple des revenus perçus au cours d'une période comprise entre trois et huit ans. Pour être plus complet, il faudrait se placer dans un horizon temporel plus long, procéder à des calculs d'actualisation et établir une distinction entre les variations prévisibles et imprévisibles du revenu.

5. En s'appuyant sur des données de panel portant sur une période relativement longue concernant les États-Unis, Stevens (1999) a constaté que nombre de personnes qui parviennent à sortir de la pauvreté y retombent au bout d'un temps relativement court.

6. L'analyse réalisée par Oxley *et al.* (2000), par exemple, repose sur des données relatives à six pays de l'OCDE à relativement haut revenu seulement, à savoir : l'Allemagne, le Canada, les États-Unis, les Pays-Bas, le Royaume-Uni et la Suède.

7. L'Autriche a participé à la deuxième édition de l'enquête et la Finlande à la troisième. La Suède n'y participe pas.

8. Ces données sont celles recueillies dans le cadre, respectivement, de l'Enquête sur la dynamique du travail et du revenu (SLID) pour le Canada, du panel socio-économique (GSEOP) pour l'Allemagne, de la British Household Panel Survey (BHPS) pour le Royaume-Uni et de la Panel Study of Income Dynamics (PSID) pour les États-Unis. Les chercheurs du projet CNEF ont analysé les principales variables et les ont recodifiées afin d'harmoniser les définitions utilisées dans les différentes enquêtes. Les observations concernant l'ensemble des bas revenus aux États-Unis et l'ensemble des étrangers en Allemagne ne sont pas prises en compte dans l'analyse présentée ici. Il est à noter que les données de la BHPS font abstraction de l'Irlande du Nord et qu'en conséquence lorsqu'il est fait référence au Royaume-Uni dans la section III, les observations formulées concernent uniquement le Royaume-Uni.

9. Tel sera le cas si le phénomène d'attrition est à peu près aussi important pour les personnes qui connaissent un épisode passager de pauvreté que pour celles qui vivent en permanence dans la pauvreté. Il n'est pas évident de dire *a priori* lequel de ces deux groupes est le plus difficile à suivre. Le statut économique des membres du premier subit des modifications radicales, éventuellement sous l'effet d'événements tels qu'un mariage ou un changement de résidence qui réduisent leur probabilité de figurer encore dans l'échantillon de l'édition suivante de l'enquête. De leur côté, les membres du second groupe connaissent de telles difficultés financières qu'ils risquent de ne plus participer à l'enquête.

10. Il semblerait que le degré de sous-évaluation des revenus déclarés soit plus important dans certains pays du Sud. Pour cette raison, et d'autres encore, Eurostat (2000*b*) appelle à la plus grande prudence dans l'interprétation des comparaisons des niveaux de revenu estimés sur la base des données du PCM.

11. Bien que les séries relatives aux États-Unis intègrent des données provenant des éditions successives de l'enquête jusqu'à celle concernant les revenus de 1996, les informations concernant les revenus de 1993 à 1996 sont dérivées des résultats préliminaires de la PSID. Elles nécessitent donc un travail beaucoup plus important d'analyse préalable et de vérification que des données établies sur la base des résultats finals. En outre, à partir de l'édition 1993 (concernant les revenus de 1992), ont été adoptées pour la PSID des techniques d'enquête par téléphone et assistées par ordinateur qui risquent d'avoir affecté les réponses concernant le montant des revenus. L'examen des données issues de la PSID fait apparaître un accroissement sensible de la variance des niveaux de revenu et des taux de pauvreté mesurés à partir de la première année pour laquelle ont été diffusés des résultats préliminaires, ce qui tendrait à indiquer un manque de comparabilité entre les panels servant à l'établissement des résultats définitifs et des résultats préliminaires.

12. La situation conjoncturelle était à peu près la même dans tous les pays de l'échantillon, lesquels traversaient à l'époque considérée une phase d'expansion économique.

13. Pour plus de précisions, voir Sen (1976). Si on note H le nombre (en pourcentage) de pauvres dans la population, I le pourcentage moyen d'écart entre les revenus des pauvres et le seuil de pauvreté et G le coefficient de Gini sur les revenus des pauvres, l'indice de Sen, P, est donné par la formule suivante :
P = H [I + (1 – I) G].

14. En l'absence d'une telle normalisation, les unités de mesure des indices partiel et complet de Sen ne seraient pas comparables à celle du taux de pauvreté obtenu par décompte.

15. Celui-ci est donné par la moyenne, pondérée par la population, des chiffres relatifs aux différents pays.

16. Plus précisément, le taux de « pauvreté au regard du revenu permanent » se définit comme le pourcentage de personnes dont le revenu moyen sur les trois années considérées était inférieur à la moyenne des seuils de pauvreté calculés pour ces trois années. D'un point de vue purement formel, cet indicateur devrait aussi tenir compte de l'inflation au cours de la période étudiée. Divers calculs, non présentés ici, ont toutefois montré que, dans la pratique, la prise en compte de l'inflation ne modifie que peu la pauvreté mesurée au regard du revenu permanent. Par ailleurs, dans les théories de la consommation et du bien-être fondées sur le revenu permanent, l'actualisation est opérée sur la base des taux d'intérêt en partant du principe que les marchés des capitaux n'imposent aucune contrainte sur les activités d'emprunt et de prêt des ménages, hypothèse qui n'est vraisemblablement pas vérifiée dans le cas des ménages présentant un risque élevé de pauvreté.

17. Eurostat a fixé son seuil de pauvreté primaire à 60 % du niveau médian de l'équivalent revenu disponible.

18. L'expression « durée des épisodes de pauvreté » manque en l'occurrence de précision dans la mesure où certaines des personnes recensées comme ayant passé deux années dans la pauvreté peuvent très bien avoir connu deux épisodes de pauvreté d'un an chacun au cours des trois années considérées (la première et la troisième années, par exemple). En outre, la durée des épisodes complets est sous-estimée, car aucun ajustement n'est opéré pour tenir compte de l'absence d'informations sur la situation, antérieure ou ultérieure, des pauvres recensés au début ou à la fin de la période d'observation.

19. Pour plus de commodité, les caractéristiques des ménages sont celles relevées au début de la période étudiée (autrement dit en 1993 pour les pays couverts par le PCM et le Canada, et en 1987 pour les États-Unis). Certaines de ces caractéristiques peuvent avoir changé au cours des trois années considérées, ainsi qu'on le verra dans la section suivante, consacrée à l'étude des liens entre les modifications observées dans les caractéristiques de la famille et de la situation au regard de l'emploi et les changements intervenus dans la situation au regard de la pauvreté.

20. Aux États-Unis, plus de 40 % des personnes vivant en permanence dans la pauvreté appartiennent toutefois à ces deux catégories, lesquelles se recoupent manifestement dans une large mesure.

21. Dans les pays participant au PCM, on constate des différences considérables dans la relation entre emploi et pauvreté. Dans cinq de ces pays (la Belgique, le Danemark, la France, l'Irlande et le Royaume-Uni), la majorité des pauvres au regard du revenu permanent appartenaient à un ménage dont aucun membre adulte n'avait travaillé pendant la plus grande partie de l'année 1993.

22. L'écart sensible entre les chiffres dérivés du PCM et ceux relatifs au Canada et aux États-Unis, qui reposent sur les données CNEF, s'explique peut-être en partie par des différences dans la conception des enquêtes. Il se pourrait par exemple que le PCM ne permette pas aussi bien que la PSID et la SLID de suivre le devenir des différents membres des familles éclatées. D'autres calculs ont été réalisés qui aboutissent à des pourcentages globaux de modification des structures familiales similaires, avec les données du PCM et des CNEF, pour les pays figurant dans les deux échantillons (Allemagne et Royaume-Uni), mais avec les données des CNEF les entrées et sorties de la pauvreté sont plus souvent associées à une modification de la structure de la famille dans ces pays.

23. Il se pourrait que cette différence tienne – tout du moins en partie – à la différence de libellé des questions du PCM et de la PSID et de la SLID sur lesquelles se fonde l'estimation du nombre de mois travaillés par an. Les estimations dérivées des données du PCM s'appuient en effet sur des informations concernant le nombre de mois pendant lesquels ont été exercées différentes activités tandis que celles découlant de la PSID et de la SLID reposent sur une variable rendant compte du nombre d'heures ouvrées.

24. Si l'on souhaite déterminer les facteurs macro-économiques qui peuvent avoir une influence, ce n'est pas seulement par souci de spécifier correctement le modèle sous-tendant l'analyse économétrique des micro-données. Il se pourrait en effet également que des mesures indirectes, visant par exemple à relever le taux d'emploi à l'échelon national, constituent une composante essentielle de toute stratégie globale de lutte contre la pauvreté.

25. Les variables indépendantes sont représentées par des variables indicatrices (« muettes ») prenant la valeur 0 ou 1. D'autres formes fonctionnelles (principalement celle des probit) sont également souvent utilisées pour estimer ce genre de modèles, mais les résultats des estimations sont relativement peu sensibles à la forme de la fonction retenue lorsque la valeur attendue de la variable dépendante n'est pas proche de 0 ou de 1 (ce qui est le cas ici). Pour plus d'informations sur l'estimation des modèles de logit et autres modèles connexes, se reporter à Maddala (1983), chapitre 2.

26. Le taux de pauvreté supérieur à la moyenne que met en évidence le graphique 2.4 pour les familles monoparentales semble tenir au faible niveau d'emploi qui les caractérise.

27. D'après les chiffres du United States Current Population Survey Annual Demographic Supplement, le taux de pauvreté était, aux États-Unis, supérieur de trois quarts de point à un point en moyenne sur la base des revenus des années 1993 à 1997 à son niveau sur la base des revenus des années 1985 à 1989. Les chiffres officiels du Bureau of the Census sont reproduits dans Dalaker (1999), de même que dans Daly et Valletta (2000).

28. Les panels portant ici sur une période plus longue, sont considérés comme d'âge actif les ménages dont le chef a moins de

65 ans et comme retraités ceux dont le chef a 60 ans ou plus. Comme ces limites d'âge renvoient à *l'ensemble* de la période considérée, certaines observations se trouvent exclues des deux catégories. Ces limites d'âge ont été choisies de manière à permettre une distinction aussi claire que possible entre les deux catégories tout en maintenant des hypothèses raisonnables concernant les comportements.

29. Abstraction faite du taux annuel de pauvreté, qui est calculé sur la base des données concernant le revenu de l'ensemble des personnes composant chacun des huit échantillons transversaux, les chiffres renvoient uniquement aux individus qui ont participé aux huit éditions successives des enquêtes. En raison du phénomène d'attrition, les taux annuels de pauvreté sont plus faibles lorsque ne sont prises en compte que les personnes qui ont participé aux huit éditions des enquêtes, et cet écart est particulièrement marqué dans le cas de l'Allemagne (voir les chiffres fournis dans la deuxième colonne du tableau 2.13). Les taux annuels de pauvreté obtenus ici pour l'Allemagne et les États-Unis sont très proches de ceux calculés par Oxley *et al.* (2000) pour une période similaire. Par contre, le taux annuel de pauvreté fourni par Oxley *et al.* pour le Royaume-Uni est nettement supérieur à celui auquel on aboutit ici. Cela tient peut-être en partie au fait que les données sur le revenu utilisées par Oxley *et al.* pour le Royaume-Uni ne tiennent pas compte des impôts alors que les impôts directs ont été déduits de celles employées ici selon la méthodologie proposée par Bardasi *et al.* (1999).

30. Les rechutes sont d'autant plus probables que la période d'observation est longue. Il est à noter que comme l'échantillon a été restreint aux sorties observées les trois premières années, les taux de sortie présentés dans la colonne 2 du tableau 2.12 diffèrent légèrement de ceux figurant dans le tableau 2.10.

31. Pour un exposé de la méthode d'estimation du modèle ordonné de logit, se reporter à Greene (1997, chapitre 19). Une spécification sous forme de probit aurait également pu être utilisée, mais cela n'aurait sans doute guère modifié les résultats obtenus.

Annexe 2.A

Validation des estimations de la pauvreté établies à partir des données du PCM

A la section I.C, on a appelé l'attention sur un certain nombre de problèmes, potentiellement importants, liés à la qualité des données, susceptibles de fausser l'analyse de la dynamique de la pauvreté fournie dans le présent chapitre. Afin d'apprécier l'ampleur des risques, on se propose ici de procéder à une comparaison des estimations des taux annuels de pauvreté obtenues à partir des données du PCM et de celles dérivées d'autres sources. Eurostat a lui-même fait réaliser des études externes de validation qui ont montré que les taux annuels de pauvreté calculés sur la base des données de la deuxième édition du PCM sont raisonnablement proches des estimations obtenues en utilisant la définition de la pauvreté et les sources de données privilégiées par les autorités statistiques nationales de quatre des cinq pays pour lesquels des informations étaient disponibles [CBS (1999, 2000)]. Le tableau 2.A.1 fournit d'autres éléments de comparaison, qui s'appuient sur une définition relativement compatible de la pauvreté, afin de donner une idée de l'ampleur du biais d'attrition résultant de l'utilisation pour l'analyse de données concernant les personnes ayant participé aux trois éditions successives du PCM.

Les chiffres figurant dans les deux premières colonnes du tableau 2.A.1 témoignent que le phénomène d'attrition constitue un problème d'importance dans le PCM. Les taux annuels de pauvreté obtenus en considérant les trois éditions du PCM comme trois enquêtes indépendantes (taux transversal) sont plus élevés, pour la plupart des pays, que ceux renvoyant aux personnes ayant participé aux trois éditions (taux longitudinal). C'est pour le Royaume-Uni que le biais d'attrition semble le plus important, le taux annuel longitudinal de pauvreté y étant inférieur de 2.6 points au taux transversal. Le Royaume-Uni est aussi le pays où le phénomène d'attrition est le plus marqué en particulier entre les première et deuxième éditions du PCM. L'attrition de la population pauvre semble moins disproportionnée dans les autres pays couverts par le PCM, et tout à fait comparable à ce qu'on observe pour les autres catégories en Grèce et au Portugal. Comme on l'a indiqué dans le corps du texte, les taux annuels de pauvreté mentionnés dans le présent chapitre ont tous été calculés en considérant chacune des éditions du PCM comme une enquête distincte afin d'éviter un biais d'attrition. Par contre, les indicateurs de la dynamique de la pauvreté portant sur plusieurs années doivent, eux, forcément s'appuyer sur des données longitudinales. Cela dit, ils ne sont pas nécessairement affectés par le biais d'attrition de la même manière que les estimations du taux annuel de pauvreté dans la

Tableau 2.A.1. **Estimations du taux annuel de pauvreté pour l'échantillon du PCM**[a]

	Données du PCM pour 1993-1995[b]		Autres sources de données	
	Échantillon transversal distinct pour chaque année	Personnes présentes lors des trois vagues d'enquête	Questionnaire OCDE sur la répartition du revenu des ménages[c]	Luxembourg Income Study (LIS)[d]
Belgique	9.8	8.5	7.8	5.5
Danemark	4.7	4.1	5.0	7.1
France	9.6	9.0	7.5	7.4
Allemagne	12.1	11.1	9.4	7.5
Grèce	14.5	15.0	13.9	. .
Irlande	8.2	7.6	11.0	. .
Italie	13.5	12.7	14.2	13.9
Luxembourg	7.8	6.9	. .	3.9
Pays-Bas	7.8	6.4	6.3	7.9
Portugal	15.3	15.4	. .	. .
Espagne	12.0	11.5	. .	10.4
Royaume-Uni	12.1	9.5	10.9	13.2

PCM : Panel communautaire des ménages.
a) Le taux de pauvreté indique le pourcentage de personnes dont l'équivalent revenu est inférieur à 50 % de la médiane.
b) Des taux de pauvreté distincts ont été calculés pour chaque année, puis on a fait une moyenne.
c) Valeurs pour 1994 ou 1995.
d) Valeur pour une seule année au cours des années 1990.
Source : PCM, éditions 1994, 1995 et 1996 ; Förster (2000), tableau 5.1 ; Smeeding *et al.* (2000), tableau A.1.

mesure où ce qui importe en l'occurrence ce sont les écarts entre les taux d'attrition des différentes catégories composant la population pauvre. Lorsqu'on utilise, pour l'Allemagne et le Royaume-Uni, les données CNEF pour estimer des indicateurs de la dynamique de la pauvreté sur trois ans semblables à ceux, établis sur la base du PCM, présentés dans la section II, on obtient des chiffres un peu différents mais les conclusions d'ordre qualitatif ne s'en trouvent pour la plupart pas modifiées pour autant (la persistance de la pauvreté, par exemple, reste inférieure à la moyenne au Royaume-Uni par rapport à ce qu'elle est dans les autres pays affichant des taux annuels de pauvreté similaires).

Aux colonnes 3 et 4 du tableau 2.A.1 figurent des taux transversaux de pauvreté calculés à partir de données provenant d'autres sources, à savoir le questionnaire de l'OCDE sur la répartition du revenu [Förster (2000)] et la Luxembourg Income Study (LIS) [Smeeding *et al.* (2000)]. Le principal intérêt de ces comparaisons est de permettre de jauger la fiabilité de la variable représentative du revenu net des ménages dérivée du PCM par rapport à celles tirées d'autres sources de données qui ont fait l'objet d'évaluations plus approfondies ou portent sur des échantillons plus larges. Il est toutefois à noter que seule la LIS définit le revenu net des ménages comme incluant les transferts publics assimilables à des apports en espèces et que les méthodes utilisées pour estimer les impôts directs payés par les ménages varient considérablement entre les trois sources de données.

Les estimations des taux de pauvreté dérivées de ces deux autres sources diffèrent légèrement entre elles et s'écartent quelque peu de celles obtenues à partir des données du PCM. Cela dit, les taux de pauvreté découlant du PCM ne semblent pas présenter un biais systématique certains étant supérieurs et d'autres inférieurs à ceux reposant sur les deux autres sources. Qui plus est, le classement global des pays est fort identique quelle que soit la source de données utilisée.

Les constatations qui précèdent ont plusieurs conséquences pour l'analyse de la dynamique de la pauvreté présentée dans ce chapitre. Premièrement, les estimations des taux annuels de pauvreté sont très sensibles à la source de données retenue ainsi qu'à la définition précise et aux méthodes utilisées pour mesurer le revenu net des ménages (cette sensibilité est encore grandement amplifiée lorsqu'on se réfère à un seuil absolu de pauvreté, commun à tous les pays). Deuxièmement, les écarts plus importants entre pays qui ressortent des taux de pauvreté calculés sur la base des données du PCM paraissent néanmoins véhiculer des informations d'ordre qualitatif intéressantes. Troisièmement, enfin, on ne peut pas dire grand-chose de la précision avec laquelle les données du PCM rendent compte de la dynamique de la pauvreté chez les personnes ayant déjà connu la pauvreté. L'évaluation de la qualité des estimations concernant ce dernier point reste un sujet important de recherche pour l'avenir.

Annexe 2.B

Sensibilité des estimations de la pauvreté à l'échelle d'équivalence et au seuil de revenu choisis

Le tableau 2.B.1 récapitule les valeurs obtenues pour six indicateurs de l'incidence et de la persistance de la pauvreté sur la base de quatre définitions différentes de la pauvreté. La première colonne reprend les estimations reposant sur la définition utilisée dans le présent chapitre. Les colonnes 2 à 4 contiennent des estimations s'appuyant sur des échelles d'équivalence et des seuils de revenu différents. Ce type de comparaison est utile pour apprécier la fiabilité des résultats rapportés dans les sections II et III. Avec une échelle d'équivalence fondée sur la racine carrée de la taille de la famille, comme celle employée dans plusieurs études récentes de l'OCDE [Förster (2000) ; Oxley *et al.* (1999, 2000)], on obtient des estimations très proches de celles calculées au moyen de l'échelle d'équivalence modifiée de l'OCDE. En revanche, une modification du seuil de pauvreté affecte sensiblement le niveau de la pauvreté dès lors que plus ce seuil est élevé plus grand est le nombre de personnes dont le revenu est inférieur au seuil. La persistance de la pauvreté tend en outre à augmenter lorsqu'on relève le seuil de pauvreté. Cela dit, les résultats d'ordre qualitatif présentés dans le corps du texte ne sont guère affectés par une modification du seuil de pauvreté. Lorsqu'on calcule la corrélation entre les indicateurs de la pauvreté considérés dans le tableau 2.B.1 pour deux seuils de pauvreté différents, on obtient un coefficient moyen de près de 0.95 et la quasi-totalité des coefficients excèdent 0.90. Autrement dit, les comparaisons internationales de l'incidence ou de la persistance de la pauvreté relative ne sont guère affectées par une modification de la définition de la pauvreté. De même, cette dernière n'influe pas sur les caractéristiques associées à un risque particulièrement élevé de pauvreté.

Tableau 2.B.1. **Fiabilité des indicateurs de pauvreté mesurés selon plusieurs échelles d'équivalence et seuils de revenus, 1993-1995**

		50 % du revenu médian, échelle d'équivalence de l'OCDE (1)	50 % du revenu médian, échelle d'équivalence de la racine carrée (2)	40 % du revenu médian, échelle d'équivalence de l'OCDE (3)	60 % du revenu médian, échelle d'équivalence de l'OCDE (4)
Belgique	Taux annuel de pauvreté	9.8	9.0	5.1	15.8
	Au moins un épisode de pauvreté	16.0	14.9	9.1	23.5
	Toujours pauvres	2.8	2.5	1.1	5.8
	Pauvres au regard du revenu permanent	5.2	5.0	2.0	10.6
	Taux d'entrée dans la pauvreté	4.7	4.3	2.8	6.9
	Taux de sortie de la pauvreté	48.2	49.5	56.8	40.8
Danemark	Taux annuel de pauvreté	4.7	4.7	2.4	9.1
	Au moins un épisode de pauvreté	9.1	9.2	4.7	15.9
	Toujours pauvres	0.8	0.7	0.1	2.6
	Pauvres au regard du revenu permanent	1.8	2.1	0.9	5.4
	Taux d'entrée dans la pauvreté	3.1	3.1	1.7	5.3
	Taux de sortie de la pauvreté	60.4	64.4	72.8	46.5
France	Taux annuel de pauvreté	9.6	8.6	4.9	16.4
	Au moins un épisode de pauvreté	16.6	15.1	9.4	25.7
	Toujours pauvres	3.0	2.5	0.8	7.3
	Pauvres au regard du revenu permanent	6.6	5.5	2.3	12.8
	Taux d'entrée dans la pauvreté	4.6	4.2	2.6	6.7
	Taux de sortie de la pauvreté	46.9	49.9	62.8	35.8
Allemagne	Taux annuel de pauvreté	12.1	11.6	7.8	17.2
	Au moins un épisode de pauvreté	19.2	18.4	12.9	26.1
	Toujours pauvres	4.3	4.0	2.2	7.1
	Pauvres au regard du revenu permanent	8.1	7.7	4.2	13.0
	Taux d'entrée dans la pauvreté	5.1	4.8	3.5	7.0
	Taux de sortie de la pauvreté	41.1	42.0	47.1	35.4
Grèce	Taux annuel de pauvreté	14.5	14.0	10.3	20.6
	Au moins un épisode de pauvreté	25.1	24.3	18.7	33.2
	Toujours pauvres	6.5	5.9	4.0	10.7
	Pauvres au regard du revenu permanent	12.2	11.2	7.6	18.5
	Taux d'entrée dans la pauvreté	6.5	6.1	4.5	8.7
	Taux de sortie de la pauvreté	38.8	41.5	42.8	33.4
Irlande	Taux annuel de pauvreté	8.2	8.4	3.9	18.5
	Au moins un épisode de pauvreté	15.3	15.9	7.2	29.8
	Toujours pauvres	1.3	2.0	0.3	7.8
	Pauvres au regard du revenu permanent	5.3	5.3	1.7	15.9
	Taux d'entrée dans la pauvreté	5.0	4.4	2.6	7.7
	Taux de sortie de la pauvreté	54.6	50.7	55.6	37.9
Italie	Taux annuel de pauvreté	13.5	11.7	8.6	20.6
	Au moins un épisode de pauvreté	21.5	18.9	14.6	30.9
	Toujours pauvres	5.6	4.3	2.8	10.3
	Pauvres au regard du revenu permanent	10.4	8.0	5.5	17.0
	Taux d'entrée dans la pauvreté	5.3	4.6	3.5	7.4
	Taux de sortie de la pauvreté	40.6	44.3	49.2	34.1
Luxembourg	Taux annuel de pauvreté	7.8	8.0	3.7	15.6
	Au moins un épisode de pauvreté	12.7	12.9	6.4	22.9
	Toujours pauvres	2.2	2.9	0.9	7.2
	Pauvres au regard du revenu permanent	5.1	4.9	1.6	12.4
	Taux d'entrée dans la pauvreté	3.6	3.4	2.0	5.3
	Taux de sortie de la pauvreté	47.4	45.2	54.7	34.2
Pays-Bas	Taux annuel de pauvreté	7.8	7.5	4.7	13.0
	Au moins un épisode de pauvreté	12.9	12.1	8.1	20.1
	Toujours pauvres	1.6	1.6	0.7	4.3
	Pauvres au regard du revenu permanent	4.5	4.4	1.7	9.3
	Taux d'entrée dans la pauvreté	4.2	3.8	2.7	5.8
	Taux de sortie de la pauvreté	55.7	53.7	59.7	44.1

Tableau 2.B.1. **Fiabilité des indicateurs de pauvreté mesurés selon plusieurs échelles d'équivalence et seuils de revenus, 1993-1995** *(suite)*

		50 % du revenu médian, échelle d'équivalence de l'OCDE (1)	50 % du revenu médian, échelle d'équivalence de la racine carrée (2)	40 % du revenu médian, échelle d'équivalence de l'OCDE (3)	60 % du revenu médian, échelle d'équivalence de l'OCDE (4)
Portugal	Taux annuel de pauvreté	15.3	15.6	10.0	21.6
	Au moins un épisode de pauvreté	24.2	23.7	17.2	32.1
	Toujours pauvres	7.8	8.3	3.8	12.4
	Pauvres au regard du revenu permanent	13.4	13.7	7.4	19.7
	Taux d'entrée dans la pauvreté	5.4	4.9	3.9	7.5
	Taux de sortie de la pauvreté	37.0	33.5	47.0	30.0
Espagne	Taux annuel de pauvreté	12.0	11.4	7.5	19.2
	Au moins un épisode de pauvreté	21.3	20.6	14.2	31.0
	Toujours pauvres	3.7	3.5	1.9	8.3
	Pauvres au regard du revenu permanent	8.7	7.8	4.4	15.7
	Taux d'entrée dans la pauvreté	5.9	5.7	4.1	8.3
	Taux de sortie de la pauvreté	49.6	51.1	56.0	39.7
Royaume-Uni	Taux annuel de pauvreté	12.1	12.2	5.9	19.4
	Au moins un épisode de pauvreté	19.5	19.4	10.9	28.2
	Toujours pauvres	2.4	2.7	0.5	6.3
	Pauvres au regard du revenu permanent	6.5	6.7	1.8	13.1
	Taux d'entrée dans la pauvreté	6.0	5.7	3.4	8.1
	Taux de sortie de la pauvreté	58.8	56.0	74.1	43.6
Moyenne du PCM	Taux annuel de pauvreté	11.7	11.0	6.9	18.1
	Au moins un épisode de pauvreté	19.2	18.1	12.2	27.7
	Toujours pauvres	3.8	3.5	1.7	7.7
	Pauvres au regard du revenu permanent	7.9	7.2	3.7	14.0
	Taux d'entrée dans la pauvreté	5.2	4.9	3.3	7.3
	Taux de sortie de la pauvreté	46.0	47.2	54.4	37.4
Canada	Taux annuel de pauvreté	10.9	11.8	6.1	17.1
	Au moins un épisode de pauvreté	18.1	19.1	11.7	25.6
	Toujours pauvres	5.1	5.5	2.1	9.5
	Pauvres au regard du revenu permanent	8.9	9.7	4.6	15.2
	Taux d'entrée dans la pauvreté	4.8	5.0	3.5	6.3
	Taux de sortie de la pauvreté	36.4	35.2	46.1	28.2
États-Unis	Taux annuel de pauvreté	16.0	16.5	10.4	22.2
	Au moins un épisode de pauvreté	23.5	23.8	16.5	30.4
	Toujours pauvres	9.5	10.0	5.4	14.3
	Pauvres au regard du revenu permanent	14.5	14.9	8.8	21.2
	Taux d'entrée dans la pauvreté	4.5	4.6	3.7	6.1
	Taux de sortie de la pauvreté	29.5	27.8	35.1	23.2

PCM : Panel communautaire des ménages.
Sources et définitions : Voir tableau 2.1.

Annexe 2.C

Caractéristiques des non-pauvres, des pauvres pendant un an et des pauvres pendant trois ans : tableau détaillé

Le tableau 2.C.1 donne des informations détaillées sur les caractéristiques démographiques, le lien à l'emploi et le niveau de formation des personnes qui n'ont jamais été pauvres, qui ont été pauvres pendant un an, qui étaient pauvres au regard du revenu permanent et qui ont vécu dans la pauvreté pendant trois ans au cours de la période 1993-1995.

Tableau 2.C.1. **Caractéristiques des non-pauvres, des pauvres sur une courte période et des pauvres à long terme, 1993-1995**

Belgique

Caractéristiques du ménage[a]		Population totale	Non-pauvres	Pauvres pendant un an	Pauvres au regard du revenu permanent	Toujours pauvres
Sexe du chef de ménage	Homme	85.1	86.6	77.5	74.8	69.2
	Femme	14.9	13.4	22.5	25.2	30.8
Âge du chef de ménage	Moins de 30 ans	10.5	10.5	10.7	10.9	(9.9)
	De 31 à 50 ans	56.0	57.5	47.9	41.4	43.6
	De 51 à 65 ans	19.2	18.9	20.6	20.4	(15.8)
	Plus de 65 ans	14.3	13.0	20.7	27.4	30.6
Lien à l'emploi[b]	Aucun actif occupé	27.9	22.6	56.2	67.6	76.5
	Un actif occupé	33.2	33.3	32.8	28.2	17.9
	Deux actifs occupés	36.8	41.6	[11.0]	–	–
	Plus de deux actifs occupés	2.1	2.4	–	–	–
Type de ménage	Un adulte, sans enfants	11.5	11.0	14.0	19.9	23.7
	Deux adultes, sans enfants	19.9	19.7	21.0	22.0	19.7
	Un adulte, avec enfants	8.1	7.5	11.5	(7.6)	(7.2)
	Deux adultes, avec enfants	56.8	57.9	50.8	[50.6]	[49.4]
	Autres	3.7	3.9	(2.7)	–	–
Niveau de formation[c] du chef de ménage	Faible	35.9	33.3	50.7	62.4	64.7
	Moyen	32.4	32.6	31.6	27.2	25.1
	Élevé	31.7	34.2	17.8	10.4	(10.2)

Danemark

		Population totale	Non-pauvres	Pauvres pendant un an	Pauvres au regard du revenu permanent	Toujours pauvres
Sexe du chef de ménage	Homme	87.6	88.4	79.2	69.3	(67.8)
	Femme	12.4	11.6	20.8	30.7	32.2
Âge du chef de ménage	Moins de 30 ans	14.2	13.4	22.8	(31.8)	(28.7)
	De 31 à 50 ans	55.5	57.1	40.4	35.7	–
	De 51 à 65 ans	17.2	17.5	13.4	–	–
	Plus de 65 ans	13.1	12.0	23.4	[32.5]	(26.2)
Lien à l'emploi[b]	Aucun actif occupé	21.6	18.8	49.4	72.4	86.1
	Un actif occupé	30.2	30.1	31.2	(20.3)	–
	Deux actifs occupés	42.6	45.4	14.8	–	–
	Plus de deux actifs occupés	5.6	5.7	(4.6)	–	–
Type de ménage	Un adulte, sans enfants	15.3	13.6	32.3	47.8	(48.8)
	Deux adultes, sans enfants	26.3	26.6	23.5	(12.5)	–
	Un adulte, avec enfants	5.4	5.5	(4.1)	–	–
	Deux adultes, avec enfants	51.5	52.8	39.4	37.4	(42.4)
	Autres	1.4	1.5	–	–	–
Niveau de formation[c] du chef de ménage	Faible	25.7	24.3	40.5	50.0	(73.6)
	Moyen	39.4	39.6	37.7	33.6	–
	Élevé	34.9	36.2	21.7	(16.4)	–

France

		Population totale	Non-pauvres	Pauvres pendant un an	Pauvres au regard du revenu permanent	Toujours pauvres
Sexe du chef de ménage	Homme	86.6	87.8	80.1	76.6	75.8
	Femme	13.4	12.2	19.9	23.4	24.2
Âge du chef de ménage	Moins de 30 ans	13.5	12.5	18.4	19.1	15.1
	De 31 à 50 ans	54.9	56.6	45.8	45.6	45.9
	De 51 à 65 ans	18.6	18.2	20.7	21.0	19.9
	Plus de 65 ans	13.0	12.6	15.0	14.4	19.1
Lien à l'emploi[b]	Aucun actif occupé	24.4	19.5	49.1	62.1	63.9
	Un actif occupé	38.6	38.3	39.8	33.4	33.7
	Deux actifs occupés	34.9	39.8	10.0	3.5	–
	Plus de deux actifs occupés	2.2	2.5	(1.1)	(1.1)	–
Type de ménage	Un adulte, sans enfants	10.3	9.4	14.8	17.1	16.9
	Deux adultes, sans enfants	20.2	20.7	17.5	13.6	15.7
	Un adulte, avec enfants	6.8	6.1	10.1	12.5	13.6
	Deux adultes, avec enfants	58.5	59.6	52.8	52.0	47.5
	Autres	4.3	4.2	4.9	4.8	6.4
Niveau de formation[c] du chef de ménage	Faible	39.8	36.1	59.4	71.9	72.8
	Moyen	40.2	41.9	31.0	21.9	21.9
	Élevé	20.0	21.9	9.6	6.1	(5.3)

Allemagne

		Population totale	Non-pauvres	Pauvres pendant un an	Pauvres au regard du revenu permanent	Toujours pauvres
Sexe du chef de ménage	Homme	86.2	87.9	79.1	80.6	84.2
	Femme	13.8	12.1	20.9	19.4	15.8
Âge du chef de ménage	Moins de 30 ans	12.2	11.0	17.3	14.2	13.2
	De 31 à 50 ans	48.8	49.2	46.9	53.5	53.6
	De 51 à 65 ans	25.8	26.5	22.9	20.4	19.8
	Plus de 65 ans	13.2	13.3	12.9	11.8	13.4
Lien à l'emploi[b]	Aucun actif occupé	24.0	20.1	40.7	37.1	39.0
	Un actif occupé	39.2	40.1	35.5	36.9	31.2
	Deux actifs occupés	31.8	34.4	20.8	22.3	26.6
	Plus de deux actifs occupés	5.0	5.5	3.0	3.7	(3.2)
Type de ménage	Un adulte, sans enfants	13.8	13.4	15.6	12.8	11.6
	Deux adultes, sans enfants	24.3	25.9	17.4	14.9	16.5
	Un adulte, avec enfants	5.1	3.8	10.5	10.0	(7.0)
	Deux adultes, avec enfants	52.1	52.5	50.7	56.0	61.1
	Autres	4.8	4.5	6.0	6.3	(3.8)
Niveau de formation[c] du chef de ménage	Faible	22.7	21.5	27.6	23.9	22.3
	Moyen	48.3	48.2	48.7	49.0	44.9
	Élevé	29.1	30.3	23.7	27.2	32.8

Grèce

		Population totale	Non-pauvres	Pauvres pendant un an	Pauvres au regard du revenu permanent	Toujours pauvres
Sexe du chef de ménage	Homme	90.6	91.5	88.1	85.8	81.6
	Femme	9.4	8.5	11.9	14.2	18.4
Âge du chef de ménage	Moins de 30 ans	9.8	10.2	8.6	6.3	4.0
	De 31 à 50 ans	51.8	55.3	41.5	35.5	26.3
	De 51 à 65 ans	25.8	25.3	27.4	26.6	27.5
	Plus de 65 ans	12.6	9.3	22.5	31.6	42.3
Lien à l'emploi[b]	Aucun actif occupé	18.5	14.1	31.7	39.9	52.4
	Un actif occupé	51.9	50.5	56.1	53.4	43.2
	Deux actifs occupés	25.8	30.8	10.7	5.6	[4.4]
	Plus de deux actifs occupés	3.8	4.6	1.6	(1.0)	–
Type de ménage	Un adulte, sans enfants	5.4	4.6	8.1	10.9	15.8
	Deux adultes, sans enfants	14.8	12.7	21.0	24.9	31.5
	Un adulte, avec enfants	4.8	5.0	4.1	4.0	(3.1)
	Deux adultes, avec enfants	58.1	61.8	47.0	40.2	29.3
	Autres	16.9	15.9	19.8	20.0	20.4
Niveau de formation[c] du chef de ménage	Faible	58.2	50.2	82.3	91.7	96.2
	Moyen	23.6	27.2	12.8	6.6	2.7
	Élevé	18.2	22.6	4.8	(1.6)	(1.1)

Irlande

		Population totale	Non-pauvres	Pauvres pendant un an	Pauvres au regard du revenu permanent	Toujours pauvres
Sexe du chef de ménage	Homme	85.9	86.7	81.5	80.4	70.6
	Femme	14.1	13.3	18.5	19.6	(29.4)
Âge du chef de ménage	Moins de 30 ans	15.0	14.7	16.1	17.4	(12.4)
	De 31 à 50 ans	56.6	55.2	64.4	64.2	61.6
	De 51 à 65 ans	18.2	19.1	13.1	11.6	(11.0)
	Plus de 65 ans	10.2	11.0	6.3	6.9	(15.0)
Lien à l'emploi[b]	Aucun actif occupé	28.4	22.8	59.1	55.9	81.1
	Un actif occupé	44.5	46.2	35.0	40.8	(18.9)
	Deux actifs occupés	21.4	24.5	4.3	–	–
	Plus de deux actifs occupés	5.7	6.5	1.5	–	–
Type de ménage	Un adulte, sans enfants	6.5	7.0	3.5	(3.9)	–
	Deux adultes, sans enfants	7.6	8.3	3.8	(5.0)	–
	Un adulte, avec enfants	9.2	8.2	15.0	9.6	(23.3)
	Deux adultes, avec enfants	67.0	66.2	71.5	70.8	62.1
	Autres	9.7	10.3	6.2	10.8	–
Niveau de formation[c] du chef de ménage	Faible	54.6	52.3	67.9	62.3	83.4
	Moyen	31.4	31.8	28.7	35.4	–
	Élevé	14.1	15.9	3.4	(2.3)	–

Tableau 2.C.1. **Caractéristiques des non-pauvres, des pauvres sur une courte période et des pauvres à long terme, 1993-1995** (suite)

Caractéristiques du ménage[a]		Italie					Luxembourg					Pays-Bas				
		Population totale	Non-pauvres	Pauvres pendant un an	Pauvres au regard du revenu permanent	Toujours pauvres	Population totale	Non-pauvre	Pauvres pendant un an	Pauvres au regard du revenu permanen	Toujours pauvres	Population totale	Non-pauvres	Pauvres pendant un an	Pauvres au regard du revenu permanent	Toujours pauvres
Sexe du chef de ménage	Homme	87.7	88.3	85.7	88.0	88.3	89.4	90.4	81.9	78.7	76.2	87.2	89.0	75.2	70.2	75.4
	Femme	12.3	11.7	14.3	12.0	11.7	10.6	9.6	18.1	21.3	(23.8)	12.8	11.0	24.8	29.8	(24.6)
Âge du chef de ménage	Moins de 30 ans	10.2	9.9	11.2	10.2	12.7	12.3	11.9	15.5	(16.8)	–	13.2	11.7	23.5	27.2	29.0
	De 31 à 50 ans	50.6	51.3	48.1	51.1	50.6	55.9	55.1	61.7	53.7	61.4	55.8	56.9	48.6	46.4	44.0
	De 51 à 65 ans	26.0	25.4	28.4	29.0	28.1	20.5	21.3	14.8	(15.6)	–	17.7	17.6	18.2	20.1	–
	Plus de 65 ans	13.2	13.5	12.3	9.7	8.6	11.3	11.8	(8.0)	(13.9)	–	13.2	13.7	9.7	(6.3)	[27.0]
Lien à l'emploi[b]	Aucun actif occupé	20.7	18.0	30.9	31.1	33.2	18.8	17.7	26.6	41.4	(47.6)	:	:	:	:	:
	Un actif occupé	43.1	39.9	54.5	57.5	58.0	45.4	44.0	54.5	46.2	52.4	:	:	:	:	:
	Deux actifs occupés	29.9	34.8	12.1	10.7	7.9	30.4	32.2	[18.8]	–	–	:	:	:	:	:
	Plus de deux actifs occupés	6.3	7.3	2.6	(0.8)	(0.9)	5.5	6.1	–	–	–	:	:	:	:	:
Type de ménage	Un adulte, sans enfants	6.8	6.7	7.1	4.7	(3.6)	9.4	9.5	(8.7)	–	–	13.1	12.6	16.8	20.7	(26.9)
	Deux adultes, sans enfants	14.3	16.0	7.8	4.8	3.6	19.8	20.7	13.5	(19.9)	–	26.3	28.1	13.2	6.4	(7.0)
	Un adulte, avec enfants	6.0	6.1	5.5	5.7	7.3	4.9	4.5	(8.1)	–	–	5.1	4.2	11.8	14.2	–
	Deux adultes, avec enfants	60.0	58.6	64.9	71.7	73.4	51.6	51.1	55.7	57.7	56.4	54.8	54.6	56.1	54.4	57.0
	Autres	13.0	12.5	14.7	13.1	12.1	14.2	14.3	14.0	(10.9)	–	0.7	0.5	(2.1)	(4.3)	–
Niveau de formation[c] du chef de ménage	Faible	60.1	55.3	78.7	84.7	86.5	51.7	49.5	66.9	64.0	52.3	18.4	17.0	28.0	31.7	24.7
	Moyen	30.9	34.4	17.7	12.1	10.9	29.4	30.7	20.4	27.5	45.7	60.5	59.9	64.4	63.8	[75.3]
	Élevé	8.9	10.3	3.7	3.2	(2.6)	18.9	19.8	12.8	(8.5)	[47.7]	21.1	23.0	7.6	(4.5)	–

Caractéristiques du ménage[a]		Portugal					Espagne					Royaume-Uni				
		Population totale	Non-pauvres	Pauvres pendant un an	Pauvres au regard du revenu permanent	Toujours pauvres	Population totale	Non-pauvres	Pauvres pendant un an	Pauvres au regard du revenu permanent	Toujours pauvres	Population totale	Non-pauvres	Pauvres pendant un an	Pauvres au regard du revenu permanent	Toujours pauvres
Sexe du chef de ménage	Homme	88.2	90.0	82.5	81.5	81.0	87.9	88.0	87.3	87.9	83.6	84.9	88.0	72.5	66.9	62.7
	Femme	11.8	10.0	17.5	18.5	19.0	12.1	12.0	12.7	12.1	16.4	15.1	12.0	27.5	33.1	37.3
Âge du chef de ménage	Moins de 30 ans	10.0	10.7	7.8	4.5	3.6	13.1	12.6	14.8	12.0	13.6	15.2	14.1	19.9	22.8	16.9
	De 31 à 50 ans	52.8	54.6	47.4	48.5	47.5	51.1	50.7	52.5	58.1	55.1	51.5	52.9	45.7	45.4	46.6
	De 51 à 65 ans	25.3	25.8	23.5	24.3	25.7	24.7	24.2	26.8	25.2	26.7	19.5	20.8	14.1	10.5	(9.1)
	Plus de 65 ans	11.9	8.9	21.2	22.7	23.2	11.1	12.5	5.9	4.7	4.5	13.7	12.2	20.2	21.3	27.3
Lien à l'emploi[b]	Aucun actif occupé	16.4	8.3	41.8	47.6	49.9	23.7	18.9	41.4	49.2	50.0	24.5	17.6	53.1	65.5	68.8
	Un actif occupé	32.7	31.0	38.3	39.9	40.5	48.7	48.7	48.7	45.8	45.7	32.1	31.3	35.4	30.7	26.7
	Deux actifs occupés	37.7	45.1	14.7	10.8	7.2	23.7	27.8	8.5	4.1	[4.3]	37.0	43.6	9.8	[3.8]	–
	Plus de deux actifs occupés	13.1	15.6	5.2	(1.7)	(2.4)	3.9	4.6	1.3	(0.8)	–	6.4	7.5	(1.6)	–	–
Type de ménage	Un adulte, sans enfants	3.7	2.3	8.0	9.0	10.9	3.8	4.2	2.3	2.3	(3.5)	11.3	9.8	17.4	18.1	25.7
	Deux adultes, sans enfants	11.1	9.7	15.3	17.7	17.0	11.2	12.3	7.2	5.1	(4.4)	23.9	25.6	16.9	15.0	17.8
	Un adulte, avec enfants	6.8	6.0	9.3	8.2	6.8	6.5	6.2	7.8	6.9	9.5	7.8	6.0	15.5	18.1	14.6
	Deux adultes, avec enfants	60.9	63.8	51.6	48.7	49.9	62.5	61.3	67.1	71.3	68.9	52.5	53.8	47.5	46.2	[41.8]
	Autres	17.5	18.1	15.8	16.5	15.4	15.9	16.0	15.6	14.4	13.6	4.5	4.9	2.7	(2.6)	–
Niveau de formation[c] du chef de ménage	Faible	86.4	83.1	96.5	97.0	97.9	66.8	62.4	83.0	87.0	88.2	41.0	37.5	55.4	65.1	70.5
	Moyen	7.7	9.2	2.8	[3.0]	[2.1]	14.2	15.3	10.3	9.2	7.6	33.2	33.1	34.0	28.9	[29.5]
	Élevé	5.9	7.6	(0.7)	–	–	19.0	22.4	6.6	3.8	4.3	25.8	29.5	10.7	6.0	–

Tableau 2.C.1. **Caractéristiques des non-pauvres, des pauvres sur une courte période et des pauvres à long terme, 1993-1995** (*suite*)

Caractéristiques du ménage[a]		Ensemble des pays du PCM				Canada				États-Unis[d]			
		Population totale	Non-pauvres	Pauvres pendant un an	Pauvres au regard du revenu permanent	Toujours pauvres	Population totale	Non-pauvre	Pauvres pendant un an	Pauvres au regard du revenu permanent	Toujours pauvres	Population totale	Non-pauvres	Pauvres pendant un an	Pauvres au regard du revenu permanent	Toujours pauvres

Sexe du chef de ménage — Homme: 86.7 / 88.1 / 80.7 / 80.5 / 80.9 ; 87.2 / 90.0 / 79.7 / 75.9 / 64.2 ; 82.2 / 87.5 / 76.1 / 60.2 / 53.7
Femme: 13.3 / 11.9 / 19.3 / 19.5 / 19.1 ; 12.8 / 10.0 / 20.3 / 24.2 / 35.8 ; 17.8 / 12.5 / 23.9 / 39.8 / 46.3

Âge du chef de ménage — Moins de 30 ans: 12.6 / 11.9 / 15.8 / 14.5 / 13.0 ; 14.6 / 13.4 / 18.4 / 17.3 / 25.7 ; 17.0 / 13.0 / 30.7 / 35.3 / 29.9
De 31 à 50 ans: 51.7 / 52.7 / 47.5 / 49.9 / 49.1 ; 63.2 / 64.0 / 61.0 / 62.6 / 53.7 ; 50.7 / 53.7 / 42.6 / 38.3 / 38.1
De 51 à 65 ans: 22.7 / 22.8 / 22.4 / 21.9 / 22.1 ; 18.4 / 18.3 / 18.1 / 18.0 / 19.5 ; 19.4 / 21.2 / 15.4 / 14.5 / 10.3
Plus de 65 ans: 13.0 / 12.7 / 14.2 / 13.8 / 15.8 ; 3.8 / 4.2 / 2.5 / 2.2 / 1.1 ; 13.0 / 12.2 / 11.2 / 11.9 / 21.7

Lien à l'emploi[b] — Aucun actif occupé: 23.3 / 18.6 / 42.6 / 46.4 / 47.7 ; 19.1 / 12.6 / 35.6 / 51.8 / 67.6 ; 18.0 / 13.4 / 18.0 / 23.1 / 54.6
Un actif occupé: 39.6 / 38.9 / 42.3 / 41.9 / 40.0 ; 39.9 / 40.9 / 39.1 / 37.6 / 27.1 ; 42.0 / 41.4 / 47.2 / 53.6 / 36.5
Deux actifs occupés: 32.1 / 36.8 / 13.0 / 10.2 / 11.0 ; 35.8 / 40.6 / 20.2 / 9.8 / 5.2 ; 35.1 / 39.4 / 30.6 / 20.6 / 8.7
Plus de deux actifs occupés: 5.0 / 5.7 / 2.1 / 1.5 / 1.2 ; 5.3 / 5.9 / 5.2 / 0.8 / 0.1 ; 5.0 / 5.8 / 4.2 / 2.7 / 0.2

Type de ménage — Un adulte, sans enfants: 9.8 / 9.3 / 12.0 / 11.2 / 11.8 ; 6.5 / 5.7 / 7.0 / 9.9 / 15.3 ; 13.1 / 11.0 / 21.2 / 16.0 / 22.7
Deux adultes, sans enfants: 19.6 / 20.8 / 14.2 / 11.8 / 12.8 ; 24.3 / 26.3 / 20.7 / 13.0 / 7.0 ; 21.2 / 24.2 / 13.2 / 9.9 / 8.1
Un adulte, avec enfants: 6.3 / 5.5 / 9.8 / 9.8 / 8.8 ; 10.1 / 7.8 / 16.6 / 18.9 / 27.8 ; 10.0 / 6.4 / 12.2 / 29.1 / 29.5
Deux adultes, avec enfants: 56.5 / 56.8 / 55.2 / 58.1 / 58.1 ; 54.3 / 55.5 / 49.5 / 52.2 / 44.5 ; 54.0 / 56.6 / 50.9 / 44.0 / 39.1
Autres: 7.8 / 7.5 / 8.8 / 9.0 / 8.6 ; 4.9 / 4.7 / 6.2 / 6.1 / 5.4 ; 1.7 / 1.8 / 2.6 / 1.1 / 0.6

Niveau de formation[c] *du chef de ménage* — Faible: 43.1 / 39.5 / 58.9 / 65.1 / 66.4 ; 30.4 / 27.5 / 35.5 / 46.7 / 54.5 ; 17.7 / 11.9 / 23.1 / 41.0 / 50.1
Moyen: 35.5 / 36.9 / 29.8 / 25.2 / 22.8 ; 15.7 / 15.8 / 14.8 / 13.3 / 18.4 ; 35.8 / 35.2 / 42.6 / 38.1 / 34.3
Élevé: 21.3 / 23.7 / 11.3 / 9.7 / 10.8 ; 53.9 / 56.8 / 49.8 / 40.0 / 27.1 ; 46.5 / 52.9 / 34.4 / 20.9 / 15.6

PCM : Panel communautaire des ménages.
.. : Données non disponibles.
– : Pas d'estimation en raison du petit nombre d'observations (moins de 10).
[Estimations basées sur moins de 30 observations].
[Ensembles des valeurs des deux catégories].
a) Caractéristiques définies en début de période.
b) Pour les pays du PCM, un individu est considéré comme un actif occupé, au cours d'une année donnée, si le nombre de mois pendant lequel il a occupé un emploi est égal ou supérieur au nombre de mois pendant lequel il n'a pas travaillé. Pour le Canada et les États-Unis, la définition est basée sur un volume annuel d'heures travaillées d'au moins 1 000 heures.
c) Faible : niveau de formation inférieur au deuxième cycle du secondaire ; intermédiaire : niveau de fin du deuxième cycle du secondaire ; élevé : niveau de formation supérieur.
d) Les données se rapportent à la période 1987-1989.
Source : PCM, vagues 1994, 1995 et 1996 pour les pays de l'UE ; SLID pour le Canada, PSID pour les États-Unis.

BIBLIOGRAPHIE

ATKINSON, A.B. (1998),
Poverty in Europe, Blackwell Publishers, Oxford.

ATKINSON, A.B. (1999),
The Economic Consequences of Rolling Back the Welfare State, The MIT Press, Cambridge, Massachusetts.

ATKINSON, A.B., RAINWATER, L. et SMEEDING, T.M. (1995),
La distribution des revenus dans les pays de l'OCDE. Documentation tirée de la Luxembourg Income Study, Études de politique sociale, n° 18, OCDE, Paris.

BANE, M.J. et ELLWOOD, D.T. (1986),
« Slipping Into and Out of Poverty: The Dynamics of Spells », *Journal of Human Resources*, hiver, pp. 1-23.

BANQUE MONDIALE (2001),
Rapport sur le développement dans le monde 2000/2001. Lutter contre la pauvreté, Oxford University Press, Oxford.

BARDASI, E., JENKINS, S.P. et RIGG, J.A. (1999),
« Documentation for Derived Current and Annual Net Household Income Variables, BHPS Waves 1-7 », Institute for Social and Economic Research Working Paper 99-25, University of Essex, Royaume-Uni.

BRADBURY, B., JENKINS, S.P. et MICKLEWRIGHT, J. (2000),
« Child Poverty Dynamics in Seven Nations », Innocenti Working Paper No. 78, UNICEF, Centre Innocenti, Florence.

BRADBURY, B., JENKINS, S.P. et MICKLEWRIGHT, J. (2001),
The Dynamics of Child Poverty in Industrialised Countries, Cambridge University Press, Cambridge.

BURKHAUSER, R.V., BUTRICA, B.A., DALY, M.C. et LILLARD, D.R. (2000),
« The Cross-national Equivalent File: A Product of Cross-National Research », Department of Policy Analysis and Management, Cornell University, Document de travail.

CBS (1999),
Social Reporting: Analysis of Poverty Estimates with ECHP Data: Task 2a, Statistique Pays-Bas, Heerlen.

CBS (2000),
Income Poverty and Social Exclusion in the European Union Member States: Task 4, Statistique Pays-Bas, Heerlen.

DALAKER, J. (1999),
Poverty in the United States: 1998, US Census Bureau, Current Population Reports, Series P60-207, US Government Printing Office, Washington DC.

DALY, M.C. et VALLETTA, R.G. (2000),
« Inequality and Poverty in the United States: The Effects of Changing Family Behavior and Rising Wage Dispersion », Federal Reserve Bank of San Francisco, Working Paper 2000-06, juin.

DUNCAN, G.J., GUSTAFSSON, B., HAUSER, R., SCHMAUSS, G., MESSINGER, H., MUFFELS, R., NOLAN, B. et RAY, J-C. (1993),
« Poverty Dynamics in Eight Countries », *Population Economics*, août, pp. 215-234.

DUNCAN, G.J., GUSTAFSSON, B., HAUSER, R., SCHMAUSS, G., JENKINS, S., MESSINGER, H., MUFFELS, R., NOLAN, B., RAY, J-C. et VOGES, W. (1995),
« Poverty and Social Assistance Dynamics in the United States, Canada and Europe », in McFate, K., Lawson, R. et Wilson, W.J. (dir. pub.), *Poverty, Inequality and the Future of Social Policy : Western States in the New Social Order*, Russell Sage, New York, pp. 215-234.

ELLWOOD, D.T. (2000),
« Anti-poverty Policy for Families in the Next Century: From Welfare to Work – and Worries », *Journal of Economic Perspectives*, hiver, pp. 187-198.

EUROSTAT (1997),
« Répartition du revenu et pauvreté dans l'Europe des douze en 1993 », *Statistiques en bref*, n° 1997/6.

EUROSTAT (2000*a*),
« Les bas salaires dans les pays de l'Union européenne », *Statistiques en bref – Thème 3*, n° 11/2000, établi par Eric Marlier et Sophie Ponthieux.

EUROSTAT (2000*b*),
« Selectivity of the Data and Sensitivity Analyses », Working Group on Statistics on Income, Social Exclusion and Poverty, DOC. E2/SEP/11/2000.

FÖRSTER, M.F. (2000),
« Trends and Driving Factors in Income Distribution and Poverty in the OECD Area », Document sur les politiques du marché du travail et les politiques sociales n° 42, OCDE, Paris.

FREEDMAN, S. (2000),
National Evaluations of Welfare-to-Work Strategies: Four-Year Impacts of Ten Programs on Employment Stability and Earnings Growth, Manpower Development Research Corporation, New York.

GALLIE, D. et PAUGAM, S. (dir. pub.) (2000),
Welfare Regimes and the Experience of Unemployment in Europe, Oxford University Press, Oxford.

GREENE, W.H. (1997),
Econometric Analysis, troisième édition, Prentice-Hall, Upper Saddle River, New Jersey.

GREGG, P. et WADSWORTH, J. (1996),
« It Takes Two: Employment Polarisation in the OECD », Centre for Economic Performance, Document de travail n° 304.

HAGENAARS, A., DE VOS, K. et ZAIDI, A. (1994),
Statistiques relatives à la pauvreté à la fin des années 80, Eurostat, Luxembourg.

KEESE, M., PUYMOYEN, A. et SWAIM, P. (1998),
« The Incidence and Dynamics of Low-paid Employment in OECD Countries », in Asplund, R., Sloane, P.J. et Theodossiou, I. (dir. pub.), *Low Pay and Earnings Mobility in Europe*, Edward Elgar, Cheltenham, Royaume-Uni.

LAYTE, R., NOLAN, B. et WHELAN, C.T. (2000*a*),
« Trends in Poverty », chapitre 9 in Nolan, B., O'Connell, P.J. et Whelan, C.T. (dir. pub.), *Bust to Boom? The Irish Experience of Growth and Inequality*, Institute of Public Administration (IPA), Dublin.

LAYTE, R., MAITRE, B., NOLAN, B. et WHELAN, C.T. (2000*b*),
« Persistent and Consistent Poverty in the 1994 and 1995 Waves of the European Community Household Panel Study », European Panel Analysis Group (EAG), Document de travail n° 11.

LINDBECK, A. (1995*a*),
« Hazardous Welfare-state Dynamics », *American Economic Review*, mai, pp. 9-15.

LINDBECK, A. (1995*b*),
« Welfare State Disincentives with Endogenous Habits and Norms », *Scandinavian Journal of Economics*, décembre, pp. 477-494.

MADDALA, G.S. (1983),
Limited-Dependent and Qualitative Variables in Econometrics, Cambridge University Press, Cambridge.

MISHEL, L., BERNSTEIN, J. et SCHMITT, J. (2001),
The State of Working America : 2000-01, Cornell University Press, Ithaca, NY.

NOLAN, B. et HUGHES, G. (1997),
Low Pay, the Earnings Distribution and Poverty in Ireland, 1987-1994, The Economic and Social Research Institute, Dublin.

NOLAN, B. et MARX, I. (1999),
« Low Pay and Household Poverty », Luxembourg Income Study (LIS), Document de travail n° 216.

OCDE (1997),
Perspectives de l'emploi, Paris.

OCDE (2000),
Pour un monde solidaire – Le nouvel agenda social, Paris.

OXLEY, H., BURNIAUX, J.M., DANG, T.-T. et MIRA D'ERCOLE, M. (1999),
« Distribution des revenus et pauvreté dans 13 pays de l'OCDE », *Revue économique de l'OCDE*, n° 29, pp. 59-102, Paris.

OXLEY, H., DANG, T.-T. et ANTOLIN, P. (2000),
« Dynamique de la pauvreté dans six pays de l'OCDE », *Revue économique de l'OCDE*, n° 30, pp. 7-55, Paris.

SEN, A. (1976),
« Poverty: An Ordinal Approach to Measurement », *Econometrica*, mars, pp. 219-231.

SMEEDING, T.M., RAINWATER, L. et BURTLESS, G. (2000),
« United States Poverty in a Cross-National Context », Luxembourg Income Study (LIS), Document de travail n° 244.

STEVENS, A.H. (1999),
« Climbing out of Poverty, Falling Back in: Measuring the Persistence of Poverty over Multiple Spells », *Journal of Human Resources*, été, pp. 557-588.

THE CANBERRA GROUP (2001),
Expert Group on Household Income Statistics: Final Report and Recommendations, Ottawa.

WHELAN, C.T., LAYTE, R., MAITRE, B. et NOLAN, B. (1999),
« Income Deprivation and Economic Strain: An Analysis of the European Community Household Panel », European Panel Analysis Group (EAG), Document de travail n° 5.

Chapitre 3

CARACTÉRISTIQUES ET QUALITÉ DES EMPLOIS DANS LE SECTEUR DES SERVICES

Résumé

La part de l'emploi dans les services a continué de croître dans pratiquement tous les pays de l'OCDE tout au long des années 90, allant jusqu'à représenter près des trois quarts de l'emploi total dans plusieurs d'entre eux. Cette évolution a coïncidé avec un changement notable dans le type d'emplois créés. Dans plusieurs pays, la fréquence du travail à temps partiel et du travail temporaire s'est accrue et, dans certains, la stabilité de l'emploi a diminué. Quelques pays ont également enregistré un creusement des inégalités de salaire sur une longue période. Ces évolutions ont suscité un vif débat sur la qualité de l'emploi dans le secteur des services. Le présent chapitre est donc consacré à une analyse de la relation entre les changements touchant l'emploi par secteurs et les changements touchant les caractéristiques et la qualité des emplois nouvellement créés.

Les emplois varient largement d'un secteur à l'autre en ce qui concerne la fréquence de l'emploi à temps partiel et du travail temporaire, l'ancienneté moyenne dans l'emploi et la fréquence de la formation. Mais il y a aussi des disparités frappantes dans les caractéristiques des emplois selon les pays et selon les périodes. Le fait que les différences dans les structures de l'emploi ne contribuent que pour une part relativement faible à ces disparités suggère que d'autres facteurs sont à l'œuvre. Ces facteurs concernent le contexte institutionnel – vigueur de la législation pour la protection de l'emploi, champ de la négociation collective, existence d'un salaire minimum légal, etc. – ainsi que la distribution des caractéristiques de la main-d'œuvre, dans chaque pays, selon l'âge, le sexe et le niveau de qualification.

Les comparaisons de la qualité des emplois fondées sur un certain nombre d'indicateurs des conditions de travail, de la satisfaction au travail et du niveau de rémunération montrent qu'il n'y a pas de dichotomie simple entre le secteur de la production de biens et celui des services. Les bons emplois ne se situent pas principalement dans le premier et les mauvais dans le second. Les emplois dans l'hôtellerie et la restauration apparaissent généralement comme médiocres au regard de divers indicateurs de la qualité de l'emploi. A l'inverse, les emplois du secteur de la production de biens sont davantage susceptibles que de nombreuses activités de service d'être associés à des conditions de travail dégradées et à une moindre satisfaction au travail.

L'analyse des niveaux et de la croissance de l'emploi selon le niveau de salaire amène à formuler un certain nombre de grandes conclusions. Premièrement, le taux global d'emploi comparativement plus élevé aux États-Unis que dans la plupart des autres pays de l'OCDE ne peut être imputé uniquement à un excédent d'emplois à bas salaires dans le secteur des services ; le plus souvent, les États-Unis enregistrent aussi un plus grand nombre d'emplois de services bien rémunérés. Deuxièmement, si la forte croissance de l'emploi dans le secteur des services, aux États-Unis, au cours des années 90, s'est accompagnée d'une certaine augmentation du nombre des emplois à bas salaires, la progression de l'emploi a été beaucoup plus forte dans les professions et les branches d'activité où les rémunérations sont relativement élevées. Troisièmement, l'Europe a enregistré une croissance plus faible de l'emploi à tous les niveaux de salaire, mais les disparités sont marquées d'un pays à l'autre. Dans la plupart des pays européens comme aux États-Unis, la progression de l'emploi a été particulièrement rapide pour les emplois bien rémunérés.

Les caractéristiques des politiques que chaque pays devra appliquer pour traiter les questions de qualité de l'emploi dépendront de sa situation initiale. Les pays où l'on observe une fréquence relativement élevée d'emplois impliquant de basses rémunérations et des conditions de travail médiocres peuvent verser des compléments de

© OCDE 2001

rémunération aux travailleurs à bas salaires et s'efforcer de réduire les disparités de droits entre les travailleurs occupant des emplois « normaux » et ceux qui occupent des emplois « atypiques ». A terme, il convient de mettre en œuvre des politiques qui incitent les individus et les entreprises à investir davantage dans l'acquisition de compétences. Par ailleurs, s'agissant des pays qui souhaitent améliorer leurs résultats sur le plan de l'emploi, la solution ne consiste pas simplement à stimuler la création d'emplois faiblement rémunérés dans le secteur des services mais à mettre en place une large gamme de politiques destinées à stimuler l'emploi sur un plan plus général.

Introduction

Comme on l'a vu, l'an passé, dans le chapitre consacré à l'économie des services [OCDE (2000)], la part de l'emploi dans les services a continué d'augmenter dans pratiquement tous les pays de l'OCDE tout au long des années 90, allant jusqu'à représenter près des trois quarts de l'emploi total dans plusieurs d'entre eux. Cette évolution a coïncidé avec des changements notables dans le type d'emplois créés, ce qui a suscité un vif débat sur la qualité de l'emploi dans le secteur des services. Dans beaucoup de pays, la fréquence du travail à temps partiel et du travail temporaire s'est accrue au fil des ans [OCDE (1996, 1999)] et, dans certains, la stabilité de l'emploi a diminué [OCDE (1997)]. Quelques pays ont également enregistré un creusement des inégalités de salaire sur une longue période, lequel a été particulièrement net aux États-Unis [OCDE (1996)].

Le chapitre consacré, l'an passé, aux services comportait aussi une analyse sectorielle des caractéristiques des travailleurs selon leur âge, leur sexe et leur niveau de formation. Le présent chapitre considère principalement les caractéristiques des emplois, et la façon dont ces caractéristiques ont été affectées par le déplacement de l'emploi du secteur manufacturier vers les services. Naturellement, les caractéristiques des emplois et les caractéristiques des travailleurs sont intimement liées. De fait, le sentiment des travailleurs quant à la qualité de leur emploi a toutes chances de dépendre fortement de la plus ou moins bonne adéquation des travailleurs à leur emploi. Il s'agit de savoir dans quelle mesure les exigences du poste en termes de qualifications, de conditions de travail, de rémunération et d'horaires de travail correspondent aux qualifications, aux préférences et aux attentes de la personne qui occupe le poste. Le même emploi peut ainsi être jugé satisfaisant par un travailleur et non satisfaisant par un autre. Cette interdépendance entre les caractéristiques des travailleurs et les caractéristiques du poste fait que toute mesure de la qualité des emplois doit s'interpréter avec prudence car le même emploi peut être qualifié, selon le cas, de bon ou de médiocre. Par exemple, un emploi à temps partiel peut résulter d'un choix ou, au contraire, avoir été imposé, de sorte qu'on ne saurait automatiquement considérer qu'il s'agit d'un bon emploi ou, à l'inverse, d'un mauvais emploi.

Étant donné la difficulté qu'il y a à mesurer la qualité des emplois, l'objet du présent chapitre n'est pas simplement d'identifier les emplois de qualité médiocre en tant que tels, et de repérer les secteurs dans lesquels ils se trouvent, mais d'examiner de façon plus générale la relation entre les changements touchant la répartition sectorielle de l'emploi et les changements touchant le type d'emplois créés. On s'efforce de répondre à plusieurs questions. Y a-t-il des différences systématiques dans le type de caractéristiques liées aux emplois dans chaque secteur ? Comment la croissance de l'emploi dans le secteur des services a-t-elle contribué aux disparités, dans le temps et d'un pays à l'autre, du point de vue des caractéristiques et de la qualité des emplois ? Existe-t-il une relation inverse entre la qualité des emplois et les performances sur le plan de l'emploi ?

Dans la première section, on commence par examiner la structure actuelle de l'emploi dans les secteurs de la production de biens et des services en considérant un certain nombre de caractéristiques objectives, à savoir la fréquence de l'emploi à temps partiel et du travail temporaire, l'ancienneté moyenne dans l'emploi et la fréquence de la formation. Puis on essaie de voir dans quelle mesure les différences entre pays et selon les périodes touchant les caractéristiques des emplois peuvent refléter des différences dans la répartition de l'emploi par secteurs. Comme on le verra plus loin, l'utilisation des caractéristiques des emplois en tant qu'indicateurs supplétifs de la qualité de l'emploi peut poser certains problèmes. C'est pourquoi la qualité de l'emploi est mesurée de façon plus directe, à la section II, à partir du jugement que les personnes elles-mêmes qui occupent ces emplois portent sur leurs conditions de travail et de la satisfaction au travail qu'elles expriment. On compare alors la qualité des emplois entre les secteurs, à l'intérieur d'un même pays. Une approche complémentaire, peut-être plus large, consisterait à apprécier la qualité de l'emploi simplement en fonction de la rémunération. A la section III, on commence par examiner les écarts de salaire selon les secteurs. Puis on compare les niveaux d'emploi et la croissance de l'emploi en fonction de la rémunération (faible, de niveau intermédiaire ou élevée). La dernière section regroupe les principaux résultats et examine certains enseignements à tirer sur le plan de l'action des pouvoirs publics.

Principaux résultats

Les principales conclusions qui se dégagent de ce chapitre sont les suivantes :

- La fréquence du travail à temps partiel est sensiblement plus élevée dans le secteur des services que dans le secteur de la production de biens, mais celle du travail temporaire est plus également répartie entre les deux secteurs. L'ancienneté dans l'emploi varie considérablement au sein du secteur des services mais, dans l'ensemble, elle est sensiblement plus faible que dans le secteur de la production de biens. En revanche, la fréquence de la formation professionnelle permanente semble être supérieure dans le secteur des services, en particulier dans les branches des services aux producteurs et des services sociaux.

- Les différences du point de vue de la structure de l'emploi semblent ne contribuer que pour une faible part aux profondes disparités, entre pays et selon les périodes, du point de vue de la fréquence globale de l'emploi à temps partiel et du travail temporaire, et de l'ancienneté moyenne dans l'emploi. D'autres facteurs, par exemple le contexte institutionnel et les caractéristiques de la population active, jouent apparemment un rôle plus important dans ces disparités.

- Une comparaison de la qualité des emplois en fonction d'indicateurs des conditions de travail, de la satisfaction au travail et de la rémunération montre qu'il n'y a pas de dichotomie simple entre le secteur de la production de biens et celui des services. Il existe, dans chacun d'entre eux, de bons et de mauvais emplois et le classement des secteurs tant au niveau général qu'à un niveau plus détaillé varie selon l'indicateur de la qualité de l'emploi qui est utilisé. Cela étant, au sein du secteur des services, la qualité de certains emplois du sous-secteur des services aux particuliers est systématiquement inférieure à celle des emplois du secteur de la production de biens ou du reste du secteur des services. Par ailleurs, les conditions de travail dans l'agriculture et la construction sont également particulièrement défavorables dans de nombreux cas.

- Si les États-Unis ont un taux global d'emploi plus élevé que de nombreux autres pays de l'OCDE, ce n'est pas seulement parce qu'une plus large proportion de leur population d'âge actif occupe des emplois faiblement rémunérés dans le secteur des services. Les États-Unis comptent également une plus large proportion de travailleurs occupant des emplois tertiaires généralement bien rémunérés.

- La croissance de l'emploi, au cours des années 90, dans la plupart des pays, y compris aux États-Unis, a surtout concerné les emplois bien rémunérés du secteur des services, plutôt que les emplois à bas salaires. Cependant, en dépit d'une forte progression dans certains pays, l'Europe dans son ensemble a enregistré une progression plus lente de l'emploi que les États-Unis à tous les niveaux de salaire.

- Les conclusions à tirer du point de vue de l'action des pouvoirs publics seront fonction de la situation initiale des pays. Les pays où les emplois de qualité médiocre sont nombreux devront, à terme, privilégier les mesures visant à améliorer l'enseignement et la formation. Dans d'autres pays, davantage soucieux d'améliorer la tenue de l'emploi, la solution ne consistera pas uniquement à accroître l'offre d'emplois à bas salaires dans le secteur des services mais, de façon plus générale, à réduire les obstacles à la création d'emplois.

I. Travail à temps partiel, travail temporaire, ancienneté dans l'emploi et formation

A. Classification sectorielle

L'analyse développée dans cette section est fondée sur la même classification sectorielle que celle qui avait été utilisée dans le chapitre publié l'année dernière sur les services [OCDE (2000)]. Neuf grands secteurs comprenant 21 sous-secteurs ont été identifiés. Le tableau 3.A.1 indique les correspondances entre ces secteurs et les codes de la CITI rév. 3 et de la NACE rév. 1. C'est également sur cette classification qu'est fondée l'analyse des écarts de salaire selon les secteurs à la section II. Cependant, en raison de limitations des données, il n'a pas été possible d'appliquer cette même classification uniformément tout au long du chapitre. C'est pourquoi, pour l'analyse des conditions de travail, de la satisfaction au travail et de l'emploi selon les niveaux de salaire, sections II et III, la décomposition sectorielle se fonde essentiellement sur les industries identifiées par un code à un chiffre dans la CITI rév. 3.

B. Fréquence du travail à temps partiel et du travail temporaire

L'augmentation du nombre des emplois « atypiques » ou « hors normes » tels que les emplois à temps partiel et les emplois temporaires a suscité une inquiétude particulière chez plusieurs commentateurs qui ont vu dans cette tendance le signe d'une dégradation de la qualité de l'emploi [par exemple, Letourneux (1998) ; Mishel et al. (2001)]. Mais, comme cela a été souligné dans OCDE (1999), il n'est pas toujours certain que les emplois à temps partiel soient de moindre qualité que les emplois à temps complet. Seule une minorité de travailleurs à temps partiel se trouvent apparemment dans cette situation sans l'avoir souhaité, et s'il est vrai que les travailleurs à temps partiel ont, en moyenne, un salaire inférieur à celui des travailleurs à temps complet, dans la plupart des pays, cela peut en partie s'expliquer par des niveaux de qualification généralement inférieurs ou des avantages autres que pécuniaires. En ce qui concerne les emplois temporaires, ils peuvent constituer un moyen efficace d'accéder à un emploi à caractère plus stable pour les travailleurs jeunes et peu qualifiés. Cela étant, certains emplois à temps partiel ou temporaires sont effectivement particulièrement mal rémunérés et impliquent des conditions de travail médiocres tout en n'offrant que des perspectives de carrière limitées[1]. Il est donc intéressant d'examiner si ces formes d'emploi tendent à être concentrées dans les mêmes secteurs, dans divers pays, et si elles sont particulièrement répandues dans les activités de services.

En moyenne, dans l'ensemble des pays de l'OCDE, le travail à temps partiel est une forme d'emploi beaucoup plus courante dans le secteur des services que dans le secteur de la production de biens (graphique 3.1, partie A)[2]. Cette situation s'observe dans tous les pays, à l'exception de la Corée, même si l'écart entre les deux secteurs varie notablement d'un pays à l'autre (tableau 3.B.1). En règle générale, c'est d'abord dans les services aux particuliers, puis dans les services sociaux, que le travail à temps partiel est le plus fréquent. Dans plusieurs pays, le travail à temps partiel représentait plus d'un tiers de l'ensemble des emplois dans les services aux particuliers, en 1999 (et un peu plus de la moitié aux Pays-Bas). A un niveau de désagrégation plus poussé, dans la plupart des pays, c'est dans les services domestiques que le travail à temps partiel apparaît comme étant le plus répandu, puis dans l'éducation, les activités récréatives et les services culturels, l'hôtellerie et la restauration, les autres services aux particuliers et les services de santé. La fréquence du travail à temps partiel tend également à être relativement élevée dans le commerce de détail, mais cette situation est contrebalancée, au sein des services de distribution, par des taux inférieurs dans le commerce de gros, les transports et les communications. Dans le secteur de la production de biens, le travail à temps partiel n'est relativement courant que dans l'agriculture.

Dans quelle mesure y a-t-il corrélation entre ces variations sectorielles de la fréquence du travail à temps partiel et le taux de travail à temps partiel non choisi dans chaque secteur ? D'après les données relatives aux États-Unis, s'il y a corrélation, elle est plutôt négative [Meisenheimer II (1998)]. Ainsi, le taux de travail à temps partiel non choisi (exprimé en proportion du travail à temps partiel total dans chaque secteur) était de 34 % dans le secteur manufacturier mais de l'ordre de 17 % seulement dans l'ensemble du secteur des services. Par conséquent, une fréquence du travail à temps partiel plus élevée dans un secteur ne signifie pas nécessairement que la proportion de travailleurs de ce secteur qui travaillent à temps partiel sans l'avoir souhaité y soit également plus élevée.

Les emplois temporaires se répartissent plus également entre le secteur de la production de biens et celui des services (graphique 3.1, partie B). Dans le secteur de la production de biens, le travail temporaire est une modalité de travail particulièrement fréquente dans l'agriculture et la construction, mais un peu moins courante dans les activités manufacturières. Dans le secteur des services, la fréquence du travail temporaire dans le sous-secteur des services aux particuliers se situe bien au-dessus de la moyenne nationale dans tous les pays (tableau 3.B.2). S'agissant des services aux particuliers, le travail temporaire se concentre dans les activités récréatives et les services culturels, ainsi que dans l'hôtellerie et la restauration. La fréquence du travail temporaire est aussi généralement supérieure à la moyenne nationale dans les services sociaux, dans la plupart des pays, cette forme d'emploi étant assez répandue dans l'éducation, les services sociaux divers et les services de santé. Comme dans le cas du travail à temps partiel, la fréquence du travail temporaire tend également à être relativement élevée dans le commerce de détail, mais elle est un peu moindre dans les autres catégories de services de distribution.

L'interprétation de ces variations entre les secteurs et entre les pays est d'autant plus complexe que le travail temporaire est susceptible de recouvrir des conditions d'emploi très diverses. Outre les emplois faisant l'objet d'un contrat à durée déterminée, le travail temporaire peut concerner le travail saisonnier et le travail occasionnel, ainsi que les missions effectuées pour une agence d'intérim. Ces diverses situations n'induisent pas toutes le même degré de précarité. Qui plus est, le champ couvert et les définitions diffèrent d'un pays à l'autre.

Caractéristiques et qualité des emplois dans le secteur des services – 99

Graphique 3.1. **Variations entre secteurs d'activité au regard de certaines caractéristiques de l'emploi, moyenne de l'OCDE**[a]

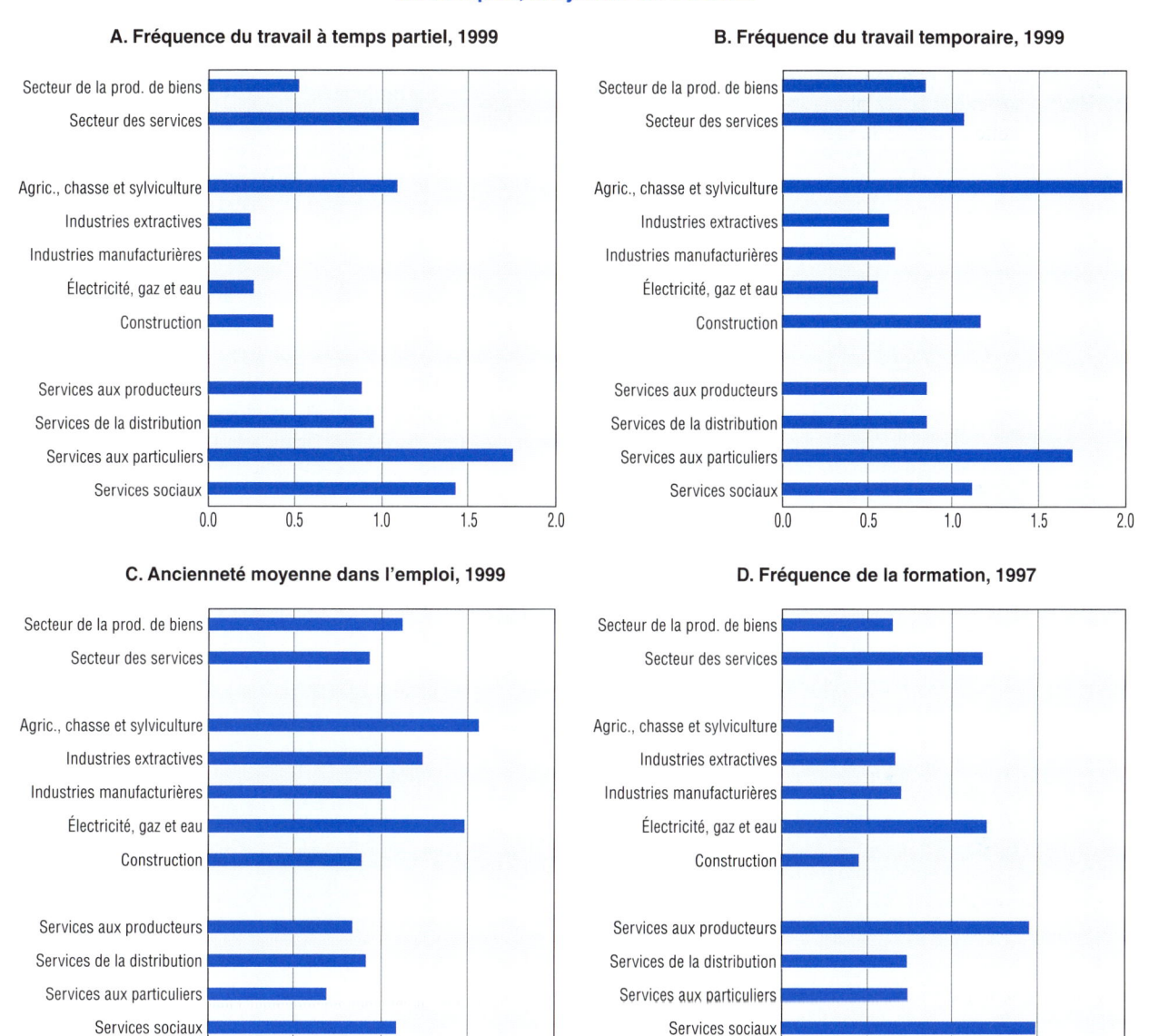

A. Fréquence du travail à temps partiel, 1999

B. Fréquence du travail temporaire, 1999

C. Ancienneté moyenne dans l'emploi, 1999

D. Fréquence de la formation, 1997

a) Pour chaque secteur, chaque caractéristique de l'emploi est exprimée par le rapport de sa valeur à la valeur moyenne pour l'ensemble des secteurs. Les pays pris en compte pour le calcul de la moyenne OCDE en ce qui concerne chaque indicateur sont indiqués dans les tableaux 3.B.1-3.B.4, de même que l'année à laquelle se réfèrent les données pour les parties A-C dans les cas où des données concernant 1999 n'étaient pas disponibles.
Sources : Voir tableaux 3.B.1-3.B.4.

Ces particularités influeront non seulement sur la fréquence globale du travail temporaire dans les différents pays mais aussi sur sa fréquence relative dans les différents secteurs, dans chaque pays. Ainsi, environ 23 % des salariés australiens se considéraient comme des travailleurs occasionnels en 2000, mais seulement 4 % environ déclaraient travailler dans le cadre d'un contrat à durée déterminée (tableau 3.B.2)[3]. Alors que la fréquence des emplois occasionnels est supérieure à la moyenne dans le secteur des services de distribution et des services aux particuliers, la fréquence des emplois à durée déterminée se situe au-dessous de la moyenne dans ces deux secteurs, et même très largement dans le secteur des services de distribution. La fréquence relative des contrats à durée déterminée est

© OCDE 2001

également nettement plus faible que la fréquence du travail occasionnel dans l'agriculture et dans le secteur manufacturier. En ce qui concerne la France, la part des missions effectuées pour des agences d'intérim n'était que de 3 % au premier semestre de 1999, alors que la part du travail temporaire atteignait 14 % sur la base d'une définition plus large. A la différence de ce que l'on constate pour toutes les formes d'emploi temporaire, la part des missions effectuées pour des agences d'intérim est sensiblement plus faible dans le secteur des services et beaucoup plus élevée dans le secteur de la production de biens, en particulier dans les activités manufacturières.

C. Ancienneté dans l'emploi

Un autre aspect de l'emploi concerne sa stabilité, reflétée par l'ancienneté moyenne dans l'emploi. Celle-ci est en général mesurée d'après le temps passé par les travailleurs dans leur emploi actuel ou auprès de leur employeur actuel, et se réfère donc à des périodes en cours et non à des périodes achevées. Un certain nombre de facteurs suggèrent qu'il existe vraisemblablement une relation positive entre l'ancienneté dans l'emploi et la qualité de l'emploi. Tout d'abord, il existe en général une corrélation positive entre la rémunération et l'ancienneté moyenne dans l'emploi, même si l'on tient compte d'autres facteurs influant sur les écarts de salaire. Ensuite, la perte d'emploi involontaire se traduit souvent par un manque à gagner, non seulement du fait de la perte de revenu pendant une période de chômage mais aussi parce que le salaire qui sera perçu dans le cadre d'un nouvel emploi risque d'être sensiblement moins élevé que le précédent. C'est pourquoi, toutes choses étant égales par ailleurs, les emplois à fort taux de rotation seront en général associés à une plus grande précarité de l'emploi. Mais, là encore, il convient d'interpréter cet indicateur avec prudence. Ce ne sont pas toujours les exigences des employeurs qui font que les emplois sont occupés sur de courtes durées. Cette situation peut également refléter les préférences des travailleurs eux-mêmes et il peut y avoir compensation par des taux de rémunération plus élevés. En outre, de précédents travaux effectués par l'OCDE ont montré qu'il n'y a guère de relation directe entre l'ancienneté dans l'emploi et la précarité de l'emploi – le sentiment accru de précarité de l'emploi n'a généralement pas pu être mis en relation avec une dégradation de la stabilité de l'emploi [OCDE (1997)]. L'idée a été avancée que cette situation s'explique peut-être, en partie, par le fait que la précarité même de l'emploi influe sur l'ancienneté dans l'emploi, et que si la stabilité de l'emploi n'a guère changé, peut-être y a-t-il eu, en revanche, aggravation des cessations d'emploi.

L'ancienneté moyenne dans l'emploi est en général un peu inférieure dans le secteur des services à ce qu'elle est dans le secteur de la production de biens (graphique 3.1, partie C). Cette situation vaut pour tous les pays, mais l'écart entre les deux grands secteurs est beaucoup plus important en Australie, en Grèce et en Finlande (tableau 3.B.3). L'ancienneté moyenne dans l'emploi est particulièrement courte dans le sous-secteur des services aux particuliers, dans tous les pays. Dans les services sociaux, par contre, elle est égale ou supérieure, dans la plupart des pays, à ce qu'elle est dans le secteur manufacturier. A un niveau de désagrégation plus poussé, l'ancienneté dans l'emploi tend à être particulièrement élevée (et supérieure à ce qu'elle est dans le secteur manufacturier) dans l'administration publique, dans les communications et dans l'éducation. Les secteurs dans lesquels elle est la plus faible sont ceux des services domestiques, de l'hôtellerie et de la restauration, et des services aux entreprises et services professionnels. Au sein du secteur de la production de biens, l'ancienneté moyenne dans l'emploi est en général relativement faible dans la construction et relativement élevée dans l'agriculture et les entreprises de services publics[4].

D. Formation

La fréquence de la formation professionnelle constitue un indicateur approximatif des possibilités d'évolution de carrière et d'avancement professionnel. De fait, il s'agit de l'un des rares indicateurs de qualité de l'emploi par rapport auquel les emplois du secteur des services arrivent systématiquement devant ceux du secteur de la production de biens (graphique 3.1, partie D). En moyenne, dans les différents pays figurant dans le tableau 3.B.4, la probabilité de bénéficier d'une formation professionnelle continue au cours d'une période donnée est supérieure de près d'un cinquième à la moyenne nationale pour les travailleurs des services et inférieure d'environ un tiers à la moyenne nationale pour les travailleurs du secteur de la production de biens. Au sein du secteur des services, la fréquence de la formation est la plus élevée dans les sous-secteurs des services aux producteurs et des services sociaux, et la plus faible dans les services de distribution et les services aux particuliers. Cela étant, même dans ces deux derniers sous-secteurs, la fréquence de la formation dans l'un des deux au moins est supérieure à celle enregistrée dans les industries manufacturières, dans la majorité des pays.

Ces résultats concernant la formation peuvent à première vue sembler quelque peu inattendus au regard des résultats obtenus en ce qui concerne certaines des caractéristiques de l'emploi. Le travail à temps partiel est beaucoup plus répandu dans le secteur des services que dans le secteur de la production de biens et, pourtant, on constate que les travailleurs à temps partiel ont moins accès à la formation, en moyenne, que les travailleurs à temps complet [OCDE (1999)]. L'ancienneté moyenne dans l'emploi est également un peu plus faible et le taux de rotation des emplois plus élevé dans le secteur des services que dans celui de la production de biens. Étant donné que, toutes choses égales par ailleurs, le rendement de la formation dispensée par une entreprise sera inférieur pour un employeur lorsque la rotation des effectifs sera élevée, la fréquence de la formation dans le secteur des services devrait être plus faible que dans le secteur de la production de biens. Le fait que la formation par salarié soit plus importante dans le secteur des services que dans celui de la production de biens donne à penser que l'écart entre les deux secteurs est sans doute plus élevé encore pour des travailleurs présentant des caractéristiques semblables.

Un certain nombre de raisons peuvent expliquer ce résultat, parmi lesquelles les rapports entre la formation dispensée et le niveau d'études et l'incidence sur les divers secteurs de l'évolution des technologies. Il existe, en général, une corrélation positive entre le niveau d'études et la fréquence de la formation [OCDE (1999)]. Le fait que les travailleurs du secteur des services aient, en moyenne, un niveau d'études supérieur à celui des travailleurs du secteur de la production de biens [OCDE (2000)] expliquerait, en partie, la fréquence supérieure de la formation dans les activités de service. Parallèlement, l'évolution des technologies impose peut-être un plus gros effort de remise à niveau dans certains secteurs que dans d'autres. Ainsi, la fréquence des activités faisant appel à l'informatique et à d'autres formes de technologies de l'information (TI) apparaît plus élevée dans certaines branches des services (notamment dans les services aux producteurs et dans les services sociaux) que dans le secteur manufacturier[5]. La révolution des TI peut donc nécessiter des remises à niveau plus fréquentes et plus étendues dans ces sous-secteurs des services que dans les industries manufacturières[6].

E. Analyse des différences entre les pays dans les caractéristiques des emplois

Les différences entre secteurs en ce qui concerne le travail à temps partiel, le travail temporaire et l'ancienneté dans l'emploi reflètent en partie la spécificité des caractéristiques moyennes des travailleurs de chaque secteur. Ainsi, le travail à temps partiel est beaucoup plus répandu dans la main-d'œuvre féminine en général que dans la main-d'œuvre masculine, quel que soit le secteur d'emploi. De même, l'ancienneté moyenne dans l'emploi est généralement plus faible pour les travailleurs jeunes et les femmes que pour les travailleurs âgés et les hommes.

Il est donc intéressant d'examiner dans quelle mesure il y a une corrélation entre la qualité de l'emploi et les caractéristiques des travailleurs dans les différents secteurs.

La partie A du tableau 3.1 présente des coefficients de corrélation entre divers aspects des emplois et les caractéristiques des travailleurs, mesurés séparément dans chacun des neuf grands secteurs et globalement pour l'ensemble des pays[7]. Chaque indicateur de la qualité de l'emploi (fréquence de l'emploi à temps partiel et du travail temporaire et ancienneté moyenne dans l'emploi) est exprimé par le rapport de sa valeur dans chaque secteur à la moyenne nationale. On fait ainsi abstraction des variations du niveau absolu des indicateurs d'un pays à l'autre. L'objectif est de déterminer dans quelle mesure les variations de la qualité de l'emploi entre secteurs et non entre pays sont liées à des variations des caractéristiques des travailleurs entre les secteurs.

Comme on pouvait le prévoir, la fréquence du travail à temps partiel et du travail temporaire est en général plus élevée dans les secteurs où l'on trouve une proportion plus forte que la moyenne de femmes et de travailleurs jeunes. Il existe une corrélation négative entre la fréquence du travail à temps partiel et la fréquence du travail manuel (qui peut être en partie attribuée à la place plus importante du travail manuel chez les hommes que chez les femmes) mais il n'y a pas de corrélation avec le niveau de formation. On constate, en revanche, que le travail temporaire est plus développé dans les secteurs où l'on trouve une proportion relativement élevée de travailleurs ayant un faible niveau d'études. L'ancienneté moyenne dans l'emploi est en général plus faible dans les secteurs employant relativement plus de femmes et de jeunes, et plus élevée dans les secteurs qui emploient relativement plus d'ouvriers. Cependant, que l'on considère les rapports entre le travail à temps partiel et le sexe ou entre l'ancienneté dans l'emploi et l'âge, le niveau des coefficients de corrélation indique que les caractéristiques des travailleurs prises en compte dans le tableau 3.1 contribuent pour moins de la moitié aux variations entre les secteurs.

Les résultats figurant dans la partie A du tableau 3.1 indiquent également dans quelle mesure ces variations des différentes caractéristiques de l'emploi tendent à être associées au sein des mêmes secteurs. Là où la fréquence du travail à temps partiel est élevée, on observe également, en général, une fréquence élevée du travail temporaire et, dans une mesure moindre, une ancienneté moyenne dans l'emploi plus faible. On ne constate, cependant, pas de corrélation entre l'importance du travail temporaire et l'ancienneté moyenne dans l'emploi dans les différents secteurs.

Tableau 3.1. **Corrélations des variations de certaines caractéristiques de l'emploi entre secteurs et entre pays, 1998**

Coefficients de corrélation[a]

	Fréquence du travail à temps partiel	Fréquence du travail temporaire	Ancienneté moyenne
A. Corrélations entre les pays et les 9 secteurs[b]			
Sexe	0.79**	0.25*	–0.33**
Âge	0.34**	0.30**	–0.60**
Formation	0.01	0.43**	0.12
Profession	–0.48**	0.14*	0.46**
Fréquence du travail à temps partiel	1		
Fréquence du travail temporaire	0.42**	1	
Ancienneté moyenne	–0.28**	0.06	1
B. Corrélations entre les pays[c]			
Part de l'emploi dans les services	0.53**	–0.32	–0.55*

a) ** et * statistiquement significatif aux seuils de 1 % et 5 % respectivement.
b) Les caractéristiques *sexe, âge, formation et profession* se réfèrent à la proportion de l'ensemble des travailleurs de chaque secteur, qui sont respectivement : des femmes ; des personnes âgées de moins de 25 ans ; des personnes peu qualifiées (niveaux 0-2 de la CITE) ; et des travailleurs manuels (groupes 6-8 de la CITP). Afin de faire abstraction des différences de niveaux entre pays, chacune de ces variables et les indicateurs de chaque caractéristique de l'emploi ont été normalisés en divisant leur valeur pour chaque secteur par la valeur correspondante pour l'ensemble des secteurs au niveau national. Les 9 secteurs sont ceux qui sont indiqués dans le graphique 3.1 et les tableaux 3.B.1-3.B.3 (voir l'annexe 3.A pour plus de détails).
c) La « Part de l'emploi dans les services » est la part de l'emploi du secteur des services dans l'emploi total. Les autres variables sont définies de la même manière que dans la partie A, mais se réfèrent à des moyennes et à des niveaux nationaux plutôt qu'à des rapports.

Sources : Pays de l'Union européenne, Enquête communautaire sur les forces de travail (données fournies par EUROSTAT) ; estimations du Secrétariat effectuées, pour les États-Unis, sur la base des micro-données de la *Current Population Survey* (fichier du panel rotatif permanent et, pour les travailleurs temporaires, sur la base du supplément sur les travailleurs auxiliaires) ; pour les autres pays, les données obtenues à partir d'enquêtes nationales sur les forces de travail ont été communiquées par les instituts statistiques nationaux.

Naturellement, les caractéristiques des travailleurs de chaque secteur refléteront les facteurs qui jouent tant sur l'offre que sur la demande de main-d'œuvre. Les travailleurs présentant des caractéristiques différentes auront des préférences qui seront elles-mêmes différentes en ce qui concerne le secteur dans lequel ils souhaitent travailler et les modalités de travail qui s'offrent à eux. Il y aura sans doute, également, des variations d'un secteur à l'autre en ce qui concerne les besoins des entreprises en termes de qualifications et leurs exigences de flexibilité en matière de recrutement et de licenciement. Les facteurs institutionnels influeront, à leur tour, sur l'offre et la demande de main-d'œuvre. Parvenir à distinguer l'influence précise exercée par chacun de ces facteurs sur les variations des caractéristiques de l'emploi entre les secteurs n'est pas chose aisée.

Les comparaisons entre pays peuvent fournir des informations utiles sur ce point. De fait, il existe des différences sensibles entre les pays qu'il convient de prendre en compte. Ainsi, en 1999, la fréquence générale de l'emploi à temps partiel allait de moins de 6 % en République tchèque à un peu plus de 30 % aux Pays-Bas (tableau 3.B.1). On observe une variation comparable entre les pays en ce qui concerne la fréquence générale du travail temporaire et, dans une moindre mesure, l'ancienneté moyenne dans l'emploi (tableaux 3.B.2 et 3.B.3). Si les facteurs qui jouent sur la demande sont seuls à l'origine des variations des caractéristiques de l'emploi entre les secteurs, alors les différences entre pays dans la structure de l'emploi expliqueraient en grande partie les disparités entre les pays au niveau de l'ensemble de l'économie.

A un niveau global, il existe une corrélation relativement forte et positive dans les différents pays entre la fréquence générale du travail à temps partiel et la part de l'emploi total dans les services (tableau 3.1, partie B). L'ancienneté moyenne dans l'emploi tend, par ailleurs, à être plus courte dans les pays où la part de l'emploi dans les services est élevée.

On peut analyser de manière plus approfondie les variations entre pays en ce qui concerne la structure de l'emploi à un niveau de désagrégation plus poussé (en l'occurrence pour les 21 secteurs indiqués à l'annexe A), en procédant à une simple décomposition des variations. Les résultats de ce type d'analyse sont retranscrits dans le graphique 3.2. Pour chaque caractéristique de l'emploi, on commence par calculer l'écart global entre chaque pays et la moyenne (pondérée) pour l'ensemble des pays au niveau de toute l'économie. On fait ensuite la distinction entre les « effets de structure », les « effets internes » et les « effets d'interaction »[8]. La première composante reflète les différences en matière de structure de l'emploi entre chaque pays et le pays « moyen », et la deuxième, les différences de chaque caractéristique de l'emploi entre les pays dans un même secteur. La troisième composante reflète les interactions entre les différences de structure de l'emploi et de chaque caractéristique des emplois.

Dans le cas du travail à temps partiel, les différences de structure de l'emploi (« effets de structure ») contribuent pour une part relativement faible à la variation générale de la fréquence de cette forme d'emploi entre chaque pays et le pays « moyen ». Si chaque pays était doté de la même structure que la moyenne des pays et que toutes les autres variables restaient inchangées, la fréquence générale de l'emploi à temps partiel varierait d'un point de pourcentage, voire moins, dans tous les pays, sauf en République tchèque et en Allemagne. On constate que, pour l'essentiel, les variations entre les pays sont dues à « l'effet interne », en ce sens que la fréquence du travail à temps partiel tend à être uniformément plus élevée ou plus faible dans tous les secteurs, dans un pays par rapport à un autre.

On observe des résultats comparables en ce qui concerne la fréquence de l'emploi temporaire. Là encore, « l'effet de structure » contribue pour environ 1 point de pourcentage ou moins à la différence globale entre chaque pays et le pays « moyen ». Par ailleurs, dans certains pays, « l'effet de structure » contribue pour une part notable à la différence générale observée entre les pays en ce qui concerne l'ancienneté dans l'emploi mais, même dans ce cas, cet effet joue presque toujours dans une beaucoup moins grande mesure que « l'effet interne ». Par exemple, en Grèce, l'ancienneté dans l'emploi pour les femmes est supérieure à la moyenne des autres pays dans une proportion de près de 4½ ans. Cet écart s'explique à hauteur d'un peu plus d'une année par la structure de l'emploi et à hauteur de près de deux années par les différences au niveau de chaque secteur. A titre de comparaison, aux États-Unis, l'ancienneté moyenne dans l'emploi pour les hommes comme pour les femmes se situe bien au-dessous de la moyenne des autres pays mais, ici aussi, cette situation tient surtout au fait que l'ancienneté moyenne dans l'emploi est plus faible dans tous les secteurs, et non à la part plus importante de l'emploi dans les activités de service.

F. Évolution dans le temps du travail à temps partiel, du travail temporaire et de l'ancienneté dans l'emploi

L'analyse a consisté essentiellement à apprécier les caractéristiques des emplois à un moment donné. Cela ne permet pas de dire, par exemple, si la progression de l'emploi dans le secteur des services a ou non contribué à une modification des caractéristiques des emplois. Ainsi, le travail à temps partiel est beaucoup plus fréquent, de façon générale, dans les activités de service que dans les activités de production de biens. Cependant, un déplacement de l'emploi vers les activités de services n'entraîne ni n'explique nécessairement l'augmentation de la part du travail à temps partiel au niveau de toute l'économie. Si la fréquence du travail à temps partiel diminue dans tous les secteurs, alors sa part globale peut également reculer, en dépit d'un déplacement de l'emploi vers les secteurs où la fréquence du travail à temps partiel est plus élevée qu'en moyenne.

On peut avoir une vision plus dynamique de la relation entre l'évolution dans le temps de la répartition sectorielle de l'emploi et les changements touchant les caractéristiques des emplois en appliquant le même type d'analyse de la variation des parts relatives que celui qui a été appliqué à l'analyse des différences entre pays. Les résultats sont présentés sur le graphique 3.3. Comme précédemment, l'évolution dans le temps de la part globale du travail à temps partiel, du travail temporaire et de l'ancienneté moyenne dans l'emploi peut être imputée à des effets de structure, des effets internes et des effets d'interaction[9]. Si le déplacement de l'emploi vers le secteur des services était la principale cause des changements observés au niveau de toute l'économie, l'effet de structure jouerait beaucoup plus que l'effet interne.

En ce qui concerne le travail à temps partiel (graphique 3.3), il est devenu beaucoup plus fréquent dans plusieurs pays. Par exemple, la fréquence du travail à temps partiel a augmenté de plus de 5 points de pourcentage en Australie, en Belgique, en Irlande et au Japon. Le déplacement de l'emploi entre les secteurs a eu tendance à faire augmenter la fréquence globale du travail à temps partiel dans tous les pays sauf au Japon, en Corée, aux Pays-Bas et en Espagne. Mais dans une proportion inférieure à un point de pourcentage dans tous les pays, sauf en Australie. L'évolution globale est généralement imputable dans une beaucoup plus large mesure aux évolutions à l'intérieur même des secteurs.

La progression de la part du travail temporaire dans l'emploi total a été moins nette dans la plupart des pays que la progression du travail à temps partiel, en dépit d'une forte progression en Belgique, en France et en Espagne. Dans tous les cas, l'effet de structure explique pour moins d'un point de pourcentage l'évolution globale de la part du travail temporaire. Lorsque la part du travail temporaire augmente notablement, la composante interne l'emporte largement sur la composante structurelle.

En ce qui concerne l'ancienneté moyenne dans l'emploi, aucune tendance nette dans le temps ne se dessine. L'ancienneté dans l'emploi a augmenté dans certains pays et diminué dans d'autres, mais il est vrai que

– Graphique 3.2. **Décomposition de la variation entre pays de certaines caractéristiques de l'emploi**[a] –

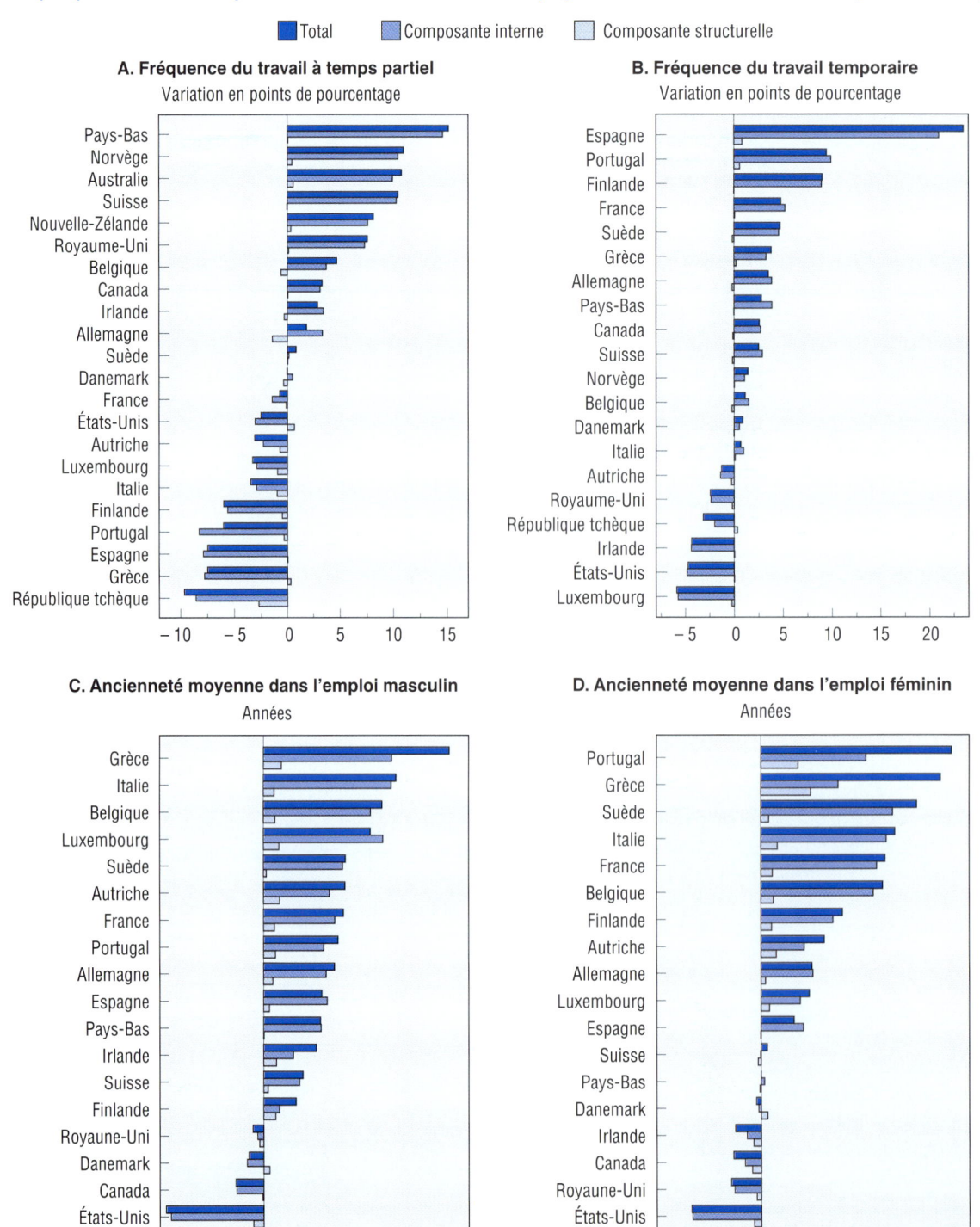

■ Total ▨ Composante interne ☐ Composante structurelle

A. Fréquence du travail à temps partiel
Variation en points de pourcentage

B. Fréquence du travail temporaire
Variation en points de pourcentage

C. Ancienneté moyenne dans l'emploi masculin
Années

D. Ancienneté moyenne dans l'emploi féminin
Années

a) Pour chaque caractéristique de l'emploi, l'effet « total » désigne la différence entre chaque pays et la moyenne pondérée de tous les pays pour l'ensemble de l'économie ; la composante « structurelle » désigne la part imputable aux différences de structure de l'emploi ; et la composante « interne » désigne la part imputable aux différences entre pays au sein de chaque secteur. Les pays sont classés en fonction de l'ampleur de la variation globale au regard de chaque caractéristique de l'emploi. Les données se rapportent à 1999 pour tous les pays, à l'exception de l'Autriche (1995 pour l'ancienneté moyenne dans l'emploi), la République tchèque et le Canada (1998 pour l'ensemble des indicateurs).
Sources : Voir tableaux 3.B.1 à 3.B.3.

Graphique 3.3. Décomposition de l'évolution dans le temps de certaines caractéristiques de l'emploi[a]

■ Total   ■ Composante interne   □ Composante structurelle

A. Évolution de la fréquence de l'emploi à temps partiel[b]
Variation en points de pourcentage

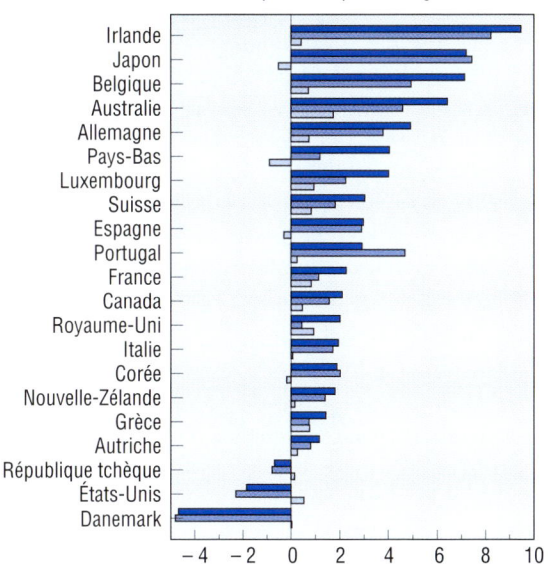

Pays (de haut en bas) : Irlande, Japon, Belgique, Australie, Allemagne, Pays-Bas, Luxembourg, Suisse, Espagne, Portugal, France, Canada, Royaume-Uni, Italie, Corée, Nouvelle-Zélande, Grèce, Autriche, République tchèque, États-Unis, Danemark

B. Évolution de la fréquence du travail temporaire[c]
Variation en points de pourcentage

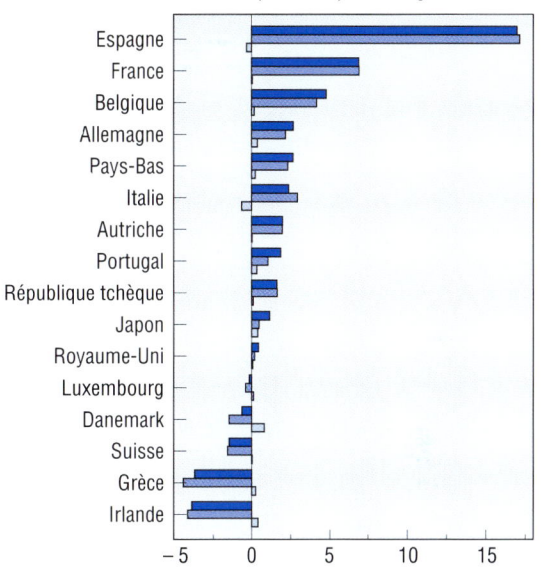

Pays (de haut en bas) : Espagne, France, Belgique, Allemagne, Pays-Bas, Italie, Autriche, Portugal, République tchèque, Japon, Royaume-Uni, Luxembourg, Danemark, Suisse, Grèce, Irlande

C. Évolution de l'ancienneté moyenne dans l'emploi masculin[d]
Années

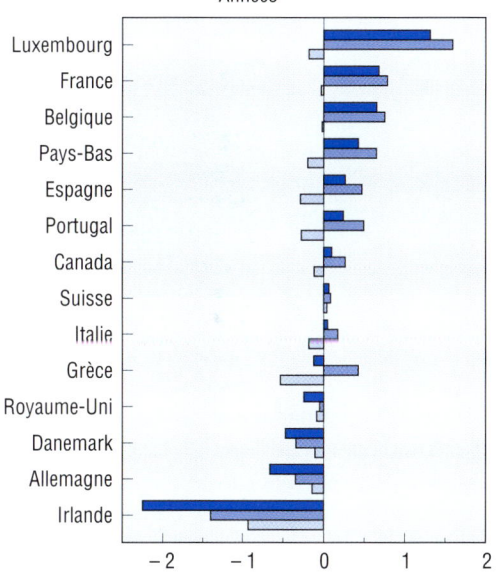

Pays (de haut en bas) : Luxembourg, France, Belgique, Pays-Bas, Espagne, Portugal, Canada, Suisse, Italie, Grèce, Royaume-Uni, Danemark, Allemagne, Irlande

D. Évolution de l'ancienneté moyenne dans l'emploi féminin[d]
Années

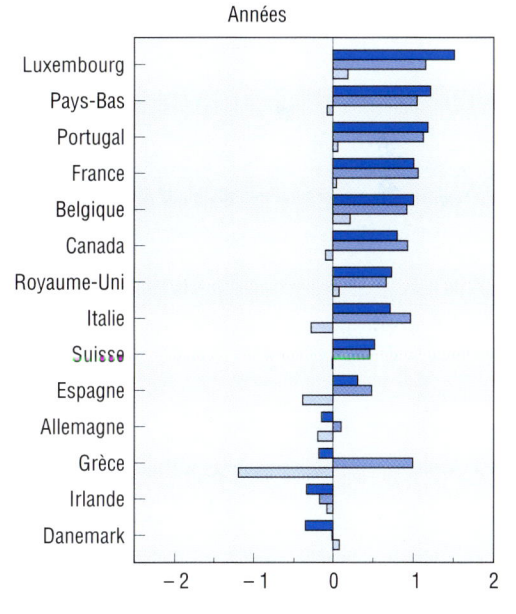

Pays (de haut en bas) : Luxembourg, Pays-Bas, Portugal, France, Belgique, Canada, Royaume-Uni, Italie, Suisse, Espagne, Allemagne, Grèce, Irlande, Danemark

a) Pour chaque pays, la composante « total » désigne l'évolution dans le temps de chaque caractéristique de l'emploi au niveau de l'ensemble de l'économie ; la composante « structurelle » rend compte de la contribution aux changements touchant la structure de l'emploi ; et la composante « interne » exprime la contribution des changements au sein de chaque secteur. Les pays sont classés en fonction de l'ampleur de la variation globale au regard de chaque caractéristique de l'emploi.
b) Les données se rapportent à 1992-1998 pour la Corée et la Nouvelle-Zélande ; 1992-1999 pour l'Allemagne, l'Italie et la Suisse ; 1995-1999 pour l'Autriche ; 1987-1998 pour le Canada ; 1993-1998 pour la République tchèque ; 1984-1998 pour le Japon ; et 1987-1999 pour tous les autres pays.
c) Les données se rapportent à 1992-1999 pour l'Allemagne, l'Italie et la Suisse ; 1995-1999 pour l'Autriche ; 1993-1998 pour la République tchèque ; 1984-1998 pour le Japon ; et 1987-1999 pour tous les autres pays.
d) Les données se rapportent à 1992-1998 pour le Canada ; et 1992-1999 pour tous les autres pays.
Sources : Voir tableaux 3.B.1 à 3.B.3.

l'ancienneté des femmes dans l'emploi a augmenté dans la plupart des pays repris sur le graphique 3.3. Dans presque tous les pays, les déplacements d'emplois entre les secteurs ont eu un effet négatif sur l'ancienneté moyenne, surtout pour les hommes. En revanche, l'évolution du point de vue de l'ancienneté moyenne dans l'emploi à l'intérieur même des secteurs a généralement été positive, surtout pour les femmes.

En résumé, les différences dans la structure de l'emploi n'expliquent apparemment que pour une faible part les écarts entre pays et dans le temps en ce qui concerne l'ancienneté moyenne dans l'emploi et l'incidence globale du travail à temps partiel et du travail temporaire. Par conséquent, les changements institutionnels, économiques et sociaux d'ordre général, qui tendent à affecter tous les secteurs ont sans doute davantage joué que le déplacement de l'emploi de la production de biens vers les services. Sont concernés la vigueur de la législation pour la protection de l'emploi, le champ de la négociation collective, l'existence d'un salaire minimum légal, etc., ainsi que la répartition des caractéristiques des travailleurs selon l'âge, le sexe et le niveau de qualification.

II. Conditions de travail et satisfaction au travail

A. Conditions de travail

Les caractéristiques des emplois décrites jusqu'à présent ne donnent que des mesures très indirectes de la qualité des emplois. Il est également possible d'utiliser des mesures plus directes qui sont fournies par les enquêtes sur les conditions de travail. Dans ce type d'enquêtes, on pose en général aux titulaires d'un emploi un certain nombre de questions concernant divers aspects de leurs conditions de travail, à savoir leur environnement de travail, la nature des tâches accomplies dans le cadre de leur travail, leur degré d'autonomie dans le travail, etc. Ces enquêtes peuvent donner des informations précieuses sur les différences entre secteurs en ce qui concerne la nature des tâches accomplies et indiquer si ces tâches sont associées à des conditions de travail plutôt mauvaises ou plutôt bonnes[10]. Cependant, définir un indicateur global de la qualité de l'emploi à partir des informations parfois nombreuses sur les conditions de travail qui sont disponibles n'est pas sans poser de difficultés. En outre, tous les pays n'ont pas procédé à ce type d'enquêtes et, dans les cas où elles ont été réalisées, les questions posées peuvent être très différentes.

Afin de réduire au minimum ces problèmes potentiels, l'analyse prend essentiellement en compte les résultats de l'Enquête européenne sur les conditions de travail [Fondation européenne (1997)], qui constitue une source précieuse de données comparables concernant les pays de l'Union européenne (voir encadré 3.1).

Les principales différences en matière de conditions de travail entre le secteur de la production de biens et le secteur des services sont indiquées pour chaque pays de l'Union européenne dans le tableau 3.2. Ces différences sont également indiquées à un niveau sectoriel plus détaillé, mais pour l'ensemble de l'Union européenne, dans le graphique 3.4. Dans le tableau comme dans le graphique, les données se rapportent au pourcentage de travailleurs qui font état de conditions de travail d'un type particulier. Les valeurs les plus élevées correspondent aux conditions les moins favorables.

Le tableau 3.2 ne fait pas apparaître de distinction franche entre les deux secteurs. Cela étant, dans plusieurs cas, les conditions de travail apparaissent nettement moins favorables dans le secteur de la production de biens que dans celui des services, tandis que l'inverse ne s'observe dans aucun cas. Dans la quasi-totalité des pays, les emplois du secteur de la production de biens sont plus susceptibles d'être associés à des conditions de travail ou à des tâches pénibles que ceux du secteur des services. En moyenne, dans l'Union européenne, ils sont également associés à une autonomie moindre dans le travail, mais ce résultat ne vaut pas pour tous les pays de l'Union européenne. S'agissant des autres aspects des conditions de travail, en dehors des horaires de travail contraignants, elles sont également moins favorables, en moyenne, dans l'Union européenne, dans le secteur de la production de biens que dans celui des services. Toutefois, ces différences son relativement faibles et/ou ne concernent pas l'ensemble des pays.

Au sein du secteur des services, les branches de l'hôtellerie et de la restauration et des transports et des communications se différencient des autres branches en cela qu'il y existe en général des conditions de travail moins favorables (graphique 3.4). Dans ces deux secteurs, les conditions de travail sont globalement aussi mauvaises, ou moins favorables que dans le secteur de la production de biens. Par exemple, une proportion plus élevée de travailleurs de ces secteurs que de travailleurs du secteur manufacturier signalent des horaires de travail contraignants et déclarent ne pas bénéficier d'avantages annexes. L'importance des emplois impliquant l'exécution de tâches pénibles, un travail monotone, un manque d'autonomie dans le travail ou une certaine rigidité des horaires de travail y est aussi à peu près semblable. En outre, la proportion de travailleurs qui ont le sentiment de ne pas avoir un emploi stable est plus élevée dans les secteurs de l'hôtellerie et de la restauration que dans le secteur manufacturier,

Encadré 3.1. **Évaluation des conditions de travail**

L'Enquête européenne sur les conditions de travail est spécifiquement conçue pour évaluer les conditions de travail telles qu'elles sont perçues par les déclarants. La deuxième enquête a été menée dans chacun des quinze pays de l'Union européenne, à la fin de 1995 et au début de 1996, en étroite collaboration avec EUROSTAT et les instituts statistiques nationaux. Elle a porté sur un échantillon relativement restreint, mais représentatif, d'actifs occupés âgés de 15 ans et plus. Mille personnes environ ont été interrogées dans chaque pays (500 au Luxembourg, 2 000 en Allemagne). L'enquête est décrite de manière plus détaillée dans Fondation européenne (1997).

L'enquête a permis d'obtenir une large gamme d'informations sur les conditions de travail. Aux fins de la présente étude, neuf aspects clés définissant de *mauvaises* conditions de travail ont été identifiés et la proportion de travailleurs ayant mentionné chacun de ces aspects a été calculée. Ces différents aspects sont décrits ci-dessous et la question de l'enquête à laquelle ils se rapportent est indiquée entre parenthèses.

Conditions de travail pénibles. Entre la moitié et la totalité du temps, exposition dans l'exercice de l'activité principale à l'une au moins des conditions suivantes : vibrations provenant d'outils ou de machines ; bruit intense ; température élevée ou basse ; inhalation de vapeurs, d'émanations, de poussières ou de substances dangereuses ; manipulation de produits dangereux ; ou exposition à des rayonnements tels que les rayons X, des rayonnements radioactifs, la lumière émise lors d'opérations de soudage ou des rayons laser (question 14a-g).

Tâches pénibles. Entre la moitié et la totalité du temps, exposition à l'une au moins des conditions suivantes dans l'exercice de l'activité principale : position de travail douloureuse ou pénible ; port ou manutention de charges lourdes ; tâches courtes et répétitives ; gestes répétitifs de la main ou du bras ; ou port d'équipements de protection (question 15a-e).

Travail monotone. L'activité principale nécessite l'exécution de tâches monotones (question 23f).

Précarité de l'emploi. Certains répondants déclarent ne pas occuper un emploi stable (question 20f).

Horaires de travail contraignants. Obligation de travailler, en général au moins une fois par mois, la nuit ou le dimanche, travail en équipes ou horaires irréguliers (questions 18a,b et 19).

Manque de flexibilité du temps de travail. Impossibilité de choisir le moment de faire une pause et de décider quand prendre des congés ou des jours de repos (question 20b,c).

Manque d'autonomie dans le travail. Impossibilité de définir ou de modifier l'ordre d'exécution des tâches, les méthodes de travail ou les cadences de travail (question 22a-c).

Absence d'avantages annexes. En dehors des droits prévus par la loi, absence d'avantages annexes tels que : congé pour enfant malade, congé de maternité, congé parental ou crèche (question 30a-d).

Problèmes de santé liés au travail. Absence de 5 jours ou plus au cours des 12 derniers mois en raison de problèmes de santé entraînés par l'activité principale (question 32).

---

même si cette proportion est moins élevée que dans l'agriculture et dans la construction. A l'autre extrême, les travailleurs de la branche de l'intermédiation financière semblent bénéficier de conditions de travail parmi les plus favorables, suivis de près par les travailleurs de l'administration publique ainsi que de l'immobilier et des services aux entreprises.

Le tableau 3.3 présente des moyennes prenant en compte les neuf aspects clés des conditions de travail et permet ainsi de récapituler les différences importantes en matière de conditions de travail entre les secteurs. La valeur absolue de la fréquence de chaque type de conditions de travail ne donne pas en soi d'informations sur la valeur relative que les travailleurs attribuent aux différents types de conditions de travail. Établir la moyenne simple de ces valeurs absolues pour tous les types de conditions de travail n'offrirait donc pas d'intérêt. Deux autres méthodes d'établissement de moyenne sont présentées. La première consiste à calculer le rapport entre la fréquence de chaque type de conditions de travail dans chaque secteur et la fréquence générale de ces conditions dans l'ensemble des secteurs, puis à calculer la moyenne de ces rapports. La deuxième consiste à classer les secteurs en fonction de chaque type de conditions de travail, puis à établir un classement des moyennes des rangs ainsi obtenus. Ces deux types de calcul de moyennes attribuent implicitement une pondération égale à chaque type de conditions de travail. Dans les faits, naturellement, ces conditions sont évaluées différemment et les évaluations varient d'un travailleur à l'autre. Néanmoins, grâce à ces moyennes, on obtient une vue d'ensemble permettant de distinguer entre les secteurs offrant en général des conditions de travail plus favorables et ceux au sein desquels ces conditions sont globalement moins favorables.

Tableau 3.2. **Conditions de travail en Europe par grands secteurs d'activité, 1995/96**[a]

Pourcentage de travailleurs de chaque secteur exposés à chaque type de conditions de travail

	Conditions de travail pénibles		Tâches pénibles		Travail monotone		Horaires de travail contraignants		Manque de flexibilité du temps de travail	
	Secteur de la production de biens	Secteur des services	Secteur de la production de biens	Secteur des services	Secteur de la production de biens	Secteur des services	Secteur de la production de biens	Secteur des services	Secteur de la production de biens	Secteur des services
Autriche	62	29	72	52	34	27	23	22	60	52
Belgique	41	22	66	50	35	36	27	20	50	55
Danemark	46	26	62	48	46	36	21	23	26	40
Finlande	58	29	74	66	57	41	44	39	31	46
France	62	36	79	65	55	45	17	24	40	42
Allemagne	52	20	66	42	41	29	19	17	69	54
Grèce	83	43	84	70	58	59	27	28	38	49
Irlande	52	28	65	53	52	55	25	27	37	45
Italie	44	33	63	57	41	42	15	19	33	38
Luxembourg	53	24	61	40	42	34	32	18	37	39
Pays-Bas	50	27	74	63	41	28	21	23	46	47
Portugal	59	32	79	66	47	40	17	29	41	40
Espagne	65	36	79	62	63	60	16	22	47	58
Suède	58	26	70	47	37	23	24	17	25	43
Royaume-Uni	53	38	72	65	66	67	23	28	40	39
Union européenne	**55**	**30**	**71**	**57**	**49**	**44**	**19**	**22**	**48**	**46**

	Manque d'autonomie dans le travail		Problèmes de santé liés au travail		Insécurité de l'emploi		Absence de prestations complémentaires[b]	
	Secteur de la production de biens	Secteur des services	Secteur de la production de biens	Secteur des services	Secteur de la production de biens	Secteur des services	Secteur de la production de biens	Secteur des services
Autriche	54	49	13	7	14	11	21	13
Belgique	43	34	9	5	15	21	35	24
Danemark	37	30	3	3	15	12	53	41
Finlande	41	45	10	5	24	26	56	50
France	50	41	5	5	40	34	36	33
Allemagne	64	49	12	8	19	10	18	14
Grèce	42	51	8	4	40	28	31	18
Irlande	42	45	2	1	14	11	34	26
Italie	52	42	2	3	21	16	25	18
Luxembourg	59	42	7	5	9	12	34	18
Pays-Bas	32	35	8	7	19	15	27	18
Portugal	45	35	11	5	30	34	24	17
Espagne	60	43	6	5	26	25	36	29
Suède	40	42	4	5	25	28	75	80
Royaume-Uni	40	39	3	3	23	19	30	27
Union européenne	**52**	**43**	**7**	**5**	**24**	**20**	**29**	**25**

a) Voir l'encadré 3.1 dans le texte pour la définition de chaque type de condition de travail. Une valeur supérieure correspond à des conditions de travail moins favorables.
b) Les données concernent uniquement les salariés (ouvriers et employés).
Source : Estimations de l'OCDE effectuées sur la base des résultats de la Deuxième enquête européenne sur les conditions de travail (1995/96).

Il se trouve que les deux méthodes font apparaître des résultats semblables. En moyenne, le risque de connaître des conditions de travail médiocres est moindre dans de nombreux secteurs des services que dans la plupart des secteurs de la production de biens, en particulier s'agissant de l'intermédiation financière, de l'immobilier, des services aux entreprises et des administrations publiques. Les conditions de travail les moins favorables s'observent dans l'hôtellerie et la restauration, dans l'agriculture, dans la construction, dans les industries manufacturières et dans les transports et les communications.

Il est difficile de comparer ces résultats avec ceux se rapportant à d'autres pays, extérieurs à l'UE, en raison des particularités dans la façon dont chaque pays recueille des informations sur les conditions de travail. Une étude effectuée au Canada rend compte des avantages, monétaires et autres que monétaires, dont bénéficient, en

Graphique 3.4. **Conditions de travail en Europe par secteur, 1995**[a, b]

Pourcentage de travailleurs de chaque secteur exposés à chaque type de conditions de travail

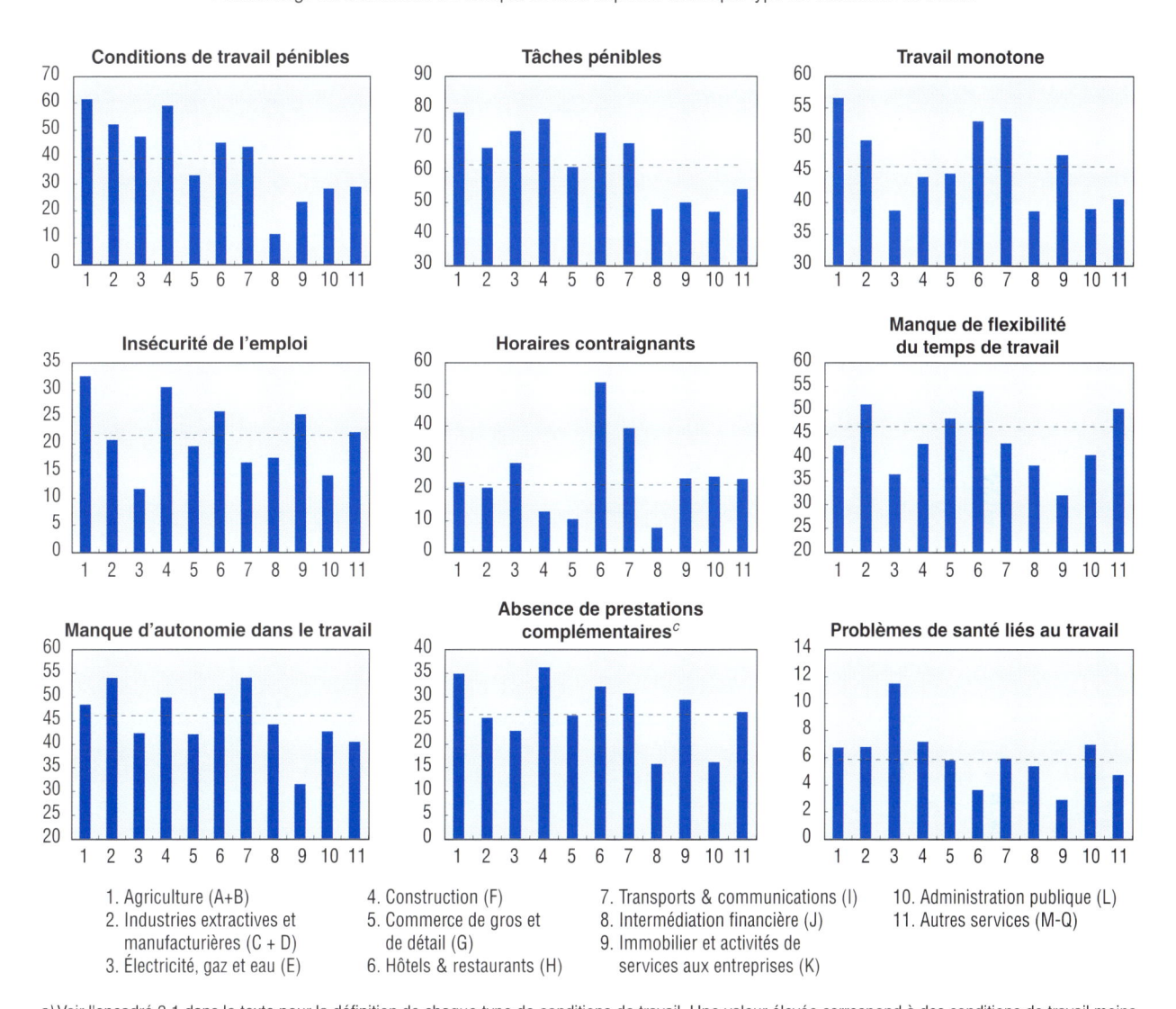

1. Agriculture (A+B)
2. Industries extractives et manufacturières (C + D)
3. Électricité, gaz et eau (E)
4. Construction (F)
5. Commerce de gros et de détail (G)
6. Hôtels & restaurants (H)
7. Transports & communications (I)
8. Intermédiation financière (J)
9. Immobilier et activités de services aux entreprises (K)
10. Administration publique (L)
11. Autres services (M-Q)

a) Voir l'encadré 3.1 dans le texte pour la définition de chaque type de conditions de travail. Une valeur élevée correspond à des conditions de travail moins favorables.
b) La ligne en pointillés dans chaque graphique représente la moyenne des différents secteurs.
c) Les données concernent uniquement les salariés (ouvriers et employés).
Source : Estimations de l'OCDE effectuées sur la base des résultats de la Deuxième enquête européenne sur les conditions de travail.

moyenne, les salariés dans chaque secteur [Statistique Canada (1998)]. En 1995, les salariés des administrations publiques, de la finance et des communications ont bénéficié, en moyenne, d'avantages nettement supérieurs à ceux des salariés du secteur manufacturier tandis que les salariés du commerce de détail, de l'hôtellerie et de la restauration et d'autres sous-secteurs des services aux particuliers ont bénéficié de beaucoup moins d'avantages. Les salariés des autres sous-secteurs des services ont bénéficié, en moyenne, d'avantages analogues ou légèrement inférieurs à ceux observés dans le secteur manufacturier, mais ces avantages sont très supérieurs à ceux observés dans l'agriculture et la construction. Ces résultats reposent sur l'enquête effectuée en 1995 sur les conditions de travail. Les avantages autres que monétaires consistent notamment en un travail de jour effectué selon des horaires réguliers (ou selon un autre horaire choisi), un emploi permanent, la souplesse des horaires de travail et la

Tableau 3.3. **Valeurs moyennes d'un ensemble de conditions de travail en Europe, par secteur, 1995/96**[a]

	Moyennes des rapports[b]	Classement des rangs[c]
Secteur de la production de biens	**1.12**	..
Agriculture (A + B)	1.23	11
Industries extractives et industries manufacturières (C + D)	1.09	8
Électricité, gaz et eau (E)	1.07	5
Construction (F)	1.15	10
Secteur des services	**0.93**	..
Commerce de gros et de détail (G)	0.90	6
Hôtels et restaurants (H)	1.26	9
Transports et communications (I)	1.14	7
Intermédiation financière (J)	0.71	1
Immobilier et activités de services aux entreprises (K)	0.85	2
Administration publique (L)	0.86	3
Autres services (M – Q)	0.93	4

.. Données non disponibles.
a) Les données se rapportent aux valeurs moyennes de neuf types différents de conditions de travail (voir texte et encadré 3.1). Une valeur élevée correspond à des conditions de travail moins favorables.
b) Moyenne simple du rapport, pour chaque type de conditions de travail, entre la fréquence moyenne dans chaque secteur et sa fréquence générale dans l'ensemble des secteurs.
c) Classement du rang moyen de chaque secteur en fonction de la valeur qui lui correspond pour chaque type de conditions de travail.
Source : Estimations de l'OCDE effectuées sur la base des résultats de la Deuxième enquête européenne sur les conditions de travail (1995/96).

possibilité de choisir de travailler le même nombre d'heures pour la même rémunération plutôt qu'un moins grand nombre d'heures de travail pour une rémunération moindre ou un plus grand nombre d'heures de travail pour une rémunération supérieure. Au nombre des avantages monétaires, on citera l'accès à un système de pension et à un système d'assurance maladie, et le droit à des congés de maladie et des congés annuels rémunérés.

On dispose d'informations sur la souplesse des horaires de travail et le travail posté aux États-Unis [Beers (2000)]. En 1997, les horaires souples étaient généralement plus fréquents dans tous les grands sous-secteurs des services que dans les secteurs de la production de biens, en dehors de l'agriculture. La distinction est moins claire en ce qui concerne le travail posté et les autres types d'horaires non réguliers en travail de jour, lesquels sont beaucoup plus fréquents dans plusieurs sous-secteurs des services comme l'hôtellerie et la restauration, les transports et d'autres services aux particuliers, que dans le secteur manufacturier.

B. Satisfaction au travail

Pour tenter d'apprécier plus directement la qualité des emplois, on peut tout simplement demander aux gens s'ils sont satisfaits de leur emploi ou non. Il y a toutefois lieu de faire preuve d'une grande prudence lorsqu'on interprète les résultats de ce type de mesures subjectives dans le contexte de comparaisons internationales. Il peut, en effet, y avoir des différences subtiles entre les pays quant à la façon dont les questions relatives à la satisfaction dans le travail sont posées et interprétées. On peut aussi penser qu'il existe des distorsions systématiques, d'un pays à l'autre, dans la façon dont les gens répondent à ce genre de questions. Même au niveau d'un seul pays on ne sait pas toujours bien quel est, précisément, l'aspect de la qualité de l'emploi dont les questions sur la satisfaction au travail rendent compte. On peut estimer qu'un emploi est source de satisfaction en général, mais les réponses aux questions concernant la satisfaction sur le plan professionnel reflètent aussi, sans doute, la mesure dans laquelle l'emploi répond aux attentes de celui qui l'occupe en termes de rémunération, de conditions de travail et de perspectives de carrière[11].

Ces réserves étant formulées, le tableau 3.4 présente le degré relatif de satisfaction au travail par secteurs, tel que le font apparaître les résultats de l'Enquête européenne sur les conditions de travail et le Panel communautaire des ménages. Deux types d'indicateurs sont présentés. Le premier est la moyenne des notes correspondant au degré de satisfaction indiqué dans chaque secteur (des valeurs plus élevées correspondent à une plus grande satisfaction). Cependant, une simple moyenne de valeurs ordinales attribue implicitement la même pondération à toutes les réponses possibles, alors qu'il n'y a aucune raison de penser qu'une note « 4 » témoigne d'un degré de satisfaction deux fois supérieur à celui exprimé pour un « 2 ». C'est pourquoi le deuxième indicateur reflète la proportion de travailleurs de chaque secteur ayant indiqué

Tableau 3.4. **Satisfaction professionnelle en Europe par secteur, 1994-1996**

	Enquête européenne sur les conditions de travail[a]		Panel communautaire des ménages[b]	
	Niveau moyen de satisfaction[c]	Proportion de travailleurs très satisfaits[d]	Niveau moyen de satisfaction[c]	Proportion de travailleurs très satisfaits[d]
Secteur de la production de biens	**3.03**	**26.2**	**4.21**	**11.6**
Agriculture (A + B)	2.86	22.8	4.03	13.4
Industrie[e] (C + D + E)	3.07	27.2	4.25	11.3
Construction (F)	3.03	25.5	4.19	11.5
Secteur des services	**3.18**	**34.8**	**4.41**	**14.8**
Commerce de gros et de détail (G)	3.09	31.5	4.23	12.9
Hôtels et restaurants (H)	3.07	24.6	4.11	12.0
Transports et communications (I)	3.09	27.9	4.28	10.9
Intermédiation financière (J)	3.18	35.2	4.47	14.1
Immobilier et activités de services aux entreprises (K)	3.21	37.8	4.46	15.1
Administration publique (L)	3.27	39.5	4.50	14.3
Autres services (M – Q)	3.24	38.1	4.49	17.1
Tous secteurs	**3.12**	**31.6**	**4.33**	**13.8**

a) Les données sont tirées des réponses à la question 36 de l'enquête : dans l'ensemble, êtes-vous très satisfait, assez satisfait, pas très satisfait ou pas satisfait du tout de votre activité principale ?
b) Les données se rapportent à la variable PK001 de l'enquête : satisfaction dans le travail ou l'activité principale. Le niveau de satisfaction va de 1, qui correspond à « pas satisfait », à 6, qui correspond à « pleinement satisfait ». Seules les réponses d'actifs occupés ont été prises en compte.
c) Moyenne pondérée des notes indiquant le degré de satisfaction dans le travail (par exemple, 1 pour le degré de satisfaction le plus faible, 2 pour le degré de satisfaction suivant, etc.).
d) Proportion de travailleurs faisant état du degré le plus élevé de satisfaction professionnelle.
e) Secteur d'activité composite regroupant les industries extractives, les industries manufacturières et l'électricité, le gaz et l'eau.
Source : Estimations de l'OCDE effectuées sur la base des résultats de la Deuxième enquête européenne sur les conditions de travail (1995/96) ainsi que sur les vagues de 1994-1996 du Panel communautaire des ménages.

le degré de satisfaction le plus élevé. Les résultats sont relativement semblables dans les deux enquêtes et suggèrent qu'en moyenne, dans les différents pays de l'Union européenne, la satisfaction professionnelle tend à être plus élevée dans le secteur des services que dans celui de la production de biens. Cette situation n'est cependant pas uniforme dans l'ensemble du secteur des services. Les travailleurs de l'hôtellerie et de la restauration indiquent des degrés relativement faibles de satisfaction alors que les degrés de satisfaction les plus élevés sont signalés dans l'immobilier et les activités de services aux entreprises, dans l'administration et dans les autres services sociaux et personnels. Les personnes travaillant dans les transports et les communications indiquent également des degrés de satisfaction relativement faibles.

Dans une certaine mesure, ces différences entre secteurs en matière de satisfaction au travail peuvent correspondre à des différences dans les caractéristiques des travailleurs. Toutes choses égales par ailleurs, on constate que les femmes font généralement état d'une plus grande satisfaction au travail que les hommes et qu'il existe une relation s'inscrivant sur une courbe en U entre l'âge et la satisfaction dans le travail [Clark (1997) ; Clark et Oswald (1996)]. Une analyse plus détaillée est donc nécessaire pour vérifier si ces différences sectorielles subsistent lorsqu'on tient compte des différences entre secteurs dans la composition de l'emploi en termes de caractéristiques des travailleurs.

Le tableau 3.5 présente les résultats d'une régression des degrés de satisfaction au travail indiqués dans les deux enquêtes par rapport au secteur d'emploi et par rapport à diverses autres caractéristiques des emplois et des travailleurs susceptibles d'influer sur la satisfaction au travail[12]. Les coefficients par secteur sont indiqués par rapport au secteur manufacturier. Un coefficient positif indique que, toutes choses égales par ailleurs, la satisfaction professionnelle est supérieure dans le secteur considéré. On pourrait faire valoir que les caractéristiques de l'emploi telles que le fait qu'il s'agit d'un emploi à temps partiel ou d'un travail temporaire, l'ancienneté moyenne dans l'emploi, la taille de l'entreprise, la rémunération et, éventuellement, la profession, ne devraient pas être prises en compte dans la régression puisqu'elles représentent aussi différents aspects de la qualité de l'emploi. Il est cependant intéressant d'examiner s'il existe des différences entre secteurs en ce qui concerne certains facteurs non observés qui sont associés à la satisfaction sur le plan professionnel. C'est pourquoi les résultats de la régression

Tableau 3.5. **Satisfaction professionnelle par secteur, compte tenu des caractéristiques des emplois et des travailleurs**[a]

	Panel communautaire des ménages		Enquête européenne sur les conditions de travail	
	Modèle 1[b]	Modèle 2[c]	Modèle 1[b]	Modèle 2[c]
Agriculture (A + B)	0.03	–0.11	–0.10	–0.16
Industries extractives et/ou électricité, gaz et eau (C/E)	0.08	0.11	0.07	0.22
Construction (F)	0.03	–0.02	–0.15	–0.11
Commerce de gros et de détail (G)	0.02	0.03	–0.07	0.03
Hôtels et restaurants (H)	–0.05	–0.05	0.03	–0.01
Transports et communications (I)	0.01	0.04	0.00	0.08
Intermédiation financière (J)	0.05	0.15	–0.03	0.12
Immobilier et activités de services aux entreprises (K)	0.05	0.09	–0.02	0.20
Administration publique (L)	0.15	0.22	0.18	0.34
Autres services (M – Q)	. .	. .	0.12	0.28
Éducation (M)	0.21	0.31	. .	. .
Santé et action sociale (N)	0.25	0.30	. .	. .
Autres activités de services sociaux et personnels (O – Q)	0.05	0.01	. .	. .
Prise en compte des caractéristiques des travailleurs	Oui	Oui	Oui	Oui
Prise en compte des caractéristiques des emplois	Oui	Non	Oui	Non
Prise en compte des effets fixes propres aux pays	Oui	Oui	Oui	Oui
Nombre d'observations	77 377	81 788	10 080	11 489

. . Données non disponibles.
a) En ce qui concerne les questions relatives à la satisfaction professionnelle et les réponses possibles, voir le tableau 3.4. Les coefficients indiqués dans le tableau ont été obtenus à partir d'une régression des probits ordonnées dans laquelle la variable dépendante est la note correspondant au degré de satisfaction de chaque individu. Les variables indépendantes sont les variables qui se rapportent au secteur d'activité (les industries manufacturières étant le secteur de référence) ainsi qu'à d'autres caractéristiques de l'emploi (rémunération – Panel communautaire des ménages seulement, profession, travail à temps partiel, emploi permanent, taille de l'entreprise, ancienneté moyenne dans l'emploi). Des variables représentatives de diverses caractéristiques des travailleurs (sexe, formation, situation de famille, enfants à charge) ainsi que des effets attribuables au pays et aux années considérés (Panel communautaire des ménages seulement) sont également prises en compte. Un coefficient positif signifie que la satisfaction professionnelle est supérieure, toute chose étant égales par ailleurs, à celle enregistrée dans le secteur manufacturier et inversement. Tous les coefficients indiqués sont significatifs au seuil de 1 %.
b) Le modèle 1 correspond au modèle complet intégrant l'ensemble des caractéristiques des emplois et des travailleurs.
c) Le modèle 2 correspond à un modèle restreint n'intégrant aucune variable concernant les caractéristiques des emplois, en dehors du secteur d'activité.
Source : Estimations de l'OCDE effectuées sur la base de microdonnées provenant de la Deuxième enquête européenne sur les conditions de travail (1995/96) et des vagues 1994-1996 du Panel communautaire des ménages.

figurant dans le tableau 3.5 sont indiqués à la fois en tenant compte et en ne tenant pas compte de ces caractéristiques des emplois.

Les résultats figurant dans le tableau 3.5 qui ont été obtenus à partir tant du Panel communautaire des ménages que de l'Enquête européenne sur les conditions de travail (modèle 2) donnent à penser qu'une fois pris en compte un ensemble de caractéristiques des travailleurs (ainsi que des facteurs inobservables contribuant aux différences entre les pays), la satisfaction au travail tend à être plus élevée dans la plupart des autres secteurs que dans les industries manufacturières. Cette observation concorde à peu près avec les résultats figurant dans le tableau 3.4. Curieusement, les résultats obtenus à partir du Panel communautaire des ménages suggèrent aussi que, même si l'on prend en compte des différences sectorielles concernant un certain nombre de caractéristiques des emplois (modèle 1), d'autres aspects des emplois seraient associés à des degrés de satisfaction plus faibles dans le secteur manufacturier que dans d'autres secteurs. Les écarts sont toutefois moins importants que lorsqu'on ne tient compte que des caractéristiques des travailleurs. Il y a sans doute un lien entre ces aspects non observés des emplois et les résultats indiqués plus haut en ce qui concerne les conditions de travail, lesquels ont fait apparaître des conditions plus médiocres qu'ailleurs dans le secteur manufacturier à un certain nombre d'égards. Les résultats obtenus à partir de l'Enquête européenne sur les conditions de travail sont un peu différents en ceci que, si l'on tient compte à la fois des caractéristiques des emplois et des caractéristiques des travailleurs, la satisfaction au travail apparaît moindre dans un certain nombre de sous-secteurs des services que dans le secteur manufacturier. Cela étant, à la différence du Panel communautaire des ménages, l'Enquête communautaire sur les conditions de travail ne contient pas d'informations sur la formation et la rémunération, et il n'a donc pas été possible de prendre en compte ces caractéristiques.

III. Les niveaux de rémunération comme indicateurs de la qualité de l'emploi

Une autre caractéristique importante qui peut être mise directement en rapport avec la qualité de l'emploi est le taux de rémunération associé à un emploi. Invariablement, les études sur les écarts de rémunération concluent qu'il existe une forte corrélation entre le taux de rémunération et le niveau de qualification exigé dans l'emploi, que celui-ci soit évalué d'après les diplômes détenus, l'ancienneté dans l'emploi et l'expérience professionnelle générale, ou à l'aide d'indicateurs plus directs concernant les connaissances nécessaires à l'exercice de l'emploi et la complexité de celui-ci[13]. Au sein d'un même secteur, les salariés ayant une rémunération élevée jouissent en général de meilleures conditions de travail que les salariés moins bien rémunérés, en ce sens qu'ils exercent des emplois moins exigeants sur le plan physique ou dans un environnement moins bruyant et/ou qu'ils jouissent d'une plus grande autonomie dans la gestion de leur temps de travail. Cela incite à penser que les emplois de relativement bonne qualité peuvent être assimilés aux emplois comparativement bien rémunérés[14].

Si connaître la rémunération associée à un emploi peut être un moyen utile d'en apprécier la qualité, on risque de se heurter à un certain nombre de problèmes lorsqu'on compare les rémunérations d'un secteur et d'un pays à l'autre (voir encadré 3.2). Afin d'améliorer la comparabilité des données, les gains pris en compte sont les gains horaires de tous les travailleurs lorsqu'ils sont disponibles et, sinon, les gains des travailleurs à temps complet uniquement. Dans la mesure du possible, les données concernant les rémunérations pour les pays européens sont tirées de sources harmonisées de données telles que l'Enquête européenne sur la structure des salaires et le Panel communautaire des ménages. Les écarts de rémunération d'un secteur à l'autre sont également indiqués par rapport aux gains des travailleurs du secteur manufacturier, les données concernant les rémunérations dans ce secteur étant disponibles dans tous les pays. Néanmoins, tous les problèmes de comparabilité n'ont pu être totalement résolus et il y a lieu de voir dans les résultats présentés des indications générales sur les différences entre secteurs et pays en matière d'écarts de rémunération et non des estimations précises.

A. Écarts de rémunération globaux entre secteurs

Le tableau 3.6 présente de manière synthétique les écarts de rémunération entre les différents secteurs considérés et le secteur manufacturier. Dans la plupart des pays pour lesquels des données sur les rémunérations sont disponibles au niveau de tous les secteurs, les rémunérations moyennes sont légèrement plus élevées dans le secteur des services que dans celui de la production de biens ou se situent à un niveau comparable. Les principales exceptions

---

Encadré 3.2. Comparaison des écarts de rémunération entre les pays

Dans les études internationales sur les écarts de rémunération, on se heurte en général à un certain nombre de problèmes liés à la comparabilité des données.

Premièrement, il existe des différences importantes d'un pays à l'autre dans la façon dont la rémunération est définie ainsi que dans la façon dont les données sont rassemblées. Les données concernant les rémunérations peuvent inclure ou ne pas inclure le paiement des heures supplémentaires ainsi que d'autres primes normales ou exceptionnelles. Ces diverses composantes de la rémunération peuvent varier en importance à la fois entre les pays et entre les secteurs.

Deuxièmement, tous les pays ne rassemblent pas périodiquement des données sur les rémunérations au niveau des individus (par opposition à la masse salariale totale) pour tous les secteurs de l'économie. C'est souvent le cas de pays dont la principale source de données sur les rémunérations est constituée par les enquêtes auprès des établissements ou des données administratives. On manque souvent d'informations en ce qui concerne l'administration publique, l'éducation, ainsi que d'autres services sociaux et services aux particuliers.

Troisièmement, les pays ne communiquent pas tous des données sur la rémunération horaire, ce qui peut gêner les comparaisons entre secteurs. Dans un secteur où la fréquence du travail à temps partiel sera relativement élevée, on observera en général des rémunérations relativement basses si celles-ci sont mesurées sur une base hebdomadaire, mensuelle ou annuelle, que le taux de salaire horaire soit élevé ou non dans ce secteur.

Enfin, différents instruments sont utilisés pour réunir des données sur les rémunérations. Les données administratives et les enquêtes auprès des établissements permettent d'obtenir en général des informations plus précises sur les rémunérations, ou le nombre d'heures payées que les enquêtes auprès des ménages, mais leur couverture sectorielle est parfois limitée, les petites entreprises n'étant pas prises en compte dans certains cas, de même, pour différentes raisons, que les travailleurs à très bas salaire. La couverture des enquêtes auprès des ménages est en général meilleure, mais au prix d'erreurs plus importantes en ce qui concerne la notification de données sur les rémunérations, les heures ouvrées et le secteur d'emploi.

114 – *Perspectives de l'emploi de l'OCDE*

Tableau 3.6. **Écarts de rémunération par secteur d'emploi**[a]

Rapport de la rémunération moyenne dans chaque secteur à la rémunération moyenne dans les industries manufacturières

| | \multicolumn{6}{c}{Secteur de la production de biens} | \multicolumn{5}{c}{Secteur des services} |
	Total	Agriculture, chasse et sylviculture	Industries extractives	Industries manufacturières	Électricité, gaz et eau	Construction	Total	Services aux producteurs	Services de distribution	Services aux particuliers	Services sociaux
A. Données concernant une partie des secteurs[b]											
Autriche	..	..	1.08	1.00	1.32	1.05	..	1.01	0.93	..	..
Belgique	..	..	0.92	1.00	1.37	0.85	..	1.13	0.91	..	..
Danemark	..	..	1.30	1.00	1.27	1.02	..	1.18	0.98	..	..
Finlande	..	..	0.88	1.00	1.11	0.99	..	1.09	0.97	..	..
France	..	..	1.07	1.00	1.18	0.94	..	1.06	0.87	..	..
Grèce	..	..	1.15	1.00	1.26	..	..	..	0.89	..	..
Italie	..	..	0.99	1.00	1.36	1.09	..	1.31	1.21	..	..
Luxembourg	..	..	..	1.00	..	0.80	..	1.15	0.86	..	..
Pays-Bas	..	..	..	1.00	1.26	0.99	..	0.96	0.91	..	..
Portugal	..	..	1.22	1.00	2.39	1.05	..	2.14	1.46	..	..
Espagne	..	..	1.29	1.00	1.45	0.84	..	1.18	0.91	..	..
Suède	..	..	1.13	1.00	1.14	1.02	..	1.08	0.97	..	..
Royaume-Uni	..	..	1.29	1.00	1.31	1.03	..	1.15	0.85	..	..
B. Données concernant l'ensemble des secteurs[c]											
Australie	1.08	0.95	1.39	1.00	3.08	1.14	1.32	1.42	1.12	0.94	1.43
Canada	1.03	0.79	1.34	1.00	1.47	1.08	0.98	1.04	0.89	0.71	1.17
République tchèque	1.02	0.81	1.19	1.00	1.25	1.04	1.07	1.37	1.06	0.93	0.93
France	0.97	0.69	1.16	1.00	1.30	0.85	1.02	1.22	0.95	0.73	1.03
Hongrie	0.96	0.69	1.27	1.00	1.37	0.76	1.04	1.44	1.02	0.66	1.00
Pays-Bas	1.00	0.80	1.47	1.00	1.32	0.99	0.99	1.02	0.90	0.84	1.11
Nouvelle-Zélande	0.96	0.77	1.10	1.00	1.24	0.92	0.97	1.12	0.87	0.79	1.05
Pologne	1.07	1.01	1.64	1.00	1.32	1.06	1.04	1.35	1.04	0.97	0.95
Suisse	0.98	0.80	1.00	1.00	1.08	0.91	1.00	1.13	0.93	0.80	1.04
États-Unis	0.98	0.60	1.10	1.00	1.26	0.94	0.91	1.11	0.83	0.61	1.00

.. Données non disponibles.
a) Les données de la section A se rapportent à : 1994 pour la France ; 1996 pour la Suède ; et 1995 pour tous les autres pays. Les données de la section B se rapportent à : 1999 pour la Hongrie, les États-Unis et les Pays-Bas ; et 1998 pour tous les autres pays. Les données se rapportent au salaire horaire pour tous les pays sauf pour l'Australie, la France (section B), la Hongrie et la Pologne où elles font référence au salaire hebdomadaire ou mensuel pour les employés à temps complet uniquement.
b) Les données excluent les établissements de moins de 10 employés.
c) Les données pour la Hongrie et la Pologne excluent les établissements employant moins de 5 et 6 employés respectivement.
Sources : Pour la section A, les données ont été fournies par EUROSTAT et tirées de l'Enquête européenne sur la structure des revenus. Pour la section B, sauf pour les États-Unis, les données ont été fournies par les autorités statistiques nationales et tirées des sources suivantes : enquêtes nationales sur les forces de travail pour l'Australie, le Canada, la France, la Nouvelle-Zélande et la Suisse ; et les enquêtes nationales des établissements pour la Hongrie, les Pays-Bas, la Pologne et la République tchèque. Pour les États-Unis, les données sont des estimations effectuées par l'OCDE à partir de la *Current Population Survey* (fichier du panel rotatif permanent).

à cet égard sont l'Australie et les États-Unis. En Australie, les salaires des travailleurs à temps complet sont sensiblement plus élevés dans le secteur des services que dans celui de la production de biens. Par contre, les rémunérations relatives des travailleurs américains du secteur tertiaire sont sensiblement plus basses[15].

Au sein du secteur de la production de biens, la rémunération moyenne est en général la plus élevée dans le secteur de l'électricité, du gaz et de l'eau, et la plus basse dans la construction et l'agriculture. Pour ce qui est du secteur des services, on observe dans la plupart des pays les rémunérations moyennes les plus élevées dans les services aux producteurs, puis dans les services sociaux. La rémunération moyenne est plus faible dans les services de distribution que dans les industries manufacturières dans la plupart des pays, à l'exception, en particulier, du Portugal et de l'Italie, et plus faible encore dans les services aux particuliers[16].

B. Distribution des emplois par grands niveaux de salaire

Jusqu'ici, la distribution des rémunérations dans chaque secteur n'a pas été considérée. On peut observer dans deux secteurs un même niveau de rémunération moyen, mais une dispersion des salaires très différente. Il pourra ainsi y avoir une fréquence plus élevée d'emplois faiblement rémunérés et/ou une fréquence plus élevée d'emplois à forte rémunération dans un tel ou tel secteur.

Une façon de tenir compte des différences sectorielles dans la distribution des salaires consiste à diviser les secteurs en catégories professionnelles. Il est ainsi possible d'examiner comment les rémunérations de groupes de travailleurs ayant une situation comparable au regard de l'emploi varient entre les secteurs et les pays même si, naturellement, cette façon de procéder fait abstraction de la dispersion des salaires au sein des groupes professionnels. Dans l'analyse qui suit, l'emploi dans chaque pays a été divisé en 13 secteurs (voir tableau 3.7) et en catégories professionnelles, dont le nombre varie entre 4 et 7 selon les secteurs. Au total, 76 couples secteur/profession ont été identifiés (voir tableau 3.C.1). Ces couples sont ensuite classés en fonction du salaire horaire moyen en 1995 des travailleurs visés par chacun d'entre eux et répartis en trois groupes (niveau de rémunération faible, intermédiaire ou élevé) de taille égale en termes de part d'emploi (voir annexe 3.C pour plus de détails)[17].

Le tableau 3.7 présente la répartition sectorielle des emplois dans chacun de ces trois groupes de salaire dans l'Union européenne et aux États-Unis (une ventilation par catégories professionnelles est présentée dans les tableaux 3.C.1 et 3.C.2 pour les pays de l'Union européenne, et 3.C.3 pour les États-Unis). Dans les deux zones économiques, le secteur des services est le principal pourvoyeur d'emplois à bas salaires, mais c'est aussi dans ce secteur qu'on trouve une grande majorité des emplois à hauts salaires. Cela n'est guère surprenant puisque le secteur des services représente une grande majorité de la totalité des emplois. En fait, dans les deux zones économiques, le secteur des services concentre une part plus importante de l'emploi à hauts salaires que sa part dans le total de l'emploi. Les emplois de services sont légèrement surreprésentés dans les emplois à bas salaires, mais seulement en Europe et seulement dans une faible mesure. Dans les deux zones, le secteur des services est sous-représenté au niveau des rémunérations intermédiaires, surtout en Europe[18].

A un niveau de désagrégation sectorielle plus poussé, les emplois à bas salaires tendent à se concentrer dans le commerce de gros et de détail et dans l'hôtellerie et la restauration. Au niveau des basses rémunérations, ces secteurs représentent un peu plus de deux emplois sur cinq dans l'UE et un peu moins de un emploi sur trois aux États-Unis. Dans les deux zones économiques, le risque relatif d'occuper un emploi à bas salaire est particulièrement élevé pour les travailleurs de l'hôtellerie et de la restauration (et du commerce de gros et de détail en Europe), et de l'agriculture. Il y a de grandes similitudes entre l'UE et les États-Unis en ce qui concerne la fréquence relative des emplois à hauts salaires par secteur.

On observe, en général, une concentration plus importante en Amérique qu'en Europe des emplois à bas et à hauts salaires au sein d'un plus petit nombre de couples secteur/profession (tableaux 3.C.1 et 3.C.3). Cette situation peut refléter une distribution plus étroite des salaires dans la plupart des pays européens par rapport aux États-Unis, de sorte que chaque groupe salarial inclut un plus large éventail de catégories. Cela peut aussi simplement refléter le fait qu'il y a de grandes disparités d'un pays à l'autre dans le classement relatif des rémunérations par branche d'activité et profession. Comme on le voit au tableau 3.C.2, s'il y a une certaine homogénéité au sein des pays européens dans le type d'emplois qui peuvent être considérés comme étant à hauts salaires, les situations sont plus diverses en ce qui concerne les basses rémunérations.

C. Taux d'emploi par niveau de salaire

Le chapitre consacré, l'an passé, aux services [OCDE (2000)] a mis en évidence l'existence d'un important écart de taux d'emploi global (part de la population active occupée au sein de la population totale en âge de travailler) entre les États-Unis et l'Europe qui, a-t-on estimé, s'explique principalement par une beaucoup plus large extension du secteur des services aux États-Unis. Le fait que les taux d'emploi dans certains secteurs à bas salaires des services aux ménages soient beaucoup plus élevés aux États-Unis qu'en Europe, en moyenne, a parfois amené à préconiser de prendre des mesures pour accroître l'emploi dans ces secteurs en Europe. Mais jusqu'à quel point l'écart d'emploi global entre les États-Unis et l'Europe peut-il s'expliquer par un déficit d'emplois à bas salaires en Europe ?

Pour tenter de répondre à cette question, les emplois dans chaque pays ont été répartis entre trois grands groupes en fonction du salaire (niveau de salaire faible, intermédiaire et élevé). Les emplois (couple branche/profession) dans chaque pays ont été affectés au même groupe salarial que celui auquel appartient l'emploi équivalent aux États-Unis, sur la base de la structure salariale et d'emploi dans ce pays en 1999. Il s'agit donc de considérer les emplois à niveau de salaire faible, intermédiaire ou élevé selon les normes américaines et de voir si la part de population active occupant ce type d'emplois par rapport à la population totale en âge de travailler est plus importante ou, au contraire, moindre, dans les autres pays de l'OCDE qu'aux États-Unis. La question est de savoir si le taux d'emploi plus élevé observé aux États-Unis par rapport à celui observé dans de nombreux autres pays concerne principalement les emplois à bas salaires selon les normes américaines.

Tableau 3.7. **Distribution sectorielle des emplois par niveau de salaire dans l'Union européenne et aux États-Unis, 1999**[a]

	Pourcentage de tous les emplois à chaque niveau de salaire (bas/moyen/élevé) dans chaque secteur						Fréquence de l'emploi à chaque niveau de salaire (bas/moyen/élevé) dans chaque secteur par rapport à la fréquence générale					
	Bas salaires		Salaires moyens		Hauts salaires		Bas salaires		Salaires moyens		Hauts salaires	
Industries (CITI rév. 3)	UE	EU	UE	EU	UE	EU	UE	EU	UE	EU	UE	EU
Secteur de la production de biens	**26.4**	**26.6**	**54.0**	**31.5**	**21.9**	**20.1**	**0.8**	**1.0**	**1.6**	**1.2**	**0.6**	**0.8**
Agriculture (A + B)	11.3	6.9	2.3	0.0	0.4	0.5	2.5	2.7	0.5	0.0	0.1	0.2
Industries extractives et électricité, gaz et eau (C + E)	0.0	0.0	1.2	1.8	2.2	2.8	0.0	0.0	1.0	1.2	1.9	1.8
Industries manufacturières (D)	10.4	17.5	34.6	14.3	16.2	13.5	0.5	1.2	1.7	0.9	0.8	0.9
Construction (F)	4.6	2.2	15.9	15.4	3.1	3.2	0.6	0.3	2.0	2.3	0.4	0.5
Secteur des services	**73.4**	**73.4**	**46.0**	**68.5**	**78.1**	**79.9**	**1.1**	**1.0**	**0.7**	**0.9**	**1.2**	**1.1**
Commerce de gros et de détail (G)	30.6	17.9	6.4	28.8	9.1	4.5	2.0	1.1	0.4	1.7	0.6	0.3
Hôtels et restaurants (H)	10.2	14.6	0.8	4.0	1.5	0.0	2.5	2.4	0.2	0.6	0.4	0.0
Transports et communications (I)	3.5	0.0	6.4	10.1	8.0	6.6	0.6	0.0	1.1	1.9	1.3	1.2
Intermédiation financière (J)	0.1	0.0	3.7	6.7	6.3	7.9	0.0	0.0	1.1	1.4	1.8	1.6
Immobilier et activités de services aux entreprises (K)	6.1	10.6	6.8	2.2	12.0	19.7	0.7	0.9	0.8	0.2	1.4	1.8
Administration publique (L)	2.1	0.0	6.2	3.0	12.1	2.4	0.3	0.0	0.9	1.7	1.7	1.4
Éducation (M)	3.3	7.6	2.5	0.4	14.3	15.2	0.5	0.9	0.4	0.1	2.1	1.9
Santé et action sociale (N)	7.5	15.3	10.8	3.6	9.7	14.1	0.8	1.4	1.2	0.3	1.0	1.2
Services collectifs, sociaux et personnels (O + P + Q)	10.2	7.3	2.4	9.6	5.1	9.5	1.7	0.8	0.4	1.1	0.9	1.1
Total	**100.0**	**100.0**	**100.0**	**100.0**	**100.0**	**100.0**	**1.0**	**1.0**	**1.0**	**1.0**	**1.0**	**1.0**

a) Pour chaque pays, les emplois (c'est-à-dire les emplois dans les 76 couples secteur/profession) sont classés en fonction du salaire horaire moyen en 1995, puis répartis en trois groupes de taille égale en termes de part d'emploi. Les données concernant l'UE sont des moyennes pondérées de tous les pays de l'Union à l'exception du Luxembourg et de la Suède.
Sources : Estimations de l'OCDE effectuées sur la base des données provenant du Panel communautaire des ménages et de l'Enquête européenne sur les forces de travail pour l'Union européenne, ainsi que des données provenant de la Current Population Survey (panel rotatif permanent) en ce qui concerne les États-Unis.

Or, il apparaît que l'excédent d'emplois des États-Unis par rapport à la plupart des pays ne s'observe pas seulement sur les emplois à bas salaires mais aussi, au même degré, sur les emplois à hauts salaires. On peut le constater à la lecture du tableau 3.8 qui montre les écarts de taux d'emploi par secteurs et niveaux de salaire entre les États-Unis et l'Union européenne, ainsi que sur le graphique 3.5 qui effectue le même type de comparaison par niveaux de salaire uniquement mais pour un plus grand nombre de pays de l'OCDE[19]. En 1999, l'écart d'emploi global entre les États-Unis et les pays de l'UE ressort à 13.7 points de pourcentage. Environ 7½ points de pourcentage peuvent être imputés à un plus haut niveau d'emploi aux États-Unis dans la catégorie des emplois à rémunération relativement basse. Cependant, l'écart global d'emploi peut aussi être imputé, pour près de 8 points de pourcentage, à un plus haut niveau d'emploi aux États-Unis dans la catégorie des emplois relativement bien rémunérés. Les États-Unis enregistrent même un léger déficit d'emplois au niveau des rémunérations intermédiaires. Peut-être n'y a-t-il pas lieu d'être étonné par ces résultats. Les inégalités de salaire sont généralement beaucoup plus marquées aux États-Unis que dans la plupart des pays européens : l'écart à la médiane y est beaucoup plus important pour les hautes rémunérations comme pour les basses rémunérations [OCDE (1996) ; Bardone *et al.* (1998)]. Cela implique qu'outre un taux d'emploi global plus élevé, les États-Unis enregistrent un plus grand nombre d'emplois, comparativement à l'Europe, aux deux extrémités de l'éventail des salaires.

On peut aussi constater, à la lecture du tableau 3.8, que les écarts de taux d'emploi à chaque niveau de salaire ne sont pas les mêmes selon les secteurs. Dans le secteur des services, le taux d'emploi plus élevé observé aux États-Unis, au niveau des basses rémunérations, dans le commerce de gros et de détail et dans l'hôtellerie et la restauration, explique pour plus de 4 points de pourcentage l'écart d'emploi entre les États-Unis et l'UE[20]. En dehors de ces secteurs, l'écart d'emploi en faveur des États-Unis au niveau des hautes rémunérations est assez également réparti entre les divers secteurs des services aux entreprises et services sociaux, sauf en ce qui concerne l'administration publique où, là, les États-Unis comptent comparativement moins d'emplois, globalement, que l'Europe.

Au sein de l'Union européenne, il y a des différences d'un pays à l'autre en ce qui concerne l'ampleur du déficit d'emplois par rapport aux États-Unis et sa répartition par secteurs (graphique 3.5 et tableau 3.C.4). Le déficit global d'emplois est particulièrement marqué en Italie

Tableau 3.8. **Écart d'emploi entre les États-Unis et l'UE par niveau de salaire et secteurs, 1999**[a]

En points de pourcentage

Industries (CITI rév. 3)	Bas salaires	Salaires moyens	Hauts salaires	Tous niveaux de salaires confondus
Secteur de la production de biens	**0.0**	**–2.6**	**1.1**	**–1.6**
Agriculture (A + B)	–0.8	..	0.0	–0.9
Industries extractives et électricité, gaz et eau (C + E)	..	0.2	0.3	0.4
Industries manufacturières (D)	0.7	–2.4	0.4	–1.3
Construction (F)	0.2	–0.4	0.4	0.2
Secteur des services	**7.5**	**0.8**	**6.9**	**15.2**
Commerce de gros et de détail (G)	2.3	1.5	–0.6	3.2
Hôtels et restaurants (H)	1.9	0.4	..	2.2
Transports et communications (I)	0.1	0.0	0.3	0.3
Intermédiation financière (J)	..	0.5	1.0	1.6
Immobilier et activités de services aux entreprises (K)	0.4	0.7	2.2	3.3
Administration publique (L)	..	–1.6	–1.4	–3.0
Éducation (M)	1.0	–0.5	1.4	1.9
Santé et action sociale (N)	1.3	–1.0	2.3	2.6
Services collectifs, sociaux et personnels (O + P + Q)	0.5	1.0	1.6	3.1
Total	**7.5**	**–1.8**	**7.9**	**13.7**

.. Sans objet (aucune grande catégorie professionnelle, aux États-Unis, dans la branche d'activité considérée, n'enregistre, en moyenne, des salaires du niveau indiqué).
a) Pour chaque pays, les emplois (correspondant aux 76 couples secteur/profession) sont affectés aux mêmes grands groupes de salaire que leur équivalent aux États-Unis. Pour les États-Unis, les emplois sont classés en fonction du salaire horaire moyen en 1999, puis répartis en trois groupes de niveau (faible, moyen, élevé) de taille égale en termes de part d'emploi.
Source : Estimations de l'OCDE effectuées sur la base des données provenant de l'Enquête sur les forces de travail pour l'Europe, ainsi que des données provenant de la *Current Population Survey* (panel rotatif permanent) en ce qui concerne les États-Unis.

Graphique 3.5. Écart de taux d'emploi entre les États-Unis et les autres pays de l'OCDE par niveau de salaire et secteur, 1999[a]

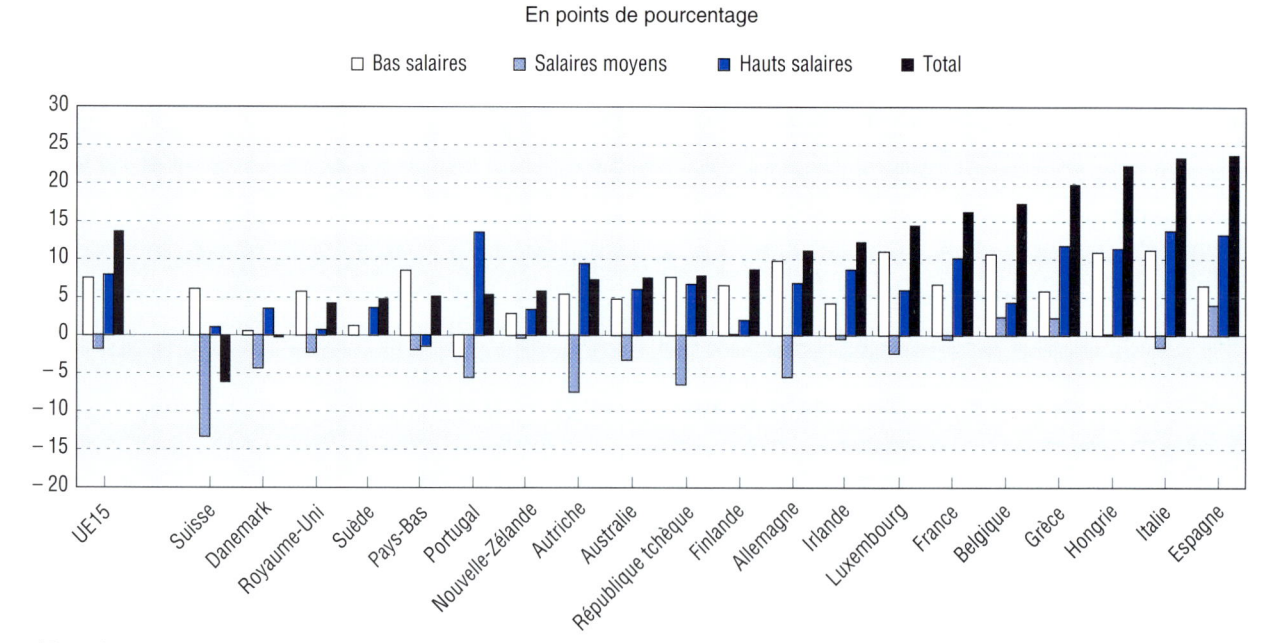

En points de pourcentage

□ Bas salaires   ▨ Salaires moyens   ■ Hauts salaires   ■ Total

a) Pour chaque pays, les emplois (c'est-à-dire l'emploi dans les 76 cellules de secteur/profession) sont affectés aux mêmes grands groupes de salaire que leur équivalent aux États-Unis. Pour les États-Unis, les emplois sont classés sur la base du salaire horaire moyen en 1999 et placés dans l'un des trois groupes de salaire (bas, moyen, élevé) de taille égale en termes de part d'emploi. Pour l'Australie, la République tchèque, la Hongrie et la Nouvelle-Zélande, l'année de référence est 1998. Les pays sont classés en ordre ascendant selon la taille de l'écart du taux d'emploi total entre chaque pays et les États-Unis.

Sources : Estimations de l'OCDE effectuées sur la base des données provenant de l'Enquête européenne sur les forces de travail, pour les pays de l'UE, les données provenant de la *Current Population Survey* (panel rotatif permanent) pour les États-Unis, et les données provenant des enquêtes nationales sur la population active pour les autres pays.

et en Espagne (de 23 à 24 points de pourcentage contre 13.7 points de pourcentage pour l'ensemble de l'UE). Il n'y a pas de déficit d'emplois au Danemark par rapport aux États-Unis, et le déficit est relativement limité en Suède, aux Pays-Bas et au Royaume-Uni. Par contre, on tend à observer les mêmes configurations générales dans les différents pays que dans l'ensemble de l'UE en ce qui concerne les comparaisons de taux d'emploi à chaque niveau de salaire. Par conséquent, l'excédent global d'emplois des États-Unis sur la plupart des pays européens ne peut s'expliquer uniquement par le fait que les États-Unis ont créé beaucoup plus d'emplois de service faiblement rémunérés. Les États-Unis sont aussi mieux parvenus à créer des emplois relativement bien rémunérés tant dans le secteur de la production de biens que dans le secteur des services, même si la remarque est beaucoup moins pertinente dans le cas de la Finlande, des Pays-Bas et du Royaume-Uni.

En dehors de l'UE, les États-Unis enregistrent un déficit d'emplois par rapport à la Suisse, mais uniquement au niveau des rémunérations intermédiaires. Leur excédent d'emplois est particulièrement important – presque de même ampleur que vis-à-vis de l'Italie et de l'Espagne – vis-à-vis de la Hongrie.

D. Croissance de l'emploi par niveau de salaire

Examiner la croissance de l'emploi par niveaux de salaire peut aider à éclairer au moins deux questions importantes. Premièrement, cela peut aider à apprécier si le développement du secteur des services s'est accompagné d'une multiplication des emplois à bas salaires. Deuxièmement, cela peut aider à voir s'il y a manifestement une relation inverse entre nombre d'emplois et qualité des emplois dans la perspective d'une comparaison internationale des performances sur le plan de l'emploi.

Comme cela a déjà été signalé (section III.A), la mesure dans laquelle les emplois du secteur des services offrent des conditions de rémunération dégradées par rapport aux emplois du secteur de la production de biens, varie d'un pays à l'autre et d'un sous-secteur des services à l'autre à l'intérieur d'un même pays. C'est dans le secteur des services aux producteurs et dans le secteur des services sociaux que la part d'emploi a augmenté le plus vite, dans la plupart des pays [OCDE (2000), tableau 3.C.1], et il apparaît que ces secteurs offrent d'assez bonnes rémunérations en moyenne (tableau 3.6). Cela pourrait indiquer que, dans la plupart des pays, les emplois relativement bien rémunérés ont connu une croissance plus rapide que les emplois mal rémunérés. Savoir si tel a effectivement été le cas ou non dépend aussi de la mesure dans laquelle la croissance de l'emploi (ou, à l'inverse, le recul de l'emploi) a été plus marquée (ou, à l'inverse, moindre) sur les emplois à hauts salaires, dans chacun des secteurs, que sur les emplois à bas salaires. C'est pourquoi, dans l'analyse qui suit, on a appliqué la même méthode que celle qui a été appliquée à la section III.B pour classer les emplois par niveaux de salaire (bas salaires, salaires de niveau intermédiaire, hauts salaires), en se fondant sur la structure salariale et d'emploi propre à chaque pays en 1995. L'évolution de l'emploi dans le temps est ensuite observée pour chaque groupe d'emplois[21].

Dans le cas des États-Unis, on peut voir que la croissance de l'emploi sur la période 1989-1999 a été beaucoup plus marquée sur les emplois relativement

Graphique 3.6. **Évolution de l'emploi aux États-Unis selon le niveau de salaire, 1989-1999**

A. Croissance de l'emploi en ce qui concerne les bas salaires, les salaires moyens et les salaires élevés (1989 = 100)[a]

B. Proportion de bas salaires et de hauts salaires (%)[b]

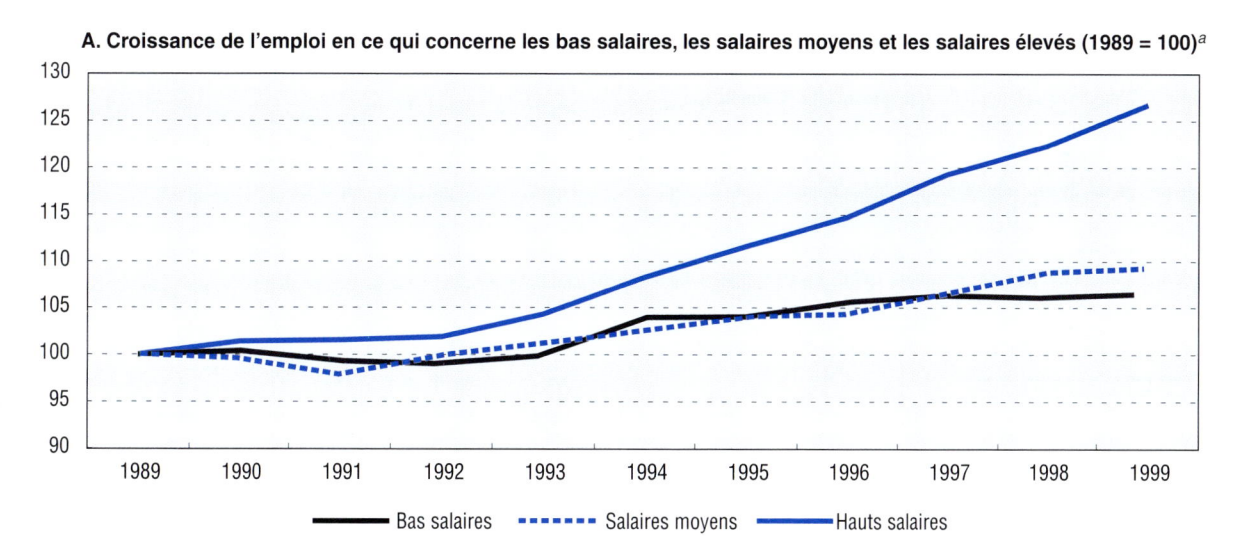

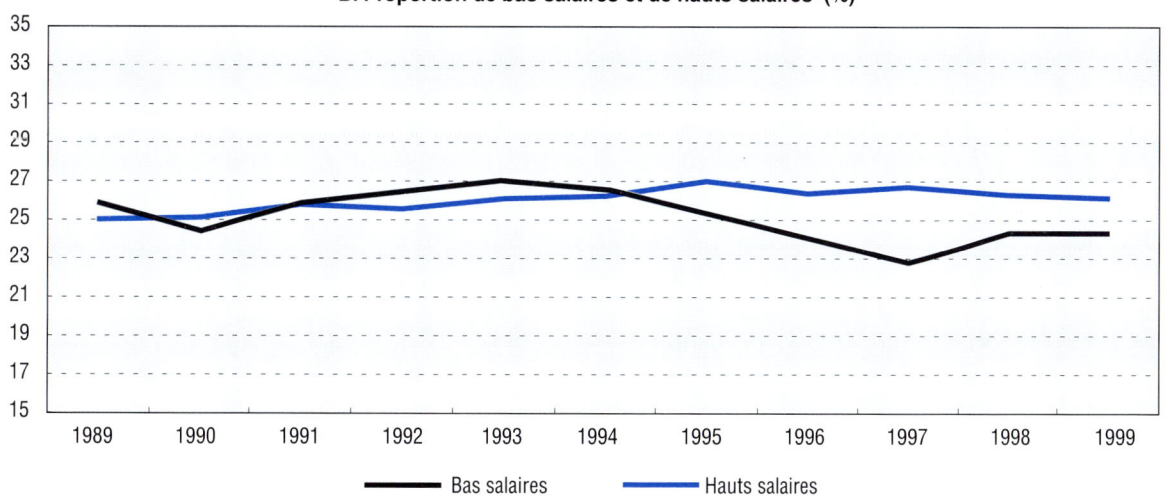

a) Les emplois (correspondant aux 76 couples secteur/profession) sont classés en fonction du salaire horaire en 1995, puis répartis en trois groupes de taille égale en termes de parts d'emploi.
b) La proportion des bas salaires indique la proportion de travailleurs qui gagnent moins que deux tiers du salaire horaire médian, tandis que la proportion de hauts salaires indique la proportion de travailleurs qui gagnent plus d'une fois et demi le salaire horaire médian.
Source : Estimations de l'OCDE effectuées sur la base des données provenant de la *Current Population Survey* (panel rotatif permanent).

bien rémunérés que sur les emplois à niveau de rémunération faible ou intermédiaire en moyenne (graphique 3.6, partie A)[22]. Cette observation est conforme, en gros, à celle indiquée dans Ilg (1996) et dans Ilg et Haugen (2000), bien que les deux études concluent à une croissance plus rapide de l'emploi au niveau des basses rémunérations qu'au niveau des rémunérations intermédiaires[23].

Naturellement, il se peut que ces résultats sous-estiment l'ampleur du développement de l'emploi à bas salaires aux États-Unis. Les inégalités de salaire se sont notablement creusées, au fil du temps, aux États-Unis [OCDE (1996)], et peut-être y a-t-il eu une accentuation de la dispersion des salaires pour les travailleurs, à l'intérieur d'un même groupe défini par branche d'activité et profession. Il se peut, par conséquent, qu'une proportion croissante de travailleurs, à l'intérieur de chaque groupe salarial, perçoivent, en fait, un salaire relativement faible. On peut examiner cette éventualité en considérant la proportion des travailleurs qui gagnent soit moins des deux tiers du salaire horaire médian (bas salaires), soit plus d'une fois et demi le salaire horaire médian (hauts salaires). Le graphique 3.6 (partie B) semble indiquer que la proportion de basses rémunérations a légèrement régressé au cours des années 90 tandis que la proportion de rémunérations élevées restait stable ou augmentait légèrement.

La distribution de la croissance de l'emploi dans les autres pays de l'OCDE, au cours des années 90, par niveaux de salaire, peut être analysée de la même façon. Les résultats sont retracés sur le graphique 3.7[24].

La configuration de la croissance de l'emploi par niveaux de salaire en Europe a été comparable à celle observée aux États-Unis. Dans les deux cas, la croissance de l'emploi a été plus forte sur les emplois relativement bien rémunérés en moyenne que sur les emplois à niveau de rémunération faible ou intermédiaire[25]. Cette structure vaut pour la plupart des pays de l'UE et pour la Suisse[26]. Cependant, à l'exception notable de l'Irlande, des Pays-Bas et de l'Espagne, la croissance de l'emploi en Europe a été plus lente qu'aux États-Unis, à tous les niveaux de salaire. Ces résultats tendent à indiquer, de façon générale, qu'aussi bien aux États-Unis que dans les pays européens les emplois auxquels sont associées, en moyenne,

Graphique 3.7. **Croissance de l'emploi par niveau de salaire dans les pays de l'OCDE, 1993-1999**

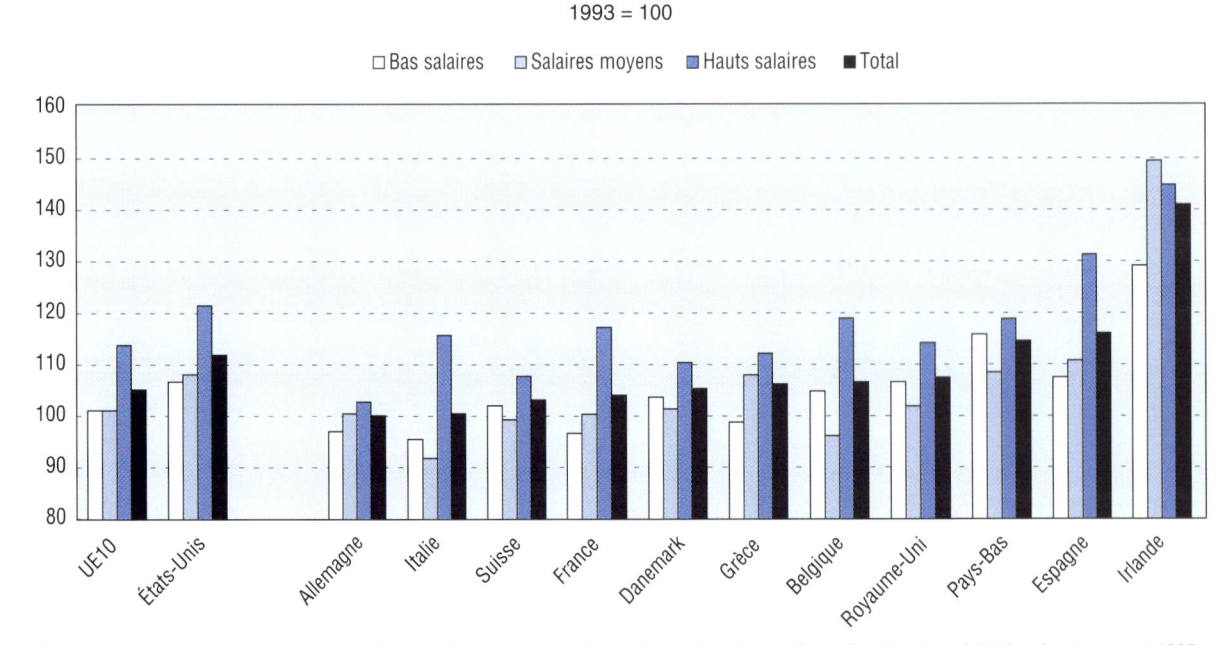

1993 = 100

☐ Bas salaires ☐ Salaires moyens ■ Hauts salaires ■ Total

a) Pour chaque pays, les emplois (correspondant aux 76 couples secteur/profession) sont classés en fonction du salaire horaire moyen en 1995, puis répartis en trois groupes de taille égale en termes de parts d'emploi. On calcule ensuite la progression de l'emploi de ces mêmes catégories à chaque niveau de salaire. La moyenne pour l'Union européenne ne prend pas en compte l'Autriche, la Finlande, le Luxembourg, le Portugal et la Suède. Les pays sont classés en ordre ascendant selon le taux de croissance de l'emploi total.
Sources : Estimations de l'OCDE effectuées sur la base des données provenant du Panel communautaire des ménages et de l'Enquête européenne sur les forces de travail, pour les pays de l'UE, les données provenant de l'Enquête suisse sur la population active pour la Suisse, et les données provenant de la *Current Population Survey* (panel rotatif permanent) pour les États-Unis.

de faibles rémunérations ne sont pas surreprésentés dans la croissance de l'emploi dans le secteur des services[27].

Conclusions

On observe des différences systématiques entre secteurs du point de vue de certaines caractéristiques telles que la fréquence du travail à temps partiel, l'ancienneté moyenne dans l'emploi et la fréquence de la formation. Cependant, on ne saurait dire si ces différences peuvent être imputées à des différences intrinsèques entre les emplois du secteur des services et les emplois du secteur de la production de biens. Au sein même du secteur des services, il existe de grandes disparités dans les caractéristiques des emplois. Les situations sont aussi très variables d'un pays à l'autre et selon les périodes au niveau de toute l'économie, et cette variabilité ne semble guère pouvoir s'expliquer par les spécificités nationales ou les modifications, à l'intérieur même d'un pays, dans la répartition sectorielle de l'emploi.

Des indicateurs plus directs de la qualité des emplois ne permettent pas non plus de mettre en évidence aucune dichotomie simple entre le secteur de la production de biens et le secteur des services : les emplois de qualité ne se trouvent pas essentiellement concentrés dans le premier et les emplois de qualité médiocre dans le second. Les emplois de service couvrent toute la gamme des emplois en termes de qualité, que celle-ci s'apprécie au travers des conditions de travail, de la satisfaction au travail ou de la rémunération[28]. Les emplois dans l'hôtellerie et la restauration et dans un certain nombre d'autres sous-secteurs des services aux particuliers obtiennent des évaluations médiocres au regard de plusieurs indicateurs de la qualité de l'emploi, tandis que les emplois dans les services financiers et dans l'administration publique obtiennent généralement des scores assez élevés. Les emplois dans l'agriculture et la construction offrent aussi, souvent, des conditions de travail plus médiocres. Mais cette grande hétérogénéité des situations d'un secteur à l'autre reflète aussi la diversité de la qualité des emplois à l'intérieur même de chaque secteur. Au sein même de chaque secteur, les emplois offrant des conditions de travail médiocres et des rémunérations faibles coexistent avec les emplois qui offrent de bonnes conditions de travail et des rémunérations élevées. En fin de compte, la rémunération qui s'attache à un emploi est davantage liée à la profession qu'au secteur. Le personnel dirigeant et les professionnels occupent des emplois qui offrent des rémunérations élevées, en moyenne, dans presque tous les secteurs, tandis que les ouvriers et employés non qualifiés occupent généralement des emplois qui offrent, en moyenne, de faibles rémunérations.

Il ne semble pas y avoir, non plus, de relation inverse simple entre qualité des emplois et performances sur le plan de l'emploi. Alors que la proportion de la population d'âge actif qui occupe des emplois à bas salaires est plus élevée aux États-Unis que dans la plupart des autres pays de l'OCDE, la proportion de personnes d'âge actif occupant des emplois à hauts salaires y est aussi plus élevée. En outre, la croissance continue de l'emploi dans le secteur des services, dans tous les pays, au cours des années 90, ne s'explique pas par le développement de l'emploi à bas salaires. Dans la plupart des pays, y compris aux États-Unis, la croissance de l'emploi a été plus rapide au niveau des hautes rémunérations qu'au niveau des basses rémunérations ou des rémunérations intermédiaires.

Le type de politiques à mettre en œuvre, dans chaque pays, pour traiter les problèmes de qualité des emplois dépendra de la situation de départ. Diverses options sont envisageables dans les pays où les emplois à bas salaires et à conditions de travail médiocres représentent une part comparativement élevée de l'emploi. On peut donner un coup de pouce aux bas salaires avec des compléments de revenu. Les droits des travailleurs à temps partiel et des intérimaires ou des travailleurs des petites entreprises peuvent être réexaminés au regard des droits des effectifs à temps complet et des effectifs permanents, ainsi que des effectifs des grandes entreprises. Cependant, il faut aussi tenir compte du fait que ce type de mesures risque de fermer des débouchés aux travailleurs peu qualifiés et peu expérimentés. Enfin, il faut encourager les individus et les entreprises à investir davantage dans l'acquisition de compétences. Dans les pays désireux d'améliorer leurs performances sur le plan de l'emploi, la solution ne peut consister à simplement stimuler la création d'emplois de service mal rémunérés, mais passe par la mise en œuvre d'un large éventail de politiques destinées à stimuler l'emploi de façon plus générale. Il peut y avoir lieu de réfléchir aux obstacles qui freinent l'emploi des travailleurs peu qualifiés, tels que des coûts de main-d'œuvre élevés résultant de l'existence d'un salaire minimum légal fixé à un haut niveau et/ou de charges sociales lourdes. Mais il faut aussi améliorer la concurrence sur les marchés de produits et encourager l'entreprenariat de façon plus générale et parvenir à une croissance économique soutenue. Dans un cas comme dans l'autre, on ne saurait imputer la responsabilité de la situation à l'importance des emplois de service de qualité médiocre, que ceux-ci soient jugés trop nombreux ou, à l'inverse, insuffisamment nombreux. La qualité et le volume des emplois dans le secteur des services dépendent du contexte institutionnel et des politiques du marché du travail qui affectent l'emploi dans tous les secteurs.

NOTES

1. Par exemple, en mars 2000, dans l'UE, une proportion sensiblement plus élevée de travailleurs temporaires que de travailleurs permanents ont indiqué être exposés à des conditions de travail médiocres. Étaient évoquées, par exemple, l'obligation de porter de lourdes charges, les positions de travail pénibles, les cadences de travail soutenues, la nécessité de faire des gestes répétitifs, l'absence de maîtrise du rythme de travail et l'absence de formation [Merllié et Paoli (2001)]. Dans certains pays, les avantages non salariaux accordés aux travailleurs à temps partiel sont moindres que ceux dont bénéficient les travailleurs à plein-temps, même calculés au prorata, et l'on constate une moindre fréquence de la formation liée à l'emploi pour les travailleurs à temps partiel que pour les travailleurs à plein-temps, même une fois qu'il a été tenu compte de diverses caractéristiques concernant les emplois et les travailleurs [OCDE (1999)].

2. La façon dont ces caractéristiques sont mesurées influe sur les variations entre pays en ce qui concerne la fréquence générale du travail à temps partiel et du travail temporaire. Afin d'améliorer la comparabilité des résultats, dans le cadre de la présente étude, le travail à temps partiel n'est pas défini sur la base d'une auto-évaluation mais s'entend, pour la plupart des pays, d'une durée habituelle de travail hebdomadaire inférieure à 30 heures. Il y a des différences entre les pays dans la façon de définir les emplois permanents et les emplois temporaires [OCDE (1996)]. Cela peut, dans une certaine mesure, limiter la comparabilité des données relatives à la fréquence générale du travail temporaire, mais cela devrait avoir une incidence moindre sur les comparaisons concernant la fréquence relative du travail temporaire dans les différents secteurs.

3. Voir Murtough et Waite (2000) et Campbell et Burgess (2001) pour un examen plus détaillé des différentes formes d'emploi en Australie et les caractéristiques des travailleurs concernés.

4. La présence d'un nombre relativement restreint de travailleurs ayant une ancienneté élevée dans l'emploi peut avoir une forte incidence sur les données concernant l'ancienneté moyenne. Certains secteurs peuvent enregistrer une forte rotation des effectifs mais conserver, néanmoins, un noyau stable de travailleurs occupant le même emploi pendant une durée extrêmement longue. En pareil cas, l'ancienneté moyenne dans l'emploi continuera d'apparaître fort élevée mais cette situation masquera une grande instabilité et une grande précarité de l'emploi pour certains groupes de travailleurs. Toutefois, lorsqu'on mesure (résultats non indiqués) la fréquence des emplois occupés pendant une courte durée (moins de 12 mois) et celle des emplois occupés pendant une longue durée (10 ans et plus), la configuration sectorielle est, en gros, la même que celle que l'on observe quand on considère l'ancienneté moyenne dans l'emploi, en ce sens que les emplois occupés pendant de courtes durées sont plus répandus dans les secteurs où l'ancienneté moyenne des emplois est peu élevée, et les emplois occupés pendant de longues durées sont plus fréquents dans les secteurs où l'ancienneté moyenne dans l'emploi est élevée.

5. D'après la Deuxième enquête européenne sur les conditions de travail [Fondation européenne (1997)], la proportion de travailleurs de l'UE, en 1995, devant utiliser un ordinateur au moins la moitié du temps était, respectivement, de 68, 42 et 32 % dans les activités d'intermédiation financière, l'immobilier et les services aux entreprises, et l'administration publique, contre 26 % dans les industries manufacturières.

6. D'après Goux et Zamora (2001), en France, les formations en informatique ont représenté un peu plus du quart de l'ensemble des activités de formation prises en charge par les entreprises en 1999.

7. La profession exercée figure dans le tableau 3.1 en tant que caractéristique des travailleurs. On pourrait dire qu'il s'agit davantage d'une caractéristique de l'emploi occupé par un travailleur. Néanmoins, il est intéressant de voir dans quelle mesure il existe une corrélation entre la profession et d'autres aspects des emplois.

8. Si on note s^c la fréquence générale du travail à temps partiel ou temporaire ou l'ancienneté moyenne dans l'emploi dans le pays c, et s^a la moyenne pour tous les pays, la différence $(s^c - s^a)$ peut être décomposée en trois éléments, comme suit :

$$\sum_i (e^c_i - e^a_i) \times s^a_i \qquad (1)$$

$$\sum_i (s^c_i - s^a_i) \times e^a_i \qquad (2)$$

$$\sum_i (e^c_i - e^a_i) \times (s^c_i - s^a_i) \qquad (3)$$

où i renvoie au secteur et e à la part de l'emploi dans ce secteur. L'effet d'interaction apparaît généralement très limité et n'est donc pas présenté en tant que tel sur le graphique 3.2.

9. La décomposition entre ces divers éléments est la même que celle qui était présentée à la note 8, si ce n'est que s^a et e^a indiquent ici, respectivement, la qualité de l'emploi et la part de l'emploi dans le même pays au cours de la période précédente. Comme précédemment, l'effet d'interaction n'est pas présenté en tant que tel sur le graphique 3.3 car il est généralement très limité.

10. Il y a une part de subjectivité dans ces questions relatives aux conditions de travail qui peut influer sur les comparaisons entre pays. Par exemple, ce en quoi consistent des « tâches monotones » peut ne pas être précisément défini ou être laissé à l'appréciation de chaque déclarant.

11. Voir Clark (1997).

12. Un modèle de régression des probits ordonnés a été utilisé dans chaque cas en tenant compte des effets propres aux pays et aux années, outre les diverses caractéristiques des travailleurs et des emplois.

13. L'importance de ces indicateurs plus directs des compétences pour expliquer les écarts de salaire entre les emplois est mise en évidence dans Pierce (1999).

14. Un problème risque de se poser lorsqu'on utilise la rémunération en tant qu'indicateur supplétif de la qualité de l'emploi si l'on se réfère à la théorie des écarts compensés. D'après celle-ci, dans le cas d'emplois comparables du point de vue du niveau de qualification requis, les emplois auxquels sont associées des conditions de travail plus défavorables (supposant des tâches salissantes ou un rythme de travail plus intense) feront l'objet de compensations sous forme de taux de rémunération plus élevés que ceux associés à de meilleurs conditions de travail. En d'autres termes, si l'on s'en tient à la seule rémunération, l'emploi présentant des conditions de travail plus défavorables pourra être classé en tant qu'emploi de meilleure qualité que celui auquel se rattachent de meilleures conditions de travail. Cela étant, même dans ce cas, un niveau de rémunération plus élevé peut lui-même présenter un intérêt supplémentaire en ce sens qu'il confère un statut social plus important qu'un emploi plus faiblement rémunéré, et pourra donc être identifié à juste titre à un emploi de meilleure qualité. On ne sait pas vraiment quelle est l'importance des rétributions compensatrices dans la réalité. Dans une étude américaine récente due à Pierce (1999), un écart de rémunération négatif plutôt que positif est indiqué en ce qui concerne les emplois exigeant davantage d'efforts sur le plan physique que d'autres emplois présentant par ailleurs des aspects observables comparables. Cependant, la même étude signale des écarts de salaire positifs en ce qui concerne les emplois dans lesquels les travailleurs sont soumis à des risques importants. Mais ces deux dimensions de l'emploi, à savoir les exigences d'ordre physique et le milieu de travail, ne contribuent que pour une très faible part à la variation générale des rémunérations entre les emplois. D'autres facteurs semblent beaucoup plus importants tels que les connaissances nécessaires pour occuper un emploi et la complexité de ce dernier, de même que la profession et le secteur d'emploi du travailleur.

15. L'Allemagne n'est pas reprise au tableau 3.6 car on ne dispose généralement pas de données sur les rémunérations horaires à un niveau de détail suffisant dans le secteur des services. Cependant, se fondant sur des données provenant d'enquêtes par sondage et de la sécurité sociale pour l'Allemagne, Freeman et Schettkat (2001) tendent à conclure que les écarts de salaire entre branches sont assez semblables dans la partie occidentale de l'Allemagne et aux États-Unis.

16. En ce qui concerne le Portugal et l'Italie, le niveau beaucoup plus élevé de la rémunération moyenne dans le secteur des services de distribution que dans les industries manufacturières tient peut-être au fait que les données concernant ces deux pays se fondent sur une enquête auprès des établissements dont étaient exclus les établissements employant moins de 10 salariés. Or, les salaires versés par ces établissements sont en général inférieurs à la rémunération moyenne, à la différence de ce que l'on observe dans les établissements plus grands.

17. Un exercice comparable a été réalisé pour les États-Unis par Ilg (1996) et Ilg et Haugen (2000) sur la base de 90 couples secteur/profession.

18. On se souviendra que ces comparaisons se fondent sur des rémunérations moyennes concernant des couples secteur/profession et ne se réfèrent donc pas aux rémunérations de travailleurs individuels. Or, certains travailleurs peuvent percevoir une basse rémunération bien que la rémunération moyenne de l'ensemble des travailleurs appartenant au même couple branche/profession soit relativement élevée.

19. Comme pour la précédente analyse, 76 combinaisons distinctes branche/profession ont été identifiées. Mais on affecte ensuite ces combinaisons branche/profession, dans chaque pays, au même grand groupe salarial que la cellule équivalente aux États-Unis, sur la base de la structure salariale et d'emploi de ce pays en 1999. Il apparaît que les résultats sont relativement insensibles au choix de l'année retenue pour classer les emplois par grands groupes de salaire. On obtient des résultats analogues quand on prend 1995 comme année de référence au lieu de 1999. Il convient toutefois de souligner qu'en raison des difficultés qu'il y a à comparer les données sectorielles et professionnelles d'un pays à l'autre, ces résultats ne doivent pas être pris comme des estimations précises mais comme une indication des grandes différences entre les États-Unis et les autres pays de l'OCDE.

20. Les résultats d'analyses détaillées des différences dans les structures d'emploi, dans le commerce de détail, entre la France et les États-Unis, sont présentés dans Jany-Catrice et Baret (2001).

21. Il y a un certain nombre de limitations dont il convient de tenir compte pour interpréter les résultats de cette analyse. Premièrement, certaines évolutions de l'emploi à l'intérieur d'un groupe peuvent être liées à des fluctuations apparentes touchant le couple branche d'activité/profession dont chaque personne relève. Cependant, sauf changement majeur dans les paramètres de l'enquête (méthode, conception ou classification par branches et professions), cela ne devrait pas affecter les tendances à long terme. Deuxièmement, l'analyse retient une année de référence fixe pour classer les emplois par niveaux de salaire mais les écarts de salaire entre emplois peuvent se modifier avec le temps, ce qui peut modifier la composition des groupes salariaux. Cependant, cela ne devrait pas affecter grandement l'analyse sur une période assez courte.

22. L'augmentation constatée de l'emploi pour chaque grande catégorie ne doit être prise que comme une indication de l'ordre de grandeur de la croissance de l'emploi, et non pas comme une estimation précise. Il y a plusieurs ruptures statistiques, notamment en 1990 et 1994, en raison de l'introduction de nouvelles références de population et d'autres changements dans la méthode d'enquête. Cependant, si ces ruptures affectent les niveaux absolus, elles sont moins susceptibles d'affecter les positions relatives des trois grands groupes du point de vue de la croissance de l'emploi.

23. Les méthodes utilisées dans ces deux études et dans ce chapitre pour classer les emplois par niveaux de salaire sont largement comparables. Cependant, il y a un certain nombre de différences qui peuvent expliquer les écarts sur certains résultats. En particulier, dans les deux études indiquées, les emplois sont classés en fonction de la rémunération hebdomadaire et non de la rémunération horaire. De ce fait, de nombreux travailleurs à temps partiel ont été classés parmi les basses rémunérations, quel que soit leur taux de rémunération horaire. En outre, la classification des emplois par activités et professions est un peu plus détaillée dans ces deux études qu'elle ne l'est dans le présent chapitre.

24. Les données se rapportent à la croissance de l'emploi sur six années, entre 1993 et 1999. On ne dispose pas de données comparables pour l'Europe sur l'emploi par branches d'activité et professions avant 1993.

25. De même, pour les pays de l'UE, la Commission européenne (2000) conclut à une croissance de l'emploi supérieure à la moyenne dans les professions qualifiées et dans les secteurs exigeant un haut niveau de formation. Une situation analogue a été mise en évidence pour l'Australie, dans la Joint Governments' Submission (2001), sur la base d'une analyse des rémunérations moyennes et du volume total d'heures travaillées à un niveau très poussé de désagrégation par professions. La conclusion de ces travaux est qu'en Australie, de 1986 à 2000, la croissance a été régulièrement plus forte sur les hautes rémunérations. En outre, la croissance de l'emploi a concerné les basses rémunérations sur la période 1986-1995 et, sur la période 1996-2000, les rémunérations intermédiaires.

26. Gubian et Ponthieux (2000) parviennent à un résultat un peu différent pour la France. D'après leurs constatations, la part des emplois peu qualifiés s'est légèrement accrue entre 1994 et 2000, après avoir nettement régressé, au moins depuis 1984. Ils établissent un lien entre cette légère augmentation de la part des emplois peu qualifiés et les diverses mesures qui ont été prises depuis 1993 pour alléger les charges sociales sur les basses rémunérations. Les résultats de leur étude ne sont toutefois pas directement comparables à ceux auxquels on est parvenu dans ce chapitre car ils classent les emplois uniquement par professions au lieu de prendre en compte les niveaux de salaire et une classification par secteurs et professions. En outre, l'étude de Gubian et Ponthieux ne porte que sur la croissance de l'emploi salarié et, à l'intérieur de ce groupe, sur le groupe plus restreint des basses qualifications qui représentait moins de 25 % de l'effectif salarié entre 1994 et 2000. Dans le présent chapitre, par contre, on examine la croissance de l'emploi pour tous les travailleurs, et le groupe des basses rémunérations représente en gros un tiers du total.

27. Freeman et Schettkat (2001) effectuent une comparaison de la croissance de l'emploi aux États-Unis et dans la partie occidentale de l'Allemagne sur la période 1970-1995. Ils constatent également que la croissance de l'emploi, aux États-Unis, s'est surtout concentrée aux deux extrêmes de l'échelle des salaires tandis que, pour l'Allemagne, ils observent un léger déclin de l'emploi à bas salaires, une stagnation des emplois assortis de rémunérations élevées et une croissance modeste de l'emploi juste en dessous du salaire moyen. Ils réfutent également l'interprétation selon laquelle la croissance de l'emploi dans le secteur des services aurait surtout concerné les activités à bas salaires. Enfin, ils ne parviennent pas véritablement à établir de lien entre les différences dans la structure de la croissance de l'emploi entre les États-Unis et l'Allemagne et les différences dans la structure salariale et l'évolution des salaires relatifs par secteurs.

28. Meisenheimer II (1998) parvient au même type de conclusion pour les États-Unis en procédant à une comparaison entre secteurs des rémunérations, des prestations salariales, de la sécurité de l'emploi, de la structure par professions et de la sécurité au travail.

Annexe 3.A

Classification sectorielle

Pour les données sur le travail à temps partiel et temporaire, l'ancienneté dans l'emploi, la formation et les salaires (tableau 3.6 seulement), la classification sectorielle est la même que celle qui avait été utilisée, l'an passé, dans le chapitre sur les services [OCDE (2000)]. La correspondance entre ces neuf grands secteurs et sous-secteurs et les codes CITI rév. 3 et NACE rév. 1 (niveau à deux chiffres) est donnée dans le tableau 3.A.1. Dans les autres cas, la ventilation sectorielle se fonde principalement sur le niveau à un chiffre de la CITI rév. 3.

Tableau 3.A.1. **Définition des secteurs utilisée dans l'analyse de l'emploi à temps partiel et le travail temporaire, l'ancienneté moyenne dans l'emploi et la formation**

Secteur	CITI rév. 3/NACE rév. 1
Agriculture, chasse et sylviculture	01, 02, 05
Industries extractives	10 à 14
Industries manufacturières	15 à 37
Électricité, gaz et eau	40 à 41
Construction	45
Services aux producteurs	
Services aux entreprises et services professionnels	71 à 74
Services financiers	65, 67
Assurances	66
Immobilier	70
Services de distribution	
Commerce de détail	50, 52
Commerce de gros	51
Transports	60 à 63
Communications	64
Services aux particuliers	
Hôtels et restaurants	55
Activités récréatives et services culturels	92
Services domestiques	95
Autres services aux particuliers	93
Services sociaux	
Administration publique générale	75, 99
Services de santé	85
Éducation	80
Services sociaux divers	90 à 91

Annexe 3.B

Caractéristiques des emplois par secteurs et pays : tableaux détaillés

Les données par pays correspondant au graphique 3.1 figurent ci-dessous dans les tableaux 3.B.1 à 3.B.4.

Tableau 3.E.1. Importance relative de l'emploi à temps partiel par secteur, 1999[a]

Rapport de la fréquence de l'emploi à temps partiel dans chaque secteur à la fréquence moyenne pour tous les secteurs

	Total	Secteur de la production de biens					Secteur des services					Incidence en pourcentage Tous secteurs
		Agriculture, chasse et sylviculture	Industries extractives	Industries manufacturières	Électricité, gaz et eau	Construction	Total	Services aux producteurs	Services de distribution	Services aux particuliers	Services sociaux	
Australie[b]	0.49	0.90	0.10	0.38	0.15	0.49	1.18	0.87	1.18	1.48	1.24	26.2
Autriche	0.50	0.81	0.79	0.48	0.21	0.33	1.28	1.35	1.28	1.62	1.12	12.3
Belgique	0.27	0.57	0.16	0.26	0.21	0.22	1.30	0.64	0.73	1.39	1.90	20.1
Canada[c]	0.51	0.97	0.18	0.47	0.11	0.47	1.21	0.99	1.11	1.81	1.15	18.7
République tchèque[c]	0.58	0.89	0.10	0.65	0.45	0.31	1.37	1.19	1.21	1.51	1.57	5.7
Danemark	0.49	0.78	..	0.52	0.37	0.28	1.22	0.81	1.17	2.41	1.22	15.3
Finlande	0.57	1.33	1.01	0.41	0.06	0.41	1.23	1.15	1.10	2.22	1.10	9.4
France	0.33	0.91	0.13	0.27	0.19	0.24	1.29	0.79	0.69	2.18	1.67	14.7
Allemagne	0.50	0.79	0.15	0.53	0.28	0.34	1.30	1.20	1.22	1.65	1.30	17.2
Grèce	0.64	1.16	0.07	0.28	0.00	0.31	1.24	0.47	0.34	1.23	2.74	7.9
Irlande	0.34	0.61	..	0.29	0.19	0.28	1.36	0.72	1.12	1.94	1.70	18.3
Italie	0.44	0.88	0.21	0.38	0.26	0.34	1.34	0.95	0.64	1.59	2.11	11.9
Japon[c, d]	0.88	1.76	..	0.79	0.80	0.63	1.07	1.06	0.98	1.35	1.06	23.5
Corée[c, d]	1.15	1.88	0.19	0.58	0.18	1.46	0.90	0.63	0.64	0.93	1.67	6.8
Luxembourg	0.36	1.11	..	0.27	0.58	0.34	1.21	0.75	0.79	2.05	1.55	12.1
Pays-Bas	0.43	0.83	0.32	0.44	0.28	0.21	1.10	0.73	1.00	1.64	1.25	30.5
Nouvelle-Zélande[c]	0.57	0.98	0.10	0.43	0.24	0.44	1.21	0.94	1.09	1.66	1.28	23.5
Norvège[e]	0.52	0.92	0.27	0.53	0.30	0.32	1.17	0.69	1.01	1.46	1.37	26.4
Portugal	0.98	2.95	..	0.29	0.28	0.26	1.02	0.87	0.57	1.95	0.96	9.4
Espagne	0.41	0.86	0.24	0.38	0.28	0.17	1.36	1.34	0.86	2.85	0.99	7.9
Suède	0.53	1.48	..	0.45	0.20	0.36	1.18	0.83	1.05	1.68	1.30	16.2
Suisse	0.51	0.90	..	0.48	0.41	0.37	1.21	0.84	0.89	1.48	1.59	25.9
Royaume-Uni	0.34	0.74	0.11	0.33	0.26	0.29	1.25	0.78	1.21	1.94	1.34	22.9
États-Unis	0.37	1.27	0.10	0.26	0.15	0.37	1.22	0.80	1.17	2.18	1.13	12.9
Moyenne OCDE[f]	**0.53**	**1.10**	**0.25**	**0.42**	**0.27**	**0.38**	**1.22**	**0.89**	**0.96**	**1.76**	**1.43**	**16.5**

.. Données non disponibles.
a) L'emploi à temps partiel se réfère à un horaire hebdomadaire de travail habituel inférieur à 30 heures, sauf indication contraire.
b) 1998 au lieu de 1999.
c) L'emploi à temps partiel se réfère à un horaire hebdomadaire de travail habituel inférieur à 35 heures.
d) L'emploi à temps partiel se réfère à un horaire hebdomadaire effectif inférieur à 35 heures. Les services d'assainissement et les activités associatives (secteurs 90 et 91 de la CITI rév. 3) sont inclus dans les services aux particuliers au lieu des services sociaux.
e) L'emploi à temps partiel comprend les personnes qui travaillent l'habituellement entre 30 heures et moins de 37 heures par semaine et se déclarent travailleurs à temps partiel.
f) Moyenne non pondérée des pays figurant dans le tableau.
Sources : Pays de l'UE : Enquête communautaire sur les forces de travail (données communiquées par EUROSTAT) ; États-Unis : estimations de l'OCDE effectuées à partir du panel rotatif permanent de la *Current Population Survey* ; autres pays : données communiquées par les autorités nationales de la statistique sur la base de leurs enquêtes nationales sur la population active.

128 – Perspectives de l'emploi de l'OCDE

Tableau 3.B.2. Importance relative de l'emploi temporaire par secteur, 1999[a]

Rapport de la fréquence de l'emploi temporaire dans chaque secteur à la fréquence moyenne pour tous les secteurs

	Total	Secteur de la production de biens					Secteur des services					Incidence en pourcentage Tous secteurs
		Agriculture, chasse et sylviculture	Industries extractives	Industries manufacturières	Électricité, gaz et eau	Construction	Total	Services aux producteurs	Services de distribution	Services aux particuliers	Services sociaux	
Australie[b]	0.75	1.98	0.08	0.54	0.25	1.04	1.07	0.83	1.31	1.77	0.68	23.3
Australie[b]	0.54	0.38	2.09	0.39	1.83	0.45	1.13	0.88	0.29	0.89	2.25	4.2
Autriche	1.06	1.55	0.73	0.85	0.82	1.55	0.97	0.69	0.96	1.87	0.81	7.9
Belgique	0.71	1.80	1.25	0.72	0.56	0.50	1.12	0.91	0.52	2.35	1.38	10.3
Canada[c]	0.91	3.03	0.72	0.53	0.65	1.94	1.04	0.96	0.73	1.32	1.20	11.8
République tchèque[c]	0.79	0.98	0.62	0.83	0.69	0.62	1.19	1.00	0.80	1.25	1.65	6.0
Danemark	0.97	2.53	..	0.69	0.65	1.41	1.01	0.59	0.77	1.58	1.21	10.1
Finlande	0.79	1.72	0.84	0.63	0.31	1.10	1.09	0.73	0.70	1.43	1.40	18.2
France	0.96	1.52	0.18	0.89	0.52	1.16	1.02	0.83	0.80	1.21	1.18	14.0
France[d]	2.00	0.25	0.85	2.10	0.76	2.32	0.45	0.52	0.63	0.17	0.11	3.0
Allemagne	0.92	1.97	0.63	0.76	0.83	1.19	1.05	0.85	0.86	1.36	1.20	12.7
Grèce	1.07	2.98	0.44	0.66	0.23	1.97	0.97	0.74	0.66	2.58	0.65	13.0
Irlande	0.69	1.02	1.35	0.53	0.48	1.05	1.15	0.69	1.01	2.31	1.01	4.9
Italie	0.99	3.71	0.30	0.63	0.50	1.40	1.01	0.86	0.87	1.88	0.93	9.9
Japon[c, e]	0.72	1.97	..	0.64	0.24	0.86	1.15	0.94	1.11	1.81	0.84	11.4
Luxembourg	0.56	2.16	..	0.41	0.00	0.75	1.12	0.83	1.11	1.53	1.21	3.3
Pays-Bas	0.71	1.86	0.45	0.73	0.55	0.39	0.89	0.79	0.85	2.38	0.67	12.0
Norvège	0.71	1.64	0.34	0.63	0.91	0.69	1.09	0.61	0.73	1.43	1.41	10.6
Portugal	0.91	1.69	0.95	0.65	0.64	1.41	1.07	1.14	1.02	1.48	0.91	18.7
Espagne	1.24	1.87	0.64	0.87	0.44	1.88	0.86	0.76	0.92	1.22	0.66	32.7
Suède	0.57	1.28	0.26	0.52	0.15	0.74	1.16	0.86	0.84	1.96	1.30	13.9
Suisse	0.85	1.97	..	0.61	0.99	1.34	1.06	0.84	0.84	1.48	1.21	11.7
Royaume-Uni	0.72	1.46	0.76	0.60	1.07	1.00	1.10	0.98	0.60	1.57	1.42	6.8
États-Unis[f]	0.81	2.46	0.60	0.50	0.72	1.41	1.06	1.18	0.53	1.16	1.38	4.5
Moyenne OCDE[g]	**0.84**	**1.96**	**0.62**	**0.66**	**0.55**	**1.15**	**1.06**	**0.85**	**0.84**	**1.68**	**1.10**	**12.2**

.. Données non disponibles.
a) Les données portent uniquement sur les salariés.
b) Les données de la première ligne pour l'Australie portent sur les travailleurs qui n'ont droit ni aux congés payés ni aux congés de maladie et qui se considèrent comme travailleurs occasionnels. Les données ne sont pas strictement comparables à celles des autres pays car elles prennent en compte une proportion significative de travailleurs exerçant un emploi « continu » dont la date de fin n'est pas précisée. Les données de la seconde ligne portent sur les travailleurs sous contrat à durée déterminée. Dans les deux cas, les données portent sur 2000.
c) 1998 au lieu de 1999.
d) Les données portent uniquement sur l'emploi dans les agences de travail temporaire.
e) Les services d'assainissement et les activités associatives (secteurs 90 et 91 de la CITI rév. 3) sont inclus dans les services aux particuliers au lieu des services sociaux.
f) Les données pour les États-Unis portent sur les travailleurs « d'appoint », c'est-à-dire tous les travailleurs qui s'attendent à ce que leur emploi prenne fin dans un avenir proche pour des raisons économiques (et non personnelles).
g) Moyenne non pondérée des pays figurant dans le tableau ; première ligne uniquement pour l'Australie et la France.
Sources : Australie : ABS, *Employment Arrangements and Superannuation*, avril à juin 2000, catalogue n° 6361.0 : pays de l'UE : Enquête communautaire sur les forces du travail (données communiquées par EUROSTAT) et, pour la France (deuxième ligne), « Le travail temporaire au premier semestre 2000 : nouvelle accélération », *Premières informations*, DARES, n° 08.1, février 2001 : États-Unis : estimations de l'OCDE effectuées sur la base des données du supplément « Contingent workers » de la *Current Population Survey* ; autres pays : données communiquées par les autorités nationales sur la base de leurs enquêtes nationales sur la population active.

Tableau 3.B.2. **Différences sectorielles de l'ancienneté moyenne dans l'emploi, 1999**[a]

Rapport de l'ancienneté moyenne pour chaque secteur à l'ancienneté moyenne pour tous les secteurs

	Total	Secteur de la production de biens					Secteur des services					Niveau (années) Tous secteurs
		Agriculture, chasse et sylviculture	Industries extractives	Industries manu-facturières	Électricité, gaz et eau	Construction	Total	Services aux producteurs	Services de distribution	Services aux particuliers	Services sociaux	
Australie[b]	1.22	1.72	1.20	1.11	1.66	1.10	0.92	0.80	0.87	0.78	1.16	6.9
Autriche[c]	1.12	1.65	1.30	1.01	1.51	0.90	0.92	0.93	0.88	0.76	1.03	10.6
Belgique	1.02	1.27	1.04	1.04	1.37	0.83	0.99	0.88	0.97	0.80	1.09	11.7
Canada[d]	1.13	1.74	1.11	1.04	1.70	0.91	0.94	0.83	0.90	0.61	1.21	8.1
Danemark	1.07	1.54	0.97	1.01	1.54	0.97	0.97	1.00	0.94	0.71	1.02	8.5
Finlande	1.13	1.53	1.16	1.09	1.71	0.77	0.93	0.85	0.95	0.69	1.01	10.1
France	1.09	1.33	1.55	1.09	1.44	0.90	0.96	0.87	0.92	0.63	1.12	11.2
Allemagne	1.07	1.33	1.61	1.11	1.38	0.83	0.96	0.88	0.94	0.69	1.08	10.3
Grèce	1.28	1.84	0.50	0.83	1.13	0.92	0.81	0.76	0.82	0.56	0.95	13.3
Irlande	1.14	1.98	1.42	0.88	1.98	0.79	0.92	0.75	0.90	0.56	1.24	9.4
Italie	0.97	1.27	1.12	0.93	1.28	0.85	1.02	0.93	1.01	0.76	1.16	12.1
Luxembourg	1.16	1.65	1.43	1.37	1.40	0.74	0.95	0.82	0.93	0.73	1.10	10.9
Pays-Bas	1.20	1.62	1.39	1.12	1.73	1.11	0.93	0.81	0.86	0.74	1.10	9.6
Portugal	1.11	1.93	0.82	0.90	1.14	0.61	0.90	0.73	0.91	0.74	1.03	11.8
Espagne	1.02	1.39	1.13	1.08	1.48	0.62	0.99	0.91	0.97	0.70	1.23	10.1
Suède	1.11	1.48	1.48	1.06	1.47	1.04	0.96	0.79	0.92	0.61	1.10	11.5
Suisse	1.25	1.88	1.49	1.14	1.04	1.06	0.90	0.84	0.96	0.81	0.92	9.4
Royaume-Uni	1.17	1.78	1.27	1.11	1.46	1.15	0.94	0.85	0.87	0.68	1.12	8.3
États-Unis[e]	1.19	0.88	1.48	1.28	1.88	0.85	0.94	0.79	0.91	0.59	1.18	6.7
Moyenne OCDE[f]	**1.13**	**1.57**	**1.25**	**1.06**	**1.49**	**0.89**	**0.94**	**0.84**	**0.92**	**0.69**	**1.10**	**10.0**

a) Les données portent sur les salariés, sauf pour l'Australie et le Canada où elles se réfèrent à toutes les personnes ayant un emploi.
b) Les données sont des estimations de l'OCDE et portent sur 2000. Les données originales portent sur la distribution des travailleurs par intervalle d'ancienneté. L'ancienneté moyenne a été calculée à l'aide des points médians des intervalles fermés et sur l'hypothèse d'un point médian de 27.5 années pour l'intervalle de 20 ans et plus.
c) Les données portent sur 1995.
d) Les données portent sur 1998.
e) Les données portent sur 2000.
f) Moyenne non pondérée des pays figurant dans le tableau.
Sources : Australie : ABS, *Labour Mobility, Australia*, août 2000, catalogue n° 6209.0 ; pays de l'UE : Enquête communautaire sur les forces du travail (données communiquées par EUROSTAT) ; États-Unis : estimations de l'OCDE effectuées sur la base des données du supplément « Job tenure » de la *Current Population Survey* ; autres pays : données communiquées par les autorités nationales sur la base de leurs enquêtes nationales sur la population active.

Tableau 3.B.4. Importance relative de la formation professionnelle continue par secteur, 1997[a]

Rapport de la fréquence de la formation dans chaque secteur à la fréquence moyenne pour tous les secteurs

	Total	Secteur de la production de biens					Secteurs des services					Incidence en pourcentage Tous secteurs
		Agriculture, chasse et sylviculture	Industries extractives	Industries manu-facturières	Électricité, gaz et eau	Construc-tion	Total	Services aux producteurs	Services de distribution	Services aux particuliers[b]	Services sociaux[c]	
Autriche	0.72	0.43	0.47	0.80	1.38	0.45	1.13	1.21	0.94	0.69	1.43	7.9
Belgique	0.58	0.38	1.80	0.55	1.69	0.44	1.19	1.48	0.75	0.90	1.38	3.4
Danemark	0.60	0.15	0.91	0.65	1.43	0.39	1.17	1.28	0.74	1.06	1.35	18.4
Finlande	0.70	0.67	0.28	0.77	1.00	0.41	1.14	1.53	0.71	0.97	1.30	18.0
France[d]	0.49	0.24	0.84	0.57	0.75	0.22	1.21	1.11	0.58	0.86	1.74	1.9
Allemagne	0.71	0.47	0.50	0.73	1.40	0.62	1.18	1.27	0.62	0.93	1.64	4.2
Grèce	0.68	0.00	0.34	0.63	1.25	0.00	1.21	1.69	0.71	0.42	1.63	0.7
Hongrie	0.50	0.21	0.48	0.56	0.79	0.33	1.32	2.11	0.78	0.94	1.64	4.2
Islande	0.62	0.32	0.00	0.62	1.72	0.77	1.17	1.25	0.80	0.83	1.42	14.0
Irlande	0.77	0.22	0.82	0.86	1.20	0.59	1.11	1.52	0.60	0.55	1.46	6.6
Italie	0.46	0.20	0.58	0.50	1.21	0.25	1.33	1.17	0.74	0.65	1.87	3.8
Luxembourg	0.63	0.00	0.00	1.02	0.00	0.07	1.16	1.84	0.72	0.43	1.21	2.5
Pays-Bas	0.88	0.59	1.62	0.91	1.26	0.77	1.05	1.40	0.83	0.89	1.07	14.9
Norvège	0.82	0.19	1.21	0.83	1.32	0.74	1.06	1.12	0.81	0.66	1.27	11.7
Portugal	0.38	0.11	0.77	0.41	0.59	0.31	1.36	2.24	0.68	0.40	1.85	3.2
Espagne	0.38	0.22	0.00	0.46	1.08	0.21	1.34	1.37	0.61	0.79	2.10	3.1
Suède	0.92	0.77	0.61	0.93	1.61	0.75	1.03	1.14	0.82	0.76	1.14	18.3
Royaume-Uni	0.71	0.37	0.93	0.69	1.61	0.67	1.11	1.12	0.65	0.73	1.54	14.2
Moyenne OCDE[e]	**0.65**	**0.31**	**0.66**	**0.70**	**1.21**	**0.46**	**1.18**	**1.46**	**0.74**	**0.74**	**1.49**	**8.8**

.. Données non disponibles.
a) La fréquence se réfère à la proportion d'employés âgés de 25 à 54 ans qui ont suivi une formation au cours des 4 dernières semaines ; la formation se réfère à l'enseignement ou la formation suivis pour une autre raison que la formation professionnelle initiale ou complémentaire.
b) Comprend les services d'assainissement et les activités associatives (secteurs 90 et 91 de la CITI rév. 3).
c) Ne comprend pas les services d'assainissement et les activités associatives (secteurs 90 et 91 de la CITI rév. 3).
d) Les données portent sur la formation suivie à l'époque de l'enquête, alors que les autres pays utilisent comme référence toute période au cours des 4 semaines précédentes.
e) Moyenne non pondérée des pays figurant dans le tableau, à l'exception de la France.
Source : Enquête communautaire sur les forces de travail (données communiquées par EUROSTAT).

Annexe 3.C

Emploi par niveau de salaire : sources, méthodes et tableaux complémentaires

Cette annexe décrit plus en détail la façon dont la distribution de l'emploi par niveaux de salaire a été calculée, et indique les sources et définitions des données sur lesquelles on s'appuie. Elle contient aussi des tableaux complémentaires concernant la distribution par branches d'activité et professions de l'emploi par niveaux de salaire (ce qui correspond au tableau 3.7), et concernant l'écart d'emploi par niveaux de salaire et branches d'activité entre les États-Unis et différents pays de l'OCDE (ce qui correspond au tableau 3.8 et au graphique 3.5).

Méthodologie

La même méthodologie a été appliquée pour tous les pays pour lesquels la distribution de l'emploi par niveaux de salaire a été estimée.

On a commencé par identifier les 76 mêmes couples distincts branche d'activité/profession pour chaque pays. On s'est fondé pour cela sur les ventilations CITI et CITP, au niveau des rubriques à un chiffre (voir tableau 3.C.1 pour plus de détails). Il a fallu regrouper certaines catégories en raison de la taille relativement restreinte de l'échantillon utilisé pour les pays de l'UE (Panel communautaire des ménages), de sorte qu'il n'a pas été possible de calculer les rémunérations horaires pour certains couples branche d'activité/profession au niveau des rubriques à un chiffre.

Pour analyser la croissance et la distribution de l'emploi par niveaux de salaire, on a ensuite calculé les rémunérations horaires moyennes pour chaque couple branche d'activité/profession sur la base des données de rémunération horaire pour chaque pays en 1995. Pour analyser l'écart d'emploi entre les États-Unis et les autres pays de l'OCDE, on s'est fondé sur la structure salariale des États-Unis pour classer les emplois par niveaux de salaire, de sorte que les rémunérations horaires n'ont été calculées que pour 1999 pour les États-Unis uniquement.

Enfin, chaque couple branche d'activité/profession a été affecté à l'un des trois groupes (niveau de rémunération faible, intermédiaire ou élevé) de taille à peu près égale en termes de part dans l'emploi. Pour cela, on a calculé l'emploi total en allant des couples branche d'activité/profession auxquels est associée une faible rémunération à ceux auxquels est associée une rémunération élevée. Un couple branche d'activité/profession était affecté à un groupe salarial supérieur dès lors que l'écart entre le total cumulé en cours de calcul et un sous ou les deux tiers de l'emploi total représentait plus de la moitié de l'effectif correspondant à ce couple. Par conséquent, l'emploi à chaque grand niveau de salaire correspond en gros à un tiers de l'emploi total au cours de l'année par rapport à laquelle les couples branche d'activité/profession sont classés en fonction de la rémunération horaire moyenne, mais la situation peut être différente les autres années.

Sources et définitions

Pour les données relatives à l'emploi total, les sources sont l'Enquête communautaire sur les forces de travail pour les pays de l'UE (données fournies par Eurostat), la *Current Population Survey* pour les États-Unis (estimations de l'OCDE sur la base des données provenant du Panel rotatif permanent) et les enquêtes nationales sur la population active pour les autres pays (données fournies par les autorités nationales). Il pouvait arriver, pour certains pays et pour certaines années, qu'on ne connaisse pas la branche d'activité ou la profession à laquelle appartenait un nombre relativement restreint d'actifs occupés. En ce cas, on a procédé par itérations en affectant ces personnes à un couple branche d'activité/profession dans les proportions connues pour les différentes branches et professions. Dans le cas de l'Irlande, on avait des données concernant l'emploi par branches d'activité pour 1999 mais pas par professions. On a donc procédé par estimation sur la base de la ventilation branches d'activité/professions pour 1997.

Pour les données relatives aux rémunérations horaires, les sources sont le Panel communautaire des ménages (PCM) pour les pays de l'UE (estimations de l'OCDE sur la base des données provenant du PCM), la *Current Population Survey* pour les États-Unis (estimations de l'OCDE sur la base des données provenant du Panel rotatif permanent) et l'Enquête suisse sur la population active (données fournies par l'Office fédéral de la statistique).

Pour les États-Unis, la rémunération horaire correspond soit à la rémunération horaire des salariés payés à l'heure, soit à la rémunération hebdomadaire habituelle des salariés divisée par le nombre d'heures de travail qu'ils effectuent habituellement au cours d'une semaine. Dans tous les cas, les données se rapportent à la rémunération brute. Un certain nombre d'ajustements ont été apportés aux données, comme suggéré dans Mishel *et al.* (2001). Certaines observations n'ont pas été prises en compte lorsque la rémunération horaire était ou bien inférieure à 0.5 dollar ou bien supérieure à 100 dollars (CPI-U-X1, dollars de 1989), et lorsque le volume habituel hebdomadaire d'heures de travail signalé se situait en dehors de la fourchette 1-99. On a aussi calculé des montants de revenus imputés pour le nombre relativement restreint d'observations affectées par le plafonnement des valeurs maximales.

Pour les pays de l'UE, la rémunération horaire correspond à la rémunération mensuelle nette (nette uniquement des cotisations de sécurité sociale dans le cas de la France) divisée par le nombre habituel d'heures de travail au cours d'une semaine. Afin de corriger en partie des observations qui pouvaient être trompeuses et en raison de l'étroitesse de l'échantillon, on a calculé une moyenne des revenus d'activité sur la base des éditions 1994, 1995 et 1996 de l'enquête PCM. Les données pour 1994 et 1996 ont été ramenées aux niveaux pour 1995 par division de la progression globale de la rémunération horaire moyenne entre chacune de ces années et 1995.

Pour la Suisse, on a calculé la rémunération horaire en divisant la rémunération annuelle brute par 52, puis par le nombre d'heures de travail habituellement effectuées au cours d'une semaine. Certaines observations n'ont pas été retenues lorsque la rémunération horaire était ou inférieure à 2 francs suisses ou supérieure à 200 francs suisses.

Tableau 3.C.1. **Répartition de l'emploi par niveau de salaire dans l'Union européenne, 1999**[a]

Pourcentage des emplois à chaque niveau de salaire (bas/moyen/élevé) dans chaque groupe secteurs/profession

Secteurs (CITI rév. 3)	Professions (groupes CITP-88) Cadres supérieurs et prof. intellectuelles (1 + 2)	Professions intermédiaires (3)	Employés administratifs (4)	Personnel des services et vendeurs (5)	Artisans et ouvriers de l'artisanat (6 + 7)	Conducteurs de machines (8)	Ouvriers et employés non qualifiés (9)	Personnel administratif et des services (4 + 5)	Travailleurs manuels (6 + 7 + 8 + 9)	Ouvriers qualifiés et non qualifiés (8 + 9)	Total
Emplois à bas salaire											
Agriculture (A + B)	0.2	0.2						0.3	10.7		11.3
Industries extractives et électricité, gaz et eau (C + E)	0.0	0.0			0.0			0.0		0.0	0.0
Industries manufacturières (D)	0.0	0.0	0.0	0.8	5.1	0.0	4.4				10.4
Construction (F)	0.1	0.4			0.9	0.9	1.7	0.6			4.6
Commerce de gros et de détail (G)	0.0	1.9	5.7	14.4	4.0	1.6	2.9				30.6
Hôtels et restaurants (H)	0.8	0.1	0.2	7.5					1.6		10.2
Transports et communications (I)	0.0	0.0	0.1	0.2	0.0	2.7	0.5				3.5
Intermédiation financière (J)	0.0	0.0						0.0	0.1		0.1
Immobilier et activité de services aux entreprises (K)	0.0	0.0	1.1	0.7	0.3	0.4	3.7				6.1
Administration publique (L)	0.0	0.0	0.6	0.1	0.3	0.1	1.1				2.1
Éducation (M)	0.0	0.0	0.3	1.2					1.8		3.3
Santé et action sociale (N)	0.0	0.0	1.2	4.9					1.5		7.5
Autres services collectifs, sociaux et personnel (O + P + Q)	0.0	0.7	0.3	4.2	0.6	0.5	3.8				10.2
Total	**1.0**	**3.2**	**9.5**	**33.9**	**11.3**	**6.2**	**18.3**	**0.9**	**15.7**	**0.0**	**100.0**
Emplois à salaire moyen											
Agriculture (A + B)	0.1	0.0						0.1	2.0		2.3
Industries extractives et électricité, gaz et eau (C + E)	0.0	0.2			0.4			0.2		0.4	1.2
Industries manufacturières (D)	0.0	0.4	4.1	0.8	15.2	14.1	0.0				34.6
Construction (F)	0.0	0.6			13.6	0.6	0.3	0.9			15.9
Commerce de gros et de détail (G)	0.0	2.6	1.1	0.5	2.1	0.1	0.1				6.4
Hôtels et restaurants (H)	0.4	0.1	0.2	0.0					0.1		0.8
Transports et communications (I)	0.0	0.0	3.6	0.4	0.5	1.4	0.6				6.4
Intermédiation financière (J)	0.0	0.0						3.6	0.1		3.7
Immobilier et activité de services aux entreprises (K)	0.0	2.2	3.6	0.1	0.9	0.0	0.0				6.8
Administration publique (L)	0.0	0.1	2.6	1.8	0.8	0.3	0.7				6.2
Éducation (M)	0.0	1.4	0.8	0.1					0.3		2.5
Santé et action sociale (N)	0.0	5.9	1.2	2.7					1.0		10.8
Autres services collectifs, sociaux et personnel (O + P + Q)	0.0	0.2	1.2	0.1	0.3	0.1	0.5				2.4
Total	**0.5**	**13.6**	**18.5**	**6.3**	**33.7**	**16.6**	**2.2**	**4.8**	**3.5**	**0.4**	**100.0**
Emplois à salaire élevé											
Agriculture (A + B)	0.4	0.0						0.0	0.0		0.4
Industries extractives et électricité, gaz et eau (C + E)	0.5	0.4			0.7			0.3		0.2	2.2
Industries manufacturières (D)	8.0	6.4	1.8	0.0	0.0	0.0	0.0				16.2
Construction (F)	2.2	0.2			0.6	0.0	0.0	0.0			3.1
Commerce de gros et de détail (G)	8.3	0.8	0.0	0.0	0.0	0.0	0.0				9.1
Hôtels et restaurants (H)	1.4	0.1	0.0	0.0					0.0		1.5
Transports et communications (I)	2.0	1.9	1.3	0.1	0.5	2.1	0.0				8.0
Intermédiation financière (J)	2.2	2.7						1.3	0.0		6.3
Immobilier et activité de services aux entreprises (K)	8.9	3.1	0.0	0.0	0.0	0.0	0.0				12.0
Administration publique (L)	4.3	4.4	1.8	1.3	0.1	0.1	0.0				12.1
Éducation (M)	12.6	1.5	0.2	0.0					0.0		14.3
Santé et action sociale (N)	6.8	2.8	0.1	0.0					0.0		9.7
Autres services collectifs, sociaux et personnel (O + P + Q)	3.4	1.3	0.4	0.0	0.0	0.1	0.0				5.1
Total	**61.2**	**25.8**	**5.5**	**1.4**	**1.9**	**2.3**	**0.1**	**1.6**	**0.0**	**0.2**	**100.0**

a) Pour chaque pays, les emplois (c'est-à-dire les emplois dans les 76 couples secteur/profession) sont classés en fonction du salaire horaire moyen en 1995, puis répartis en trois groupes de taille égale en termes de part d'emploi. Les données concernant l'UE sont des moyennes pondérées de tous les pays de l'Union à l'exception du Luxembourg et de la Suède.

Sources : Estimations de l'OCDE effectuées sur la base des données du Panel communautaire des ménages et de l'Enquête communautaire sur les forces de travail.

Tableau 3.C.2. **Répartition des emplois par niveau de salaire dans les pays européens, 1995**

Nombre de pays (sur un maximum de 13) dans chaque couple secteur/profession par niveau de salaire

Secteurs (CITI rév. 3)	Professions (groupes CITP-88)	Cadres supérieurs et prof. intellectuelles (1+2)	Professions intermédiaires (3)	Employés administratifs (4)	Personnel des services et vendeurs (5)	Artisans et ouvriers de l'artisanat (6+7)	Conducteurs de machines (8)	Ouvriers et employés non qualifiés (9)	Personnel administratif et des services (4+5)	Travailleurs manuels (6+7+8+9)	Ouvriers qualifiés et non qualifiés (8+9)	Total	En % du nombre maximum de cas possibles
Emplois à bas salaire													
Agriculture (A + B)		3	4						9	12		28	54
Industries extractives et électricité, gaz et eau (C + E)		0	0			0			0		1	1	2
Industries manufacturières (D)		0	0	1	8	2	0	12				23	25
Construction (F)		1	1			2	4	9	5			22	28
Commerce de gros et de détail (G)		0	1	8	12	9	10	12				52	57
Hôtels et restaurants (H)		5	4	8	13					12		42	66
Transports et communications (I)		0	0	1	3	1	5	6				16	18
Intermédiation financière (J)		0	0							5		5	10
Immobilier et activité de services aux entreprises (K)		0	0	4	10	5	6	13				38	42
Administration publique (L)		0	0	2	1	2	3	6				14	15
Éducation (M)		0	1	3	10					9		23	35
Santé et action sociale (N)		0	0	2	9					7		18	28
Autres services collectifs, sociaux et personnel (O + P + Q)		0	1	2	12	6	6	11				38	42
Total		**9**	**12**	**31**	**78**	**27**	**34**	**69**	**14**	**45**	**1**	**320**	**32**
En % du nombre maximum de cas possibles		5	7	26	67	26	37	76	27	69	8	32	
Emplois à salaire moyen													
Agriculture (A + B)		4	5						4	1		14	27
Industries extractives et électricité, gaz et eau (C + E)		0	1			6			5		5	17	26
Industries manufacturières (D)		0	2	10	5	11	13	1				42	46
Construction (F)		0	4			9	9	3	8			33	42
Commerce de gros et de détail (G)		0	6	5	1	4	3	1				20	22
Hôtels et restaurants (H)		4	7	4						1		16	25
Transports et communications (I)		0	0	6	6	6	6	6				30	33
Intermédiation financière (J)		0	1						8	5		14	27
Immobilier et activité de services aux entreprises (K)		0	6	9	2	7	3					27	30
Administration publique (L)		0	2	6	6	9	7	5				35	38
Éducation (M)		0	5	9	3					4		21	32
Santé et action sociale (N)		0	7	10	4					6		27	42
Autres services collectifs, sociaux et personnel (O + P + Q)		0	2	9	1	7	5	2				26	29
Total		**8**	**48**	**68**	**28**	**59**	**46**	**18**	**25**	**17**	**5**	**322**	**33**
En % du nombre maximum de cas possibles		5	28	58	24	57	51	20	48	26	38	33	
Emplois à salaire élevé													
Agriculture (A + B)		6	4						0	0		10	19
Industries extractives et électricité, gaz et eau (C + E)		13	12			7			8		7	47	72
Industries manufacturières (D)		13	11	2	0	0	0	0				26	29
Construction (F)		12	8			2	0	1	0			23	29
Commerce de gros et de détail (G)		13	6	0	0	0	0	0				19	21
Hôtels et restaurants (H)		4	2	1	0					0		7	11
Transports et communications (I)		13	13	6	4	6	2	1				45	49
Intermédiation financière (J)		13	12						5	3		33	63
Immobilier et activité de services aux entreprises (K)		13	7	0	1	1	4					26	29
Administration publique (L)		13	11	5	6	2	3	2				42	46
Éducation (M)		13	7	1	0					0		21	32
Santé et action sociale (N)		13	6	1	0					0		20	31
Autres services collectifs, sociaux et personnel (O + P + Q)		13	10	2	0	0	2	0				27	30
Total		**152**	**109**	**18**	**11**	**18**	**11**	**4**	**13**	**3**	**7**	**346**	**35**
En % du nombre maximum de cas possibles		90	64	15	9	17	12	4	25	5	54	35	

Source : Voir tableau 3.C.1.

Tableau 3.C.3. **Répartition de l'emploi par niveau de salaire aux États-Unis, 1999**[a]

Pourcentage des emplois à chaque niveau de salaire (bas/moyen/élevé) dans chaque couple secteur/profession

Secteurs (CITI rév. 3)	Cadres supérieurs et prof. intellectuelles (1 + 2)	Professions intermédiaires (3)	Employés administratifs (4)	Personnel des services et vendeurs (5)	Artisans et ouvriers de l'artisanat (6 + 7)	Conducteurs de machines (8)	Ouvriers et employés non qualifiés (9)	Personnel administratif et des services (4 + 5)	Travailleurs manuels (6 + 7 + 8 + 9)	Ouvriers qualifiés et non qualifiés (8 + 9)	Total
Emplois à bas salaire											
Agriculture (A + B)	0.0	0.2						0.4	6.4		6.9
Industries extractives et électricité, gaz et eau (C + E)	0.0	0.0			0.0			0.0		0.0	0.0
Industries manufacturières (D)	0.0	0.0	0.0	0.0	0.0	14.8	2.7				17.5
Construction (F)	0.0	0.0			0.0	0.0	2.2	0.0			2.2
Commerce de gros et de détail (G)	0.0	0.0	9.7	0.0	0.0	3.2	5.1				17.9
Hôtels et restaurants (H)	0.0	0.0	1.8	11.0					1.8		14.6
Transports et communications (I)	0.0	0.0	0.0	0.0	0.0	0.0	0.0				0.0
Intermédiation financière (J)	0.0	0.0						0.0	0.0		0.0
Immobilier et activité de services aux entreprises (K)	0.0	0.0	5.2	1.8	0.0	1.1	2.5				10.6
Administration publique (L)	0.0	0.0	0.0	0.0	0.0	0.0	0.0				0.0
Éducation (M)	0.0	0.0	4.0	1.6					2.0		7.6
Santé et action sociale (N)	0.0	0.0	4.8	8.6					1.9		15.3
Autres services collectifs, sociaux et personnel (O + P + Q)	0.0	0.0	4.0	0.0	0.0	0.8	2.6				7.3
Total	**0.0**	**0.2**	**29.4**	**22.9**	**0.0**	**19.9**	**15.1**	**0.4**	**12.2**	**0.0**	**100.0**
Emplois à salaire moyen											
Agriculture (A + B)	0.0	0.0						0.0	0.0		0.0
Industries extractives et électricité, gaz et eau (C + E)	0.0	0.0			0.0			0.7		1.0	1.8
Industries manufacturières (D)	0.0	0.0	4.2	0.5	9.6	0.0	0.0				14.3
Construction (F)	0.0	0.3			12.5	1.6	0.0	1.0			15.4
Commerce de gros et de détail (G)	0.0	3.4	0.0	19.9	5.5	0.0	0.0				28.8
Hôtels et restaurants (H)	3.9	0.1	0.0	0.0					0.0		4.0
Transports et communications (I)	0.0	0.0	3.3	0.0	0.0	5.5	1.3				10.1
Intermédiation financière (J)	0.0	0.0						6.5	0.2		6.7
Immobilier et activité de services aux entreprises (K)	0.0	0.0	0.0	0.0	2.2	0.0	0.0				2.2
Administration publique (L)	0.0	0.0	2.4	0.2	0.0	0.1	0.3				3.0
Éducation (M)	0.0	0.4	0.0	0.0					0.0		0.4
Santé et action sociale (N)	0.0	3.6	0.0	0.0					0.0		3.6
Autres services collectifs, sociaux et personnel (O + P + Q)	0.0	0.0	0.0	8.5	1.1	0.0	0.0				9.6
Total	**3.9**	**7.8**	**9.9**	**29.2**	**30.9**	**7.2**	**1.6**	**8.3**	**0.2**	**1.0**	**100.0**
Emplois à salaire élevé											
Agriculture (A + B)	0.5	0.0						0.0	0.0		0.5
Industries extractives et électricité, gaz et eau (C + E)	1.2	0.2			1.4			0.0		0.0	2.8
Industries manufacturières (D)	10.5	3.0	0.0	0.0	0.0	0.0	0.0				13.5
Construction (F)	3.2	0.0			0.0	0.0	0.0	0.0			3.2
Commerce de gros et de détail (G)	4.5	0.0	0.0	0.0	0.0	0.0	0.0				4.5
Hôtels et restaurants (H)	0.0	0.0	0.0	0.0					0.0		0.0
Transports et communications (I)	3.0	1.2	0.0	0.4	1.9	0.0	0.0				6.6
Intermédiation financière (J)	4.8	3.1						0.0	0.0		7.9
Immobilier et activité de services aux entreprises (K)	15.1	4.7	0.0	0.0	0.0	0.0	0.0				19.7
Administration publique (L)	1.7	0.3	0.0	0.0	0.4	0.0	0.0				2.4
Éducation (M)	15.2	0.0	0.0	0.0					0.0		15.2
Santé et action sociale (N)	14.1	0.0	0.0	0.0					0.0		14.1
Autres services collectifs, sociaux et personnel (O + P + Q)	8.7	0.8	0.0	0.0	0.0	0.0	0.0				9.5
Total	**82.5**	**13.4**	**0.0**	**0.4**	**3.7**	**0.0**	**0.0**	**0.0**	**0.0**	**0.0**	**100.0**

a) Les emplois (c'est-à-dire les emplois dans les 76 couples secteur/profession) sont classés en fonction du salaire horaire moyen en 1995, puis répartis en trois groupes de taille égale en termes de part d'emploi.
Source : Estimations de l'OCDE effectuées sur la base des données de la *Current Population Survey* (panel rotatif permanent).

Tableau 3.C.4. **Écart de taux d'emploi entre les États-Unis et les autres pays de l'OCDE par niveau de salaire et secteur, 1999**[a]

En points de pourcentage

	Australie	Autriche	Belgique	République tchèque	Danemark	Finlande	France	Allemagne	Grèce	Hongrie	Irlande	Italie	Luxembourg	Pays-Bas	Nouvelle-Zélande	Portugal	Espagne	Suède	Suisse	Royaume-Uni
Bas salaires																				
Secteur de la production de biens	**-0.1**	**-1.3**	**1.5**	**-2.9**	**-1.6**	**-1.5**	**-0.1**	**1.2**	**-4.9**	**-0.5**	**-3.1**	**-0.1**	**2.7**	**2.3**	**-3.7**	**-7.7**	**-1.8**	**-0.7**	**0.5**	**1.7**
Agriculture (A + B)	-1.4	-2.4	0.5	-1.7	-0.6	-2.4	-0.8	0.0	-7.8	-2.0	-3.6	-1.0	0.6	0.7	-3.7	-7.1	-2.0	-0.3	-2.2	0.9
Industries extractives et électricité/gaz/eau (C + E)	:	:	:	:	:	:	:	:	:	:	:	:	:	:	:	:	:	:	:	:
Industries manufacturières (D)	1.4	0.9	0.6	-1.4	-0.9	0.5	0.2	0.9	2.6	1.2	1.4	0.7	2.0	1.3	0.2	0.1	0.7	-0.9	2.3	0.6
Construction (F)	0.0	0.2	0.4	0.1	-0.1	0.3	0.5	0.3	0.3	0.2	-0.8	0.2	0.1	0.4	-0.2	-0.6	-0.4	0.5	0.3	0.1
Secteur des services	**4.9**	**6.7**	**9.1**	**10.6**	**2.2**	**8.1**	**6.7**	**8.5**	**10.7**	**11.4**	**7.2**	**11.2**	**8.2**	**6.1**	**6.5**	**4.9**	**8.3**	**1.9**	**5.6**	**4.0**
Commerce de gros et de détail (G)	0.5	1.9	2.5	3.1	2.0	3.5	2.4	2.2	3.2	3.5	2.4	3.3	2.5	1.3	1.4	2.1	2.5	2.6	1.8	1.6
Hôtels et restaurants (H)	1.5	0.6	2.8	1.8	2.4	1.9	2.4	2.2	1.2	2.4	0.9	2.0	2.1	2.0	1.4	0.9	1.4	2.1	1.8	1.4
Transports et communications (I)	-0.1	0.0	-0.1	-0.1	-0.2	-0.1	0.1	0.1	0.1	0.0	0.1	0.1	0.0	0.0	-0.9	0.2	0.1	0.0	-0.3	0.0
Intermédiation financière (J)	:	:	:	:	:	:	:	:	:	:	:	:	:	:	:	:	:	:	:	:
Immobilier et activités de services aux entreprises (K)	0.0	0.2	0.6	0.9	0.2	-0.1	0.1	0.5	1.1	0.9	0.7	0.9	0.5	0.0	0.2	0.6	:	0.3	:	0.2
Administration publique (L)	0.7	1.4	1.2	0.8	0.8	0.9	0.8	1.4	1.6	0.7	0.9	1.3	1.5	1.4	1.0	0.4	1.5	0.6	1.2	0.1
Éducation (M)	1.9	1.8	1.4	3.1	-3.5	1.0	0.4	1.5	2.9	2.7	1.9	3.0	1.8	0.5	2.8	1.9	2.6	-4.8	0.5	0.3
Santé et action sociale (N)																				
Autres services collectifs, sociaux et personnels (O + P + Q)	0.2	0.6	0.8	0.9	0.5	0.9	0.6	0.7	0.6	1.2	0.4	0.6	-0.2	1.0	0.7	-1.1	0.0	1.1	0.3	0.5
Total	**4.8**	**5.4**	**10.6**	**7.6**	**0.5**	**6.5**	**6.7**	**9.7**	**5.8**	**10.9**	**4.1**	**11.1**	**10.9**	**8.5**	**2.8**	**-2.7**	**6.5**	**1.2**	**6.0**	**5.7**
Salaires moyens																				
Secteur de la production de biens	**-0.3**	**-5.2**	**0.4**	**-7.4**	**-2.5**	**-1.4**	**-0.4**	**-5.4**	**-1.4**	**-3.6**	**-2.2**	**-3.0**	**-0.8**	**-0.5**	**-0.5**	**-9.0**	**-1.3**	**-0.1**	**-4.6**	**-1.5**
Agriculture (A + B)	:	:	:	:	:	:	:	:	:	:	:	:	:	:	:	:	:	:	:	:
Industries extractives et électricité/gaz/eau (C + E)	-0.1	0.1	0.2	-0.4	0.2	0.1	0.2	0.1	0.1	-0.3	0.1	0.2	0.2	0.2	0.1	0.2	0.2	0.2	0.2	0.1
Industries manufacturières (D)	0.2	-4.0	-0.3	-5.1	-2.0	-1.7	-0.7	-4.3	-1.7	-4.1	-2.4	-3.4	0.0	-0.7	-0.6	-6.8	-1.1	-0.4	-3.5	-1.4
Construction (F)	-0.4	-1.3	0.5	-1.9	-0.7	0.1	0.0	-1.3	0.2	0.8	0.1	0.3	-1.0	-0.1	0.0	-2.4	-0.5	0.1	-1.4	-0.2
Secteur des services	**-2.9**	**-2.2**	**2.0**	**1.0**	**-1.8**	**1.5**	**-0.1**	**0.0**	**3.7**	**3.7**	**1.7**	**1.4**	**-1.6**	**-1.3**	**0.2**	**3.5**	**5.3**	**0.1**	**-8.7**	**-0.7**
Commerce de gros et de détail (G)	-0.5	0.5	2.7	1.5	0.7	1.5	2.7	1.3	2.1	1.9	1.4	0.0	2.5	1.2	1.4	1.3	2.3	1.0	-1.5	1.4
Hôtels et restaurants (H)	0.0	0.2	0.1	0.6	0.5	0.5	0.3	0.4	-0.1	0.7	-0.3	0.9	0.4	0.2	0.0	0.2	0.1	0.7	0.5	0.2
Transports et communications (I)	-0.5	-1.0	-0.2	-1.1	-0.4	-0.3	0.1	0.2	-0.1	-0.6	-0.5	0.5	-0.3	-0.5	1.1	0.9	0.3	-0.8	-0.6	-0.7
Intermédiation financière (J)	0.3	-0.5	0.1	1.1	0.6	0.9	0.7	0.2	0.8	1.3	0.1	0.8	-0.9	0.9	0.5	0.9	0.8	1.4	-0.1	0.1
Immobilier et activités de services aux entreprises (K)	0.1	0.6	1.1	1.3	0.9	1.1	0.5	0.7	1.3	1.3	0.3	1.0	1.1	0.3	0.2	1.1	1.2	0.3	-0.4	-0.2
Administration publique (L)	-1.3	-0.9	-2.7	-0.9	-1.2	-0.7	-2.4	-1.0	-1.7	-1.0	-1.1	-2.1	-2.8	-1.2	-1.0	-1.9	-1.2	-0.4	-1.4	-1.6
Éducation (M)	-0.1	-0.8	-0.3	-0.6	-0.5	-0.2	-1.2	-0.7	-0.1	-0.3	0.0	-0.2	-0.6	-0.3	-0.8	-0.8	-0.1	-0.6	-1.7	-0.4
Santé et action sociale (N)	0.4	-1.6	-0.1	-0.9	-3.6	-1.9	-1.1	-2.0	0.1	-0.7	0.8	-0.6	-1.0	-3.0	0.2	0.4	0.6	-2.1	-3.0	-0.6
Autres services collectifs, sociaux et personnels (O + P + Q)	-1.3	1.2	1.4	0.1	1.3	0.7	0.4	0.9	1.4	1.2	1.1	1.2	0.1	1.0	-1.4	1.2	1.2	0.7	-0.6	1.0
Total	**-3.2**	**-7.4**	**2.4**	**-6.5**	**-4.3**	**0.1**	**-0.5**	**-5.4**	**2.3**	**0.1**	**-0.5**	**-1.5**	**-2.4**	**-1.9**	**-0.3**	**-5.5**	**3.9**	**0.0**	**-13.3**	**-2.2**

Tableau 3.C.4. **Écart de taux d'emploi entre les États-Unis et les autres pays de l'OCDE par niveau de salaire et secteur, 1999**[a] *(suite)*

En points de pourcentage

	Australie	Autriche	Belgique	République tchèque	Danemark	Finlande	France	Allemagne	Grèce	Hongrie	Irlande	Italie	Luxembourg	Pays-Bas	Nouvelle-Zélande	Portugal	Espagne	Suède	Suisse	Royaume-Uni
Hauts salaires																				
Secteur de la production de biens	**2.2**	**1.4**	**1.0**	**−1.5**	**0.6**	**−0.5**	**1.6**	**−0.1**	**3.3**	**1.4**	**1.2**	**2.5**	**2.9**	**−0.4**	**1.6**	**2.1**	**2.7**	**0.4**	**−0.3**	**−0.4**
Agriculture (A + B)	0.1	0.0	0.0	−0.1	0.0	0.0	0.1	0.1	0.1	−0.2	0.1	0.0	0.1	−1.0	−0.1	0.0	0.0	0.1	0.0	−0.1
Industries extractives et électricité/ gaz/eau (C + E)	0.2	0.2	0.3	−0.9	0.3	0.3	0.3	−0.6	0.2	−0.3	0.4	0.4	0.4	0.4	0.5	0.2	0.4	0.3	0.2	0.3
Industries manufacturières (D)	1.6	0.6	0.3	−0.6	−0.2	−1.0	0.5	−0.6	2.4	1.3	0.7	1.6	2.0	0.1	0.6	1.7	1.8	−0.6	−1.1	−0.6
Construction (F)	0.4	0.6	0.4	0.1	0.5	0.2	0.7	0.3	0.6	0.5	0.0	0.5	0.4	0.2	0.5	0.2	0.5	0.6	0.5	0.0
Secteur des services	**3.8**	**8.0**	**3.3**	**8.2**	**2.9**	**2.5**	**8.5**	**6.9**	**8.4**	**10.0**	**7.4**	**11.2**	**3.0**	**−1.1**	**1.7**	**11.5**	**10.5**	**3.2**	**1.4**	**1.1**
Commerce de gros et de détail (G)	0.0	−1.0	−1.3	−0.2	−0.9	−0.9	−0.5	−0.2	−2.4	0.2	−0.2	0.9	−0.4	−1.2	−1.7	−1.0	−0.9	−0.2	−0.7	−1.6
Hôtels et restaurants (H)	0.2	0.4	..	−0.1	−0.4	−0.4	0.0	0.3	0.5	0.2	0.7	0.6	−0.2	0.2	−0.4	0.6	0.6	..	−0.1	0.0
Transports et communications (J)	0.8	1.5	1.1	1.2	0.7	1.5	1.1	1.1	1.5	1.1	1.2	1.2	−1.9	0.1	1.0	1.6	1.5	0.8	−0.4	0.5
Immobilier et activités de services aux entreprises (K)	0.8	3.2	2.6	2.7	0.6	1.2	2.3	2.4	3.3	3.8	2.2	3.1	2.4	−0.3	0.7	3.7	3.6	0.3	0.2	0.6
Administration publique (L)	−0.8	−1.9	−0.9	−1.6	−1.4	−1.1	−1.1	−2.7	−0.4	−1.1	−0.5	−0.6	−1.4	−2.4	−1.6	−0.7	−0.6	−1.5	−1.6	−1.1
Éducation (M)	0.5	1.3	−0.2	1.7	0.4	0.9	2.0	1.9	1.1	3.1	1.1	1.2	1.0	0.1	0.5	2.3	1.6	1.2	1.2	0.6
Santé et action sociale (N)	1.3	2.9	0.6	3.0	2.3	0.0	2.9	2.6	2.9	3.1	1.1	2.8	2.7	1.1	2.1	2.9	2.6	1.6	1.9	1.0
Autres services collectifs, sociaux et personnels (O + P + Q)	0.8	1.5	1.5	1.5	1.5	1.2	1.7	1.4	1.9	1.7	1.8	2.1	0.7	1.2	1.1	2.0	2.0	1.4	0.9	1.0
Total	**6.0**	**9.4**	**4.3**	**6.7**	**3.5**	**2.0**	**10.1**	**6.8**	**11.7**	**11.3**	**8.6**	**13.7**	**5.9**	**−1.4**	**3.3**	**13.6**	**13.2**	**3.6**	**1.1**	**0.7**
Tous niveaux de salaire confondus																				
Secteur de la production de biens	**1.8**	**−5.1**	**2.9**	**−11.9**	**−3.6**	**−3.5**	**1.1**	**−4.3**	**−3.0**	**−2.7**	**−4.0**	**−0.5**	**4.9**	**1.4**	**−2.6**	**−14.5**	**−0.4**	**−0.4**	**−4.5**	**−0.3**
Agriculture (A + B)	−1.4	−2.4	0.5	−1.8	−0.6	−2.4	−0.6	0.1	−7.7	−2.1	−3.6	−1.0	0.7	−0.4	−3.8	−7.1	−2.0	−0.2	−2.2	0.8
Industries extractives et électricité/ gaz/eau (C + E)	0.1	0.4	0.6	−1.3	0.5	0.4	0.5	0.3	0.3	−0.6	0.5	0.5	0.6	0.7	0.6	0.4	0.6	0.5	0.5	0.4
Industries manufacturières (D)	3.1	−2.6	0.5	−7.1	−3.1	−2.2	0.1	−4.0	3.3	−1.6	−0.2	−1.1	4.0	0.6	0.2	−5.0	1.5	−1.8	−2.3	−1.4
Construction (F)	0.0	−0.5	1.4	−1.7	−0.4	0.7	1.2	−0.6	1.1	1.5	−0.7	1.0	−0.5	0.5	0.3	−2.8	−0.4	1.1	−0.6	0.0
Secteur des services	**5.7**	**12.4**	**14.4**	**19.7**	**3.3**	**12.1**	**15.1**	**15.5**	**22.8**	**25.0**	**16.3**	**23.8**	**9.6**	**3.7**	**8.5**	**19.9**	**24.0**	**5.2**	**−1.7**	**4.5**
Commerce de gros et de détail (G)	0.0	1.4	3.9	4.4	1.8	4.2	4.5	3.3	2.9	5.6	3.6	4.1	4.6	1.3	1.1	2.5	4.0	3.4	−0.4	1.4
Hôtels et restaurants (H)	1.6	0.8	2.8	2.4	2.9	2.5	2.7	2.6	1.1	3.0	0.6	2.8	2.5	2.2	1.4	1.0	1.5	2.8	2.3	1.7
Transports et communications (J)	−0.3	−0.5	−0.5	−1.3	−0.9	−0.8	0.2	0.5	0.5	−0.4	0.3	1.2	−0.5	−0.2	−0.1	1.7	1.1	−0.6	−1.0	−0.7
Immobilier et activités de services aux entreprises (K)	1.1	1.0	1.3	2.2	1.3	2.4	1.8	1.3	2.3	2.4	1.2	2.0	−2.8	1.0	1.5	2.5	2.3	2.2	−0.5	0.6
Administration publique (L)	0.9	4.0	4.3	4.9	1.7	2.2	3.0		5.7	6.0	3.1	5.0	4.0	0.0	1.1	5.4	5.0	0.9	0.0	0.6
Éducation (M)	−2.1	−2.8	−3.5	−2.6	−2.6	−1.8	−3.5	3.6	−2.1	−2.2	−1.6	−2.8	−4.3	−3.6	−2.6	−2.5	−1.8	−2.0	−2.9	−2.7
Santé et action sociale (N)	1.2	2.0	0.7	1.9	0.8	1.7	1.5	−3.7	2.6	1.4	2.1	2.3	2.0	1.2	0.7	1.9	3.0	0.6	0.8	0.4
Autres services collectifs, sociaux et personnels (O + P + Q)	3.7	3.1	1.9	5.3	−4.9	−1.0	2.2	2.6	5.9	5.0	3.7	5.2	3.6	−1.4	5.1	5.3	5.8	−5.3	−0.6	0.7
	−0.3	3.3	3.7	2.5	3.4	2.8	2.7	3.0	3.9	4.1	3.4	3.9	0.6	3.2	0.4	2.1	3.2	3.2	0.6	2.5
Total	**7.5**	**7.4**	**17.3**	**7.8**	**−0.3**	**8.6**	**16.2**	**11.1**	**19.8**	**22.3**	**12.3**	**23.3**	**14.5**	**5.2**	**5.8**	**5.4**	**23.7**	**4.8**	**−6.2**	**4.2**

.. Sans objet (aucune grande catégorie professionnelle, aux États-Unis dans la branche considérée, n'enregistre, en moyenne, des salaires du niveau indiqué).
a) Pour chaque pays, les emplois (c'est-à-dire l'emploi dans 76 cellules de secteur/profession) sont affectés aux mêmes groupes de salaire que leur équivalent aux États-Unis. Pour les États-Unis, les emplois sont classés sur la base du salaire horaire moyen en 1999 et placés dans l'un des trois groupes de salaire (bas, moyen, élevé) de taille égale en termes de part de l'emploi.

Sources : Calculs de l'OCDE à partir des données de l'Enquête communautaire sur les forces de travail pour l'Union européenne, des données de la *Current Population Survey* (panel rotatif permanent) pour les États-Unis et des données des enquêtes nationales sur la population active pour les autres pays.

BIBLIOGRAPHIE

BARDONE, L., GITTLEMAN, M. et KEESE, M. (1998),
« Causes and Consequences of Earnings Inequality in OECD Countries », *Lavoro e Relazioni Industriali*, n° 2, juillet-décembre, pp. 13-58.

BEERS, T. (2000),
« Flexible Schedules and Shift Work: Replacing the 9-to-5' Workday? », *Monthly Labor Review*, juin, pp. 33-40.

CAMPBELL, I. et BURGESS, J. (2001),
« Casual Employment in Australia and Temporary Employment in Europe: Developing a Cross-National Comparison », *Work, Employment and Society*, mars, pp. 171-184.

CLARK, A. (1997),
« Job Satisfaction and Gender: Why are Women so Happy at Work? », *Labour Economics*, n° 4, pp. 341-372.

CLARK, A. et OSWALD, A. (1996),
« Satisfaction and Comparison Income », *Journal of Public Economics*, n° 61, pp. 359-381.

COMMISSION EUROPEENNE (2000),
L'emploi en Europe 2000, Bruxelles.

FONDATION EUROPÉENNE POUR L'AMÉLIORATION DES CONDITIONS DE VIE ET DE TRAVAIL (1997),
Deuxième enquête européenne sur les conditions de travail, Dublin.

FREEMAN, R. et SCHETTKAT, R. (2001),
« Differentials in Service Industry Employment Growth: Germany and the US in the Comparable German American Structural Database », Emploi et affaires sociales, Fonds social européen, Commission européenne, Bruxelles.

GOUX, D. et ZAMORA, P. (2001),
« La formation en entreprise continue de se développer », *Insee-Première*, n° 759, février.

GUBIAN, A. et PONTHIEUX, S. (2000),
« Emplois non qualifiés, emplois à bas salaires et mesures d'allégement du coût du travail », *Premières Synthèses*, n° 51.1, décembre.

ILG, R. (1996),
« The Nature of Employment Growth, 1989-95 », *Monthly Labor Review*, juin, pp. 29-36.

ILG, R. et HAUGEN, S. (2000),
« Earnings and Employment Trends in the 1990s », *Monthly Labor Review*, mars, pp. 21-33.

JANY-CATRICE, F. et BARET, C. (2001),
« L'emploi et les services du commerce de détail en France et aux États-Unis », *Travail et Emploi*, n° 85, janvier, pp. 58-71.

JOINT GOVERNMENTS' SUBMISSION (2001),
Joint Governments' Submission to the Safety Net Review – Wages, 2000-2001, Commonwealth of Australia, Canberra.

LETOURNEUX, V. (1998),
Précarité et conditions de travail dans l'Union européenne, Fondation européenne pour l'amélioration des conditions de vie et de travail, Dublin.

MEISENHEIMER II, J. (1998),
« The Services Industry in the 'Good' *versus* 'Bad' Jobs Debate », *Monthly Labor Review*, février, pp. 22-47.

MERLLIÉ, D. et PAOLI, P. (2001),
Troisième enquête européenne sur les conditions de travail (2000), Fondation européenne pour l'amélioration des conditions de vie et de travail, Dublin.

MISHEL, L., BERNSTEIN, J. et SCHMITT, J. (2001),
The State of Working America, 2000-01, Cornell University Press, Ithaca, New York.

MURTOUGH, G. et WAITE, M. (2000),
The Diversity of Casual Contract Employment, Productivity Commission Staff Research Paper, AusInfo, Canberra.

OCDE (1996), *Perspectives de l'emploi*, Paris.

OCDE (1997), *Perspectives de l'emploi*, Paris.

OCDE (1999), *Perspectives de l'emploi*, Paris.

OCDE (2000), *Perspectives de l'emploi*, Paris.

PIERCE, B. (1999),
« Using the National Compensation Survey to Predict Wage Rates », *Compensation and Working Conditions*, hiver, pp. 8-16.

STATISTIQUE CANADA (1998),
Les horaires et conditions de travail des années 1990, Rapport analytique n° 8, mai.

Chapitre 4

ÉQUILIBRE ENTRE TRAVAIL ET VIE FAMILIALE : AIDER LES PARENTS A OBTENIR UN EMPLOI RÉMUNÉRÉ

Résumé

L'analyse présentée dans ce chapitre, qui traite de l'articulation entre vie professionnelle et vie familiale dans l'optique du marché du travail, vient compléter d'autres travaux de l'OCDE sur les politiques sociales « favorables à la famille » et sur l'éducation préscolaire et l'accueil des tout jeunes enfants. Le principal sujet de préoccupation des pouvoirs publics auquel nous nous intéressons ici est l'action propre à favoriser l'accroissement de l'activité rémunérée des mères. Ce dernier est important pour permettre à celles-ci d'entretenir leurs compétences professionnelles, assurer des ressources suffisantes aux familles et notamment aux femmes qui vivent seules avec leurs enfants et faire progresser l'équité entre les sexes. De plus, étant donné que dans la plupart des pays de l'OCDE la population d'âge actif commence à diminuer, les compétences des mères seront de plus en plus nécessaires sur le marché du travail. Nous notons dans notre analyse qu'il existe probablement un rapport entre l'articulation de la vie professionnelle et de la vie familiale et la fécondité, en précisant que, s'ils persistent, les faibles taux de fécondité relevés dans la majorité des pays de l'OCDE aggraveront la pénurie de ressources en main-d'œuvre.

La première partie de cette analyse décrit l'évolution des caractéristiques de l'emploi des parents. Elle montre que les taux d'emploi des mères ont rapidement augmenté au cours de ces dernières années et se rapprochent des taux d'emploi des pères. Cependant, cet accroissement a surtout concerné les femmes qui ont fait des études, les taux d'emploi des femmes moins instruites ayant stagné. Lorsque l'on examine l'intérêt suscité par le travail à temps partiel, il apparaît que, dans bon nombre de pays, les mères y sont très favorables malgré les niveaux de salaire et les possibilités de formation relativement faibles qu'il assure généralement. Si l'on compare les salaires des hommes et des femmes, l'avantage que procure aux secondes l'exercice d'une activité rémunérée a quelque peu augmenté depuis quelques années. Mais un écart de salaire non négligeable subsiste entre les sexes. Selon de nombreux auteurs, cette situation est liée au déséquilibre qui continue d'affecter la répartition du travail non rémunéré et des tâches de soins aux enfants au sein du foyer, laquelle est examinée ici en détail à l'aide de données récemment fournies par des enquêtes sur l'emploi du temps.

L'analyse consacrée à l'action gouvernementale dans la deuxième partie de cet exposé porte sur deux grands domaines : d'une part, les politiques en matière d'imposition et de prestations et, d'autre part, les politiques qui ont en principe pour but de faciliter l'articulation entre vie professionnelle et vie familiale, c'est-à-dire qui concernent l'accueil des enfants, le congé de maternité et les congés de garde d'enfant. En outre, nous nous pencherons sur les dispositifs volontairement mis en place au sein des entreprises en faveur de la famille, thème dont l'examen a été relativement peu approfondi dans les études internationales. La démarche suivie a généralement consisté à élaborer des indicateurs synthétiques pour chaque domaine d'action considéré. Ceux-ci sont rassemblés à la fin du chapitre et comparés aux taux d'emploi relevés dans différents pays de l'OCDE. L'examen du problème dans une optique internationale permet de dégager plusieurs conclusions intéressantes pour l'action gouvernementale. Dans les pays qui possèdent un dispositif relativement bien développé d'aide à la conciliation de la vie professionnelle et des obligations familiales, les femmes ont généralement des taux d'emploi plus élevés entre 30 et 39 ans (période au cours de laquelle l'éducation et la garde des enfants sont le plus susceptibles d'influer sur l'activité professionnelle des femmes). Il s'agit aussi bien des mesures relatives au congé de maternité que de celles qui concernent l'accueil institutionnalisé des très jeunes enfants.

Introduction

Nous examinons ici l'articulation entre vie professionnelle et vie familiale selon une optique volontairement limitée, à savoir son incidence sur le nombre de parents, en particulier de mères, qui exercent une activité rémunérée. Cette question peut évidemment être traitée sous des angles différents. Elle fait en effet l'objet, dans le cadre des programmes de travail de l'OCDE, d'autres études qui ont pour thème « Les politiques en faveur de la famille » et « L'éducation préscolaire et l'accueil des tout jeunes enfants » (voir *www.oecd.org/els/social/ffsp* et *www.oecd.org/els/education/ecec*).

Il est important d'accroître les taux d'emploi des mères, et ce pour de multiples raisons. Il est de plus en plus nécessaire que les femmes utilisent leurs compétences en exerçant une activité rémunérée, afin de faire face au problème posé par la diminution probable à long terme de la population d'âge actif. L'augmentation des taux d'emploi des mères aidera à assurer des ressources suffisantes aux familles, notamment aux familles monoparentales qui sont pour la plupart dirigées par des femmes. Si les mères ne gardent pas de lien avec le marché du travail, leurs compétences tendront à s'atrophier. En outre, un accroissement de la proportion de femmes en activité s'impose pour répondre à l'aspiration grandissante de celles-ci à l'indépendance et à l'épanouissement personnel qu'un emploi rémunéré est susceptible de procurer, ainsi que pour faire progresser l'équité entre les sexes.

Mais pour que les taux d'emploi des mères augmentent, il est essentiel qu'un juste équilibre puisse être trouvé entre vie professionnelle et obligations familiales. On ne peut espérer que les mères se mettent à travailler en assez grand nombre si elles n'y sont pas encouragées par des incitations financières appropriées, et si les parents ne sont pas sûrs de pouvoir faire garder leurs enfants dans de bonnes conditions. Beaucoup de parents souhaitent s'occuper eux-mêmes de leurs enfants pendant quelque temps après leur naissance. Cette aspiration doit être prise en compte au moyen de mesures qui permettent de renforcer la vie familiale et le partage des tâches domestiques et des soins aux enfants entre les membres de la famille, et néanmoins d'encourager et de préparer les parents à retrouver une vie professionnelle fructueuse et épanouissante lorsqu'ils seront prêts à le faire. Le problème est de parvenir à assouplir le déroulement de la carrière professionnelle selon des modalités propres à la fois à assurer le développement du capital humain et à inciter les femmes à s'investir davantage et plus longtemps dans le travail rémunéré.

L'articulation entre vie professionnelle et vie familiale a aussi de l'importance compte tenu de l'évolution à moyen terme de la population et de l'offre de main-d'œuvre. La contraction de la population d'âge actif à laquelle la plupart des pays de l'OCDE vont probablement assister sera d'autant plus forte et d'autant plus difficile à enrayer que les taux de natalité se maintiendront aux faibles niveaux auxquels ils se situent aujourd'hui. Les taux de fécondité, calculés d'après les indicateurs classiques des tendances actuelles, sont inférieurs au seuil de remplacement des générations dans tous les pays de l'OCDE. Dans certains d'entre eux, ils atteignent à peine la moitié de ce niveau. A l'exception d'un très petit nombre de pays seulement, les cohortes successives de femmes qui sont entrées dans la vie active ont eu tendance à avoir des taux d'emploi plus élevés, mais moins d'enfants. On ne cerne pas encore très bien les causes de cette évolution, mais il est vraisemblable qu'une amélioration des possibilités de concilier vie professionnelle et obligations familiales pourrait contribuer à accroître aussi bien les taux d'emploi que les taux de fécondité.

Les pouvoirs publics ont pris de nombreuses mesures qui influent sur l'équilibre entre activité professionnelle et vie familiale. Mais nous nous intéresserons ici tout particulièrement à deux grandes formes d'action : *i)* les politiques en matière d'imposition et de prestations du point de vue de leur incidence au niveau des gains moyens et *ii)* les politiques qui ont en principe pour but d'aider à concilier vie professionnelle et obligations familiales, à savoir les politiques concernant la garde des enfants et les congés destinés à permettre aux parents de s'occuper eux-mêmes de leurs enfants. Elles seront principalement examinées sous l'angle de leurs effets sur l'offre de travail par les parents.

On oublie souvent de parler de la contribution qu'apportent les entreprises à l'articulation entre vie professionnelle et vie familiale, alors qu'elle est essentielle. C'est en effet au niveau de l'entreprise que sont déterminées précisément les modalités selon lesquelles cette articulation va s'effectuer. Dans le pire des cas, les entreprises peuvent exercer une discrimination à l'encontre des salariés ayant une famille à charge ou même refuser de respecter les droits que leur accorde la loi. Les longues journées de travail, qui font partie des pratiques de bon nombre d'entre elles, privent les parents, et en particulier les pères, de la possibilité de participer à l'éducation de leurs enfants et sont une entrave à l'équité entre hommes et femmes. Cependant, beaucoup d'entreprises ont mis en place des dispositifs dits « favorables à la famille », qui vont plus loin que la législation en vigueur et sont destinés à aider les salariés ayant des obligations familiales à concilier au mieux les différents aspects de leur vie. Nous examinerons ici les données disponibles sur la fréquence de ces pratiques et sur l'importance du rôle complémentaire que peuvent jouer les mesures volontaires des entreprises par rapport aux dispositions prévues dans la législation nationale.

Une évaluation complète ne serait-ce que de cet ensemble limité de mesures et de leur interaction les unes avec les autres et avec d'autres mesures, n'est pas possible dans l'état actuel des connaissances et compte tenu des données disponibles. La démarche suivie consiste principalement à définir une série d'indicateurs synthétiques concernant les diverses mesures précitées et à les comparer avec les niveaux effectifs d'emploi des parents. Parallèlement, les informations sont présentées selon un classement des pays par groupes. Ceux-ci correspondent aux grandes régions géographiques de la zone de l'OCDE : l'Amérique du Nord, l'Asie, l'Europe et l'Océanie (Australie et Nouvelle-Zélande). Les pays européens de l'OCDE ont été répartis en plusieurs sous-groupes à partir des travaux de Fouquet *et al.* (1999), dont la classification tient compte de la nature du régime de protection sociale, de l'importance attachée à la famille en tant qu'institution sociale et des caractéristiques de l'activité professionnelle des femmes. Il s'agit des pays « nordiques » (Danemark, Finlande, Islande, Norvège et Suède), des pays du sud de l'Europe (Grèce, Italie, Portugal et Espagne), des pays du centre de l'Europe (Autriche, Allemagne et Pays-Bas), ainsi que du sous-groupe formé par l'Irlande et le Royaume-Uni. En outre, les tableaux présentent ensemble, d'une part, la République tchèque, la Hongrie, la Pologne et la République slovaque, et d'autre part, les trois pays restants de l'Union européenne, la Belgique, la France et le Luxembourg.

La première partie de cet exposé rend compte des caractéristiques actuelles de l'activité professionnelle des parents dans différents pays de l'OCDE, en faisant état des préférences manifestées par les familles pour telle ou telle forme d'emploi, ainsi que de l'évolution de la répartition du travail non rémunéré au sein de la famille. Les deux sections suivantes traitent, respectivement, de l'incidence des politiques en matière d'imposition et de prestations, et de celle des mesures visant à permettre de mieux concilier vie professionnelle et vie familiale. Est ensuite examinée la contribution des entreprises à l'articulation entre travail et famille. La comparaison des indicateurs relatifs aux politiques avec les résultats relevés au niveau national, qui est présentée dans la section V, est suivie des conclusions. L'encadré 4.1 décrit le rapport, évoqué plus haut, entre taux d'emploi et taux de fécondité.

Principaux résultats

Les principaux faits constatés sont les suivants :

- Les taux d'emploi des femmes, et des mères de jeunes enfants, se sont accrus dans la quasi-totalité des pays au cours des dix dernières années. C'est dans les pays nordiques qu'ils demeurent les plus élevés, et ils sont relativement faibles dans certains des pays du sud de l'Europe, en Corée, au Mexique et en Turquie.

- A l'exception des États-Unis et du Luxembourg, l'augmentation des taux d'emploi des femmes s'est produite en même temps que la baisse du taux de descendance finale. Les pays où cette augmentation a été importante ont généralement enregistré une forte diminution du taux de descendance finale.

- La proportion de ménages de taille relativement réduite, c'est-à-dire formés par des personnes seules de moins de 60 ans, des couples sans enfant et des familles monoparentales, a eu tendance à progresser dans la plupart des pays de l'OCDE au cours des quinze dernières années. La proportion de ménages ayant deux enfants ou plus a diminué. Dans certains pays, cette baisse reflète une augmentation non négligeable de la proportion de femmes qui choisissent de ne pas avoir d'enfant.

- Les taux d'emploi des mères ayant un enfant de moins de six ans, qui sont certes toujours très inférieurs à ceux des pères, connaissent néanmoins une progression rapide, de sorte que l'écart se comble au rythme d'un point de pourcentage par an en moyenne. Dans presque tous les pays les taux d'emploi des mères ayant un bon niveau d'études sont beaucoup plus élevés que ceux des mères moins instruites, et cette différence tend à s'accentuer partout.

- Dans les pays de l'Union européenne, environ la moitié des mères qui ont un enfant de moins de six ans et qui occupent un emploi, travaillent à temps partiel. La majorité des mères sans activité, mais pas toutes, voudraient se mettre à travailler au cours des prochaines années, mais beaucoup opteraient pour une activité à temps partiel (d'une durée relativement longue). Les ménages ayant des enfants de moins de six ans qui se considèrent comme aisés ont un temps de travail total supérieur à celui des ménages qui déclarent « s'en sortir tout juste », mais les uns et les autres préféreraient réduire leur temps de travail rémunéré qui serait ainsi ramené à un niveau analogue.

- Les soins aux enfants et les activités domestiques sont toujours répartis de façon inégale entre les parents, même lorsque les mères travaillent à plein-temps. Il y a lieu de penser que les pères s'occupent de plus en plus de leurs enfants et des tâches ménagères. Toutefois, cette progression peut être contrebalancée, dans certains pays, par l'augmentation de la proportion de familles monoparentales, principalement dirigées par des femmes.

- La plupart des pays de l'OCDE se sont orientés vers des systèmes d'imposition séparée des salaires des couples, en partie afin de moins décourager le travail du partenaire dans les familles biparentales. Toutefois, cette réforme a été partiellement compensée par l'octroi d'allégements fiscaux et de prestations à caractère familial.

- Le développement des dispositifs institutionnalisés d'accueil des enfants qui s'est produit dans la quasi-totalité des pays permet désormais de prendre en charge au sein de ces structures un peu plus d'un quart des enfants de moins de trois ans, en moyenne, dans les pays de l'OCDE, mais il existe entre ces derniers des écarts non négligeables. Trois quarts, en moyenne, des enfants ayant entre trois ans et l'âge de la scolarité obligatoire en bénéficient, les différences entre pays étant dans ce cas beaucoup moins marquées.

- Les droits en matière de congé de maternité et de congés de garde d'enfant ont augmenté dans presque tous les pays, la durée maximale de ces congés étant aujourd'hui supérieure à un an dans 18 pays au moins. On relève toutefois d'importants écarts entre les pays quant à la durée de versement des prestations et au niveau de la rémunération du congé de maternité. Un congé de paternité et un congé de garde d'enfant réservé aux pères ont été instaurés dans plusieurs pays au cours de la dernière décennie. Cependant, à quelques exceptions notables près telle que des dispositions du secteur public qui proposent une substitution totale du salaire, les taux d'utilisation de ces droits par les pères demeurent faibles.

- De nombreux employeurs ont pris des mesures « favorables à la famille » qui s'ajoutent aux dispositions prévues par la loi, mais rares sont les entreprises où ces mesures sont très diversifiées. Ce sont les employeurs des pays où les prestations légales sont les plus importantes qui font le moins souvent cette démarche. Toutefois, l'inverse n'est pas vrai et les dispositifs volontairement mis en place par les employeurs ne compensent pas le faible niveau des prestations légales. Dans tous les pays, les chances de bénéficier d'un milieu de travail favorable à la famille augmentent avec la taille de l'entreprise et le niveau de qualification du salarié, et sont plus grandes dans le secteur public.

- Dans l'ensemble des pays, il existe une corrélation positive entre les indicateurs concernant les mesures destinées à faciliter l'articulation entre vie professionnelle et vie familiale, et les taux d'emploi des femmes.

Encadré 4.1. Évolution de la fécondité et tendances de l'emploi

La tendance à l'accroissement des taux d'emploi des femmes est apparue à un moment où les taux de fécondité étaient en diminution dans la majorité des pays de l'OCDE. Selon Lesthaeghe et Willems (1999), de nombreuses théories économiques de la fécondité relient ces deux phénomènes l'un à l'autre. Selon l'une d'elles, l'augmentation des taux d'emploi et des gains relatifs des femmes a fait croître le coût d'opportunité de la maternité. D'après une autre théorie, la volonté marquée et de plus en plus forte de pouvoir consommer incite les deux membres du couple à conserver une activité rémunérée à plein-temps. Ces deux théories ne sont pas contradictoires et peuvent l'une et l'autre contribuer à expliquer le report de la première naissance et la baisse de la fécondité. En outre, les unions étant moins stables, les femmes susceptibles d'avoir des enfants risquent davantage d'avoir à les élever seules et de se retrouver alors, comme c'est souvent le cas, dans une situation défavorable sur le plan matériel et social. Cependant, de l'avis de Murphy (1993), il se peut que la relation de causalité s'exerce en partie dans l'autre sens, l'efficacité des méthodes modernes de contraception permettant à la plupart des femmes d'éviter les grossesses non désirées ou non prévues et de s'engager davantage dans la vie professionnelle. D'autres théoriciens imputent tant l'évolution de la fécondité que celle de l'emploi à une volonté plus grande d'autonomie individuelle. Enfin, certains auteurs ont souligné l'importance des différences d'ordre culturel entre les pays, dont les caractéristiques de l'activité professionnelle des ménages sont le reflet. Les taux de fécondité des pays de l'OCDE sont restés élevés principalement dans ceux qui enregistrent une forte proportion de naissances en dehors du mariage. Ces derniers sont aussi généralement des pays où les niveaux d'emploi des femmes sont relativement élevés [Coleman (1999) ; Chesnais (1996) ; McDonald (2000) ; Esping-Andersen (1997) ; OCDE (1999a)].

L'évolution de la fécondité peut être évaluée d'après le taux de descendance finale, qui correspond au nombre moyen d'enfants mis au monde par une « cohorte » de femmes ayant la même année de naissance. Les indicateurs du niveau de fécondité à un moment donné, comme le taux de fécondité totale (somme des taux de fécondité par âge pour une année précise) subissent fortement l'influence de l'échelonnement des naissances. Ils ne rendent donc pas compte de façon fiable des tendances de la fécondité. Le taux de descendance finale ne peut être calculé avec exactitude que pour les femmes parvenues à la fin de leur période de procréation. Il s'ensuit qu'en toute rigueur, on ne peut disposer d'estimations précises que pour les femmes nées il y a au moins 50 ans. Cependant, comme une proportion relativement faible de naissances ont lieu après l'âge de 35 ans, et un très petit nombre après 40 ans, il est actuellement possible d'obtenir des estimations assez précises du taux de descendance finale pour des cohortes de femmes nées jusqu'en 1960-1963.

Encadré 4.1. **Évolution de la fécondité et tendances de l'emploi** (*suite*)

Le graphique 4.1 compare l'évolution du taux de descendance finale avec celle du taux d'emploi des femmes. Sauf indication contraire, chaque flèche représente les changements qui se sont produits dans ces domaines de la cohorte de 1945 à la cohorte de 1963. En abscisse figurent les estimations du taux de descendance finale fournies par l'Observatoire démographique européen et Statistique Canada, tandis qu'en ordonnée sont représentées les estimations du taux d'emploi des différentes cohortes entre 30 et 39 ans, période au cours de laquelle l'incidence de la maternité sur l'emploi des femmes est généralement la plus forte [OCDE (1988)].

Graphique 4.1. **Évolution du taux d'emploi et de la fécondité dans certains pays de l'OCDE**

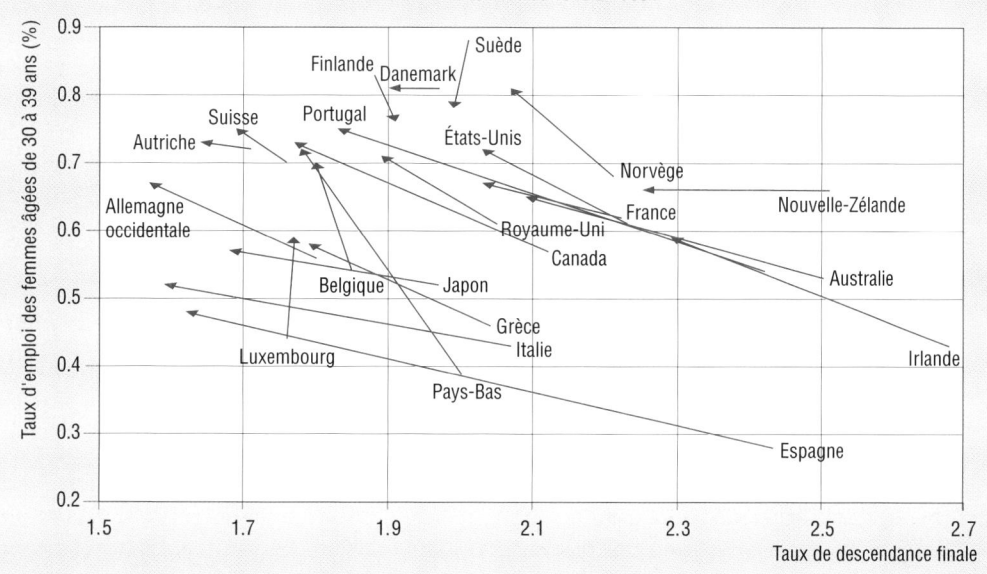

Cohorte de femmes nées de 1945 à 1963[a,b]

a) Les données concernant l'Australie, l'Irlande, la Nouvelle-Zélande et le Royaume-Uni se rapportent à des cohortes âgées de 25 à 34 ans et de 35 à 44 ans, les données concernant la Finlande, à des cohortes âgées de 30 à 34 ans et de 35 à 44 ans, les données concernant l'Italie, à des cohortes âgées de 30 à 39 ans, et les données concernant la Suisse, à des cohortes âgées de 25 à 39 ans.
b) Les données présentées portent sur des cohortes nées de 1945 à 1963, sauf pour l'Autriche : 1959-1963, la Belgique : 1948-1962, le Danemark : 1948-1963, la Grèce : 1950-1963, l'Irlande : 1949-1961, l'Italie : 1945-1961, le Japon : 1945-1962, le Luxembourg : 1948-1963, la Nouvelle-Zélande : 1951-1962, la Suède : 1952-1963, la Suisse : 1956-1963, et le Royaume-Uni : 1951-1963.

Sources : Observatoire démographique européen et Statistique Canada pour les données sur le taux de descendance finale, et base de données de l'OCDE sur l'emploi.

On constate que dans l'ensemble, les flèches sont orientées vers le haut et vers la gauche, ce qui correspond à une diminution de la fécondité et à une progression des taux d'emploi. Ce mouvement est particulièrement marqué pour les pays du sud de l'Europe et l'Irlande. On observe une relative stabilité pour la Suède et la Finlande, soit une faible diminution du taux de descendance finale et une légère baisse du taux d'emploi. Il ressort de l'examen des données portant sur l'ensemble des cohortes nées de 1945 à 1962 que le Luxembourg et les États-Unis sont les seuls pays qui ont enregistré, pour les cohortes récentes, une augmentation aussi bien du taux de descendance finale que du taux d'emploi par rapport aux cohortes antérieures.

Lorsque l'on compare l'évolution du taux de descendance finale avec celle du taux d'emploi entre la cohorte de 1950 et la cohorte de 1962 (période la plus longue pour laquelle on dispose de données homogènes sur quinze pays), on constate que les pays qui ont connu une forte augmentation du taux d'emploi ont généralement enregistré une baisse importante de la fécondité (coefficient de corrélation de –0.6). Parmi les principaux cas particuliers figurent le Japon, qui se distingue par une diminution très marquée de la fécondité et un faible accroissement du taux d'emploi (une évolution semblable s'est produite en Italie sur une période plus courte), et les Pays-Bas, où la forte augmentation du taux d'emploi s'est accompagnée d'une baisse relativement peu importante du taux de descendance finale.

Selon Lesthaeghe (2000), l'évolution récente du nombre et de l'échelonnement des naissances donne à penser que la diminution de la descendance finale se poursuit à un rythme modéré dans l'ensemble de l'Europe et de l'Océanie, à l'exception du Danemark où elle remonte légèrement et de façon « probablement temporaire », ainsi que de la Suède, de l'Irlande, de la République tchèque, de la Hongrie, de la Pologne et de la République slovaque où elle accuse une très forte baisse.

I. Caractéristiques de l'activité professionnelle des parents

A. Évolution de l'activité rémunérée

L'évolution des caractéristiques de l'activité professionnelle des parents, et en particulier des mères, observée au cours de la dernière décennie s'est produite dans le contexte d'une profonde transformation de la structure de la famille (tableau 4.A.1)[1]. Le nombre de couples ayant trois enfants ou plus, et même souvent deux enfants ou plus, a diminué. Dans certains pays, on a assisté à une augmentation rapide du nombre de couples sans enfant, ce qui témoigne d'un accroissement de la proportion de femmes qui choisissent de ne pas avoir d'enfant [Coleman (1999)]. Pour trois des pays du sud de l'Europe (le Portugal est l'exception), les données reflètent le nombre croissant de femmes qui n'ont qu'un enfant. Presque tous les pays ont constaté une augmentation des familles monoparentales, quoique dans les pays du sud de l'Europe, leur progression a été faible. En outre, la proportion de personnes de moins de 60 ans vivant seules s'est accrue de façon très sensible.

Le tableau 4.1 présente les taux d'emploi des parents, et en particulier des mères, dans les familles biparentales et monoparentales[2]. Il porte uniquement sur les ménages ayant des enfants de moins de six ans, et ce pour plusieurs raisons. S'il est vrai que toutes les mères d'enfants de moins de six ans ne souhaiteront pas, ou même ne pourront pas s'engager dans une activité rémunérée, il est important que le taux d'emploi de cette catégorie de femmes soit suffisamment élevé, afin d'éviter qu'elles ne perdent le contact avec le marché du travail et que le capital humain qu'elles représentent ne s'amoindrisse. Bien qu'ils n'apparaissent pas dans le tableau, les taux d'emploi des mères ayant un enfant de moins de six ans sont, dans plusieurs pays, proches des taux d'emploi de celles qui ont un enfant de plus de six ans, voire supérieurs. Cela tient au fait que les premières sont généralement plus jeunes et que les taux d'emploi des cohortes jeunes tendent à être plus élevés.

Si le taux d'emploi des mères est beaucoup plus faible que celui des pères (54 % en moyenne pour les premières dans les pays considérés, contre un chiffre bien supérieur à 90 % pour les seconds), l'écart se comble de façon assez rapide, c'est-à-dire à un rythme de un point de pourcentage environ par an depuis dix ans. Cette évolution tient aux progrès enregistrés chez les mères ayant un niveau d'instruction élevé et moyen. Le taux d'emploi de celles qui ont fait les études les plus poussées atteint en effet aujourd'hui 70 %, alors que chez les mères les moins instruites, il stagne le plus souvent au-dessous de 40 %[3].

Le taux d'emploi des parents isolés (dont la grande majorité sont des femmes) est légèrement supérieur en moyenne à celui des mères qui vivent en couple. Cependant, il est beaucoup plus variable d'un pays à l'autre et se situe ainsi à un niveau particulièrement bas en Irlande, au Portugal, aux Pays-Bas et au Royaume-Uni.

Le tableau 4.2 rend compte de l'évolution observée dans deux types de famille : les couples ayant au moins un enfant de moins de six ans, et les parents isolés ayant un enfant de moins de six ans. On peut constater que la proportion de familles biparentales comptant un seul apporteur de revenu a sensiblement diminué entre 1989 et 1999 (un changement à peu près identique peut être noté dans le cas des familles biparentales ayant des enfants âgés de six ans ou plus). Cette baisse tient principalement à l'augmentation de la proportion de familles comptant deux actifs à plein-temps, quoique dans un grand nombre de pays, la part des familles comprenant un actif à temps complet et un actif à temps partiel s'est aussi accrue de façon non négligeable. Conformément aux chiffres présentés au tableau 4.1, le changement a été par comparaison peu marqué pour les familles dans lesquelles les deux parents n'ont qu'un niveau d'instruction relativement faible. Toutefois, même dans cette catégorie, les familles comptant un seul apporteur de revenu représentaient, en 1999, moins de la moitié de l'ensemble des couples ayant un enfant de moins de six ans. Quant aux parents isolés, la situation a relativement peu évolué, quoique plus de la moitié de ceux qui ont un enfant de moins de six ans exerçaient une activité rémunérée (souvent à plein-temps) en 1999.

Un certain nombre d'enquêtes ont été réalisées en vue d'apprécier les préférences des familles pour tel ou tel mode d'activité professionnelle. Utilisés avec les précautions qui s'imposent, leurs résultats peuvent être mis à profit pour déterminer quelle formule les familles souhaiteraient le plus adopter pour articuler vie professionnelle et obligations parentales et domestiques. Des informations particulièrement détaillées sont fournies sur ce sujet par une enquête récente intitulée *Options d'avenir pour l'emploi,* qui a été menée dans les États membres de l'Union européenne[4] en 1998 (voir l'annexe 4.B pour plus de précisions). Le tableau 4.3, qui contient les résultats des calculs effectués par le Secrétariat à partir de microdonnées provenant de cette enquête, rend compte des modalités effectives et souhaitées de l'activité professionnelle chez les couples ayant un enfant de moins de six ans. Il existe certes des différences non négligeables d'un pays à l'autre, mais dans tous les cas, si ces ménages pouvaient appliquer la formule qui a leur préférence, on assisterait à un

Équilibre entre travail et vie familiale : aider les parents à obtenir un emploi rémunéré – **145**

Tableau 4.1. **Taux d'emploi[a] des parents[b] d'enfant(s) de moins de 6 ans, 1989 et 1999**

Pourcentages

		Taux d'emploi des parents vivant en couple					Taux d'emploi des parents isolés	Proportion de parents vivant seuls avec leurs enfants	Taux d'emploi de l'ensemble des femmes âgées de 20 à 60 ans sans enfant	Taux d'emploi de l'ensemble des mères d'un enfant de moins de 6 ans
		Parents	Mères, par niveau d'instruction[c]			Mères				
			Élevé	Moyen	Faible					
Amérique du Nord										
Canada[c]	1999	78.1	80.7	72.9	48.4	70.0	68.3	12.7	..	..
	1989	76.1	77.3	65.5	46.7	64.3	64.6	10.4	..	..
États-Unis	1999	77.4	..	..	..	60.6	67.7	24.6	85.2	61.5
	1989	74.6	..	..	..	55.7	47.5	21.6	79.9	54.0
Japon[d]	2000	..	..	..	..	33.3	..	..	..	..
	1990	..	..	..	..	35.9	..	..	..	..
Europe										
Finlande	1998	74.2	..	..	..	57.7	64.9	16.8	..	58.8
	1995	68.4	..	..	..	53.8	32.9	18.7	..	53.3
Norvège[e]	1999	..	82.6	69.8	45.7	..	..	..	..	72.8
	1991	..	80.8	63.1	43.3	..	..	..	..	65.3
Suède[f]	2000	..	..	..	..	..	64.6	..	..	77.8
	1990	..	..	..	..	..	85.9	..	..	86.6
Grèce	1999	71.3	69.4	41.0	33.4	48.4	63.2	2.9	43.2	48.6
	1989	68.3	59.1	34.2	32.0	41.4	66.5	2.9	40.4	41.5
Italie	1999	68.0	69.4	52.8	26.1	44.9	72.2	3.9	43.1	45.7
	1989	67.6	..	..	..	40.7	65.5	3.6	38.0	41.3
Portugal	1999	80.6	92.5	85.8	63.7	70.2	82.9	5.1	62.0	70.6
	1989	75.1	90.3	74.8	56.3	59.1	68.1	4.3	49.2	59.0
Espagne	1999	65.9	59.6	40.7	26.8	41.5	64.9	2.2	41.4	41.8
	1989	58.7	53.4	33.7	23.3	29.5	62.8	1.9	30.6	29.8
Pologne	1999	68.2	..	..	..	49.5	33.3	4.6	63.0	47.6
	1994	67.5	..	..	..	47.5	37.2	5.1	58.1	49.9
Irlande	1997	64.5	62.3	47.5	23.8	45.5	35.2	10.0	58.3	44.4
	1989	52.4	46.1	29.4	13.1	25.8	20.6	5.9	50.6	25.3
Royaume-Uni	1999	75.1	70.3	60.3	32.2	61.3	36.8	21.8	74.3	55.8
	1989	66.5	58.9	46.0	39.2	45.3	27.5	13.3	70.8	42.7
Autriche	1999	78.9	72.6	65.7	54.5	65.7	76.1	9.0	62.0	66.5
Allemagne	1999	70.9	62.4	50.1	28.7	51.4	49.7	10.3	67.3	51.1
	1991	69.3	56.7	48.7	37.2	49.4	62.0	10.6	65.0	42.6
Pays-Bas	1999	77.8	71.0	62.8	40.8	62.3	38.7	6.6	67.9	60.7
	1989	61.8	..	..	..	32.5	22.7	6.7	52.9	31.7
Belgique	1999	68.9	84.7	70.6	42.6	71.8	49.2	9.1	58.3	69.5
	1989	75.8	73.0	65.0	38.9	57.8	40.9	5.9	43.8	56.7
France	1999	72.9	72.2	54.9	29.0	56.8	51.6	8.7	64.7	56.2
	1989	71.9	..	..	..	52.2	60.8	7.0	60.6	52.6
Luxembourg	1999	70.4	55.3	44.5	42.1	46.1	74.1	5.7	59.5	47.4
	1989	66.7	42.6	35.1	34.5	35.9	59.1	3.9	43.9	36.6
Australie[g]	2000	..	..	..	..	48.0	30.2	..	..	45.0
	1990	..	..	..	..	44.1	..	..	..	42.3

.. Données non disponibles.
a) Les données se rapportent uniquement aux familles ne comptant aucun membre de plus de 60 ans. Les enfants sont définis comme des personnes de moins de 20 ans, et les adultes, de 20 ans et plus. Les ménages multifamiliaux sont exclus.
b) « Élevé » correspond au niveau des études tertiaires, « Moyen » au niveau des études secondaires, et « Faible » à un niveau inférieur à celui des études secondaires.
c) Ménages avec ou sans enfants de tous âges.
d) Mères âgées de 25 à 54 ans, enfants de moins de 7 ans. Les données se rapportent au mois de février de l'année considérée.
e) Les données par niveau d'instruction se rapportent à l'ensemble des mères d'enfants de moins de 6 ans.
f) Mères âgées de 25 à 54 ans.
g) Les données se rapportent aux ménages ayant des enfants de moins de 5 ans.
Source : Calculs du Secrétariat effectués d'après les données fournies par EUROSTAT et les autorités nationales.

© OCDE 2001

Tableau 4.2. **Évolution de la structure de l'activité professionnelle dans les principaux types de familles, tous niveaux d'instruction confondus**

Pourcentages

Couples avec un enfant de moins de 6 ans

	\multicolumn{4}{c	}{Proportion de couples où l'homme est à temps complet et la femme à temps complet}	\multicolumn{4}{c	}{Proportion de couples où l'homme est à temps complet et la femme à temps partiel}	\multicolumn{4}{c	}{Proportion de couples où l'homme est à temps complet et la femme ne travaille pas}	\multicolumn{4}{c}{Proportion de couples où ni l'homme ni la femme ne travaillent}
	1984	1989	1994	1999	1984	1989	1994	1999	1984	1989	1994	1999	1984	1989	1994	1999
États-Unis	26.3	32.3	33.7	36.5	15.6	18.3	19.2	18.6	44.3	38.8	33.5	35.2	5.4	3.7	5.0	2.6
Grèce	26.3	34.5	37.6	41.4	4.5	4.9	3.2	4.2	61.0	55.7	52.6	47.3	5.4	2.6	3.5	3.4
Italie	33.3	33.9	31.3	32.6	3.7	4.7	6.3	9.5	57.9	53.7	51.7	47.5	2.6	4.0	6.5	6.3
Portugal[a]	..	56.0	54.3	60.7	..	3.5	5.3	5.9	..	35.1	30.1	25.9	..	2.0	3.7	2.4
Espagne[b]	..	24.8	24.3	31.0	..	3.3	4.0	6.9	..	63.2	53.4	52.1	..	5.7	12.8	5.8
Irlande[c]	11.4	16.9	25.4	29.6	3.6	5.3	9.6	11.4	67.0	56.6	43.1	41.8	15.1	16.5	14.8	10.9
Royaume-Uni	7.3	13.2	15.7	19.5	22.5	30.7	33.1	38.4	54.8	44.5	33.8	29.4	13.1	8.0	12.4	7.0
Autriche[d]	..	..	38.6	29.0	..	..	21.6	30.7	..	..	30.7	30.1	..	..	2.8	3.5
Allemagne	..	23.3	20.6	20.9	..	19.4	21.6	26.3	..	44.4	47.1	41.6	..	3.4	5.4	5.9
Pays-Bas[e]	3.0	..	3.5	4.2	15.1	..	37.9	47.8	67.4	..	41.5	31.5	8.2	..	6.9	3.5
Belgique	37.0	37.3	37.1	26.6	10.9	18.7	22.2	27.7	43.4	37.1	31.1	19.0	5.8	5.0	5.6	4.8
France	35.9	41.9	33.4	31.3	11.9	16.1	16.7	19.7	44.2	35.8	36.5	35.1	4.1	2.0	6.6	6.6
Luxembourg	24.2	22.9	26.7	26.5	8.4	10.4	13.0	16.6	64.5	63.2	54.4	51.6	1.8	1.4	2.9	2.4
Pologne	..	..	35.7	36.0	..	..	4.6	5.9	..	..	43.2	39.8	..	..	7.3	8.2

Familles monoparentales (femmes) avec un enfant de moins de 6 ans

	\multicolumn{4}{c	}{Proportion de familles où la femme travaille à temps complet}	\multicolumn{4}{c	}{Proportion de familles où la femme travaille à temps partiel}	\multicolumn{4}{c}{Proportion de familles où la femme ne travaille pas}
	1984	1989	1994	1999	1984	1989	1994	1999	1984	1989	1994	1999
États-Unis	33.8	36.0	33.8	48.9	10.3	9.5	10.3	16.8	55.9	54.6	55.9	34.4
Grèce	43.5	41.7	45.2	50.9	8.0	4.9	3.8	8.4	48.6	53.4	51.0	40.7
Italie	53.5	52.8	47.1	58.7	5.3	6.4	12.2	10.8	41.1	40.8	40.6	30.5
Portugal[a]	..	56.4	56.1	75.7	..	4.4	8.0	5.7	..	39.2	35.9	18.6
Espagne[b]	..	56.4	39.7	50.2	..	4.7	8.9	11.4	..	38.9	51.4	38.5
Irlande[c]	6.7	13.3	12.9	15.5	4.0	4.1	6.2	18.6	89.3	82.6	81.0	65.9
Royaume-Uni	5.9	7.2	9.1	12.5	12.6	16.4	16.8	21.7	81.4	76.4	74.0	65.8
Autriche[d]	..	..	55.6	43.5	..	..	22.7	31.2	..	..	21.7	25.2
Allemagne	..	39.1	27.4	24.0	..	20.3	20.3	23.9	..	40.6	52.3	52.1
Pays-Bas	3.2	..	4.4	6.0	9.9	..	21.9	31.5	86.9	..	73.6	62.5
Belgique	30.7	24.9	26.4	22.1	16.1	9.9	15.9	24.4	53.2	65.3	57.7	53.5
France	51.3	55.8	37.7	34.9	11.0	11.8	13.8	14.1	37.7	32.4	48.4	51.0
Luxembourg	63.8	51.6	49.0	52.3	11.5	2.4	6.7	19.7	24.8	46.0	44.4	27.9
Pologne	..	..	29.4	27.8	..	..	9.4	5.6	..	..	61.2	66.7

.. Données non disponibles.
a) 1986 au lieu de 1984.
b) 1987 au lieu de 1984.
c) 1997 au lieu de 1999.
d) 1995 au lieu de 1994.
e) 1985 au lieu de 1984.
Source : Calculs du Secrétariat effectués d'après des données provenant de l'Enquête européenne sur les forces de travail, et des données nationales.

Tableau 4.3. **Modalités effectives et souhaitées d'exercice de l'activité professionnelle par les travailleurs à temps complet et à temps partiel, UE, 1998**

Couples ayant un enfant de moins de 6 ans
Pourcentages

	Homme à temps complet/ femme à temps complet	Homme à temps complet/ femme à temps partiel	Homme à temps complet/ femme sans emploi	Autre	Total
Finlande					
Effectives	49.3	6.4	32.8	11.5	100.0
Souhaitées	*80.3*	*8.6*	*10.2*	*0.8*	*100.0*
Suède					
Effectives	51.1	13.3	24.9	10.7	100.0
Souhaitées	*66.8*	*22.2*	*6.6*	*4.4*	*100.0*
Grèce					
Effectives	42.2	7.9	36.1	13.8	100.0
Souhaitées	*65.6*	*10.6*	*9.4*	*14.4*	*100.0*
Italie					
Effectives	34.9	11.8	43.3	10.0	100.0
Souhaitées	*50.4*	*27.7*	*10.7*	*11.2*	*100.0*
Portugal					
Effectives	74.5	4.7	18.7	2.2	100.0
Souhaitées	*84.4*	*8.0*	*4.0*	*3.6*	*100.0*
Espagne					
Effectives	25.6	6.3	56.9	11.2	100.0
Souhaitées	*59.7*	*11.6*	*19.7*	*9.0*	*100.0*
Irlande					
Effectives	30.8	18.7	37.0	13.5	100.0
Souhaitées	*31.1*	*42.3*	*8.1*	*18.5*	*100.0*
Royaume-Uni					
Effectives	24.9	31.9	32.8	10.4	100.0
Souhaitées	*21.3*	*41.8*	*13.3*	*23.6*	*100.0*
Autriche					
Effectives	19.1	28.2	48.1	4.5	100.0
Souhaitées	*35.6*	*39.9*	*3.9*	*20.7*	*100.0*
Allemagne					
Effectives	15.7	23.1	52.3	8.9	100.0
Souhaitées	*32.0*	*42.9*	*5.7*	*19.4*	*100.0*
Pays-Bas					
Effectives	4.8	54.8	33.7	6.7	100.0
Souhaitées	*5.6*	*69.9*	*10.7*	*13.8*	*100.0*
Belgique					
Effectives	46.0	19.4	27.3	7.3	100.0
Souhaitées	*54.8*	*28.8*	*13.4*	*3.0*	*100.0*
France					
Effectives	38.8	14.4	38.3	8.4	100.0
Souhaitées	*52.4*	*21.9*	*14.1*	*11.7*	*100.0*
Luxembourg					
Effectives	23.5	27.0	49.1	0.4	100.0
Souhaitées	*27.5*	*29.9*	*12.4*	*30.2*	*100.0*
Moyenne non pondérée					
Effectives	34.4	19.1	37.9	8.5	100.0
Souhaitées	*47.7*	*29.0*	*10.2*	*13.2*	*100.0*

Source : Calculs du Secrétariat effectués d'après des microdonnées provenant de l'Enquête sur les options d'emploi de l'avenir. Voir annexe 4.B pour des précisions.

recul progressif de la famille à salaire unique au profit du ménage à deux apporteurs de revenu. En moyenne, le nombre de familles comptant deux actifs à temps complet et le nombre de familles dont l'un des parents travaille à temps complet et l'autre à temps partiel, augmenteraient l'un comme l'autre de la moitié environ. Cependant, il existe encore plusieurs pays dans lesquels 10 % ou plus des couples déclarent pencher plutôt pour le modèle de famille dont l'homme constitue le soutien économique. On constate clairement que la préférence pour le travail à temps partiel tend à être relativement peu marquée en Suède et dans les pays du sud de l'Europe. Si la Suède a fait œuvre de pionnière pour l'entrée des femmes dans le monde du travail, qui s'est faite souvent dans ce pays à travers l'emploi à temps partiel, les mères souhaitent aujourd'hui souvent passer de l'activité à temps partiel au travail à plein-temps, comme le montrent des données de flux plus détaillées qui ne figurent pas dans le tableau 4.3. Dans la majorité des pays du sud de l'Europe, l'emploi à temps partiel est encore relativement peu développé et n'est sans doute pas considéré par certaines femmes comme une solution viable. Pour le Canada, Marshall (2001) constate que 73 % de l'emploi à temps partiel concerne des personnes ayant choisi volontairement le travail à temps partiel et que ces personnes attestent d'une satisfaction considérablement plus grande au niveau de l'équilibre entre le travail et la vie familiale que ne le font les travailleurs à temps complet.

L'enquête *Options d'avenir pour l'emploi* a porté non seulement sur les préférences des personnes interrogées en matière d'activité professionnelle au moment de l'étude, mais aussi sur les choix que les couples qui avaient à cette date un enfant de moins de six ans souhaiteraient faire sur ce plan dans cinq ans. D'après les réponses obtenues, la Fondation européenne (2000) a constaté que les mères étaient très désireuses de se mettre à travailler à temps partiel à moyen terme. Si les souhaits exprimés se concrétisaient, la proportion de mères exerçant une activité passerait, dans l'ensemble de l'union européenne, à 85 % environ, mais seulement 2 % de cette augmentation ne seraient pas dus au travail à temps partiel[5]. C'est surtout le temps partiel relativement long – de l'ordre de 20 à 25 heures par semaine – qui suscite de l'intérêt [Atkinson (2000)].

L'enquête *Options d'avenir pour l'emploi* tend aussi à montrer que beaucoup de couples ayant des enfants de moins de six ans préféreraient réduire leur temps de travail (tableau 4.4). Les personnes interrogées dans ces ménages ont été invitées à indiquer le nombre d'heures de travail qu'elles aimeraient actuellement effectuer elles-mêmes et celui qu'elles souhaiteraient pour leur partenaire si elles avaient le choix, compte tenu toutefois de la nécessité de gagner suffisamment de quoi vivre. En même temps, il leur était demandé de porter un jugement sur la situation de leur ménage du point de vue financier en classant celui-ci dans l'une des trois catégories suivantes : « aisé », « s'en sort tout juste » et « a des difficultés »[6]. La proportion de personnes ayant déclaré que leur ménage avait des difficultés n'est que de 6 % en moyenne pour les pays considérés. Le temps de travail des couples « aisés » est généralement plus long que celui des couples ayant indiqué qu'ils « s'en sortaient tout juste ». Cependant, les uns comme les autres aimeraient travailler moins et le nombre d'heures souhaité est généralement analogue. Les couples aisés voudraient donc réduire leur temps de travail davantage que ceux qui s'en sortent tout juste[7]. En outre, les couples vivant dans des pays où le temps de travail moyen est relativement long souhaitent en général une diminution plus importante de la durée de leur activité[8].

B. Gains relatifs des mères

Les gains escomptés déterminent dans une large mesure la décision de reprendre une activité. La rémunération moyenne des femmes est inférieure à celle des hommes dans tous les pays de l'OCDE, parfois de beaucoup, comme le montre le graphique 4.2, quoique l'écart tende à se réduire légèrement dans la plupart des pays[9]. C'est au Japon et en Corée que la différence est la plus importante, et en France, en Belgique et au Danemark qu'elle est la plus faible (selon les chiffres de 1995). L'écart de salaire entre les pères et les mères de jeunes enfants tend à être plus grand que l'écart global entre hommes et femmes, et ce pour plusieurs raisons. Premièrement, les mères occupent plus souvent des emplois à temps partiel, généralement moins bien rémunérés. Deuxièmement, les pères de jeunes enfants tendent à avoir un temps de travail plus long que les autres hommes et perçoivent des salaires plus élevés. Troisièmement, certains employeurs peuvent exercer une discrimination à l'encontre des mères car ils pensent qu'elles s'investissent moins dans leur travail, comme nous le verrons plus loin. De fait, il apparaît que dans certains pays anglo-saxons, les salaires des femmes qui ont des enfants sont inférieurs à ceux des autres femmes occupant des postes analogues [Harkness et Waldfogel (1999) ; Joshi *et al.* (1999) ; Waldfogel (1993, 1998*a*, 1998*b*)]. Cependant, Datta Gupta et Smith (2000) constatent qu'il n'en est pas ainsi au Danemark (la raison étant, selon eux, que presque toutes les mères danoises utilisent les généreuses prestations de maternité ou les prestations parentales qui sont offertes, de sorte que la discrimination dont elles sont susceptibles de faire l'objet s'étend à l'ensemble des femmes).

Tableau 4.4. Temps de travail moyen effectué et souhaité, selon la situation matérielle des ménages telle qu'elle est perçue par ceux-ci[a], Union européenne et Norvège, 1998

Nombre d'heures total chez les couples âgés de 20 à 50 ans[b] ayant un enfant de moins de 6 ans

Situation matérielle perçue	Nombre d'heures de travail actuel	Nombre d'heures de travail souhaité	Modification du nombre d'heures nécessaire pour répondre aux préférences	*Pourcentage de ménages dans la situation indiquée[c]*
Danemark				
Aisé	73	62	−11	*80*
S'en sort tout juste	60	51	−9	*18*
Finlande				
Aisé	72	56	−16	*64*
S'en sort tout juste	60	41	−19	*34*
Norvège				
Aisé	68	60	−9	*70*
S'en sort tout juste	58	51	−7	*28*
Suède				
Aisé	70	58	−12	*69*
S'en sort tout juste	59	45	−14	*27*
Grèce				
Aisé	65	50	−16	*30*
S'en sort tout juste	64	47	−17	*37*
Italie				
Aisé	62	50	−12	*32*
S'en sort tout juste	55	45	−10	*58*
Portugal				
Aisé	78	57	−21	*21*
S'en sort tout juste	68	61	−7	*62*
Espagne				
Aisé	61	48	−13	*20*
S'en sort tout juste	46	38	−8	*68*
Irlande				
Aisé	66	53	−13	*28*
S'en sort tout juste	55	37	−18	*67*
Royaume-Uni				
Aisé	66	50	−16	*29*
S'en sort tout juste	60	45	−15	*63*
Autriche				
Aisé	67	58	−9	*64*
S'en sort tout juste	59	48	−11	*33*
Allemagne				
Aisé	62	49	−13	*52*
S'en sort tout juste	55	45	−10	*42*
Pays-Bas				
Aisé	58	47	−11	*82*
S'en sort tout juste	47	37	−10	*16*
Belgique				
Aisé	67	55	−12	*64*
S'en sort tout juste	58	52	−7	*34*
France				
Aisé	61	49	−12	*32*
S'en sort tout juste	60	49	−11	*55*
Luxembourg				
Aisé	56	48	−8	*73*
S'en sort tout juste	58	49	−9	*26*
Moyenne non pondérée				
Aisé	66	53	−13	*51*
S'en sort tout juste	58	46	−11	*42*

a) Les informations concernant le nombre d'heures souhaité proviennent des réponses données à la question de savoir combien d'heures les personnes interrogées et leur partenaire souhaiteraient travailler s'ils avaient le choix, compte tenu de la nécessité de gagner leur vie. Celles-ci ont été invitées à indiquer comment elles percevaient leur situation matérielle en répondant à la question suivante : « Si vous tenez compte du revenu que les membres de votre famille tirent de différentes sources, diriez-vous que votre ménage est matériellement aisé, qu'il s'en sort tout juste ou qu'il a des difficultés ? »
b) Plus précisément, les personnes interrogées avaient entre 20 et 50 ans.
c) La proportion de personnes interrogées ayant fait état de « difficultés » n'est pas indiquée. Elle était inférieure à 10 pour cent dans tous les pays, à l'exception de l'Espagne, de la France, de la Grèce, et du Portugal.

Source : Calculs du Secrétariat effectués d'après des microdonnées provenant de l'Enquête sur les options d'emploi de l'avenir. Voir annexe 4.B pour plus de précisions.

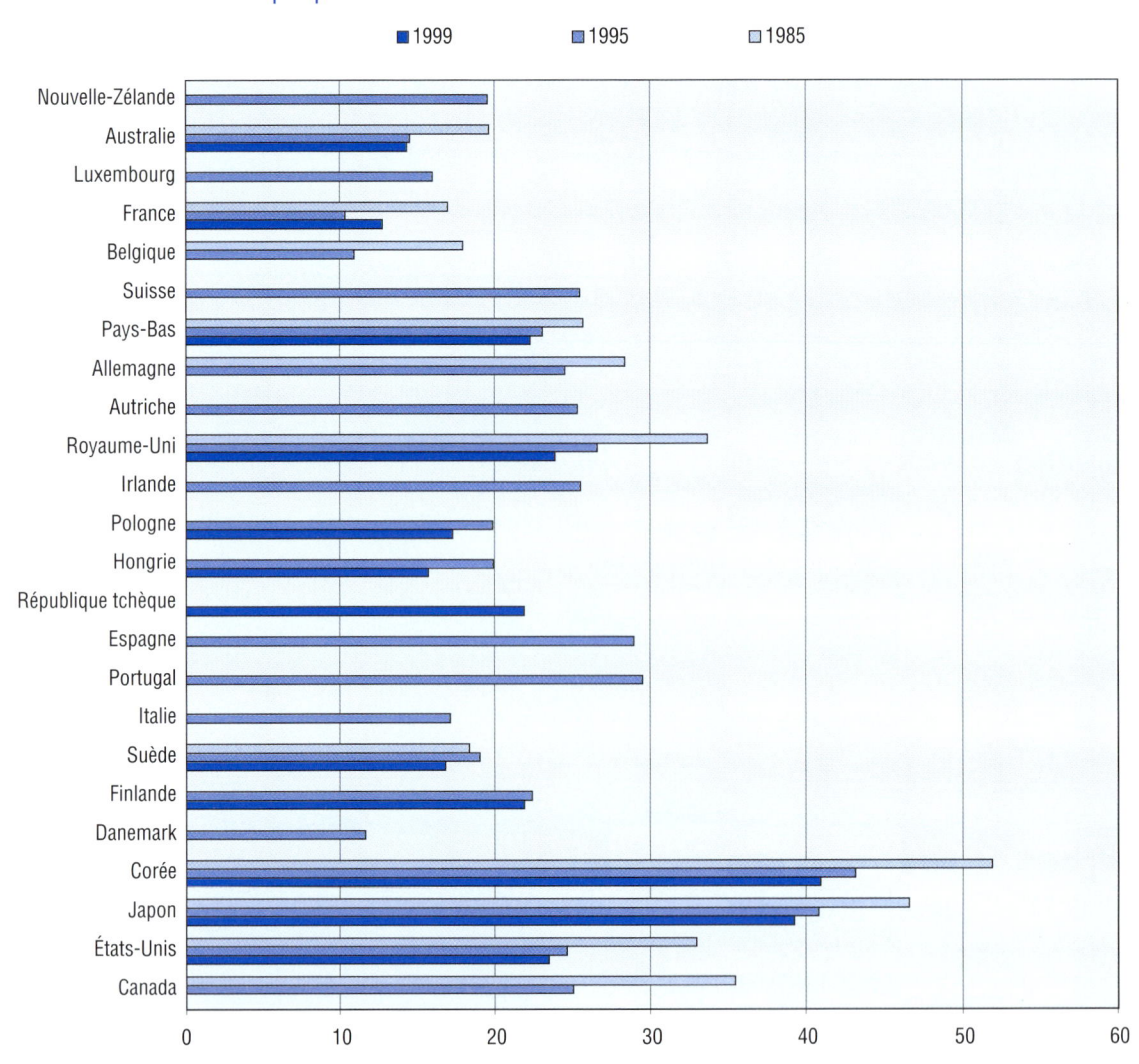

Graphique 4.2. **Écarts de salaire entre hommes et femmes**[a]

■ 1999 ■ 1995 □ 1985

a) Définis comme la différence entre les gains médians des hommes et les gains médians des femmes, en proportion des gains médians des hommes, sauf dans le cas du Portugal et de la Hongrie pour lesquels la moyenne a été utilisée. Les salaires considérés sont des gains horaires, sauf en ce qui concerne certains pays pour lesquels la comparaison porte uniquement sur les travailleurs à temps complet.
Source : Base de données de l'OCDE sur les salaires.

C. Temps consacré par les femmes et les hommes aux soins aux enfants et au travail non rémunéré

Plusieurs auteurs ont associé les différences de taux d'emploi et de salaire entre les mères et les pères à la façon dont le temps consacré aux tâches domestiques et parentales est réparti au sein du couple. Le fait que les mères soient en général occupées plus longtemps que les pères par les soins aux enfants et le travail domestique est expliqué de longue date sous l'angle des avantages comparatifs qu'elles sont censées détenir dans ces deux sphères [Becker (1965) ; Gronau (1973)]. Les modèles récents concernant l'affectation des ressources au sein des ménages s'inspirent des théories de la négociation, dont certaines partent de l'hypothèse que les deux membres du couple coopèrent, et d'autres qu'ils sont en concurrence [Persson et Jonung (1997) ; Merz et Ehling (1999)]. Selon ces modèles, le salaire individuel « potentiel » peut constituer un déterminant de la répartition du temps à l'intérieur du ménage. On peut donc penser que les écarts de salaire entre hommes et femmes, qui tiennent en partie à la discrimination exercée à l'encontre des secondes, entretiennent l'inégalité entre les sexes dans le partage des tâches domestiques et parentales [Joshi (1998) ; Bauer (1998) ; Beblo (1999)]. Les salaires offerts aux femmes sur le marché du travail étant plus faibles, celles-ci sont moins incitées à s'engager dans une activité rémunérée, ce qui se traduit pour elles par des niveaux relativement élevés de travail non rémunéré et des salaires plus bas [Hersh et Stratton (1994)]. En outre, Lommerud et Vagstad (2000) indiquent que, comme les employeurs s'attendent à ce que les mères fassent une place relativement importante à leur fonction parentale, les femmes qui ont des enfants, et celles qui sont susceptibles d'en avoir, doivent répondre à des critères plus rigoureux que les pères pour leur avancement professionnel, ce qui tend là encore à perpétuer le modèle traditionnel de spécialisation des rôles.

Le tableau 4.5 présente des données sur la répartition du travail rémunéré et non rémunéré chez les hommes et les femmes au sein des couples ayant des enfants de moins de cinq ans[10], qui proviennent d'enquêtes sur l'emploi du temps harmonisées par une équipe de chercheurs dont les travaux ont été coordonnés par l'Université de l'Essex, au Royaume-Uni [voir la description de Fisher (2000a et 2000b)]. Les chiffres concernant les femmes sont ventilés selon la situation des intéressées au regard de l'emploi (femmes au foyer, femmes travaillant à temps complet, femmes travaillant à temps partiel). Les chiffres relatifs aux hommes se rapportent à l'ensemble des hommes qui vivent en couple. Les soins aux enfants répondent à une définition étroite qui recouvre les tâches suivantes : les nourrir, les habiller, les changer, les baigner et leur donner des médicaments ; la définition du travail non rémunéré est en revanche relativement large (on trouvera davantage de précisions dans l'annexe 4.B)[11]. Le travail rémunéré comprend l'activité exercée dans une entreprise familiale (ce qui explique pourquoi les « femmes au foyer » font état d'une activité rémunérée) et correspond à une moyenne établie sur l'année, week-ends et congés payés compris (d'où des chiffres qui peuvent paraître faibles).

L'examen du tableau 4.5 permet de faire les observations suivantes pour les pays considérés :

- Les mères qui travaillent à plein-temps consacrent aux soins aux enfants un peu plus du double du temps que les pères leur accordent (plus du triple dans le cas des femmes au foyer).

- Les mères qui travaillent à plein-temps consacrent environ deux fois plus de temps que les pères aux autres activités non rémunérées (s'agissant des femmes au foyer, ce temps représente environ deux fois et demie celui des pères).

- En moyenne, ce sont les femmes travaillant à plein-temps qui consacrent au total le plus de temps aux activités rémunérées et non rémunérées, soit environ 10 heures par jour, et une heure de plus que la moyenne relevée pour les hommes dans leur ensemble. De ce point de vue, ce sont les femmes au foyer qui assument la charge la moins lourde. Quant aux femmes qui travaillent à temps partiel, le temps total est en moyenne de neuf heures et demie environ.

Les données provenant des pays qui effectuent des enquêtes à des intervalles assez réguliers (Australie, Canada et Royaume-Uni) tendent à montrer que le temps consacré par les hommes aux soins aux enfants et aux activités domestiques a augmenté par rapport à celui des femmes travaillant à temps complet en Australie et au Canada entre le milieu des années 80 et la fin des années 90. En outre, on observe dans tous les pays une tendance à l'accroissement du temps que passent les hommes à s'occuper de leurs enfants[12]. Ces chiffres ne portent toutefois que sur les hommes qui vivent en couple et surestiment l'augmentation du temps consacré par les hommes aux soins à leurs enfants. Une proportion grandissante d'enfants appartiennent à des familles monoparentales dirigées par des femmes et dans bien des cas, ces enfants voient peu leur père [Dex (1999)].

S'il est vrai que les comparaisons internationales de données sur l'emploi du temps doivent être effectuées avec beaucoup de prudence, il semble néanmoins que les hommes canadiens et suédois soient ceux qui participent le plus au travail domestique, encore que leur contribution reste inférieure à celle de leur compagne (tableau 4.5). A l'autre extrême, le partage des tâches domestiques est relativement inégal en Italie, qui est celui des pays considérés où les femmes au foyer assument la part la plus importante de ces tâches et où les pères y participent le moins[13].

II. Politiques en matière d'imposition et de prestations

Si le salaire constitue un important facteur d'incitation des mères à travailler, son influence est modifiée par les politiques appliquées en matière d'imposition et de prestations. Comme l'ont fait remarquer O'Donoghue et Sutherland (1999), Callan et al. (1999) et Dingeldey (1998), l'unité d'imposition retenue peut être déterminante (encadré 4.2). Toutes choses étant égales par ailleurs, l'imposition individuelle encourage davantage le travail des partenaires de personnes ayant déjà un emploi que l'imposition familiale. Toutefois, les divers types d'allégements fiscaux et de prestations destinés aux ménages ayant des enfants peuvent neutraliser cet effet. Nous décrirons ici l'évolution observée à cet égard dans les systèmes d'imposition au cours des trente dernières années, et

Tableau 4.5. **Temps consacré aux soins aux enfants et au travail non rémunéré par les femmes et les hommes vivant en couple et ayant un enfant de moins de 5 ans**

Durée journalière moyenne

	Hommes (moyenne pour l'ensemble des hommes)				Femmes ayant une activité (rémunérée) à temps complet				Rapport du temps passé par les femmes au temps passé par les hommes, femmes ayant une activité (rémunérée) à temps complet	
	Travail rémunéré	Soins aux enfants	Autre travail non rémunéré	Temps total travail rémunéré et non rémunéré	Travail rémunéré	Soins aux enfants	Autre travail non rémunéré	Temps total travail rémunéré et non rémunéré	Soins aux enfants	Temps total travail rémunéré et non rémunéré
	heures	minutes	heures	heures	heures	minutes	heures	heures		
Canada 1986	7.0	**53**	1.8	9.6	. .	**88**	3.4	10.3	**1.7**	1.07
Canada 1992	6.0	**68**	2.3	9.4	6.0	**109**	3.2	11.1	**1.6**	1.17
Canada 1998	6.3	**89**	2.4	10.3	5.9	**124**	3.0	11.0	**1.4**	1.07
États-Unis 1985	6.9	**42**	2.1	9.6	3.7	**108**	4.3	9.7	**2.6**	1.01
États-Unis 1995[a]	6.2	**33**	2.0	8.7	4.9	**62**	3.3	9.1	**1.9**	1.05
Danemark 1987	7.2	**28**	1.9	9.5	5.4	**55**	3.1	9.4	**2.0**	0.99
Finlande 1987	6.1	**45**	2.1	8.9	3.9	**125**	3.6	9.5	**2.8**	1.07
Suède 1991	6.4	**70**	2.5	10.1	3.9	**130**	3.9	10.0	**1.9**	0.99
Italie 1989	6.6	**36**	1.2	8.4	4.2	**96**	4.8	10.6	**2.7**	1.26
Royaume-Uni 1983 et 1987	5.7	**44**	2.0	8.4	. .	. .	. .	. .	. .	. .
Royaume-Uni 1995	6.3	**87**	1.7	9.4	3.5	**120**	5.4	10.9	**1.4**	1.16
Royaume-Uni 1999	4.9	**90**	1.6	8.0	. .	. .	. .	. .	. .	. .
Autriche 1992[b]	6.9	**28**	1.7	9.1	4.7	**62**	4.8	10.5	**2.2**	1.16
Allemagne 1992	6.1	**59**	2.5	9.5	4.1	**124**	4.2	10.3	**2.1**	1.09
Pays-Bas 1985	5.2	**48**	2.1	8.1	1.7	**115**	4.3	7.9	**2.4**	0.98
Australie 1987	6.7	**50**	1.8	9.3	3.5	**148**	3.8	9.8	**3.0**	1.05
Australie 1992	6.2	**62**	2.0	9.3	4.1	**206**	3.4	10.9	**3.3**	1.18
Australie 1997	6.1	**56**	2.0	9.0	6.0	**101**	2.9	10.6	**1.8**	1.18
Moyenne non pondérée année la plus récente pour chaque pays	6.3	**53**	2.0	9.1	4.4	**98**	3.7	10.1	**2.1**	1.10

	Femmes au foyer				Femmes ayant une activité (rémunérée) à temps partiel			
	Travail rémunéré	Soins aux enfants	Autre travail non rémunéré	Temps total travail rémunéré et non rémunéré	Travail rémunéré	Soins aux enfants	Autre travail non rémunéré	Temps total travail rémunéré et non rémunéré
	heures	minutes	heures	heures	heures	minutes	heures	heures
Canada 1986	0.6	**169**	5.1	8.5	. .	. .	. .	. .
Canada 1992	0.5	**193**	4.9	8.6	3.9	**139**	3.5	9.7
Canada 1998	0.7	**218**	4.7	9.1	3.1	**143**	3.8	9.3
États-Unis 1985	0.6	**158**	5.0	8.2	. .	. .	. .	. .
États-Unis 1995[a]	0.1	**106**	4.4	6.2	3.6	**93**	3.1	8.3
Danemark 1987	0.6	**87**	5.4	7.5	4.1	**41**	4.1	8.9
Finlande 1987	0.4	**181**	4.4	7.8	2.4	**131**	4.3	8.9
Suède 1991	0.3	**261**	5.1	9.7	3.2	**118**	4.9	10.1
Italie 1989	0.2	**120**	7.0	9.2	. .	. .	. .	. .
Royaume-Uni 1983 et 1987	0.2	**141**	5.2	7.8	. .	. .	. .	. .
Royaume-Uni 1995	0.0	**205**	4.7	8.1	3.1	**154**	4.2	9.8
Royaume-Uni 1999	0.4	**202**	3.7	7.4	2.7	193	3.8	9.6
Autriche 1992[b]	0.5	**116**	6.7	9.1	3.2	**66**	5.4	9.7
Allemagne 1992	0.1	**175**	5.8	8.8	2.2	**142**	5.0	9.6
Pays-Bas 1985	0.2	**147**	4.9	7.6	2.3	**120**	4.4	8.6
Australie 1987	0.1	**219**	5.1	8.9	2.7	**154**	4.4	9.7
Australie 1992	0.1	**227**	4.7	8.5	2.2	**189**	4.3	9.7
Australie 1997	0.5	**169**	5.5	8.8	2.9	**137**	4.6	9.7
Moyenne non pondérée année la plus récente pour chaque pays	0.3	**164**	5.3	8.4	3.0	**130**	4.3	9.4

. . Données non disponibles.
a) Pour 1992-94, les données concernant les États-Unis se rapportent à l'ensemble des parents, y compris les parents isolés.
b) Les données se rapportent à l'ensemble des ménages ayant des enfants.
Source : Données fournies par le Dr Kimberly Fisher, Université de l'Essex. Voir annexe 4.B pour plus de précisions.

> **Encadré 4.2. Incidence des différents systèmes d'imposition sur les facteurs d'incitation au travail dans les familles biparentales**
>
> L'imposition des familles où les deux parents travaillent peut revêtir plusieurs formes : elle peut être séparée, commune ou fondée sur un quotient, mais la question fondamentale qui se pose est de savoir si le calcul du revenu s'effectue d'après la somme des deux revenus salariaux ou à partir de ces deux revenus considérés séparément. Ces deux démarches peuvent être résumées comme suit [voir l'annexe à l'étude de O'Donoghue et Sutherland (1999)], YM étant le revenu salarial de l'homme, YF celui de la femme, et la fonction T le barème d'imposition :
>
> Imposition séparée : Impôt = T (YM) + T (YF)
>
> Imposition fondée sur un quotient : Impôt = Q x T [(YM + YF + autre revenu familial)/Q], Q étant le quotient.
>
> Si Q = 2, on parle généralement de système d'imposition fondé sur le « fractionnement du revenu » ou la « mise en commun des revenus ». Si Q est égal à 1, on parle d'imposition « commune » ou globale. L'imposition fondée sur un quotient, comme le système appliqué par exemple en France, peut prendre en compte le revenu d'autres membres de la famille que les parents. Toutefois, lorsque ce n'est pas le cas, les systèmes communs sont équivalents, les barèmes d'imposition pouvant être établis de manière que, pour un niveau donné de revenu salarial, les taux d'imposition soient les mêmes.
>
> Quelle que soit la forme d'imposition commune qui est appliquée, le partenaire dont les gains sont plus faibles (ou susceptibles de l'être) est en principe moins incité à les accroître, étant donné que dans un système d'imposition progressive, son salaire (généralement celui de la femme) sera assujetti à un taux marginal d'imposition supérieur. Toutefois, comme l'a souligné par exemple la Chambre des Lords du Royaume-Uni (1985), citée par O'Donoghue et Sutherland (1999), c'est seulement en appliquant un système d'imposition commune qu'il est possible d'assurer l'égalité d'imposition entre deux couples dont le revenu salarial total est le même, mais se répartit différemment. Afin de sortir de ce dilemme, un certain nombre de pays ont proposé aux couples, à des époques diverses, de choisir entre plusieurs modes d'imposition (mais dans la pratique, ce choix est souvent restreint par le fait que, pour un couple se trouvant dans une situation donnée, l'une ou l'autre forme d'imposition aboutira de toute façon à un montant total d'impôt plus faible). En outre, le système d'imposition séparée que possèdent certains pays comporte plusieurs dispositions prenant en compte la famille, ce qui peut assurer une plus grande équité entre les couples dont le revenu du travail présente une structure différente.

nous nous appuierons sur les informations récemment publiées par l'OCDE pour mettre en lumière l'incidence globale de l'imposition et des prestations sur les facteurs d'incitation au travail de l'autre membre du couple.

Les trente dernières années ont été marquées par une nette évolution vers une imposition séparée obligatoire des couples, parfois avec une phase pendant laquelle ces derniers ont été laissés libres de choisir (tableau 4.6). Les pays qui possédaient déjà un système d'imposition séparée en 1970 comprennent le Canada, le Japon, la Grèce, l'Australie et la Nouvelle-Zélande. En 1990, ce système était solidement implanté dans les pays nordiques, ainsi que dans plusieurs autres régions d'Europe. En 1999, les seuls pays qui avaient un système d'imposition commune, ou dans lesquels les couples percevant des gains moyens étaient susceptibles de choisir ce mode d'imposition, étaient les États-Unis, le Portugal, la Pologne, l'Irlande, l'Allemagne, la Suisse, la France, le Luxembourg et (sauf pour les très faibles revenus) la Turquie.

Toutefois, le mode d'imposition ne représente qu'un aspect du problème. Les allégements fiscaux et les prestations accordés au titre de la famille peuvent influer fortement sur l'intérêt que peut avoir pour l'autre membre du couple l'exercice d'une activité rémunérée. La partie gauche du tableau 4.6 montre comment le revenu net évolue lorsque la structure de l'activité professionnelle du couple change, en tenant compte des effets conjugués de l'imposition et d'un certain nombre de prestations, dont les prestations familiales[14]. Il convient de noter que les chiffres présentés ne prennent pas en considération l'accumulation de droits à indemnités de chômage, qui tendent à être plus importants dans les pays où les prestations sont individualisées, comme les pays nordiques, que dans ceux qui possèdent des systèmes de prestations dont l'élément de référence est la famille, tels que l'Australie. Ils ne tiennent pas compte non plus des allocations pour garde d'enfant et des prestations servies au titre des congés de maternité/garde d'enfant, examinées dans la section suivante. Le ménage de référence est un couple comprenant un seul actif qui travaille à plein-temps et perçoit un salaire correspondant aux gains de l'ouvrier moyen (OM) dans les pays de l'OCDE [voir OCDE (2000a) pour plus de précisions]. Les chiffres de la deuxième colonne de la partie droite du tableau indiquent le revenu net relatif du ménage lorsque ce membre du couple continue à travailler à plein-temps, mais que l'autre exerce une activité à temps partiel qui lui permet de gagner 40 % du salaire de l'OM. Dans la troisième colonne figure le revenu net relatif du ménage lorsque les deux partenaires travaillent à temps complet et sont rémunérés au niveau du salaire de l'OM.

Tableau 4.6. **Évolution des systèmes d'imposition du revenu des personnes physiques, 1970-1999, et revenus relatifs des couples biactifs travaillant selon des modalités différentes, 1997**

	Mode d'imposition[a]			Niveau du revenu du travail, par rapport au salaire de l'OM, selon l'activité professionnelle du ménage[b]		
	1970	1990	1999	Actif à temps complet/ sans emploi (100/0)	Actif à temps complet/ actif à temps partiel (100/40)	Actif à temps complet/ actif à temps complet (100/100)
Amérique du Nord						
Canada	Séparée	Séparée	Séparée	100	145	177
Mexique	. .	. .	Séparée	100	. .	. .
États-Unis	Commune	Commune	Optionnelle/Commune	100	143	199
Asie						
Japon	Séparée	Séparée	Séparée	100	140	197
Corée	. .	. .	Séparée			
Europe						
Danemark	Commune	Séparée	Séparée	100	130	172
Finlande	Commune	Séparée	Séparée	100	142	186
Islande	Commune	Séparée	Séparée	100	117	154
Norvège	Optionnelle	Optionnelle	Optionnelle	100	127	163
Suède	Commune	Séparée	Séparée	100	131	183
Grèce	Séparée	Séparée	Séparée	100	133	183
Italie	Commune	Séparée	Séparée	100	137	183
Portugal	Variable	Commune	Commune	100	139	188
Espagne	Commune	Optionnelle	Séparée (Commune)	100	137	188
République tchèque	. .	. .	Séparée	100	142	187
Hongrie	. .	. .	Séparée	100	140	180
Pologne	. .	. .	Optionnelle	100	136	189
Irlande	Commune	Commune	Optionnelle/Commune	100	135	179
Royaume-Uni	Commune	Séparée	Séparée	100	141	192
Autriche	Commune	Séparée	Séparée	100	135	178
Allemagne	Commune	Commune	Commune	100	126	163
Pays-Bas	Commune	Séparée	Séparée	100	132	179
Suisse	Commune	Commune	Commune	100	132	176
Belgique	Commune	Commune	Séparée	100	120	154
France	Commune	Commune	Commune	100	127	179
Luxembourg	Commune	Commune	Commune	100	135	172
Turquie	Séparée/Commune	Séparée/Commune	Séparée/Commune	100	. .	. .
Océanie						
Australie	Séparée	Séparée	Séparée	100	140	183
Nouvelle-Zélande	Séparée	Séparée	Séparée	100	. .	. .

. . Données non disponibles.
OM : Ouvrier moyen.
a) Selon O'Donoghue et Sutherland (1999), si les systèmes de la Grèce, de l'Italie, de l'Autriche et des Pays-Bas relèvent plutôt de la catégorie des systèmes d'imposition séparée, ils comportent un grand nombre de mesures fiscales familiales. Il convient en outre de noter que plusieurs pays où l'imposition est séparée accordent néanmoins de petits allégements fiscaux supplémentaires lorsque l'épouse ne travaille pas ou travaille très peu. Voir les chapitres par pays dans OCDE (2000b), d'où provient ce qui suit.
b) 100/0 désigne une situation dans laquelle l'un des membres du couple travaille à temps complet et l'autre ne travaille pas du tout. 100/40 signifie que l'un des membres du couple travaille à temps complet et l'autre à 40 pour cent du temps plein, etc.
Allemagne : Si les conjoints ont la possibilité d'être imposés séparément, ce choix ne procure jamais, selon Dingeldey (1998), d'avantage financier.
Espagne : Selon Dingeldey (1998), si les couples espagnols peuvent opter pour l'imposition commune, ce choix n'est intéressant que pour les couples qui ont un revenu primaire très faible et un second revenu minimal.
États-Unis : Les couples mariés ont généralement avantage à opter pour la déclaration commune.
France : Le système est fondé sur le principe du « quotient » qui permet notamment de tenir compte des salaires des enfants.
Norvège : C'est l'imposition individuelle qui prévaut, mais dans certains cas (lorsque le conjoint n'a pas de revenu du travail ou seulement un faible revenu), il est plus intéressant d'opter pour l'imposition commune du couple.
Pologne : Application d'un système de « fractionnement », de sorte que l'imposition commune est en principe plus avantageuse.
Royaume-Uni : L'allégement fiscal consenti aux couples mariés a été supprimé en 2000.
Turquie : L'imposition est séparée, sauf si l'un des deux membres du couple gagne plus de 2.25 milliards de LT, auquel cas elle est commune. Un revenu de 2.25 milliards de LT représente à peu près 8 600 dollars des États-Unis.
Source : OCDE (1993) et OCDE (1999d).

S'il n'existait pas de systèmes d'imposition et de prestations, ou si le système d'imposition était conçu de façon que les gains du second membre du couple soient soumis au même taux effectif moyen d'imposition (compte tenu de l'incidence des prestations) que ceux du premier, les chiffres qui figureraient dans les deux dernières colonnes seraient respectivement 140 et 200. On peut donc dire que le ménage a fortement intérêt, dans ce cas précis, à accroître son temps de travail total à travers l'exercice d'une activité à temps partiel par le second membre du couple lorsque le chiffre inscrit dans la deuxième colonne de la partie droite du tableau 4.6 se situe aux environs de 140. De même, les partenaires ont avantage à travailler tous deux à temps complet lorsque le chiffre figurant dans la troisième colonne est proche de 200.

Pour plusieurs pays, le chiffre indiqué dans la deuxième colonne est proche de 140 ou supérieur : il s'agit du Canada, des États-Unis, du Japon, du Royaume-Uni et de l'Australie. La majorité des pays d'Europe affichent des chiffres plus faibles. S'agissant des couples dont les deux membres travaillent à temps complet, rares sont les pays qui sont proches de 200 et bon nombre de pays d'Europe se situent bien au-dessous. Les données indiquent en outre que le *mode* d'imposition ne détermine pas nécessairement le degré d'incitation à travailler dans l'optique adoptée ici, les chiffres moyens concernant les pays où l'imposition est séparée étant analogues à ceux des pays où l'imposition est commune.

III. Mesures visant à faciliter l'articulation entre vie professionnelle et vie familiale

Les politiques nationales qui visent à permettre de concilier plus facilement vie professionnelle et obligations familiales recouvrent en principe les dispositifs relatifs à l'accueil des enfants et à divers types de congés de garde d'enfant, notamment les prestations de congé de maternité, de congé de paternité et de congé parental. Nous présentons ici des indicateurs synthétiques qui rendent compte de l'importance de ces dispositifs dans différents pays, en faisant référence aux informations détaillées qui figurent dans Adema (à paraître). Ces indicateurs sont considérés essentiellement dans l'optique de leur incidence sur les liens des parents avec le marché du travail et sur l'équité entre hommes et femmes.

A. Dispositifs d'accueil des enfants

Le tableau 4.7 présente des données sur l'importance de l'utilisation, par deux catégories de jeunes enfants, des dispositifs destinés à les accueillir, à savoir les enfants de moins de 3 ans et les enfants ayant 3 ans et plus mais moins de 6 ans (ou moins que l'âge de la scolarité obligatoire). Il porte principalement sur les dispositifs institutionnalisés d'accueil des enfants, notamment :

- Les services collectifs dans des centres conçus pour la garde des enfants (crèches, jardins d'enfants, garderies), parfois organisés dans le cadre du système éducatif.

- La prise en charge en établissement, notamment les services spécialisés destinés, par exemple, aux enfants handicapés.

- Les assistantes maternelles, qui gardent à leur domicile un ou plusieurs enfants.

- Les services assurés par une personne qui ne fait pas partie de la famille mais vit souvent sous son toit.

On trouvera des précisions sur la contribution des pouvoirs publics au financement de la garde des enfants dans Adema (à paraître).

Les pays dans lesquels les fonds de source publique jouent un rôle important en consacrent généralement la majeure partie aux deux premiers modes d'accueil des enfants. Cependant, dans la plupart des pays, les pouvoirs publics ont pris des mesures spéciales à l'intention des enfants jugés susceptibles d'être maltraités ou délaissés, ainsi que des enfants vivant dans des familles monoparentales et des familles à faible revenu, ou dont les parents ont des obligations professionnelles particulières. Dans de nombreux cas, ils interviennent dans le domaine de la prise en charge des enfants par d'autres moyens. Par exemple, en Autriche et en France, les assistantes maternelles qui travaillent chez elles doivent obligatoirement obtenir un agrément. L'*allocation de garde d'enfant à domicile* (AGED) instituée en France permet d'aider les parents qui font garder leurs enfants à la maison en finançant l'essentiel des charges sociales patronales qu'ils doivent acquitter, et en leur accordant la possibilité de déduire de leurs impôts une partie des frais supportés.

Parmi les pays pour lesquels des données sont disponibles, c'est au Canada, dans trois des pays nordiques (Danemark, Suède et Norvège), en République slovaque, aux États-Unis et en Nouvelle-Zélande que la proportion d'enfants de moins de 3 ans qui utilisent les dispositifs institutionnalisés est la plus forte (40 % ou plus). Les chiffres sont beaucoup plus faibles dans les pays du sud et du centre de l'Europe. Quant à la catégorie des enfants plus âgés, les proportions sont beaucoup plus élevées et atteignent ainsi 90 % ou davantage dans plusieurs pays. Il existe en outre dans ce cas moins d'écart entre les pays.

Si les services d'accueil des enfants de plus de 3 ans qui n'ont pas encore l'âge d'aller à l'école sont en général

Tableau 4.7. **Indicateurs synthétiques relatifs à la prise en charge des jeunes enfants par les dispositifs d'accueil institutionnalisés, et au congé de maternité**

	Proportion de jeunes enfants utilisant les dispositifs d'accueil institutionnalisés[a]			Indicateurs relatifs aux congés de maternité/ garde d'enfant pour 1999-2001		
	Année	Âgés de moins de 3 ans	Âgés de 3 ans à l'âge de la scolarité obligatoire	Durée du congé de maternité (semaines)	Prestations de maternité (% du salaire moyen[b])	Durée totale des congés de maternité/ garde d'enfant (semaines)
Amérique du Nord						
Canada	1999	45	50	15	55	50
Mexique	..	..	..	12	100	12
États-Unis	1995	54	70	0	0	12
Asie						
Japon	1998	13	34	14	60	58
Corée[c]	2000	7	26	8.5	100	60.5
Europe						
Danemark	1998	64	91	30	100	82
Finlande	1998	22	66	52	70	164
Islande	..	..	..	..	..	26
Norvège	1997	40	80	42	100	116[d]
Suède	1998	48	80	64	63	85
Grèce	2000	3	46	16	50	42
Italie	1998	6	95	21.5	80	64.5
Portugal	1999	12	75	24.3	100	128.3
Espagne	2000	5	84	16	100	164
République tchèque	2000	1	85	28	69	28
Hongrie	..	..	..	24	100	180
Pologne	..	..	..	18	100	122
République slovaque	1999	46	90	28	90	184
Irlande[e]	1998	38	56	14	70	42
Royaume-Uni	2000	34[f]	60[f]	18	44	44
Autriche	1998	4	68	16	100	112
Allemagne	2000	10	78	14	100	162
Pays-Bas	1998	6	98	16	100	68
Suisse	..	..	..	16	..	16
Belgique	2000	30	97	15	77	67
France	1998	29	99	16	100	162
Luxembourg				16	100	68
Turquie	..	..	..	12	66	12
Océanie						
Australie	1999	15	60	0	0	52
Nouvelle-Zélande	1998	45	90	0	0	52

.. Données non disponibles.
a) Les données couvrent aussi bien les dispositifs mis en place par les pouvoirs publics que les services offerts par le secteur privé, ainsi que les quatre types de dispositifs d'accueil institutionnalisés énoncés dans le texte. Elles ne tiennent pas compte des écoles primaires, qui jouent un rôle particulièrement important dans l'accueil des enfants de 4 ans et plus en Irlande, et de 5 ans en Australie, aux Pays-Bas, en Nouvelle-Zélande et au Royaume-Uni. En ce qui concerne la colonne « Âgés de moins de 3 ans » il s'agit, pour le Canada, des enfants de moins de 5 ans, pour la République slovaque des enfants de 0 à 2 ans, et pour le Royaume-Uni des enfants de 0 à 4 ans.
b) Lorsque les prestations sont servies à un taux uniforme, elles ont été converties en pourcentage à l'aide de données sur le salaire moyen des femmes dans le secteur manufacturier. Voir Gauthier et Bortnik (2001).
c) La Corée modifie actuellement la loi pour étendre le congé de maternité de 8.5 à 13 semaines.
d) Données provisoires.
e) Proportion d'enfants âgés de moins de 5 ans.
f) Angleterre seulement.
Sources des données sur les congés de maternité/garde d'enfant : Gauthier et Bortnik (2001), sauf pour la Hongrie, le Mexique, la République tchèque, la Pologne et la Turquie : Kamerman (2000b) ; et sources nationales pour la Corée.
Sources des données sur les dispositifs institutionnalisés d'accueil des enfants : les données ont été fournies par les autorités nationales, sauf pour le Canada : Jenson et Thompson (1999); la Belgique, la Finlande, l'Espagne, la Suède : Kamerman (2000a); la France : Drees (2000) ; l'Allemagne, les Pays-Bas, le Royaume-Uni et la Suède : Rostgaard et Fridberg (1998).

financés principalement sur fonds publics, les dispositifs institutionnalisés de garde des enfants de moins de 3 ans sont financés suivant des modalités plus variées [Adema (2001, à paraître)]. Les centres d'accueil des enfants appartenant à ce groupe d'âge sont surtout financés par les pouvoirs publics (qui n'en assurent pas nécessairement la gestion) dans tous les pays nordiques, ainsi que dans plusieurs autres pays d'Europe. Les pays non européens, ainsi que l'Irlande, le Royaume-Uni, les Pays-Bas et la Suisse, font principalement appel au secteur privé à but lucratif pour la fourniture de services d'accueil organisés aux enfants de moins de 3 ans. La prise en charge des enfants peut aussi être assurée ou financée par les entreprises privées (voir section IV). Si l'offre de services d'accueil institutionnalisés destinés aux enfants de moins de 3 ans est moins importante, c'est en partie parce que la prise en charge des tout-petits coûte plus cher.

Dans les pays où le financement public joue le rôle principal, la proportion d'enfants de moins de 3 ans pris en charge par les dispositifs institutionnalisés tend à être plus forte. Mais la différence n'est pas nécessairement très importante. Il ressort des calculs effectués d'après les informations contenues dans Adema (à paraître) que la proportion moyenne de bénéficiaires dans les pays qui font surtout appel aux fonds publics est à peine plus élevée que dans les pays qui s'appuient essentiellement sur le financement privé (dans certains pays où ce dernier est prépondérant, comme le Canada et les États-Unis, le taux de couverture des enfants est élevé). Par conséquent, lorsque l'on évalue les avantages que présentent respectivement les services publics et privés de garde des enfants pour les ménages, la principale considération à prendre en compte n'est pas seulement l'offre, mais aussi le coût et la qualité. Dans les pays où les dispositifs privés occupent une place importante, les ménages peuvent avoir des coûts élevés à supporter. Par exemple, aux États-Unis où les frais à la charge des parents représentent 76 % du financement des services d'accueil [Kamerman (2000a)], les familles à faible revenu consacrent environ 25 % de leurs ressources à la garde de leurs enfants [United States Congress (1998)]. Par ailleurs, une attention particulière doit sans doute être portée au respect des normes en matière d'accueil des enfants au sein des dispositifs privés, comme les réseaux privés d'assistantes maternelles qui gardent des enfants à leur propre domicile[15].

Enfin, un certain nombre de pays, dont le Danemark, la Finlande, la France et la Norvège, ont mis en place des systèmes de subventions afin d'aider les parents qui restent à la maison pour s'occuper de leurs enfants. Dans certains cas, le taux des prestations servies diminue en fonction du nombre d'heures de fréquentation des structures d'accueil publiques (comme en Norvège), tandis que dans d'autres, les parents ne peuvent en bénéficier que s'ils n'utilisent pas du tout ces structures (Danemark, Finlande). Ces systèmes ont, dans leurs principes, un rapport étroit avec les dispositifs de congé parental payé qui ont été mis en place dans de nombreux pays. Toutefois, ils n'offrent pas nécessairement aux bénéficiaires la garantie de retrouver leur emploi. Leurs effets sur l'emploi sont examinés ci-dessous.

B. Congé de maternité et de paternité, congé parental et autres congés de garde d'enfant

Si le congé de maternité assorti d'une protection de l'emploi est largement répandu dans les pays de l'OCDE depuis de nombreuses années, le congé de paternité et le congé parental ont été institués plus récemment. Ce dernier est souvent défini [par exemple dans OCDE (1995)] comme un congé qui vient s'ajouter au congé de maternité/paternité, afin de permettre aux parents de s'occuper de leur nourrisson ou de leur jeune enfant. C'est le sens qui lui est donné dans certains dispositifs nationaux de « congé parental », comme celui qui existe au Royaume-Uni. Cependant, dans certains pays, les systèmes de congés pour garde d'enfant mêlent aujourd'hui droits individuels et droits familiaux, le congé de paternité et le congé parental étant ainsi intégrés dans un dispositif global de « congés de garde d'enfant » conçu pour l'ensemble de la famille. Il convient de tenir compte de cette ambivalence lorsque l'on analyse les informations présentées ci-dessous. Dans la suite de cet exposé, l'expression « congés de maternité/garde d'enfant » englobera toutes les formes de congé précitées. Il faut en outre noter que, pour pouvoir bénéficier d'un congé de maternité et d'un congé de garde d'enfant, il est souvent nécessaire d'avoir précédemment travaillé à temps complet et de façon ininterrompue comme employé pendant un certain temps (généralement un an). Parmi les exceptions à cette règle figurent les pays scandinaves (où la plupart des femmes sont couvertes), les Pays-Bas (où certains travailleurs temporaires et les travailleurs à temps partiel peuvent en bénéficier) et l'Allemagne (où les mères qui suivent des études ou sont au chômage ont droit à ces congés). Dans les pays du sud de l'Europe, il faut dans bien des cas être titulaire d'un contrat de travail à durée indéterminée pour pouvoir obtenir ces congés.

Ce sont les pays nordiques qui possèdent dans ce domaine les dispositifs les plus élaborés (pour des informations sur les dispositifs extralégaux fournis par les entreprises, voir section IV). Dans presque tous les pays (les exceptions étant les États-Unis, l'Australie et la Nouvelle-Zélande), la totalité ou une partie des congés de maternité/garde d'enfant est rémunérée, souvent à 100 % du salaire (tableau 4.7)[16]. Dès la fin des années 70, un congé de maternité payé à un taux représentant 13 semaines de salaire ou plus était instauré en Finlande, en Norvège, en Suède, en Italie, en Autriche, en Allemagne et en France [Gauthier et Bortnik (2001)]. A la fin des années 90, ce taux était dépassé dans 16 pays[17]. De plus, la durée totale des congés de maternité/garde d'enfant, rémunérés ou non, est de un an ou plus dans au moins 20 pays de l'OCDE. Entre autres changements récents l'octroi de certains types de congés a été étendu aux salariés à temps partiel (en Irlande, par exemple). En outre, les dispositifs de congé parental deviennent plus souples. Imitant l'initiative prise par la Suède il y a quelque temps, plusieurs pays, notamment l'Autriche, le Danemark, la Finlande et les Pays-Bas, offrent aux parents la possibilité d'aménager dans une certaine mesure leur temps de travail. Comme il a été noté dans le chapitre 1 de OCDE (1999b), les travailleurs à temps partiel ont été relativement nombreux en Suède à passer à une activité à temps complet, en partie du fait de l'existence de cette disposition. L'Allemagne facilite le retour des mères au travail en accordant aux employeurs des subventions au titre du recyclage, de la garde des enfants et des salaires.

Le congé de paternité en tant que droit propre est encore relativement peu répandu, et il est souvent de courte durée. Il va de trois jours ou moins en Grèce, au Portugal, en Espagne, aux Pays-Bas, en Belgique et en France, à dix jours en Suède, quatorze jours au Danemark, en Islande et en Norvège, et dix-huit jours en Finlande. Il est d'ordinaire rémunéré à taux plein (mais à un taux uniforme dans le secteur privé au Danemark et à 80 % du salaire habituel en Suède). Toutefois, les pères peuvent aussi bénéficier de plus en plus souvent d'un congé payé dans le cadre des dispositions relatives aux congés de maternité/garde d'enfant, parfois sous la forme d'un « quota du père » que les intéressés perdent s'ils ne s'en servent pas [Adema (à paraître)].

Jusqu'à une date récente, il était rare que les pères utilisent les congés de paternité qui pouvaient leur être accordés pour s'occuper de leurs enfants. Par exemple, en 1995, seuls 5 % des pères des pays de l'Union européenne sont partis en congé de paternité [Commission européenne (1998a)]. Lorsque les congés de garde d'enfant peuvent être pris par l'un ou l'autre parent, les pères sont en général relativement peu nombreux à faire eux-mêmes usage de ce droit [Bruning et Plantenga (1999)]. Cependant, en particulier dans les pays nordiques, la situation a quelque peu évolué. Le taux d'utilisation du congé de paternité a atteint 58 % au Danemark (100 % dans le secteur public où ils sont indemnisés intégralement), 64 % en Suède et 80 % en Norvège [Commission européenne (1998b) ; Ellingsaeter (1998)]. En outre, dans certains pays nordiques, une proportion importante

de pères prennent désormais au moins une partie des congés de garde d'enfant qui maintenant leur sont réservés. Le taux d'utilisation des congés de garde d'enfant par les pères a récemment été de 10 % au Danemark, de près de 80 % en Norvège [OCDE (1999c)] et de 36 % en Suède [Sundstrom et Duvander (2000)][18]. Mais la durée des congés pris n'est généralement pas connue, de même que le temps passé par les pères en congé à s'occuper de leurs enfants. L'Autriche[19] et le Danemark possèdent aussi un dispositif de congé parental qui prévoit expressément un « quota du père ». Aux Pays-Bas, les pères de jeunes enfants ont le droit d'écourter leur temps de travail et, selon une enquête de 1994, 13 % des pères étaient passés à titre temporaire à une semaine de quatre jours quand leurs enfants étaient petits [Commission européenne (1998a)]. Selon différentes études, l'attitude des employeurs explique dans une large mesure, au dire de beaucoup de pères, pourquoi ceux-ci utilisent peu les congés auxquels ils ont droit [Commission européenne (1998a) ; Sundstrom et Duvander (2000)] : les employeurs peuvent estimer que les pères utilisant les congés parentaux sont relativement peu dévoués à leurs emplois [Albrecht *et al.* (1999)]. Mais le point de vue des mères peut aussi jouer un rôle important. Plusieurs auteurs ont constaté que la décision du père de faire ou non une place importante à ses enfants dépend tout d'abord du souhait de la mère [Bjoonsberg (1998) ; Giovannini (1998) ; Sundstrom et Duvander (2000)]. En Suède, les hommes relativement jeunes et instruits dont l'épouse a également fait des études et qui ont un ou deux enfants sont très nombreux à prendre des congés pour s'occuper d'eux [Sundstrom et Duvander (2000)]. Aux Pays-Bas, les pères qui prennent un congé parental à temps partiel ont généralement un bon niveau d'instruction et travaillent souvent dans le secteur public.

C. Choisir entre les services d'accueil des enfants, les congés pour garde d'enfant et la prise en charge directe des enfants par leurs parents

Il y a lieu de penser qu'un accès plus grand aux services institutionnalisés d'accueil des enfants, que ceux-ci soient assurés directement par les pouvoirs publics ou subventionnés par eux, peut permettre d'accroître les taux d'activité des mères. Certaines études ont en effet montré qu'il pouvait en résulter des effets positifs notables. Gustafsson et Stafford (1992) ont constaté qu'en Suède, l'octroi d'aides au titre de la garde des enfants influait favorablement sur l'offre de main-d'œuvre féminine. Selon Powell (1998), le coût de la garde des enfants a des effets négatifs sur la probabilité pour les mères canadiennes de travailler à plein-temps. Kimmel (1998) note, dans le cas des États-Unis, que le coût de la garde des enfants influe de façon très défavorable sur le comportement des mères vis-à-vis de l'emploi. Mais d'autres auteurs ont abouti à des résultats peu concluants. Citons notamment Michalopoulos *et al.* (1992) qui ont observé qu'aux États-Unis l'octroi d'aides plus généreuses présentait surtout l'intérêt de permettre aux usagers de services d'accueil de grande qualité d'acquérir sur le marché des services d'une qualité légèrement meilleure ; Dobbelsteen *et al.* (2000) constatent quant à eux qu'aux Pays-Bas, le coût de la garde des enfants est sans effet sur l'activité des mères, et émettent l'hypothèse que les aides versées dans ce domaine servent essentiellement à changer de mode de garde pour passer des services informels à la prise en charge institutionnalisée.

Les mesures consistant à offrir un congé de maternité assorti de la garantie de retrouver son emploi sont aussi en principe susceptibles de faire croître les taux d'emploi des mères. En fait, les employeurs justifient surtout leur décision de proposer des congés de maternité plus longs précisément par la volonté de retenir davantage les mères (voir section IV). Il a été noté avec inquiétude que les longs congés de maternité (ou de garde d'enfant, qui sont généralement pris par les mères) risquaient à moyen terme de couper les femmes du marché du travail, ainsi que d'entraîner une diminution de leur taux d'emploi et de leurs gains [OCDE (1995) ; Blau et Ehrenberg (1997) ; Moss et Deven (1999)]. Mais peu d'études ont été effectuées pour déterminer dans quelle mesure les congés de maternité et de garde d'enfant étaient susceptibles de produire cet effet. Dans les pays nordiques, le droit de bénéficier d'un long congé parental rémunéré pratiquement à taux plein ne semble pas avoir influé négativement sur les possibilités d'emploi des femmes, par rapport à d'autres pays de l'OCDE où les congés sont courts et parfois non payés. Après avoir comparé des données portant sur 16 pays de l'OCDE, Ruhm (1998) a constaté que des congés de maternité de courte durée allaient de pair avec des taux relativement élevés d'emploi des femmes, mais il n'a pas pu tirer de conclusions cohérentes au sujet des congés de durée plus longue[20]. Les caractéristiques particulières des dispositifs mis en place et la façon dont ils sont financés, c'est-à-dire par l'État ou par des employeurs privés, peuvent compter davantage que la durée des congés. L'utilisation de ces dispositifs tend à être variable et peut être assez faible chez les femmes très qualifiées (comme le montrent les données concernant les possibilités d'interruption de carrière offertes par les employeurs, dont il est question dans la section IV).

Enfin, les mesures consistant à rémunérer les parents qui restent chez eux pour s'occuper de leurs enfants, sans leur garantir la possibilité de trouver ou de retrouver un emploi, peuvent contribuer à couper les intéressés du marché du travail si elles sont applicables pendant une longue période. Par exemple, Ilmakunnas (1997) indique qu'en Finlande, le taux d'utilisation de « l'allocation de garde d'enfant à domicile » offerte aux parents qui ne font pas usage des services publics d'accueil des enfants, est élevé, et constate que la plupart des bénéficiaires choisissent de s'occuper eux-mêmes de leurs enfants, ce qui entraîne une forte diminution des taux d'emploi des femmes. Afsa (1999) et Fagnani (1998) font état de résultats analogues pour la France[21].

IV. Contribution des entreprises au problème de l'articulation entre vie professionnelle et vie familiale

Les entreprises ont un rôle capital à jouer pour la conciliation de la vie professionnelle et de la vie familiale. Quelles que soient les dispositions mises en place par l'État, c'est sur le lieu de travail que se déterminent les modalités de détail de cette conciliation. Les politiques nationales perdront beaucoup de leur efficacité si les entreprises mettent de la mauvaise volonté à les appliquer – voire refusent à tout ou partie de leur personnel la plénitude des droits prévus par la loi. Dans ce cas, ce sont les salariés relativement peu qualifiés ou faciles à remplacer qui risquent d'être les plus vulnérables [Kiser (1996)]. Mais dans certains pays, soit parce qu'elles respectent certaines valeurs, soit parce que c'est leur intérêt, nombreuses sont les entreprises qui ne se contentent pas d'appliquer pleinement la législation, mais la complètent par des mesures en faveur de la famille. La présente section tente de répondre à deux grandes questions :

- Quels sont les types d'entreprises qui ont le plus tendance à offrir des avantages extralégaux en faveur de la famille et quels sont les types de salariés auxquels ils s'adressent et qui en profitent le plus souvent ?

- Comment ces avantages en faveur de la famille accordés par l'entreprise s'articulent-ils avec les dispositions légales pour faciliter la conciliation de la vie professionnelle et de la vie familiale ?

A. Comment définir les mesures en faveur de la famille mises en place par les employeurs ?

Le terme « mesures en faveur de la famille mises en place par les employeurs » désigne les avantages accordés en complément des obligations légales et destinés à faciliter la conciliation de la vie professionnelle et de la vie de famille, par exemple des congés supplémentaires pour raisons familiales. Seuls les salariés peuvent juger si une mesure donnée est ou non véritablement favorable à la famille. Les employeurs peuvent avoir tendance, pour se donner une meilleure image, à faire une estimation assez généreuse de l'ensemble des dispositifs qu'ils ont mis en place en faveur de la famille. Ils peuvent d'ailleurs dans le même temps avoir des pratiques « défavorables à la famille », en imposant des modalités de travail qui ont tendance à empiéter sur la vie de famille.

On peut répartir les dispositifs en faveur de la famille en quatre grandes catégories : congé pour raisons familiales ; aménagement des modalités de travail pour raisons familiales ; aide pratique à la garde des enfants et des personnes âgées ; formation et information [pour une liste détaillée, voir Evans (2001, tableau 1)]. Les congés pour raisons familiales comprennent les congés de maternité, de paternité et parental, les congés sans solde, les congés pour soigner des parents âgés, et les congés exceptionnels pour un enfant malade ou des problèmes de garde d'enfant. Les aménagements des modalités de travail pour raisons familiales peuvent consister en des réductions d'horaire (par exemple, passage d'un temps complet à un temps partiel), contrats de travail temporaires, travail à domicile pour raisons familiales, et horaires variables.

Tous ces dispositifs peuvent grandement faciliter la conciliation de la vie professionnelle et de la vie familiale, surtout lorsque la législation est relativement limitée en la matière et que les services publics de garde d'enfant sont peu développés. Le congé familial extralégal est souvent capital lorsque les enfants sont malades et ne peuvent pas bénéficier du service de garde habituelle ou lorsque celui-ci est défaillant. La flexibilité des horaires de travail est capitale pour faire face aux urgences de la vie familiale quotidienne. Enfin, avec les technologies modernes de communication, notamment le téléphone portable et l'Internet, qui permettent des communications plus faciles et plus rapides entre les entreprises et leurs salariés qui se trouvent à l'extérieur, il devient possible d'emporter davantage de travail à domicile, ce qui peut aider à concilier vie professionnelle et vie de famille, mais risque aussi de finir par envahir la vie de famille [Check (1996) ; Wallis (1996)].

B. Mesures en faveur de la famille mises en place par les employeurs en Australie, au Japon, au Royaume-Uni et aux États-Unis

Les informations les plus complètes que l'on possède à l'heure actuelle sur les dispositifs en faveur de la famille mis en place par les employeurs sont celles qui concernent l'Australie, le Japon, le Royaume-Uni et les États-Unis[22]. Par comparaison avec la plupart des pays d'Europe, ces quatre pays offrent traditionnellement assez peu de services publics de garde d'enfant et de congés légaux de maternité, de paternité et parental. C'est donc aux entreprises qu'incombe en grande partie la charge de faciliter la conciliation entre vie professionnelle et vie familiale, et les réponses qu'elles ont apportées ont suscité beaucoup d'intérêt. L'analyse des enquêtes nationales évoquées à l'annexe 4.B permet de dégager un certain nombre de caractéristiques communes.

Les enquêtes auprès des employeurs montrent que c'est dans le secteur public que les avantages en faveur de la famille sont les plus courants, ce qui n'est guère étonnant, puisque le secteur public emploie une proportion relativement élevée de femmes et qu'il est moins soumis aux pressions du marché. Les grandes entreprises font aussi relativement souvent état de mesures de ce genre, surtout au Japon [Sato (2000) ; Tachibanaki (2001)]. Cela dit, lorsqu'on se penche sur les aménagements apportés aux modalités de travail, les différences sont assez faibles, d'autant que les entreprises de taille plus petite accordent plus facilement des aménagements informels [WFU/DEWRSB (1999) pour l'Australie ; Dex et Scheibl (2000) pour le Royaume-Uni]. Les avantages en faveur de la famille tendent à être plus fréquents dans les entreprises qui comptent des proportions élevées de cadres et d'ingénieurs. Pour l'Australie, Whitehouse et Zetlin (1999) constatent aussi que ces dispositifs sont plus courants là où existe un engagement écrit d'égalité des chances devant l'emploi et un système hiérarchique structuré. Pour le Japon, Tachibanaki (2001) trouve des corrélations positives entre les politiques pour l'égalité des chances et les dispositifs en faveur de la famille. De plus, les entreprises qui tentent d'inculquer une culture en faveur de la famille ont probablement une proportion relativement élevée de cadres féminins. Pour les États-Unis, Osterman (1995) constate un lien entre les dispositifs en faveur de la famille et le modèle participatif de management dans lequel les dirigeants adoptent une stratégie de travail en équipe et délèguent des responsabilités relativement importantes au personnel subalterne [OCDE (1999b, chapitre 4)].

S'agissant des types de dispositifs proposés, les employeurs de ces quatre pays évoquent plus souvent un aménagement des horaires de travail, tel que le temps partiel ou les horaires variables, que des congés familiaux supplémentaires ou une aide à la garde des enfants. Il est très rare que les employeurs offrent des avantages dans chacune des quatre catégories considérées. Les raisons le plus couramment invoquées pour la mise en place de ces dispositifs (d'après les enquêtes britanniques) sont la fidélisation du personnel de valeur qui a des charges familiales et l'amélioration du moral des salariés [Forth et al. (1997) ; Cully et al. (1999)]. DTI (2000) fait état de résultats économétriques selon lesquels, toutes choses égales par ailleurs, les mères qui ont droit à des congés extralégaux ou à une allocation extralégale ont plus de chances de reprendre le travail après un accouchement. Il en va de même des mères qui sont autorisées à travailler à temps partiel. La même étude rend compte de données issues de diverses études de cas britanniques, qui indiquent que des modalités de travail favorables à la famille peuvent se traduire par une réduction nette de l'absentéisme et une augmentation de l'implication des employés. Pour les États-Unis, Dex et Scheibl (1999) recensent diverses études économétriques qui indiquent des effets positifs sur la productivité, le chiffre d'affaires, les taux de départ et les performances au travail. Cela dit, les avantages en faveur de la famille impliquent aussi des coûts, notamment pour le remplacement des absences. Si, d'après les avis subjectifs des entreprises qui ont mis en place des dispositifs de ce type, les effets nets sont positifs, il semble y avoir peu d'indices objectifs pour démontrer que de tels dispositifs tendent à améliorer la situation financière de l'entreprise. Cela tient peut-être en partie au fait qu'ils se conjuguent souvent à d'autres modalités de travail, telles que les pratiques participatives, qui ont des effets bénéfiques plus marqués [Osterman (1995)].

Les données recueillies auprès des salariés dressent un tableau analogue. Ce sont les horaires souples, suivis de différents types de congé familial de courte durée (par exemple pour soigner un enfant malade) qui sont le plus souvent mentionnés – les crèches d'entreprise et les possibilités d'interruption de carrière le sont beaucoup plus rarement. Ce sont les travailleurs les plus qualifiés qui sont les plus nombreux à déclarer pouvoir bénéficier de divers aménagements favorables à la famille, de même que les salariés des grandes entreprises et du secteur public. L'analyse détaillée des données australiennes et canadiennes montre que les salariés apprécient l'aménagement du temps de travail. La satisfaction au travail augmente et le stress diminue pour les salariés ayant une charge de famille qui peuvent ne travailler que le nombre d'heures qu'ils souhaitent et avoir une certaine maîtrise de leurs horaires d'arrivée et de départ [Whitehouse et Zetlin (1999) ; Gottlieb et al. (1998)]. Les données relatives aux salariés du Royaume-Uni montrent que certaines mesures en faveur des familles sont rarement utilisées même lorsqu'elles existent. En particulier, l'interruption de carrière est un droit assez courant pour les femmes qui sont sur une trajectoire de « carrière accélérée », mais n'est pratiquement jamais utilisé [Forth et al. (1997)]. Hakim (2001) estime que ce groupe n'a guère de chances d'être attiré par des aménagements qui risqueraient de freiner le déroulement de leur carrière.

Il y a peu d'indications d'un développement substantiel de ce genre de dispositif dans l'un de ces quatre pays. Cela tient peut-être à l'absence de données cohérentes. En tout état de cause, les données dont on dispose sont assez peu concluantes. Pour les États-Unis, une comparaison des versions 1992 et 1997 de la *National Study of the Changing Workforce* ne fait guère apparaître de variation globale des prestations pour garde d'enfants [Bond et al. (1998)]. Waldfogel (2001) fait la même observation sur la base de plusieurs enquêtes sur les prestations aux États-Unis (*US Employee Benefits Surveys*). En revanche, Golden (2000) fait état d'une augmentation substantielle des horaires souples dans la même période. Pour l'Australie, les données sur la discrimination positive cités par WFU/DEWRSB (1999) font apparaître une certaine augmentation des congés payés de maternité et du travail à temps partiel permanent pour les salariés ayant charge de famille. En Australie et aux États-Unis, toutefois, ces changements n'ont pas empêché les salariés d'éprouver plus de difficultés à concilier travail et vie de famille [WFU/DEWRSB (1999) ; Bond et al. (1998)]. Pour les États-Unis, en tout cas, il est plausible qu'une des raisons en soit l'allongement sensible des heures de travail et la pression de travail accrue dont font état les salariés en général [Bond et al. (1998)].

Des comparaisons entre la fréquence des horaires variables et le temps partiel choisi figurent au tableau 4.8, qui reprend également les chiffres de l'Union européenne discutés ci-dessous. Parmi les quatre pays, les horaires variables semblent relativement courants aux États-Unis et en Australie. Il est difficile de faire des comparaisons précises ; néanmoins il apparaît que le temps partiel choisi est plus répandu en Australie, au Japon et au Royaume-Uni qu'aux États-Unis où le travail à temps partiel en général est moins répandu (tableau E, annexe statistique). Enfin, les crèches d'entreprise semblent peu courantes dans ces différents pays.

C. Dispositifs en faveur de la famille mis en place par les employeurs dans l'Union européenne

Pour l'Union européenne, deux enquêtes menées par la Fondation européenne pour l'amélioration des conditions de vie et de travail, à savoir la *Deuxième enquête européenne sur les conditions de travail* et l'enquête *Options d'avenir pour l'emploi*, donnent des informations sur les dispositions extralégales mises en place dans les entreprises en matière de congé familial, de places de crèche, d'horaires variables et de temps partiel choisi. Par ailleurs, *L'enquête européenne sur les forces de travail* donne des informations sur le travail à domicile – autre modalité de travail qui peut être adoptée pour raisons familiales. On trouvera à l'annexe 4.B des informations générales sur ces enquêtes et le détail des questions posées.

Tableau 4.8. Indicateurs des dispositifs en faveur de la famille mis en place dans les entreprises et des aménagements du temps de travail correspondants, 1995-1996

	Pourcentage de salariées ayant un enfant de moins de 15 ans dans le ménage qui déclarent pouvoir bénéficier de :				Pourcentage des salariés qui déclarent avoir des horaires de travail flexibles	Pourcentage de femmes occupant un emploi qui travaillent à temps partiel choisi[a]
	Congé « enfant malade »	Congé de maternité	Congé parental	Places de crèche fournies par l'employeur		
Amérique du Nord						
Canada	..	..	..	..	23	17
États-Unis (1997)	50[b]	50[b]	..	13-24	45	10
Asie						
Japon	8-15	10	..	1-10	19	37
Europe						
Danemark	38	40	38	7	25	18
Finlande	37	36	34	8	22	6
Suède	6	7	7	1	32	20
Grèce	65	81	69	18	23	2
Italie	72	81	69	5	19	11
Portugal	48	49	43	22	19	5
Espagne	63	69	55	8	20	8
Irlande	24	68	22	7	19	17
Royaume-Uni	41	61	28	10	32	30
Autriche	74	85	87	19	22	21
Allemagne[c]	65	92	87	16	33	27
Pays-Bas	40	75	53	25	36	45
Belgique	62	65	43	14	26	21
France	47	58	51	12	26	15
Luxembourg	35	82	41	11	18	25
Océanie						
Australie	> 58	> 34	..	..	50	26

.. Données non disponibles.
a) Pour l'Europe, le temps partiel choisi ne comprend que les femmes qui n'ont pas dit travailler à temps partiel parce qu'elles font des études, qu'elles sont malades/handicapées ou qu'elles n'ont pas pu trouver un travail à temps complet, mais qui disent ne pas vouloir travailler à plein temps. Pour les autres pays, la définition est plus large.
b) Estimation approximative fondée sur des informations partielles.
c) Seulement les *Länder* de l'ouest de l'Allemagne pour les cinq premières colonnes.
Source : Les chiffres qui figurent dans les cinq premières colonnes pour l'Europe ont été calculés par le Secrétariat à partir de la Deuxième enquête européenne sur les conditions de travail ; ceux de la dernière colonne ont été calculés par le Secrétariat à partir de l'Enquête sur les options d'emploi pour l'avenir. Pour les autres pays, les données sur les dispositifs en faveur de la famille ont été prises à partir des sources indiquées dans le texte ; les données sur les horaires de travail flexibles sont extraites de Lipsett et Reesor (1997) pour le Canada, Bond *et al.* (1998) pour les États-Unis, Tachibanaki (2001) pour le Japon et WFU/DEWRSB (1999) pour l'Australie ; les données sur le travail à temps partiel sont basées sur un certain nombre de sources détaillées dans Evans (2001, Para. 55).

Les quatre premières colonnes du tableau 4.8 indiquent le pourcentage de femmes salariées comptant dans leur foyer un enfant de moins de 15 ans et qui ont déclaré l'existence dans leur entreprise de congés familiaux extralégaux ou de facilités pour la garde des enfants[23]. Étant donné le lien étroit qui existe entre les trois types de congé familial, il semble légitime de regrouper les données sous deux rubriques seulement (graphique 4.3). Globalement, ce sont l'Autriche et l'Allemagne occidentale qui affichent les chiffres les plus élevés, suivies de trois pays d'Europe du Sud. Les chiffres les plus bas sont ceux des pays nordiques, de l'Irlande et du Royaume-Uni. Les Pays-Bas et le Portugal se distinguent par une offre particulièrement élevée de services de garde d'enfants par rapport à l'offre de congés extralégaux. Pour les Pays-Bas, cela tient au système de partenariat entre les parents, les employeurs et l'État, qui encourage les entreprises à acheter des places dans des crèches ou garderies privées, qu'elles proposent ensuite à taux réduit à leurs salariés [Dobbelsteen *et al.* (2000)].

Le tableau 4.8 donne aussi des informations sur les horaires variables et le temps partiel choisi[24]. Pour les horaires variables, les chiffres varient beaucoup moins d'un pays à l'autre que pour les congés extralégaux, et c'est en dehors de l'Europe, aux États-Unis et en Australie,

Graphique 4.3. Avantages familiaux extralégaux accordés par les entreprises de l'Union européenne, 1995/96[a]

■ % moyen de salariées déclarant l'existence de congés extralégaux   □ % de salariées déclarant l'existence de place en crèche

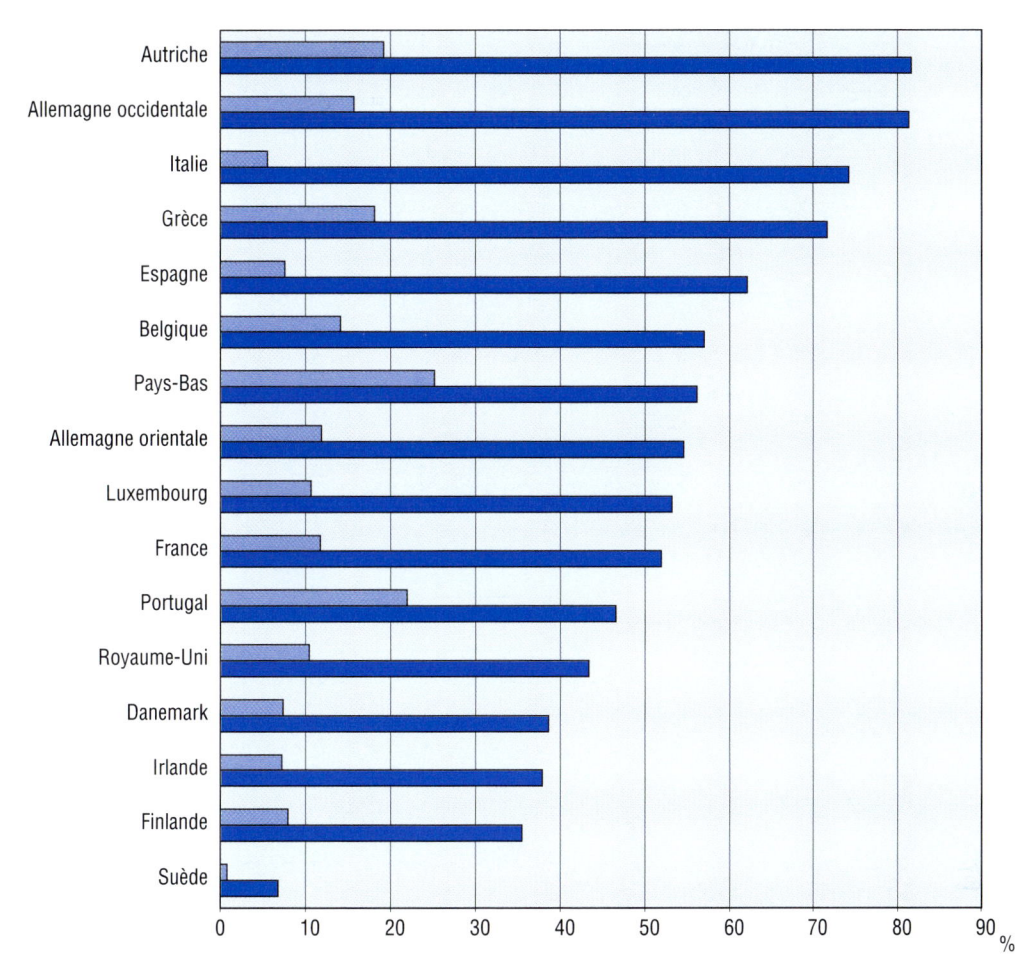

a) Les barres inférieures représentent la moyenne, pour le pays en cause, des pourcentages de salariées déclarant l'existence de congés extralégaux « enfant malade », de maternité et parental. Les termes Allemagne occidentale et Allemagne orientale désignent les Länder occidentaux et orientaux.

Source : Chiffres calculés par le Secrétariat sur la base de la Deuxième enquête européenne sur les conditions de travail, pour les femmes salariées comptant un enfant de moins de 15 ans au foyer.

que l'on trouve les chiffres les plus élevés. Pour le temps partiel choisi, les chiffres les plus élevés en pourcentage de l'emploi total des femmes sont ceux du Japon, des Pays-Bas et du Royaume-Uni, qui égalent ou dépassent 30 %. Pour les pays nordiques et les pays d'Europe du Sud, les chiffres sont relativement bas.

La dernière modalité de travail favorable à la famille mentionnée plus haut est le travail à domicile pour raisons familiales. On parle beaucoup du potentiel qu'il représente, mais il ne semble pas pour le moment qu'il soit courant ou en croissance rapide. En 1992, d'après l'*Enquête européenne sur les forces du travail*, 4.9 % seulement des salariés (hommes et femmes) de l'Union européenne disaient travailler de façon régulière à domicile. En 1997, ce chiffre était descendu à à peine plus de 4.4 %.

D. Congés de maternité extralégaux accordés par les employeurs et la législation nationale

Il s'agit ici d'examiner la relation entre les congés de maternité extralégaux et les dispositions de la législation nationale[25]. Le graphique 4.4 illustre les congés de maternité supplémentaires accordés sans obligation légale par les entreprises, d'après la *Deuxième enquête européenne sur*

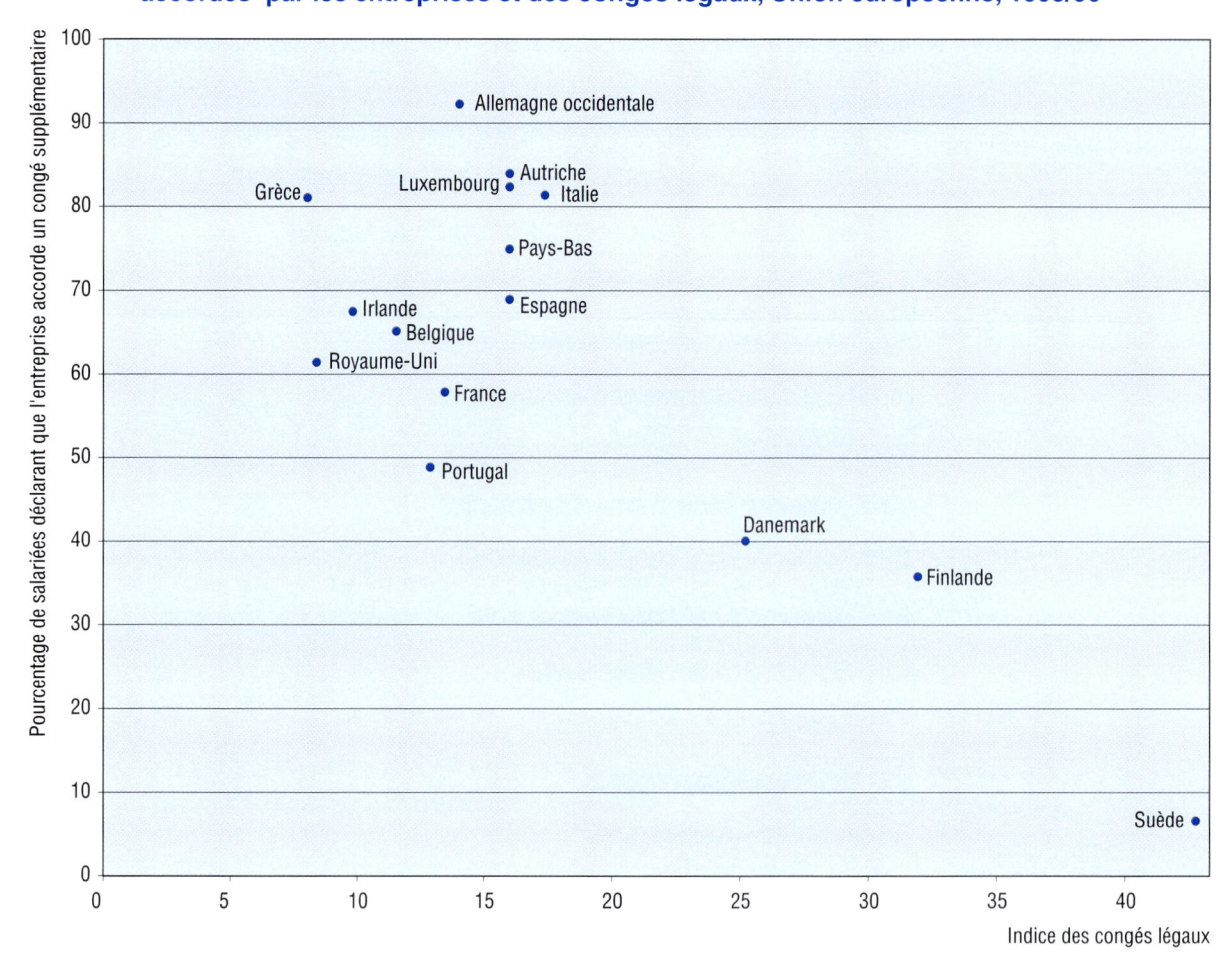

Graphique 4.4. Comparaison des indicateurs des congés de maternité extralégaux accordés par les entreprises et des congés légaux, Union européenne, 1995/96

Sources : L'indice de congés légaux est le produit du nombre de semaines de congé de maternité et du taux de rémunération pendant les semaines en question, tiré du tableaux 4.9. Le pourcentage de salariées qui déclarent que leur entreprise octroie un congé supplémentaire se réfère aux salariées ayant un enfant de moins de 15 ans à leur foyer. Il est tiré de l'Enquête sur les options d'emploi de l'avenir.

les conditions de travail, par rapport à un indice des congés de maternité légaux pour la même année. Il n'y a pas de relation simple. Les valeurs les plus faibles de congés extralégaux s'observent là où celles des congés légaux sont les plus élevées. Les chiffres les plus élevés et la plus grande dispersion de ces valeurs s'observent lorsque les congés légaux se situent autour du niveau médian. Les pays nordiques se trouvent tous à la droite du graphique, avec des valeurs élevées pour les congés légaux et des valeurs faibles pour les congés extralégaux. Les pays d'Europe centrale tendent à se situer en haut du graphique, avec des valeurs élevées pour les congés extralégaux et des valeurs supérieures à la moyenne pour les congés légaux. L'Irlande et le Royaume-Uni se situent à gauche du graphique, avec des valeurs assez faibles pour les deux mesures.

Le congé de maternité légal rémunéré n'existant pas en Australie ni dans la grande majorité des États des États-Unis, ces pays se situeraient à l'extrême gauche du graphique, avec une valeur nulle de l'indice. Cependant, pour l'Australie, 42 % des salariées permanentes travaillant dans des entreprises de 20 employés ou plus déclaraient en 1995 que leurs entreprises accordaient un congé de maternité rémunéré [Morehead *et al.* (1997)]. Pour les États-Unis, l'indice serait là aussi zéro puisqu'il n'existe pas d'obligation légale de congé de maternité rémunéré. En outre, la période même de congé de maternité n'est une obligation légale que pour environ 46 % de la population salariée aux États-Unis – la fraction qui travaille dans des entreprises privées d'au moins 50 salariés et qui remplit certaines conditions d'emploi [Waldfogel (1999)]. Cependant, d'après Bond *et al.* (1998), 94 % des salariés des entreprises, grandes et petites, déclarent que les femmes qui y travaillent peuvent sans risquer leur emploi se mettre en congé pour se remettre de l'accouchement. Il semble donc probable que de nombreuses petites entreprises vont au-delà de leur obligation légale en ce qui concerne les congés. Toutefois, même dans les grandes entreprises, ce congé n'est payé que dans 2 % des cas.

V. Comparaison sommaire des différents profils nationaux

Les tableaux 4.7 et 4.8 ont présenté divers indicateurs relatifs aux politiques de conciliation travail/famille. Le tableau 4.9 les regroupe et les rapporte au taux d'emploi des femmes de 30 à 34 ans, pour les 19 pays pour lesquels ils sont raisonnablement complets. Afin d'égaliser les degrés de variation de ces différents indicateurs, on les a ramenés à une échelle commune (moyenne égale à zéro et écart-type égal à l'unité). Comme on le voit à la dernière ligne du tableau, les corrélations internationales les plus fortes entre les divers indicateurs et le taux d'emploi des femmes de 30 à 34 ans concernent le pourcentage d'enfants de moins de 3 ans qui bénéficient d'un service de garde institutionnalisé et l'indicateur de salaire de maternité calculé en multipliant le nombre de semaines de congé de maternité par le salaire moyen correspondant. La corrélation est faible ou nulle avec le nombre total de semaines de congé de maternité/de garde d'enfant, et avec la proportion de temps partiel choisi. La corrélation avec le congé extralégal est négative, comme c'était prévisible dans la mesure où sa corrélation avec l'indice du congé de maternité est négative (graphique 4.4).

Tableau 4.9. **Indicateurs synthétiques des politiques de conciliation travail/famille et aménagements du temps de travail correspondants**

Les indicateurs ont été ramenés à une échelle commune de moyenne zéro et d'écart-type un, pour tous les pays pris en compte[a]

	Garde des enfants de moins de 3 ans	Garde des enfants de plus de 3 ans	Rémunération du congé de maternité[b]	Total congé de maternité/ Garde d'enfant	Congé familial extra légal[c]	Aménagement du temps de travail	Travail à temps partiel choisi	Indice composite[d]	Taux d'emploi des femmes de 30 à 34 ans
	(1)	(2)	(3)	(4)	(5)	(6)	(7)	(9)	(9)
Canada	1.1	−1.2	−0.7	−0.8	..	−0.5	0.2	**0.2**	71.8
États-Unis	1.6	−0.1	−1.4	−1.6	0.0	2.0	−0.5	**1.2**	72.0
Japon	−0.6	−2.1	−0.7	−0.6	−1.9	−0.9	0.3	**−2.9**	52.6
Danemark	2.1	1.0	1.3	−0.1	−0.6	−0.3	−0.1	**2.9**	78.8
Finlande	−0.1	−0.3	1.9	1.6	−0.7	−0.6	−1.2	**−0.3**	70.7
Suède	1.3	0.4	2.3	0.0	−2.1	0.6	0.2	**3.3**	76.7
Grèce	−1.1	−1.4	−0.7	−0.9	1.0	−0.5	−1.6	**−3.4**	57.1
Italie	−1.0	1.2	0.2	−0.5	1.2	−0.9	−0.7	**−1.9**	52.6
Portugal	−0.7	0.1	0.8	0.9	−0.2	−0.9	−1.3	**−2.2**	75.7
Espagne	−1.0	0.6	0.0	1.6	0.6	−0.8	−1.0	**−2.5**	49.3
Irlande	0.7	0.9	−0.5	−0.9	−0.6	−0.9	−0.2	**−1.1**	69.1
Royaume-Uni	0.5	−0.7	−0.7	−0.9	−0.3	0.5	1.1	**1.3**	69.4
Autriche	−1.1	−0.2	0.0	0.5	1.5	−0.6	0.3	**−0.6**	72.6
Allemagne	−0.8	0.3	−0.1	1.6	1.5	0.7	0.8	**1.3**	68.6
Pays-Bas	−1.0	1.3	0.0	−0.4	0.3	1.0	2.5	**2.7**	71.5
Belgique	0.3	1.3	−0.4	−0.4	0.3	−0.1	0.2	**0.2**	70.8
France	0.3	1.4	0.0	1.6	0.1	−0.2	−0.3	**−0.1**	65.6
Australie	−0.5	−0.7	−1.4	−0.7	−0.2	2.6	1.3	**1.9**	64.2
Corrélation avec le taux d'emploi des femmes de 30 à 34 ans	0.59	0.20	0.36	−0.04	−0.20	0.26	0.25	**0.68**	

.. Données non disponibles
a) Il s'agit de ramener les indicateurs à une échelle commune. Une valeur nulle implique que le pays en question se situe à la valeur moyenne des pays qui figurent dans le tableau.
b) Calculé en multipliant la durée du congé de maternité par le taux de remplacement du salaire.
c) Moyenne des chiffres correspondant aux trois types de congé qui figurent au tableau 4.10.
d) Calculé en faisant la somme des indicateurs des colonnes (1), (3), (6) et (7), plus la moitié de la colonne (5).
Source : Tableaux 4.7 et 4.8.

Le tableau comprend également un indice composite, qui est la somme des indicateurs de la proportion d'enfants de moins de 3 ans qui bénéficient d'un service de garde institutionnalisé, du congé de maternité, des horaires variables, du temps partiel choisi, et de la moitié de l'indicateur du congé extralégal accordé par les entreprises (le facteur un-demi tient compte du fait que le congé extralégal accordé par les entreprises est généralement beaucoup moins important que le congé légal). L'exclusion des autres indicateurs est motivée non seulement par leur faible corrélation avec le taux d'emploi, mais aussi par le fait que le pourcentage d'enfants de plus de 3 ans bénéficiant d'un service de garde institutionnalisé omet beaucoup d'enfants entrés dans le système éducatif ; et que le taux d'utilisation de la durée totale de congé de maternité/de garde d'enfant n'est pas connu[26]. L'indice composite présente une corrélation assez forte, à peine moins de 0.7, avec le taux d'emploi, ce qui montre l'importance de ce type de mesures de conciliation et l'intérêt de prendre en compte toute une gamme de mesures – la corrélation est en effet plus forte qu'avec aucun des indicateurs pris isolément. Pour les pays d'Amérique du Nord et les pays nordiques, les indices composites tendent généralement à être relativement élevés. Les valeurs les plus faibles se rencontrent au Japon, dans les pays d'Europe du Sud et en Irlande. Certains pays avec la même valeur pour l'indice composite peuvent évidemment avoir des stratégies différentes pour équilibrer le travail et la vie familiale. Par exemple, même si les Pays-Bas et le Danemark ont une valeur semblable, les Pays-Bas présentent des scores beaucoup plus élevés pour l'aménagement flexible du temps de travail (notamment grâce au temps partiel volontaire) mais des scores plus bas pour la couverture de la garde d'enfants et le congé de maternité.

Conclusions

Ce chapitre a abordé le problème de l'équilibre entre la vie professionnelle et la vie familiale en se plaçant du point de vue du nombre de parents – et en particulier du point de vue des mères – occupant un emploi rémunéré, tout en notant par ailleurs sa relation probable à la fécondité. La démarche a consisté à rapprocher les taux d'emploi des femmes et des mères des indicateurs relatifs aux mesures visant à inciter les parents à travailler et à les aider à concilier vie professionnelle et vie de famille. L'étroitesse de cet angle de vue a obligé à laisser de côté plusieurs aspects d'une importance capitale, notamment la question du maintien des sources de revenu de la famille, objet du programme de l'OCDE relatif aux politiques en faveur de la famille, et celle du développement de l'enfant, objet du programme sur la politique de l'éducation et l'accueil des jeunes enfants (voir *www.oecd.org/els/social/ffsp* et *www.oecd.org/els/education/ecec* respectivement).

Les comparaisons internationales permettent de dégager un certain nombre de conclusions utiles pour l'action publique. La première est que, dans les pays où existent des dispositifs de conciliation travail/famille relativement développés, les taux d'emploi des femmes tendent à être plus élevés dans la trentaine (tranche d'âge où les enfants posent le plus de problèmes pour la vie professionnelle). De ce point de vue, les prestations pour garde d'enfants et les congés de maternité rémunérés paraissent tous deux importants. On ne sait évidemment pas très bien dans quel sens fonctionne la causalité. Il se peut que dans les pays où les femmes sont plus présentes dans l'emploi elles soient davantage en mesure de réclamer des prestations plus importantes. Il semble toutefois peu probable que le lien de cause à effet fonctionne exclusivement dans ce sens. D'un point de vue historique, beaucoup de pays où le taux d'emploi des femmes est élevé – notamment les pays nordiques – ont été parmi les premiers à adopter des politiques de conciliation dans le but de faciliter l'emploi des femmes [Gauthier (1996)]. Cette constatation peut être un encouragement à développer ce type de mesures dans les pays où elles le sont encore relativement peu et où les taux d'emploi des femmes sont faibles.

Une deuxième constatation concerne l'évolution dans le temps de la relation entre les taux d'emploi et les taux de fécondité : il semble qu'elle obéisse à des tendances inverses. Dans presque tous les pays de l'OCDE, pour les cohortes successives de femmes qui atteignent l'âge de procréer et l'âge de travailler, les taux d'emploi augmentent mais les taux de fécondité diminuent. En outre, pour les cohortes récentes, l'augmentation de l'emploi a été plus forte ; les baisses de fécondité également. Cependant, l'expérience actuelle de plusieurs pays de l'OCDE, en particulier les États-Unis et les pays nordiques, montre que des taux élevés d'emploi des femmes ne sont pas nécessairement incompatibles avec des taux de fécondité relativement élevés – paradoxalement, on observe actuellement dans la zone de l'OCDE une corrélation positive entre les taux d'emploi des femmes et les taux de fécondité.

Une troisième observation concerne la contribution capitale apportée par les entreprises à la conciliation de la vie professionnelle et de la vie de famille. Un certain nombre d'études montrent l'importance pour l'équilibre travail/famille de types de flexibilité appropriés, tels que congé exceptionnel pour raisons familiales, horaires variables et temps partiel choisi. Les données évoquées plus haut montrent que dans les pays où les dispositions légales sont les plus développées, les entreprises ont tendance à s'en tenir presque exclusivement à leur application, et en ajoutent relativement peu. Cela dit, dans d'autres pays où les prestations légales sont traditionnellement assez faibles, il ne semble pas que les entreprises aient fait grand chose pour combler le déficit. Les études montrent que dans certaines situations, les entreprises peuvent tirer avantage d'une politique des ressources humaines plus soucieuse de l'équilibre travail/famille (ou vie privée) de leurs salariés, particulièrement en termes de réduction du stress, d'amélioration du moral, de fidélisation et de motivation du personnel féminin. Mais les enquêtes montrent aussi que beaucoup d'entreprises n'ont pas conscience de cela. Il faudrait donc que les États puissent intervenir en faisant réaliser des études sur les types de mesures dont les employeurs pourraient tirer le plus d'avantages et en donnant des avis techniques sur la meilleure manière de les mettre en place.

L'analyse a aussi mis en évidence un certain nombre d'aspects communs à un grand nombre de pays. Du point de vue qui nous occupe dans ce chapitre, une constatation est particulièrement importante : c'est la polarisation de l'emploi des mères. Pour celles qui possèdent un niveau moyen ou élevé d'instruction, les taux d'emploi se rapprochent de ceux des pères au rythme d'un point par an en moyenne. En revanche, dans beaucoup de pays, les taux d'emploi des mères moins instruites ne suivent pas. Cela tient peut être en partie aux moindres avantages qu'elles peuvent attendre du marché du travail. Mais, qui plus est, si les régimes publics concernant la garde d'enfants et les congés familiaux les traitent à égalité avec les autres, les employeurs privés leur accordent moins souvent des avantages familiaux (tels qu'interruption de carrière, congé familial supplémentaire et aménagement du temps de travail), de sorte qu'elles sont en moins bonne position pour conjuguer travail et vie de famille. De ce fait, beaucoup de mères qui ont un faible niveau d'instruction risquent de se couper du marché du travail et d'avoir des problèmes plus tard pour y entrer ou y rentrer. Elles risquent, alors, de ne pas pouvoir subvenir correctement à leurs besoins en cas d'éclatement de la famille et de se trouver socialement isolées. Il faudrait peut-être que les pouvoirs publics prennent des mesures qui encouragent le maintien de liens avec le marché du travail, éventuellement à temps partiel, et qui offrent des possibilités de formation appropriées.

Le travail à temps partiel est la forme d'emploi que privilégient de nombreuses mères de jeunes enfants dans beaucoup de pays de l'OCDE ; il est également souhaité par un nombre plus faible de pères, mais qui semble en augmentation. Le travail à temps partiel offre en général moins de perspectives de rémunération et de carrière que le travail à temps plein, et dans la plupart des pays, il est rare qu'on passe d'un temps partiel à un temps complet. La Suède toutefois fait exception, car elle a mis en place un dispositif qui permet aux mères de se mettre temporairement au temps partiel, tant que leurs enfants sont petits. Divers autres pays ont également adopté ces dernières années des mesures permettant le passage à titre temporaire du travail à plein-temps au travail à temps partiel (c'est le cas notamment de l'Allemagne et des Pays-Bas). Il faudrait examiner de près l'effet de ces mesures pour voir si ce supplément de flexibilité entraîne à terme un accroissement du pourcentage de femmes qui travaillent à plein-temps.

Ce chapitre a également apporté de nouveaux éléments qui confirment la persistance dans tous les pays de l'OCDE d'un déséquilibre entre les sexes, s'agissant des tâches domestiques et familiales. Les femmes continuent à en faire beaucoup plus que les hommes et ceci contribue sans aucun doute à maintenir les inégalités dans l'emploi et les salaires. S'il est vrai qu'il y a eu une évolution vers la symétrie au sein des couples, ce phénomène est contrebalancé dans une plus ou moins grande mesure par le fait que ce sont essentiellement des femmes qui sont à la tête du nombre croissant de familles monoparentales. Les efforts faits pour mettre en place un congé de paternité et un congé parental dont une partie ne peut être prise que par le père ont rencontré un certain succès et méritent d'être observés de manière circonspecte pour déterminer quelles sont les mesures les plus efficaces. Pour en développer l'utilisation, il faudra probablement s'attaquer à l'attitude des entreprises, que les pères accusent souvent d'entraver leur participation à la vie familiale.

Globalement, les résultats présentés ici montrent que tout ce qui peut faciliter la conciliation de la vie professionnelle et de la vie de famille a probablement des effets positifs sur les taux d'emploi des femmes. L'important est d'assurer une plus grande flexibilité des modes de travail, afin d'encourager les femmes à s'investir plus longtemps et plus profondément dans un travail rémunéré. Ce peut être aussi une façon de progresser vers une plus grande équité entre hommes et femmes sur le marché du travail. Étant donné que les femmes continuent de consacrer plus de temps aux activités domestiques et parentales à des âges qui sont traditionnellement d'une importance déterminante pour la carrière, il est capital de tendre vers une plus grande flexibilité de la trajectoire d'activité, en desserrant le lien entre l'âge et le déroulement de carrière et en acceptant une plus grande diversité des modalités de travail, aussi bien pour les hommes que pour les femmes.

NOTES

1. Nous avons retenu ici une définition relativement étroite de la famille afin de faciliter l'analyse de l'articulation entre vie professionnelle et vie familiale du point de vue du marché du travail, et de disposer d'un élément de référence mieux adapté à la comparaison entre pays. Les familles appartenant à des ménages multifamiliaux et celles qui comptent un membre de plus de 60 ans ont été exclues. Un enfant est défini comme une personne de moins de 20 ans, et un adulte comme une personne de 20 ans ou plus (18 ans dans le cas des États-Unis). On entend par couple deux adultes, avec ou sans enfant, qui vivent ensemble au sein du même ménage et sont unis ou non par le mariage (une exception a été faite pour les États-Unis et seuls les couples mariés ont été pris en compte, de sorte que deux personnes qui vivent ensemble sans être mariées sont considérées comme membres d'un ménage multifamilial et, de ce fait, exclues). Une famille monoparentale est définie comme un adulte vivant avec un enfant.

2. Il faut noter que la définition standard de l'emploi, utilisée dans le tableau 4.1, considère un grand nombre d'individus en congé de maternité/parental comme actifs occupés. Les exclure aurait comme conséquence de réduire considérablement les taux d'emploi pour quelques pays. Par exemple, pour la Finlande, si les données excluent les mères en congé maternité durant la semaine de référence, le taux d'emploi pour 1998 tomberait à 69.0 % pour les parents vivant en couple, 47.7 % pour les mères vivant en couple, 58.7 % pour les parents isolés et 48.2 % pour l'ensemble des mères avec un enfant de moins de 6 ans. Pour la Suède, le chiffre pour l'année 2000 du taux d'emploi des mères âgées de 25 à 54 ans avec un enfant de moins de 7 ans tomberait à 65.7 %.

3. Une raison pour expliquer que les mères moins diplômées ont un taux d'emploi plus faible tient certainement au fait que leurs gains potentiels dans un emploi rémunéré sont moins élevés. Marshall (1999) a trouvé que les mères qui ne reprennent pas d'emploi sont plus susceptibles d'avoir eu un emploi à temps partiel avant la naissance de l'enfant et moins susceptibles d'avoir exercé un métier reconnu ou syndiqué. Elles ont en général aussi une ancienneté plus faible. Une reprise d'emploi rapide est liée à l'emploi indépendant et à l'absence de congé de maternité.

4. Cette enquête portait également sur la Norvège.

5. Dix-huit pour cent des couples ont indiqué qu'ils préféreraient que les deux partenaires travaillent à temps partiel. On trouvera un examen plus approfondi des attitudes à l'égard de l'activité à temps partiel dans OCDE (1999b) et Evans *et al.* (2000).

6. La question posée était « En tenant compte de tous les revenus que les membres de votre ménage reçoivent de différentes sources, pouvez-vous dire si votre ménage est à l'aise financièrement, si vous arrivez tout juste à vous en sortir ou si vous avez des difficultés financières ? »

7. Les ménages espagnols ayant déclaré qu'ils « s'en sortaient tout juste » constituent la seule exception.

8. Le coefficient de corrélation internationale entre le nombre d'heures travaillées par les ménages « aisés » et la réduction souhaitée du temps de travail est de 0.8 environ.

9. Il faut noter que ces comparaisons ne tiennent pas compte des différences entre hommes et femmes quant aux types d'emplois occupés.

10. L'âge des enfants a été limité à cinq ans pour des raisons tenant à la source des données.

11. On a constaté que la part de temps consacrée par les hommes et les femmes aux soins aux enfants demeurait à peu près la même, que la définition de ces tâches soit large ou étroite [Klevmarken et Stafford (1997) pour la Finlande et la Suède ; Barrère-Maurisson *et al.* (2000) pour la France ; Silver (2000) pour le Canada].

12. Les chiffres concernant les hommes se rapportent aux hommes appartenant à tous les types de familles biparentales. Selon certaines données portant tout particulièrement sur les hommes dont l'épouse exerce une activité rémunérée à temps complet, il semble que la répartition soit moins équilibrée qu'il n'est indiqué ici [Beblo (1999) ; Hersh et Stratton (1994) ; Fisher (2000a et 2000b) ; Silver (2000)].

13. Cependant, selon une enquête Eurobaromètre de 1991 couvrant un plus large éventail de pays, ce sont les hommes portugais qui participent le moins aux tâches domestiques dans l'Union européenne, et environ 70 % de ceux qui ont été interrogés ont déclaré que celles-ci n'absorbaient pas une minute de leur temps. Les femmes espagnoles ont indiqué qu'elles consacraient sept fois plus de temps que les hommes aux soins aux enfants et au travail domestique [Commission européenne (1998a)].

14. En principe, les chiffres tiennent également compte de l'incidence des prestations de logement, des prestations liées à l'exercice d'un emploi et des prestations d'aide sociale, quoique ces dernières jouent rarement un rôle aux niveaux de revenu considérés. Il convient de noter qu'il s'agit des prestations relevant des dispositifs nationaux, et qu'il peut exister des systèmes différents à l'échelon régional ou provincial.

15. Par exemple, le *Quality Improvement and Accreditation System* (dispositif qui assurent la délivrance des agréments moyennant une amélioration de la qualité) existant en Australie impose aux structures d'accueil privées à but lucratif et aux structures mises en place à l'échelon local d'évaluer les services qu'elles offrent et, si nécessaire, de les améliorer à la lumière de 52 principes définissant un accueil de

qualité. Un système d'assurance de la qualité est en cours d'élaboration pour le dispositif Family Day Care (réseau de personnes qui gardent des enfants à leur propre domicile), et des travaux préliminaires ont été entrepris en vue de mettre au point un système analogue pour la garde des enfants en dehors des heures de classe.

16. Dans quelques pays, le droit d'être rémunéré pendant le congé de maternité/garde d'enfant dépend des antécédents professionnels et des cotisations de sécurité sociale versées. Par conséquent, toutes les mères ne sont pas couvertes.

17. On peut le dériver à partir du produit des deux premières colonnes de données sur les congés de maternité/garde d'enfant du tableau 4.7.

18. En Suède, parallèlement à l'instauration du « mois du papa » en 1995, il s'est produit à la fois une augmentation du taux global d'utilisation des congés par les pères et une diminution de la durée moyenne des congés pris, qui est passée de 34 jours en 1995 à 27 jours en 1999.

19. En Autriche, si seule la mère prend un congé parental, des prestations en espèces lui sont versées pendant 18 mois ; si le père prend lui aussi un congé, les prestations sont versées pendant 24 mois.

20. Ruhm (1998) avait aussi certaines raisons de penser que le fait de s'absenter longtemps de son travail pouvait entraîner une baisse des gains.

21. Plus précisément, Afsa (1999) indique que lorsque l'*allocation parentale d'éducation* (prestation servie aux parents d'enfants de moins de 3 ans qui choisissent de s'arrêter de travailler pour rester chez eux afin de s'occuper de leurs enfants) a été offerte à partir du deuxième enfant (avant 1995, il n'était possible d'en bénéficier qu'à partir du troisième), les taux d'emploi ont accusé une baisse non négligeable.

22. Pour le Canada, des données d'enquête doivent être publiées prochainement, et des informations pour l'Irlande, obtenues à partir d'enquêtes de petite taille, sont disponibles dans Coughlan (2000).

23. Comme on le verra à l'annexe 4.B, l'échantillon a été limité à ce groupe de salariées en considération du fait que les femmes qui n'ont pas charge d'enfant, de même que les hommes, ont moins de probabilités d'être au courant des dispositifs mis en place en faveur de la famille. Les résultats ne s'appliquent donc qu'aux entreprises qui emploient des salariées de cette catégorie.

24. Les chiffres du travail à horaires variables concernent la totalité des salariés, afin de permettre la comparaison avec les chiffres dont on dispose pour l'Australie et les États-Unis. Il faut noter que la question posée dans SESNC n'a pas analysé dans quelle mesure les cas d'introduction d'aménagement des horaires répondent aux besoins du salarié. Les chiffres comprennent donc une certaine proportion de cas où l'aménagement des horaires a été conçu pour répondre aux besoins de l'employeur.

25. On a choisi le congé de maternité pour cette comparaison parce qu'il est très répandu et bien établi. Les congés pour maladie d'un enfant et de paternité sont moins répandus et sont relativement nouveaux dans bien des pays. Quant aux dispositifs mis en place par les employeurs pour la garde des enfants, ils sont destinés à compléter non seulement les systèmes publics mais aussi les systèmes privés.

26. En prenant en compte l'indicateur de congé total, on trouve des résultats plus élevés pour des pays comme l'Autriche et l'Allemagne où il existe des dispositifs répandus de congé parental.

Annexe 4.A

Tableau complémentaire

Tableau 4.A.1. Évolution des types de familles

	Couples avec ou sans enfant						Célibataires et familles monoparentales			
	Couples sans enfant	Couples avec un enfant âgé de moins de 6 ans	Couples avec un enfant âgé de plus de 6 ans	Couples avec deux enfants, le plus jeune âgé de moins de 6 ans	Couples avec deux enfants âgés de plus de 6 ans	Couples avec trois enfants ou plus, le plus jeune étant âgé de moins de 6 ans	Couples avec trois enfants ou plus âgés de plus de 6 ans	Célibataires	Familles monoparentales avec un enfant âgé de moins de 6 ans	Familles monoparentales avec un enfant âgé de plus de 6 ans	Familles monoparentales avec deux enfants ou plus, le plus jeune étant âgé de moins de 6 ans	Familles monoparentales avec deux enfants ou plus âgés de plus de 6 ans

Part de chaque type de ménage, 1999[a]

Belgique	34.0	6.0	10.5	6.8	9.6	4.0	4.0	19.6	0.8	2.1	0.9	1.6
Canada	18.7	7.3	8.5	6.9	12.4	4.1	6.1	23.4	3.0	2.9	3.3	3.6
Finlande[b]	21.2	4.8	8.4	5.9	8.1	4.9	3.1	37.6	0.7	3.0	0.6	1.6
France	30.2	6.4	10.6	7.1	9.1	4.4	3.8	22.1	0.8	2.9	0.8	1.7
Allemagne	33.1	4.9	11.1	5.3	8.4	2.4	2.3	27.1	0.8	2.6	0.7	1.3
Grèce	38.2	5.9	14.3	7.1	14.4	2.5	2.8	12.2	0.2	1.4	0.3	0.9
Irlande[c]	27.0	5.5	5.9	7.6	10.7	9.2	9.7	14.2	1.0	1.8	1.5	2.0
Italie	35.9	8.1	16.3	7.8	11.5	2.4	2.1	12.8	0.4	1.4	0.4	0.9
Luxembourg	30.8	7.3	11.9	9.5	9.2	5.3	3.5	18.0	0.4	1.9	0.9	1.3
Pays-Bas	34.7	5.2	6.9	7.0	9.3	3.4	3.6	25.4	0.5	2.0	0.6	1.4
Portugal	31.3	10.4	20.8	8.7	12.6	3.2	2.8	5.8	0.4	2.0	0.8	1.1
Espagne	33.5	7.5	19.5	8.7	16.0	2.7	3.4	6.0	0.2	1.2	0.3	1.0
Suisse	22.9	6.5	9.4	8.0	11.3	3.6	4.3	28.5	0.4	2.6	0.4	2.0
Royaume-Uni	31.9	5.7	8.2	6.9	9.0	3.9	3.3	20.0	1.7	3.3	2.9	3.3
États-Unis	22.9	5.4	8.8	6.9	9.2	4.9	4.3	24.9	1.6	4.4	2.7	4.0

Évolution en points de pourcentage, 1994-1999

Belgique	-1.8	0.5	-8.5	-4.4	3.4	-0.7	26.8	20.0	6.7	2.4	17.3	16.1
Canada	15.4	2.3	8.4	-0.1	3.7	-1.7	5.8	14.5	14.3	-1.0	53.1	10.9
Finlande[b]	-5.7	-7.4	-11.6	-7.4	-3.0	22.9	36.4	11.5	-37.7	2.9	-48.3	6.4
France	2.4	-5.0	-0.3	1.5	-1.0	-9.0	-2.0	19.3	21.3	22.9	10.2	25.2
Allemagne	-4.2	-10.2	2.2	-8.3	-2.2	-6.7	12.7	7.4	-3.9	22.1	6.7	38.3
Grèce	9.6	-2.1	6.8	-9.0	-13.8	-16.9	-23.7	8.2	21.0	-4.4	-0.5	-7.2
Irlande[c]	14.9	5.5	9.6	2.2	11.8	-9.4	-9.3	16.3	30.7	36.6	33.4	12.7
Italie	9.3	0.4	-8.4	0.9	-8.2	-13.1	-9.7	16.0	8.5	7.6	-10.2	23.3
Luxembourg	-0.3	-4.4	-4.3	6.1	-4.8	22.0	33.4	25.8	-29.9	19.2	55.2	50.5
Portugal	4.5	35.8	-7.4	32.1	-18.9	-0.1	-34.9	1.6	34.3	7.3	63.8	-16.5
Espagne	23.8	-3.8	7.8	-2.4	-6.3	-30.8	-45.3	30.2	20.7	19.9	20.5	3.5
Suisse	..	..	..	7.3	14.0	-7.1	24.4	0.0	-15.2	13.7	-10.5	40.4
Pays-Bas	-0.1	-2.0	10.1	4.1	5.6	-11.8	13.2	7.3	42.0	21.6	20.0	-7.2
Royaume-Uni	4.7	2.1	-5.5	-0.1	1.0	-9.3	6.8	15.2	17.8	31.2	-7.8	29.7
États-Unis	2.6	0.0	-0.3	-6.6	5.6	-3.9	14.0	18.5	10.0	27.1	20.4	38.3
	7.0	-3.1	5.1						5.7	6.5	-10.1	15.5

Tableau 4.A.1. Évolution des types de familles (suite)

Couples avec ou sans enfant

	Couples sans enfant	Couples avec un enfant âgé de moins de 6 ans	Couples avec un enfant âgé de plus de 6 ans	Couples avec deux enfants, le plus jeune étant âgé de moins de 6 ans	Couples avec deux enfants âgés de plus de 6 ans	Couples avec trois enfants ou plus, le plus jeune étant âgé de moins de 6 ans	Couples avec trois enfants ou plus âgés de plus de 6 ans
	\multicolumn{7}{c}{Évolution en points de pourcentage, 1984-1999}
Belgique	30.2	−13.3	−26.6	−0.2	−12.5	−1.0	−12.1
Canada	42.9	16.1	25.0	4.0	19.4	−0.1	−9.8
France	23.2	−1.6	−6.5	−3.5	−5.4	−10.2	−22.4
Grèce	37.6	−9.7	7.3	−34.7	−13.9	−47.0	−36.1
Irlande[c]	52.9	4.6	54.2	−1.1	43.7	−41.0	−6.9
Italie	37.5	−0.1	−10.3	−8.2	−27.3	−41.2	−63.4
Luxembourg	18.1	17.7	−1.7	46.2	−1.0	86.1	7.4
Portugal[d]	30.6	34.8	9.4	−12.1	−13.9	−52.2	−59.2
Espagne	44.9	..	−12.5	..	−36.3	..	−80.9
Pays-Bas[e]	50.6	19.4	−21.0	16.3	−20.8	−2.6	−7.1
Royaume-Uni	26.6	15.3	−12.1	−3.3	−14.4	−14.6	−19.5
États-Unis	19.6	−6.8	4.2	−1.4	9.7	−1.0	6.4

Célibataires et familles monoparentales

	Célibataires	Familles monoparentales avec un enfant âgé de moins de 6 ans	Familles monoparentales avec un enfant âgé de plus de 6 ans	Familles monoparentales avec deux enfants ou plus, le plus jeune étant âgé de moins de 6 ans	Familles monoparentale avec deux enfants ou plus âgés de plus de 6 ans
Belgique	178.9	178.5	65.8	97.2	66.5
Canada	52.8	59.9	41.7	184.0	27.3
France	56.5	59.1	35.2	21.1	40.2
Grèce	53.5	1.0	−4.3	−56.2	−6.5
Irlande[c]	63.2	360.7	152.8	155.7	123.0
Italie	41.7	62.4	4.9	−17.3	6.5
Luxembourg	88.5	16.6	47.0	192.4	90.4
Portugal[d]	32.8	89.8	34.7	−4.5	−25.1
Espagne	68.1	..	47.0	..	−11.5
Pays-Bas[e]	64.5	15.4	36.2	−7.6	−3.2
Royaume-Uni	129.3	203.5	82.0	178.2	108.6
États-Unis	46.9	23.6	30.2	30.3	28.5

.. Données non disponibles.
a) N'inclut pas les autres types de ménages : le total des lignes est égal à 100 %.
b) 1995 au lieu de 1994 et 1998 au lieu de 1999.
c) 1997 au lieu de 1999.
d) 1986 au lieu de 1984.
e) 1985 au lieu de 1984.
Source : Calculs du Secrétariat effectués d'après des données provenant de l'Enquête européenne sur les forces de travail, fournies par EUROSTAT, et des données nationales pour le Canada, les États-Unis, la Finlande et la Suède.

Annexe 4.B

Sources de données

Données sur les préférences accordées à différents aménagements d'horaire

La source des données sur les préférences est l'enquête *Options d'avenir pour l'emploi* (EOF) sour l'égide de la Fondation européenne pour l'amélioration des conditions de vie de travail de Dublin (pour les 15 États membres de l'Union européenne) et du ministère royal norvégien du Travail et de L'administration publique (pour la Norvège). Cette enquête a été menée en été 1998 par Infratest et un consortium d'instituts de sondage, et a couvert 30 000 personnes de 16 à 64 ans soit au travail soit ayant l'intention de travailler au cours des cinq prochaines années. Son objectif principal était de savoir qui veut travailler et qui ne le désire pas et de déterminer les préférences pour différents types d'aménagement d'horaire à la fois au moment de l'enquête et cinq années plus tard. Des détails sur l'enquête peuvent être trouvés dans Atkinson (2000).

Données des enquêtes sur le budget temps

Le but des enquêtes sur le budget temps est de mesurer le temps consacré par les individus à différentes activités telles que le travail rémunéré, les tâches domestiques non rémunérées, les soins des enfants ou des personnes âgées, l'éducation et les loisirs. La plupart de ces enquêtes demandent aux individus de tenir un journal de son activité quotidienne deux fois par semaine, un jour de semaine et un jour de week-end. Ce journal peut comporter une série d'activités précodées et une feuille de temps, ou poser des questions générales sur ce que la personne a fait et de quand à quand [Merz et Ehling (1999) ; Klevmarken et Stafford (1997)].

Les données dont on s'est servi ici sont tirées de diverses enquêtes « emploi du temps » harmonisées, de façon à être plus comparables, par une équipe de chercheurs de l'Université d'Essex et d'ailleurs [voir Fisher (2000a et 2000b)]. Elles couvrent 12 pays de l'OCDE. Elles portent sur l'emploi du temps des individus appartenant à des ménages d'un type donné. La série complète des données disponibles comprend des ménages de couples et des ménages monoparentaux, classés en fonction de la présence et de l'âge des enfants (moins de cinq ans et plus de cinq ans). Les partenaires féminins sont subdivisés en travailleuses à temps complet, travailleuses à temps partiel et non actives. Les activités considérées sont les suivantes : travail rémunéré ; soin aux enfants au sens strict, à savoir les nourrir, les habiller, les changer, leur donner le bain et leur administrer des médicaments ; autres tâches domestiques non rémunérées. Le travail rémunéré comprend toute activité rémunérée et ce qui s'y rapporte : temps passé à l'emploi principal, à un deuxième emploi éventuel, à un travail à domicile et aux trajets domicile-travail. Les autres tâches non rémunérées comprennent : cuisine ; vaisselle ; lessive/repassage ; ménage ; bricolage ; jardinage ; soin aux animaux domestiques ; courses ; paiement des factures du ménage ; déplacements « domestiques » (c'est-à-dire pour des raisons familiales, notamment pour amener les enfants à l'école et les ramener).

Les comparaisons entre pays ne peuvent être faites qu'avec la plus extrême prudence. D'une façon générale, les différences du temps passé par les parents à s'occuper de leurs enfants peuvent correspondre non seulement à des différences de politiques nationales, telles que la disponibilité de services de garde publics et privés, mais aussi à des différences de taux de fécondité (en effet, les données ne tiennent pas compte du nombre d'enfants dans le ménage), ainsi qu'à des différences dans les questionnaires sur le budget temps. Certaines enquêtes codent des activités multiples qui peuvent coïncider dans le temps, comme faire la cuisine et s'occuper des enfants. Cependant, la plupart demandent aux personnes interrogées d'indiquer ce qu'elles considèrent être leur activité « principale », ce qui conduit à omettre des activités relatives aux enfants, telles que jouer avec eux ou les regarder jouer.

Données relatives aux mesures en faveur de la famille mises en place par les entreprises

Généralités

Les données relatives aux mesures en faveur de la famille mises en place par les entreprises peuvent provenir des employeurs ou les employés. Les données provenant des employeurs conviennent plutôt mieux si l'on veut rapporter le type d'avantages accordés aux caractéristiques des employeurs. Elles peuvent aussi donner des indications précieuses sur les raisons pour lesquelles les employeurs adoptent (ou abandonnent) des mesures en faveur de la famille et sur les coûts et avantages que cela représente pour eux. Cela ne va toutefois pas sans difficultés : les données recueillies auprès des employeurs ont tendance à porter uniquement sur les mesures formelles (qui concernent particulièrement les grandes entreprises) et à omettre les aménagements informels, qui peuvent être très importants [Dex et Scheibl (2000)]. D'autre part, les avantages évoqués peuvent être mal connus de certains salariés, du fait d'une insuffisance de communication. Ils peuvent en outre n'être accessibles qu'à une partie du personnel, et être subordonnés à l'accord des supérieurs hiérarchiques. Enfin, les informations de base tendront à porter sur la simple existence des avantages offerts – encore que certaines entreprises puissent aussi disposer d'informations sur leur utilisation.

Une autre raison qui incite à la prudence est que certains aménagements de travail adoptés par les entreprises pour répondre à leurs besoins de production peuvent être présentés comme des mesures en faveur de la famille simplement pour montrer l'employeur sous un meilleur jour [Simkin et Hillage (1992)]. On ne peut évidemment pas nier qu'il y ait des cas où certains aménagements, par exemple le temps partiel choisi, peuvent arranger aussi bien les familles que les entreprises. Cependant, *a priori*, il n'y a pas de raison de supposer qu'une flexibilité introduite pour répondre aux besoins de l'entreprise coïncide nécessairement avec celle qui répond le mieux aux besoins des familles.

Les enquêtes auprès des salariés ont en général l'avantage de donner des informations détaillées sur les caractéristiques aussi bien des salariés qui connaissent leurs droits à des dispositions en faveur de la famille que de ceux qui en font usage. Elles peuvent aussi illustrer les attitudes des salariés et leurs besoins, tels qu'ils les ressentent. Il y a toutefois une difficulté : à moins que les instructions de l'enquête soient particulièrement claires, les salariés ne savent pas forcément s'ils doivent donner des informations uniquement sur les mesures qui les concernent personnellement ou sur les mesures qui sont accessibles aux autres salariés de l'entreprise ou utilisées par eux. Ainsi, un homme à qui l'on pose la question de la possibilité de bénéficier d'un congé de maternité extralégal répondra que non s'il pense à son cas personnel, mais peut répondre oui s'il pense à l'ensemble des salariés de l'entreprise.

Données d'enquête relatives à l'Australie, au Japon, au Royaume-Uni et aux États-Unis

Pour l'Australie et le Royaume-Uni, on peut tirer les informations des enquêtes nationales auprès des établissements. Pour l'Australie, il s'agit de l'Australian Workplace Industrial Relations Survey de 1995 (AWIRS95) dont il est rendu compte dans Morehead *et al.* (1997), et pour le Royaume-Uni, du Workplace Employment Relations Survey de 1998 (WERS98) dont il est rendu compte dans Cully *et al.* (1998 et 1999). Pour le Royaume-Uni, il existe aussi une série spéciale d'enquêtes officielles sur les dispositifs en faveur des familles, dont rendent compte Forth *et al.* (1997). Ces dernières enquêtes couvrent à la fois les employeurs et les salariés. Les informations relatives au Japon proviennent d'une enquête spéciale auprès des employeurs [Sato (2000)]. Enfin, pour les États-Unis, diverses enquêtes auprès des employeurs, notamment la Survey of American Establishments [Osterman (1995)] et les deux vagues de la National Study of the Changing Workforce (NSCW) menées auprès des salariés en 1992 et 1997 [Bond *et al.* (1998)], donnent des informations sur les dispositifs en faveur de la famille.

Deuxième enquête européenne sur les conditions de travail

Cette enquête, décrite dans Fondation européenne (1997) a été menée dans les quinze pays de l'Union européenne entre le 27 novembre 1995 et le 19 janvier 1996, en étroite collaboration avec Eurostat et les Instituts nationaux de statistiques. Il s'agissait d'étudier les conditions de travail telles qu'elles étaient perçues par les personnes interrogées.

L'échantillonnage aléatoire en phases successives a été conçu pour être représentatif de la population salariée. Toutes les personnes âgées de 15 ans et plus ont été incluses dans la population échantillonnée, à l'exception des retraités, des chômeurs et des femmes au foyer. Le nombre objectif d'entretiens était de 1 000 par pays, sauf pour le Luxembourg, 500, et pour l'Allemagne où il était de 1 000 pour l'ex-Allemagne de l'Ouest et 1 000 pour l'ex-Allemagne de l'Est. Les chiffres réalisés ont été proches de ces objectifs, ce qui donne un total de près de 16 000 entretiens pour l'ensemble de l'Europe. Les échantillons se sont révélés surreprésenter les « services » et « l'administration publique », et sous-représenter « l'agriculture » et certains sous-secteurs de l'industrie.

Questions relatives aux dispositifs en faveur de la famille

Les questions précises utilisées pour étudier l'importance des mesures mises en place par les entreprises en faveur de la famille étaient les suivantes :

Q30. Au-delà des obligations légales, votre entreprise/ employeur offre-t-elle/il : (oui, non, sans objet, ne sait pas)

– *Un congé pour enfant malade, c'est-à-dire le temps pendant lequel vous pouvez rester chez vous pour vous occuper d'un enfant malade ?*

– *Un congé de maternité, c'est-à-dire le temps pendant lequel une femme peut rester chez elle avant et (après) la naissance d'un enfant ?*

– *Un congé parental, c'est-à-dire le temps pendant lequel une mère ou un père peut rester à la maison pour s'occuper d'un très jeune enfant ?*

– *Une place dans une structure d'accueil des jeunes enfants, c'est-à-dire, soit dans la crèche de l'entreprise, soit par subvention d'une place dans une structure d'accueil extérieure ?*

Les réserves mentionnées dans l'introduction quant aux données recueillies auprès des salariés sur les dispositifs en faveur de la famille s'appliquent ici. En particulier, il y a ambiguïté sur le point de savoir si les données se rapportent aux avantages auxquels les salariés concernés ont personnellement droit ou à ceux qui existent dans leurs établissements. Toutefois, pour pouvoir évaluer l'effet possible de cette ambiguïté, les concepteurs de l'enquête ont ajouté à la catégorie « ne sait pas » une catégorie « sans objet ». L'analyse des données a montré que, pour des comparaisons internationales simples, il valait mieux restreindre l'échantillon aux femmes comptant un enfant de moins de 15 ans dans le ménage [Evans (2001)].

La présence du Royaume-Uni dans cette enquête européenne a permis de procéder à quelques vérifications de cohérence entre les niveaux d'avantages en faveur de la famille indiqués ici et les niveaux indiqués par les enquêtes britanniques auprès des salariés. Les résultats sont à peu près cohérents. Les résultats européens concernant les places en structure d'accueil des jeunes enfants et le congé pour enfant malade correspondent à peu près aux chiffres relatifs aux absences pour raison familiale et aux diverses mesures des aides à la garde d'enfants qui découlent des enquêtes britanniques. Le chiffre européen relatif au congé parental déclaré par les femmes salariées se trouve être exactement le même que celui qui résulte du WERS98. Il est impossible en revanche de faire des comparaisons pour le congé maternité extralégal.

Données relatives aux aménagements du temps de travail

Les sources de données non européennes sont indiquées dans le texte. Pour l'Union européenne, les sources sont la Deuxième enquête européenne sur les conditions de travail (SESWC) et l'enquête *Options d'avenir pour l'emploi* (EOF).

La question du SESWC relative à l'aménagement du temps de travail était la suivante :

Q20. Pour chacune des affirmations suivantes, répondez par oui ou par non :

[…]

– Vous avez un horaire fixe de début et de fin de travail chaque jour.

[…]

On a considéré que lorsque la réponse à cette question était non, il y avait horaire variable. Cela risque fort toutefois de conduire à une surestimation, car le chiffre peut inclure des personnes dont le nombre d'heures supplémentaires varie, ou qui sont sous astreinte. Toutefois, le chiffre obtenu ainsi pour le Royaume-Uni s'est révélé être le même que celui obtenu par le questionnaire du WERS98 auprès des salariés.

Les questions de l'enquête *Options d'avenir pour l'emploi* (EOF) destinées à mesurer le temps partiel choisi se présentaient de la manière suivante : les travailleurs à temps partiel ont d'abord été identifiés par une question demandant aux salariés s'ils travaillaient à temps partiel ou à temps complet. Ceux qui se considéraient comme travaillant à temps partiel étaient alors interrogés sur la raison de ce temps partiel. Ils étaient d'abord invités à répondre positivement à l'une des possibilités suivantes qui leur étaient soumises successivement :

– Vous faites des études.

– Vous êtes malade ou handicapé.

– Vous n'avez pas pu trouver d'emploi à temps complet.

La possibilité suivante était :

– Vous ne voulez pas travailler à plein-temps.

Les personnes interrogées avaient aussi la faculté de ne pas donner de raison. Les chiffres du temps partiel « choisi » rapportés ici se réfèrent uniquement aux personnes qui ont déclaré ne pas souhaiter travailler à temps complet.

BIBLIOGRAPHIE

ADEMA, W. (à paraître),
« Family-Friendly Policies: The Reconciliation of Work and Family Life », *Labour Market and Social Policy Occasional Papers*, OECD, Paris.

AFSA, C. (1999),
« L'allocation parentale d'éducation : entre politique familiale et politique pour l'emploi », dans INSEE, *Données sociales : La société française*, Paris, pp. 413-417.

ALBRECHT, J.W., EDIN, P.-A., SUNDSTROM, M. et VROMAN, S.B. (1999),
« Career Interruptions and Subsequent Earnings: A Re-examination Using Swedish Data », *Journal of Human Resources*, vol. 34, n° 2, pp. 294–311.

ATKINSON, J. (1999),
« Employment Options and Labour Market Participation », dans *Employment Options of the Future : First Analyses*, European Foundation for the Improvement of Living and Working Conditions and Infratest Burke Sozialforschung, Dublin.

BARRÉRE-MAURISSON, M.A., RIVIERE, S. et MARCHAND, O. (2000),
« Temps de travail, temps parental », *Premières Synthèses*, n° 20.1, Direction de l'Animation de la Recherche des Études et des Statistiques (DARES), ministère de l'Emploi et de la Solidarité, Paris, mai.

BAUER, T. (1998),
« The Impact of Family Structure on Time Use and Potential Wage in Switzerland », *International Journal of Manpower*, vol. 19, n° 7, pp. 507-519.

BEBLO, M. (1999),
« Intra-family Time Allocation », dans Merz, J. et Ehling, M. (dir. pub.), *Time Use, Research, Data and Policy*, NOMOS, Baden-Baden, pp. 473-489.

BECKER, G.S. (1965),
« A Theory of the Allocation of Time », *Economic Journal*, vol. 75, pp. 493-517.

BJOONSBERG, U. (1998),
« Family Orientation Among Men: A Process of Change in Sweden », dans Drew, E., Emerek, R. et Mahon, E. (dir. pub.), *Women, Work, and Family in Europe*, Routledge, Londres, chapitre 19, pp. 200-207.

BLAU, F.D. et EHRENBERG, R.G. (dir. pub.) (1997),
Gender and Family Issues in the Workplace, Russell Sage Foundation, New York.

BOND, J.T., GALINSKY, E. et SWANBERG, J.E. (1998),
The 1997 National Study of the Changing Workforce, Families and Work Institute, New York.

BRUNING, G. et PLANTENGA, J. (1999),
« Parental Leave and Equal Opportunities: Experiences in Eight European Countries », *Journal of European Social Policy*, vol. 9, n° 3, pp. 195-209.

CALLAN, T., DEX, S., SMITH, N. et VLASBLOM, J.D. (1999),
« Taxation of Spouses: A Cross-Country Study of the Effects on Married Women's Labour Supply », Document de travail 99-02, Centre for Labour Market and Social Research, Aarhus.

CEA (US COUNCIL OF ECONOMIC ADVISERS) (1999),
« Families and the Labor Market, 1969-1999: Analysing the "Time-Crunch" », ronéotypé, mai.

CHECK, C.J. (1996),
« Technology Will Strengthen the Traditional Family », dans Cozic, C.P. (dir. pub.), *America Beyond 2001 : Opposing Viewpoints*, Greenhaven Press, San Diego, CA, États-Unis, pp. 17-24.

CHESNAIS, J.-C. (1996),
« Fertility, Family and Social Policy in Contemporary Western Europe », *Population and Development Review*, vol. 22, n° 4, pp. 729-739.

COLEMAN, D.A. (1999),
Reproduction and Survival in an Unknown World: What Drives Today's Industrial Populations, and to What Future?, Hofstee Lecture Series n° 5, Pays-Bas, Interdisciplinary Demographic Institute, La Haye.

COMMISSION EUROPÉENNE (1998*a*),
Les hommes entre famille et travail, Emploi et affaires sociales, Réseau européen « famille et travail », n° 2/98.

COMMISSION EUROPÉENNE (1998*b*),
Care in Europe, Emploi et affaires sociales, septembre.

COUGHLAN, A. (2000),
« Family-Friendly/Work-Life Balance Policies », Irish Business and Employers Confederation, Dublin.

CULLY, M., WOODLAND, S., O'REILLY, A., et DIX, G. (1998),
Britain at Work: As Depicted by the 1998 Workplace Employee Relations Survey, Routledge, Londres.

CULLY, M., O'REILLY, A., MILLWARD, N., FORTH, J., WOODLAND, S., DIX, G. et BRYSON, A. (1999),
The 1998 Workplace Employee Relations Survey: First Findings, Department of Trade and Industry, Royaume-Uni.

DATTA GUPTA, N. et SMITH, N. (2000),
« Children and Career Interruptions: The Family Gap in Denmark », Document de travail 00-03, avril, Centre for Labour Market and Social Research, Aarhus.

DEX, S. (dir. pub.) (1999),
Families and the Labour Market, Family Policies Studies Centre for the Joseph Rowntree Foundation, Londres.

DEX, S. et SCHEIBL, F. (1999),
« Business Performance and Family-Friendly Policies », *Journal of General Management*, vol. 24, n° 4, été.

DEX, S. et SCHEIBL, F. (2000),
« Flexible and Family-Friendly Working Arrangements in SMEs: Business Cases », Judge Institute of Management Studies, University of Cambridge, mars, ronéotypé.

DINGELDEY, I. (1998),
« Rewards and Burdens of the Various Family Patterns of Working Time and Labour Force Participation in the National Taxation and Social Security Systems », Rapport préliminaire pour la Commission européenne, septembre 1998, Institut Arbeit und Technik, Gelsenkirchen.

DOBBELSTEEN, S.H.A.M., GUSTAFSSON, S.S. et WETZELS, C.M.M.P. (2000),
« Child Care in the Netherlands: Between Government, Firms and Parents. Is the Deadweight Loss Smaller than in the Public Daycare System of Sweden? », Document présenté à la Conference on Families, Labour Markets, and the Well-Being of Children, University of British Columbia, Vancouver, Canada, 1 et 2 juin (*www.cerf.mcmaster.ca/papers/june2000/wetzels.pdf*).

DREES (Direction de la recherche, des études, de l'évaluation et des statistiques) (2000),
« Les modes de garde et d'accueil des jeunes enfants », *Collection Statistiques, Document de travail n° 1*, juin, ministère de l'Emploi et de la Solidarité, Paris.

DTI (United Kingdom Department of Trade and Industry) (2000),
« Work and Parents: Competitiveness and Choice: Research and Analysis », Cm5005, Londres.

DUXBURY, L., HIGGINS, C. et JOHNSON, K.L. (1999),
« An Examination of the Implications and Costs of Work-Life Conflict in Canada », Rapport soumis à Santé Canada, version préliminaire de juin, ronéotypé.

ELLINGSAETER, A.L. (1998),
« The Future of the Worker-Carer Model in Norway », Rapport préparé pour la conférence « Changing labour market and gender equality: the role of policy », Oslo, octobre.

ESPING-ANDERSEN, G. (1997),
« L'État protecteur à la fin du siècle : les conséquences de l'évolution du marché du travail, de la famille et de la démographie », dans OCDE, *Famille, marché et collectivité*, Paris.

EVANS, J.M. (2001),
« Firms' Contribution to the Reconciliation between Work and Family Life », Labour Market and Social Policy Occasional Papers n° 48, OECD.

EVANS, J.M., LIPPOLDT, D.C. et MARIANNA, P. (2000),
« Trends in working hours in OECD countries », Labour Market and Social Policy Occasional Papers n° 45, OECD.

FAGNANI, J. (1998),
« Recent Changes in Family Policy in France: Political Trade-Offs and Economic Constraints », dans Drew, E., Emerek, R. et Mahon, E. (dir. pub.), *Women, Work, and Family in Europe*, Routledge, Londres, chapitre 5, pp. 58-65.

FISHER, K. (2000*a*),
« Technical Details of Time Use Studies », Institute for Social and Economic Research, University of Essex, ronéotypé.

FISHER, K. (2000*b*),
« Time-Use Tables for OECD », Institute for Social and Economic Research, University of Essex, ronéotypé.

FONDATION EUROPÉENNE POUR L'AMÉLIORATION DES CONDITIONS DE VIE ET DE TRAVAIL (1997),
Deuxième enquête européenne pour l'amélioration des conditions de vie et de travail, EF/97/26/EN, Dublin.

FONDATION EUROPÉENNE POUR L'AMÉLIRORATION DES CONDITIONS DE VIE ET DE TRAVAIL (2000),
Combining Family and Work: The Sharing of Paid Work among Women and Men in Couples, Dublin.

FORTH, J., LISSENBURGH, S., CALLENDER, C. et MILLWARD, N. (1997),
Family-Friendly Working Arrangements in Britain – 1996, DfEE Research Report n° 16, UK Department for Education and Employment, Londres.

FOUQUET, A., GAUVIN, A. et LETABLIER, M.-T. (1999),
« Des contrats sociaux entre les sexes différents selon les pays de l'Union européenne », dans Conseil d'Analyse Économique, *Égalité entre femmes et hommes : aspects économiques, compléments au rapport de B. Majnoni d'Intignano*, La documentation française, Paris

GAUTHIER, A.H. (1996),
The State and the Family: A Comparative Analysis of Family Policies in Industrialized Countries, Oxford University Press.

GAUTHIER, A.H. et BORTNIK, A. (2001),
« Cross-National Family Policy Database », University of Calgary.

GIOVANNINI, D. (1998),
« Are Fathers Changing? Comparing Some Different Images on Sharing of Childcare and Domestic Work », dans Drew, E., Emerek, R. et Mahon, E. (dir. pub.), *Women, Work, and Family in Europe*, Routledge, Londres, chapitre 18, pp. 191-199.

GOLDEN, L. (2000),
« The Time Bandit », EPI Issue Brief n° 146, Economic Policy Institute, Washington DC.

GOTTLIEB, B.H., KELLOWAY, E.K. and BARHAM, E.J. (1998),
Flexible Work Arrangements: Managing the Work-Family Boundary, John Wiley and Sons, Chichester.

GRONAU, R. (1973),
« The Intra-Family Allocation of Time: the Value of the Housewives' Time », *American Economic Review,* vol. 63, pp. 634-651.

GRUBER, J. (1994),
« The Incidence of Mandated Maternity Benefits », *American Economic Review,* vol. 84, n° 3, juin, pp. 622-640.

GUSTAFSSON, S. et STAFFORD, F.P. (1992),
« Child Care Subsidies and Labour Supply in Sweden », *Journal of Human Resources*, vol. 27(1), pp. 204-230.

HAKIM, C. (2001),
Work-lifestyle Choices in the 21st Century, OUP.

HARKNESS, S. et WALDFOGEL, J. (1999),
« The Family Gap in Pay: Evidence from Seven Industrialized Countries », London School of Economics, Centre for Analysis of Social Exclusion (CASE), article 29, novembre.

HERSCH, J. et STRATTON, L.S. (1994),
« Housework, Wages and the Division of Housework Time for Employed Spouses », *American Economic Review* (articles et actes de conférence), vol. 84, n° 2, pp. 120-125.

Ilmakunnas, S. (1997),
« Public Policy and Childcare Choice », dans Persson, I. et Jonung, C. (dir. pub.), *Economics of the Family and Family Policies*, Routledge, Londres, chapitre 9, pp. 178-193.

JENSON, J. et THOMPSON, S. (1999),
« Comparative Family Policy: Six Provincial Stories », Étude du réseau de la famille des réseaux canadiens de recherche en politiques publiques n° F108, Ottawa.

Joshi, H. (1998),
« The Opportunity Cost of Childbearing: More than Mother's Business », *Journal of Population Economics,* vol. 11(2), mai, pp. 161-83.

JOSHI, H., PACI, P. et WALDFOGEL, J. (1999),
« The Wages of Motherhood: for Better or Worse? », *Cambridge Journal of Economics,* vol. 23, pp. 543-564.

KAMERMAN, S.B. (2000*a*),
« Early Childhood Éducation and Care (ECEC): An Overview of Developments in the OECD Countries », Institute for Child and Family Policy, Columbia University, *www.childpolicy.org*

KAMERMAN, S.B. (2000*b*),
« Parental Leave Policies: An Essential Ingredient in early Childhood Éducation and Care Policies », Institute for Child and Family Policy, Columbia University, *www.childpolicy.org*

KIMMEL, J. (1998),
« Child Care Costs as a Barrier to Employment for Single and Married Mothers », *The Review of Economics and Statistics,* vol. 2, pp. 287-295.

KISER, S.J. (1996),
« Friendly to Whose Families? A Case Study of the Delivery of Work-Family Benefits in a Model Firm », Department of Economics, University of Massachusetts, Amherst, Version du 22 novembre, ronéotypé.

KLEVMARKEN, A. et STAFFORD, F.P. (1997),
« Time Diary Measures of Investment in Young Children », Document de travail n° 1997:8, Department of Economics, University of Uppsala.

LESTHAEGHE, R. (2000),
Europe's Demographic Issues: Fertility, Household Formation and Replacement Migration, Article préparé par l'UN expert group meeting on policy responses to population decline and ageing, 16-18 octobre, New York.

LESTHAEGHE, R. et WILLEMS, P. (1999),
« Is Low Fertility a Temporary Phenomenon in the European Union? », *Population and Development Review*, vol. 25, n° 2, pp. 211-228.

LIPSETT, B. et REESOR, M. (1997),
« Flexible Work Arrangements: Evidence from the 1991 and 1995 Survey of Work Arrangements », Document R-97-10E, Applied Research Branch, Strategic Policy, Développement des ressources humaines Canada.

LOMMERUD, K.E. et VAGSTAD, S. (2000),
« Mommy Tracks and Public Policy: On Self-Fulfilling Prophecies and Gender Gaps in Promotion », CEPR Discussion Paper n° 2378, février.

MARSHALL, K. (1999),
« L'emploi après la naissance d'un enfant », *L'emploi et le revenu en perspective*, vol. 11, n° 3, pp. 20-28.

MARSHALL, K. (2000),
« Temps partiel par choix », *L'emploi et le revenu en perspective*, vol. 13, n° 1, pp. 22-29.

McDONALD, P. (2000),
« Gender Equity, Social Institutions and the Future of Fertility », *Journal of Population Research*, vol. 17, n° 1, pp. 1-16.

MERZ, J. et EHLING, M. (1999),
Time Use, Research, Data and Policy, dir. pub., NOMOS, Baden-Baden.

MICHALOPOLOUS, C., ROBINS, P.K., et GARFINKEL, I. (1992),
« A Structural Model of Labour Supply and Child Care Demand », *Journal of Human Resources*, vol. 27, n° 1, pp. 166-203.

MOREHEAD, A., STEELE, M., ALEXANDER, M., STEPHEN, K. et DUFFIN, L. (1997),
Changes at Work: The 1995 Australian Workplace Industrial Relations Survey, Longman, South Melbourne, Australie.

MOSS, P. et DEVEN, F. (1999),
Parental Leave: Progress or Pitfall?, Research and Policy Issues in Europe, NIDI/CBGS Publications.

MURPHY, M (1993),
« The Contraceptive Pill and Women's Employment as Factors in Fertility Change in Britain 1963-1980: A Challenge to the Conventional View », *Population Studies*, n° 47, pp. 221-43.

O'Donoghue, C. et SUTHERLAND, H. (1999),
« Accounting for the Family in the European Income Tax Systems », *Cambridge Journal of Economics*, vol. 23, pp. 565-598.

OCDE (1988),
Perspectives de l'emploi, Paris.

OCDE (1993),
La fiscalité dans les pays de l'OCDE, Paris.

OCDE (1995),
Perspectives de l'emploi, Paris.

OCDE (1998),
Perspectives de l'emploi, Paris.

OCDE (1999*a*),
Pour un monde solidaire : Le nouvel agenda social, Paris.

OCDE (1999*b*),
Perspectives de l'emploi, Paris.

OCDE (1999*c*),
« OECD Country Note on Early Éducation and Care Policy in Norway », *www.oecd.org/education/ecec*

OCDE (1999*d*),
Systèmes de prestations et incitations au travail, Paris.

OCDE (2000*a*),
Les impôts sur les salaires, Édition 1999, Paris.

OCDE (2000*b*),
Perspectives de l'emploi, Paris.

OSTERMAN, P. (1995),
« Work/Family Programs and the Employment Relationship », *Administrative Science Quarterly*, vol. 40, pp. 681-700.

PERSSON, I. et JONUNG, C. (1997),
Economics of the Family and Family Policies, Routledge, Londres.

POWELL, L. (1998),
« Part-Time versus Full-Time Work and Child Care Costs: Evidence for Married Mothers », *Applied Economics*, vol. 30, pp. 503-511.

ROSTGAARD, T. et T. FRIDBERG (1998),
Caring for children and Older People: A Comparison of European Policies and Practices, Social Security in Europe 6, Danish National Institute of Social Research, Copenhague.

RUHM, C. J. (1998),
« The Economic Consequences of Parental Leave Mandates: Lessons from Europe », *Quarterly Journal of Economics*, février, pp. 285-317.

SATO, H. (2000),
« The Current Situation of "Family-Friendly" Policies in Japan », *Japan Labor Bulletin*, février, pp. 5-10, Japan Institute of Labor.

SILVER, C. (2000),
« Being There: The Time Dual-Earner Couples Spend With Their Children », *Canadian Social Trends*, été, pp. 26-29.

SIMKIN, C. et HILLAGE, J. (1992),
Family Friendly Working: New Hope or Old Hype?, IMS Report n° 24, Institute of Manpower Studies, Brighton, Royaume-Uni.

SUNDSTROM, M. et DUVANDER, A.E. (2000),
« Family Division of Childcare and the Sharing of Parental Leave among New Parents in Sweden », dans Duvander, A.E. (dir. pub), *Couples in Sweden: Studies on Family and Work*, Swedish Institute for Social Research, n° 46, III.

TACHIBANAKI, T. (2001),
« The Economic Effects of Fewer Children and Ageing and Desirable Policy Reforms », Interim Report for the Economic and Social Research Institute, Cabinet Office, Japon, mars.

UK HOUSE OF LORDS (1985),
« Income Taxation and Equal Treatment for Men and Women », Select Committee on the European Communities, Session 1985-86, 1st Report, HL15, London, HMSO.

US CONGRESS, WAYS et MEANS COMMITTEE (1998),
The 1998 Green Book, Section 9, Child Care, *www.taxcast.com/greenbook.htm*

WALDFOGEL, J. (1993),
« Women Working for Less: A Longitudinal Analysis of the Family Gap », London School of Economics, Suntory Toyota International Center for Economics and Related Disciplines, Document de réunion, septembre.

WALDFOGEL, J. (1998*a*),
« The Family Gap for Young Women in the United States and Britain: Can Maternity Leave Make a Difference? », *Journal of Labor Economics*, vol. 16, n° 3, pp. 505-545.

WALDFOGEL, J. (1998*b*),
« Understanding the "Family Gap" in Pay for Women with Children », *Journal of Economic Perspectives*, vol. 12, n° 1, pp. 137-156.

WALDFOGEL, J. (1999),
« Family Leave Coverage in the 1990s », *Monthly Labor Review*, October, pp. 13-21.

WALDFOGEL, J. (à paraître),
« Family-Friendly Policies for Families with Young Children », *Employee Rights and Employment Policy Journal*.

WALLIS, C. (1996),
« The Traditional Family Will be Less Prevalent », dans Cozic, C.P. (dir. pub.), *America Beyond 2001: Opposing Viewpoints*, Greenhaven Press, San Diego, CA, pp. 25-30.

WFU/DEWRSB (Work and Family Unit, Department of Employment, Workplace Relations and Small Business) (1999),
Work and Family, State of Play, 1998, Canberra.

WHITEHOUSE, G. et ZETLIN, D. (1999),
« "Family Friendly" Policies: Distribution and Implementation in Australian Workplaces », *Economic and Labour Relations Review*, vol. 10, n° 2, pp. 221-239.

Chapitre 5

L'EMPLOI ÉTRANGER : PERSPECTIVES ET ENJEUX POUR LES PAYS DE L'OCDE

Résumé

Dans la plupart des pays de l'OCDE, les effectifs d'étrangers ou d'immigrés ainsi que leur part dans la population totale et dans la population active se sont accrus au cours des dix dernières années à la fois pour des raisons endogènes et exogènes. L'importance et la composition de la présence étrangère restent cependant très variables selon les pays. Si l'entrée de nouveaux travailleurs étrangers permanents reste actuellement limitée, notamment dans les pays européens de l'OCDE, le recours au travail temporaire semble quant à lui se développer et la plupart des pays Membres de l'OCDE mettent en place des politiques pour le faciliter, notamment pour les travailleurs qualifiés ou hautement qualifiés.

Le taux de participation des travailleurs étrangers est généralement plus faible que celui des autochtones et la main-d'œuvre étrangère reste le plus souvent concentrée dans quelques secteurs d'activité. On constate cependant une tendance à sa diffusion dans l'ensemble de l'appareil productif, notamment dans le secteur tertiaire. La plus grande vulnérabilité des étrangers au chômage et leur plus faible degré d'employabilité montrent qu'ils rencontrent plus particulièrement en Europe des difficultés d'insertion sur le marché du travail. Ces difficultés s'expliquent en partie par un temps d'adaptation plus ou moins long notamment pour les réfugiés nouvellement arrivés, des niveaux de qualification pas toujours adaptés aux besoins du marché du travail, des connaissances insuffisantes de la langue du pays d'accueil, mais aussi par le fait que certains d'entre eux sont victimes de discriminations qui les empêchent d'accéder au marché du travail.

La reprise de la croissance constatée au cours de la dernière décennie dans la plupart des pays Membres de l'OCDE a contribué à étendre le débat sur l'immigration, essentiellement centré sur le contrôle des flux, aux questions du rôle qu'elle pourrait jouer dans la réduction des pénuries sectorielles de main-d'œuvre et dans l'atténuation des effets du vieillissement démographique. Dans ce chapitre, l'accent est mis plus généralement sur le rôle de l'emploi étranger sur l'équilibre et la dynamique du marché du travail. Les limites d'une politique migratoire ayant pour objectif principal de répondre aux besoins à court terme du marché du travail sont tout d'abord soulignées. L'analyse s'oriente ensuite sur la façon dont l'emploi étranger réagit aux fluctuations conjoncturelles. Si l'emploi étranger dans certains pays Membres est plus vulnérable en période de récession, il ne peut pas être considéré comme responsable des déséquilibres qui prévalent sur le marché du travail. L'emploi étranger peut jouer un rôle actif en période de reprise économique, même si en raison des effectifs concernés relativement faibles, il ne peut constituer à lui seul une solution aux nécessités d'ajustements du marché du travail.

La contribution de l'immigration à la croissance à long terme est étudiée dans la dernière partie. L'accent est mis sur l'offre de main-d'œuvre qualifiée et les mesures prises récemment par plusieurs pays Membres de l'OCDE pour faciliter l'entrée de spécialistes étrangers, notamment dans le domaine des technologies de l'information et de la communication. Toutefois, le recours accru aux compétences étrangères rencontre des limites et notamment le risque d'entraver les potentialités de développement des pays émergents à travers le phénomène de la fuite des cerveaux.

© OCDE 2001

Introduction

Un des arguments fréquemment invoqués pour remettre en cause l'accueil de nouveaux migrants repose sur les craintes qu'un afflux important de travailleurs immigrés conduise à une augmentation du chômage, à une pression à la baisse des salaires et à une diminution de l'emploi des nationaux peu qualifiés.

La question du rôle de l'immigration sur l'équilibre et la dynamique du marché du travail est en réalité sensiblement plus complexe et ne peut être appréhendée sans tenir compte à la fois des caractéristiques des migrants et de la situation économique qui prévaut dans le pays d'accueil. L'emploi étranger joue ainsi un rôle différent selon les cycles conjoncturels. En outre, la nature même du lien entre immigration et marché du travail dépend de l'horizon temporel considéré dans toute analyse. Dans une perspective de long terme, l'immigration peut contribuer à atténuer les effets du vieillissement démographique et à accroître le capital humain. A court terme, l'immigration peut permettre de faire face aux fluctuations et aux déséquilibres conjoncturels sur le marché du travail. Dans le cadre limité de ce chapitre, on mettra plus particulièrement l'accent sur cette contribution de court terme.

Ces différents points sont abordés successivement dans ce chapitre. Une section introductive décrit brièvement la contribution de l'immigration à la croissance de la population des pays de l'OCDE ainsi que les principales caractéristiques de la population active étrangère ou immigrée. La section II traite de la contribution de l'immigration à l'atténuation des déséquilibres de court terme du marché du travail, puis met en exergue le rôle de l'emploi étranger dans les ajustements du marché du travail en période de récession et d'expansion. La section III aborde brièvement, au regard des développements récents intervenus dans les pays de l'OCDE, la question du rôle que pourrait jouer l'immigration pour atténuer les effets du vieillissement démographique, d'une part et pallier, d'autre part, les pénuries de main-d'œuvre qualifiée et hautement qualifiée en période de croissance économique.

Principaux résultats

Les principales conclusions qui se dégagent de ce chapitre sont les suivantes :

- Dans la plupart des pays de l'OCDE, les effectifs d'étrangers ou d'immigrés ainsi que leur part dans la population totale et active se sont accrus au cours des dix dernières années. La présence étrangère est très variable toutefois selon les pays.

- Si les entrées de nouveaux travailleurs étrangers restent actuellement très limitées, notamment dans les pays européens de l'OCDE, le recours au travail temporaire des étrangers se développe. L'accroissement de l'immigration temporaire à des fins d'emploi permet d'introduire une plus grande flexibilité sur le marché du travail. Elle peut également inciter certains employeurs, notamment dans les activités saisonnières, à moins recourir à l'emploi d'étrangers en situation irrégulière.

- La main-d'œuvre étrangère est concentrée dans certains secteurs de l'activité économique. Elle tend toutefois à se diffuser, notamment dans les services rendus aux entreprises et aux ménages. Dans les pays d'immigration récente, les étrangers occupent plus souvent des emplois de cols bleus que de cols blancs. Cet écart persiste aussi dans certains pays d'immigration plus ancienne. Dans certains pays Membres, l'emploi étranger est plus vulnérable au chômage que l'emploi autochtone.

- La main-d'œuvre étrangère joue un rôle spécifique d'amortisseur sur le marché du travail en période de récession et elle peut, en période de reprise économique, jouer un rôle actif. On rencontre cependant des difficultés lorsqu'on tente de mettre en place une politique migratoire ayant pour objectif principal de répondre aux besoins de court terme sur le marché du travail. L'immigration ne peut pas être considérée comme responsable des déséquilibres observés sur le marché du travail.

- La contribution de l'immigration à la croissance de long terme ne se limite pas uniquement à son impact quantitatif sur la croissance de la population active mais se matérialise également par son impact qualitatif en terme d'accumulation de capital humain. Dans le contexte actuel de croissance dans les pays de l'OCDE, les pénuries de main-d'œuvre sont plus particulièrement marquées dans le domaine des technologies de l'information et de la communication. Certains pays Membres connaissent aussi des difficultés à recruter de la main-d'œuvre peu qualifiée. La plupart des pays de l'OCDE ont adapté leur législation afin de faciliter l'entrée de travailleurs étrangers qualifiés et hautement qualifiés.

I. Immigration, population et emploi dans les pays de l'OCDE

Les migrations jouent un rôle important dans la croissance annuelle de la population totale des pays de l'OCDE via le solde migratoire. Cette contribution est d'autant plus importante que la fécondité des étrangers est parfois, dans certains pays, plus élevée que celle des nationaux.

A. Immigration et croissance de la population

Dans la plupart des pays de l'OCDE, les effectifs d'étrangers ou d'immigrés ainsi que leur part dans la population totale se sont accrus au cours des dix dernières années (voir encadré 5.1 et tableau 5.1). La présence étrangère est très variable selon les pays européens de l'OCDE. Elle est assez élevée en 1998 au Luxembourg et en Suisse (bien qu'en légère baisse), voisine de 9 % en Allemagne, en Autriche et en Belgique (et probablement en Grèce si l'on tient compte de l'importance des immigrés en situation irrégulière) et de 6 % en France. Dans les nouveaux pays d'immigration comme l'Espagne, la Finlande, l'Italie et le Portugal, le pourcentage d'étrangers reste faible (entre 1.6 et 2.1 %) en dépit d'une forte augmentation des entrées au cours de la dernière décennie. Il en va de même au Japon et en Corée, ainsi qu'au Mexique et en Turquie. Depuis la fin des années 80, la population étrangère s'est considérablement accrue en Allemagne, principalement sous l'effet de l'accroissement des flux d'immigration de personnes d'origine ethnique

---

Encadré 5.1. Les statistiques migratoires

Enregistrement des flux

Pour les pays européens de l'OCDE, ainsi que pour la Corée et le Japon, les statistiques les plus détaillées sur la population étrangère font référence à la nationalité des résidents. Ainsi, des personnes nées sur le territoire peuvent être comptabilisées dans les effectifs d'étrangers. Par contre, d'autres personnes nées à l'étranger et ayant immigré ont pu acquérir la nationalité du pays d'accueil et ne figurent donc plus dans les effectifs de la population étrangère. En Australie, au Canada et aux États-Unis, le critère retenu est le pays de naissance. Une distinction est établie entre les personnes nées à l'étranger (*foreign born*) et celles qui sont nées sur le territoire (*natives*). Cette approche permet de comptabiliser les immigrés résidant sur le territoire, quelle que soit leur nationalité. L'évolution des effectifs des immigrés ou des étrangers varie selon les pays et dépend à la fois de la politique migratoire suivie, des flux d'entrées et de sorties du territoire, de la dynamique démographique propre aux populations étrangères ainsi que du nombre de naturalisations qui réduisent d'autant les effectifs des étrangers.

Statistiques sur la population active étrangère

Dans l'état actuel des statistiques disponibles et des définitions utilisées dans les différents pays Membres de l'OCDE, la population active étrangère ou immigrée n'est pas toujours comparable d'un pays à l'autre. Par exemple, certains pays européens de l'OCDE ne disposent pas de statistiques détaillées sur les effectifs de travailleurs indépendants étrangers. Dans les pays non européens, à l'exception de l'Australie, il n'existe pas, en dehors des recensements, de statistiques annuelles sur les effectifs de travailleurs nés à l'étranger. Dans les pays européens, selon les cas, les travailleurs frontaliers sont inclus ou non dans la population active. Dans des pays comme l'Autriche, la Suisse et le Luxembourg, les travailleurs frontaliers représentent une part importante de la population active. Par ailleurs, il n'est pas toujours possible de connaître le nombre de travailleurs étrangers employés comme saisonniers (notamment dans l'agriculture et le tourisme) ainsi que les effectifs des travailleurs temporaires et/ou des stagiaires. Dans le cadre des Enquêtes sur l'emploi effectuées en principe annuellement par les pays de l'Union européenne, et dont Eurostat publie les résultats harmonisés, tous les problèmes soulevés ci-dessus n'ont pas été résolus. Par ailleurs, les ménages collectifs, par exemple les foyers de travailleurs dans lesquels résident de nombreux immigrés, ne sont pas pris en compte. Enfin, les procédures d'échantillonnage, notamment dans le cas de l'Espagne où les immigrés sont fortement concentrés dans certaines régions, ne permettent pas d'appréhender de manière fiable la population active étrangère. Les conclusions tirées des comparaisons internationales méritent donc d'être nuancées. Enfin, les migrations irrégulières et l'emploi illégal d'étrangers ne sont que partiellement pris en compte dans les statistiques officielles car tous les étrangers en situation irrégulière ne bénéficient pas d'une régularisation de leur statut (pour une analyse détaillée des aspects économiques de l'immigration clandestine et de la lutte contre l'emploi illégal d'étrangers voir OCDE, 2000a).

Dans la plupart des pays de l'OCDE, il n'y a pas de données sur les flux de sorties des immigrés ou des étrangers du marché du travail (arrêt de l'activité professionnelle, passage à la retraite, retour au pays d'origine, naturalisation, etc.) qui permettraient de donner une image plus conforme des mouvements qui s'effectuent sur ce marché. Une confusion existe aussi dans les statistiques sur les permis de travail. Dans certains pays, il est difficile d'établir une distinction dans les données officielles sur le total des permis de travail octroyés, entre ceux qui ont été accordés pour la première fois et ceux qui concernent des changements ou des renouvellements. Dans le même ordre d'idée, l'apport annuel de l'immigration au marché du travail s'avère difficile à évaluer, faute d'établir une distinction entre les arrivées nouvelles proprement dites de travailleurs immigrés et l'accès pour la première fois au marché du travail des membres des familles d'immigrants, entrés antérieurement ou nés dans le pays d'accueil. Ces admissions sont parfois comptabilisées dans les flux d'entrées de nouveaux travailleurs, dans d'autres cas elles ne font plus l'objet d'un enregistrement statistique (comme en France).

Tableau 5.1. **Effectifs d'étrangers ou de personnes nées à l'étranger dans certains pays de l'OCDE**

Milliers et pourcentages

Population étrangère, totale et active[a]

	Total des étrangers				Actifs étrangers[b]			
	Milliers		% de la population totale		Milliers		% du total des actifs	
	1988[c]	1998[d]	1988	1998	1988[e]	1998[f]	1988	1998
Allemagne	4 489	7 320	7.3	8.9	1 911	2 522	7.0	9.1
Autriche	344	737	4.5	9.1	161	327	5.4	9.9
Belgique	869	892	8.8	8.7	291	375	7.2	8.8
Corée	45	148	0.1	0.3	..	77	..	0.4
Danemark	142	256	2.8	4.8	65	94	2.2	3.2
Espagne	360	720	0.9	1.8	58	191	0.4	1.2
Finlande	19	85	0.4	1.6	..	35	..	..
France	3 597	3 263	6.3	5.6	1 557	1 587	6.4	6.1
Grèce	..	228	..	2.6	..	167	..	3.8
Irlande	82	111	2.4	3.0	35	48	2.7	3.2
Islande	..	3	..	1.5	..	2	..	1.4
Italie	645	1 250	1.1	2.1	285	332	1.3	1.7
Japon	941	1 512	0.8	1.2	..	670	..	1.0
Luxembourg	106	153	27.4	35.6	69	135	39.9	57.7
Norvège	136	165	3.2	3.7	49	67	2.3	3.0
Pays-Bas	624	662	4.2	4.2	176	208	3.0	2.9
Portugal	95	178	1.0	1.8	46	89	1.0	1.8
République slovaque	..	27	..	0.5	..	6	..	0.3
République tchèque	..	38	..	0.4	..	23	..	0.5
Royaume-Uni	1 821	2 207	3.2	3.8	871	1 039	3.4	3.9
Suède	421	500	5.0	5.6	220	219	4.9	5.1
Suisse	1 007	1 348	15.2	19.0	608	691	16.7	17.3

Population née à l'étranger, totale et active

	Total des personnes nées à l'étranger				Actifs nés à l'étranger			
	Milliers		% de la population totale		Milliers		% du total des actifs	
	1991[g]	1998[h]	1991	1998	1991[g]	1998[h]	1991	1998
Australie	3 965	4 394	22.9	23.4	2 182	2 294	25.7	24.8
Canada	4 343	4 971	16.1	17.4	2 681	2 839	18.5	19.2
États-Unis	19 767	26 300	7.9	9.8	11 565	16 100	9.4	11.7
Hongrie	..	153	..	1.9	..	70	..	1.7

.. Données non disponibles.
a) Les données sur la population étrangère sont issues des registres de population, sauf pour la France (recensement), l'Irlande et le Royaume-Uni (enquête sur la population active), le Japon et la Suisse (registre des étrangers) et l'Italie, le Portugal et l'Espagne (permis de résidence). Les données sur la population active proviennent des enquêtes sur les forces du travail ou des permis de travail. La population totale pour la République tchèque, la Grèce, l'Islande et la Hongrie comprennent les personnes de plus de 15 ans.
b) Les données comprennent les chômeurs sauf pour l'Italie, le Luxembourg, la Norvège, les Pays-Bas et le Royaume-Uni.
c) Les données pour la France se rapportent à 1990.
d) Les données pour la France se rapportent à 1999.
e) Les données pour l'Italie se rapportent à 1991, pour la Belgique à 1989 et pour le Japon à 1992.
f) Les données pour le Luxembourg comprennent les travailleurs frontaliers, celles pour la Norvège excluent les travailleurs indépendants et celles pour la Suisse excluent les travailleurs frontaliers et saisonniers.
g) Les données pour les États-Unis se rapportent à 1990.
h) Les données pour le Canada se rapportent à 1996 et pour la Hongrie à 1999.
Source : OCDE (2001), *Tendances des migrations internationales;* Enquête communautaire sur les forces de travail, données fournies par Eurostat.

allemande (*Aussiedler*) et d'étrangers en provenance d'Europe centrale et orientale.

De manière générale, l'importance respective des effectifs d'étrangers ou d'immigrés par nationalité varie dans chaque pays d'accueil en fonction des traditions migratoires, des réseaux établis par les communautés déjà sur place, des possibilités d'emploi et de la proximité géographique du pays d'origine. Certains pays de l'Union européenne, comme le Luxembourg, l'Irlande, la Belgique et le Portugal, enregistrent une forte proportion de ressortissants communautaires dans les effectifs totaux d'étrangers. Aux États-Unis, c'est la présence des Mexicains qui prédomine. Les changements intervenus au cours de la dernière décennie, et notamment les effets sur les migrations de la croissance économique en Asie, et de la libéralisation des mouvements de personnes en Europe centrale et orientale, ont élargi l'espace géographique de référence des migrations internationales. En particulier, ils ont donné lieu à l'émergence de nouveaux courants et à la diversification des pays de provenance. Ils ont également modifié la répartition par nationalité de la population étrangère dans les pays d'accueil ainsi que la dispersion des migrants de même origine entre les différents pays d'accueil.

Dans les pays de l'Union européenne, la part des étrangers originaires des pays tiers a augmenté et certaines nationalités ont émergé ou gagné en importance, comparativement à d'autres présentes depuis plus longtemps dans la région. Il s'agit, par exemple, en Allemagne des ressortissants des pays d'Europe centrale et orientale et de l'ex-URSS, en France des Marocains et des Sénégalais, aux Pays-Bas des personnes originaires de l'ex-Yougoslavie. Dans les pays nordiques, la part des ressortissants des pays voisins a diminué en Finlande, en Norvège et en Suède, tandis que de nouvelles communautés étrangères ont vu leurs effectifs augmenter : les Asiatiques (Pakistanais, Vietnamiens, Iraniens, Sri Lankais) et les Turcs en Norvège et en Suède, et les ressortissants de l'ex-Yougoslavie en Norvège, en Suède et en Finlande. Ces transformations reflètent les changements intervenus dans l'origine des flux mais aussi dans leur nature (par exemple, augmentation du nombre des demandeurs d'asile).

Récemment, on a pu observer un afflux de ressortissants asiatiques, et plus particulièrement chinois, dans les pays européens Membres de l'OCDE. Bien que ce phénomène soit encore dans certains pays trop récent pour être clairement repéré dans les effectifs d'étrangers par nationalité, en raison de la part prépondérante prise par d'autres courants migratoires, on peut s'attendre, étant donné son ampleur, à voir émerger rapidement cette catégorie de migrants, dont la part relative dans le total des effectifs de résidents étrangers ira en s'accroissant. Ce processus est en fait déjà perceptible dans les nouveaux pays d'immigration. Les ressortissants chinois se classent ainsi parmi les dix premières nationalités présentes en Espagne et en Italie.

B. Les immigrés et le marché du travail

D'une manière générale, les travailleurs étrangers ne constituent pas une population homogène. L'évolution de la population active étrangère et de certaines de ses caractéristiques (nationalité, qualification, taux de participation, répartition sectorielle et taux de chômage) ne résulte pas uniquement du profil des nouveaux flux migratoires mais aussi des changements économiques et institutionnels intervenus au cours de la période considérée. Ainsi, toute libéralisation de l'acquisition de la nationalité et toute modification des conditions de l'accès des immigrés au marché du travail sont susceptibles de modifier en profondeur les effectifs de la population active étrangère. De même, l'existence d'espaces de libre circulation et installation de travailleurs entre certains pays de l'OCDE permet d'expliquer l'importance relative des flux enregistrés et de leurs variations (accords entre la Nouvelle-Zélande et l'Australie, entre les pays nordiques, entre l'Irlande et le Royaume-Uni, et plus récemment entre les pays de l'Union européenne).

Tendances générales liées à l'emploi étranger

Au cours de la dernière décennie, l'évolution de la part des étrangers ou des immigrés dans la population active a suivi la même tendance que celle de leur part dans la population totale (voir tableau 5.1). Toutefois, en raison notamment de l'ancienneté des vagues migratoires, de l'importance de la composante familiale dans les flux et des critères de sélection liés à l'âge ou à la qualification, la part des étrangers dans la population active peut s'écarter de celle dans la population totale. Elle lui est supérieure en Allemagne, en Autriche, en Australie, au Canada, aux États-Unis et au Luxembourg alors qu'elle lui est inférieure au Danemark, en France, en Norvège ou aux Pays-Bas.

Si les entrées de nouveaux travailleurs étrangers permanents restent actuellement très limitées, notamment dans les pays européens de l'OCDE, le recours au travail temporaire des étrangers (comme des nationaux) semble se développer et certains pays mettent en place des politiques pour le faciliter (voir section II). L'emploi temporaire de travailleurs étrangers permet d'introduire une plus grande flexibilité sur le marché du travail et de contribuer ainsi à réduire les pénuries sectorielles de main-d'œuvre dans les pays d'accueil. C'est particulièrement vrai en ce qui concerne les secteurs des nouvelles technologies dans lesquels de nombreux pays font face à des pénuries de main-d'œuvre qualifiée et hautement qualifiée. Un accroissement de l'immigration temporaire de travail peut également inciter certains employeurs, notamment dans les activités saisonnières, à moins recourir à l'emploi d'étrangers en situation irrégulière.

Le tableau 5.2 présente, pour plusieurs pays Membres, les entrées de travailleurs temporaires par principales catégories. La tendance à l'augmentation de ces flux est assez nette en Australie, aux États-Unis, au Japon et au Royaume-Uni. En Allemagne, en France et dans d'autres pays européens Membres de l'OCDE, notamment en Espagne et en Italie, ce n'est que très récemment,

186 – Perspectives de l'emploi de l'OCDE

Tableau 5.2. **Entrées de travailleurs temporaires dans quelques pays de l'OCDE, par principales catégories, 1992, 1996-1998**

Milliers

	1992	1996	1997	1998		1992	1996	1997	1998
Australie					**Japon**				
Programme de travailleurs temporaires qualifiés[a]	14.6	31.7	31.7	37.3	Travailleurs hautement qualifiés	85.5	98.3	107.3	119.0
Vacanciers actifs (*Working Holiday Makers*)[b]	25.9	40.3	50.0	55.6	Stagiaires	..	25.8	26.9	27.1
Total	**40.5**	**72.0**	**81.7**	**92.9**	**Total**	..	**124.1**	**134.2**	**146.1**
	(40.3)	(20.0)	(19.7)	(26.0)					
Canada[c]					**Corée**				
Total	..	**60.0**	**62.3**	**65.1**	Travailleurs hautement qualifiés	3.4	13.4	14.7	11.1
	(252.8)	(226.1)	(216.0)	(174.1)	Stagiaires	4.9	68.0	90.4	64.2
France					**Total**	**8.3**	**81.4**	**105.0**	**75.4**
Travailleurs détachés	0.9	0.8	1.0	1.2	**Suisse**				
Chercheurs	0.9	1.2	1.1	1.0	Travailleurs saisonniers	126.1	62.7	46.7	39.6
Autres détenteurs d'une APT[d]	2.8	2.8	2.6	2.2	Stagiaires	1.6	0.7	0.7	0.7
Travailleurs saisonniers	13.6	8.8	8.2	7.5	**Total**	**127.8**	**63.4**	**47.4**	**40.3**
Total	**18.1**	**13.6**	**12.9**	**11.8**		(39.7)	(24.5)	(25.4)	(26.8)
	(42.3)	(11.5)	(11.0)	(10.3)	**Royaume-Uni**				
Allemagne					Travailleurs hautement qualifiés (permis à long terme)[e]	12.7	19.1	22.0	25.0
Travailleurs employés sous contrat d'ouvrage	115.1	45.8	38.5	33.0	Détenteurs d'un permis à court terme	14.0	17.0	20.4	23.5
Travailleurs saisonniers	212.4	220.9	226.0	201.6	Vacanciers actifs (*Working Holiday Makers*)	24.0	33.0	33.3	40.8
Stagiaires	5.1	4.3	3.2	3.1	Stagiaires	3.4	4.0	4.7	..
Total	**332.6**	**272.5**	**271.2**	**237.6**	**Total**	**54.1**	**73.1**	**80.4**	**89.3**
	(408.9)	(262.5)	(285.4)	(275.5)					
					États-Unis[f]				
					Travailleurs hautement qualifiés				
					Spécialistes (visa H-1B)	110.2	144.5	..	240.9
					Spécialistes (NAFTA, visa TN)[g]	12.5	27.0	..	59.1
					Travailleurs ayant des compétences exceptionnelles (visa O)	0.5	7.2	..	12.2
					Travailleurs saisonniers (visa H-2A)	16.4	9.6	..	27.3
					Stagiaires (*Industrial trainees*, visa H-3)	3.4	3.0	..	3.2
					Total	**143.0**	**191.2**	..	**342.7**
						(116.2)	(117.5)	(90.6)	(77.5)

.. Données non disponibles.
Note : Les chiffres entre parenthèses indiquent le nombre d'entrées de travailleurs permanents.
a) Visas de résidence temporaire accordés dans le cadre du programme « Economic Stream ». Les données portent sur l'année fiscale (de juillet à juin de l'année indiquée) et incluent les personnes accompagnantes. A partir de 1996, les données incluent les demandes effectuées sur le territoire australien et depuis l'étranger.
b) Visas de résidence temporaire accordés dans le cadre du programme *Working Holiday Makers*. Ne sont comptabilisés que les visas qui ont été demandés depuis l'étranger.
c) Ensemble des personnes qui ont reçu une autorisation de travail pour exercer temporairement une activité professionnelle au Canada. Non compris les personnes qui ont reçu une autorisation de travail pour des motifs humanitaires. Les personnes sont comptabilisées l'année où elles reçoivent leur permis initial.
d) Détenteurs d'une autorisation provisoire de travail (APT).
e) Les permis à long terme (un an ou plus) sont principalement accordés à des spécialistes et des cadres supérieurs.
f) Les chiffres se rapportent à l'année fiscale (octobre à septembre de l'année indiquée). Une personne est comptée autant de fois qu'elle entre sur le territoire au cours de la même année. Ainsi les données risquent d'être surestimées.
g) Les chiffres incluent les membres de la famille.
Sources : Australie : Department of Immigration and Ethnic Affairs (DIEA) ; Canada : Citoyenneté et Immigration Canada ; France : Office des migrations internationales, *Annuaire des migrations 98* ; Allemagne : Bundesanstalt für Arbeit ; Japon : ministère de la Justice ; Corée : ministère de la Justice ; Suisse : Office fédéral des étrangers ; Royaume-Uni : Department of Employment ; États-Unis : United States Department of Justice, *1998 Statistical Yearbook of Immigration and Naturalization Service*.

sous l'effet de la reprise de l'activité économique et de l'apparition de pénuries de main-d'œuvre dans certains secteurs, que des mesures ont été prises afin de favoriser l'entrée des travailleurs temporaires, y compris les qualifiés et hautement qualifiés.

En 1998, on constate que le taux de participation des étrangers varie fortement selon le sexe (voir tableau 5.3). Le taux de participation des femmes étrangères ou immigrées est systématiquement inférieur à celui des hommes et généralement plus faible que celui des autochtones. La différence entre le taux de participation des femmes autochtones et celui des étrangères est maximale en Suède, au Danemark et aux Pays-Bas, probablement en raison de l'importance relative des réfugiés. En Espagne et en Italie, nouveaux pays d'immigration, et au Luxembourg, pays où l'immigration à des fins d'emploi prédomine largement, on observe à l'inverse que le taux d'activité des femmes étrangères est supérieur à celui des autochtones.

Dans le cas des hommes, dans l'ensemble, le taux d'activité est aussi plus important pour les nationaux que pour les étrangers mais les écarts sont plus faibles.

Répartition sectorielle et situation de l'emploi des étrangers

Le tableau 5.4 donne une vue d'ensemble de la répartition sectorielle de l'emploi étranger en 1998-99. On constate en particulier une surreprésentation des étrangers, c'est-à-dire que leur présence en termes relatifs est de loin supérieure au pourcentage de la population active étrangère dans le total de la population active du pays considéré, dans les secteurs des mines et des industries manufacturières en Allemagne, en Autriche, en Italie, en Australie et au Canada. Le secteur de la construction connaît lui aussi une surreprésentation des étrangers. C'est le cas, par exemple, en Autriche, en France, en Grèce, au Luxembourg et au Portugal. La diffusion et la concentration des étrangers dans les services sont très nettes (par exemple en Suisse), qu'il s'agisse du commerce et de la restauration, des services d'éducation et de santé, des services rendus aux ménages ou des « autres services ». Le plus faible pourcentage d'étrangers se trouve généralement dans l'administration publique en raison de la réglementation qui réserve la plupart de ces

Tableau 5.3. **Taux d'activité et taux de chômage des autochtones et des étrangers par sexe dans certains pays de l'OCDE, 1998**[a, b]

Pourcentages

| | Taux d'activité |||| Taux de chômage ||||
| | Hommes || Femmes || Hommes || Femmes ||
	Autochtones	Étrangers	Autochtones	Étrangers	Autochtones	Étrangers	Autochtones	Étrangers
Allemagne	79.4	77.3	63.4	48.7	8.5	17.3	10.1	15.9
Autriche	79.8	84.3	62.4	63.4	4.8	10.3	5.3	8.9
Belgique	72.9	69.0	55.1	40.7	6.5	18.9	10.9	24.1
Danemark	84.1	69.4	76.0	51.6	3.8	7.3	6.1	16.0
Espagne	75.9	84.0	47.7	52.2	14.0	10.9	26.6	24.0
Finlande	76.0	81.0	70.2	57.8	12.7	36.0	13.3	43.7
France	75.0	76.1	62.5	49.0	9.6	22.0	13.5	26.8
Grèce	79.1	91.4	49.1	61.2	6.9	9.7	16.5	18.8
Irlande	77.4	73.3	52.1	50.9	8.0	12.4	7.3	10.4
Islande	95.4	90.4	84.7	77.8	2.4	7.6	3.8	3.1
Italie	73.6	89.1	44.4	54.0	9.6	5.1	16.7	17.6
Luxembourg	74.6	78.3	43.9	53.5	1.5	2.6	2.8	6.0
Norvège	87.0	85.5	78.1	64.8	3.4	5.9	4.0	6.0
Pays-Bas	83.2	66.5	63.5	40.8	3.1	11.6	5.6	14.1
Portugal	83.5	77.4	65.5	56.1	3.8	1.4	5.6	17.4
République tchèque	81.1	77.9	64.4	57.1	4.6	9.2	7.5	14.7
Royaume-Uni	83.0	78.1	67.4	56.1	6.8	10.7	5.2	9.4
Suède	79.1	70.5	73.4	52.9	9.3	23.2	7.5	19.4
Suisse	93.1	90.5	73.2	75.5	2.1	6.8	3.0	8.7
Australie	74.8	70.8	57.1	48.7	8.3	8.6	6.9	8.2
Canada	73.8	68.4	60.2	52.9	10.3	9.9	9.5	11.6
États-Unis	74.2	79.7	60.8	52.7	4.3	4.9	4.5	6.0
Hongrie	67.8	72.2	52.3	53.6	7.5	7.6	6.2	6.4

a) Les données pour l'Australie, le Canada, la Hongrie et les États-Unis concernent les personnes nées à l'étranger.
b) Les données pour le Canada se rapportent à 1996 et celles de la Hongrie à 1999.
Sources : Enquête communautaire sur les forces de travail, données fournies par Eurostat ; Enquête sur les forces de travail, Australian Bureau of Statistics ; Recensement de 1996, Statistique Canada ; BLS, États-Unis.

Tableau 5.4. **Répartition sectorielle de l'emploi étranger dans les pays de l'OCDE**[a]

Pourcentage de l'emploi étranger total
Moyenne annuelle 1998-1999

	Agriculture et pêche	Mines et industries manufacturières	Construction	Vente et restauration	Santé, éducation et services sociaux	Services aux ménages	Administration publique et OET	Autres services	Total
Allemagne	1.6	**35.3***	8.7	**23.0***	15.0*	**0.6**	2.0	13.8	100
Autriche	1.2	**27.9***	**12.3**	**25.0***	13.5	**0.9**	1.7	**17.6***	100
Belgique	1.7	**23.4***	**8.9**	**22.6***	16.3	**0.7**	8.8	**17.7***	100
Danemark	**5.0**	16.2	3.3	**21.7***	30.3*	..	3.5	**20.0***	100
Espagne	**9.0**	11.6	8.8	**26.1***	14.2*	**16.4***	1.3	12.5	100
Finlande	4.2	15.8	5.3	**24.6***	31.1*	..	0.4	**18.7***	100
France	2.9	**20.5***	**16.7**	**18.3***	12.3	**7.2**	2.6	**19.3***	100
Grèce	3.5	**19.3***	**26.6***	19.0	5.9	**19.9***	0.8	5.0	100
Irlande	2.8	**20.5**	5.9	**21.9***	22.5*	**1.9**	1.3	**23.2***	100
Islande	**6.2**	**33.0***	1.1	14.8*	28.6*	..	5.4	10.9	100
Italie	**6.0**	**29.0***	**9.4**	**17.7***	11.1	**10.4**	3.0	13.4*	100
Japon	0.3	**62.2***	2.0	8.2*	..	..	..	**27.3***	100
Luxembourg	1.1	10.9	**15.4***	**20.5***	11.5	**3.7**	11.7	**25.2***	100
Norvège	1.6	**16.9***	4.7	**20.8***	33.3*	**0.5**	1.9	**20.3***	100
Pays-Bas	2.7	**24.1**	4.4	**20.7***	17.8	**0.3**	5.0	**25.1***	100
Portugal	3.3	17.4	**18.6***	**24.3***	17.9*	**6.1**	1.8	**10.6***	100
République tchèque	2.8	**31.2***	**12.3**	**21.6***	17.4*	..	3.8	10.9	100
Royaume-Uni	1.6	19.3	7.1	**19.8***	24.1*	**0.5**	6.0	**21.6***	100
Suède	2.3	**21.3***	2.1	**22.0***	32.4*	..	1.9	18.1	100
Suisse	1.0	**23.5***	8.8	**22.4***	21.9	**1.6**	3.6	17.1	100
Australie	2.1	**18.8***	7.9	**22.4***	16.1	**3.2**	3.1	**26.4***	100
Canada	2.4	**19.6**	5.0	**24.1***	24.6*	..	3.8	**20.4***	100
États-Unis	**3.6**	18.6	6.1	**22.9***	2.2	**2.0**	20.8*	23.7*	100
Hongrie	3.1	**23.2***	6.2	**25.7***	22.5*	..	3.4	**16.0**	100

.. Données non disponibles.
Note : Les chiffres en gras correspondent aux secteurs où les étrangers sont surreprésentés. L'astérisque (*) identifie les trois secteurs où les étrangers sont les plus nombreux.
a) Les données pour l'Australie, le Canada, la Hongrie et les États-Unis concernent les personnes nées à l'étranger.
Sources : Enquête communautaire sur les forces de travail, données fournies par Eurostat ; Enquête sur les forces de travail, Australian Bureau of Statistics ; Statistics Bureau, Japan ; Recensement de 1996, Statistique Canada ; *Current Population Survey*, US Bureau of the Census.

emplois aux autochtones. Dans le cas particulier de l'emploi illégal de travailleurs étrangers, les informations obtenues à la suite d'opérations de régularisation montrent que dans l'ensemble les migrants en situation irrégulière sont assez jeunes et qu'ils occupent des emplois dans un nombre élevé de secteurs (voir encadré 5.2).

Par ailleurs, les étrangers occupent plus souvent des emplois de cols bleus que de cols blancs, comme le montre le tableau 5.5. Cette différence est d'autant plus marquée dans les pays d'immigration récente (Grèce, Italie, Espagne, Portugal, Japon et République tchèque), toutefois l'écart persiste aussi dans certains pays d'immigration plus ancienne comme en Autriche, en Allemagne et en France.

Le tableau 5.6 permet, grâce à un indicateur de disparité, d'appréhender de manière synthétique l'évolution au cours des quinze dernières années de la convergence des distributions de l'emploi par secteur des travailleurs étrangers par rapport à celles des travailleurs autochtones. Plus cet indicateur est faible (pour son calcul voir la note du tableau 5.6), plus la répartition de l'emploi étranger se rapproche de celle de l'emploi autochtone, c'est le cas notamment en Allemagne, en Australie, Belgique, en Norvège, aux Pays-Bas et en Espagne.

Le rapprochement de la distribution de l'emploi étranger de celle des autochtones signifie que le processus d'intégration des étrangers sur le marché du travail a tendance à s'accroître. Dans les pays européens de l'OCDE, par exemple, avec l'arrivée sur le marché du travail des jeunes de la seconde génération, qui possèdent en général un niveau d'instruction et de formation plus élevé que celui de leurs parents, l'offre de travail des jeunes étrangers s'oriente vers des emplois de « profil national » et de nature différente de ceux occupés par les immigrés de la première génération.

Le tableau 5.7 permet de comparer la part des travailleurs indépendants nationaux et étrangers dans l'emploi total pour l'année 1999, ou la dernière année disponible. On constate que dans plusieurs pays de l'OCDE, le pourcentage d'étrangers occupant un emploi indépendant

> **Encadré 5.2. Où travaillent les clandestins ?**
>
> S'il est difficile d'établir un panorama précis des différents emplois occupés par les migrants en situation irrégulière, les informations obtenues à la suite d'opérations de régularisation montrent que le nombre de secteurs ayant recours à la main-d'œuvre clandestine est bien plus élevé que celui auquel on pouvait s'attendre. Une étude réalisée dans six pays de l'OCDE [voir OCDE (2000b)] permet d'identifier les secteurs les plus concernés. Il s'agit notamment de l'agriculture, du bâtiment et des travaux publics, de la petite industrie manufacturière, du tourisme, de l'hôtellerie-restauration et des services rendus aux ménages et aux entreprises, y compris les services informatiques.
>
> Contrairement à l'agriculture et à l'industrie, dont la part dans le produit intérieur brut est en déclin dans la plupart des pays de l'OCDE, la présence croissante des clandestins dans le secteur tertiaire va de pair avec une hausse de l'emploi. En France et en Italie par exemple, les travailleurs clandestins qualifiés peuvent trouver un emploi dans l'enseignement scientifique et linguistique ainsi que dans les services de soins dans les hôpitaux mais généralement à un taux de salaire inférieur à celui des nationaux. Le tourisme saisonnier, le commerce de détail et l'hôtellerie-restauration, dans lesquels les horaires de travail sont particulièrement longs, ont également recours à la main-d'œuvre clandestine. La croissance des services rendus aux entreprises (entretien et maintenance de matériel, gardiennage) et aux ménages (garde d'enfants et autres services domestiques) offre également des débouchés à ce type de main-d'œuvre.
>
> Le développement de la sous-traitance dans la plupart des pays de l'OCDE peut favoriser aussi le recrutement d'étrangers en situation irrégulière. La sous-traitance permet aux entreprises dans de nombreux secteurs de réduire leurs charges sociales et d'échapper aux contraintes imposées par le droit du travail. Les entreprises de textile-habillement et de bâtiment et travaux publics tout comme les entreprises de services y ont souvent recours. Cette pratique a permis de développer une forme de « faux salariat » dans la mesure où les salariés d'une entreprise de sous-traitance sont en réalité devenus des travailleurs indépendants.
>
> L'emploi illégal des étrangers révèle dans une certaine mesure des difficultés de recrutement sur le marché du travail. Il reflète également les problèmes liés à l'économie informelle.

est sensiblement le même que celui des autochtones. C'est le cas notamment en Allemagne, en Australie, au Canada, aux États-Unis et en France. Il existe cependant des exceptions : les étrangers sont proportionnellement plus nombreux que les autochtones à occuper un emploi non salarié en République tchèque, en Norvège, au Royaume-Uni et en Suède. Dans d'autres pays comme l'Autriche, la Grèce, l'Islande, l'Italie, le Portugal et la Suisse, la part de l'emploi non salarié dans l'emploi total est nettement supérieure dans le cas des autochtones que dans celui des étrangers. Il est difficile d'expliquer les tendances dégagées sans effectuer une analyse plus détaillée de la structure de l'emploi indépendant dans chacun des pays de l'OCDE[1]. Il est possible, toutefois, d'avancer quelques explications. Parfois, les immigrés, et notamment les réfugiés qui rencontrent des difficultés à accéder au marché du travail, s'orientent vers des activités indépendantes, notamment dans les services de proximité (Danemark, Norvège et Suède, par exemple). L'accès des étrangers à l'emploi non salarié est souvent rendu difficile par la législation en vigueur, en grande partie conçue en référence à des emplois salariés (c'est le cas par exemple en Suisse, en Autriche et au Luxembourg). Dans les pays où la migration est un phénomène plus ancien (Royaume-Uni, Suède, Belgique, par exemple), l'ancienneté des vagues migratoires peut expliquer la présence plus nombreuse des étrangers dans les emplois non salariés. Ils ont en effet une plus grande capacité à mobiliser les fonds nécessaires au développement d'activités indépendantes. Dans le cas de la République tchèque, c'est la législation très libérale (jusqu'à récemment) de l'accès des immigrés aux emplois indépendants qui explique l'écart important entre la part relative des étrangers dans ces activités et celle des autochtones.

Dans presque tous les pays européens de l'OCDE (sauf en Espagne et en Italie), la part des travailleurs étrangers ou immigrés dans le total des chômeurs est plus importante que leur part dans la population active. Le graphique 5.1 montre que c'est aux Pays-Bas et en Finlande que la part dans la population active pour la dernière année disponible est la plus élevée. Dans chacun de ces pays, les étrangers sont plus de deux fois et demie plus représentés dans les effectifs de chômeurs qu'ils ne le sont dans ceux de la population active. La situation est aussi critique en Belgique, au Danemark, au Portugal et en Suède.

Le taux de chômage des femmes étrangères reste généralement plus élevé que celui des étrangers de sexe opposé, sauf en Allemagne, en Australie, en Autriche, en Hongrie, au Royaume-Uni et en Suède (voir tableau 5.3). A l'inverse, l'écart entre le taux de chômage des autochtones et celui des étrangers est plus accentué parmi les hommes que parmi les femmes. Dans les pays d'installation (Australie, Canada, États-Unis), l'écart du taux de chômage entre les personnes nées à l'étranger et celles nées dans le pays de résidence est nettement moins élevé

Tableau 5.5. **Répartition de l'emploi selon la catégorie professionnelle**

Pourcentage de l'emploi, moyenne 1998-1999[a, b]

	Emploi étranger		Emploi total	
	Cols bleus	Cols blancs	Cols bleus	Cols blancs
Allemagne	55.9	29.9	36.1	52.3
Autriche	67.1	21.8	40.8	45.8
Belgique	41.6	47.1	32.0	57.3
Danemark	40.8	46.8	33.6	50.6
Espagne	47.8	35.7	47.6	38.5
Finlande	40.2	41.2	35.7	52.1
France	62.7	25.8	37.1	50.2
Grèce	78.3	9.8	47.1	40.2
Hongrie	28.5	56.2	45.6	40.2
Irlande	27.6	58.6	39.1	46.7
Islande	50.9	31.2	37.6	43.1
Italie	62.0	25.5	41.7	42.5
Luxembourg	43.4	45.0	34.6	55.7
Norvège	30.5	51.1	30.0	50.7
Pays-Bas	40.0	50.5	27.0	60.3
Portugal	51.3	30.9	56.5	29.9
République tchèque	50.8	33.7	44.8	42.8
Royaume-Uni	23.0	58.3	29.1	56.0
Suède	38.4	41.2	30.6	51.3
Suisse	38.6	45.9	30.9	55.8
Australie	34.2	57.9	31.6	58.5
Canada	22.7	67.7	21.6	69.1
Japon	70.9	22.8	33.4	36.5
États-Unis	33.9	46.5	26.8	59.3

Note : Selon la classification CITP-88, les « cols bleus » regroupent les artisans et ouvriers, les conducteurs et assembleurs, les ouvriers et employés non qualifiés (groupes 7 à 9 de la CITP) ; les « cols blancs » incluent les dirigeants et cadres supérieurs, les professions intellectuelles et scientifiques, les professions intermédiaires et les employés de type administratif (groupes 1 à 4). En plus de ces catégories, la population active inclut aussi le personnel des service et vente et les agriculteurs (groupes 5 et 6 de la CITP). En ce qui concerne l'Australie, le Canada, le Japon et les États-Unis, des classifications différentes sont utilisées. Des différences subsistent entre celles-ci et la classification CITP-88.
a) Les données pour l'Australie, le Canada, la Hongrie et les États-Unis concernent les personnes nées à l'étranger.
b) Les données pour le Canada se rapportent à 1996, à 1999 pour la Hongrie et celles de l'Australie et du Japon se rapportent à 2000.

Sources : Enquête communautaire sur les forces de travail, données fournies par Eurostat ; Enquête sur les forces de travail, Australian Bureau of Statistics ; Statistics Bureau, Japon ; Recensement de 1996, Statistique Canada ; *Current Population Survey*, US Bureau of the Census.

que celui constaté dans les pays européens entre les étrangers et les nationaux.

La possibilité qu'ont les membres des familles, sous certaines conditions, d'accéder au marché du travail des pays d'accueil, fait qu'une partie d'entre eux vient gonfler les effectifs des nouvelles entrées sur le marché du travail, avec parfois des difficultés à trouver un premier emploi. Par ailleurs, l'accroissement récent des autres flux d'immigration contribue aussi à gonfler les chiffres du chômage des étrangers, d'autant que dans plusieurs pays de l'OCDE, la situation sur le marché du travail reste relativement peu favorable aux travailleurs les moins qualifiés. Par exemple, les étrangers entrés en tant que réfugiés ou demandeurs d'asile (lorsqu'ils sont autorisés à travailler) ont, dans certains pays d'accueil, beaucoup de difficultés (notamment d'ordre linguistique) à trouver un emploi pendant les premières années de leur séjour. Ceci pourrait expliquer les forts taux de chômage des étrangers enregistrés au Danemark, en Norvège et en Suède, pays dans lesquels les flux annuels de réfugiés ou de demandeurs d'asile sont relativement élevés comparés aux autres catégories d'entrées. Un temps d'adaptation est parfois nécessaire avant que les nouveaux arrivants puissent s'intégrer sur le marché du travail du pays d'accueil, qu'il s'agisse de l'apprentissage de la langue du pays et des relations avec les administrations, de la connaissance des modes d'accès au marché du travail (techniques de recherche d'emploi) et de l'adaptation aux conditions de travail. Tous ces facteurs sont déterminants pour obtenir et garder un emploi.

II. Emploi étranger et équilibre à court terme sur le marché du travail

Les phénomènes migratoires résultent de deux mécanismes conjoints qui peuvent être présentés en termes d'effets de demande ou d'attraction (*pull factors*) et

Tableau 5.6. **Disparité de la distribution de l'emploi sectoriel étranger**[a]

	1983[b]	1994-95[c]	1998-99[d]
Allemagne	22.9	25.0	19.3
Autriche	..	21.6	20.4
Belgique	21.7	21.1	14.4
Danemark	16.3	13.9	10.4
Espagne	..	25.4	18.5
Finlande	..	21.1	16.7
France	24.2	19.9	18.4
Grèce	..	28.3	37.4
Irlande	22.4	17.3	15.0
Islande	..	22.6	21.5
Italie	..	11.3	9.9
Luxembourg	..	76.6	75.5
Norvège	..	16.8	12.3
Pays-Bas	..	16.7	13.8
Portugal	..	20.9	23.0
République tchèque	..	..	10.0
Royaume-Uni	11.3	11.7	12.6
Suède	15.4	10.3	10.0
Suisse	..	..	18.1
Australie	12.8	9.8	9.5
Canada	11.9	8.7	..
Hongrie	..	..	16.6
États-Unis	8.9	6.5	6.2

.. Données non disponibles.
Note : L'indicateur de disparité est défini comme la somme sur l'ensemble des secteurs des $(|p_i-q_i|)/2$, où p_i et q_i représentent, respectivement, la part du secteur i dans l'emploi étranger et national. Cet indicateur donne le pourcentage de travailleurs étrangers dans les secteurs « étrangers » qu'il faudrait réattribuer aux secteurs « nationaux » pour que la distribution de l'emploi par secteur pour les étrangers soit la même que pour les nationaux. Un secteur est considéré comme « étranger » si la part de l'emploi étranger dans le secteur est supérieure à la part de l'emploi étranger dans l'emploi total.
a) Les données pour l'Australie, le Canada, la Hongrie et les États-Unis concernent les personnes nées à l'étranger.
b) Les données pour le Canada se rapportent à 1991, pour la Suède à 1982 et pour les États-Unis à 1980.
c) Les données pour l'Autriche, la Finlande, l'Islande et la Suède se rapportent à 1995, pour le Canada et l'Autralie à 1996.
d) Les données pour la Hongrie se rapportent à 1999 et pour l'Australie à 2000.
Sources : Voir tableau 5.3, sauf pour les États-Unis : *Current Population Survey*, US Bureau of the Census.

d'effets d'offre ou de rejet (*push factors*)[2]. Ces derniers résultent des comportements des migrants qui souhaitent quitter leur pays d'origine en raison des mauvaises conditions économiques, sociales et/ou politiques qui le caractérisent. Du côté de la demande, ce sont les besoins du marché du travail des pays d'accueil qui prédominent, même si la composition des flux d'immigration comprend des catégories qui relèvent d'objectifs humanitaires (réfugiés, demandeurs d'asile) ou sociaux (migrations de peuplement, regroupement familial). Généralement, les pays d'accueil attachent beaucoup d'importance au volet de leur politique migratoire qui vise à pallier les déséquilibres entre offre et demande de travail et à satisfaire les besoins en main-d'œuvre à plus long terme. Les migrants quant à eux choisissent entre les différentes destinations qui leur sont accessibles en fonction principalement des conditions de vie qui prévalent dans chacun des pays et en particulier de la possibilité d'y exercer une activité. D'autres critères déterminent à la fois la décision d'émigrer et le choix du pays de destination, en particulier l'existence de réseaux communautaires préétablis, ainsi que les liens culturels et linguistiques qui jouent un rôle non négligeable dans la destination choisie par le migrant.

La question se pose alors de savoir dans quelle mesure les mouvements migratoires coïncident ou non avec les fluctuations de la demande de travail dans le pays d'accueil. Est-il possible de déterminer la politique migratoire en fonction des besoins du marché du travail ? Quelles sont les principales limites d'une telle approche ?

Dès la fin de la Seconde Guerre mondiale, et plus particulièrement à partir du milieu des années 50, nombre de pays européens ont mis en place des programmes visant à accueillir un nombre important de travailleurs étrangers pour faire face à leurs besoins accrus de main-d'œuvre. Ces politiques migratoires sont connues sous le nom de *Guest Worker Programs*. Les travailleurs étrangers accueillis dans ce cadre disposaient généralement d'un statut temporaire. L'Allemagne, la Belgique, la France, les Pays-Bas, le Royaume-Uni et la Suisse étaient alors particulièrement impliqués. La population étrangère résidant en Europe de l'Ouest a ainsi doublé entre 1950

Tableau 5.7. **Emploi selon la nationalité et le statut professionnel, 1999**[a, b]

Milliers et pourcentage du total

	Autochtones		Étrangers	
	Emploi total en milliers	Travailleurs indépendants en % de l'emploi total	Emploi total en milliers	Travailleurs indépendants en % de l'emploi total
Allemagne	33 175	10.9	2 914	9.8
Autriche	3 342	14.5	336	5.2
Belgique	3 682	17.3	306	17.2
Danemark	2 644	9.3	63	8.6
Espagne	13 582	21.7	174	22.6
Finlande	2 310	13.8	23	12.4
France	21 529	12.3	1 225	10.3
Grèce	3 789	43.0	150	8.7
Irlande	1 534	19.0	53	19.7
Islande	148	18.3	3	7.7
Italie	20 407	28.4	210	18.5
Luxembourg	104	10.8	73	6.7
Norvège	2 187	7.7	65	9.1
Pays-Bas	7 365	11.5	239	10.0
Portugal	4 732	27.0	56	20.6
République tchèque	4 692	14.4	24	22.2
Royaume-Uni	26 286	12.0	1 020	14.1
Suède	3 905	11.4	149	12.5
Suisse	3 084	20.3	756	8.9
Australie	8 491	14.0	..	..
Canada	10 726	9.1	2 541	10.4
États-Unis	115 079	8.8	17 100	7.3

.. Données non disponibles.
a) Les données pour l'Australie, le Canada et les États-Unis concernent les personnes nées à l'étranger.
b) Les données pour le Canada se rapportent à 1996.
Source : Voir tableau 5.3.

---

et 1970, passant de 5 à 10 millions et atteignait 15 millions en 1982[3].

Après le premier choc pétrolier, la plupart des pays européens ont suspendu l'immigration de nouveaux travailleurs étrangers. Contrairement aux effets attendus, les immigrés ne sont pas retournés dans leur pays en raison principalement de la situation encore plus dégradée dans leur pays d'origine et de peur de ne plus pouvoir revenir ultérieurement dans le pays d'accueil. La population étrangère a continué de s'accroître sous l'effet de l'accroissement naturel et des flux de regroupement familial[4]. Pendant cette période, les principaux pays de migration de peuplement (c'est-à-dire l'Australie, le Canada et les États-Unis) poursuivaient quant à eux une politique migratoire active et ouverte aux travailleurs et aux membres des familles.

Le graphique 5.2 illustre ces évolutions historiques à partir de 1960 pour quelques pays de l'OCDE. Sont représentées sur chaque partie du graphique l'évolution des taux nets de migration, celle du taux de croissance de l'emploi total et d'un indicateur de conjoncture défini par l'écart entre le PIB par habitant et sa tendance estimée sur l'ensemble de la période 1960-1995. Il est possible ainsi de mettre en évidence le lien qui existe entre ces séries et par là même d'illustrer l'adéquation ou non des flux migratoires aux variations conjoncturelles de l'économie et à l'évolution des besoins du marché du travail.

Un premier constat permet de mettre en évidence l'apparente conjonction des séries macro-économiques et migratoires pendant la première partie de la période pour les pays européens représentés. Jusqu'à la fin des années 70, les flux migratoires ont en effet suivi une évolution parallèle à celles des indicateurs conjoncturels en Allemagne, aux Pays-Bas, au Royaume-Uni, en Suède et dans une moindre mesure en Australie. La situation contraste assez nettement avec le cas du Canada et des États-Unis où les variables ne semblent pas directement liées. A partir du début des années 80 cependant, on observe des tendances disparates pour tous les pays. Même si les explications diffèrent suivant le pays considéré, le phénomène rend compte de la difficulté qu'il y a à contrôler les flux migratoires, à les programmer, et à les faire coïncider sur le long terme avec l'évolution des besoins du marché du travail[5].

L'emploi étranger : perspectives et enjeux pour les pays de l'OCDE – **193**

Graphique 5.1. Part des étrangers dans le chômage total rapportée à leur part dans la population active

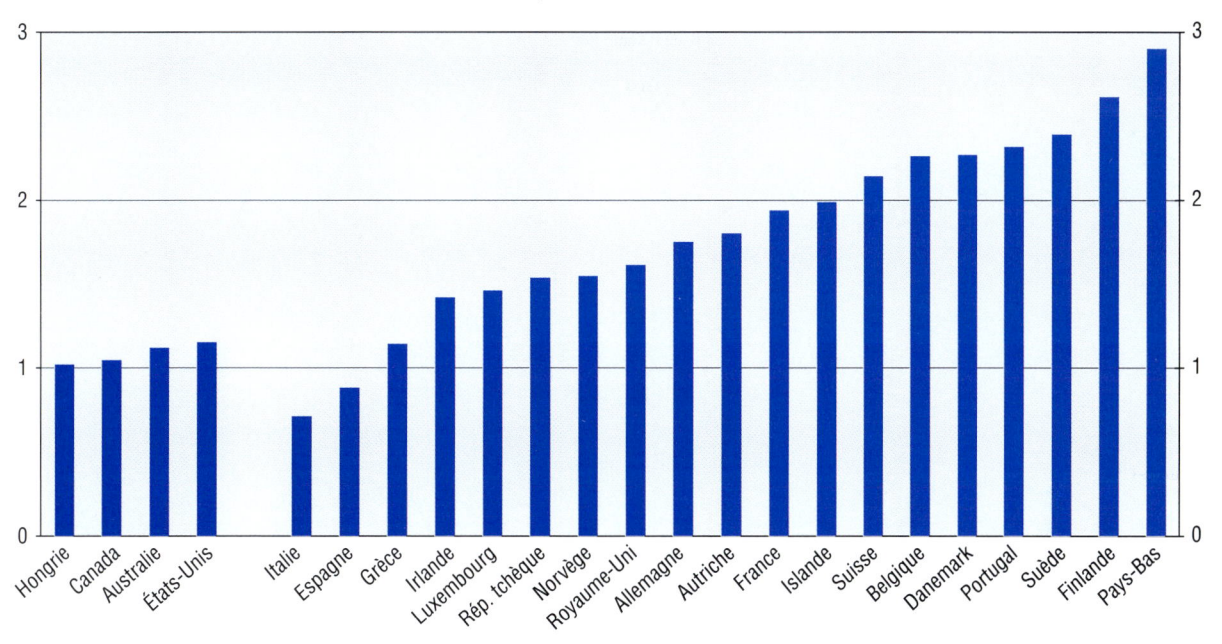

Moyenne 1998-1999[a, b]

a) Les données pour l'Australie, le Canada, la Hongrie et les États-Unis concernent les personnes nées à l'étranger.
b) Les données pour le Canada se rapportent à 1996. Pour les États-Unis à 1998 et pour l'Australie, la Hongrie et la République tchèque, les données se rapportent à 1999.

Sources : Voir tableau 5.3.

On remarque ainsi qu'une part importante des mouvements migratoires n'est pas directement motivée par des raisons économiques. Au cours des années 90, en moyenne, le regroupement familial représente ainsi plus de 50 % du total des flux d'entrées au Canada, aux États-Unis, en France et en Suède. L'accueil des réfugiés et des demandeurs d'asile constitue une autre source de mobilité qui est *a priori* indépendante de l'évolution des conditions économiques qui prévalent dans le pays d'accueil. Dans les pays nordiques en particulier cette composante migratoire prédomine.

Un autre argument, celui du retour des immigrés, peut également être évoqué pour expliquer l'ajustement imparfait du solde migratoire à l'évolution de la situation économique dans le pays d'accueil. La question du retour se pose en réalité dans des termes similaires à celle du départ. Le migrant qui s'interroge sur la possibilité de quitter le pays qui l'accueille comparera sa situation actuelle avec celle à laquelle il serait confronté s'il retournait dans son pays d'origine ou s'il migrait vers un autre pays. Il devra également tenir compte des éventuels coûts fixes (installation, réinsertion, perte de capital social, etc.)

ainsi que de son anticipation de l'évolution des conditions économiques et sociales à moyen terme. En toute rationalité, même si l'environnement économique se dégrade fortement dans le pays d'accueil, la décision de renoncer au retour peut fort bien s'avérer optimale. Ce choix sera d'autant plus probable que les possibilités de réadmission dans le pays d'accueil en cas d'échec de la réinsertion sont restreintes, voire impossibles. On dispose de peu d'informations sur les retours de migrants, mais aux États-Unis, on estime par exemple qu'environ 25 % des immigrants retournent dans leur pays d'origine. En tout état de cause, on conviendra qu'il est beaucoup plus aisé de contrôler les entrées que les sorties et qu'en conséquence il est difficile de maîtriser totalement l'ampleur et la composition du solde migratoire.

Au-delà des difficultés qui existent pour contrôler les flux d'immigration (voir *supra* pour ce qui concerne les migrations irrégulières et OCDE, 2000*b*), d'autres questions se posent lorsque l'on envisage de recourir de manière sélective à une politique de migration pour l'emploi. Ces questions concernent notamment la nécessité d'identifier les besoins à court et moyen terme par

© OCDE 2001

194 – Perspectives de l'emploi de l'OCDE

Graphique 5.2. Taux de migration nette et fluctuations conjoncturelles dans quelques pays de l'OCDE, 1960-1995

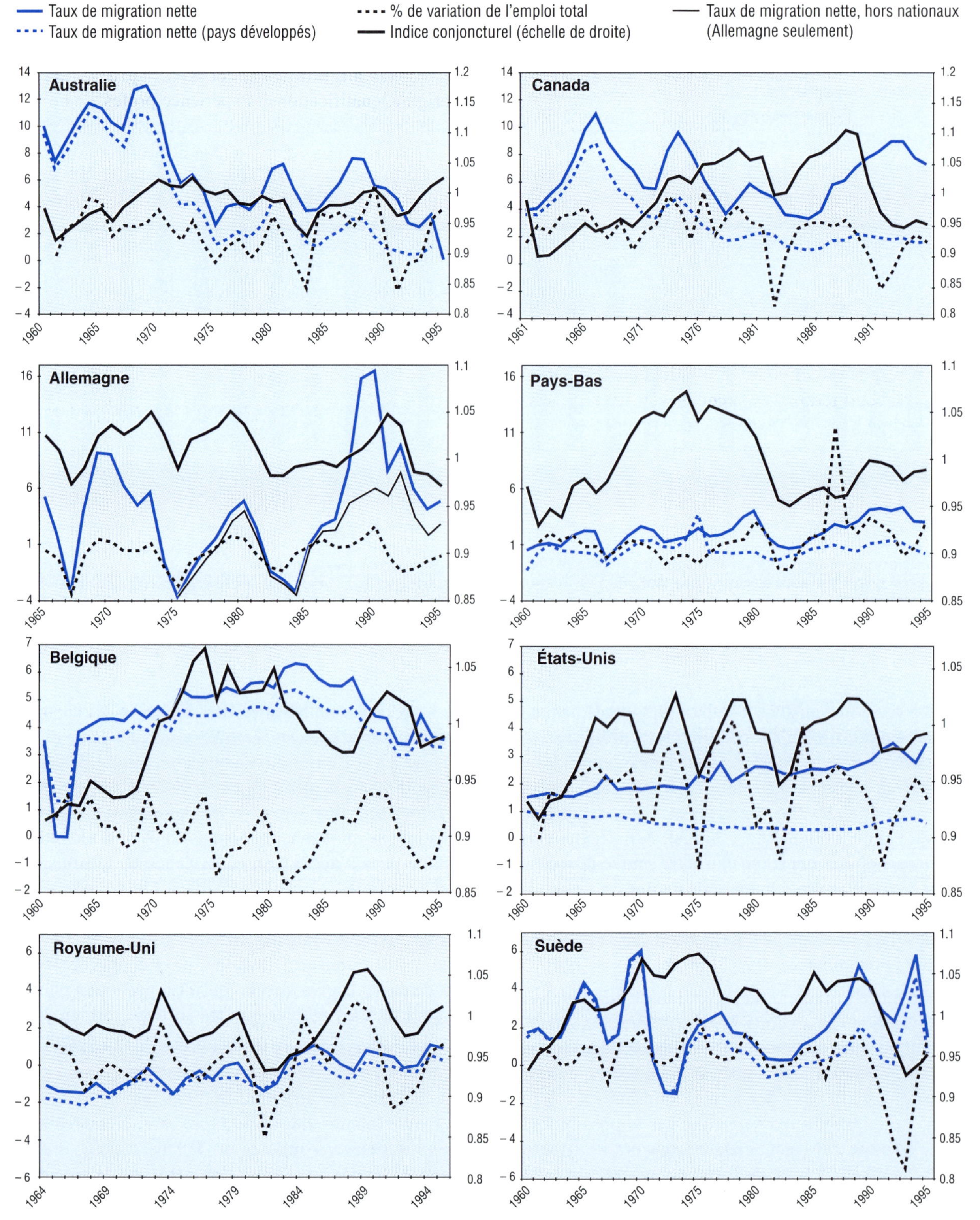

— Taux de migration nette
---- Taux de migration nette (pays développés)
---- % de variation de l'emploi total
— Indice conjoncturel (échelle de droite)
— Taux de migration nette, hors nationaux (Allemagne seulement)

Sources : Statistiques de la population active (OCDE, calculs du Secrétariat de l'OCDE, Division de la population de l'ONU.

type d'emploi, de définir des critères permettant d'identifier les « bons candidats » et de mesurer les capacités de ces derniers, tout en offrant un environnement suffisamment attrayant pour intéresser les personnes visées. Un arbitrage apparaît alors entre le niveau de sophistication et de rapidité des procédures de sélection, qui constitue un élément essentiel de l'efficacité des politiques migratoires visant à répondre aux besoins du marché du travail. Enfin, l'accueil de nouveaux migrants peut également soulever des difficultés en termes d'offre de logement et de services sociaux. Ces contraintes conduisent nécessairement à renforcer la demande de travail dans ces secteurs et diminuent d'autant la contribution nette au marché du travail de l'apport nouveau de main-d'œuvre étrangère.

Ces constatations générales témoignent des difficultés qu'il peut y avoir à mettre en place une politique migratoire ayant pour objectif principal de répondre aux besoins de court terme du marché du travail. L'accueil de travailleurs temporaires reste néanmoins très répandu dans les pays de l'OCDE, y compris en Australie, au Canada et aux États-Unis qui favorisent pourtant l'installation permanente des migrants (voir tableau 5.2).

Compte tenu des caractéristiques de la main-d'œuvre étrangère ou immigrée, tant en termes de qualification, de profil démographique que de répartition sectorielle, il est vraisemblable que l'emploi étranger joue un rôle spécifique sur l'équilibre et la dynamique du marché du travail. Comment l'emploi étranger réagit-il face aux fluctuations conjoncturelles ? Les ajustements auxquels ce dernier est soumis se distinguent-ils de ceux qui affectent l'emploi national ? En quoi le recours à l'emploi étranger facilite-t-il les ajustements sur le marché du travail ?

Au cours des vingt dernières années, deux périodes de récession majeures ont marqué la conjoncture économique de la plupart des pays de l'OCDE. La première est intervenue au début des années 80 en réponse au second choc pétrolier. Entre 1979 et 1983, le taux de chômage moyen dans l'ensemble de la zone OCDE est ainsi passé de 5.2 % à plus de 8.5 %. La seconde récession qui se situe au début des années 90 a été sensiblement moins sévère mais a grandement affecté l'équilibre du marché du travail, la demande de travail des entreprises tendant à s'ajuster plus rapidement au retournement de conjoncture.

Comment est affecté l'emploi étranger en période de pertes d'activité ? La main-d'œuvre étrangère joue-t-elle un rôle spécifique d'amortisseur sur le marché du travail en période de récession et quels sont les mécanismes potentiellement en jeu ?

A. L'emploi étranger en période de récession

Les analyses précédentes ont montré en quoi l'emploi étranger ou immigré se distingue de l'emploi autochtone dans les différents pays Membres. Les particularités mises en exergue résultent à la fois de l'histoire des vagues migratoires successives (principaux pays d'origine, qualification et expérience professionnelle des migrants et structure par âge, maîtrise de la langue du pays d'accueil) et des différences de structure institutionnelles (conditions d'accès au marché du travail, opportunités de créer des entreprises, etc.) qui déterminent l'employabilité de la population active étrangère.

En particulier, et bien que la répartition de la main-d'œuvre étrangère par secteur d'activité diffère de moins en moins de celle de la main-d'œuvre totale (voir tableaux 5.4 et 5.6), elle reste cependant surreprésentée dans les secteurs les plus sensibles aux aléas conjoncturels (notamment le BTP et le commerce), c'est-à-dire ceux où la demande d'emploi diminue plus rapidement en période de récession[6].

Quel que soit le pays considéré, on constate que les actifs étrangers sont en moyenne relativement moins qualifiés par rapport à l'ensemble de la population active (voir tableau 5.8) et que l'emploi étranger est plus concentré que l'emploi autochtone dans les catégories socioprofessionnelles les plus basses (voir tableau 5.5). Ces caractéristiques sont en règle générale également associées à une plus grande volatilité de l'emploi face aux aléas conjoncturels.

Ces constats généraux sont autant d'arguments qui contribuent à expliquer pourquoi, en période de récession, les étrangers sont, dans la plupart des pays de l'OCDE, proportionnellement plus touchés que les autochtones par le chômage. Ce phénomène est illustré par le tableau 5.9 qui rend compte de l'évolution de la part relative des étrangers dans le chômage, rapportée à leur part dans la population active pour les trois principaux pays d'immigration européens et l'Australie[7] pendant la dernière période de récession.

Les causes de cette plus grande vulnérabilité des étrangers et des immigrés au chômage sont multiples. Elles reflètent, entres autres, une plus faible employabilité de cette catégorie de main-d'œuvre, d'autant plus accentuée dans certains pays en période de récession, ainsi que dans les pays confrontés à un nombre croissant de demandes d'asile. A partir des données issues de l'enquête européenne sur l'emploi, il est possible d'estimer les déterminants de la probabilité d'être actif ou d'exercer une activité en fonction de l'âge, du genre, du niveau d'éducation, du lieu de naissance et du statut selon la nationalité. Ces estimations (voir annexe 5.B) indiquent

Tableau 5.8. **Population adulte étrangère et autochtone selon le niveau d'enseignement dans certains pays de l'OCDE**[a]

Moyenne 1995-1998, pourcentages

	Enseignement secondaire 1er cycle		Enseignement secondaire 2e cycle		Enseignement supérieur	
	Étrangers	Autochtones	Étrangers	Autochtones	Étrangers	Autochtones
Allemagne	48.5	13.2	37.0	62.2	14.4	24.6
Canada[b]	22.2	23.1	54.9	60.3	22.9	16.6
États-Unis[c]	35.0	15.7	24.1	35.0	40.9	49.3
France	63.3	33.4	22.9	45.4	13.8	21.1
Italie	47.1	56.3	38.3	34.3	14.6	9.3
Royaume-Uni	65.1	43.9	14.7	32.5	20.2	23.7
Suède	30.8	20.4	41.5	50.3	27.7	29.3

a) La classification par niveau d'enseignement est définie comme suit : l'enseignement secondaire 1er cycle comprend le niveau pré-primaire ou pas d'enseignement, primaire ou secondaire ; l'enseignement secondaire 2e cycle comprend l'enseignement secondaire et post-secondaire non universitaire ; l'enseignement supérieur comprend l'enseignement universitaire.
b) Populations nées à l'étranger et autochtones âgées de 25 à 44 ans. L'enseignement du 1er cycle comprend l'enseignement jusqu'à la 9e année, le 2e cycle de la 9e à la 13e années et l'enseignement supérieur comprend l'enseignement post-secondaire et universitaire.
c) Populations nées à l'étranger et autochtones âgées de 25 ans et plus. L'enseignement du 1er cycle comprend l'enseignement secondaire avant l'obtention du diplôme, le 2e cycle comprend l'enseignement jusqu'à l'obtention du diplôme de lycée et l'enseignement supérieur se réfère à l'éducation tertiaire.
Sources : Enquête communautaire sur les forces de travail, données fournies par Eurostat ; Statistique Canada ; US Bureau of the Census.

que les étrangers ont, toutes choses égales par ailleurs, une plus forte probabilité d'être inactifs et d'être à la recherche d'un emploi, quel que soit le pays de résidence, à l'exception de l'Espagne, la Grèce, l'Irlande, l'Italie (pays où prédomine l'immigration de travail) et le Luxembourg (pays où l'immigration est en grande majorité originaire des pays de l'Union européenne)[8]. Les étrangers nés dans un des pays de l'Union européenne sont moins directement affectés.

Les étrangers sont aussi fortement représentés dans le chômage de longue durée (voir graphique 5.3). En France, par exemple, près de 57 % des chômeurs étrangers sont sans emploi depuis plus d'un an contre moins de 43 % pour les Français. Cette observation est également valable en Australie et au Canada alors qu'elle ne l'est pas dans les pays d'immigration récente d'Europe du Sud (Espagne, Grèce, Italie, Portugal) où la migration à des fins d'emploi prédomine.

L'accès à l'emploi non salarié apparaît parfois comme un moyen de sortir de la précarité et de bénéficier d'une promotion sociale. Dans certains pays, les migrants se sont montrés très actifs dans le secteur de la création d'entreprises et ont ainsi grandement contribué au développement des activités économiques et à réduire les déséquilibres sur le marché de l'emploi en période de récession. Plusieurs facteurs peuvent expliquer le fait que les migrants aient, toutes choses égales par ailleurs, une plus grande propension à développer leur propre activité économique, parmi lesquels les phénomènes d'auto-sélection [voir Stark (1991); Borjas (1987); ou Chiswick (2000)], des mécanismes communautaires, un accès entravé à l'emploi salarié (voir *supra*). Des mesures pourraient certainement être mises en œuvre dans un certain nombre de pays afin de promouvoir le développement de ces activités pour la population active étrangère, notamment en simplifiant les procédures administratives et en facilitant l'accès au crédit.

Pendant les périodes de fort déséquilibre sur le marché du travail, comme cela a pu être observé au cours des deux dernières décennies dans quelques pays européens, d'aucuns ont tenté parfois d'établir un lien de cause à effet entre immigration et chômage. Pour autant, même s'il ne constitue pas une preuve en soi, le graphique 5.4

Tableau 5.9. **Part des étrangers dans le chômage rapportée à leur part dans la population active en période de récession**[a]

	Période considérée[b]	Croissance annuelle du ratio sur la période considérée (%)
Allemagne	1991-1994	3.9
Australie	1990-1992	3.7
France	1991-1994	1.9
Royaume-Uni	1989-1992	5.0

a) Les données pour l'Australie concernent les personnes nées à l'étranger.
b) La période de récession est déterminée à partir des estimations de cycles conjoncturels produites par l'OCDE (Economic Cycle Research Institute, dans le cas de l'Australie).
Source : Voir tableau 5.3.

Graphique 5.3. **Pourcentage de chômeurs de longue durée selon la nationalité**

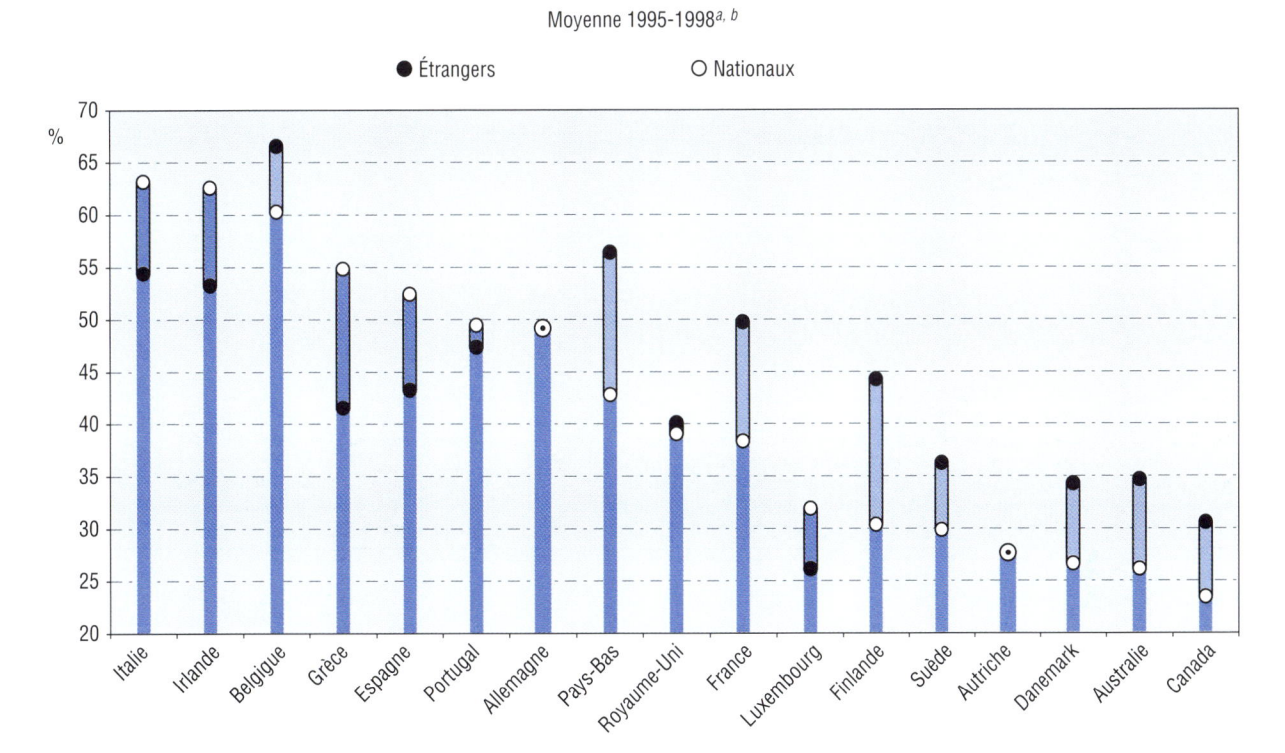

Moyenne 1995-1998[a, b]

● Étrangers   ○ Nationaux

a) Les données pour l'Australie et le Canada concernent les personnes nées à l'étranger.
b) Personnes âgées de 15 ans ou plus sauf pour l'Australie (15-64).

Sources : Enquête communautaire sur les forces de travail, données fournies par Eurostat ; Enquête sur les forces de travail, Australian Bureau of Statistics ; Recensement de 1996, Statistique Canada.

permet de classer les pays de l'OCDE en fonction du taux de chômage et de l'importance relative de la population étrangère. On constate que dans des pays comme l'Espagne ou la Finlande, dans lesquels le taux de chômage est relativement élevé, la part des étrangers dans la population totale est très faible. L'annexe 5.C, présentée sous la forme d'un tableau synoptique, rassemble les principaux résultats d'une douzaine d'études empiriques appliquées à différents pays de l'OCDE, portant sur différentes périodes et utilisant diverses méthodes économétriques qui ont tenté de mettre en évidence une telle relation. Aucun de ces travaux n'est parvenu à des conclusions réellement significatives. Plusieurs explications permettent de justifier ce constat. En premier lieu, les nouveaux migrants sont avant tout des consommateurs dont les besoins pour être satisfaits nécessitent de développer l'emploi. Ils participent ainsi à accroître la demande de biens (logement, alimentation) avant même d'accroître éventuellement l'offre de travail. En second lieu, sauf dans des cas très particuliers, comme celui des rapatriés d'Algérie en France en 1962, des « retornados »

angolais au Portugal au début des années 70 ou l'afflux de Cubains à Miami en 1980, les effectifs des flux sont extrêmement faibles par rapport à la population active présente dans le pays. Enfin, la majorité des études qui ont procédé à des estimations empiriques concluent généralement à l'existence d'une relation de complémentarité plutôt que de substituabilité entre la main-d'œuvre étrangère ou immigrée et la main-d'œuvre autochtone[9].

La plupart des études économétriques réalisées aux États-Unis, en Australie et en Europe montrent de manière convergente que l'immigration ne déprime pas le revenu des nationaux. Ces conclusions sont d'autant plus robustes qu'elles s'appuient sur une grande variété de données et d'approches méthodologiques[10]. Dans le cas des États-Unis, ces études montrent que l'impact des étrangers sur le marché du travail est toujours positif pour toutes les catégories de main-d'œuvre à l'exception des migrants eux mêmes, ou dans le cas de l'Europe de certains groupes ne possédant pas ou peu de qualifications. Étant donnée la similitude de leurs caractéristiques sur le marché du travail,

© OCDE 2001

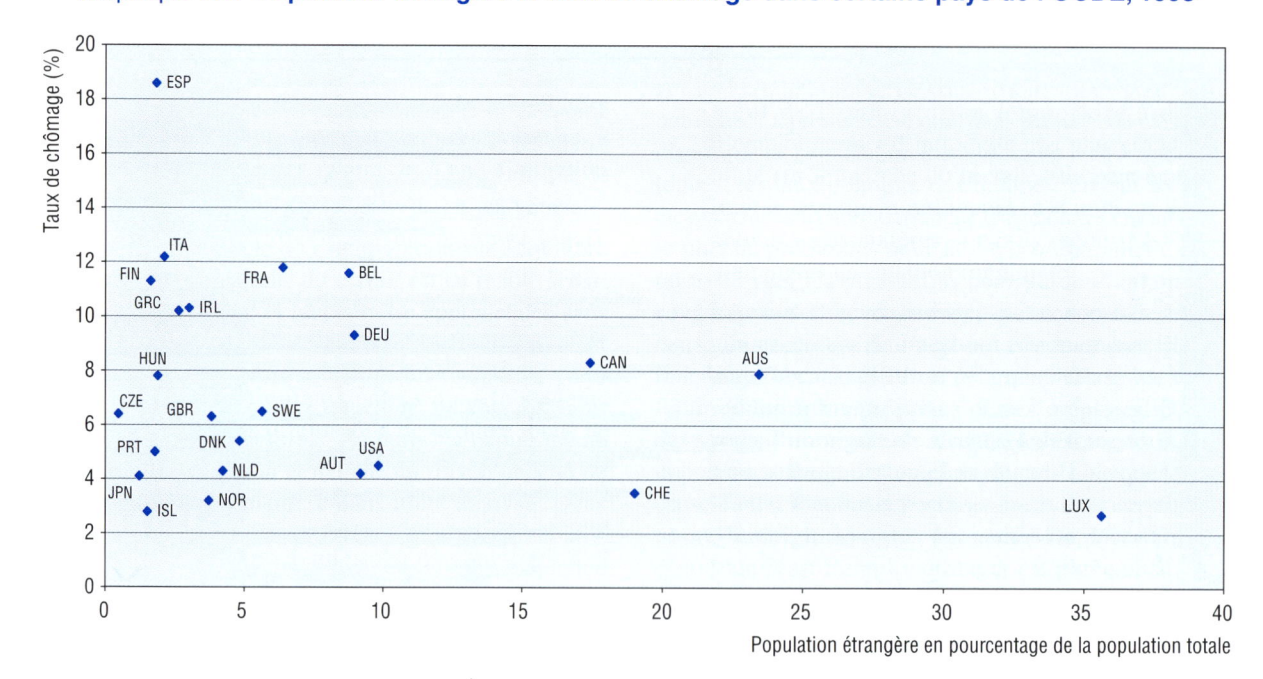

── Graphique 5.4. **Population étrangère et taux de chômage dans certains pays de l'OCDE, 1998**[a] ──

a) Les données pour l'Australie, le Canada, la Hongrie et les États-Unis concernent les personnes nées à l'étranger.
Sources : Voir tableau 5.4.

les immigrés présents et les migrants récemment arrivés sont directement en concurrence, mais même si ces derniers exercent un impact négatif sur les salaires des autres immigrés cet impact est de très faible ampleur.

En conclusion, si l'immigration ne peut sûrement pas être considérée comme responsable des déséquilibres observés sur les marchés du travail, les travailleurs étrangers sont dans quelques pays Membres de l'OCDE relativement plus vulnérables aux crises conjoncturelles. Toutefois, la taille relative des effectifs de main-d'œuvre étrangère ainsi que l'existence de garanties légales contre les pratiques discriminatoires limitent certainement l'importance des mécanismes en jeu.

B. L'emploi étranger en période de reprise

Depuis le milieu des années 90, on assiste à un développement soutenu de l'activité dans la plupart des pays de l'OCDE, accompagné d'une baisse des taux de chômage, notamment dans les pays de l'Union européenne. En 1999 et en 2000, on a ainsi pu observer respectivement une réduction de trois dixièmes puis de cinq dixièmes de points du taux de chômage moyen dans la zone. Cette tendance, qui pourrait se poursuivre dans les années à venir à un rythme éventuellement plus modéré [voir OCDE (2000c)], se répercute nécessairement sur l'emploi des étrangers et des immigrés. Dans ce contexte, plusieurs pays de l'OCDE s'interrogent sur la possibilité de recourir plus largement à l'immigration afin de faire face aux pénuries de main-d'œuvre et de limiter les tensions inflationnistes.

Dans quelles mesures l'emploi étranger accompagne-t-il le développement de l'emploi en période de reprise économique ? Comment affecte-t-il la mobilité sectorielle et géographique de l'emploi ? Faut-il avoir systématiquement recours à l'immigration pour faire face aux pénuries de main-d'œuvre ? Quelles sont les limites et l'alternative à une telle approche ?

En comparant l'évolution de l'emploi étranger avec celle de l'emploi total à partir du début de la dernière période de reprise économique pour différents pays de l'OCDE[11], on remarque que l'évolution de l'emploi étranger connaît des fluctuations plus marquées que celle de l'emploi total (voir graphique 5.5). Plus particulièrement, la reprise en Espagne et en Italie, au Portugal et en Irlande s'accompagne d'une croissance plus forte de l'emploi étranger. Ces deux derniers pays ont été confrontés au cours de la dernière décennie à une inversion des flux migratoires et ont connu dans la seconde moitié de cette période une croissance soutenue de la demande de travail.

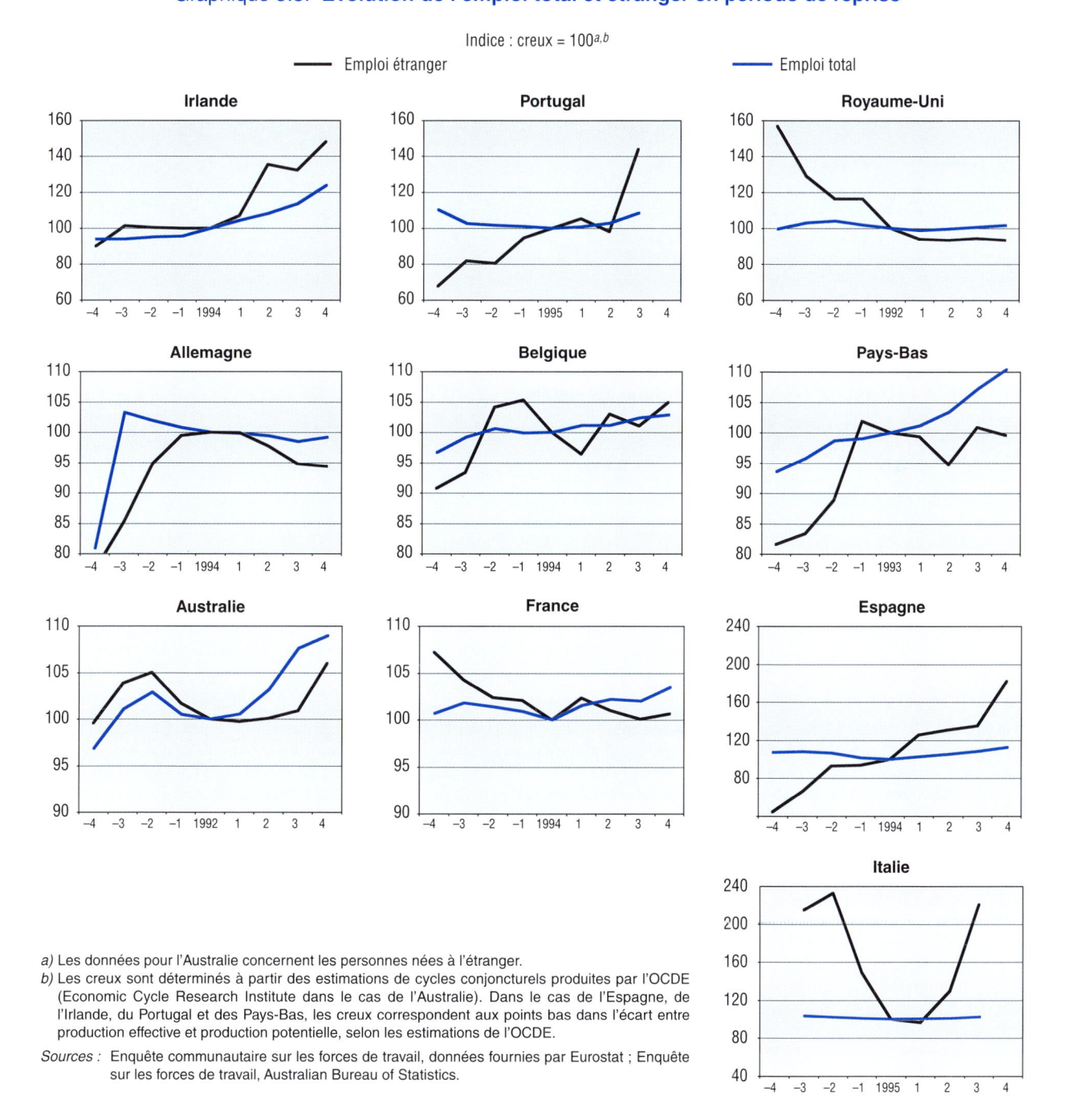

Graphique 5.5. **Évolution de l'emploi total et étranger en période de reprise**

Indice : creux = 100[a,b]

— Emploi étranger   — Emploi total

a) Les données pour l'Australie concernent les personnes nées à l'étranger.
b) Les creux sont déterminés à partir des estimations de cycles conjoncturels produites par l'OCDE (Economic Cycle Research Institute dans le cas de l'Australie). Dans le cas de l'Espagne, de l'Irlande, du Portugal et des Pays-Bas, les creux correspondent aux points bas dans l'écart entre production effective et production potentielle, selon les estimations de l'OCDE.

Sources : Enquête communautaire sur les forces de travail, données fournies par Eurostat ; Enquête sur les forces de travail, Australian Bureau of Statistics.

En Allemagne, en Belgique, en France, aux Pays-Bas et au Royaume-Uni, la reprise économique semble moins favorable aux étrangers. Dans le cas de la France, l'emploi étranger n'a cessé de diminuer tout au long de la période considérée, à l'exception de l'année 1995. En Australie, l'évolution de l'emploi étranger suit celle du cycle économique.

Une analyse sectorielle de l'évolution de l'emploi total et étranger entre 1994-95 et 1998-99 pour plusieurs pays européens et quelques autres pays Membres de l'OCDE complète ce panorama (voir graphique 5.6). Elle permet de distinguer un premier groupe de pays, qui inclut notamment les nouveaux pays d'immigration du sud de l'Europe (Italie, Espagne, Grèce et Portugal) et

Graphique 5.6. Taux de croissance de l'emploi par secteur et selon la nationalité entre 1994-1995 et 1998-1999[a,b]

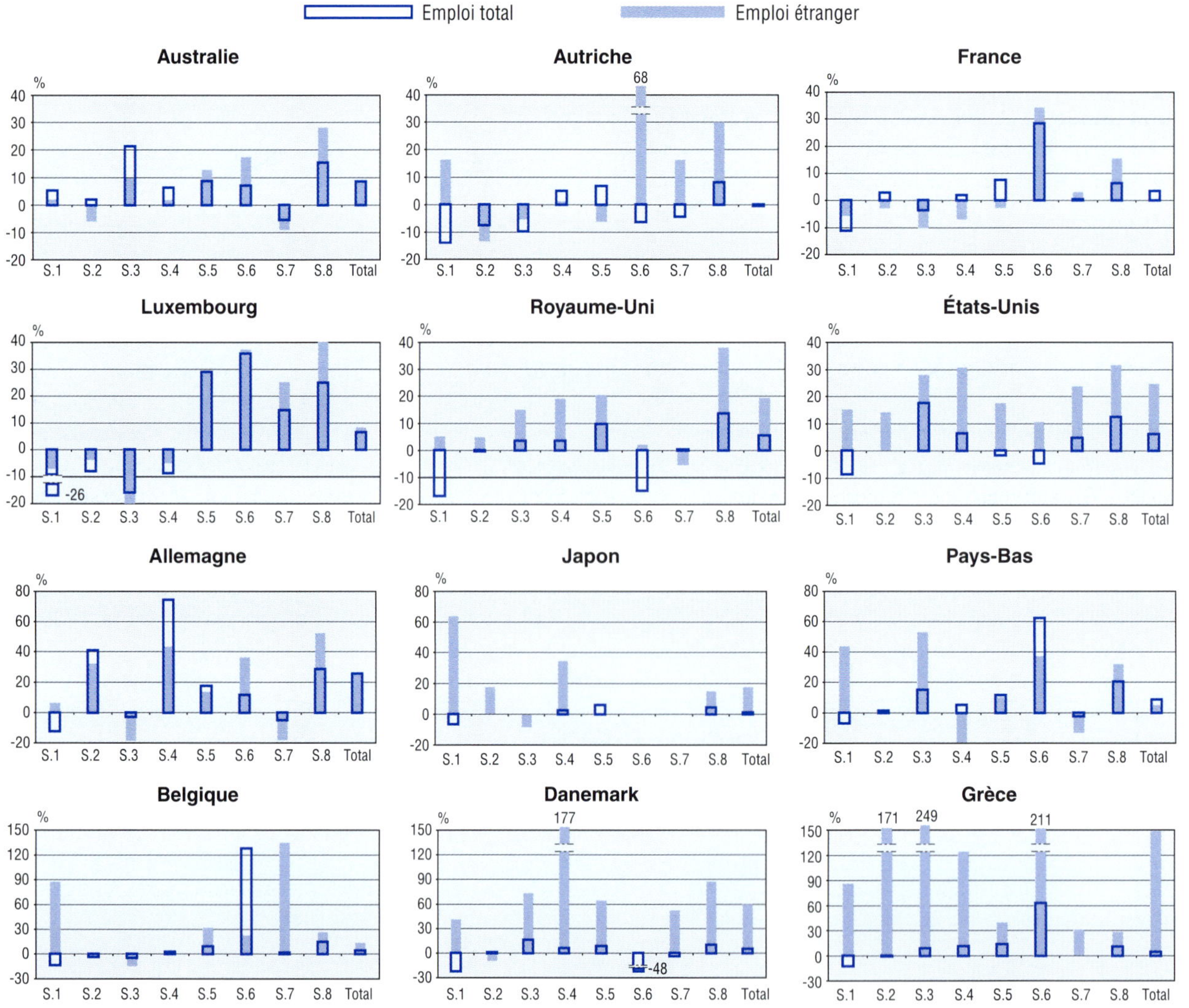

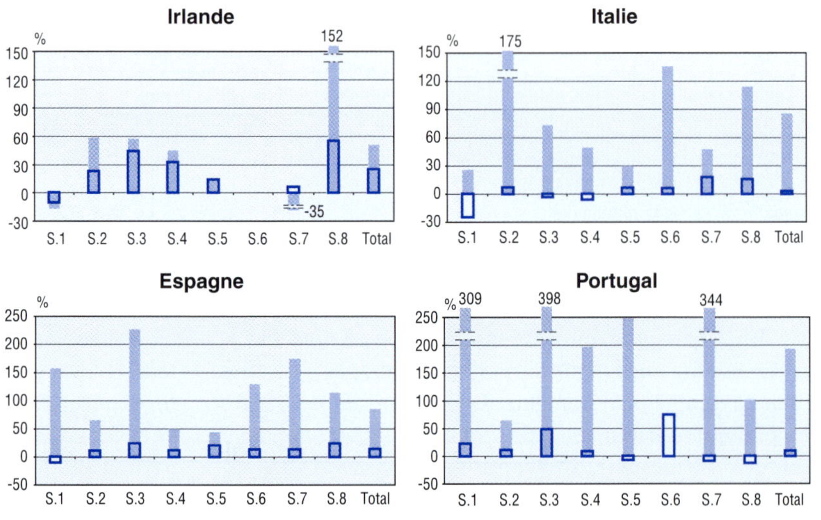

Note : Les secteurs ont été regroupés à partir de la classification CITI rev 3. S1 se rapporte à l'agriculture, à la chasse, à la sylviculture et à la pêche (CITI A et B), S2 – Activités extractives et de fabrication (CITI C, D et E), S3 – Construction (CITI F), S4 – Commerce de gros, de détail et hôtels (CITI G et H), S5 – Éducation, santé et autres services publics (CITI M, N et O), S6 – Ménages privés (CITI P), S7 – Gestion publique et organismes extra-territoriaux (CITI L et Q) et S8 – Autres services (CITI I, J, K). La classification du Japon a été regroupée à partir de la classification CITI rev 2. Pour l'Australie et les États-Unis, les données ont été regroupées selon la classification nationale existante.

a) Les données pour l'Australie et les États-Unis concernent les personnes nées à l'étranger.
b) Les données pour l'Autriche, la Finlande, la Norvège et la Suède se rapportent à 1995. Les données pour l'Australie se rapportent à 1996 et à 2000 ; celles du Japon à 1995 et 1998.

Source : Voir graphique 5.1.

l'Irlande, dans lesquels l'emploi étranger s'est accru dans l'ensemble des secteurs. Le Royaume-Uni pourrait également être placé parmi ces pays avec une croissance toutefois plus marquée de l'emploi étranger dans les services, comme c'est le cas en Suisse. Un second ensemble regroupe des pays de tradition migratoire plus ancienne parmi lesquels l'Allemagne, l'Autriche, la Belgique, la France et les Pays-Bas. Dans ce cas, on constate un phénomène de réallocation de la main-d'œuvre étrangère vers des secteurs où cette dernière était relativement moins représentée antérieurement. C'est en particulier le cas du secteur agricole en Belgique et aux Pays-Bas ou des « services rendus aux ménages » et « autres services » en Allemagne, en Autriche et en France. Ce processus va de pair avec une plus forte concentration de la main-d'œuvre autochtone dans les secteurs liés à la vente, au développement des nouvelles technologies et aux services sociaux.

La main-d'œuvre étrangère semble donc exercer un impact à deux niveaux sur l'équilibre dynamique du marché du travail en période d'expansion. Elle permet tout d'abord de répondre à l'accroissement de la demande de travail, en particulier pendant les périodes de très forte augmentation de cette dernière. Ensuite, elle favorise la réallocation de l'emploi autochtone vers des secteurs plus dynamiques et plus valorisés socialement. Ce dernier phénomène renvoie à la théorie de la segmentation du marché du travail [voir Piore (1979)], selon laquelle les activités situées en bas de l'échelle sociale sont très peu attractives et font apparaître des manques chroniques de main-d'œuvre, que les travailleurs étrangers sont prêts à combler.

Dans les pays où la mobilité géographique et sectorielle de la population autochtone est limitée, la main-d'œuvre étrangère peut également apporter une flexibilité accrue au marché du travail et faciliter ainsi le développement de ce dernier. C'est le cas notamment dans les pays de l'Union européenne où la mobilité intra-régionale reste faible, en dépit de la libre circulation et installation des travailleurs (voir tableau 5.10)[12]. La main-d'œuvre étrangère est souvent plus mobile que la main-d'œuvre autochtone, parce qu'elle a relativement moins d'attaches familiales et qu'elle est en moyenne plus jeune. Le phénomène d'auto-sélection qui affecte le processus migratoire permet également d'expliquer pourquoi on observe, toutes choses égales par ailleurs, que la population étrangère a généralement une propension à la mobilité géographique relativement plus importante [voir Stark (1991) ; Borjas (1987) ; ou Chiswick (2000)].

Tableau 5.10. **Mobilité intra-européenne des citoyens de l'Union européenne, 1997**

Flux d'entrées par nationalité en % du total des flux d'entrées de ressortissants communautaires

Nationalité	Luxembourg	Portugal	Belgique	Espagne	Royaume-Uni	Danemark	Pays-Bas	Allemagne	Suède	Autriche	Grèce	Finlande	France
Autriche	0.4	0.7	0.9	1.6	1.2	1.8	1.7	7.0	1.1	–	3.2	1.4	1.3
Belgique	16.7	4.6	–	6.5	0.8	1.7	9.6	1.3	0.9	1.2	3.0	1.1	6.4
Danemark	2.0	1.2	1.6	1.7	2.0	–	1.9	1.7	14.3	1.5	4.0	4.9	1.4
Finlande	1.5	1.0	1.5	2.5	4.6	5.0	2.1	2.1	39.7	2.1	3.0	–	0.9
France	23.4	12.2	25.5	13.6	33.9	9.6	9.4	9.5	5.0	5.6	11.6	6.4	–
Allemagne	9.5	23.0	11.3	29.1	12.7	20.4	25.6	–	13.3	51.1	26.4	10.4	9.9
Grèce	1.1	0.1	2.2	0.2	14.7	1.1	3.5	11.0	2.8	4.2	–	1.9	1.2
Irlande	1.1	1.3	1.2	0.8	2.3	1.9	3.2	2.6	1.6	1.0	1.0	0.9	2.1
Italie	6.9	6.1	10.0	10.1	4.3	6.7	6.6	26.2	2.8	11.0	8.7	4.2	13.8
Luxembourg	–	0.1	0.8	0.1	–	–	0.1	0.4	0.1	0.1	0.1	0.0	0.2
Pays-Bas	3.6	10.8	22.8	5.5	7.7	8.0	–	4.7	3.8	4.4	7.0	3.8	3.4
Portugal	25.9	–	5.9	6.9	3.5	1.0	3.4	17.7	0.7	4.5	0.4	0.3	36.4
Espagne	1.8	17.1	4.2	–	5.3	6.2	5.5	4.9	2.2	2.3	0.9	3.6	8.1
Suède	1.9	2.2	2.3	2.3	7.1	18.9	2.8	2.4	–	3.5	5.8	48.3	2.2
Royaume-Uni	4.2	19.7	9.8	19.1	–	17.6	24.4	8.5	11.7	7.5	24.9	12.8	12.7
Total	**100.0**	**100.0**	**100.0**	**100.0**	**100.0**	**100.0**	**100.0**	**100.0**	**100.0**	**100.0**	**100.0**	**100.0**	**100.0**
En % du total des flux d'étrangers	78.3	59.0	56.0	39.1	32.3	27.6	25.0	24.5	21.4	20.2	17.5	17.0	9.7
Part des citoyens de l'UE dans la population totale en %	30.0	0.3	4.7	0.3	1.4	0.8	1.4	2.3	2.1	1.1	0.2	0.2	2.0

– Sans objet.
Source : Eurostat, base de données New Cronos.

Le recours à de nouveaux flux d'immigrants pour pallier les pénuries sur le marché du travail constitue une possibilité qui est régulièrement évoquée en période de reprise économique. Dans la perspective actuelle, la question de l'assouplissement des conditions de recrutement des travailleurs étrangers est de plus en plus fréquemment posée, notamment aux États-Unis et au Canada, mais également en Europe où les taux de chômage restent cependant élevés. Elle se pose aussi en Asie, plus spécifiquement en ce qui concerne le travail qualifié (voir *infra*).

Dans quelles conditions le recours à l'immigration peut-il se justifier pour désamorcer les tensions sur le marché du travail en complément d'autres formes d'ajustement ?

Avant d'apporter quelques éléments de réponse à cette question, il convient de distinguer les pénuries selon qu'elles sont absolues ou relatives [voir Böhning (1996)]. On parle de pénuries absolues de main-d'œuvre ou de manque de ressources en main-d'œuvre lorsque la compétence recherchée n'est pas disponible dans l'immédiat, qu'elle soit déjà utilisée ou qu'elle n'existe pas. Certains manques de main-d'œuvre actuellement constatés sur les marchés du travail des pays de l'OCDE, en particulier pour les spécialisations liées aux nouvelles technologies, peuvent être classés dans cette catégorie. On parle de pénuries relatives de main-d'œuvre ou de difficultés de recrutement lorsque des incitations comme par exemple des augmentations de salaires et/ou une amélioration des conditions de travail pourraient permettre de révéler une offre de travail disponible.

Les tensions sur le marché du travail dépendent principalement des réserves de main-d'œuvre mobilisables et du rythme de la croissance économique. En période de croissance lente, comme c'était le cas au cours de la décennie 80, sauf pour la Corée et dans une moindre mesure pour le Japon et l'Australie, l'équilibre sur le marché du travail est plus facile à atteindre, et les anticipations des agents économiques s'ajustent progressivement. En période de croissance rapide, l'équilibre peut être plus difficile à atteindre. Par exemple, certains travailleurs révisent leurs anticipations et leurs exigences et ont tendance à se détourner des activités les plus pénibles et les moins bien valorisées. Dans ce cadre, les employeurs recourent le plus souvent au travail intérimaire et/ou temporaire, ainsi qu'à l'immigration, pour maintenir la croissance de leur activité et compenser la vitesse d'ajustement du marché du travail[13]. En effet, ils veulent dans un premier temps se protéger contre un éventuel retournement de conjoncture. Cette stratégie semble confirmée par l'accroissement de l'immigration de travailleurs temporaires étrangers (voir *supra*).

Si dans le cas d'une pénurie de main-d'œuvre absolue, le principal remède à court terme semble effectivement de recourir plus amplement à la main-d'œuvre immigrée, d'autres solutions peuvent être envisagées en situation de pénurie relative de main-d'œuvre. La mobilisation de la main-d'œuvre résidente non occupée, les gains de productivité et, dans une certaine limite, la délocalisation de certaines activités, notamment celles intensives en travail non qualifié, peuvent permettre de pallier les pénuries relatives de main-d'œuvre. Les difficultés rencontrées lors de la mise en œuvre de politiques visant à programmer sur une longue période les flux migratoires en fonction des besoins du marché du travail justifient de considérer toutes les autres formes d'ajustement possibles.

En conclusion, il semble évident que l'emploi étranger à lui seul ne peut permettre de résorber l'ensemble des déséquilibres conjoncturels observés sur le marché du travail.

III. Emploi étranger et équilibre à long terme sur le marché du travail

Les perspectives de l'évolution démographique dans les pays Membres de l'OCDE à l'horizon 2050 suscitent deux types d'interrogations, de nature très différente : d'une part, l'éventualité d'une diminution des effectifs de la population totale des pays concernés ; d'autre part, une accentuation du vieillissement de la population, c'est-à-dire un accroissement du ratio de dépendance défini par le rapport de la population âgée de 65 ans et plus à celle des personnes en âge d'activité (15-64 ans). Les projections des Nations Unies estiment, dans l'hypothèse d'une immigration nette nulle, que les populations européenne et japonaise auront décru respectivement de 12 % et 17 % d'ici à 2050. Aux États-Unis, la part des personnes âgées dans la population totale devrait continuer de s'accroître[14]. Cette situation résulte à la fois de la baisse de la fécondité, le plus souvent en-dessous du taux de remplacement des générations (soit moins de 2.1 enfants par femme) et de l'effet inéluctable des progrès souhaitables de l'allongement de l'espérance de vie.

A. L'immigration et le vieillissement démographique

Le recours à l'immigration pour pallier les déséquilibres démographiques présente l'avantage d'avoir un impact immédiat et relativement important sur la population active en raison des caractéristiques des nouveaux arrivants, plus jeunes et plus mobiles. De plus, dans certains pays Membres et pour certaines nationalités, le taux de fécondité des femmes immigrées est souvent élevé, ce qui contribue, dans une mesure toutefois limitée, à la croissance de la population. Il existe pourtant des contraintes pratiques et politiques qui pèsent sur l'élaboration et la mise en œuvre des politiques migratoires visant à modifier la structure démographique. Elles ont trait à l'existence d'un certain nombre de facteurs limitant le contrôle sur les flux d'entrées (accords de libre circulation, persistance de l'immigration illégale, admission au titre du regroupement familial ou pour des motifs humanitaires) et de sorties. Par ailleurs, les effets attendus de l'immigration dépendent également de la nature des flux (légaux ou illégaux, temporaires ou permanents).

Si l'immigration peut contribuer pour un temps à empêcher une diminution des populations, il faut s'attendre à ce qu'elle ait une incidence marginale sur les déséquilibres annoncés de la structure par âge [Tapinos (2000)]. L'accroissement de la population étrangère ne peut permettre, à lui seul, de résoudre le problème du vieillissement démographique. On peut même dire que les simulations effectuées par l'ONU apportent, en raison de l'ampleur des flux concernés, la preuve, *a contrario*, de l'impossibilité d'une « solution migratoire » [Nations Unies (2000)]. On peut, néanmoins, s'interroger sur les inflexions à donner à la politique migratoire pour qu'elle contribue, entre autres, à l'objectif d'ajustement sur le marché du travail et l'atténuation des effets du vieillissement.

Pour l'instant, la mise en place de programmes spécifiques d'entrée de travailleurs temporaires afin d'accroître directement l'offre d'emplois semble être préférée à des politiques d'immigration permanente dans les pays européens de l'OCDE. Certains pays, moins directement affectés par le vieillissement démographique, ont déjà une approche globale et coordonnée de l'immigration (notamment l'Australie, le Canada et la Nouvelle-Zélande), comprenant des critères sélectifs liés à l'âge pour certaines catégories de migrants. D'autres ne retiennent pas explicitement des critères d'âge, mais leur régime migratoire et sa mise en œuvre ont des implications sur la répartition par âge des entrées. C'est le cas du système de préférences familiales aux États-Unis. C'est le cas aussi en Europe, en particulier, au travers des opérations de régularisation qui ne concernent pour l'essentiel que des actifs. D'autres pays, enfin, s'ils décidaient de s'orienter vers une politique d'immigration permanente, devraient mettre en œuvre de nouveaux programmes d'immigration et modifier en conséquence le contenu et les objectifs de leur politique migratoire.

La contribution de l'immigration à la croissance à long terme ne se limite pas uniquement à son impact quantitatif sur l'accroissement de la population active mais se matérialise également par son impact qualitatif en terme d'accumulation de capital humain. Une partie des immigrés possèdent un niveau de qualification et une expérience professionnelle relativement élevés qu'ils peuvent plus ou moins valoriser dans le pays d'accueil [Friedberg (2000)].

B. L'immigration et les ressources en capital humain

Dans le contexte actuel de croissance dans les pays de l'OCDE, la demande de main-d'œuvre qualifiée et hautement qualifiée a tendance à s'accroître. Les pénuries de main-d'œuvre sont plus particulièrement marquées dans le domaine des technologies de l'information, pour lequel on estime qu'il manque actuellement environ 850 000 techniciens aux États-Unis et près de 2 millions en Europe [OCDE (2000a)].

La plupart des pays de l'OCDE ont en fait déjà adapté leur législation afin de faciliter l'entrée de spécialistes étrangers, notamment dans les domaines des hautes technologies (voir annexe 5.D). Ces mesures sont destinées à :

- *Relâcher les contraintes quantitatives éventuelles.* Les États-Unis ont augmenté en 2000 de près de 70 % le quota annuel de visas H1B réservés aux professionnels et aux travailleurs qualifiés. Pour les trois prochaines périodes fiscales, 195 000 personnes pourront donc entrer temporairement dans ce cadre. En outre, la restriction selon laquelle pas plus de 7 % des visas pouvaient être attribués aux ressortissants d'un même pays a été levée (voir tableau 5.11).

Tableau 5.11. **Visas H1B aux États-Unis : limites et visas accordés (hors accompagnants)**

	1992	1994	1996	1998	1999	2000	2001-03	2004
Limite	65 000	65 000	65 000	65 000	115 000	195 000	195 000	65 000
Nombre de visas effectivement attribués	48 645	60 279	55 141	Seuil atteint en septembre	Seuil atteint en juin	Seuil atteint en mars		

Source : Immigration and Naturalization Service, US Department of Justice.

- *Créer des programmes spécifiques pour les catégories de travailleurs faisant défaut.* Le gouvernement allemand a mis en place un programme de « carte verte » permettant à 20 000 spécialistes en informatique et en technologie de l'information de venir travailler temporairement en Allemagne pour une durée maximale de 5 ans. Initialement, les autorités avaient annoncé qu'elles souhaitaient recevoir principalement des ressortissants indiens, mais à l'issue des trois premiers mois de procédure, plus de la moitié des 5 000 demandes déposées émanaient de personnes originaires des pays d'Europe centrale et orientale et de Russie.

- *Faciliter les procédures ou les conditions de recrutement et assouplir les critères d'attribution des visas de travail pour les personnes les plus qualifiées.* La France a institué depuis 1998 un système simplifié pour les spécialistes en informatique qui lève la clause d'opposabilité à l'emploi pour cette catégorie de main-d'œuvre. Le Royaume-Uni a également simplifié et accéléré les procédures d'attribution des permis de travail pour un certain nombre de professions et a étendu la liste des emplois dits prioritaires. L'Australie a décidé de modifier le système de calcul de points pour les immigrants permanents de manière à donner plus de poids à certaines qualifications notamment celles liées aux nouvelles technologies. La Nouvelle-Zélande envisage, quant à elle, de mettre en place un système permettant de faire une demande de visa via Internet avec l'objectif d'attirer très rapidement les professionnels en informatique. Au Japon, le renouvellement des visas pour certaines catégories de travailleurs qualifiés a été facilité et les conditions du regroupement familial assouplies. En Corée, les travailleurs qualifiés peuvent résider de façon permanente.

- *Accroître les incitations non salariales à la mobilité pour les travailleurs qualifiés.* Plusieurs entreprises accordent des jours de congés supplémentaires aux nouvelles recrues qualifiées et hautement qualifiées. Elles mettent aussi à la disposition de ces dernières l'accès gratuit à des équipements collectifs et sportifs, voire même au logement.

- *Permettre aux étudiants étrangers de changer de statut à la fin de leurs études et d'accéder au marché du travail.* Aux États-Unis, la plupart des bénéficiaires des nouveaux visas H1B sont des étudiants qui résidaient déjà sur le territoire. En Allemagne et en Suisse, les étudiants ne sont dorénavant plus contraints de quitter le territoire à la fin de leurs études et peuvent déposer une demande de visa de travail. En Australie, les étudiants qui déposent une demande de résidence permanente dans les six mois après l'obtention de leur diplôme sont exemptés de remplir les conditions normalement exigées en ce qui concerne l'expérience professionnelle.

Le recours accru aux compétences étrangères s'inscrit toutefois dans le cadre de certaines limites. Les rémunérations des travailleurs étrangers, à qualifications égales, doivent être identiques à celles des nationaux. L'opposabilité de la situation de l'emploi n'est levée que très rarement. Il existe aussi comme en Allemagne et en France des seuils de rémunération minimale à respecter. La question de la réforme des systèmes d'éducation et de formation professionnelle fait aussi l'objet de débats dans plusieurs pays de l'OCDE concernés par des pénuries de main-d'œuvre dans les nouvelles technologies. Des mesures en cours de préparation visent à accroître à moyen terme l'offre de main-d'œuvre résidente qualifiée dans ce domaine. On peut aussi se demander si le recours intensif à l'immigration de main-d'œuvre qualifiée ne risque pas d'entraver les potentialités de développement des pays émergents à travers le phénomène de la fuite des cerveaux.

Dans un contexte de pénurie globale de main-d'œuvre qualifiée et hautement qualifiée, certains pays sont par ailleurs préoccupés par l'émigration de leurs spécialistes. Le Canada, la France et la Suède ont notamment exprimé des craintes à ce sujet. Les gouvernements tentent parfois de retenir leurs ressortissants par le biais notamment d'incitations fiscales, par exemple en limitant le taux d'imposition sur les tranches supérieures de revenus. La portée de ces procédures reste toutefois limitée, et ce d'autant plus que certains pays d'accueil offrent non seulement des conditions fiscales très attractives, mais aussi des avantages non salariaux (voir *supra*)[15].

La question a parfois été posée de savoir si on pouvait parler de mondialisation des migrations internationales, à l'image de la libéralisation croissante des mouvements de capitaux et des échanges commerciaux. L'étude détaillée de l'évolution globale de la mobilité internationale des personnes au cours des trente dernières années et l'analyse politique des migrations conduisent à un constat plutôt négatif [Tapinos et Delaunay (2000)]. Toutefois, en ce qui concerne le segment qualifié et hautement qualifié de la main-d'œuvre, les résultats de certaines études permettent de nuancer ce constat. Par exemple, Cobb-Clark et Connolly (1996) ont montré que la demande de visas d'immigration entrant dans la catégorie qualifiée était directement influencée en Australie par l'importance de l'immigration qualifiée au Canada et aux États-Unis. Au-delà même des effets de demande associés au développement des nouvelles technologies, plusieurs éléments permettent d'expliquer le caractère spécifique de la mobilité du travail qualifié : la baisse des coûts de transports et de communications, l'accroissement du niveau de compétences linguistiques, la pratique de l'anglais comme langage universel accélérée par l'internationalisation des firmes, et enfin l'amélioration des conditions d'accès à l'information, via Internet, en particulier en ce qui concerne les opportunités d'emploi et les conditions institutionnelles de la mobilité.

Dans ce contexte, l'intégration des marchés du travail au sein des pays Membres de l'OCDE semble donc, à ce niveau tout du moins, se développer plutôt au travers d'une accentuation de la compétition entre les pays d'accueil que par l'intermédiaire de formes de coopération spécifique. Cette constatation vaut également dans le cas particulier des pays de l'Union européenne qui tentent d'ébaucher une politique migratoire commune.

NOTES

1. Pour une analyse plus détaillée, on pourra se référer à Le (2000) ou Campbell, Fincher et Webber (1991) dans le cas de l'Australie ; Mata et Pendakur (1999) ou Beaujot, Maxim et Hao (1994) dans celui du Canada ; et Borjas (1986), Evans (1989) ou Yuengert (1995) pour les États-Unis. Les travaux appliqués aux pays européens sont moins nombreux. Voir, entre autres, Rees et Shah (1986) pour le Royaume-Uni et Rath et Kloosterman (2000) pour une synthèse.

2. Pour une présentation complète des déterminants de la migration, on pourra se référer, entre autres, à Massey *et al.* (1993) ou Ghatak, Levine et Wheatley Price (1996).

3. Voir Stalker (1994) pour une analyse détaillée et une mise en perspective historique des flux migratoires de travail.

4. Voir Zimmermann (1994) pour une discussion détaillée sur les politiques migratoires européennes, notamment en Allemagne et en France. Pour une analyse comparative des politiques d'immigration familiale, voir le chapitre spécial de *Tendances des migrations internationales* (OCDE, 2000).

5. L'estimation de la causalité au sens de Granger entre le taux net de migration et le taux de croissance de l'emploi total est faiblement significative et instable (voir annexe 5.A). Si on observe effectivement pour certains pays que la dynamique de l'emploi total précède ou anticipe celle de l'immigration au début de la période étudiée, le lien est systématiquement infirmé à partir du début des années 80. Ceci tend à montrer l'instabilité de la relation entre les deux séries.

6. Voir le chapitre 1 des *Perspectives de l'emploi de l'OCDE*, OCDE (1993).

7. On ne dispose malheureusement pas de séries pertinentes pour les autres pays non européens et en particulier pour les États-Unis et le Canada.

8. Les résultats détaillés sont présentés en annexe 5.B. L'effet positif sur la probabilité d'activité et d'emploi, identifié pour certains pays pour les étrangers, résulte pour partie de la prédominance des migrations à des fins d'emploi. Compte tenu du fait qu'un certain nombre de variables sont exclues de ces estimations (capacités linguistiques, expérience professionnelle), ces résultats ne peuvent pas s'interpréter directement en termes de discrimination vis-à-vis de l'emploi. Il existe une littérature abondante sur ce sujet inspirée par les travaux précurseurs de Becker (1971). Dans le cas des pays européens, on pourra par exemple se référer à Zegers de Beij (2000) ou Viprey (2000) pour des analyses récentes et comparatives.

9. Voir le chapitre spécial de *Tendances des migrations internationales*, OCDE (1994) et Borjas (1999) pour une revue des principales études récentes et de leurs résultats.

10. Voir la note 9. Voir également Borjas (1991) et Briggs et Tienda (1984).

11. L'année de reprise est déterminée à partir des estimations produites par l'OCDE lorsqu'elles existent (États-Unis, France, Allemagne et Royaume-Uni). Dans le cas de l'Australie et de l'Italie, l'estimation provient de l'ECRI. En ce qui concerne l'Espagne, l'Irlande et les Pays-Bas, l'année de reprise est fixée sur la période où le taux d'utilisation des capacités est maximal.

12. Decressin et Fatas (1995) estiment que les variations des flux d'immigration intra-européens en réponse aux chocs de demande de travail sont environ moitié moindres que ceux qui prévalent aux États-Unis. Sur ce sujet voir également Krueger (2000) et Tapinos (1994).

13. Différentes études évaluent les conditions d'ajustement des marchés du travail dans les pays de l'OCDE. Ces dernières font valoir une rigidité relativement plus importante dans les pays européens [voir, entre autres, Pissarides et McMaster (1990)]. La croissance européenne actuelle passe ainsi par une plus grande précarité du travail, près de la moitié des emplois créés par les Quinze sont à durée déterminée ou correspondent à des missions d'intérim (environ 15 % du total).

14. Pour de plus amples détails sur le vieillissement démographique dans les pays de l'OCDE, voir OCDE (1998).

15. Par exemple, les détenteurs de visa H1B aux États-Unis sont exemptés d'impôt sur le revenu pendant les trois premières années de résidence.

Annexe 5.A

Immigration et variation de la demande de travail

Tableau 5.A.1. **Estimation de la relation de causalité au sens de Granger entre immigration nette et variation de la demande de travail dans quelques pays de l'OCDE**

	Période sur laquelle porte l'estimation[a]	Sens de la causalité estimée	Statistique de Fisher	Probabilité de rejeter l'hypothèse de non-causalité[b]
Allemagne[c]	1964-1995	X2 → X1	1.186	0.324
		X1 → X2	2.014	0.158
	1964-1977	X2 → X1	5.877	0.039**
		X1 → X2	3.360	0.105
	1977-1995	X2 → X1	2.578	0.121
		X1 → X2	1.051	0.382
Australie	1961-1995	X2 → X1	0.060	0.941
		X1 → X2	0.574	0.569
	1964-1979	X2 → X1	1.196	0.336
		X1 → X2	4.378	0.038**
	1979-1995	X2 → X1	2.949	0.094
		X1 → X2	1.170	0.346
Belgique[d]	1961-1995	X2 → X1	0.885	0.424
		X1 → X2	0.641	0.534
Canada	1961-1995	X2 → X1	1.500	0.240
		X1 → X2	0.416	0.664
	1961-1974	X2 → X1	6.472	0.026**
		X1 → X2	2.737	0.132
	1974-1995	X2 → X1	0.981	0.395
		X1 → X2	0.279	0.760
États-Unis	1961-1995	X2 → X1	0.060	0.941
		X1 → X2	0.574	0.569
	1964-1978	X2 → X1	0.214	0.811
		X1 → X2	3.279	0.076*
	1978-1995	X2 → X1	0.357	0.706
		X1 → X2	0.139	0.872
Pays-Bas	1961-1995	X2 → X1	0.517	0.602
		X1 → X2	0.742	0.485
	1964-1976	X2 → X1	1.339	0.309
		X1 → X2	11.433	0.003**
	1976-1995	X2 → X1	0.374	0.694
		X1 → X2	1.040	0.377
Royaume-Uni	1964-1995	X2 → X1	0.639	0.536
		X1 → X2	1.466	0.250
	1964-1979	X2 → X1	1.949	0.198
		X1 → X2	3.88	0.061*
	1979-1995	X2 → X1	1.262	0.318
		X1 → X2	0.518	0.608
Suède[e]	1961-1995	X2 → X1	3.673	0.038**
		X1 → X2	2.167	0.133

Légende : X1 : Taux de migration nette ;
X2 : Taux de croissance de l'emploi total.
a) La période sur laquelle porte l'estimation correspond soit à la période totale, soit à la période sur laquelle la significativité de la causalité est maximale.
b) * pour une significativité au seuil de 10 % et ** pour une significativité au seuil de 5 %.
c) Taux de migration nette hors nationaux.
d) Résultats identiques sur toutes les sous-périodes.
e) Cette relation n'est observée que si on tient compte de l'ensemble de la période.
Sources : Statistiques de la population active (OCDE), Calculs du Secrétariat.

Annexe 5.B

Probabilité d'être inactif et probabilité d'avoir un emploi pour les actifs dans différents pays européens

Tableau 5.B.1. Estimation de la probabilité d'être inactif dans différents pays européens (PROBIT)[a]

	Autriche		Belgique		Suisse		République tchèque		Allemagne		Danemark	
Constante	0.610	0.056	1.504	0.057	0.126	0.059	1.411	0.055	0.149	0.023	-0.063	0.068
Genre	-0.647	0.043	-0.715	0.039	-0.731	0.048	-0.630	0.039	-0.637	0.014	-0.398	0.053
Âge	-0.700	0.028	-1.013	0.027	-0.450	0.031	-1.001	0.027	-0.518	0.010	-0.469	0.036
Âge^2	0.089	0.003	0.118	0.003	0.053	0.003	0.113	0.003	0.068	0.001	0.060	0.004
Éducation	-0.361	0.037	-0.462	0.026	-0.233	0.038	-0.595	0.039	-0.234	0.011	-0.312	0.041
Lieu de naissance UE	0.199*	0.147	-0.227	0.092							0.032*	0.201
Étranger	0.055*	0.072	0.483	0.069	0.127	0.055	0.086*	0.275	0.333	0.022	0.732	0.137
N (Nb pondéré)	14 252	(5 344)	8 768	(6 711)	9 034	(4 753)	14 995	(7 029)	66 116	(49 965)	6 092	(3 511)
Log Vraisemblance	-2 372.5		-2 842.7		-1 972.9		-2 788.9		-22 081		-1 452.7	

	Espagne		Finlande		France		Grèce		Irlande		Italie	
Constante	1.054	0.025	0.201	0.066	1.315	0.023	1.233	0.049	1.384	0.145	1.244	0.244
Genre	-0.924	0.018	-0.207	0.052	-0.575	0.016	-0.938	0.036	-0.871	0.065	-0.936	0.015
Âge	-0.678	0.012	-0.637	0.035	-1.068	0.011	-0.743	0.023	-0.556	0.038	-0.787	0.011
Âge^2	0.077	0.001	0.077	0.004	0.120	0.001	0.083	0.003	0.066	0.004	0.090	0.001
Éducation	-0.245	0.012	-0.235	0.037	-0.256	0.011	-0.308	0.027	-0.631	0.117	-0.410	0.013
Lieu de naissance UE	0.033*	0.095	-0.162*	0.275	-0.288	0.049	0.193*	0.197	-0.062*	0.172	0.144*	0.243
Étranger	-0.111*	0.092	0.629	0.212	0.383	0.033	-0.214	0.102	0.304*	0.232	0.033*	0.224
N (Nb pondéré)	26 728	(25 572)	11 878	(3 409)	36 908	(37 506)	13 496	(6 922)	15 292	(1 921)	25 429	(37 603)
Log Vraisemblance	-13 306		-1 497.1		-15 768		-3 470.2		-1 079.1		-18 909	

	Luxembourg		Pays-Bas		Norvège		Portugal		Suède		Royaume-Uni	
Constante	1.569	0.297	0.139	0.039	0.144	0.082	0.766	0.046	0.697	0.059	0.250	0.025
Genre	-0.894	0.187	-0.697	0.031	-0.324	0.058	-0.630	0.039	-0.207	0.042	-0.468	0.017
Âge	-0.920	0.129	-0.457	0.019	-0.460	0.039	-0.805	0.025	-0.732	0.029	-0.332	0.011
Âge^2	0.106	0.014	0.065	0.002	0.052	0.004	0.089	0.003	0.073	0.003	0.040	0.001
Éducation	-0.263	0.130	-0.408	0.022	-0.283	0.045	-0.182	0.035	-0.248	0.030	-0.487	0.013
Lieu de naissance UE	-0.220*	0.285	-0.407	0.110	-0.024*	0.232	-0.002*	0.063	0.056*	0.091	-0.278	0.071
Étranger	-0.042*	0.269	0.886	0.071	0.192*	0.192	0.037*	0.167	0.542	0.091	0.538	0.052
N (Nb pondéré)	5 883	(277)	16 826	(10 552)	9 486	(2 786)	10 896	(6 076)	9 314	(5 493)	29 895	(32 855)
Log Vraisemblance	-128.6		-4 644.7		-1 193.3		-2 831.9		-2 356.7		-14 878	

a) Écarts types en italique. Variables non significatives au seuil de 5 % indiquées par un astérisque.
Sources : Enquête communautaire sur la population active, données fournies par Eurostat, calculs du Secrétariat.

Tableau 5.B.2. **Estimation de la probabilité d'avoir un emploi pour les actifs dans différents pays européens (PROBIT)**[a]

	Autriche		Belgique		Suisse		République tchèque		Allemagne		Danemark	
Constante	1.430	0.114	0.274	0.104	1.517	0.112	0.155	0.095	1.235	0.034	1.145	0.107
Genre	-0.008	0.071	0.264	0.058	0.100	0.084	0.177	0.052	0.041	0.019	0.129	0.080
Âge	0.026	0.055	0.304	0.050	0.142	0.058	0.242	0.042	0.002	0.015	0.132	0.058
Âge2	-0.002	0.007	-0.024	0.006	-0.012	0.007	-0.018	0.005	-0.005	0.002	-0.011	0.007
Éducation	0.273	0.065	0.359	0.038	0.157	0.066	0.581	0.059	0.264	0.015	0.165	0.063
Lieu de naissance UE	0.075*	0.273	0.369	0.139							-0.009*	0.336
Étranger	-0.285	0.105	-0.719	0.098	-0.487	0.088	-0.062	0.350	-0.313	0.029	-0.425	0.226
N (Nb pondéré)	13 106	(3 825)	7 850	(4 332)	8 626	(3 847)	14 682	(5 081)	62 169	(37 777)	5 646	(2 834)
Log Vraisemblance	-714.0		-1 161.6		-505.9		-1 378.4		-10 976		-555.3	

	Espagne		Finlande		France		Grèce		Irlande		Italie	
Constante	0.024	0.038	0.173	0.090	0.147	0.038	-0.076	0.083	1.105	0.275	-0.254	0.447
Genre	0.490	0.025	0.107	0.067	0.220	0.021	0.490	0.053	-0.053	0.116	0.367	0.023
Âge	0.254	0.019	0.314	0.048	0.270	0.018	0.370	0.040	0.051	0.075	0.419	0.019
Âge2	-0.017	0.002	-0.026	0.006	-0.019	0.002	-0.024	0.005	-0.002	0.009	-0.028	0.002
Éducation	0.134	0.015	0.316	0.049	0.293	0.015	0.092	0.038	0.222	0.208	0.172	0.018
Lieu de naissance UE	-0.070*	0.119	0.093*	0.324	0.462	0.066	-0.232*	0.259	-0.188*	0.269	0.099*	0.445
Étranger	0.091*	0.116	-0.652	0.261	-0.576	0.042	0.094*	0.132	-0.062*	0.398	0.435*	0.420
N (Nb pondéré)	25 685	(16 223)	11 336	(2 623)	34 432	(25 787)	12 471	(4 657)	14 475	(1 158)	24 760	(22 765)
Log Vraisemblance	-6 597.9		-864.2		-8 877.2		-1 420.6		-300.0		-7 293.6	

	Luxembourg		Pays-Bas		Norvège		Portugal		Suède		Royaume-Uni	
Constante	1.318	0.791	1.147	0.069	0.968	0.142	1.171	0.092	0.764	0.098	0.820	0.038
Genre	0.259	0.440	0.274	0.056	-0.018	0.112	0.112	0.065	-0.102	0.058	-0.167	0.026
Âge	0.172	0.382	0.175	0.038	0.374	0.078	0.202	0.047	0.205	0.045	0.203	0.017
Âge2	-0.010	0.047	-0.016	0.005	-0.027	0.010	-0.017	0.005	-0.016	0.005	-0.015	0.002
Éducation	0.262	0.331	0.259	0.041	0.099	0.092	0.053	0.052	0.252	0.043	0.369	0.021
Lieu de naissance UE	0.272	0.618	0.463*	0.223	-0.039*	0.425	-0.004*	0.106	0.180*	0.140	0.089*	0.108
Étranger	-0.439*	0.611	-0.693	0.128	-0.330*	0.321	-0.529	0.211	-0.631	0.125	-0.355	0.083
N (Nb pondéré)	4 821	(172)	15 336	(7 819)	8 954	(2 269)	10 161	(4 434)	8 499	(4 316)	28 450	(26 022)
Log Vraisemblance	17.6		-1 143.4		-279.9		-853.2		-1 109.8		-5 593.8	

a) Écarts types en italique. Variables non significatives au seuil de 5 % indiquées par un astérisque.
Sources : Enquête communautaire sur la population active, données fournies par Eurostat, calculs du Secrétariat.

Annexe 5.C

Immigration et chômage

Tableau 5.C.1. Présentation des principales études sur l'effet de l'immigration sur le chômage

Référence	Pays étudiés	Données	Modèle	Principaux résultats
Muller et Espenshade 1985 « *The fourth wave : California newest immigrants* »	États-Unis	◆ Recensements 1970 et 1980 dans 247 zones urbaines et sous-échantillons de 51 régions où l'immigration mexicaine est la plus forte ➢ Part des personnes d'origine mexicaine dans la population totale	Estimation du taux de chômage des personnes noires en fonction de la proportion d'hispaniques, de l'évolution de la population totale, du pourcentage de noirs ayant reçu une éducation secondaire et du taux de chômage de la population blanche	Pas d'effet de l'immigration d'origine mexicaine sur le taux de chômage de la population noire en dépit du fait que les deux communautés ont une offre de travail semblable
Withers et Pope 1985 « *Immigration and unemployment* »	Australie	◆ Données longitudinales trimestrielles portant sur la période 1948-1982 ➢ Flux net d'immigration et migrations (entrées sorties) des résidents permanents ou de longue durée	1. Test de causalité à la Granger des séries de chômage et d'immigration 2. Autres estimations du taux de chômage en tenant compte des facteurs structurels (modèle 1 et 2 : vacances d'emplois et allocation chômage) ou également des facteurs cycliques (modèle 3 : salaire réel, taux d'utilisation des capacités, indice de demande, etc.)	– Dans aucun des cas étudiés un effet significatif de l'immigration n'a pu être identifié. Un effet faiblement négatif et significatif de l'immigration apparaît cependant dans le modèle 3 (élasticité proche de −0.2) – En revanche les auteurs mettent en évidence un effet négatif et systématique du chômage sur le flux net d'immigration et sur les entrées d'immigrants
Card 1990 « *The impact of the Mariel boatlift on the Miami labor market* »	États-Unis	Étudie l'impact de l'arrivée d'environ 125 000 Cubains, pour l'essentiel non qualifiés, en mai 1980 en Floride. Le « Mariel Flow » a eu pour effet d'accroître la population de Miami de 7 %. Les données sont issues de la Current Population Survey.		Apparemment seuls les Cubains (c'est-à-dire ni les autres hispaniques, noirs ou blancs non qualifiés) ont été significativement affectés par ce choc. En revanche la croissance de la population de Miami a été réduite, ce qui laisse supposer une baisse des autres sources d'immigration
Altonji et Card 1991 « *The effects of immigration on the labor market outcomes of less-skilled natives* »	États-Unis	◆ Recensements 1970 et 1980 dans 120 grandes villes ➢ Personnes âgées de 19 à 64 ans non scolarisées Part des immigrants dans la population totale	Estimation en coupe transversale du taux de participation, du taux d'emploi et des revenus hebdomadaires des travailleurs nationaux non qualifiés. La variable migratoire est instrumentée pour contrôler d'éventuels effets d'endogénéité.	– Effet positif très faiblement significatif de la variable migratoire sur l'emploi mais négatif sur les rémunérations (élasticité égale à 1.2)
Hunt 1992 « *The impact of the 1962 repatriates from Algeria on the French labor market* »	France	Étudie l'impact du rapatriement des 900 000 « pieds noirs » d'Algérie en 1962. Ce phénomène a eu pour effet d'accroître la force de travail totale d'environ 1.6 %. L'auteur utilise les variables instrumentales pour contrôler le choix de localisation des nouveaux arrivants.		L'auteur estime que l'accroissement d'un point de pourcentage de la part des rapatriés dans la force de travail a réduit le salaire de la région de 0.8 point et a accru le taux de chômage des natifs de 0.2 point.
Pope et Withers 1993 « *Do migrants rob jobs ? Lessons of Australian history, 1861-1991* »	Australie	◆ Données longitudinales annuelles portant sur la période 1861-1981 ➢ Taux net d'immigration	Estimation d'un modèle de déséquilibre incluant 4 variables endogènes (taux de chômage des nationaux, salaire réel des nationaux, le taux net de migration et le taux d'utilisation des capacités). Parmi les principales variables explicatives on trouve, entre autres, un indicateur du capital humain détenu par les étrangers, le niveau des allocations chômage, le taux de syndicalisation, les dépenses nationales réelles, le taux de croissance anticipé de la masse monétaire et des dummies correspondants à différentes périodes historiques.	On observe un effet négatif de l'immigration sur le taux de chômage qui s'avère particulièrement marqué sur la période la plus récente (après la Seconde Guerre mondiale) mais qui est également observé sur les périodes précédentes. Toutefois l'effet retardé de l'immigration sur le chômage est quant à lui positif : il compense pour partie l'effet initial au fur et à mesure que les immigrants entrent sur le marché du travail et ajustent leur consommation.

© OCDE 2001

Tableau 5.C.1. **Présentation des principales études sur l'effet de l'immigration sur le chômage** *(suite)*

Référence	Pays étudiés	Données	Modèle	Principaux résultats
Simon, Moore et Sullivan 1993 « *The effect of immigration on aggregate native unemployment : an across-city estimation* »	États-Unis	◆ Données agrégées sur les principales villes américaines portant sur la période 1960-1977 ➢ Taux d'immigration annuel par ville	Estimations de l'impact de l'immigration en prenant en compte différents retards sur le niveau ou la variation du taux de chômage	Les régressions qui font intervenir l'immigration décalée d'une année ne présentent pas d'effet significatif de cette dernière sur le taux de chômage. Un effet très faiblement positif est obtenu si on cherche à expliquer les variations du taux de chômage sur deux ans.
Marr et Siklos 1994 « *The link between immigration and unemployment in Canada* »	Canada	◆ Données longitudinales trimestrielles portant sur la période 1961-1990 ➢ Nombre d'immigrants toutes catégories confondues	Estimation d'un modèle non-paramétrique expliquant le taux de chômage en fonction du nombre d'immigrants, de la masse monétaire du PNB et d'un indicateur de coût énergétique. Deux périodes sont distinguées : 1961-1978 et 1978-1985	Sur la période 1961-78 les auteurs ne mettent pas en évidence d'effet de l'immigration sur le chômage. En revanche, sur la période la plus récente, ils montrent que l'immigration passée affecte significativement le taux de chômage courant. Ces résultats refléteraient pour partie le changement de politique migratoire entre les deux périodes.
Muhleisen et Zimmermann 1994 « *A panel analysis of job changes and unemployment* »	Allemagne	◆ Données individuelles issues du German Socio-Economic Panel entre 1982 et 1989 incluant seulement les hommes salariés dans le privé âgés de 17 à 52 ans en 1982 ➢ Part des étrangers dans l'industrie locale	Estimation d'un modèle Probit multi-périodes pour déterminer la probabilité d'un individu d'être au chômage ou de changer d'emploi en fonction de ses caractéristiques individuelles et de différents facteurs locaux incluant une variable liée à la présence étrangère.	Les auteurs excluent l'hypothèse selon laquelle la part des étrangers dans l'emploi local pourrait avoir un impact sur la mobilité ou la vulnérabilité au chômage des travailleurs. Ils montrent également que les étrangers ne se distinguent pas significativement des nationaux si l'on tient compte de l'ensemble de leurs caractéristiques individuelles.
Carrington et de Lima 1996 « *The impact of 1970s repatriates from Africa on the Portuguese labor market.* »	Portugal	Étudient l'impact des retours de ressortissants angolais dans le milieu des années 70 au Portugal *retornados*). En trois ans environ 600 000 personnes sont arrivées au Portugal, pour l'essentiel à Lisbonne, Porto et Sétubal, ce qui correspond à un accroissement de la population totale d'environ 10 %.		Compte tenu de la coïncidence du choc avec le retournement de conjoncture au Portugal, les auteurs ajustent leurs estimations en fonction de la situation économique en Espagne et trouvent que 5 % d'immigration supplémentaire entre 1963 et 1981 n'a pas d'effet instantané mais un effet décalé d'une période équivalent à 1.5 point de chômage supplémentaire.
Diaz-Emparanza et Espinosa 2000 « *Análisis de la relación entre la inmigración internacional y el desempleo* »	Espagne	◆ Données longitudinales mensuelles portant sur la période 1981-1999 ➢ Série portant sur les permis de travail ajustée pour tenir compte de la régularisation de 1991	Estimation d'un modèle VAR et test de causalité de court terme	Les deux séries de données sont I(1) avec des retards différents et ne sont pas cointégrées. Il n'y a donc pas de relation de long terme entre immigration et chômage. En revanche, à court terme les auteurs identifient un effet de l'immigration qui s'avère toutefois négligeable.
Gross 2000 « *Three million foreigners, three millions unemployed? Immigration and the French labor market* »	France	◆ Données longitudinales trimestrielles entre 1974-1995 ajustées pour prendre en compte la régularisation de 1981 ➢ Taux d'immigration des travailleurs étrangers et taux d'immigration familiale	1. Relation de long terme estimée par un modèle VAR à 4 équations : taux de chômage, salaire réel, taux de participation des femmes et migration 2. Relation de court terme estimée par un modèle à corrections d'erreurs où la variable migratoire est supposée exogène	L'immigration a un effet négatif et robuste sur le chômage à long terme (même en tenant compte de l'immigration familiale) et un effet positif à court terme mais qui est très faible.

Annexe 5.D

Travailleurs étrangers qualifiés

Tableau 5.D.1. Conditions d'admission et de résidence des travailleurs étrangers qualifiés dans quelques pays de l'OCDE

Principales catégories de travailleurs par pays	Conditions d'admission générales et admissions particulières	Opposabilité de la situation de l'emploi	Quota	Durée de séjour autorisée et possibilité de renouvellement	Possibilité de regroupement familial
Australie					
1. Programmes d'immigration permanente					
1.1. Indépendants *(Skilled-Independent)* 1.2. Parrainage *(Skilled-Australian Sponsored)*	• Niveau post-secondaire généralement requis. Dans un nombre limité de cas, une bonne expérience professionnelle peut suffire. Conditions minimums liées aux qualifications, à l'expérience professionnelle, à l'âge et à la maîtrise de l'anglais. • Test de sélection à points. Points alloués en fonction de l'âge, de la qualification, de la connaissance de la langue anglaise et de l'expérience professionnelle. Points supplémentaires accordés aux personnes ayant des compétences recherchées en Australie, en particulier dans le domaine des technologies de l'information, de la comptabilité et de la santé (infirmières) et aussi selon la qualification du conjoint, les qualifications et l'expérience professionnelle acquises en Australie, le capital et les compétences linguistiques autres que l'anglais. Le cas échéant, les liens familiaux peuvent également être pris en compte. • Parrainage (uniquement pour la catégorie *Skilled Australian Sponsored*) par un membre de la famille australien ou résident permanent[a].	Non	Non. Les niveaux sont ajustés selon la demande et les besoins du marché du travail.	Permanent	Les époux (y compris les concubins) et les enfants sont inscrits sur le visa de la famille en même temps que le requérant principal. D'autres membres des familles peuvent être parrainés séparément plus tard pour une immigration permanente. Leur nombre est soumis à quota.
2. Programmes d'immigration temporaire *(Economic Stream)*[b] Visas de résidence temporaire pour affaires et autres visas pour travailleurs temporaires qualifiés	Définies par l'employeur.	Oui pour les activités non clés (sauf s'il y a pénurie de main-d'œuvre). Non pour le personnel clé *(key personnel)*.	Non	Visas de résidence temporaire pour affaires : jusqu'à 4 ans. Autres visas : jusqu'à 2 ans. Pas de restriction pour le renouvellement.	Possibilité de rejoindre le détenteur du visa temporaire. La demande peut être séparée ou combinée à celle du requérant principal.
Canada					
1. Programmes d'immigration permanente					
1.1. Travailleurs qualifiés *(Skilled workers)*	• Objectif : au moins niveau d'éducation post-secondaire. • Test de sélection à points sur la base de critères tels que le niveau d'éducation, les connaissances linguistiques, les qualifications, l'expérience professionnelle. Les personnes ayant un membre de leur famille installé au Canada reçoivent des points supplémentaires.	Non	Non mais une fourchette cible est établie dans le plan annuel d'immigration pour chaque catégorie.	Permanent	Les membres de la famille proche peuvent accompagner le requérant ou le rejoindre ultérieurement.
1.2. Gens d'affaires *(Business immigrants)* (investisseurs, entrepreneurs, travailleurs indépendants)	Les conditions portent sur le montant minimum d'argent à investir (investisseurs), sur la capacité à créer des emplois au Canada (entrepreneurs et travailleurs indépendants).	Non	Idem	Permanent	Les membres de la famille proche peuvent accompagner le requérant ou le rejoindre ultérieurement.
2. Programmes d'immigration temporaire					
2.1. Travailleurs temporaires hautement qualifiés	Conditions d'admission établies par l'employeur selon les standards canadiens.	Oui, même s'il existe de nombreuses exceptions	Non	Trois ans renouvelables.	Oui. Possibilité de demander une autorisation de travail, sans obligation de validation.

Tableau 5.D.1. **Conditions d'admission et de résidence des travailleurs étrangers qualifiés dans quelques pays de l'OCDE** (*suite*)

Principales catégories de travailleurs par pays	Conditions d'admission générales et admissions particulières	Opposabilité de la situation de l'emploi	Quota	Durée de séjour autorisée et possibilité de renouvellement	Possibilité de regroupement familial
2.2. Projet pilote destiné aux concepteurs de logiciels	Niveau d'étude post-secondaire	Non	Non	Trois ans renouvelables.	Oui mais les membres de la famille n'ont pas le droit de travailler.
2.3. Travailleurs qualifiés entrés dans le cadre de l'ALENA ou de l'accord de libre échange Canada-Chili	Niveau d'étude secondaire (liste de métiers)	Non	Non	Un an renouvelable	Oui mais les membres de la famille n'ont pas le droit de travailler.
France Spécialistes des technologies de l'information (procédure simplifiée) et autres travailleurs temporaires hautement qualifiés	Cinq années d'études supérieures ou une qualification équivalente et une rémunération annuelle au moins égale à 180 000 FF.	Oui à l'exception des postes dans le domaine des technologies de l'information et pour ceux qui gagnent au moins 23 000 FF par mois.	Non	Neuf mois renouvelables dans la limite de 5 ans.	Oui, possibilité d'obtenir un visa d'un an et de déposer ensuite une demande de regroupement familial.
Allemagne Programme spécial pour les spécialistes des technologies de l'information (Programme « Cartes vertes »)	Diplôme universitaire ou polytechnique ou salaire annuel supérieur à 100 000 DM.	Oui	20 000, évaluation du programme une fois que 10 000 visas auront été accordés	5 ans maximum.	Oui
Japon Ingénieurs et spécialistes	• Diplôme universitaire scientifique ou au moins 10 ans d'expérience professionnelle (3 ans dans certains cas) • Le salaire perçu doit être équivalent à celui que recevrait un travailleur japonais dans les mêmes conditions.	Non	Non	1 an ou 3 ans renouvelables.	Oui mais les membres de la famille ne peuvent accéder au marché du travail sans autorisation.
Corée Professionnels et techniciens[c]	Au moins 5 ans d'expérience dans le domaine des technologies de l'information ou diplôme universitaire (niveau maîtrise) plus au moins 2 années d'expérience professionnelle dans la spécialité.	Non	Non	Durée de séjour désormais illimitée	Oui
Nouvelle-Zélande 1. Résidents permanents 1.1. Catégorie standard de travailleurs qualifiés[d]	Test à points. Les points sont attribués en fonction de l'âge, des qualifications, de l'expérience professionnelle, de l'offre d'emploi à laquelle le travailleur répond et de facteurs d'installation (parrainage, ressources financières, qualifications du conjoint et expérience professionnelle en Nouvelle-Zélande). Un niveau minimum en anglais est également requis.	Non	Un chiffre « cible » du nombre de permis de résidence accordés est donné chaque année par le gouvernement.	Permanente	Le conjoint ou le concubin ainsi que les enfants à charge peuvent accompagner le requérant principal et bénéficier des mêmes droits de résidence. Une fois installé en Nouvelle-Zélande, le requérant principal peut parrainer ses parents, ses frères et sœurs, ses enfants adultes s'ils remplissent les conditions requises par la procédure de regroupement familial.

218 – Perspectives de l'emploi de l'OCDE

Tableau 5.D.1. Conditions d'admission et de résidence des travailleurs étrangers qualifiés dans quelques pays de l'OCDE *(suite)*

Principales catégories de travailleurs par pays	Conditions d'admission générales et admissions particulières	Opposabilité de la situation de l'emploi	Quota	Durée de séjour autorisée et possibilité de renouvellement	Possibilité de regroupement familial
1.2. Gens d'affaires (travailleurs indépendants, investisseurs, employés d'une entreprise délocalisée)	Un niveau minimum en anglais est requis pour tous. Selon la catégorie d'immigration demandée, des conditions spécifiques sont établies.	Idem	Idem	Idem	Idem
2. Travailleurs temporaires 2.1. Détenteurs d'un permis de travail	Être en possession d'une offre d'emploi en Nouvelle-Zélande.	Oui. Il existe une liste des métiers pour lesquels toutes les offres d'emploi ne sont pas pourvues (*Labour Market Shortages List*). Elle est établie au niveau de la région et actualisée chaque trimestre. Si le requérant exerce une profession dont la région a besoin, il ne sera pas soumis au test du marché du travail[f].	Non	Varie en fonction de la durée de l'emploi offert mais ne peut dépasser 3 ans (renouvelable).	Le détenteur d'un permis de travail peut être accompagné par son conjoint/concubin et par ses enfants à charge. Si le requérant principal détient un permis à long terme, les personnes accompagnantes peuvent également déposer une demande de permis de travail.
2.2. Détenteurs d'un visa à long terme pour gens d'affaire	Les requérants doivent proposer un projet dont la viabilité aura été évaluée par une agence spécialisée dans les affaires	Non	Non	3 ans, renouvelable une fois.	Idem
Norvège Permis de travail délivrés à des travailleurs ayant des qualifications particulières	• Généralement au moins 2 ans d'études supérieures. Une qualification particulière acquise par l'expérience professionnelle peut être jugée équivalente. • Être muni d'une offre d'emploi de l'employeur ou d'un contrat standard de services.	Oui, il est nécessaire que la compétence détenue par le requérant soit indispensable à l'activité.	Non	Un an renouvelable. Après 3 ans, un permis permanent peut être obtenu.	Oui
Suisse Travailleurs « qualifiés » (hors EEE[g])	La qualification ne fait pas référence à un niveau d'éducation minimum mais à des compétences recherchées et évaluées localement ainsi qu'à la fonction du travailleur. Les conditions de salaire et d'emploi accordées doivent être équivalentes à celles que recevraient un travailleur suisse dans le même emploi.	Oui	Oui (cantonal et fédéral)	Dépend du secteur d'activité	Dépend du type de permis de séjour
Royaume-Uni Procédure simplifiée pour certains travailleurs hautement qualifiés (*Shortage occupation list*), y compris certains professionnels dans le domaine des technologies de l'information et de la communication. Projet pilote autorisant les personnes ayant des compétences exceptionnelles à déposer leur demande pour entrer et ensuite chercher un emploi	Diplôme britannique ou diplôme national supérieur et une année d'expérience ou au moins 3 années d'expérience de spécialiste dans la profession pour laquelle le permis a été accordé	Oui sauf pour les renouvellements[h]	Non	La période maximale a été portée à 5 ans. Au bout de 4 ans, les requérants ont le droit de s'installer (*indefinite leave to remain*) s'ils exercent toujours une profession.	Oui

Tableau 5.D.1. **Conditions d'admission et de résidence des travailleurs étrangers qualifiés dans quelques pays de l'OCDE** (*suite*)

Principales catégories de travailleurs par pays	Conditions d'admission générales et admissions particulières	Opposabilité de la situation de l'emploi	Quota	Durée de séjour autorisée et possibilité de renouvellement	Possibilité de regroupement familial
États-Unis					
1. Immigration permanente Immigration liée à l'emploi (système de cartes vertes, *green cards*, pour les spécialistes de haut niveau dans le domaine des sciences, de l'art ou des affaires, les travailleurs prioritaires et autres travailleurs qualifiés)		Oui	Limité généralement à 140 000 entrées annuelles, y compris les membres des familles	Permanent	Oui
2. Immigration temporaire (*non-immigrants*)					
2.1. Programme H1B	• Niveau d'étude au moins équivalent à 4 ans d'enseignement supérieur et expérience professionnelle dans la spécialité. Trois années d'expérience professionnelle sont équivalentes à une année d'étude. • Avoir une offre d'emploi dans les mêmes conditions que toute autre destinée à un citoyen américain.	Non	Oui, 195 000 pour les 3 prochaines années. Les emplois dans les organisations à but non lucratif et les universités sont hors quota	6 ans. Ils peuvent toutefois rester pendant le traitement de leur demande d'immigration.	Oui mais les membres de la famille ne peuvent accéder au marché du travail sans autorisation.
2.2. Immigrants temporaires qualifiés entrés dans le cadre de l'ALENA	Niveau d'étude au moins équivalent à 4 ans d'enseignement supérieur et expérience professionnelle dans la spécialité. Trois années d'expérience professionnelle sont équivalentes à une année d'étude.	Non	Non, à l'exception d'un quota annuel de 5 500 pour les Mexicains (qui devrait être supprimé au 1er janvier 2004).	1 an renouvelable sans limite.	Oui

a) Des requérants remplissant les conditions minimums liées à l'âge, aux qualifications et aux connaissances linguistiques mais n'ayant pas réussi le test à points peuvent recevoir un visa dans la catégorie *Skilled-Regional Sponsored* s'ils sont parrainés par une personne vivant dans certaines régions d'Australie (Sydney, Newcastle, Wollongong, Perth, Brisbane, la Sunshine Coast et la Gold Coast sont exclues des régions éligibles).
b) D'autres programmes plus limités (*Labour Agreements, Regional Headquarters Agreements*) permettent aux employeurs de négocier avec l'État l'entrée temporaire (généralement pour 3 ans) de personnel qualifié.
c) Les lois sur l'immigration et l'émigration ont récemment été révisées de façon à faciliter l'entrée de ces catégories de travailleurs. Un nouvel assouplissement devrait permettre de promouvoir l'entrée de spécialistes dans le domaine des technologies de l'information.
d) Des dispositions particulières sont prévues pour les spécialistes dans le secteur des technologies de l'information qui ne remplissent pas les conditions requises dans le cadre de la catégorie standard de travailleurs qualifiés. Ils peuvent être exemptés de l'ensemble des pré-requis s'ils ont une expérience professionnelle suffisante, s'ils disposent d'une offre d'emploi en Nouvelle-Zélande et s'ils reçoivent le soutien de l'Association du secteur des technologies de l'information (*IT Association of New Zealand*). Des dispositions similaires devraient être adoptées en juillet 2001 en faveur des autres travailleurs qualifiés dans les secteurs qui souffrent d'une pénurie de main-d'œuvre.
e) Les spécialistes dans le secteur des technologies de l'information ne sont pas soumis à ce test.
f) La demande de permis de travail doit être effectuée depuis le pays d'origine. Le Service public de l'Emploi assiste les employeurs qui souhaitent recruter du personnel dans les pays européens (hors pays nordiques), en particulier des médecins, des dentistes, des infirmières et des ingénieurs. Les ressortissants des pays nordiques n'ont pas besoin de permis de travail pour exercer une activité professionnelle en Norvège. Les autres ressortissants européens ont seulement besoin d'un permis communautaire qui peut être obtenu sur le territoire.
g) Il n'y a pas d'exigence en terme de qualification minimale pour les ressortissants de l'EEE. L'accord de libre-circulation entre la Suisse et l'Union européenne devrait entrer en vigueur en 2002.
h) La procédure est très rapide : 50 % des demandes sont examinées en une semaine et 90 % en 4 semaines.

BIBLIOGRAPHIE

ALTONJI, J. et CARD, D. (1991),
« The Effects of Immigration on the Labor Market Outcomes of Less-skilled Natives », dans Abowd et Freeman (dir. pub.), *Immigration, Trade and the Labor Market*, by, NBER, Chicago University Press.

BARTAM, D. (2000),
« Japan and Labor Migration: Theoretical and Methodological Implications of Negative Cases », *International Migration Review*, vol. 34, n° 1.

BEAUJOT, R., MAXIM, P. et HAO, J. (1994),
« Self-employment: A Test of the Blocked Mobility Hypothesis », Canadian Studies dans *Population*, vol. 21, n° 2.

BECKER, G. (1971),
The Economics of Discrimination, University of Chicago Press Economics.

BÖHNING, W.R. (1996),
Employing Foreign Workers: A Manual on Policies and Procedures of Special Interest to Middle- and Low-income Countries, Bureau international du travail, Genève.

BORJAS, G.J. (1986),
« The Self-employment Experience of Immigrants », *The Journal of Human Ressources*, vol. 21, n° 4.

BORJAS, G.J. (1987),
« Self-selection and the Earnings of Immigrants », *The American Economic Review*, vol. 77, n° 4.

BORJAS, G.J. (1991),
« Immigrants in the US Labor Market: 1940-1980 », *American Economic Review*, vol. 81, n° 2, mai, pp. 287-291.

BORJAS, G.J. (1993),
« The Impact of Immigrants on Employment Opportunities of Natives » dans OCDE, *The Changing Course of International Migration*, Paris.

BORJAS, G.J. (1994),
« The Economics of Immigration », *Journal of Economic Literature*, vol. 32, n° 4.

BORJAS, G.J. (1995),
« The Economic Benefits from Immigration », *Journal of Economic Perspectives*, vol. 9, n° 2.

BORJAS, G.J. (1999a),
« The Economic Analysis of Immigration », dans O. Ashenfelter et D. Card (dir. pub.), *Handbook of Labour Economics*, vol. 3A, North Holland.

BORJAS, G.J. (1999b),
« Immigration », *NBER Reporter*, Automne.

BRIGGS, V. M. et TIENDA M. (dir. pub.) (1984),
« Immigration: Issues and Policies », Olympus Publishing, Salt Lake City, Utah.

CAMPBELL, I., FINCHER, R. et WEBBER, M. (1991),
« Occupational Mobility in Segmented Labour Markets: The Experience of Immigrant Workers in Melbourne », *Australian and New Zealand Journal of Sociology*, vol. 27, n° 2.

CARD, D. (1990),
« The Impact of the Mariel Boatlift on the Miami Labor Market », *Industrial and Labor Relations Review*, vol. 43, n° 2.

CARILLO, M.F. *et al* (1999),
« Causes and Economic Effects of Migration Flows – An Overview », *Review of Labour Economics and Industrial Relations*, vol. 13, septembre.

CARRINGTON, W. et DELIMA, J.F. (1996),
« The Impact of 1970s Repatriates from Africa on the Portuguese Labour Market », *Industrial and Labor Relations Review*, vol. 49, n° 2.

CHISWICK, B. (2000),
« Are Immigrants Favorably Self-selected? An Economic Analysis », IZA Discussion Paper n° 131.

COBB-CLARK, D. et CONNOLLY, M. (1996),
« The Worldwide Market for Skilled Migrants: Can Australia Compete? », The Australian National University CEPR Discussion Papers n° 341.

COPPEL, J., DUMONT, J-C. et VISCO, I. (2001),
« Trends in Immigration and Economic Consequences », Document de travail du Département des Affaires économiques de l'OCDE n° 284.

DE NEW, J.P. et ZIMMERMANN, K.F. (1994),
« Native Wage Impacts of Foreign Labour: A Random Effects Panel Analysis », *Journal of Population Economics*, vol. 7, n° 2.

DECRESSIN, J. et FATAS, A. (1995),
« Regional Labor Market Dynamics in Europe », *European Economic Review*.

DIAZ-EMPARANZA, I. et ESPINOSA, A. (2000),
« Análisis de la relación entre la immigración internacional y el desempleo », Ronéotype.

EVANS, D. (1989),
« Immigrant Entrepreneurship: Effect of Ethnic Market Size and Isolated Labor Pool », *American Socilogical Review*, vol. 54, n° 6.

FRIEDBERG, R. (2000),
« You Can't Take it with You? Immigrant Assimilation and the Portability of Human Capital », *Journal of Labor Economics*, vol. 18, n° 2.

FRIEDBERG, R. et HUNT, J. (1995),
« The Impact of Immigration on Host Country Wages, Employment and Growth », *Journal of Economic Perspectives*, vol. 9, n° 2.

GARSON, J.P., MOULIER-BOUTANG, Y., SILBERMAN, R. et MAGNAC, T. (1987),
« La substitution des autochtones aux étrangers sur le marché du travail dans la CEE », Commission des Communautés européennes et GRAMI, Paris.

GHATAK, S., LEVINE, P. et WHEATLEY PRICE, S. (1996),
« Migration Theories and Evidence: An Assessment », *Journal of Economic Surveys*, vol. 10, n° 2.

GROSS, D. (2000),
« Three Million Foreigners, Three Million Unemployed? Immigration and the French Labor Market », Document de travail du FMI, WP/99/124.

HATTON, T. et WILLIAMSON, J. (1998),
The Age of Mass Migration: Causes and Economic Impact, Oxford University Press.

HUNT, J. (1992),
« The Impact of the 1962 Repatriates From Algeria on the French Labor market », *Industrial and Labor Relations Review*, vol. 45, n° 3.

IREDALE, R. (2000),
« Migration Policies for the Highly Skilled in the Asia-Pacific Region », *International Migration Review*, vol. 34, n° 131, Automne 2000.

JAEGAR, D.A. (1996),
« Skill Differences and the Effect of Immigrants on the Wages of Natives », US Bureau of Labor Statistics, Economic Working Paper n° 273.

KRUEGER, A. (2000),
« From Bismark to Maastricht: the March to European Union and the Labor Market », NBER Working Paper Series n° 7456.

LALONDE, R.J. et TOPEL, R.H. (1992),
« The Assimilation of Immigrants in the US Labour Market » dans G.J. Borjas et R.B. Freeman (dir. pub.), *Immigration, Trade and the Labour Market*, University of Chicago Press, Chicago.

LE, A. (2000),
« The Determinants of Immigrant Self-employment in Australia », *International Migration Review*, vol. 34, n° 1, printemps 2000.

LESLIE, D., BLACKABY, D., DRINKWATER, S. et MURPHY, P. (1997),
« Unemployment, Ethnic Minorities and Discrimination », EUI Working Paper n° 97/26.

MARR W. et SIKLOS, P. (1994),
« The Link Between Immigration and Unemployment in Canada », *Journal of Policy Modeling*, vol. 16, n° 1.

MASSEY, D.S. *et al.* (1993),
« Theories of International Migration: A Review and Appraisal », *Population and Development Review*, vol. 19, n° 3, septembre.

MATA, F. et PENDAKUR, R. (1999),
« Immigration, Labor Force Integration and the Pursuit of Self-employment », *Immigration International Review*, vol. 33, n° 2.

MUHLEISEN, M. et ZIMMERMANN, K. (1994),
« A Panel Analysis of Job Changes and Unemployment », *European Economic Review*, n° 38.

MULLER, T. et ESPENSHADE, T. (1985),
The Fourth Wave: California Newest Immigrants, Urban Institute Press, Washington.

NATIONS UNIES (2000),
Replacement Migration: Is it a Solution to Declining and Ageing Populations?, Population Division, Department of Economics and Social Affairs, New York.

OCDE (1997),
Étude économique : États-Unis, Paris.

OCDE (1998),
Maintenir la prospérité dans une société vieillissante, Paris.

OCDE (2000*a*),
Combattre l'emploi illégal d'étrangers, Paris.

OCDE (2000*b*),
« ICT Skills and employment », Groupe de travail sur l'économie de l'information, DSTI/ICCP/IE(2000)7.

OCDE (2000*c*),
Perspectives économiques de l'OCDE, décembre 2000, Paris.

OCDE (diverses éditions),
Tendances des migrations internationales, Paris.

OCDE (diverses éditions),
Perspectives de l'emploi de l'OCDE, Paris.

PAPADEMETRIOU, D. et HAMILTON, K. (2000),
Reinventing Japan: Immigration's Role in Shaping Japan's Future, CEIP, Washington.

PIORE, M. (1979),
Birds of Passage: Migrant Labor in Industrial Societies, Cambridge University Press.

PISSARIDES, C. et McMASTER, I. (1990),
« Regional Migration Wage Unemployment : Empirical Evidence and Implication for Policy », *Oxford Economic Papers*, vol. 42, n° 4.

POPE D. et WITHERS, G. (1993),
« Do Migrants Rob Jobs ? Lessons of Australian History, 1861-1991 », *The Journal of Economic History*, vol. 53, n° 4.

RATH, J. et KLOOSTERMAN, R. (2000),
« Outsider's Business: A Critical Review of Research on Immigrant Entrepreneurship », *International Migration Review*, vol. 34, n° 3.

REES, H. et SHAH, A. (1986),
« An Empirical Analysis of Self-employment in the UK », *Journal of Applied Econometrics*, vol. 1.

SIMON, J. (1989),
The Economic Consequences of Immigration, Basil Blackwell, Oxford.

SIMON, J., MOORE, S. et SULLIVAN, R. (1993),
« The Effect of Immigration on Aggregate Native Unemployment: An Across-city Estimation », *Journal of Labour Research*, vol. XIV, n° 3, été 1993.

STALKER, P. (1994),
« The Work of Strangers: A Survey of International Labour Migration », Bureau international du travail, Genève.

STALKER, P. (2000),
« Workers Without Frontiers. The Impact of Globalization on International Migration », Bureau international du travail, Genève.

STARK, O. (1991),
The Migration of Labour, Basil Blackwell, Oxford.

TAPINOS, G. (1994),
« L'intégration économique régionale, ses effets sur l'emploi et les migrations », dans OCDE, *Migration et développement : un nouveau partenariat pour la coopération*, Paris.

TAPINOS, G. (2000),
« Le rôle des migrations dans l'atténuation des effets du vieillissement démographique », document du Groupe de travail sur les migrations de l'OCDE.

TAPINOS, G. et DELAUNAY, D. (2000),
« Peut-on parler d'une mondialisation des migrations internationales ? » dans OCDE, *Mondialisation, migrations et développement*, Paris.

VIPREY, M. (2000),
« Positions et actions syndicales face aux discriminations », Document de travail de l'IRES n° 00-01.

WILDASIN, D. (2000),
« Factor Mobility and Fiscal Policy in the EU: Policy Issues and Analytical Approaches », *Economic Policy* (octobre 2000).

WITHERS, G. et POPE, D. (1985),
« Immigration and Unemployment », *The Economic Record*, n° 61, juin.

YUENGERT, A. (1995),
« Testing Hypotheses of Immigrant Self-employment », *Journal of Human Ressources*, vol. 30, n° 1.

ZEGERS de BEIJ, R. (2000),
« Documenting Discrimination against Migrant Workers in the Labour Market. A Comparative Study of Four European Countries », Bureau international du travail, Genève.

ZIMMERMAN, K.F. (1994),
« European Migration: Push and Pull », in Proceedings Volume of the World Bank Annual Conference on Development Economics, supplément à la World Economic Review et au World Bank Research Observer.

ZIMMERMAN, K.F. (1995),
« Tackling the European Migration Problem », *Journal of Economic Perspectives*, vol. 9, n° 2.

Annexe statistique

Sources et définitions

Les statistiques présentées dans ces tableaux proviennent essentiellement de la partie III des *Statistiques de la population active*, 1980-2000 de l'OCDE (à paraître), ainsi que du CD-ROM *Statistiques du marché du travail* de l'OCDE (à paraître). Les utilisateurs peuvent consulter les notes et sources figurant dans les *Statistiques de la population active*, 1979-1999.

Les sources et définitions sont spécifiées au bas de chaque tableau.

Les données concernant l'emploi, le chômage et la population active ne correspondent pas nécessairement aux séries utilisées par le Département des affaires économiques de l'OCDE pour l'analyse des politiques et l'établissement des prévisions, et reproduites dans les tableaux 1.2 et 1.3.

Signes conventionnels

.. Données non disponibles

. Décimales

| Rupture dans la série

– Zéro ou moins de la moitié du dernier chiffre utilisé

Note sur le traitement statistique de l'Allemagne

Dans l'annexe statistique, les données pour l'Allemagne ne concernent que l'Allemagne occidentale jusqu'à fin 1990 et, sauf indication contraire, l'ensemble de l'Allemagne à partir de 1991.

Tableau A. **Taux de chômage standardisés dans 25 pays de l'OCDE**
En pourcentage de la population active totale

	1990	1991	1992	1993	1994	1995	1996	1997	1998	1999	2000
Australie	6.9	9.6	10.8	10.9	9.7	8.5	8.5	8.5	8.0	7.2	6.6
Autriche	..	..	..	4.0	3.8	3.9	4.3	4.4	4.5	4.0	3.7
Belgique	6.7	6.6	7.2	8.8	10.0	9.9	9.7	9.4	9.5	8.8	7.0
Canada	8.1	10.3	11.2	11.4	10.4	9.4	9.6	9.1	8.3	7.6	6.8
République tchèque	..	..	..	4.4	4.4	4.1	3.9	4.8	6.5	8.8	8.9
Danemark	7.7	8.4	9.2	10.2	8.2	7.2	6.8	5.6	5.2	5.2	4.7
Finlande	3.2	6.6	11.6	16.4	16.7	15.2	14.5	12.6	11.4	10.2	9.8
France	9.0	9.5	10.4	11.7	12.3	11.7	12.4	12.3	11.8	11.2	9.5
Allemagne[a]	4.8	4.2	4.5	7.9	8.4	8.2	8.9	9.9	9.3	8.6	8.1
Grèce	..	..	7.9	8.6	8.9	9.2	9.6	9.8	10.9	11.6	11.1
Hongrie	..	..	9.9	12.1	11.0	10.4	10.1	8.9	8.0	7.1	6.5
Irlande	13.4	14.8	15.4	15.6	14.4	12.3	11.7	9.9	7.5	5.6	4.2
Italie	9.0	8.6	8.9	10.2	11.2	11.6	11.7	11.7	11.8	11.3	10.5
Japon	2.1	2.1	2.2	2.5	2.9	3.1	3.4	3.4	4.1	4.7	4.7
Corée	..	..	..	..	..	..	..	..	..	..	4.3
Luxembourg	1.7	1.7	2.1	2.6	3.2	2.9	3.0	2.7	2.7	2.3	2.2
Pays-Bas	6.2	5.8	5.6	6.6	7.1	6.9	6.3	5.2	4.1	3.3	2.8
Nouvelle-Zélande	7.8	10.3	10.3	9.5	8.2	6.3	6.1	6.6	7.5	6.8	6.0
Norvège	5.3	5.6	6.0	6.1	5.5	5.0	4.9	4.1	3.3	3.2	3.5
Pologne	..	..	..	14.0	14.4	13.3	12.3	11.2	10.6	..	16.1
Portugal	4.8	4.2	4.3	5.7	7.0	7.3	7.3	6.8	5.2	4.5	4.2
Espagne	16.3	16.4	18.4	22.7	24.1	22.9	22.2	20.8	18.8	15.9	14.1
Suède	1.7	3.1	5.6	9.1	9.4	8.8	9.6	9.9	8.3	7.2	5.9
Suisse	..	2.0	3.1	4.0	3.8	3.5	3.9	4.2	3.5	3.0	..
Royaume-Uni	7.1	8.9	10.0	10.5	9.6	8.7	8.2	7.0	6.3	6.1	5.5
États-Unis	5.6	6.8	7.5	6.9	6.1	5.6	5.4	4.9	4.5	4.2	4.0
Union européenne[b]	..	8.2	9.2	10.7	11.1	10.7	10.8	10.6	9.9	9.2	8.3
OCDE Europe[b]	..	..	..	10.7	11.0	10.5	10.5	10.3	9.7	9.3	8.8
Total OCDE[b]	..	..	..	8.0	7.9	7.5	7.4	7.2	7.1	6.8	6.4

a) Jusqu'en 1992 inclusivement, les données se rapportent à l'Allemagne occidentale ; après cette date, elles se rapportent à l'Allemagne unifiée.
b) Ne comprend que les pays ci-dessus.

Note: Dans toute la mesure du possible, les données ont été ajustées pour en assurer la comparabilité dans le temps et pour être conformes aux directives du Bureau international du travail. Toutes les séries présentées sont alignées sur les estimations basées sur les enquêtes de population active. Dans les pays effectuant des enquêtes annuelles, les estimations mensuelles sont obtenues par interpolation/extrapolation et incluent les tendances de données administratives lorsque celles-ci sont disponibles. Les données annuelles sont donc calculées en faisant la moyenne des estimations mensuelles (à la fois pour les chômeurs et pour la population active). Pour les pays effectuant des enquêtes mensuelles ou trimestrielles, les estimations annuelles sont obtenues respectivement par la moyenne des estimations mensuelles ou trimestrielles. Pour plusieurs pays, la procédure d'ajustement utilisée est celle du Bureau of Labor Statistics du Department of Labor des États-Unis. Pour les pays de l'UE, les procédures sont identiques à celles utilisées pour calculer les taux de chômage comparables de l'Office statistique des Communautés européennes. De légères différences peuvent apparaître dues principalement aux diverses méthodes de calcul et aux facteurs d'ajustement utilisés, et au fait que les estimations de l'UE sont basées sur la population active civile.
Source: Voir OCDE, *Statistiques trimestrielles de la population active*, n° 1, 2000.

Tableau B. **Rapports emploi/population, taux d'activité et taux de chômage, selon le sexe, pour les personnes âgées de 15 à 64 ans**[a]

Hommes et femmes

Pourcentages

	Rapports emploi/population						Taux d'activité						Taux de chômage					
	1990	1996	1997	1998	1999	2000	1990	1996	1997	1998	1999	2000	1990	1996	1997	1998	1999	2000
Australie	67.9	67.3	66.3	67.2	67.7	69.1	73.0	73.6	72.4	73.0	72.9	73.8	7.0	8.5	8.5	7.9	7.0	6.3
Autriche	..	67.3	67.2	67.4	68.2	67.9	..	71.1	70.9	71.3	71.6	71.3	..	5.3	5.2	5.5	4.7	4.7
Belgique	54.4	56.3	57.0	57.3	58.9	60.9	58.7	62.2	62.6	63.2	64.6	65.2	7.3	9.5	9.0	9.4	8.7	6.6
Canada	70.3	67.3	68.0	68.9	70.1	71.1	76.6	74.6	74.9	75.2	75.9	76.3	8.2	9.7	9.2	8.4	7.6	6.9
République tchèque	..	69.3	68.7	67.5	65.9	65.2	..	72.1	72.1	72.2	72.2	71.6	..	3.9	4.8	6.5	8.7	8.8
Danemark	75.4	74.0	75.4	75.3	76.5	76.4	82.4	79.5	79.8	79.3	80.6	80.0	8.5	6.9	5.4	5.1	5.2	4.5
Finlande	74.1	61.9	62.8	64.0	66.0	67.0	76.6	72.5	72.1	72.4	73.6	74.3	3.2	14.7	12.8	11.6	10.3	9.9
France	59.9	59.2	58.8	59.4	59.8	61.1	66.0	67.4	67.1	67.4	67.8	68.0	9.2	12.2	12.4	11.9	11.8	10.1
Allemagne	64.1	64.3	63.8	64.7	65.4	66.3	68.4	70.6	70.8	71.4	71.6	72.2	6.2	8.9	9.9	9.3	8.7	8.1
Grèce	54.8	54.9	54.8	55.6	55.4	55.9	59.1	61.0	60.8	62.5	62.9	63.0	7.2	9.9	9.8	11.0	12.0	11.3
Hongrie	..	52.7	52.7	53.8	55.7	56.4	..	58.5	57.8	58.4	59.9	60.2	..	9.9	8.7	7.8	7.0	6.4
Islande[b,c]	79.9	80.4	80.0	82.2	84.2	84.6	82.1	83.6	83.1	84.5	85.9	86.6	2.7	3.7	3.8	2.7	1.9	2.3
Irlande	52.3	54.4	56.1	59.8	62.4	64.5	60.2	63.4	62.7	65.0	66.3	67.4	13.2	14.2	10.5	7.9	5.8	4.4
Italie	53.9	50.6	50.5	51.8	52.5	53.4	59.8	57.7	57.7	59.0	59.6	59.9	9.9	12.3	12.5	12.3	11.8	11.0
Japon	68.6	69.5	70.0	69.5	68.9	68.9	70.1	72.0	72.6	72.6	72.4	72.5	2.2	3.5	3.5	4.2	4.9	5.0
Corée	61.2	63.8	63.7	59.5	59.7	61.6	62.8	65.1	65.4	64.0	63.9	64.3	2.5	2.1	2.7	7.0	6.5	4.2
Luxembourg	59.1	59.1	59.9	60.2	61.6	62.7	60.1	61.1	61.5	61.9	63.1	64.2	1.6	3.3	2.5	2.8	2.4	2.4
Mexique[c]	58.0	59.1	61.1	61.4	61.2	60.9	59.9	61.9	63.3	63.2	62.5	62.3	3.1	4.5	3.5	3.0	2.1	2.2
Pays-Bas	61.1	65.4	67.5	69.4	70.9	72.9	66.2	69.9	71.5	72.6	73.6	74.9	7.7	6.5	5.6	4.4	3.6	2.7
Nouvelle-Zélande	67.3	71.1	70.5	69.5	70.0	70.7	73.0	75.8	75.6	75.2	75.2	75.2	7.8	6.2	6.7	7.6	6.9	6.1
Norvège[b]	73.1	75.3	77.0	78.3	78.0	77.8	77.1	79.2	80.2	80.9	80.6	80.7	5.3	4.9	4.0	3.2	3.2	3.5
Pologne	..	58.4	58.8	58.9	57.5	55.0	..	66.9	66.4	66.1	65.9	65.8	..	12.7	11.5	10.9	12.8	16.4
Portugal	65.5	62.3	63.4	66.8	67.4	68.1	68.8	67.5	68.2	70.3	70.9	71.0	4.8	7.7	6.9	4.9	4.9	4.1
République slovaque	..	65.4	64.1	63.2	60.6	59.0	..	73.4	73.3	73.3	73.3	73.5	..	10.9	11.5	12.3	16.2	18.7
Espagne[b]	51.1	48.2	49.5	51.2	53.8	56.1	60.9	62.0	62.5	63.1	63.9	65.3	16.1	22.1	20.7	18.8	15.9	14.1
Suède[b]	83.1	71.6	70.7	71.5	72.9	74.2	84.6	79.5	78.7	78.1	78.5	78.9	1.8	10.0	10.4	8.4	7.1	5.9
Suisse[c]	79.6	78.3	78.1	79.3	79.7	79.6	81.1	81.3	81.5	82.3	82.2	81.8	1.8	3.8	4.2	3.7	3.1	2.7
Turquie	54.5	52.4	51.2	51.1	51.0	48.2	59.4	56.2	54.9	54.9	55.4	51.8	8.2	6.7	6.9	7.0	7.9	6.8
Royaume-Uni[b]	72.4	69.9	70.8	71.2	71.7	72.4	77.8	76.1	76.2	75.9	76.3	76.6	6.8	8.2	7.1	6.2	6.1	5.6
États-Unis[b]	72.2	72.9	73.5	73.8	73.9	74.1	76.5	77.1	77.4	77.4	77.2	77.2	5.7	5.5	5.0	4.5	4.3	4.0
Union européenne[d]	61.6	60.3	60.5	61.5	62.4	63.6	67.4	67.7	67.9	68.3	68.8	69.5	8.3	11.0	10.8	10.0	9.4	8.4
OCDE Europe[d]	61.2	59.7	59.8	60.5	61.0	61.3	66.8	66.6	66.5	66.9	67.3	67.2	8.1	10.3	10.1	9.5	9.4	8.9
Total OCDE[d]	65.2	64.5	65.0	65.2	65.4	65.7	69.5	69.7	69.9	70.0	70.1	70.1	6.0	7.4	7.1	6.9	6.7	6.3

| Indique une rupture de séries.

a) Les ratios portent sur les personnes âgées de 15 à 64 ans et sont définis par le rapport des actifs et des actifs occupés à la population d'âge actif, ou par le rapport du chômage à la population d'âge actif.
b) Personnes âgées de 16 à 64 ans.
c) Les données pour 1990 se réfèrent à l'année 1991.
d) Ne comprend que les pays ci-dessus.

Source: OCDE, *Statistiques de la population active*, *1980-2000*, partie III, à paraître.
Pour l'Autriche, la Belgique, le Danemark, la Grèce, l'Italie, le Luxembourg, les Pays-Bas et le Portugal, les données sont tirées de l'Enquête communautaire sur les forces de travail.

Tableau B. Rapports emploi/population, taux d'activité et taux de chômage, selon le sexe, pour les personnes âgées de 15 à 64 ans[a] *(suite)*

Hommes

Pourcentages

	\multicolumn{5}{c}{Rapports emploi/population}	\multicolumn{5}{c}{Taux d'activité}	\multicolumn{5}{c}{Taux de chômage}
	1990	1996	1997	1998	1999	2000	1990	1996	1997	1998	1999	2000	1990	1996	1997	1998	1999	2000
Australie	78.5	75.9	74.7	75.2	76.1	76.6	84.4	83.3	81.8	82.1	82.1	82.0	6.9	9.0	8.7	8.4	7.3	6.6
Autriche	..	76.1	75.9	75.9	76.7	76.2	..	80.4	80.0	80.2	80.5	80.1	..	5.4	5.1	5.4	4.7	4.8
Belgique	68.1	66.8	67.1	67.0	67.5	69.8	71.3	72.2	72.2	72.5	73.0	73.8	4.6	7.4	7.1	7.6	7.5	5.3
Canada	77.8	73.1	73.8	74.3	75.5	76.3	84.9	81.3	81.4	81.4	82.0	82.1	8.3	10.1	9.4	8.7	7.9	7.0
République tchèque	..	78.1	77.4	76.3	74.3	73.6	..	80.7	80.5	80.3	80.2	79.4	..	3.3	3.9	5.0	7.3	7.4
Danemark	80.1	80.5	81.3	80.2	81.2	80.7	87.1	85.3	85.2	83.5	85.0	84.0	8.0	5.6	4.6	3.9	4.5	4.0
Finlande	76.7	64.3	65.2	66.8	68.4	69.4	79.6	75.1	74.6	75.1	75.9	76.5	3.6	14.4	12.5	11.1	9.8	9.2
France	69.7	66.7	66.2	66.5	66.8	68.1	75.0	74.5	74.3	74.1	74.4	74.4	7.0	10.5	10.9	10.3	10.3	8.5
Allemagne	75.7	72.8	72.1	72.9	73.7	74.8	80.1	79.4	79.5	79.9	80.3	81.1	5.3	8.4	9.3	8.8	8.2	7.7
Grèce	73.4	72.6	71.9	71.6	70.9	71.3	76.8	77.4	76.9	77.1	76.9	77.1	4.4	6.2	6.4	7.2	7.7	7.5
Hongrie	..	60.2	60.3	60.6	62.6	63.3	..	67.4	66.6	66.3	67.8	68.0	..	10.7	9.5	8.5	7.5	7.0
Islande[b,c]	85.2	84.3	84.2	86.0	88.2	88.2	87.3	87.3	87.1	87.9	89.4	89.8	2.4	3.4	3.3	2.3	1.4	1.8
Irlande	67.8	66.6	67.6	71.4	73.5	75.6	77.7	75.8	75.6	77.8	78.2	79.1	12.8	12.1	10.6	8.2	6.1	4.5
Italie	72.0	65.3	65.0	66.7	67.1	67.6	77.0	72.3	72.2	73.7	73.7	73.8	6.5	9.7	9.8	9.6	9.0	8.4
Japon	81.3	82.1	82.4	81.7	81.0	81.0	83.0	85.0	85.4	85.3	85.3	85.2	2.1	3.5	3.5	4.3	5.0	5.1
Corée	73.9	76.7	76.0	71.7	71.5	73.3	76.2	78.6	78.2	77.8	77.1	76.9	3.0	2.4	2.8	7.9	7.3	4.8
Luxembourg	76.4	74.4	74.3	74.6	74.4	75.0	77.4	76.3	75.7	76.0	75.7	76.4	1.3	2.5	1.9	1.9	1.7	1.8
Mexique[c]	84.1	82.7	84.7	84.8	84.8	84.0	86.4	86.4	87.2	87.1	86.4	85.8	2.6	4.3	2.8	2.6	1.8	2.1
Pays-Bas	75.2	75.7	77.9	79.6	80.3	82.1	79.7	80.0	81.4	82.4	82.6	83.9	5.7	5.3	4.4	3.4	2.7	2.2
Nouvelle-Zélande	76.1	79.0	78.4	77.1	77.3	78.0	83.0	84.2	84.1	83.5	83.2	83.2	8.3	6.2	6.7	7.7	7.1	6.2
Norvège[b]	78.6	80.0	81.7	82.8	82.1	81.5	83.4	84.1	85.0	85.6	85.0	84.8	5.8	4.8	3.9	3.2	3.4	3.6
Pologne	..	65.2	66.1	65.8	63.6	61.2	..	73.5	73.2	72.8	72.3	71.7	..	11.3	9.8	9.5	12.0	14.6
Portugal[b]	78.6	71.0	71.9	75.7	75.7	76.2	81.4	76.1	76.7	78.9	79.1	78.8	3.4	6.7	6.2	4.0	4.4	3.2
République slovaque	..	69.2	67.7	66.7	63.5	61.5	..	77.1	77.2	77.5	77.2	77.0	..	10.2	11.0	11.9	16.1	18.7
Espagne[b]	71.0	63.6	64.9	67.0	69.6	71.4	80.4	77.1	77.2	77.7	78.3	79.1	11.8	17.4	15.9	13.7	11.1	9.7
Suède[b]	85.2	73.2	72.4	73.5	74.8	76.1	86.7	81.7	81.0	80.7	80.9	81.2	1.8	10.7	10.8	8.8	7.5	6.3
Suisse[c]	90.0	86.8	85.9	87.2	87.2	87.3	91.1	89.8	89.9	90.1	89.6	89.4	1.2	3.4	4.4	3.2	2.7	2.3
Turquie	76.9	74.9	74.7	74.1	72.8	71.2	83.6	80.5	79.9	79.6	79.1	76.4	8.0	6.9	6.5	7.0	8.0	6.8
Royaume-Uni[b]	82.1	76.3	77.4	78.1	78.4	79.1	88.3	84.6	84.4	83.9	84.1	84.3	7.1	9.8	8.2	6.9	6.8	6.1
États-Unis[b]	80.7	79.7	80.1	80.5	80.5	80.6	85.6	84.3	84.2	84.2	84.0	83.9	5.7	5.4	4.9	4.5	4.1	3.9
Union européenne[d]	74.6	70.2	70.4	71.3	72.0	73.2	80.2	77.9	77.8	78.1	78.4	78.9	6.7	9.8	9.6	8.7	8.2	7.3
OCDE Europe[d]	75.2	70.7	70.8	71.4	71.6	72.0	80.9	77.9	77.8	78.0	78.1	78.0	6.7	9.3	9.0	8.4	8.3	7.7
Total OCDE[d]	78.2	75.6	75.9	76.0	76.1	76.3	82.8	81.2	81.2	81.2	81.2	81.1	5.4	6.9	6.5	6.4	6.3	5.8

| Indique une rupture de séries.

a) Les ratios portent sur les personnes âgées de 15 à 64 ans et sont définis par le rapport des actifs et des actifs occupés à la population d'âge actif, ou par le rapport du chômage à la population d'âge actif.
b) Personnes âgées de 16 à 64 ans.
c) Les données pour 1990 se réfèrent à l'année 1991.
d) Ne comprend que les pays ci-dessus.

Source : OCDE, *Statistiques de la population active*, *1980-2000*, partie III, à paraître.

Pour l'Autriche, la Belgique, le Danemark, la Grèce, l'Italie, le Luxembourg, les Pays-Bas et le Portugal, les données sont tirées de l'Enquête communautaire sur les forces de travail.

Tableau B. **Rapports emploi/population, taux d'activité et taux de chômage, selon le sexe, pour les personnes âgées de 15 à 64 ans**[a] *(suite)*

Femmes

Pourcentages

	Rapports emploi/population						Taux d'activité						Taux de chômage					
	1990	1996	1997	1998	1999	2000	1990	1996	1997	1998	1999	2000	1990	1996	1997	1998	1999	2000
Australie	57.1	58.7	57.8	59.2	59.3	61.6	61.5	63.8	63.0	63.9	63.6	65.5	7.2	8.0	8.1	7.3	6.7	5.9
Autriche	..	58.6	58.5	59.0	59.7	59.7	..	61.8	61.8	62.5	62.7	62.5	..	5.3	5.3	5.6	4.8	4.6
Belgique	40.8	45.6	46.7	47.5	50.2	51.9	46.1	52.0	52.9	53.8	56.0	56.6	11.5	12.4	11.6	11.7	10.3	8.3
Canada	62.7	61.5	62.2	63.6	64.7	65.8	68.3	67.9	68.3	69.1	69.8	70.5	8.1	9.3	8.9	8.0	7.3	6.7
République tchèque	..	60.6	59.9	58.7	57.4	56.9	..	63.6	63.7	64.0	64.1	63.7	..	4.7	6.0	8.2	10.5	10.6
Danemark	70.6	67.4	69.4	70.3	71.6	72.1	77.6	73.6	74.2	75.1	76.1	75.9	9.0	8.4	6.5	6.4	5.9	5.0
Finlande	71.5	59.4	60.4	61.2	63.5	64.5	73.5	69.9	69.5	69.7	71.2	72.0	2.7	15.0	13.1	12.1	10.8	10.6
France	50.3	51.7	51.5	52.3	52.9	54.3	57.2	60.3	60.1	60.8	61.3	61.7	12.1	14.3	14.2	13.9	13.7	12.0
Allemagne	52.2	55.5	55.3	56.3	56.8	57.7	56.4	61.4	61.9	62.5	62.6	63.2	7.4	9.7	10.7	9.9	9.3	8.7
Grèce	37.5	38.5	39.1	40.3	40.7	41.3	42.6	45.8	46.0	48.5	49.7	49.7	12.0	15.8	15.1	16.8	18.2	16.9
Hongrie	..	45.5	45.5	47.3	49.0	49.7	..	49.9	49.3	50.8	52.3	52.7	..	8.8	7.7	6.9	6.3	5.6
Islande[b,c]	74.5	76.5	75.6	78.3	80.2	81.0	76.8	79.8	79.1	80.9	82.3	83.3	3.0	4.1	4.4	3.3	2.5	2.8
Irlande	36.6	43.0	44.6	48.2	51.3	53.3	42.6	48.8	49.7	52.1	54.3	55.7	14.0	11.9	10.4	7.5	5.5	4.2
Italie	36.4	36.1	36.2	37.1	38.1	39.3	43.2	43.3	43.6	44.5	45.6	46.2	15.8	16.6	16.8	16.7	16.4	14.9
Japon	55.8	56.8	57.6	57.2	56.7	56.7	57.1	58.9	59.7	59.8	59.5	59.6	2.3	3.6	3.6	4.2	4.7	4.7
Corée	49.0	51.1	51.6	47.4	48.1	50.1	49.9	51.9	52.8	50.4	50.8	51.8	1.9	1.6	2.4	5.8	5.3	3.4
Luxembourg	41.4	43.6	45.4	45.6	48.5	50.0	42.5	45.7	47.1	47.6	50.2	51.7	2.5	4.7	3.7	4.2	3.3	3.2
Mexique[c]	34.2	37.4	39.7	40.0	39.6	40.1	35.7	39.3	41.7	41.5	40.7	41.2	4.3	4.9	4.7	3.6	2.7	2.5
Pays-Bas	46.7	54.8	56.9	58.9	61.3	63.4	52.4	59.6	61.3	62.5	64.4	65.7	10.9	8.1	7.2	5.8	4.9	3.5
Nouvelle-Zélande	58.5	63.4	62.7	62.1	63.0	63.5	63.2	67.5	67.2	67.1	67.4	67.5	7.3	6.1	6.7	7.4	6.6	5.9
Norvège[b]	67.2	70.4	72.2	73.6	73.8	74.0	70.7	74.1	75.3	76.1	76.1	76.5	4.9	4.9	4.1	3.3	3.0	3.2
Pologne	..	51.8	51.8	52.2	51.6	48.9	..	60.5	59.9	59.7	59.8	59.9	..	14.3	13.5	12.6	13.8	18.4
Portugal	53.3	54.2	55.5	58.3	59.6	60.4	57.1	59.5	60.3	62.1	63.0	63.6	6.7	8.8	7.9	6.1	5.4	5.1
République slovaque	..	54.6	54.0	53.5	52.1	51.5	..	62.5	62.0	61.7	62.3	63.2	..	12.7	12.9	13.2	16.4	18.6
Espagne[b]	31.6	33.0	34.3	35.7	38.3	41.1	41.8	47.0	48.0	48.7	49.9	51.8	24.4	29.8	28.4	26.7	23.2	20.6
Suède[b]	81.0	69.9	68.9	69.4	70.9	72.3	82.5	77.1	76.3	75.5	76.0	76.4	1.8	9.6	9.9	8.0	6.7	5.4
Suissec	68.7	69.3	69.8	71.0	71.8	71.6	70.6	72.3	72.7	74.2	74.5	73.9	2.6	4.2	4.0	4.3	3.6	3.2
Turquie	32.9	29.8	27.5	27.9	29.1	25.1	36.0	31.7	29.9	30.1	31.6	27.0	8.7	6.1	8.0	7.1	7.9	6.8
Royaume-Uni[b]	62.8	63.3	64.0	64.2	64.9	65.5	67.2	67.5	68.0	67.8	68.4	68.9	6.5	6.3	5.8	5.3	5.1	4.8
États-Unis[b]	64.0	66.3	67.1	67.4	67.6	67.9	67.8	70.1	70.7	70.7	70.7	70.8	5.6	5.5	5.1	4.7	4.4	4.2
Union européenne[d]	48.2	50.0	50.5	51.4	52.5	53.9	54.2	57.1	57.6	58.2	59.0	59.8	10.9	12.4	12.3	11.7	11.0	9.9
OCDE Europe[d]	48.4	50.7	51.2	52.0	52.9	53.9	54.3	57.7	58.0	58.7	59.5	60.2	10.7	12.0	11.8	11.3	11.0	10.5
Total OCDE[d]	53.3	54.9	55.6	55.9	56.5	57.1	57.3	59.7	60.3	60.5	60.9	61.3	8.1	9.0	8.7	8.5	8.2	7.8

| Indique une rupture de séries.

a) Les ratios portent sur les personnes âgées de 15 à 64 ans et sont définis par le rapport des actifs et des actifs occupés à la population d'âge actif, ou par le rapport du chômage à la population d'âge actif.
b) Personnes âgées de 16 à 64 ans.
c) Les données pour 1990 se réfèrent à l'année 1991.
d) Ne comprend que les pays ci-dessus.

Source : OCDE, *Statistiques de la population active, 1980-2000*, partie III, à paraître.
Pour l'Autriche, la Belgique, le Danemark, la Grèce, l'Italie, le Luxembourg, les Pays-Bas et le Portugal, les données sont tirées de l'Enquête communautaire sur les forces de travail.

Tableau C. **Taux de chômage, taux d'activité et rapports emploi/population selon le groupe d'âge et le sexe**
Hommes et femmes

Pourcentages

		1990 15 à 24	1990 25 à 54	1990 55 à 64	1997 15 à 24	1997 25 à 54	1997 55 à 64	1998 15 à 24	1998 25 à 54	1998 55 à 64	1999 15 à 24	1999 25 à 54	1999 55 à 64	2000 15 à 24	2000 25 à 54	2000 55 à 64
Australie	Taux de chômage	13.2	5.1	5.4	15.9	6.6	7.2	14.5	6.3	6.1	13.5	5.4	5.8	12.3	5.0	4.0
	Taux d'activité	70.4	79.9	44.1	66.8	79.6	45.1	67.6	80.0	46.6	68.4	79.6	46.9	69.0	80.5	49.0
	Rapports emploi/population	61.1	75.8	41.8	56.2	74.4	41.9	57.8	75.0	43.7	59.2	75.3	44.2	60.5	76.5	47.1
Autriche	Taux de chômage	..	..	..	7.6	4.8	5.2	7.5	5.0	6.4	5.9	4.5	4.8	6.3	4.3	6.7
	Taux d'activité	..	..	..	58.4	83.9	30.0	58.5	84.7	29.9	58.4	85.1	30.7	56.1	85.3	31.4
	Rapports emploi/population	..	..	..	54.0	79.9	28.5	54.2	80.4	28.0	54.9	81.3	29.2	52.5	81.6	29.2
Belgique	Taux de chômage	14.5	6.5	3.5	21.3	7.9	4.7	20.4	8.4	5.3	22.6	7.4	5.7	15.2	5.8	3.2
	Taux d'activité	35.5	76.7	22.2	32.0	81.0	23.1	32.6	81.2	23.8	32.9	82.5	26.2	35.7	82.8	25.9
	Rapports emploi/population	30.4	71.7	21.4	25.2	74.6	22.0	26.0	74.4	22.5	25.5	76.4	24.7	30.3	77.9	25.0
Canada	Taux de chômage	12.4	7.3	6.0	16.2	7.8	7.6	15.1	7.1	6.9	14.0	6.4	5.9	12.6	5.7	5.4
	Taux d'activité	69.7	84.2	49.3	61.5	83.9	48.2	61.9	84.3	48.6	63.5	84.6	49.9	64.4	84.8	51.2
	Rapports emploi/population	61.1	78.0	46.3	51.5	77.3	44.5	52.5	78.3	45.3	54.6	79.2	46.9	56.3	79.9	48.4
République tchèque	Taux de chômage	..	..	..	8.6	4.1	3.6	12.4	5.5	3.8	17.0	7.5	4.8	17.0	7.7	5.2
	Taux d'activité	..	..	..	48.3	88.7	39.7	49.1	88.5	38.6	48.3	88.6	39.4	46.1	88.4	38.2
	Rapports emploi/population	..	..	..	44.2	85.0	38.3	43.0	83.7	37.1	40.1	81.9	37.5	38.3	81.6	36.3
Danemark	Taux de chômage	11.5	7.9	6.1	8.1	4.8	5.1	7.2	4.6	5.1	10.0	4.3	4.2	6.7	4.1	4.0
	Taux d'activité	73.5	91.2	57.1	74.2	87.0	54.1	71.6	87.5	53.1	73.3	88.2	56.6	71.9	87.9	56.9
	Rapports emploi/population	65.0	84.0	53.6	68.2	82.8	51.4	66.4	83.4	50.4	66.0	84.4	54.2	67.1	84.3	54.6
Finlande	Taux de chômage	9.1	2.1	2.7	25.3	10.7	15.0	23.8	9.5	14.0	21.5	8.4	10.2	21.6	8.0	9.4
	Taux d'activité	57.4	89.7	43.6	44.6	86.8	42.0	45.8	87.1	42.0	49.4	87.7	43.9	50.6	87.9	46.6
	Rapports emploi/population	52.0	87.8	42.6	33.3	77.5	35.7	34.9	78.9	36.2	38.8	80.3	39.2	39.8	80.9	42.3
France	Taux de chômage	19.1	8.0	6.7	28.1	11.1	8.5	25.4	10.8	8.7	26.6	10.7	8.7	20.7	9.2	7.9
	Taux d'activité	36.4	84.1	38.1	28.0	86.0	36.7	28.0	86.2	36.1	28.4	86.2	37.4	29.5	86.2	37.2
	Rapports emploi/population	29.5	77.4	35.6	20.1	76.4	33.6	20.9	76.8	33.0	20.8	77.0	34.2	23.3	78.3	34.2
Allemagne	Taux de chômage	5.6	5.7	11.6	10.2	8.9	15.3	9.0	8.4	14.7	8.2	7.8	14.4	7.7	7.3	13.5
	Taux d'activité	59.8	78.0	41.6	51.0	84.2	45.2	51.3	85.1	45.0	52.0	85.7	44.4	52.5	86.5	44.7
	Rapports emploi/population	56.4	73.6	36.8	45.8	76.7	38.3	46.7	78.0	38.4	47.7	79.0	38.0	48.4	80.2	38.6
Grèce	Taux de chômage	23.3	5.1	1.6	31.0	7.7	3.2	29.7	9.0	3.2	31.7	9.8	4.4	29.5	9.6	3.8
	Taux d'activité	39.4	72.2	41.5	35.5	75.5	42.1	40.0	76.8	40.4	39.3	77.6	40.2	38.1	77.6	40.6
	Rapports emploi/population	30.3	68.5	40.8	24.5	69.7	40.7	28.1	69.9	39.1	26.8	70.0	38.4	26.9	70.2	39.0
Hongrie	Taux de chômage	..	..	..	15.9	7.5	5.7	13.5	6.8	4.8	12.4	6.2	2.7	12.1	5.6	3.0
	Taux d'activité	..	..	..	37.3	75.9	18.3	40.8	75.4	17.4	40.7	77.1	19.9	39.0	77.4	22.9
	Rapports emploi/population	..	..	..	31.3	70.2	17.3	35.3	70.3	16.6	35.7	72.3	19.4	34.3	73.0	22.2
Islande[a, b]	Taux de chômage	4.9	2.2	2.1	7.7	3.0	3.1	6.0	2.1	1.6	4.4	1.4	1.4	4.7	1.7	1.7
	Taux d'activité	59.5	90.1	87.2	60.3	91.0	86.4	65.5	90.8	88.1	68.1	92.1	87.1	71.6	92.2	85.7
	Rapports emploi/population	56.6	88.1	85.4	55.7	88.2	83.7	61.6	88.9	86.7	65.1	90.9	85.9	68.3	90.6	84.2

Tableau C. Taux de chômage, taux d'activité et rapports emploi/population selon le groupe d'âge et le sexe *(suite)*

Hommes et femmes

Pourcentages

		1990 15 à 24	1990 25 à 54	1990 55 à 64	1997 15 à 24	1997 25 à 54	1997 55 à 64	1998 15 à 24	1998 25 à 54	1998 55 à 64	1999 15 à 24	1999 25 à 54	1999 55 à 64	2000 15 à 24	2000 25 à 54	2000 55 à 64
Irlande	Taux de chômage	17.7	12.5	8.4	16.2	9.6	6.2	11.7	7.3	5.1	8.5	5.3	4.2	6.4	4.0	2.5
	Taux d'activité	50.3	68.5	42.1	45.4	74.2	42.6	48.6	76.0	43.9	50.7	77.2	45.7	51.6	78.5	46.3
	Rapports emploi/population	41.4	60.0	38.6	38.1	67.1	40.0	43.0	70.5	41.6	46.3	73.1	43.7	48.2	75.3	45.2
Italie	Taux de chômage	28.9	6.6	1.8	33.6	9.6	4.4	33.8	9.8	4.7	32.9	9.5	4.9	31.5	8.8	4.7
	Taux d'activité	46.8	72.8	32.5	38.0	72.4	28.6	38.4	73.4	29.0	38.1	73.9	28.9	38.1	74.2	28.6
	Rapports emploi/population	33.3	68.0	32.0	25.2	65.5	27.3	25.4	66.2	27.7	25.5	66.9	27.5	26.1	67.7	27.3
Japon	Taux de chômage	4.3	1.6	2.7	6.6	2.8	3.9	7.7	3.4	5.0	9.3	4.0	5.4	9.2	4.1	5.6
	Taux d'activité	44.1	80.9	64.7	48.6	82.2	66.9	48.3	82.1	67.1	47.2	81.9	67.1	47.0	81.9	66.5
	Rapports emploi/population	42.2	79.6	62.9	45.3	79.9	64.2	44.6	79.2	63.8	42.9	78.7	63.4	42.7	78.6	62.7
Corée	Taux de chômage	7.0	1.9	0.8	7.7	2.1	1.1	16.0	6.3	4.0	14.2	5.8	4.5	10.2	3.7	2.6
	Taux d'activité	35.0	74.6	62.4	34.4	76.6	64.4	31.3	75.0	61.5	31.3	74.7	60.9	31.8	75.2	59.2
	Rapports emploi/population	32.5	73.2	61.9	31.7	75.0	63.7	26.3	70.3	59.0	26.8	70.4	58.1	28.5	72.4	57.6
Luxembourg	Taux de chômage	3.7	1.4	0.8	7.3	2.1	0.9	6.4	2.5	0.6	6.8	2.0	1.0	6.4	2.0	1.4
	Taux d'activité	44.7	72.8	28.4	37.4	76.0	24.0	35.3	76.7	25.1	34.0	78.3	26.5	34.0	79.8	27.6
	Rapports emploi/population	43.1	71.8	28.2	34.7	74.4	23.7	33.1	74.7	25.0	31.7	76.7	26.3	31.8	78.2	27.2
Mexique[b]	Taux de chômage	5.4	2.2	1.0	6.3	2.5	1.1	5.3	2.2	1.0	3.4	1.8	0.8	4.4	1.5	1.2
	Taux d'activité	52.2	65.9	54.6	53.5	70.1	56.1	54.0	69.8	54.4	52.5	69.1	55.7	51.8	69.3	53.5
	Rapports emploi/population	49.3	64.4	54.1	50.1	68.4	55.4	51.1	68.3	53.9	50.8	67.8	55.2	49.6	68.3	52.8
Pays-Bas	Taux de chômage	11.1	7.2	3.8	9.7	4.8	3.9	8.8	3.7	2.3	7.4	3.0	2.7	5.3	2.3	1.9
	Taux d'activité	59.6	76.0	30.9	63.1	81.8	32.7	66.1	82.3	33.8	67.7	83.0	36.3	72.2	83.6	38.6
	Rapports emploi/population	53.0	70.6	29.7	56.9	77.8	31.4	60.3	79.3	33.0	62.7	80.6	35.3	68.4	81.7	37.9
Nouvelle-Zélande	Taux de chômage	14.1	6.0	4.6	13.1	5.3	4.0	14.6	6.1	4.6	13.7	5.4	5.0	13.2	4.5	4.7
	Taux d'activité	67.9	81.2	43.8	66.9	82.1	56.8	65.2	81.8	58.4	63.3	82.1	59.9	63.0	82.3	60.0
	Rapports emploi/population	58.3	76.3	41.8	58.1	77.8	54.5	55.7	76.8	55.7	54.6	77.6	57.0	54.7	78.6	57.2
Norvège[a]	Taux de chômage	11.8	4.2	2.1	10.6	3.0	1.9	9.1	2.4	1.8	9.6	2.4	1.1	10.2	2.6	1.3
	Taux d'activité	60.5	85.9	63.1	61.6	87.7	67.3	63.8	87.9	68.4	63.9	87.6	68.0	64.7	87.6	68.0
	Rapports emploi/population	53.4	82.3	61.8	55.1	85.0	66.0	57.9	85.8	67.2	57.8	85.5	67.3	57.7	85.2	67.1
Pologne	Taux de chômage	..	..	..	24.7	10.0	5.3	23.2	9.5	5.9	30.0	10.8	7.7	35.2	13.9	9.4
	Taux d'activité	..	..	..	38.3	82.9	35.5	37.3	82.9	34.3	34.7	82.6	35.2	37.8	82.4	31.3
	Rapports emploi/population	..	..	..	28.8	74.7	33.6	28.6	75.0	32.3	24.3	73.7	32.5	24.6	71.0	28.4
Portugal	Taux de chômage	10.4	3.7	1.7	14.1	5.7	5.2	9.4	4.2	3.5	9.1	4.1	3.6	8.4	3.4	3.3
	Taux d'activité	58.4	79.8	47.6	44.2	83.4	49.4	47.5	84.0	52.3	47.6	84.3	53.2	45.8	84.7	53.5
	Rapports emploi/population	52.4	76.9	46.8	37.9	78.6	46.8	43.0	80.4	50.5	43.3	80.8	51.3	41.9	81.9	51.7
République slovaque	Taux de chômage	..	..	..	21.7	9.9	10.6	23.6	10.2	11.6	32.1	13.1	15.6	35.2	15.5	18.3
	Taux d'activité	..	..	..	48.1	88.0	68.8	48.3	87.4	69.4	48.1	87.6	69.1	47.2	88.4	68.9
	Rapports emploi/population	..	..	..	35.7	79.3	60.6	34.0	78.4	60.0	30.2	76.1	57.2	28.4	74.7	55.4

Tableau C. **Taux de chômage, taux d'activité et rapports emploi/population selon le groupe d'âge et le sexe** (suite)

Hommes et femmes

Pourcentages

		1990 15 à 24	1990 25 à 54	1990 55 à 64	1997 15 à 24	1997 25 à 54	1997 55 à 64	1998 15 à 24	1998 25 à 54	1998 55 à 64	1999 15 à 24	1999 25 à 54	1999 55 à 64	2000 15 à 24	2000 25 à 54	2000 55 à 64
Espagne[a]	Taux de chômage	30.1	13.1	8.1	37.1	18.1	11.3	34.1	16.5	10.3	28.5	13.9	9.9	25.5	12.4	9.6
	Taux d'activité	54.9	70.3	40.0	46.6	75.3	37.8	46.4	75.6	38.8	47.4	76.2	38.7	48.2	77.4	40.7
	Rapports emploi/population	38.3	61.1	36.8	29.3	61.6	33.5	30.6	63.1	34.8	33.9	65.6	34.9	35.9	67.8	36.8
Suède[a]	Taux de chômage	4.5	1.3	1.5	21.0	9.0	8.2	16.8	7.6	6.5	14.2	6.2	6.7	11.9	4.9	6.1
	Taux d'activité	69.1	92.8	70.5	50.2	88.6	68.2	50.0	88.0	67.5	51.1	88.0	68.6	52.3	88.1	69.4
	Rapports emploi/population	66.0	91.6	69.4	39.6	80.7	62.7	41.6	81.3	63.0	43.8	82.6	64.0	46.1	83.8	65.1
Suisse[b]	Taux de chômage	3.2	1.6	1.2	6.0	4.1	2.9	5.8	3.3	3.3	5.7	2.6	2.6	4.8	2.3	2.8
	Taux d'activité	71.6	85.9	72.0	67.0	86.9	72.8	67.2	87.9	73.9	68.6	87.5	73.6	68.3	87.4	72.0
	Rapports emploi/population	69.3	84.5	71.1	62.9	83.4	70.7	63.3	84.9	71.5	64.7	85.2	71.7	65.0	85.4	70.0
Turquie	Taux de chômage	16.0	5.4	3.1	14.3	4.6	1.6	14.2	4.9	1.8	15.2	5.8	1.8	13.2	5.0	2.3
	Taux d'activité	54.7	65.1	44.1	46.2	61.7	40.5	45.1	62.1	41.1	46.4	62.1	41.3	41.8	59.2	36.1
	Rapports emploi/population	45.9	61.6	42.7	39.6	58.9	39.9	38.7	59.0	40.3	39.3	58.5	40.6	36.3	56.2	35.3
Royaume-Uni[a]	Taux de chômage	10.1	5.8	7.2	13.5	5.9	6.3	12.3	5.0	5.3	12.3	4.9	5.1	11.8	4.4	4.4
	Taux d'activité	78.0	83.9	53.0	70.5	83.3	51.7	69.5	83.3	51.0	69.2	83.8	52.1	69.7	84.1	52.8
	Rapports emploi/population	70.1	79.0	49.2	61.0	78.4	48.5	61.0	79.1	48.3	60.7	79.7	49.4	61.5	80.4	50.5
États-Unis[a]	Taux de chômage	11.2	4.6	3.3	11.3	3.9	2.9	10.4	3.5	2.6	9.9	3.2	2.7	9.3	3.1	2.5
	Taux d'activité	67.3	83.5	55.9	65.4	84.1	58.9	65.9	84.1	59.3	65.5	84.1	59.3	65.9	84.1	59.2
	Rapports emploi/population	59.8	79.7	54.0	58.0	80.9	57.2	59.0	81.1	57.7	59.0	81.4	57.7	59.8	81.5	57.7
Union européenne[c]	Taux de chômage	15.8	6.8	6.4	20.5	9.3	9.4	18.7	8.7	8.9	17.6	8.2	8.5	15.6	7.3	8.0
	Taux d'activité	54.7	78.7	41.0	46.7	81.3	40.8	47.2	81.7	40.7	47.5	82.1	41.4	48.3	82.7	41.8
	Rapports emploi/population	46.1	73.4	38.4	37.1	73.8	37.0	38.3	74.6	37.1	39.1	75.4	37.8	40.8	76.6	38.5
OCDE Europe[c]	Taux de chômage	15.5	6.6	5.9	19.0	8.6	8.4	17.7	8.2	8.1	17.7	8.0	8.1	16.5	7.6	8.1
	Taux d'activité	55.0	77.4	41.9	46.1	79.6	41.7	46.3	79.9	41.6	46.5	80.1	42.2	46.4	80.2	42.0
	Rapports emploi/population	46.5	72.3	39.5	37.3	72.7	38.1	38.1	73.3	38.2	38.3	73.7	38.8	38.7	74.1	38.6
Total OCDE[c]	Taux de chômage	11.6	4.8	4.1	13.4	6.0	5.4	12.8	5.9	5.5	12.5	5.7	5.6	11.8	5.3	5.5
	Taux d'activité	55.8	78.9	50.4	51.7	80.4	50.8	51.9	80.4	50.8	51.8	80.4	51.3	51.9	80.5	51.0
	Rapports emploi/population	49.3	75.1	48.3	44.7	75.6	48.0	45.2	75.6	48.0	45.3	75.8	48.4	45.7	76.2	48.2

| Indique une rupture de séries.
a) 16 à 24 ans au lieu de 15 à 24 ans.
b) 1991 au lieu de 1990.
c) Ne comprend que les pays ci-dessus.

Source: OCDE, *Statistiques de la population active, 1980-2000*, partie III, à paraître.
Pour l'Autriche, la Belgique, le Danemark, la Grèce, l'Italie, le Luxembourg, les Pays-Bas et le Portugal, les données sont tirées de l'Enquête communautaire sur les forces de travail.

Tableau C. **Taux de chômage, taux d'activité et rapports emploi/population selon le groupe d'âge et le sexe**

Hommes

Pourcentages

		1990 15 à 24	1990 25 à 54	1990 55 à 64	1997 15 à 24	1997 25 à 54	1997 55 à 64	1998 15 à 24	1998 25 à 54	1998 55 à 64	1999 15 à 24	1999 25 à 54	1999 55 à 64	2000 15 à 24	2000 25 à 54	2000 55 à 64
Australie	Taux de chômage	13.9	4.9	6.3	17.1	6.6	8.7	15.7	6.7	7.0	14.7	5.5	6.3	13.1	5.2	4.9
	Taux d'activité	73.0	93.1	63.2	68.7	90.6	59.5	69.9	90.4	60.5	70.8	90.0	61.7	69.8	90.3	61.5
	Rapports emploi/population	62.8	88.5	59.2	56.9	84.6	54.3	59.0	84.3	56.3	60.3	85.0	57.8	60.6	85.6	58.5
Autriche	Taux de chômage	..	..	..	7.8	4.5	6.0	7.4	4.9	6.6	5.5	4.5	5.3	6.9	4.2	7.1
	Taux d'activité	..	..	..	61.4	93.3	43.0	61.7	93.8	42.5	62.6	93.8	43.9	60.7	93.6	44.5
	Rapports emploi/population	..	..	..	56.6	89.1	40.5	57.1	89.2	39.6	59.2	89.6	41.6	56.5	89.7	41.4
Belgique	Taux de chômage	10.1	4.0	3.1	17.6	6.2	4.8	18.3	6.6	5.3	22.7	6.1	4.5	12.9	4.6	3.4
	Taux d'activité	37.0	92.2	35.4	34.7	92.1	33.9	35.7	91.7	33.9	35.5	91.8	36.8	38.7	92.1	36.3
	Rapports emploi/population	33.3	88.5	34.3	28.5	86.4	32.2	29.2	85.7	32.1	27.5	86.2	35.1	33.7	87.9	35.1
Canada	Taux de chômage	13.6	7.2	6.2	17.1	8.0	7.6	16.6	7.2	7.0	15.3	6.5	6.3	13.9	5.7	5.4
	Taux d'activité	72.2	93.1	64.3	63.5	90.9	59.6	63.5	91.0	58.8	65.3	91.1	60.7	65.9	91.1	61.0
	Rapports emploi/population	62.3	86.4	60.3	52.7	83.6	55.1	52.9	84.4	54.7	55.4	85.1	56.9	56.7	85.9	57.7
République tchèque	Taux de chômage	..	..	..	7.5	3.2	3.1	10.7	3.9	3.6	15.9	5.9	4.6	16.7	6.0	5.0
	Taux d'activité	..	..	..	56.1	95.2	56.3	55.7	95.1	55.1	54.2	95.1	56.2	51.3	94.9	54.5
	Rapports emploi/population	..	..	..	51.9	92.2	54.6	49.8	91.4	53.2	45.6	89.5	53.6	42.8	89.3	51.7
Danemark	Taux de chômage	11.4	7.5	5.2	6.6	4.1	4.4	6.7	3.2	4.2	9.5	3.7	3.2	6.5	3.5	3.9
	Taux d'activité	76.5	94.5	69.2	77.7	92.5	63.8	71.5	91.9	61.1	76.7	92.7	61.9	75.2	91.5	64.5
	Rapports emploi/population	67.8	87.4	65.6	72.5	88.7	61.0	66.7	88.9	58.5	69.5	89.3	59.9	70.3	88.3	61.9
Finlande	Taux de chômage	10.4	2.5	1.8	25.5	10.4	15.0	23.2	9.0	14.0	21.0	7.9	10.9	21.2	7.2	9.3
	Taux d'activité	58.1	92.9	47.1	45.6	89.5	44.5	46.5	90.2	44.5	49.7	90.5	45.4	50.4	90.8	48.1
	Rapports emploi/population	52.1	90.6	46.3	33.9	80.2	37.8	35.7	82.1	38.3	39.3	83.4	40.1	39.8	84.1	43.7
France	Taux de chômage	15.3	5.9	6.0	24.6	9.7	8.6	21.9	9.3	8.3	24.2	9.0	8.7	18.4	7.6	7.6
	Taux d'activité	39.6	95.4	45.8	31.4	94.8	42.0	30.9	94.5	41.3	32.1	94.1	42.6	32.7	94.1	41.6
	Rapports emploi/population	33.6	89.8	43.0	23.7	85.6	38.4	24.2	85.8	37.9	24.3	85.7	38.9	26.7	87.0	38.4
Allemagne	Taux de chômage	5.3	4.7	9.9	10.7	8.2	14.1	9.7	7.8	13.6	8.6	7.2	13.4	8.1	6.7	12.6
	Taux d'activité	62.0	91.2	57.7	55.3	93.3	55.6	55.9	94.1	55.4	56.6	94.8	54.9	57.1	95.8	55.2
	Rapports emploi/population	58.7	86.9	52.0	49.3	85.7	47.8	50.5	86.8	47.9	51.7	88.0	47.5	52.5	89.4	48.2
Grèce	Taux de chômage	15.1	3.2	1.8	22.2	4.9	3.3	21.4	5.7	2.9	23.0	6.2	4.1	22.1	6.1	3.5
	Taux d'activité	44.1	94.3	59.5	38.7	94.6	61.0	43.5	94.4	57.5	41.3	94.5	57.1	41.0	94.3	57.3
	Rapports emploi/population	37.4	91.3	58.4	30.1	89.9	59.0	34.2	89.0	55.8	31.8	88.7	54.8	31.9	88.6	55.3
Hongrie	Taux de chômage	..	..	..	16.9	8.2	6.3	14.8	7.3	4.7	13.2	6.7	3.4	13.0	6.2	3.7
	Taux d'activité	..	..	..	43.6	85.0	27.8	46.5	82.8	26.9	46.2	84.4	30.8	44.4	84.5	34.5
	Rapports emploi/population	..	..	..	36.2	78.0	26.1	39.6	76.8	25.6	40.0	78.7	29.7	38.7	79.2	33.2
Islande[a, b]	Taux de chômage	5.8	1.8	1.0	8.3	2.3	2.8	6.4	1.3	1.8	4.4	0.7	0.9	5.7	1.1	0.5
	Taux d'activité	60.1	97.0	93.5	59.2	96.7	91.7	63.8	96.1	93.3	66.2	97.1	94.1	70.1	96.1	94.7
	Rapports emploi/population	56.6	95.2	92.6	54.3	94.5	89.1	59.7	94.8	91.6	63.3	96.4	93.2	66.1	95.1	94.2

Annexe statistique – 233

© OCDE 2001

Tableau C. **Taux de chômage, taux d'activité et rapports emploi/population selon le groupe d'âge et le sexe** *(suite)*

Hommes

Pourcentages

		1990 15 à 24	1990 25 à 54	1990 55 à 64	1997 15 à 24	1997 25 à 54	1997 55 à 64	1998 15 à 24	1998 25 à 54	1998 55 à 64	1999 15 à 24	1999 25 à 54	1999 55 à 64	2000 15 à 24	2000 25 à 54	2000 55 à 64
Irlande	Taux de chômage	19.0	12.0	8.5	16.9	9.8	6.5	12.1	7.7	5.3	8.7	5.7	4.2	6.1	4.3	2.6
	Taux d'activité	53.2	91.8	65.0	48.8	90.4	61.7	52.5	91.5	63.1	54.3	91.6	64.3	56.1	92.0	64.7
	Rapports emploi/population	43.1	80.9	59.5	40.6	81.5	57.7	46.2	84.4	59.7	49.6	86.4	61.6	52.7	88.1	63.0
Italie	Taux de chômage	23.4	3.9	1.7	28.7	7.5	4.6	30.2	7.3	4.7	28.6	6.9	4.6	28.4	6.4	4.6
	Taux d'activité	50.7	94.0	51.7	42.2	89.8	43.5	43.7	90.5	43.5	42.4	90.5	42.8	42.2	90.4	42.2
	Rapports emploi/population	38.8	90.2	50.9	30.1	83.0	41.5	30.5	83.9	41.5	30.3	84.3	40.8	30.2	84.6	40.3
Japon	Taux de chômage	4.5	1.4	3.4	6.9	2.5	5.0	8.2	3.1	6.3	10.3	3.7	6.7	10.4	3.9	6.8
	Taux d'activité	43.4	97.5	83.3	49.4	97.6	85.1	48.8	97.3	85.2	47.7	97.1	85.2	47.4	97.1	84.1
	Rapports emploi/population	41.4	96.2	80.4	46.0	95.1	80.9	44.8	94.3	79.8	42.8	93.6	79.5	42.5	93.5	78.4
Corée	Taux de chômage	9.5	2.5	1.2	9.5	2.4	1.5	20.8	7.1	5.4	17.9	6.6	6.2	12.9	4.3	3.7
	Taux d'activité	28.4	94.6	77.2	28.2	94.0	79.9	26.3	93.6	75.5	26.5	92.3	73.6	26.7	92.0	70.8
	Rapports emploi/population	25.7	92.2	76.3	25.5	91.8	78.7	20.8	86.9	71.4	21.7	86.2	69.0	23.3	88.0	68.2
Luxembourg	Taux de chômage	2.7	1.1	1.1	5.6	1.5	0.8	5.8	1.7	0.0	6.2	1.4	0.7	5.7	1.4	2.0
	Taux d'activité	45.7	95.1	43.2	39.4	93.4	35.8	37.2	94.4	35.1	36.0	94.2	35.6	37.4	94.2	38.6
	Rapports emploi/population	44.5	94.0	42.7	37.2	92.0	35.5	35.1	92.8	35.1	33.7	92.9	35.4	35.3	92.8	37.9
Mexique[b]	Taux de chômage	5.2	1.5	1.0	5.4	2.0	.9	4.7	1.9	1.1	2.7	1.6	1.1	4.2	1.4	1.4
	Taux d'activité	71.2	96.8	85.9	71.7	96.9	83.7	71.8	96.7	83.3	69.8	96.4	82.5	68.4	96.3	80.9
	Rapports emploi/population	67.5	95.4	85.1	67.8	95.0	82.9	68.4	94.8	82.4	67.9	94.8	81.7	65.6	95.0	79.8
Pays-Bas	Taux de chômage	10.3	5.0	2.8	9.2	3.6	3.2	8.3	2.6	1.8	6.6	2.1	2.1	4.7	1.7	1.7
	Taux d'activité	60.0	93.4	45.8	64.3	93.5	44.4	67.3	93.5	47.0	67.4	93.4	49.8	73.4	93.8	50.8
	Rapports emploi/population	53.8	88.8	44.5	58.4	90.1	43.0	61.7	91.0	46.2	62.9	91.5	48.8	69.9	92.2	49.9
Nouvelle-Zélande	Taux de chômage	14.9	6.6	4.9	13.2	5.3	4.7	15.6	6.0	4.9	14.6	5.5	5.5	14.1	4.4	5.4
	Taux d'activité	71.4	93.4	56.8	69.6	92.0	69.3	67.9	91.4	70.6	66.9	91.1	71.7	65.9	91.3	72.2
	Rapports emploi/population	60.7	87.2	54.0	60.4	87.2	66.0	57.3	85.9	67.1	57.2	86.0	67.7	56.6	87.3	68.3
Norvège[a]	Taux de chômage	12.4	4.7	3.0	10.2	3.0	2.1	8.9	2.3	2.0	9.6	2.6	1.3	9.5	2.9	1.8
	Taux d'activité	63.9	92.3	72.8	64.8	92.2	74.9	66.4	92.4	76.0	66.7	91.8	74.5	67.5	91.4	74.4
	Rapports emploi/population	56.0	88.0	70.7	58.2	89.5	73.3	60.5	90.2	74.5	60.2	89.4	73.6	60.2	88.7	73.1
Pologne	Taux de chômage	..	..	..	22.0	8.2	5.6	21.5	8.0	6.2	28.3	10.0	8.7	33.3	12.1	9.1
	Taux d'activité	..	..	..	42.3	89.4	45.3	41.0	89.3	44.5	37.9	88.7	45.8	40.9	88.3	40.4
	Rapports emploi/population	..	..	..	33.0	82.1	42.7	32.2	82.2	41.7	27.2	79.8	41.8	27.7	77.6	36.7
Portugal	Taux de chômage	7.9	2.4	1.9	11.0	5.0	6.4	8.2	3.1	3.8	7.5	3.7	4.4	5.5	2.7	3.8
	Taux d'activité	63.8	94.0	65.9	48.5	92.7	62.2	51.1	93.1	66.8	51.8	93.2	65.3	50.5	92.7	65.0
	Rapports emploi/population	58.7	91.7	64.6	43.1	88.0	58.2	46.9	90.2	64.2	47.9	89.7	62.4	47.7	90.2	62.5
République slovaque	Taux de chômage	..	..	..	21.1	8.9	7.1	23.8	9.4	7.1	32.1	12.7	10.4	36.4	15.2	13.5
	Taux d'activité	..	..	..	53.6	94.1	39.4	54.5	93.7	42.0	53.3	93.7	41.1	51.6	93.9	41.0
	Rapports emploi/population	..	..	..	38.5	85.7	36.6	35.8	84.7	39.0	31.4	81.6	36.9	28.5	79.6	35.5

Tableau C. **Taux de chômage, taux d'activité et rapports emploi/population selon le groupe d'âge et le sexe** (*suite*)

Hommes
Pourcentages

		1990 15 à 24	1990 25 à 54	1990 55 à 64	1997 15 à 24	1997 25 à 54	1997 55 à 64	1998 15 à 24	1998 25 à 54	1998 55 à 64	1999 15 à 24	1999 25 à 54	1999 55 à 64	2000 15 à 24	2000 25 à 54	2000 55 à 64
Espagne[a]	Taux de chômage	23.2	9.3	8.4	30.3	13.6	10.8	27.1	11.5	9.6	21.7	9.2	9.4	19.5	7.9	8.8
	Taux d'activité	61.7	94.3	62.4	51.6	92.6	56.6	51.7	92.7	57.7	52.7	92.7	57.8	53.2	92.8	60.3
	Rapports emploi/population	47.4	85.5	57.2	36.0	80.1	50.5	37.7	82.0	52.1	41.3	84.2	52.4	42.8	85.4	55.0
Suède[a]	Taux de chômage	4.5	1.3	1.3	21.6	9.2	9.5	17.5	7.8	7.8	14.8	6.5	7.3	12.3	5.2	6.9
	Taux d'activité	69.3	94.7	75.4	51.4	91.0	71.5	51.4	90.5	71.3	52.6	90.3	72.3	53.3	90.6	72.8
	Rapports emploi/population	66.1	93.5	74.4	40.3	82.6	64.7	42.4	83.4	65.8	44.8	84.4	67.1	46.7	85.8	67.8
Suisse[b]	Taux de chômage	3.0	0.8	1.4	8.0	4.0	3.1	4.7	2.8	4.0	5.6	2.2	2.5	5.6	1.6	3.0
	Taux d'activité	72.9	97.8	86.4	69.0	97.0	81.9	70.8	97.1	81.6	67.9	97.2	80.9	70.5	96.7	79.3
	Rapports emploi/population	70.7	97.0	85.2	63.5	93.2	79.3	67.5	94.3	78.4	64.1	95.1	78.9	66.5	95.2	77.0
Turquie	Taux de chômage	16.6	5.2	4.0	13.9	4.5	2.0	14.9	5.0	2.3	15.8	5.9	2.6	13.6	5.0	3.0
	Taux d'activité	71.8	94.2	61.3	61.3	92.7	57.0	59.7	92.7	58.0	60.3	91.7	55.9	56.9	89.4	53.0
	Rapports emploi/population	59.9	89.3	58.8	52.8	88.5	55.9	50.8	88.1	56.7	50.8	86.3	54.4	49.1	84.9	51.4
Royaume-Uni[a]	Taux de chômage	11.1	5.6	8.4	15.6	6.7	7.8	14.0	5.4	6.8	14.1	5.4	6.4	13.2	4.8	5.5
	Taux d'activité	83.5	94.8	68.1	74.6	91.6	63.6	73.2	91.4	62.6	73.2	91.6	63.5	73.7	91.9	63.3
	Rapports emploi/population	74.2	89.5	62.4	63.0	85.4	58.6	63.0	86.4	58.3	62.9	86.7	59.4	63.9	87.5	59.8
États-Unis[a]	Taux de chômage	11.6	4.6	3.8	11.8	3.7	3.1	11.1	3.3	2.8	10.3	3.0	2.7	9.7	2.9	2.4
	Taux d'activité	71.8	93.4	67.8	68.2	91.8	67.6	68.4	91.8	68.1	68.0	91.7	67.9	68.6	91.6	67.3
	Rapports emploi/population	63.5	89.1	65.2	60.1	88.4	65.5	60.8	88.8	66.2	61.0	89.0	66.1	62.0	89.0	65.6
Union européenne[c]	Taux de chômage	13.6	5.3	6.2	18.8	8.1	9.3	17.3	7.4	8.6	16.3	6.8	8.3	14.3	6.1	7.8
	Taux d'activité	58.6	93.7	56.6	50.6	92.5	52.7	51.2	92.6	52.4	51.5	92.7	52.8	52.3	93.1	53.0
	Rapports emploi/population	50.6	88.8	53.1	41.1	85.0	47.8	42.3	85.8	47.9	43.1	86.3	48.5	44.8	87.5	48.9
OCDE Europe[c]	Taux de chômage	14.0	5.2	5.8	17.5	7.5	8.1	16.7	7.0	7.7	16.8	6.9	7.5	15.6	6.4	7.3
	Taux d'activité	60.9	93.8	57.7	52.1	92.3	52.6	52.2	92.3	52.4	52.2	92.2	52.8	52.3	92.3	52.5
	Rapports emploi/population	52.4	89.0	54.4	42.9	85.4	48.3	43.4	85.9	48.4	43.4	85.9	48.8	44.1	86.4	48.7
Total OCDE[c]	Taux de chômage	11.1	4.2	4.4	13.0	5.3	5.6	12.6	5.2	5.7	12.3	5.1	5.7	11.7	4.7	5.5
	Taux d'activité	61.3	94.4	66.4	57.1	93.1	63.6	57.3	93.1	63.5	57.1	92.9	63.8	57.1	92.9	63.0
	Rapports emploi/population	54.5	90.5	63.5	49.7	88.2	60.0	50.1	88.2	59.9	50.0	88.1	60.1	50.4	88.5	59.6

| Indique une rupture de séries.
a) 16 à 24 ans au lieu de 15 à 24 ans.
b) 1991 au lieu de 1990.
c) Ne comprend que les pays ci-dessus.
Source : OCDE, *Statistiques de la population active, 1980-2000*, partie III, à paraître.
Pour l'Autriche, la Belgique, le Danemark, la Grèce, l'Italie, le Luxembourg, les Pays-Bas et le Portugal, les données sont tirées de l'Enquête communautaire sur les forces de travail.

Tableau C. **Taux de chômage, taux d'activité et rapports emploi/population selon le groupe d'âge et le sexe**

Femmes

Pourcentages

		1990 15 à 24	1990 25 à 54	1990 55 à 64	1997 15 à 24	1997 25 à 54	1997 55 à 64	1998 15 à 24	1998 25 à 54	1998 55 à 64	1999 15 à 24	1999 25 à 54	1999 55 à 64	2000 15 à 24	2000 25 à 54	2000 55 à 64
Australie	Taux de chômage	12.4	5.5	3.0	14.5	6.5	4.2	13.2	5.7	4.4	12.0	5.3	4.7	11.5	4.6	2.4
	Taux d'activité	67.7	66.6	24.9	64.7	68.7	30.6	65.1	69.6	32.4	65.9	69.2	31.7	68.1	70.7	36.3
	Rapports emploi/population	59.3	63.0	24.2	55.4	64.2	29.3	56.5	65.6	31.0	58.0	65.6	30.3	60.4	67.4	35.4
Autriche	Taux de chômage	..	..	..	7.3	5.0	3.3	7.6	5.2	5.7	6.4	4.6	3.4	5.6	4.4	5.9
	Taux d'activité	..	..	..	55.4	74.4	17.9	55.5	75.5	18.1	54.2	76.3	18.3	51.5	76.8	18.9
	Rapports emploi/population	..	..	..	51.4	70.7	17.3	51.3	71.6	17.1	50.7	72.8	17.6	48.6	73.5	17.8
Belgique	Taux de chômage	19.2	10.3	4.9	25.7	10.2	4.3	23.0	10.7	5.4	22.4	9.0	8.1	18.2	7.4	2.8
	Taux d'activité	34.1	60.8	9.9	29.3	69.7	13.0	29.4	70.5	14.2	30.1	72.9	16.1	32.6	73.2	15.8
	Rapports emploi/population	27.5	54.5	9.4	21.8	62.6	12.4	22.6	62.9	13.4	23.4	66.4	14.8	26.7	67.8	15.4
Canada	Taux de chômage	11.0	7.6	5.7	15.2	7.6	7.6	13.6	6.9	6.7	12.6	6.3	5.3	11.3	5.8	5.5
	Taux d'activité	67.3	75.4	34.9	59.3	76.9	37.1	60.2	77.6	38.7	61.7	78.2	39.4	62.9	78.6	41.6
	Rapports emploi/population	59.9	69.7	33.0	50.3	71.0	34.3	52.1	72.2	36.1	53.9	73.2	37.3	55.8	74.0	39.3
République tchèque	Taux de chômage	..	..	..	10.3	5.3	4.5	14.8	7.3	4.4	18.5	9.5	5.1	17.4	9.9	5.4
	Taux d'activité	..	..	..	40.2	82.1	24.9	42.1	81.9	23.9	42.1	82.0	24.4	40.6	81.8	23.7
	Rapports emploi/population	..	..	..	36.1	77.7	23.8	35.8	76.0	22.9	34.3	74.2	23.2	33.6	73.7	22.4
Danemark	Taux de chômage	11.6	8.4	7.5	9.9	5.7	6.0	7.6	6.1	6.4	10.5	4.9	5.6	7.0	4.7	4.2
	Taux d'activité	70.4	87.7	45.8	70.4	81.7	43.9	71.6	82.9	44.3	70.1	83.5	50.6	68.8	84.3	48.2
	Rapports emploi/population	62.2	80.3	42.4	63.4	77.0	41.2	66.1	77.8	41.5	62.8	79.4	47.8	64.0	80.4	46.2
Finlande	Taux de chômage	8.3	1.6	2.8	25.0	11.1	15.0	24.5	10.1	13.9	22.2	9.0	9.4	22.0	8.8	9.4
	Taux d'activité	56.9	86.5	40.8	43.6	84.0	39.6	45.1	84.0	39.7	49.1	84.8	42.4	50.8	85.0	45.2
	Rapports emploi/population	52.2	85.1	39.7	32.7	74.6	33.7	34.1	75.6	34.2	38.2	77.1	38.4	39.9	77.6	40.9
France	Taux de chômage	23.9	10.7	7.6	32.8	12.9	8.5	30.0	12.7	9.3	29.7	12.6	8.7	23.7	11.1	8.3
	Taux d'activité	33.1	72.9	31.1	24.5	77.3	31.6	25.0	77.9	31.2	24.6	78.4	32.5	26.2	78.4	32.9
	Rapports emploi/population	25.2	65.1	28.8	16.5	67.3	28.9	17.5	68.0	28.3	17.3	68.5	29.6	20.0	69.6	30.2
Allemagne	Taux de chômage	6.0	7.1	15.2	9.6	9.8	17.3	8.2	9.2	16.4	7.7	8.5	15.9	7.2	8.0	15.0
	Taux d'activité	57.4	64.1	26.4	46.5	74.8	34.8	46.4	75.9	34.5	47.1	76.3	34.0	47.6	76.9	34.1
	Rapports emploi/population	54.0	59.6	22.4	42.1	67.4	28.8	42.6	68.9	28.8	43.5	69.7	28.6	44.2	70.8	29.0
Grèce	Taux de chômage	32.6	8.6	1.2	40.6	11.9	3.1	39.3	13.9	3.7	41.0	15.2	5.0	37.7	14.7	4.4
	Taux d'activité	35.3	51.5	24.3	32.6	57.5	25.1	36.6	59.9	24.5	37.4	61.5	24.4	35.4	61.7	25.5
	Rapports emploi/population	23.8	47.1	24.0	19.4	50.7	24.4	22.2	51.6	23.6	22.1	52.1	23.1	22.0	52.6	24.4
Hongrie	Taux de chômage	..	..	..	14.5	6.7	4.4	11.6	6.1	5.1	11.3	5.6	1.3	10.9	5.0	1.6
	Taux d'activité	..	..	..	30.6	67.2	10.8	34.9	68.2	10.0	35.0	70.0	11.4	33.3	70.4	13.5
	Rapports emploi/population	..	..	..	26.2	62.7	10.3	30.9	64.0	9.5	31.1	66.1	11.3	29.7	66.9	13.3
Islande[a,b]	Taux de chômage	3.9	2.6	3.4	7.1	3.9	3.5	5.6	2.9	1.4	4.4	2.1	1.9	3.6	2.4	3.2
	Taux d'activité	58.8	83.0	81.1	61.5	85.1	81.2	67.3	85.4	83.0	70.1	87.0	80.3	73.2	88.2	76.8
	Rapports emploi/population	56.5	80.8	78.3	57.2	81.8	78.4	63.5	82.9	81.9	67.0	85.1	78.8	70.6	86.0	74.4

Tableau C. **Taux de chômage, taux d'activité et rapports emploi/population selon le groupe d'âge et le sexe** (suite)

Femmes

Pourcentages

		1990 15 à 24	1990 25 à 54	1990 55 à 64	1997 15 à 24	1997 25 à 54	1997 55 à 64	1998 15 à 24	1998 25 à 54	1998 55 à 64	1999 15 à 24	1999 25 à 54	1999 55 à 64	2000 15 à 24	2000 25 à 54	2000 55 à 64
Irlande	Taux de chômage	16.1	13.5	8.3	15.3	9.3	5.2	11.2	6.6	4.6	8.3	4.8	4.3	6.9	3.6	2.4
	Taux d'activité	47.3	45.5	19.9	41.9	58.4	23.3	44.6	60.8	24.6	46.9	63.0	26.9	46.9	65.0	27.8
	Rapports emploi/population	39.6	39.3	18.2	35.5	53.0	22.1	39.6	56.8	23.5	42.9	60.0	25.7	43.7	62.7	27.1
Italie	Taux de chômage	35.4	11.3	2.0	39.9	13.1	3.8	38.4	13.9	4.7	38.3	13.6	5.6	35.3	12.5	4.9
	Taux d'activité	43.0	52.1	15.0	33.8	55.1	15.0	33.1	56.2	15.5	33.8	57.3	15.9	34.0	57.9	15.9
	Rapports emploi/population	27.8	46.2	14.7	20.3	47.9	14.4	20.4	48.4	14.8	20.8	49.5	15.0	22.0	50.7	15.2
Japon	Taux de chômage	4.1	2.1	1.4	6.3	3.2	2.2	7.3	3.8	2.9	8.2	4.4	3.3	7.9	4.4	3.6
	Taux d'activité	44.8	64.2	47.2	47.7	66.7	49.5	47.8	66.6	49.9	46.7	66.4	49.8	46.6	66.5	49.7
	Rapports emploi/population	43.0	62.9	46.5	44.7	64.6	48.4	44.3	64.0	48.5	42.9	63.6	48.2	43.0	63.6	47.8
Corée	Taux de chômage	5.5	0.9	0.3	6.6	1.7	0.5	12.9	4.9	1.9	11.9	4.4	2.1	8.5	2.7	1.4
	Taux d'activité	40.7	54.2	49.6	39.7	58.5	50.5	35.7	56.0	48.2	35.4	56.6	48.9	36.1	57.8	48.2
	Rapports emploi/population	38.5	53.7	49.4	37.1	57.5	50.2	31.1	53.2	47.2	31.2	54.1	47.8	33.1	56.3	47.5
Luxembourg	Taux de chômage	4.7	2.2	0.0	9.2	2.9	1.2	7.1	3.9	1.9	7.4	2.9	1.5	7.3	2.9	0.0
	Taux d'activité	44.0	49.7	13.8	35.3	58.0	12.6	33.4	58.4	15.6	31.9	62.0	17.7	30.6	64.9	16.8
	Rapports emploi/population	42.0	48.6	13.8	32.1	56.3	12.5	31.0	56.2	15.3	29.5	60.2	17.5	28.3	63.0	16.8
Mexique[b]	Taux de chômage	5.8	3.8	1.0	7.8	3.5	1.8	6.4	2.7	0.5	4.5	2.1	0.2	4.7	1.7	0.7
	Taux d'activité	34.5	38.2	24.4	36.5	46.3	30.2	37.1	45.8	28.3	36.1	44.8	29.5	36.1	45.6	28.6
	Rapports emploi/population	32.5	36.8	24.2	33.6	44.7	29.6	34.7	44.6	28.1	34.5	43.9	29.4	34.4	44.8	28.4
Pays-Bas	Taux de chômage	11.9	10.9	6.3	10.3	6.5	5.5	9.3	5.1	3.5	8.2	4.1	3.9	5.9	3.0	2.1
	Taux d'activité	59.2	57.9	16.9	61.8	69.6	21.0	64.9	70.7	20.5	68.0	72.4	22.8	70.9	73.0	26.4
	Rapports emploi/population	52.2	51.6	15.8	55.4	65.1	19.8	58.9	67.1	19.8	62.5	69.4	21.9	66.7	70.9	25.8
Nouvelle-Zélande	Taux de chômage	13.2	5.4	4.0	12.9	5.4	2.9	13.5	6.2	4.1	12.8	5.3	4.1	12.1	4.6	3.5
	Taux d'activité	64.3	69.3	30.7	64.1	72.6	44.4	62.4	72.5	46.3	59.6	73.5	48.4	59.9	73.8	48.0
	Rapports emploi/population	55.8	65.6	29.5	55.7	68.7	43.1	54.0	68.1	44.4	52.0	69.6	46.3	52.7	70.3	46.3
Norvège[a]	Taux de chômage	11.0	3.9	1.9	11.1	3.1	1.7	9.4	2.4	1.6	9.5	2.2	0.8	10.9	2.3	0.7
	Taux d'activité	56.9	79.2	53.9	58.3	82.9	60.0	61.1	83.2	61.0	61.0	83.2	61.5	61.8	83.5	61.6
	Rapports emploi/population	50.7	76.1	52.8	51.8	80.3	59.0	55.3	81.2	60.0	55.2	81.4	61.1	55.0	81.6	61.2
Pologne	Taux de chômage	..	..	..	28.0	12.0	4.9	25.2	11.2	5.5	32.0	11.8	6.1	37.3	16.0	9.7
	Taux d'activité	..	..	..	34.3	76.5	27.1	33.7	76.5	25.7	31.5	76.7	26.1	34.8	76.5	23.7
	Rapports emploi/population	..	..	..	24.7	67.3	25.7	25.2	67.9	24.3	21.4	67.6	24.5	21.8	64.3	21.4
Portugal	Taux de chômage	13.3	5.4	1.4	18.0	6.5	3.4	10.7	5.5	2.9	11.1	4.7	2.4	12.0	4.1	2.6
	Taux d'activité	53.0	67.0	31.5	39.8	74.8	38.3	43.9	75.2	39.7	43.3	75.8	42.8	41.0	77.1	43.4
	Rapports emploi/population	46.0	63.4	31.1	32.6	69.9	37.0	39.2	71.1	38.6	38.5	72.2	41.7	36.1	73.9	42.3
République slovaque	Taux de chômage	..	..	..	22.6	11.0	5.8	23.4	11.2	8.8	32.1	13.4	6.7	33.8	15.8	8.7
	Taux d'activité	..	..	..	42.3	81.9	9.6	41.9	81.1	10.3	42.8	81.5	11.1	42.6	82.9	10.7
	Rapports emploi/population	..	..	..	32.7	72.8	9.0	32.1	72.1	9.5	29.0	70.6	10.3	28.2	69.8	9.8

Tableau C. Taux de chômage, taux d'activité et rapports emploi/population selon le groupe d'âge et le sexe (suite)

Femmes

Pourcentages

		1990			1997			1998			1999			2000		
		15 à 24	25 à 54	55 à 64	15 à 24	25 à 54	55 à 64	15 à 24	25 à 54	55 à 64	15 à 24	25 à 54	55 à 64	15 à 24	25 à 54	55 à 64
Espagne[a]	Taux de chômage	39.7	20.6	7.2	46.1	25.4	12.7	43.4	24.1	12.1	37.3	21.0	11.2	33.1	18.7	11.5
	Taux d'activité	47.5	46.9	19.5	41.2	58.1	20.6	40.9	58.9	21.4	41.8	60.2	21.5	42.9	62.4	22.7
	Rapports emploi/population	28.7	37.2	18.1	22.2	43.4	18.0	23.2	44.8	18.8	26.2	47.6	19.1	28.7	50.7	20.1
Suède[a]	Taux de chômage	4.4	1.2	1.6	20.3	8.7	6.7	16.1	7.3	5.2	13.6	5.9	5.9	11.4	4.6	5.3
	Taux d'activité	68.9	90.8	65.8	48.9	86.2	65.0	48.5	85.4	63.6	49.5	85.7	64.8	51.2	85.6	65.9
	Rapports emploi/population	65.9	89.7	64.8	38.9	78.6	60.7	40.7	79.1	60.3	42.8	80.6	61.0	45.4	81.7	62.5
Suisse[b]	Taux de chômage	3.4	2.6	0.7	3.8	4.2	2.6	7.0	4.0	2.1	5.7	3.2	2.8	3.9	3.1	2.5
	Taux d'activité	70.3	73.7	53.3	64.8	76.8	60.8	63.5	78.6	63.7	69.3	77.6	64.0	66.0	78.0	62.4
	Rapports emploi/population	67.9	71.8	53.0	62.3	73.5	59.2	59.1	75.5	62.4	65.4	75.1	62.2	63.4	75.6	60.8
Turquie	Taux de chômage	15.0	5.9	1.0	15.1	5.0	0.6	13.0	4.8	0.7	14.2	5.5	0.2	12.3	4.7	0.5
	Taux d'activité	39.4	36.0	26.6	31.7	29.8	24.6	31.1	30.4	24.9	32.9	31.5	27.4	27.2	27.9	20.0
	Rapports emploi/population	33.5	33.9	26.4	26.9	28.3	24.4	27.1	28.9	24.7	28.3	29.8	27.4	23.9	26.6	19.9
Royaume-Uni[a]	Taux de chômage	9.0	5.9	5.0	11.0	4.9	3.9	10.5	4.5	3.1	10.2	4.3	3.2	10.1	4.0	2.8
	Taux d'activité	72.4	72.9	38.7	66.1	75.0	40.3	65.4	75.1	39.8	65.0	75.9	41.1	65.6	76.1	42.6
	Rapports emploi/population	65.9	68.6	36.7	58.8	71.3	38.7	58.5	71.7	38.5	58.4	72.6	39.8	58.9	73.1	41.4
États-Unis[a]	Taux de chômage	10.7	4.6	2.8	10.7	4.1	2.7	9.8	3.8	2.4	9.5	3.4	2.6	8.9	3.3	2.5
	Taux d'activité	62.9	74.0	45.2	62.6	76.7	50.9	63.3	76.5	51.2	62.9	76.8	51.5	63.2	76.8	51.8
	Rapports emploi/population	56.1	70.6	44.0	55.9	73.5	49.5	57.2	73.6	50.0	57.0	74.1	50.1	57.6	74.3	50.5
Union européenne[c]	Taux de chômage	18.4	9.1	6.9	22.5	10.8	9.7	20.4	10.5	9.4	19.2	9.9	8.9	17.1	8.9	8.3
	Taux d'activité	50.8	63.7	26.5	42.6	70.0	29.5	43.1	70.7	29.5	43.4	71.5	30.3	44.3	72.2	31.0
	Rapports emploi/population	41.5	57.9	24.7	33.0	62.4	26.7	34.3	63.3	26.7	35.1	64.4	27.6	36.7	65.7	28.4
OCDE Europe[c]	Taux de chômage	17.5	8.7	6.1	21.0	10.2	8.4	19.1	9.9	8.2	18.9	9.6	7.7	17.8	9.2	7.6
	Taux d'activité	49.1	60.8	27.1	40.1	66.8	28.9	40.3	67.3	28.8	40.8	67.9	29.7	40.4	68.0	29.6
	Rapports emploi/population	40.6	55.5	25.5	31.7	59.9	26.4	32.6	60.6	26.4	33.1	61.4	27.4	33.2	61.7	27.3
Total OCDE[c]	Taux de chômage	12.1	5.8	3.6	14.0	6.8	4.8	13.1	6.7	4.7	12.8	6.4	4.7	12.0	6.1	4.6
	Taux d'activité	50.3	63.6	35.5	46.2	67.8	37.9	46.5	67.8	37.9	46.5	68.1	38.7	46.6	68.2	38.7
	Rapports emploi/population	44.2	59.9	34.2	39.7	63.2	36.0	40.4	63.2	36.1	40.6	63.7	36.8	41.0	64.1	36.9

| Indique une rupture de séries.
a) 16 à 24 ans au lieu de 15 à 24 ans.
b) 1991 au lieu de 1990.
c) Ne comprend que les pays ci-dessus.

Source: OCDE, *Statistiques de la population active, 1980-2000*, partie III, à paraître.
Pour l'Autriche, la Belgique, le Danemark, la Grèce, l'Italie, le Luxembourg, les Pays-Bas et le Portugal, les données sont tirées de l'Enquête communautaire sur les forces de travail.

Tableau D. **Taux de chômage, taux d'activité et rapports emploi/population selon le niveau d'éducation pour les personnes âgées de 25 à 64 ans, 1999**

Pourcentages

		Hommes et Femmes			Hommes			Femmes		
		Niveau inférieur au deuxième cycle de l'enseignement secondaire	Deuxième cycle de l'enseignement secondaire	Enseignement supérieur	Niveau inférieur au deuxième cycle de l'enseignement secondaire	Deuxième cycle de l'enseignement secondaire	Enseignement supérieur	Niveau inférieur au deuxième cycle de l'enseignement secondaire	Deuxième cycle de l'enseignement secondaire	Enseignement supérieur
Australie	Taux de chômage	8.4	5.1	3.4	9.2	5.2	3.6	7.6	4.9	3.1
	Taux d'activité	64.5	80.3	84.8	79.4	88.6	92.0	54.0	66.2	78.2
	Rapports emploi/population	59.1	76.2	82.0	72.1	84.0	88.7	49.9	62.9	75.7
Autriche[a]	Taux de chômage	6.9	3.6	2.0	8.0	3.4	1.8	6.0	4.0	2.2
	Taux d'activité	56.6	78.1	88.1	71.2	86.0	92.4	48.0	68.4	83.0
	Rapports emploi/population	52.6	75.3	86.4	65.5	83.1	90.7	45.1	65.6	81.2
Belgique	Taux de chômage	12.0	6.6	3.1	10.0	4.6	2.4	15.6	8.3	3.9
	Taux d'activité	55.8	79.8	88.1	71.2	88.0	92.0	42.1	70.5	84.3
	Rapports emploi/population	49.1	74.5	85.4	63.3	84.4	89.8	34.5	64.5	81.0
Canada	Taux de chômage	10.6	6.6	4.2	10.7	6.7	4.1	10.3	6.5	4.4
	Taux d'activité	61.0	80.7	86.1	73.7	88.0	90.9	47.7	72.9	81.8
	Rapports emploi/population	54.6	75.4	82.4	65.8	82.1	87.1	42.8	68.1	78.2
République tchèque	Taux de chômage	18.8	6.5	2.6	20.0	5.0	2.1	18.0	8.4	3.4
	Taux d'activité	57.8	81.7	89.8	72.3	88.7	95.1	51.1	74.1	82.3
	Rapports emploi/population	46.9	76.4	87.4	57.9	84.3	93.1	41.8	67.9	79.5
Danemark	Taux de chômage	7.0	4.1	3.0	6.8	3.3	2.6	7.2	5.1	3.5
	Taux d'activité	66.3	84.2	90.6	74.5	87.7	92.9	60.0	79.9	88.4
	Rapports emploi/population	61.7	80.7	87.9	69.5	84.8	90.5	55.6	75.8	85.3
Finlande	Taux de chômage	13.1	9.5	4.7	12.0	9.3	3.3	14.4	9.8	5.9
	Taux d'activité	67.4	82.2	88.9	70.5	85.9	90.9	64.0	78.1	87.3
	Rapports emploi/population	58.6	74.3	84.7	62.0	77.8	87.9	54.8	70.4	82.1
France	Taux de chômage	15.3	9.2	6.2	14.1	7.2	5.3	16.7	12.0	7.1
	Taux d'activité	66.6	82.8	87.2	77.2	88.5	91.2	57.7	76.1	83.5
	Rapports emploi/population	56.4	75.1	81.8	66.3	82.2	86.4	48.1	67.0	77.5
Allemagne	Taux de chômage	15.8	8.8	4.9	17.7	8.4	4.4	14.1	9.4	5.8
	Taux d'activité	58.0	76.6	87.4	75.6	83.6	90.2	47.0	70.0	82.5
	Rapports emploi/population	48.9	69.9	83.1	62.3	76.7	86.2	40.6	63.0	77.7
Grèce	Taux de chômage	8.5	10.9	7.5	5.5	6.6	5.3	13.7	17.3	10.3
	Taux d'activité	60.0	72.8	87.3	81.6	89.4	90.8	41.1	56.9	83.2
	Rapports emploi/population	54.8	64.9	80.7	77.1	83.5	86.0	35.4	47.0	74.6
Hongrie	Taux de chômage	11.1	5.8	1.4	12.6	6.0	1.5	9.5	5.2	1.1
	Taux d'activité	40.2	76.5	83.2	48.4	83.3	88.3	34.5	68.4	78.5
	Rapports emploi/population	35.8	72.1	82.1	42.3	78.4	87.1	31.2	64.9	77.6

Tableau D. Taux de chômage, taux d'activité et rapports emploi/population selon le niveau d'éducation pour les personnes âgées de 25 à 64 ans, 1999 (suite)

Pourcentages

		Hommes et Femmes			Hommes			Femmes		
		Niveau inférieur au deuxième cycle de l'enseignement secondaire	Deuxième cycle de l'enseignement secondaire	Enseignement supérieur	Niveau inférieur au deuxième cycle de l'enseignement secondaire	Deuxième cycle de l'enseignement secondaire	Enseignement supérieur	Niveau inférieur au deuxième cycle de l'enseignement secondaire	Deuxième cycle de l'enseignement secondaire	Enseignement supérieur
Islande	Taux de chômage	2.3	1.0	0.6	1.6	0.5	0.2	2.8	1.9	1.1
	Taux d'activité	88.5	91.5	95.7	95.6	96.2	98.9	83.8	84.3	92.5
	Rapports emploi/population	86.5	90.6	95.1	94.1	95.8	98.8	81.4	82.7	91.5
Irlande[a]	Taux de chômage	11.6	4.5	3.0	11.7	4.2	2.7	11.4	4.8	3.4
	Taux d'activité	60.4	75.1	87.9	80.7	91.9	94.1	37.6	62.7	80.6
	Rapports emploi/population	53.4	71.7	85.2	71.3	88.0	91.6	33.3	59.7	77.9
Italie	Taux de chômage	10.6	8.0	6.9	7.8	5.7	4.9	16.6	11.1	9.3
	Taux d'activité	53.3	76.1	86.7	75.2	85.7	91.8	32.6	66.1	81.3
	Rapports emploi/population	47.7	70.0	80.7	69.3	80.8	87.3	27.2	58.8	73.7
Japon	Taux de chômage	5.6	4.4	3.3	6.4	4.5	2.7	4.3	4.2	4.4
	Taux d'activité	72.2	77.6	82.4	88.2	95.7	97.5	56.3	61.6	64.4
	Rapports emploi/population	68.2	74.2	79.7	82.6	91.4	94.9	53.9	59.0	61.6
Corée	Taux de chômage	5.4	6.3	4.7	7.6	7.0	5.1	3.5	5.0	3.5
	Taux d'activité	70.5	71.0	78.4	85.8	89.9	91.9	61.0	49.7	54.7
	Rapports emploi/population	66.7	66.5	74.8	79.3	83.6	87.2	58.9	47.2	52.8
Luxembourg	Taux de chômage	3.7	1.1	1.0	2.8	0.8	0.6	5.0	1.7	1.8
	Taux d'activité	56.6	73.9	85.9	77.2	86.5	91.0	40.9	59.8	78.4
	Rapports emploi/population	54.5	73.0	85.0	75.0	85.8	90.5	38.9	58.8	77.0
Mexique	Taux de chômage	1.4	1.9	3.0	1.3	0.9	3.0	1.6	2.5	3.1
	Taux d'activité	64.7	63.3	85.1	94.3	96.4	94.7	37.8	53.2	71.4
	Rapports emploi/population	63.8	62.1	82.6	93.1	95.6	91.9	37.2	51.9	69.2
Pays-Bas	Taux de chômage	4.9	2.4	1.7	3.6	1.4	1.4	6.7	3.6	2.1
	Taux d'activité	59.7	80.2	88.7	78.3	87.9	92.1	44.9	71.8	84.3
	Rapports emploi/population	56.8	78.3	87.2	75.4	86.6	90.8	41.8	69.2	82.5
Nouvelle-Zélande	Taux de chômage	8.9	4.5	4.0	9.2	4.5	4.4	8.3	4.8	3.7
	Taux d'activité	65.4	83.5	84.1	78.9	91.4	91.1	53.9	74.5	78.8
	Rapports emploi/population	59.6	79.8	80.8	71.6	87.3	87.1	49.4	70.9	75.8
Norvège[a]	Taux de chômage	2.9	2.4	1.5	3.4	2.2	1.6	2.4	2.5	1.4
	Taux d'activité	69.8	85.9	91.6	80.9	90.5	93.6	59.4	81.0	89.7
	Rapports emploi/population	67.7	83.9	90.2	78.2	88.5	92.0	58.0	79.0	88.4
Pologne[a]	Taux de chômage	13.9	9.1	2.5	12.7	7.2	2.2	15.1	11.5	2.8
	Taux d'activité	57.0	78.2	89.4	68.5	84.8	92.1	47.8	71.3	87.1
	Rapports emploi/population	49.1	71.1	87.2	59.8	78.7	90.1	40.6	63.1	84.7

Tableau D. **Taux de chômage, taux d'activité et rapports emploi/population selon le niveau d'éducation pour les personnes âgées de 25 à 64 ans, 1999** *(suite)*

Pourcentages

		Hommes et Femmes			Hommes			Femmes		
		Niveau inférieur au deuxième cycle de l'enseignement secondaire	Deuxième cycle de l'enseignement secondaire	Enseignement supérieur	Niveau inférieur au deuxième cycle de l'enseignement secondaire	Deuxième cycle de l'enseignement secondaire	Enseignement supérieur	Niveau inférieur au deuxième cycle de l'enseignement secondaire	Deuxième cycle de l'enseignement secondaire	Enseignement supérieur
Portugal	Taux de chômage	4.2	5.1	2.5	3.9	4.1	3.0	4.6	6.2	2.1
	Taux d'activité	79.3	86.4	93.0	89.0	90.5	95.9	69.0	82.4	90.9
	Rapports emploi/population	75.9	82.0	90.7	85.5	86.8	93.0	65.8	77.3	89.0
Espagne	Taux de chômage	14.7	12.9	11.1	10.5	7.8	6.9	22.8	19.8	16.0
	Taux d'activité	59.8	79.9	87.2	82.2	91.2	91.4	39.5	68.4	82.7
	Rapports emploi/population	51.0	69.6	77.6	73.5	84.1	85.1	30.5	54.9	69.4
Suède	Taux de chômage	9.0	6.5	3.9	8.5	6.7	4.7	9.7	6.3	3.1
	Taux d'activité	73.1	85.1	89.0	79.6	88.0	90.0	66.5	83.7	88.1
	Rapports emploi/population	66.5	79.6	85.6	71.9	81.6	85.7	60.0	77.5	85.4
Suisse	Taux de chômage	5.0	2.3	1.7	4.1	2.3	1.3	5.7	2.4	2.9
	Taux d'activité	73.1	83.1	92.5	90.9	93.7	96.4	63.0	74.2	83.1
	Rapports emploi/population	69.4	81.1	90.9	87.1	91.5	95.1	59.4	72.4	80.7
Turquie	Taux de chômage	5.3	8.1	5.0	5.6	6.8	4.5	4.5	14.2	6.0
	Taux d'activité	59.7	69.3	83.3	87.0	90.4	88.8	28.0	33.6	72.8
	Rapports emploi/population	56.5	63.7	79.1	82.2	84.3	84.8	26.7	28.9	68.5
Royaume-Uni	Taux de chômage	10.0	4.7	2.7	12.7	5.3	3.0	7.3	4.1	2.4
	Taux d'activité	58.4	82.9	90.1	66.9	88.2	92.4	51.8	76.0	87.4
	Rapports emploi/population	52.6	78.9	87.7	58.4	84.5	89.7	48.0	73.4	85.3
États-Unis	Taux de chômage	7.7	3.7	2.1	7.0	3.9	2.1	8.8	3.6	2.1
	Taux d'activité	62.7	79.2	86.4	74.3	86.7	91.4	50.5	72.3	81.4
	Rapports emploi/population	57.8	76.2	84.6	69.1	83.4	89.5	46.0	69.7	79.7
Union européenne[b]	Taux de chômage	11.5	7.2	5.1	9.8	6.3	4.2	13.8	8.3	6.3
	Taux d'activité	61.0	79.7	88.2	77.8	86.9	91.4	46.3	72.0	84.3
	Rapports emploi/population	54.0	73.9	83.6	70.2	81.4	87.5	39.9	66.1	79.0
OCDE Europe[b]	Taux de chômage	7.0	5.1	3.1	6.5	4.1	2.5	7.6	6.5	3.8
	Taux d'activité	69.5	83.2	91.0	83.8	90.2	94.2	57.8	74.8	87.5
	Rapports emploi/population	64.6	79.0	88.2	78.4	86.5	91.8	53.4	69.9	84.2
Total OCDE[b]	Taux de chômage	6.3	4.7	2.9	5.8	4.2	2.6	6.8	5.4	3.3
	Taux d'activité	68.3	80.9	87.6	84.5	89.9	93.6	54.5	71.2	81.1
	Rapports emploi/population	64.0	77.0	85.1	79.6	86.1	91.2	50.8	67.3	78.4

a) Les données se réfèrent à l'année 1998.
b) Ne comprend que les pays ci-dessus.
Source : OCDE, *Regards sur l'éducation - Les indicateurs de l'OCDE 2001*.

Tableau E. Fréquence et composition de l'emploi total à temps partiel[a], 1990-2000
Pourcentages

Proportion du travail à temps partiel dans l'emploi

	Hommes 1990	1997	1998	1999	2000	Femmes 1990	1997	1998	1999	2000
Australie[b,c]	11.3	14.6	14.4	14.3	14.8	38.5	41.0	40.7	41.4	40.7
Autriche	..	2.6	2.7	2.8	2.6	..	21.3	22.8	24.4	24.4
Belgique	4.6	4.8	4.9	7.3	7.1	29.8	32.3	32.2	36.6	34.5
Canada	9.1	10.5	10.6	10.3	10.3	26.8	29.4	28.8	28.0	27.3
République tchèque	..	1.9	1.7	1.7	1.6	..	5.5	5.4	5.6	5.6
Danemark	10.2	11.1	9.8	8.9	8.9	29.6	24.2	25.4	22.7	23.5
Finlande[b]	4.7	6.5	6.7	6.6	7.1	10.6	12.5	13	13.5	13.9
France	4.4	5.9	5.8	5.8	5.3	21.7	25.2	25	24.7	24.3
Allemagne	2.3	4.1	4.6	4.8	4.8	29.8	31.4	32.4	33.1	33.9
Grèce	4.0	4.8	5.3	4.5	3.0	11.5	14.1	15.4	13.5	9.4
Hongrie	..	1.8	1.9	2.1	1.7	..	5.0	5	5.1	4.8
Islande[d]	7.5	10.1	9.8	9.1	8.8	39.7	36.8	38.6	35.2	33.7
Irlande	4.2	7.0	8.2	7.9	7.7	20.5	27.2	31.2	31.9	32.2
Italie	3.9	5.1	4.9	5.3	5.7	18.2	22.2	22.4	23.2	23.4
Japon[b,e]	9.5	12.9	12.9	13.4	11.8	33.4	38.3	39	39.7	39.4
Corée[b]	3.1	3.3	5.1	5.9	5.2	6.5	7.8	9.2	10.5	9.9
Luxembourg	1.6	2.0	2.6	1.6	2.1	19.1	26.2	29.6	28.3	28.9
Mexique	..	8.7	8.2	7.2	7.1	..	30.2	28.3	26.9	25.6
Pays-Bas	13.4	11.1	12.4	11.9	13.4	52.5	54.8	54.8	55.4	57.2
Nouvelle-Zélande	7.9	10.5	10.6	11.3	11.2	34.6	37.0	37.6	37.2	36.5
Norvège	6.9	7.7	7.9	8.2	8.7	39.8	36.5	35.9	35.0	33.6
Pologne[b]	..	8.2	8.0	9.3	8.8	..	16.6	16.6	18.9	17.9
Portugal	3.1	5.1	5.1	5.0	4.8	11.8	16.5	15.8	14.6	14.7
République slovaque	..	0.9	1.0	0.9	1.0	..	3.3	3.3	3.0	3.0
Espagne	1.4	3.1	2.9	2.9	2.7	11.5	16.8	16.6	16.8	16.5
Suède	5.3	6.5	5.6	7.3	7.3	24.5	22.6	22	22.3	21.4
Suisse[c,d]	6.8	7.1	7.2	7.7	8.4	42.6	45.7	45.8	46.5	44.7
Turquie	4.9	3.4	3.1	4.1	5.3	18.8	11.7	11.6	13.9	19.4
Royaume-Uni	5.3	8.2	8.2	8.5	8.4	39.5	40.9	41.2	40.6	40.8
États-Unis[f]	8.3	8.3	8.2	8.1	7.9	20.0	19.5	19.1	19.0	18.2
Union européenne[g]	4.2	5.7	5.8	6.0	6.0	27.0	29.4	29.8	29.9	30.0
OCDE Europe[g]	4.4	5.4	5.4	5.8	5.9	26.8	26.1	26.4	26.8	27.5
Total OCDE[g]	6.6	7.7	7.7	7.8	7.6	25.0	25.8	25.8	25.9	25.7

Proportion du travail à temps partiel dans l'emploi total / Part des femmes dans le travail à temps partiel

	1990	1997	1998	1999	2000	1990	1997	1998	1999	2000
Australie[b,c]	22.6	26.0	25.9	26.1	26.2	70.8	68.0	68.6	68.9	68.3
Autriche	..	10.8	11.5	12.3	12.2	..	86.3	86.9	87.2	88.1
Belgique	14.2	16.2	16.3	19.9	19.0	79.9	82.6	82.4	79.0	79.0
Canada	17.0	19.1	18.9	18.5	18.1	70.1	70.0	69.7	69.7	69.3
République tchèque	..	3.4	3.3	3.4	3.3	..	69.1	70	70.9	72.5
Danemark	19.2	17.1	17	15.3	15.7	71.5	64.3	68.7	68.4	69.8
Finlande[b]	7.5	9.4	9.6	9.9	10.4	67.2	63.4	63.8	64.9	63.8
France	12.2	14.9	14.8	14.7	14.2	79.8	78.8	79.3	79.0	80.1
Allemagne	13.4	15.8	16.6	17.1	17.6	89.7	85.1	84.1	84.1	84.5
Grèce	6.7	8.2	9	7.8	5.4	61.1	63.0	63.1	64.4	65.5
Hongrie	..	3.3	3.4	3.5	3.2	..	71.3	69.2	68.7	71.4
Islande[d]	22.2	22.4	23.2	21.2	20.4	81.6	75.8	77.4	77.1	77.0
Irlande	9.8	15.2	18	18.3	18.4	71.8	72.7	73.6	75.7	76.4
Italie	8.8	11.3	11.2	11.8	12.2	70.8	71.0	71.9	71.5	70.5
Japon[b,e]	19.2	23.3	23.6	24.1	23.1	70.5	67.0	67.5	67.0	69.7
Corée[b]	4.5	5.1	6.8	7.8	7.1	58.7	62.4	54.8	55.2	57.2
Luxembourg	7.6	11.1	12.8	12.1	13.0	86.5	89.0	87.3	91.8	90.4
Mexique	..	15.9	15	13.8	13.5	..	63.8	63.5	65.4	65.1
Pays-Bas	28.2	29.1	30	30.4	32.1	70.4	77.6	75.8	77.4	76.2
Nouvelle-Zélande	19.6	22.4	22.8	23.0	22.6	77.1	74.1	74.3	73.3	72.9
Norvège	21.8	21.0	20.8	20.7	20.3	82.7	80.1	79.6	78.8	77.0
Pologne[b]	..	11.9	11.8	13.6	12.8	..	61.1	62.2	62.4	61.7
Portugal	6.8	10.2	9.9	9.3	9.2	74.0	72.6	71.3	70.8	71.7
République slovaque	..	2.0	2.0	1.8	1.9	..	73.7	71.9	73.2	71.2
Espagne	4.6	7.9	7.7	7.9	7.8	79.5	74.8	75.9	77.0	78.6
Suède	14.5	14.2	13.5	14.5	14.0	81.1	76.3	78.1	73.7	72.9
Suisse[c,d]	22.1	24.0	24.2	24.8	24.4	82.4	83.4	83.4	82.6	80.6
Turquie	9.2	5.7	5.6	7.1	9.0	62.5	58.2	60.7	60.7	56.1
Royaume-Uni	20.1	22.9	23	22.9	23.0	85.1	80.4	80.4	79.6	79.9
États-Unis[f]	13.8	13.6	13.4	13.3	12.8	68.2	68.4	68	68.4	68.0
Union européenne[g]	13.3	15.7	15.9	16.2	16.3	80.9	79.1	79.0	78.8	79.0
OCDE Europe[g]	13.2	13.9	14.1	14.6	14.9	79.6	77.1	77.2	76.8	76.6
Total OCDE[g]	14.3	15.3	15.4	15.5	15.3	73.4	71.1	71.1	71.1	71.6

Indique une rupture de séries.
a) L'emploi à temps partiel se réfère aux actifs travaillant habituellement moins de 30 heures par semaine dans leur emploi principal. Les données incluent uniquement les personnes déclarant des heures habituelles.
b) Heures effectives au lieu des heures habituelles.
c) L'emploi à temps partiel est basé sur les heures ouvrées dans tous les emplois.
d) Les données pour l'année 1990 se réfèrent à l'année 1991.
e) Moins de 35 heures.
f) Les estimations portent sur les salariés seulement.
g) Ne comprend que les pays ci-dessus.

Notes, sources et définitions :
Pour l'Allemagne, l'Autriche, la Belgique, le Danemark, l'Espagne, la France, la Grèce, l'Irlande, l'Italie, le Luxembourg, les Pays-Bas, le Portugal et le Royaume-Uni, les données sont tirées de l'Enquête communautaire sur les forces de travail. Pour les autres pays, les données sont tirées des enquêtes nationales sur la population active. Voir OCDE, <<La définition du travail à temps partiel à des fins de comparaison internationale>>, Document hors série N° 22, Politique du marché du travail et politique sociale. Disponible sur Internet (http://www.oecd.org/els/employment/docs.htm).

Tableau F. Nombre moyen d'heures annuelles ouvrées par personne ayant un emploi [a]

	1979	1983	1990	1996	1997	1998	1999	2000
Emploi total								
Australie	1904	1852	1869	1867	1866	1860	1864	1860
Canada	1832	1780	1788	1784	1787	1779	1785	1801
République tchèque	..	..	..	2066	2067	2075	2088	2092
Finlande[b]	..	1809	1763	1789	1780	1761	1765	1721
Finlande[c]	1837	1787	1728	1737	1730	1726	1730	1691
France	1806	1712	1657	1608	1605	1567	1562	..
Allemagne	..	..	1598	1511	1506	1510	1503	1480
Allemagne occidentale	1696	1657	1548	1487	1485	1490	1483	1462
Islande	..	..	..	1860	1839	1817	1873	1885
Italie	1722	1699	1674	1636	1640	1638	1634	..
Japon	2126	2095	2031	1892	1864	1842	1840	..
Corée	..	2734	2514	2467	2436	2390	2497	2474
Mexique	..	..	..	1901	1927	1878	1921	1888
Nouvelle-Zélande	..	..	1820	1838	1823	1825	1842	1817
Norvège	1514	1485	1432	1407	1401	1400	1395	1376
Espagne	2022	1912	1824	1810	1812	1833	1815	1812
Suède	1516	1518	1546|	1623	1628	1629	1635	1624
Suisse	..	..	..	1586	1580	1580	1588	..
Royaume-Uni	1815	1713	1767	1738	1737	1731	1719	1708
Etats-Unis	1845	1808	1819	1839	1849	1864	1871	1877
Salariés								
Canada	1801	1762	1771	1777	1782	1773	1780	1797
République tchèque	..	..	..	1987	1989	1995	2014	2018
Finlande[b]	..	..	1666	1690	1687	1672	1673	1638
France	1669	1570	1543	1502	1502	1501	1499	..
Allemagne	..	..	1537	1433	1426	1430	1422	1397
Allemagne occidentale	1633	1620	1497	1406	1400	1407	1399	1377
Islande	..	..	..	1799	1790	1762	1810	1820
Italie	1648	1626	1599	1577	1577	1566	1563	..
Japon[d]	2114	2098	2052	1919	1900	1879	1842	1859
Japon[e]	..	..	2064	1919	1891	1871	1840	1853
Mexique	..	..	..	1958	1978	1942	1976	1935
Pays-Bas	1591	1530	1433	1357	1355	1340	1343	..
Espagne	1936	1837	1762	1747	1748	1765	1750	1750
Royaume-Uni	1750	1652	1704	1699	1702	1703	1695	1684
États-Unis	1831	1799	1807	1828	1840	1856	1862	1869

| Indique une rupture de séries.

a) Le concept utilisé est celui du nombre d'heures totales travaillées pendant l'année divisé par le nombre moyen de personnes ayant un emploi. Ces données visent à effectuer des comparaisons de tendances dans le temps ; en revanche, à cause de la disparité des sources, elles ne permettent pas des comparaisons de niveaux pour une année donnée. Les chiffres portent sur le travail à temps partiel et à temps complet.
b) Données estimées à partir de l'Enquête sur la population active.
c) Données estimées à partir des comptes nationaux.
d) Données se référant aux établissements de 30 salariés ou plus.
e) Données se référant aux établissements de 5 salariés ou plus.

Sources et définitions :

Australie : Données communiquées par l'Australian Bureau of Statistics et tirées de l'Enquête sur la population active. La durée annuelle du travail est ajustée pour tenir compte des jours fériés tombant durant la période de référence. La méthode d'estimation est conforme aux comptes nationaux.

Canada : Nouvelle série de données communiquées par Statistique Canada, établies principalement à partir de l'Enquête mensuelle sur la population active, complétées par les données de l'enquête sur l'emploi, la rémunération et les heures de travail, de l'enquête annuelle des manufactures et du recensement des mines.

République tchèque : Données communiquées par Czech Statistical Office et basées sur l'Enquête trimestrielle sur la population active. La pose pour le repas principale est incluse (une demi-heure par jour).

Finlande : Données communiquées par Statistics Finland. La série des comptes nationaux est basée sur une enquête auprès des établissements du secteur manufacturier, et sur l'Enquête sur la population active pour les autres secteurs et les travailleurs indépendants. La deuxième série s'appuie uniquement sur l'Enquête sur la population active.

France : Nouvelles séries communiquées par l'Institut national de la statistique et des études économiques (INSEE) sur la base des comptes nationaux.

Allemagne et Allemagne occidentale : Nouvelles séries, à partir de 1991, qui couvrent maintenant les emplois à temps partiel à horaires très réduits. Données communiquées par l'Institut für Arbeitsmarkt- und Berufsforschung, élaborées en s'appuyant sur une structure de comptabilisation détaillée. Tirées d'une enquête auprès des établissements sur le nombre d'heures ouvrées par semaine par les travailleurs à temps complet dont le temps de travail n'est pas affecté par une absence, les données sont converties en nombre annuel d'heures ouvrées par jour après ajustement pour tenir compte de tout un ensemble de facteurs, dont les jours fériés, l'absence pour maladie, les heures supplémentaires, les horaires réduits, les intempéries, les grèves et le travail à temps partiel. La tendance entre 1966 à 1990 suit celle de l'ancienne série pour l'emploi total et l'emploi salarié.

Tableau F. **Nombre moyen d'heures annuelles ouvrées par personne ayant un emploi** [a] *(suite)*

Islande : Données communiqués par Statistics Iceland basées sur des données émanant de l'Enquête sur la population active. Le temps de travail effectif annuel est déterminé par le produit des horaires journaliers effectifs de travail avec le nombre de jours annuels effectifs de travail. Ces derniers sont exprimés hors jours fériés et vacances annuelles. Le calcul tient compte des vacances annuelles stipulées par les contrats de travail spécifiques pour chaque secteur d'activité.

Italie : Les données, à partir de 1983, sont estimées par le Secrétariat et basées principalement sur l'Enquête communautaire sur les forces de travail. La tendance entre 1960 et 1982 et tirée de ISTAT et basée sur une enquête spéciale sur l'emploi auprès des établissements et interrompue 1985.

Japon : Pour l'emploi total, estimations du Secrétariat basées sur des données émanant de l'enquête mensuelle sur la main-d'oeuvre, effectuée auprès des établissements, étendues au secteur agricole et au secteur public ainsi qu'aux travailleurs indépendants sur la base de l'Enquête sur la population active. Pour les salariés, les données sont communiquées par Statistics Bureau, Management and Coordination Agency, et couvrent tous les secteurs d'activités économiques, sauf celui de l'agriculture, sylviculture et pêche et les services publics.

Corée : Données communiqués par le Ministry of Labour à partir du Report on Monthly Labour Survey.

Mexique : Données communiquées par STPS-INEGI à partir de l'Enquête nationale sur l'emploi (bi-annuelle), avec une hypothèse de 44 semaines de travail par

Pays-Bas : A partir de 1977, les données sont tirées de "Durée contractuelle du travail" compilée par Statistics Netherlands, à partir des comptes de la main-d'oeuvre. Les heures supplémentaires sont exclues. De 1970 à 1976, la tendance suit celle des données communiquées par l'Economisch Insituut voor het Midden en Kleinbedrijf, qui portent sur les personnes employées dans le secteur privé sauf agriculture et pêche.

Nouvelle-Zélande : Données communiquées par Statistics New Zealand et émanant de l'enquête trimestrielle sur la population active dont la structure de l'échantillon en continu évite d'avoir recours à des ajustements pour les jours fériés, et autres journées de travail perdues. Les chiffres pour l'emploi total sont légèrement revisés.

Norvège : Données communiquées par Statistics Norway, basées sur les comptes nationaux et estimées de sources diverses, les plus importantes étant les enquêtes auprès des établissements, les enquêtes sur la main-d'oeuvre et les comptes du secteur public. Les données de 1988 à 1995 sont modifiées à la suite d'une révision importante des comptes nationaux ; pour les années antérieures, la tendance reprend celle de l'ancienne série.

Espagne : Nouvelles séries communiquées par l' Instituto Nacional de Estadística et élaborées à partir de l'Enquête trimestrielle sur la population active. La rupture de série en 1986/87 est due à des modifications dans l'enquête.

Suède : Nouvelles séries, à partir de 1996, communiquées par Statistics Sweden, élaborées à partir des comptes nationaux et basées à la fois sur l'Enquête sur la population active et sur des enquêtes auprès des établissements. La tendance entre 1950 à 1995 suit celle de l'ancienne série pour l'emploi total.

Suisse : Données communiquées par l'Office fédéral de la statistique et basées sur l'Enquête sur la population active qui fournit des informations sur les heures hebdomadaires travaillées par trimestre. Les estimations annuelles sont établies également à l'aide de données complémentaires sur les vacances, les jours fériés, et les heures supplémentaires, et étendues afin de correspondre aux concepts des comptes nationaux.

Royaume-Uni : Les données, à partir de 1984 , se réfèrent au Royaume-Uni (Irlande du Nord inclue). La rupture dans la série en 1994/95 est due à une légère modification de la méthode d'estimation de l'emploi. De 1992 à 1995, les chiffres sont tirés directement de l'enquête continue sur la population active. De 1984 à 1991, la série suit la tendance de l'enquête annuelle sur la population active. De 1970 à 1983, il s'agit d'une estimation du Professeur Angus Maddison.

États-Unis : Estimations du Secrétariat basées sur des données non publiées fournies par le Bureau of Labor Statistics (BLS). Les estimations du volume d'heures de travail tirées de la Curent Employment Statistics (CES) et de la Current Population Survey (CPS) ont été divisées par le nombre moyen d'actifs occupés tirées du CPS.

Tableau G. **Fréquence du chômage de longue durée**[a, b, c, d, e]

En pourcentage du chômage total

	1990 6 mois et plus	1990 12 mois et plus	1997 6 mois et plus	1997 12 mois et plus	1998 6 mois et plus	1998 12 mois et plus	1999 6 mois et plus	1999 12 mois et plus	2000 6 mois et plus	2000 12 mois et plus
Australie	41.0	21.6	51.4	30.7	52.2	33.6	48.4	29.4	43.6	27.9
Autriche	..	..	47.7	28.7	43.3	29.2	47.6	31.7	43.8	28.4
Belgique	81.4	68.7	77.2	60.5	76.3	61.7	73.5	60.5	71.8	56.3
Canada	20.2	7.2	26.9	16.1	24.1	13.7	21.4	11.6	19.5	11.2
République tchèque	..	..	53.0	30.5	54.6	31.2	61.9	37.1	69.9	48.8
Danemark	53.2	29.9	45.7	27.2	41.4	26.9	38.5	20.5	38.1	20.0
Finlande[f]	32.6	9.2	48.6	29.8	42.2	27.5	46.4	29.6	46.5	29.0
France	55.5	38.0	63.7	41.2	64.2	44.1	55.5	40.3	61.9	42.5
Allemagne	64.7	46.8	68.5	50.1	69.6	52.6	67.2	51.7	67.6	51.5
Grèce	71.9	49.8	76.5	55.7	74.8	54.9	74.3	55.3	73.6	56.5
Hongrie	..	..	73.5	51.3	71.0	49.8	70.4	49.5	69.7	48.9
Islande[f]	13.6	6.7	27.0	16.3	22.9	16.1	20.2	11.7	18.6	11.8
Irlande	81.0	66.0	73.6	57.0	..	..	76.1	55.3	..	..
Italie	85.2	69.8	81.8	66.3	77.3	59.6	77.2	61.4	75.3	60.8
Japon	39.0	19.1	41.3	21.8	39.3	20.9	44.5	22.4	46.9	25.5
Corée	13.9	2.6	15.8	2.6	14.7	1.6	18.6	3.8	14.3	2.3
Luxembourg[g]	(66.7)	(42.9)	(61.1)	(34.6)	(55.2)	(31.3)	(53.8)	(32.3)	(37.0)	(22.4)
Mexique	..	..	6.9	1.8	3.3	0.9	6.8	1.7	4.9	1.1
Pays-Bas	63.6	49.3	80.4	49.1	83.5	47.9	80.7	43.5	46.5	32.7
Nouvelle-Zélande	39.5	20.9	36.4	19.4	37.9	19.4	39.0	20.8	36.2	19.2
Norvège	40.8	20.4	26.1	12.0	20.5	8.2	16.2	6.8	16.3	5.0
Pologne	..	..	62.2	38.0	60.4	37.4	57.1	34.8	63.0	37.9
Portugal	62.4	44.8	66.7	55.6	64.5	44.7	63.8	41.2	60.0	42.9
République slovaque	..	..	67.7	51.6	68.0	51.3	69.2	47.7	74.4	54.6
Espagne	70.2	54.0	71.8	55.5	70.4	54.1	67.9	51.3	64.8	47.6
Suède	22.2	12.1	50.8	33.4	49.2	33.5	45.2	30.1	41.5	26.4
Suisse[f]	26.2	16.4	49.4	28.5	48.9	34.8	61.0	39.8	46.6	29.1
Turquie	72.6	47.0	62.6	41.5	60.7	40.1	49.8	28.4	37.9	20.3
Royaume-Uni	50.3	34.4	54.8	38.6	47.3	32.7	45.4	29.6	43.2	28.0
Etats-Unis	10.0	5.5	15.9	8.7	14.1	8.0	12.3	6.8	11.4	6.0
Union européenne[h]	65.3	48.6	68.2	50.1	66.7	49.1	63.8	47.5	63.1	46.6
OCDE Europe[h]	65.7	48.1	66.9	48.0	65.3	47.0	61.9	44.2	61.3	43.2
Total OCDE[h]	44.6	30.9	50.9	35.0	48.5	33.3	47.1	31.8	46.7	31.4

| Indique une rupture de séries.

a) Bien que les données d'enquêtes sur la population active rendent les comparaisons internationales plus aisées que celles provenant de plusieurs données d'enquêtes et d'inscriptions aux bureaux d'emploi, elle ne sont pas parfaites. Le libellé et la présentation des questionnaires, l'époque où est effectuée l'enquête, les différences entre pays dans les groupes d'âge couverts et diverses autres raisons font qu'il faut demeurer prudent dans l'interprétation des différences de niveaux entre pays.

b) La banque de données du Secrétariat portant sur la durée du chômage comprend des estimations de la durée détaillée, ventilée par groupe d'âge et sexe. Les totaux sont obtenus en faisant la somme des composantes. Ainsi le total pour les hommes est estimé en faisant la somme du nombre d'hommes chômeurs pour tous les groupes d'âge et les types de durée. Les données publiées étant souvent arrondies au plus proche millier, cette procédure mène parfois à des différences entre les pourcentages indiqués ici et ceux calculés à partir des totaux publiés.

c) Les données sont des moyennes d'estimations mensuelles pour le Canada, la Suède et les États-Unis, d'estimations trimestrielles pour la République tchèque, la Hongrie, la Norvège, la Nouvelle-Zélande, la Pologne, la République slovaque et l'Espagne et d'estimations semestrielles pour la Turquie. Les périodes de référence pour les autres pays sont les suivantes (pour les pays de l'UE, celles-ci peuvent varier d'une année à l'autre) : le mois d'août pour l'Australie ; le mois d'avril pour l'Autriche; le mois d'avril pour la Belgique ; avril-mai pour le Danemark ; l'automne pour la Finlande jusqu'en 1993, printemps de 1995 à 1998, et moyennes d'estimations mensuelles à partir de 1999; le mois de mars pour la France ; le mois d'avril pour l'Allemagne; mars-juillet pour la Grèce ; le mois d' avril pour l'Islande; le mois de mai pour l'Irlande ; avril pour l'Italie ; février pour le Japon ; avril pour le Luxembourg ; le mois d'avril pour le Mexique; mars-mai pour les Pays-Bas ; février-avril pour le Portugal ; deuxième trimestre pour la Suisse; et mars-mai pour le Royaume-Uni.

d) Les données se réfèrent aux personnes âgées de 15 ans et plus en Autriche, Australie, en Belgique, au Canada, au Danemark, France, en Allemagne, en Grèce, en Irlande, Italie, au Japon, au Luxembourg, au Mexique, aux Pays-Bas, en Pologne, en Nouvelle-Zélande, au Portugal, en République slovaque, en République tchèque, en Suisse et en Turquie; et 16 ans et plus en Islande, en Espagne, au Royaume-Uni et aux États-Unis. Les données concernant la Finlande se réfèrent aux personnes âgées de 15 à 64 ans (à l'exception des personnes titulaires d'une pension de chômage). Les données pour la Hongrie se réfèrent aux personnes âgées de 15 à 74 ans. Les données pour la Norvège concernent les personnes âgées de 16 à 74 ans et pour la Suède celles de 16 à 64 ans.

e) Ne sont pas comptées les personnes dont la durée du chômage n'a pas été précisée.

Tableau G. **Fréquence du chômage de longue durée chez les hommes**[a, b, c, d, e] *(suite)*

En pourcentage du chômage des hommes

	1990 6 mois et plus	1990 12 mois et plus	1997 6 mois et plus	1997 12 mois et plus	1998 6 mois et plus	1998 12 mois et plus	1999 6 mois et plus	1999 12 mois et plus	2000 6 mois et plus	2000 12 mois et plus
Australie	42.6	24.4	54.5	33.0	55.1	36.5	50.9	31.8	45.9	30.6
Autriche	..	..	42.1	28.9	37.9	26.6	40.2	28.1	41.4	29.3
Belgique	79.5	66.1	76.6	59.4	75.0	59.5	73.2	60.1	70.2	55.9
Canada	20.4	7.9	28.4	17.9	25.6	15.0	23.3	12.8	20.9	12.2
République tchèque	..	..	53.1	31.3	52.9	30.9	58.0	32.7	68.4	47.5
Danemark	48.9	27.8	44.5	26.3	40.9	23.9	38.6	20.9	36.5	20.1
Finlande[f]	36.8	9.7	49.5	31.9	46.3	31.7	49.2	33.1	49.6	32.2
France	53.1	35.4	61.7	39.1	62.3	43.2	53.7	39.0	60.6	41.1
Allemagne	65.2	49.1	65.9	47.1	66.0	49.9	65.3	49.9	66.0	50.1
Grèce	61.8	39.9	69.1	45.8	68.9	44.7	69.0	48.6	67.2	49.5
Hongrie	..	..	74.2	52.6	71.5	50.2	70.9	50.6	71.3	51.0
Islande[f]	5.1	1.3	27.2	20.1	21.4	13.6	13.9	6.6	17.4	8.7
Irlande	84.3	71.1	77.9	63.3	..	..	77.8	59.5	..	..
Italie	84.1	68.6	81.2	66.5	76.4	60.4	76.6	62.1	74.8	60.7
Japon	47.6	26.2	49.2	28.8	45.0	25.8	49.5	27.4	52.8	30.7
Corée	16.0	3.3	18.6	3.5	16.8	1.9	21.3	4.7	16.8	3.1
Luxembourg[g]	(80.0)	(60.0)	(65.7)	(32.7)	(57.3)	(38.0)	(61.6)	(38.6)	(40.0)	(26.4)
Mexique	..	..	8.6	1.2	4.2	1.2	5.8	2.7	4.3	0.5
Pays-Bas	65.6	55.2	76.6	49.9	81.0	51.3	75.1	47.7	45.2	31.7
Nouvelle-Zélande	44.0	24.5	40.4	22.1	41.1	22.6	42.5	23.0	39.5	23.1
Norvège	37.9	19.0	29.2	14.6	23.1	10.3	17.1	7.3	20.0	6.7
Pologne	..	..	57.8	33.5	55.2	32.5	52.4	31.4	59.3	34.1
Portugal	56.3	38.2	64.8	53.4	61.9	43.6	63.5	39.5	60.1	46.7
République slovaque	..	..	65.5	49.6	66.4	48.9	67.5	45.3	74.1	54.1
Espagne	63.3	45.8	67.2	49.9	65.4	48.0	62.2	45.4	58.6	41.0
Suède	22.2	12.3	53.1	36.1	52.2	36.3	48.5	33.3	44.3	29.3
Suisse[f]	28.0	16.0	47.9	25.5	51.5	37.9	59.3	40.7	48.0	28.0
Turquie	71.2	44.9	59.5	38.3	58.3	37.7	47.4	25.2	35.0	17.5
Royaume-Uni	56.8	41.8	60.2	44.9	53.2	38.0	50.1	34.5	48.1	33.7
Etats-Unis	12.1	7.0	16.7	9.4	15.2	8.8	13.0	7.4	12.2	6.7
Union européenne[h]	63.5	47.0	66.4	48.5	64.5	47.5	61.8	46.1	61.4	45.3
OCDE Europe[h]	64.3	46.4	64.8	46.0	62.9	45.0	59.2	41.9	58.3	40.6
Total OCDE[h]	43.7	29.7	50.1	34.1	47.1	32.0	45.9	30.5	45.4	30.1

f) Les données pour l'année 1990 se réfèrent à l'année 1991.
g) Les données entre parenthèses sont basées sur un très petit échantillon et doivent, de ce fait, être interprétées avec prudence
h) Ne comprend que les pays ci-dessus.

Tableau G. **Fréquence du chômage de longue durée chez les femmes**[a, b, c, d, e] *(suite)*
En pourcentage du chômage des femmes

	1990 6 mois et plus	1990 12 mois et plus	1997 6 mois et plus	1997 12 mois et plus	1998 6 mois et plus	1998 12 mois et plus	1999 6 mois et plus	1999 12 mois et plus	2000 6 mois et plus	2000 12 mois et plus
Australie	38.8	17.8	47.0	27.4	48.0	29.3	44.9	25.8	40.2	24.0
Autriche	..	..	54.5	28.4	50.1	32.5	56.9	36.1	47.0	27.2
Belgique	82.5	70.0	77.8	61.5	77.5	63.5	73.8	60.9	73.1	56.7
Canada	19.8	6.2	25.0	13.9	22.2	12.2	18.9	10.2	17.8	10.0
République tchèque	..	..	53.0	29.9	55.9	31.5	65.3	40.9	71.2	49.8
Danemark	57.7	32.0	46.7	27.9	41.6	29.0	38.5	20.1	39.6	20.0
Finlande[f]	26.3	8.4	47.7	27.6	37.8	23.1	43.7	26.2	43.7	26.2
France	57.3	40.0	65.6	43.3	66.0	44.9	57.3	41.6	63.1	43.6
Allemagne	64.2	44.5	71.4	53.6	73.7	55.6	69.4	54.0	69.5	53.1
Grèce	78.2	55.9	81.4	62.2	78.6	61.5	77.7	59.5	77.8	61.0
Hongrie	..	..	72.3	49.2	70.1	49.2	69.7	47.9	67.3	45.7
Islande[f]	21.1	11.5	26.8	12.6	24.1	18.1	24.5	15.2	19.5	14.1
Irlande	75.0	56.8	66.6	46.9	..	..	72.9	47.5	..	..
Italie	86.0	70.7	82.5	66.2	78.1	58.8	77.7	60.7	75.8	60.9
Japon	26.3	8.8	29.8	11.7	30.5	13.7	36.9	14.8	37.4	17.1
Corée	8.9	0.9	11.0	1.0	10.3	0.8	13.1	1.9	9.2	0.7
Luxembourg[g]	(55.6)	(33.3)	(57.3)	(36.1)	(53.6)	(26.3)	(47.5)	(27.2)	(34.3)	(18.8)
Mexique	..	..	4.9	2.4	2.2	0.4	8.0	0.4	6.0	2.0
Pays-Bas	62.0	44.6	83.4	48.5	85.5	45.2	84.9	40.4	47.6	33.4
Nouvelle-Zélande	32.6	15.5	31.3	16.0	33.7	15.2	34.3	17.9	32.0	14.3
Norvège	45.0	22.5	25.0	11.4	17.1	5.7	15.6	6.3	11.4	2.9
Pologne	..	..	66.0	41.9	65.1	41.8	61.9	38.3	66.6	41.3
Portugal	66.4	49.4	68.5	57.7	66.6	45.6	64.2	42.9	60.0	40.0
République slovaque	..	..	70.1	53.6	69.9	54.0	71.3	50.5	74.8	55.1
Espagne	76.5	61.5	75.9	60.4	74.4	59.1	72.0	55.5	69.1	52.1
Suède	22.2	11.8	48.1	30.1	45.6	30.1	41.2	26.1	37.9	22.8
Suisse[f]	25.0	16.7	51.6	32.8	46.4	31.9	62.7	39.0	45.3	30.2
Turquie	75.6	51.2	69.4	48.6	66.9	46.4	56.0	36.4	46.3	28.5
Royaume-Uni	40.8	23.7	45.3	27.8	37.7	24.0	37.6	21.5	35.6	19.0
Etats-Unis	7.3	3.7	14.9	8.0	12.8	7.1	11.6	6.2	10.5	5.3
Union européenne[h]	66.9	50.1	70.1	51.8	68.9	50.7	65.7	48.9	64.8	47.9
OCDE Europe[h]	67.2	49.8	69.2	50.2	67.9	49.1	64.8	46.8	64.4	46.0
Total OCDE[h]	45.7	32.2	51.8	36.0	50.2	34.9	48.6	33.2	48.3	33.0

Source :
Autriche, Belgique, Danemark, Allemagne, Grèce, Irlande, Italie, Luxembourg, Pays-Bas, Portugal et Royaume-Uni : données communiquées par Eurostat et tirées de l'Enquête communautaire sur les forces de travail.
Australie : Données de l'Enquête sur la population active communiquées par l'Australian Bureau of Statistics (ABS).
Canada : Données de l'Enquête sur la population active communiquées par Statistique Canada.
République tchèque : Données de l'Enquête sur la population active communiquées par le Czech Statistical Office.
Finlande : Données de la Supplementary Labour Force Survey (biennales de 1989 à 1995 et annuelles de 1995 à 1998) et de la Labour Force Survey à partir de 1999 communiquées par l'Office central des statistiques (CSO).
France : Données de l'Enquête Emploi communiquées par l'Institut national de la statistique et des études économiques (INSEE).
Hongrie : Données de l'Enquête sur la population active communiquées par le Central Statistical Office (CSO).
Islande : Données de l'Enquête sur la population active communiquées par Statistics Iceland.
Japon : Données du Special Survey of the Labour Force Survey communiquées par le Statistics Bureau, Management and Coordination Agency (MCA).
Corée : Données de l'Enquête sur la population active communiquées par le National Statistical Office (NSO).
Mexique : Données de l'Enquête biennale sur l'emploi communiquées par le Secretaría del Trabajo y Previsión Social (STPS).
Nouvelle-Zélande : Données de l'Enquête sur la population active communiquées par le Department of Statistics.
Norvège : Données de l'Enquête sur la population active communiquées par l'Office central des statistiques (CSO).
Pologne : Données de l'Enquête sur la population active communiquées par l'Office central des statistiques (CSO).
République slovaque : Données de l'Enquête sur la population active communiquées par le Statistical Office of the Slovak Repulic (SOS).
Espagne : Données de l'Enquête sur la population active communiquées par l'Instituto Nacional de Estadística (INE).
Suède : Données de l'Enquête sur la population active communiquées par Statistics Sweden.
Suisse : Données de l'Enquête sur la population active communiquées par l'Office fédéral de la statistique (OFS).
Turquie : Données de l'Enquête sur la population active auprès des ménages communiquées par le State Institute of Statistics (SIS).
États-Unis : Données de la Current Population Survey (CPS) communiquées par le Bureau of Labour Statistics (BLS).

Tableau H. **Dépenses publiques et nouveaux participants* aux programmes du marché du travail dans les pays de l'OCDE**

Australie [a]

Catégories de programmes	Dépenses publiques en pourcentage du PIB 1996-97	1997-98	1998-99	1999-00	Nouveaux participants en pourcentage de la population active 1996-97	1997-98	1998-99	1999-00
1. Administration et services publics de l'emploi	**0.23**	**0.21**	**0.20**	**0.20**				
2. Formation professionnelle	**0.08**	**0.06**	**0.02**	**0.02**	**2.20**	**1.93**	**0.79**	**0.96**
a) Formation des chômeurs adultes et des travailleurs menacés de perdre leur emploi	0.08	0.06	0.02	0.02	1.83	1.69	0.58	0.77
b) Formation des adultes occupés	0.01	-	-	-	0.37	0.24	0.21	0.19
3. Mesures en faveur des jeunes	**0.06**	**0.06**	**0.05**	**0.07**	**1.23**	**1.95**	**0.53**	**0.93**
a) Mesures pour les jeunes chômeurs et les défavorisés	0.01	-	-	0.01	0.17	0.29	0.23	0.76
b) Aide à l'apprentissage et aux autres types de formation des jeunes à caractère général	0.05	0.05	0.05	0.07	1.06	1.66	0.31	0.17
4. Mesures d'aide à l'embauche	**0.20**	**0.13**	**0.09**	**0.11**	**1.54**	**1.13**	..	..
a) Subventions à l'emploi dans le secteur privé	0.06	0.04	0.01	0.01	1.04	0.73	..	..
b) Aide aux chômeurs créateurs d'entreprises	0.03	0.02	0.02	0.02	0.09	0.07	..	0.08
c) Création directe d'emplois (secteur public ou organisme sans but lucratif)	0.11	0.07	0.07	0.09	0.41	0.33	..	0.83
5. Mesures en faveur des handicapés	**0.06**	**0.05**	**0.06**	**0.05**	**0.69**	**0.32**	..	..
a) Réadaptation professionnelle	0.02	0.02	0.02	0.02	0.30	0.29	0.28	0.18
b) Emplois destinés aux handicapés	0.04	0.04	0.04	0.04	0.39	-	..	..
6. Indemnisation du chômage	**1.24**	**1.23**	**1.17**	**1.05**	..	**8.85**	..	..
7. Retraite anticipée pour motifs liés au marché du travail	-	-	-	-	..	..	..	..
TOTAL	**1.87**	**1.74**	**1.59**	**1.51**	..	..	..	..
Mesures actives (1-5)	0.63	0.51	0.42	0.46	5.66	5.32	..	..
Mesures passives (6 et 7)	1.24	1.23	1.17	1.05	..	..	..	..
Pour référence :								
PIB (monnaie nationale, aux prix courants, milliards)	534	566	593	630				
Population active (milliers)					9 222	9 292	9 422	9 601

Autriche

Catégories de programmes	Dépenses publiques en pourcentage du PIB 1997	1998	1999	2000	Nouveaux participants en pourcentage de la population active 1997	1998	1999	2000
1. Administration et services publics de l'emploi	**0.14**	**0.13**	**0.13**	**0.13**				
2. Formation professionnelle	**0.17**	**0.15**	**0.18**	**0.17**	**1.87**[b]	**1.67**[b]	**3.01**[b]	**3.00**[b]
a) Formation des chômeurs adultes et des travailleurs menacés de perdre leur emploi	0.15	0.13	0.16	0.15	..	..	..	..
b) Formation des adultes occupés	0.02	0.02	0.02	0.02	..	..	..	..
3. Mesures en faveur des jeunes	**0.02**	**0.04**	**0.05**	**0.04**	**0.27**	**0.17**	**0.20**	**0.11**
a) Mesures pour les jeunes chômeurs et les défavorisés	0.02	0.01	0.02	0.02	..	..	..	..
b) Aide à l'apprentissage et aux autres types de formation des jeunes à caractère général	-	0.03	0.03	0.02	..	..	..	..
4. Mesures d'aide à l'embauche	**0.07**	**0.07**	**0.09**	**0.10**	**0.45**	**0.32**	**0.64**	**0.56**
a) Subventions à l'emploi dans le secteur privé	0.03	0.03	0.05	0.06	..	..	..	..
b) Aide aux chômeurs créateurs d'entreprises	-	0.01	0.01	0.01	-	..	..	..
c) Création directe d'emplois (secteur public ou organisme sans but lucratif)	0.04	0.03	0.03	0.04	..	..	..	..
5. Mesures en faveur des handicapés	**0.05**	**0.05**	**0.06**	**0.05**	*b*	*b*	*b*	*b*
a) Réadaptation professionnelle	0.02	0.02	0.02	0.02	..	..	..	..
b) Emplois destinés aux handicapés	0.03	0.03	0.03	0.03	..	..	..	..
6. Indemnisation du chômage	**1.22**	**1.21**	**1.15**	**1.03**	**19.57**	**19.37**	**18.72**	-
7. Retraite anticipée pour motifs liés au marché du travail	0.07	0.07	0.06	0.06	0.75	0.64	0.59	0.75
TOTAL	**1.73**	**1.71**	**1.71**	**1.56**	**22.91**	**22.17**	**23.32**	**22.54**
Mesures actives (1-5)	0.45	0.44	0.52	0.49	2.59	2.16	3.84	3.67
Mesures passives (6 et 7)	1.28	1.27	1.19	1.07	20.32	20.02	19.47	18.87
Pour référence :								
PIB (monnaie nationale, aux prix courants, milliards)	2 513	2 615	2 712	2 834				
Population active (milliers)					3 884	3 888	3 909	3 921

a) Années fiscales commençant le 1er juillet.
b) Les nouveaux participants de la catégorie 5 « Mesures en faveur des handicapés » sont inclus dans la catégorie 2 « Formation professionnelle ».

Tableau H. **Dépenses publiques et nouveaux participants* aux programmes du marché du travail dans les pays de l'OCDE** *(suite)*

Catégories de programmes	Belgique Dépenses publiques en pourcentage du PIB 1996	1997	1998	1999	Nouveaux participants en pourcentage de la population active 1996	1997	1998	1999	Canada[a] Dépenses publiques en pourcentage du PIB 1995-96	1996-97	1997-98	1998-99[b]	Nouveaux participants en pourcentage de la population active 1995-96	1996-97	1997-98
1. Administration et services publics de l'emploi	0.20	0.19	0.19	0.19					0.19	0.18	0.20				
2. Formation professionnelle	0.28	0.26	0.25	0.25	8.55	8.55	8.95	9.08	0.25	0.17	0.15	0.17	1.93	1.90	1.61
a) Formation des chômeurs adultes et des travailleurs menacés de perdre leur emploi	0.17	0.17	0.16	0.16	2.37	2.41	2.82	2.98	0.24	0.16	0.15	0.17	1.91	1.90	1.61
b) Formation des adultes occupés	0.11	0.09	0.09	0.09	6.18	6.14	6.13	6.09	0.01	-	-	-	-	-	-
3. Mesures en faveur des jeunes	0.03	0.01	-	-	0.48	0.24	-	-	0.02	0.02	0.03	0.03	0.54	0.54	..
a) Mesures pour les jeunes chômeurs et les défavorisés	-	-	-	-	-	-	-	-	0.01	0.01	0.02	0.02	0.24	0.16	..
b) Aide à l'apprentissage et aux autres types de formation des jeunes à caractère général	0.03	0.01	-	-	0.48	0.24	-	-	0.01	0.01	0.01	0.01	0.30	0.39	..
4. Mesures d'aide à l'embauche	0.83	0.65	0.86	0.80	7.32	5.86	8.68	9.33	0.06	0.06	0.08	0.08	0.31	0.28	0.34
a) Subventions à l'emploi dans le secteur privé	0.27	0.17	0.35	0.28	4.49	2.84	4.44	3.79	0.01	0.01	0.01	0.01	-	0.06	0.10
b) Aide aux chômeurs créateurs d'entreprises	-	-	-	-	-	-	-	-	0.02	0.02	0.02	0.01	0.07	0.09	0.10
c) Création directe d'emplois (secteur public ou organisme sans but lucratif)	0.56	0.48	0.48	0.50	2.82	3.01	2.91	3.08	0.03	0.02	0.04	0.05	0.20	0.12	0.14
5. Mesures en faveur des handicapés	0.12	0.12	0.12	0.12	..	..	..	..	0.02	0.03	0.03	0.03	-	-	-
a) Réadaptation professionnelle	0.02	0.02	0.02	0.02	..	..	..	..	0.02	0.03	0.03	0.02	-	-	-
b) Emplois destinés aux handicapés	0.10	0.10	0.10	0.10	..	..	..	..	-	-	-	-	-	-	-
6. Indemnisation du chômage	2.12	2.05	1.90	1.81	..	..	..	..	1.28	1.15	1.00	0.98	..	..	..
7. Retraite anticipée pour motifs liés au marché du travail	0.64	0.60	0.56	0.53	..	..	..	..	0.01	0.01	-	-	..	..	..
TOTAL	**4.22**	**3.87**	**3.87**	**3.69**	..	..	..	..	**1.85**	**1.62**	**1.46**	**1.49**	..	..	..
Mesures actives (1-5)	1.46	1.22	1.42	1.35	..	..	..	..	0.56	0.47	0.46	0.50	2.78	2.72	..
Mesures passives (6 et 7)	2.76	2.65	2.46	2.34	..	..	..	..	1.29	1.16	1.01	0.98	..	..	..
Pour référence : PIB (monnaie nationale, aux prix courants, milliards)	8 328	8 727	9 082	9 423					812	845	886	910			
Population active (milliers)					4 329	4 348	4 359	4 382					14 840	15 008	15 282

a) Années fiscales commençant le 1er avril.
b) Données provisoires.

Tableau H. **Dépenses publiques et nouveaux participants* aux programmes du marché du travail dans les pays de l'OCDE** *(suite)*

	République tchèque								Danemark							
Catégories de programmes	Dépenses publiques en pourcentage du PIB				Nouveaux participants en pourcentage de la population active				Dépenses publiques en pourcentage du PIB				Nouveaux participants en pourcentage de la population active			
	1997	1998	1999	2000	1997	1998	1999	2000	1997	1998	1999	2000	1997	1998	1999	2000
1. Administration et services publics de l'emploi	0.08	0.08	0.09	0.08					0.12	0.12	0.11	0.11				
2. Formation professionnelle	0.01	0.01	0.01	0.02	0.22	0.32	0.44	0.64	0.93	0.96	0.97	0.84	18.47	20.62	19.72	15.78
a) Formation des chômeurs adultes et des travailleurs menacés de perdre leur emploi	0.01	0.01	0.01	0.02	0.22	0.32	0.44	0.64	0.64	0.71	0.77	0.66	8.82	12.46	11.64	5.71
b) Formation des adultes occupés	-	-	-	-	-	-	-	-	0.28	0.25	0.21	0.18	9.65	8.16	8.09	10.07
3. Mesures en faveur des jeunes	0.01	0.01	0.02	0.02	0.07	0.18	0.21	0.22	0.10	0.08	0.12	0.10	1.50	1.50	1.88	1.82
a) Mesures pour les jeunes chômeurs et les défavorisés	0.01	0.01	0.02	0.02	0.07	0.18	0.21	0.22	0.10	0.08	0.12	0.10	1.50	1.50	1.88	1.82
b) Aide à l'apprentissage et aux autres types de formation des jeunes à caractère général	-	-	-	-	-	-	-	-	-	-	-	-	-	-	-	-
4. Mesures d'aide à l'embauche	0.02	0.03	0.05	0.09	0.30	0.39	0.60	0.91	0.30	0.27	0.23	0.17	1.11	1.05	1.00	0.81
a) Subventions à l'emploi dans le secteur privé	-	0.01	0.02	0.04	0.05	0.13	0.24	0.41	0.02	0.02	0.02	0.02	0.22	0.25	0.22	0.20
b) Aide aux chômeurs créateurs d'entreprises	-	-	0.01	0.01	-	-	0.06	0.11	0.06	0.04	0.01	-	0.10	-	-	-
c) Création directe d'emplois (secteur public ou organisme sans but lucratif)	0.01	0.02	0.03	0.04	0.23	0.23	0.31	0.39	0.22	0.21	0.19	0.15	0.78	0.78	0.78	0.62
5. Mesures en faveur des handicapés	-	0.01	0.01	0.01	-	-	-	-	0.21	0.24	0.32	0.33	2.28	2.51	3.05	2.56
a) Réadaptation professionnelle	-	-	-	-	-	-	-	-	0.21	0.24	0.32	0.33	2.28	2.51	3.05	2.56
b) Emplois destinés aux handicapés	-	0.01	0.01	0.01	-	-	-	-	-	-	-	-	-	-	-	-
6. Indemnisation du chômage	0.20	0.23	0.31	0.30	..	..	..	..	2.12	1.67	1.41	1.33	24.42	23.08	21.15	19.46
7. Retraite anticipée pour motifs liés au marché du travail	-	-	-	-	-	-	-	-	1.71	1.70	1.68	1.63	1.06	1.06	0.58	0.97
TOTAL	0.32	0.36	0.50	0.52	..	..	..	..	5.49	5.03	4.85	4.51	48.86	49.83	47.39	41.41
Mesures actives (1-5)	0.11	0.13	0.19	0.22	0.59	0.90	1.27	1.77	1.66	1.66	1.76	1.54	23.37	25.69	25.66	20.97
Mesures passives (6 et 7)	0.20	0.23	0.31	0.30	..	..	..	..	3.83	3.37	3.09	2.96	25.48	24.15	21.72	20.44

Pour référence :
PIB (monnaie nationale, aux prix courants, milliards) : 1 680 1 829 1 833 1 911 ; 1 116 1 169 1 230 1 312
Population active (milliers) : 5 185 5 201 5 218 5 186 ; 2 856 2 848 2 865 2 875

Tableau H. **Dépenses publiques et nouveaux participants* aux programmes du marché du travail dans les pays de l'OCDE** *(suite)*

Catégories de programmes	Finlande Dépenses publiques en pourcentage du PIB 1997	1998	1999	2000[a]	Finlande Nouveaux participants en pourcentage de la population active 1997	1998	1999	2000[a]	France Dépenses publiques en pourcentage du PIB 1996	1997	1998	1999	France Nouveaux participants en pourcentage de la population active 1996	1997	1998	1999
1. Administration et services publics de l'emploi	0.14	0.13	0.14	0.12					0.16	0.16	0.16	0.17				
2. Formation professionnelle	0.53	0.44	0.40	0.35	5.35	4.35	4.22	3.40	0.36	0.34	0.31	0.28	3.41	2.90	2.84	..
a) Formation des chômeurs adultes et des travailleurs menacés de perdre leur emploi	0.52	0.42	0.36	0.30	5.35	2.40	2.33	2.55	0.32	0.31	0.28	0.25	2.78	2.39	2.26	..
b) Formation des adultes occupés	0.02	0.02	0.04	0.05	-	1.95	1.89	0.85	0.04	0.03	0.04	0.03	0.63	0.52	0.58	..
3. Mesures en faveur des jeunes	0.23	0.21	0.20	0.19	2.68	2.85	2.49	2.07	0.27	0.26	0.33	0.41	2.64	2.55	2.82	..
a) Mesures pour les jeunes chômeurs et les défavorisés	0.11	0.08	0.07	0.07	1.65	1.50	1.25	1.05	0.09	0.07	0.14	0.21	0.63	0.60	0.81	..
b) Aide à l'apprentissage et aux autres types de formation des jeunes à caractère général	0.12	0.13	0.12	0.12	1.03	1.35	1.23	1.02	0.18	0.19	0.19	0.19	2.00	1.95	2.01	1.30
4. Mesures d'aide à l'embauche	0.52	0.51	0.37	0.32	4.48	3.53	2.74	2.24	0.48	0.49	0.42	0.41	4.25	4.49	4.00	..
a) Subventions à l'emploi dans le secteur privé	0.09	0.18	0.16	0.15	1.33	1.29	1.06	0.91	0.24	0.30	0.23	0.21	2.43	2.82	2.44	..
b) Aide aux chômeurs créateurs d'entreprises	0.03	0.03	0.03	0.03	0.22	0.20	0.17	0.16	0.02	-	-	-	0.15	0.13	0.15	..
c) Création directe d'emplois (secteur public ou organisme sans but lucratif)	0.40	0.29	0.19	0.14	2.93	2.04	1.51	1.17	0.22	0.19	0.19	0.20	1.66	1.53	1.40	..
5. Mesures en faveur des handicapés	0.12	0.11	0.10	0.09	0.82	0.89	0.83	0.85	0.08	0.08	0.09	0.09	0.31	0.31	0.38	..
a) Réadaptation professionnelle	0.06	0.06	0.05	0.05	0.82	0.89	0.83	0.85	0.02	0.02	0.02	0.03	0.31	0.31	0.38	..
b) Emplois destinés aux handicapés	0.06	0.05	0.05	0.04	-	-	-	-	0.06	0.06	0.06	0.07	..	..	..	..
6. Indemnisation du chômage	2.72	2.13	1.85	1.75	..	..	..	..	1.43	1.49	1.48	1.47	6.75	6.61	6.67	6.62
7. Retraite anticipée pour motifs liés au marché du travail	0.42	0.43	0.46	0.47	..	..	..	..	0.36	0.35	0.33	0.29	0.43	0.34	0.34	0.29
TOTAL	4.68	3.96	3.53	3.30	..	..	..	..	3.13	3.18	3.11	3.12	17.78	17.20	17.04	..
Mesures actives (1-5)	1.54	1.40	1.22	1.08	13.33	11.62	10.27	8.55	1.34	1.34	1.30	1.36	10.60	10.24	10.04	..
Mesures passives (6 et 7)	3.14	2.56	2.32	2.22	..	..	..	..	1.79	1.84	1.81	1.76	7.17	6.95	7.01	6.90
Pour référence : PIB (monnaie nationale, aux prix courants, milliards)	586	636	687	718					7 752	7 951	8 225	8 565				
Population active (milliers)					2 521	2 508	2 532	2 580					25 609	25 768	25 916	26 293

a) Données provisoires.

Tableau H. **Dépenses publiques et nouveaux participants* aux programmes du marché du travail dans les pays de l'OCDE** *(suite)*

	Allemagne								Grèce			Hongrie			
Catégories de programmes	Dépenses publiques en pourcentage du PIB				Nouveaux participants en pourcentage de la population active				Dépenses publiques en pourcentage du PIB			Dépenses publiques en pourcentage du PIB			
	1997	1998	1999	2000	1997	1998	1999	2000	1996	1997	1998	1997	1998	1999	2000[a]
1. Administration et services publics de l'emploi	0.21	0.22	0.23	0.23					0.14	0.12	0.06	0.13	0.12	0.11	0.11
2. Formation professionnelle	0.35	0.34	0.35	0.34	1.30	1.52	1.32	1.47	0.09	0.06	0.17	0.08	0.07	0.07	0.07
a) Formation des chômeurs adultes et des travailleurs menacés de perdre leur emploi	0.35	0.34	0.35	0.34	1.30	1.52	1.32	1.47	..	..	0.12	0.08	0.07	0.07	0.07
b) Formation des adultes occupés	-	-	-	-	-	-	-	-	..	..	0.03	-	-	-	-
3. Mesures en faveur des jeunes	0.07	0.07	0.08	0.08	0.67	0.88	1.01	1.00	0.09	0.09	0.11	-	-	-	-
a) Mesures pour les jeunes chômeurs et les défavorisés	0.06	0.06	0.07	0.07	0.39	0.60	0.61	0.65	0.03	0.02	-	-	-	-	-
b) Aide à l'apprentissage et aux autres types de formation des jeunes à caractère général	0.01	0.01	0.01	0.01	0.28	0.28	0.40	0.35	0.07	0.07	0.10	-	-	-	-
4. Mesures d'aide à l'embauche	0.33	0.38	0.40	0.31	1.22	2.01	1.59	1.22	0.10	0.06	-	0.23	0.20	0.22	0.22
a) Subventions à l'emploi dans le secteur privé	0.05	0.03	0.03	0.03	0.21	0.17	0.10	0.11	0.07	0.04	-	0.08	0.09	0.08	0.07
b) Aide aux chômeurs créateurs d'entreprises	0.03	0.03	0.04	0.04	0.20	0.25	0.24	0.23	0.02	0.02	-	-	-	-	-
c) Création directe d'emplois (secteur public ou organisme sans but lucratif)	0.26	0.32	0.33	0.25	0.81	1.59	1.25	0.89	-	-	-	0.15	0.11	0.13	0.15
5. Mesures en faveur des handicapés	0.27	0.25	0.25	0.27	0.28	0.30	0.32	0.30	0.03	0.01	0.01	-	-	-	-
a) Réadaptation professionnelle	0.13	0.10	0.10	0.11	0.28	0.30	0.32	0.30	..	..	0.01	-	-	-	-
b) Emplois destinés aux handicapés	0.14	0.15	0.15	0.15	-	-	-	-	..	..	..	-	-	-	-
6. Indemnisation du chômage	2.47	2.27	2.11	1.88	..	..	..	..	0.44	0.49	0.48	0.46	0.45	0.47	0.44
7. Retraite anticipée pour motifs liés au marché du travail	0.05	-	0.01	0.01	..	..	..	..	-	-	-	0.17	0.16	0.09	0.04
TOTAL	3.76	3.54	3.42	3.13	..	..	..	..	0.88	0.84	0.83	1.07	1.01	0.96	0.87
Mesures actives (1-5)	1.23	1.26	1.30	1.23	3.47	4.71	4.25	3.99	0.44	0.35	0.34	0.44	0.39	0.40	0.39
Mesures passives (6 et 7)	2.52	2.28	2.12	1.89	..	..	..	..	0.44	0.49	0.48	0.63	0.62	0.56	0.48
Pour référence :															
PIB (monnaie nationale, aux prix courants, milliards)	3 586	3 667	3 784	3 877					29 935	33 104	35 873	8 541	10 087	11 436	12 968
Population active (milliers)					39 806	40 090	40 217	40 614							

a) Données provisoires.

Tableau H. **Dépenses publiques et nouveaux participants aux programmes du marché du travail dans les pays de l'OCDE** *(suite)*

	Hongrie (suite)				Italie[a]				Japon[b,c]			
	Nouveaux participants en pourcentage de la population active				Dépenses publiques en pourcentage du PIB		Nouveaux participants en pourcentage de la population active		Dépenses publiques en pourcentage du PIB			
Catégories de programmes	1997	1998	1999	2000[d]	1998	1999[d]	1998	1999[d]	1996-97	1997-98	1998-99	1999-00
1. Administration et services publics de l'emploi					..	..			0.19	0.19	0.10	0.11
2. Formation professionnelle	1.22	1.30	1.35	1.34	0.15	0.12	2.45	2.14	0.03	0.03	0.03	0.03
a) Formation des chômeurs adultes et des travailleurs menacés de perdre leur emploi	1.14	1.18	1.24	1.26	-	-	1.53	1.24	0.03	0.03	0.03	0.03
b) Formation des adultes occupés	0.09	0.12	0.11	0.09	0.21	0.23	0.92	0.90	-	-	-	-
3. Mesures en faveur des jeunes	-	-	-	-	0.22	0.25	1.48	1.10	-	-	-	-
a) Mesures pour les jeunes chômeurs et les défavorisés	-	-	-	-	0.01	0.01	..	..	-	-	-	-
b) Aide à l'apprentissage et aux autres types de formation des jeunes à caractère général	-	-	-	-	0.21	0.23	1.47	1.10	-	-	-	-
4. Mesures d'aide à l'embauche	3.62	4.19	4.07	4.03	0.25	0.26	0.48	0.08	0.11	0.10	0.11	0.13
a) Subventions à l'emploi dans le secteur privé	1.34	1.41	1.03	0.98	0.18	0.18	0.46	..	-	-	-	-
b) Aide aux chômeurs créateurs d'entreprises	0.11	0.08	0.09	0.09	0.01	0.01	..	..	-	-	-	-
c) Création directe d'emplois (secteur public ou organisme sans but lucratif)	2.17	2.71	2.96	2.95	0.06	0.07	..	..	-	-	-	-
5. Mesures en faveur des handicapés	-	-	-	-	-	-	-	-	0.01	0.01	0.01	0.01
a) Réadaptation professionnelle	-	-	-	-	-	-	-	-	-	-	-	-
b) Emplois destinés aux handicapés	-	-	-	-	-	-	-	-	-	-	-	-
6. Indemnisation du chômage	7.72	7.33	7.44	7.03	0.59	0.56	5.64	..	0.40	0.41	0.50	0.54
7. Retraite anticipée pour motifs liés au marché du travail	0.65	-	-	-	0.12	0.09	..	..	-	-	-	-
TOTAL	13.21	12.82	12.86	12.41	..	..	10.05	..	0.74	0.74	0.75	0.82
Mesures actives (1-5)	4.84	5.49	5.42	5.37	..	..	4.40	3.32	0.34	0.33	0.25	0.28
Mesures passives (6 et 7)	8.37	7.33	7.44	7.03	0.71	0.64	5.64	..	0.40	0.41	0.50	0.54
Pour référence :												
PIB (monnaie nationale, aux prix courants, milliards)					2 077 371	2 144 959			515 974	519 936	514 639	514 227
Population active (milliers)	3 996	4 011	4 096	4 112			23 363	23 533				

a) La base de données PMT italienne est actuellement en train d'être révisée. Les données révisées sont seulement disponibles pour les années 1998 et 1999.
b) Années fiscales commençant le 1er avril.
c) Les données japonaises des programmes du marché du travail ont été révisées.
d) Données provisoires.

Tableau H. **Dépenses publiques et nouveaux participants* aux programmes du marché du travail dans les pays de l'OCDE** *(suite)*

	Corée								Mexique							
Catégories de programmes	Dépenses publiques en pourcentage du PIB				Nouveaux participants en pourcentage de la population active				Dépenses publiques en pourcentage du PIB				Nouveaux participants en pourcentage de la population active			
	1997	1998	1999	2000	1997	1998	1999	2000	1997	1998	1999	2000	1997	1998	1999	2000
1. Administration et services publics de l'emploi	0.01	0.05	0.04	0.04					-	-	-	-				
2. Formation professionnelle	0.02	0.12	0.11	0.09	1.65	4.72	5.42	6.91	0.04	0.04	0.04	0.04	2.91	2.93	3.41	3.44
a) Formation des chômeurs adultes et des travailleurs menacés de perdre leur emploi	0.01	0.07	0.08	0.06	0.71	1.62	1.78	1.31	0.03	0.03	0.03	0.03	1.52	1.32	1.44	1.54
b) Formation des adultes occupés	0.01	0.05	0.02	0.03	0.94	3.11	3.65	5.59	0.01	0.01	0.01	0.01	1.39	1.61	1.98	1.90
3. Mesures en faveur des jeunes	0.04	0.01	0.01	0.01	0.07	0.16	0.14	0.16	-	-	-	-	-	-	-	-
a) Mesures pour les jeunes chômeurs et les défavorisés	0.04	0.01	0.01	0.01	0.07	0.16	0.14	0.16	-	-	-	-	-	-	-	-
b) Aide à l'apprentissage et aux autres types de formation des jeunes à caractère général	-	-	-	-	..	..	..	..	-	-	-	-	-	-	-	-
4. Mesures d'aide à l'embauche	-	0.27	0.52	0.31	0.48	5.46	9.71	5.97	0.04	0.03	0.04	..	1.15	1.04	1.75	..
a) Subventions à l'emploi dans le secteur privé	-	0.02	0.02	0.01	0.48	3.37	2.24	1.65	-	-	-	-	-	-	-	-
b) Aide aux chômeurs créateurs d'entreprises	-	0.04	0.03	-	..	0.05	0.47	0.29	-	-	-	..	-	-	0.12	..
c) Création directe d'emplois (secteur public ou organisme sans but lucratif)	-	0.21	0.48	0.29	..	2.04	7.00	4.04	0.04	0.03	0.04	..	1.15	1.04	1.63	..
5. Mesures en faveur des handicapés	0.01	0.01	0.01	0.01	0.16	0.11	0.11	0.12	-	-	-	-	-	-	-	-
a) Réadaptation professionnelle	0.01	0.01	0.01	0.01	0.09	0.11	0.11	0.12	-	-	-	-	-	-	-	-
b) Emplois destinés aux handicapés	0.01	-	-	-	0.07	..	..	..	-	-	-	-	-	-	-	-
6. Indemnisation du chômage	0.02	0.18	0.19	0.09	0.22	1.92	2.14	1.38	-	-	-	-	-	-	-	-
7. Retraite anticipée pour motifs liés au marché du travail	-	-	-	-	-	-	-	-	-	-	-	-	-	-	-	-
TOTAL	0.11	0.64	0.88	0.55	2.58	12.38	17.53	14.54	0.08	0.07	0.08	..	4.06	3.97	5.17	..
Mesures actives (1-5)	0.09	0.46	0.69	0.46	2.36	10.46	15.39	13.16	0.08	0.07	0.08	..	4.06	3.97	5.17	..
Mesures passives (6 et 7)	0.02	0.18	0.19	0.09	0.22	1.92	2.14	1.38	-	-	-	-	-	-	-	-
Pour référence :																
PIB (monnaie nationale, aux prix courants, milliards)	453 276	444 367	483 778	518 302					3 174	3 845	4 621	5 472				
Population active (milliers)					21 662	21 456	21 634	21 950					37 193	38 242	38 470	38 607

Tableau H. **Dépenses publiques et nouveaux participants* aux programmes du marché du travail dans les pays de l'OCDE** *(suite)*

Catégories de programmes	Pays-Bas[a] Dépenses publiques en pourcentage du PIB 1997	1998	1999	2000	Nouveaux participants en pourcentage de la population active 1997	1998	1999	2000	Nouvelle-Zélande[b] Dépenses publiques en pourcentage du PIB 1996-97	1997-98	1998-99	1999-00	Nouveaux participants en pourcentage de la population active 1996-97	1997-98	1998-99	1999-00
1. Administration et services publics de l'emploi	0.32	0.31	0.29	0.25					0.15	0.15	0.12	0.07				
2. Formation professionnelle	0.29	0.30	0.34	0.30	2.14	3.00	3.45	2.77	0.31	0.32	0.24	0.18	5.19	..	3.29	6.50
a) Formation des chômeurs adultes et des travailleurs menacés de perdre leur emploi	0.28	0.25	0.28	0.25	1.45	1.20	1.37	1.19	0.31	0.32	0.24	0.18	5.19	..	3.29	6.50
b) Formation des adultes occupés	0.01	0.05	0.06	0.05	0.69	1.80	2.09	1.58	-	-	-	-	-	-	-	-
3. Mesures en faveur des jeunes	0.10	0.04	0.04	0.04	0.80	0.56	0.62	0.56	0.10	0.09	0.12	0.14	1.92	2.71	3.22	0.11
a) Mesures pour les jeunes chômeurs et les défavorisés	0.06	-	-	-	0.24	-	-	-	0.02	0.02	0.07	0.07	0.17	0.29	0.55	0.11
b) Aide à l'apprentissage et aux autres types de formation des jeunes à caractère général	0.04	0.04	0.04	0.04	0.56	0.56	0.62	0.56	0.08	0.07	0.05	0.07	1.76	2.42	2.68	-
4. Mesures d'aide à l'embauche	0.25	0.41	0.40	0.41	0.96	0.91	0.87	0.92	0.14	0.15	0.09	0.11	2.18	..	1.34	2.63
a) Subventions à l'emploi dans le secteur privé	0.06	0.08	0.07	0.06	0.72	0.47	0.38	0.37	0.09	0.09	0.04	0.06	1.21	..	0.71	1.06
b) Aide aux chômeurs créateurs d'entreprises	-	-	-	-	-	-	-	-	0.02	0.02	0.03	0.03	-	..	0.40	0.35
c) Création directe d'emplois (secteur public ou organisme sans but lucratif)	0.19	0.33	0.34	0.35	0.25	0.44	0.49	0.54	0.04	0.04	0.03	0.02	0.94	..	0.22	1.22
5. Mesures en faveur des handicapés	0.51	0.53	0.57	0.57	0.23	0.39	0.73	0.82	0.06	0.03	0.05	0.05	..	0.67	0.62	1.33
a) Réadaptation professionnelle	-	-	-	-	-	-	-	-	0.03	0.01	0.03	0.03	..	0.40	0.43	1.00
b) Emplois destinés aux handicapés	0.51	0.53	0.57	0.57	0.20	0.37	0.71	0.82	0.03	0.01	0.02	0.02	-	0.27	0.19	0.33
6. Indemnisation du chômage	3.03	2.54	2.29	2.08	8.60	7.13	5.58	4.67	1.20	1.49	1.59	1.62	12.09	13.30	13.69	10.21
7. Retraite anticipée pour motifs liés au marché du travail	-	-	-	-	-	-	-	-	-	-	-	-	-	-	-	-
TOTAL	4.50	4.12	3.93	3.65	12.72	12.00	11.25	9.73	1.97	2.22	2.21	2.17	..	..	22.17	20.78
Mesures actives (1-5)	1.47	1.59	1.64	1.57	4.12	4.87	5.67	5.07	0.77	0.74	0.63	0.55	..	..	8.48	10.57
Mesures passives (6 et 7)	3.03	2.54	2.29	2.08	8.60	7.13	5.58	4.67	1.20	1.49	1.59	1.62	12.09	13.30	13.69	10.21
Pour référence : PIB (monnaie nationale, aux prix courants, milliards)	735	776	814	872					95	98	99	103				
Population active (milliers)					7 673	7 797	7 945	8 081					1 858	1 873	1 876	1 890

a) A cause de changement majeurs ces dernières années concernant les opérations du SPE aux Pays-Bas, les données PMT ont révisées.
b) Années fiscales commençant le 1er juillet.

Tableau H. **Dépenses publiques et nouveaux participants* aux programmes du marché du travail dans les pays de l'OCDE** *(suite)*

	Norvège								Pologne							
Catégories de programmes	Dépenses publiques en pourcentage du PIB				Nouveaux participants en pourcentage de la population active				Dépenses publiques en pourcentage du PIB				Nouveaux participants en pourcentage de la population active			
	1997	1998	1999	2000	1997	1998	1999	2000	1997	1998	1999	2000	1997	1998	1999	2000
1. Administration et services publics de l'emploi	0.15	0.15	0.15	0.12					..	..	..	..				
2. Formation professionnelle	0.13	0.10	0.05	0.08	1.60	1.27	1.03	1.05	0.02	0.02	0.02	0.01	0.83	0.80	0.74	0.57
a) Formation des chômeurs adultes et des travailleurs menacés de perdre leur emploi	0.13	0.10	0.05	0.08	1.60	1.27	1.03	1.05	0.02	0.02	0.02	0.01	0.83	0.80	0.74	0.57
b) Formation des adultes occupés	-	-	-	-	-	-	-	-	-	-	-	-	-	-	-	-
3. Mesures en faveur des jeunes	0.04	0.02	0.01	0.01	0.81	0.49	0.39	0.41	0.09	0.10	0.09	0.07	2.51	2.56	2.37	..
a) Mesures pour les jeunes chômeurs et les défavorisés	0.04	0.02	0.01	0.01	0.81	0.49	0.39	0.41	0.04	0.04	0.04	0.03	0.78	0.82	0.81	..
b) Aide à l'apprentissage et aux autres types de formation des jeunes à caractère général	-	-	-	-	-	-	-	-	0.06	0.06	0.05	0.03	1.73	1.74	1.56	..
4. Mesures d'aide à l'embauche	0.07	0.04	0.02	0.01	0.55	0.38	0.25	0.26	0.19	0.16	0.10	0.06	1.91	1.51	1.19	0.90
a) Subventions à l'emploi dans le secteur privé	0.04	0.03	0.01	0.01	0.31	0.33	0.19	0.22	0.08	0.07	0.05	0.03	0.98	0.84	0.74	0.58
b) Aide aux chômeurs créateurs d'entreprises	0.01	-	-	-	0.09	0.05	0.06	-	0.02	0.02	0.02	0.01	-	0.06	-	-
c) Création directe d'emplois (secteur public ou organisme sans but lucratif)	0.02	-	-	-	0.15	-	-	-	0.09	0.06	0.03	0.02	0.88	0.60	0.40	0.29
5. Mesures en faveur des handicapés	0.57	0.59	0.59	0.55	..	1.84	1.84	1.83	0.18	0.18	0.14	0.01	0.22	0.23	0.23	-
a) Réadaptation professionnelle	0.35	0.38	0.40	0.39	..	1.20	1.26	1.31	-	-	0.01	0.01	-	-	-	-
b) Emplois destinés aux handicapés	0.21	0.20	0.19	0.16	..	0.64	0.58	0.52	0.18	0.18	0.13	..	0.18	0.20	0.20	-
6. Indemnisation du chômage	0.69	0.49	0.47	0.39	..	3.97	4.70	4.46	1.10	0.55	0.64	0.81	5.63	3.01	3.58	4.58
7. Retraite anticipée pour motifs liés au marché du travail	-	-	-	-	-	-	-	-	-	-	-	-	-	-	-	-
TOTAL	1.65	1.39	1.28	1.16	..	7.95	8.20	8.01	..	..	..	..	11.09	8.11	8.11	..
Mesures actives (1-5)	0.96	0.90	0.81	0.77	..	3.98	3.50	3.55	..	..	..	..	5.47	5.11	4.53	..
Mesures passives (6 et 7)	0.69	0.49	0.47	0.39	..	3.97	4.70	4.46	1.10	0.55	0.64	0.81	5.63	3.01	3.58	4.58
Pour référence :																
PIB (monnaie nationale, aux prix courants, milliards)	1 096	1 109	1 193	1 404					472	554	616	711				
Population active (milliers)					2 287	2 323	2 333	2 350					17 225	17 285	17 262	17 426

Tableau H. **Dépenses publiques et nouveaux participants* aux programmes du marché du travail dans les pays de l'OCDE** *(suite)*

	Portugal								Espagne[a]							
	Dépenses publiques en pourcentage du PIB				Nouveaux participants en pourcentage de la population active				Dépenses publiques en pourcentage du PIB				Nouveaux participants en pourcentage de la population active			
Catégories de programmes	1995	1996	1997	1998	1995	1996	1997	1998	1997	1998	1999	2000[b]	1997	1998	1999	2000[b]
1. Administration et services publics de l'emploi	0.10	0.10	0.11	0.11					0.07	0.07	0.06	0.05				
2. Formation professionnelle	0.23	0.29	0.28	0.30	5.29	6.07	7.06	9.92	0.15	0.17	0.28	0.29	9.63	9.86	10.56	9.93
a) Formation des chômeurs adultes et des travailleurs menacés de perdre leur emploi	0.04	0.05	0.08	0.08	0.19	0.33	0.59	0.63	0.08	0.10	0.21	0.21	1.53	1.83	2.05	1.13
b) Formation des adultes occupés	0.18	0.24	0.20	0.22	5.11	5.74	6.47	9.30	0.08	0.07	0.07	0.09	8.10	8.03	8.51	8.80
3. Mesures en faveur des jeunes	0.33	0.31	..	..	2.00	2.64	..	..	0.06	0.07	0.06	0.06	2.85	2.55	2.53	2.10
a) Mesures pour les jeunes chômeurs et les défavorisés	0.15	0.15	..	..	1.13	1.25	..	..	0.06	0.07	0.06	0.06	1.08	1.07	1.03	0.85
b) Aide à l'apprentissage et aux autres types de formation des jeunes à caractère général	0.18	0.16	0.15	0.18	0.87	1.39	1.37	1.85	-	-	-	-	1.77	1.47	1.50	1.25
4. Mesures d'aide à l'embauche	0.08	0.11	0.09	0.09	0.88	1.17	0.99	1.09	0.19	0.32	0.42	0.41	1.50	1.78	5.34	5.22
a) Subventions à l'emploi dans le secteur privé	0.03	0.07	0.01	0.01	0.13	0.35	-	0.06	0.11	0.21	0.30	0.30	-	-	3.35	3.44
b) Aide aux chômeurs créateurs d'entreprises	0.03	0.01	0.02	0.03	0.18	0.10	0.13	0.11	0.03	0.03	0.03	0.03	0.17	0.22	0.21	0.22
c) Création directe d'emplois (secteur public ou organisme sans but lucratif)	0.03	0.03	0.05	0.05	0.57	0.71	0.82	0.91	0.06	0.08	0.09	0.08	1.31	1.56	1.78	1.56
5. Mesures en faveur des handicapés	0.05	0.05	0.03	0.01	0.18	0.16	0.15	0.06	0.02	0.02	0.02	0.03	0.14	0.16	0.17	0.23
a) Réadaptation professionnelle	0.04	0.04	0.02	-	0.12	0.12	0.12	-	-	-	-	-	-	-	-	-
b) Emplois destinés aux handicapés	0.01	0.01	0.01	0.01	0.06	-	-	-	0.02	0.02	0.02	0.03	0.14	0.16	0.17	0.23
6. Indemnisation du chômage	0.83	0.77	0.70	0.67	3.68	3.73	3.32	3.36	1.78[c]	1.55[c]	1.40[c]	1.34[c]	1.58	1.41	1.46	1.45
7. Retraite anticipée pour motifs liés au marché du travail	0.09	0.12	0.14	0.16	0.30	0.40	0.49	0.56	c	c	c	c	-	-	-	-
TOTAL	1.70	1.74	..	..	12.32	14.17	..	..	2.27	2.25	2.41	2.32	15.71	15.76	20.06	18.92
Mesures actives (1-5)	0.79	0.85	..	..	8.34	10.04	..	..	0.49	0.70	1.01	0.98	14.13	14.34	18.60	17.48
Mesures passives (6 et 7)	0.91	0.89	0.85	0.83	3.98	4.13	3.81	3.92	1.78	1.55	1.40	1.34	1.58	1.41	1.46	1.45
Pour référence :																
PIB (monnaie nationale, aux prix courants, milliards)	16 102	17 099	18 276	19 693					82 060	87 545	93 693	100 874				
Population active (milliers)					4 802	4 887	4 967	4 987					16 333	16 441	16 598	16 981

a) A partir de 1998, les données incluent les dépenses des PMT gérées par les Communautés autonomes (en 1998, seules les données pour les communautés suivantes étaient incluses : Aragon, Castilla y Leon, Cataluna, Madrid, Navarra et le Pays Basque).
b) Données provisoires.
c) Les données pour la catégorie 7 « Retraite anticipée pour motifs liés au marché du travail » sont incluses dans la catégorie 6 « Indemnisation du chômage ».

Tableau H. **Dépenses publiques et nouveaux participants***
aux programmes du marché du travail dans les pays de l'OCDE (suite)

	Suède								Suisse			
Catégories de programmes	Dépenses publiques en pourcentage du PIB				Nouveaux participants en pourcentage de la population active				Dépenses publiques en pourcentage du PIB			
	1997	1998	1999	2000	1997	1998	1999	2000	1997	1998	1999	2000
1. Administration et services publics de l'emploi	0.29	0.28	0.28	0.26					0.15	0.14	0.14	0.11
2. Formation professionnelle	0.41	0.45	0.48	0.31	4.11	4.58	3.79	2.87	0.23	0.14	0.11	0.09
a) Formation des chômeurs adultes et des travailleurs menacés de perdre leur emploi	0.41	0.44	0.47	0.30	3.65	3.95	3.21	2.45	0.23	0.14	0.11	0.09
b) Formation des adultes occupés	0.01	0.01	0.01	0.01	0.46	0.64	0.58	0.42	–	–	–	–
3. Mesures en faveur des jeunes	0.02	0.03	0.03	0.02	0.71	0.89	0.73	0.63	–	0.01	0.01	0.01
a) Mesures pour les jeunes chômeurs et les défavorisés	0.02	0.03	0.03	0.02	0.71	0.89	0.73	0.63	–	0.01	0.01	0.01
b) Aide à l'apprentissage et aux autres types de formation des jeunes à caractère général	–	–	–	–	–	–	–	–	–	–	–	–
4. Mesures d'aide à l'embauche	0.71	0.61	0.45	0.27	7.55	5.49	3.33	3.01	0.23	0.32	0.25	0.13
a) Subventions à l'emploi dans le secteur privé	0.19	0.14	0.18	0.15	3.11	2.21	2.78	2.70	0.01	0.10	0.08	0.05
b) Aide aux chômeurs créateurs d'entreprises	0.08	0.08	0.07	0.05	0.49	0.43	0.36	0.31	–	0.01	0.01	0.01
c) Création directe d'emplois (secteur public ou organisme sans but lucratif)	0.44	0.39	0.21	0.07	3.94	2.85	0.19	–	0.22	0.21	0.16	0.07
5. Mesures en faveur des handicapés	0.59	0.59	0.57	0.52	0.98	1.12	0.85	0.91	0.15	0.15	0.14	0.14
a) Réadaptation professionnelle	0.03	0.04	0.04	0.03	0.63	0.67	0.51	0.56	0.15	0.15	0.14	0.14
b) Emplois destinés aux handicapés	0.56	0.55	0.54	0.49	0.35	0.45	0.34	0.35	–	–	–	–
6. Indemnisation du chômage	2.06	1.81	1.59	1.34	..	..	..	..	1.40	1.10	0.90	0.57
7. Retraite anticipée pour motifs liés au marché du travail	0.04	0.12	0.09	–	..	..	..	..	–	–	–	–
TOTAL	4.13	3.88	3.50	2.72	..	..	..	..	2.15	1.86	1.55	1.05
Mesures actives (1-5)	2.03	1.96	1.82	1.38	13.34	12.09	8.69	7.42	0.75	0.77	0.66	0.47
Mesures passives (6 et 7)	2.10	1.93	1.68	1.34	..	..	..	..	1.40	1.10	0.90	0.57
Pour référence :												
PIB (monnaie nationale, aux prix courants, milliards)	1 824	1 905	1 995	2 083					371	381	389	407
Population active (milliers)					4 367	4 347	4 382	4 362				

Tableau H. **Dépenses publiques et nouveaux participants* aux programmes du marché du travail dans les pays de l'OCDE** *(suite)*

Catégories de programmes	Royaume-Uni [a] Dépenses publiques en pourcentage du PIB 1997-98	1998-99	1999-00	Nouveaux participants en pourcentage de la population active 1997-98	1998-99	1999-00	États-Unis [b] Dépenses publiques en pourcentage du PIB 1996-97	1997-98	1998-99	1999-00	Nouveaux participants en pourcentage de la population active 1996-97	1997-98	1998-99	1999-00
1. Administration et services publics de l'emploi	0.16	0.13	0.13				0.06	0.06	0.06	0.04				
2. Formation professionnelle	0.07	0.05	0.05	0.86	0.48	0.51	0.04	0.04	0.04	0.04	0.77	0.78	0.59	..
a) Formation des chômeurs adultes et des travailleurs menacés de perdre leur emploi	0.06	0.04	0.04	0.81	0.43	0.45	0.04	0.04	0.04	0.04	0.77	0.78	0.59	..
b) Formation des adultes occupés	0.01	0.01	0.01	-	-	0.06	-	-	-	-	-	-	-	..
3. Mesures en faveur des jeunes	0.12	0.13	0.15	1.14	0.97	1.01	0.03	0.03	0.03	0.03	0.57	0.59	0.56	..
a) Mesures pour les jeunes chômeurs et les défavorisés	0.01	0.02	0.04	-	-	-	0.03	0.03	0.03	0.03	0.49	0.51	0.48	..
b) Aide à l'apprentissage et aux autres types de formation des jeunes à caractère général	0.12	0.11	0.11	1.13	0.97	1.01	-	-	-	-	0.08	0.08	0.08	..
4. Mesures d'aide à l'embauche	0.01	-	0.01	-	-	-	0.01	0.01	0.01	0.01	..	..	..	..
a) Subventions à l'emploi dans le secteur privé	-	-	0.01	-	-	-	-	-	-	-	-	-	-	-
b) Aide aux chômeurs créateurs d'entreprises	-	-	-	-	-	-	-	-	-	-	-	-	-	-
c) Création directe d'emplois (secteur public ou organisme sans but lucratif)	0.01	-	-	-	-	-	0.01	0.01	0.01	0.01	0.07	0.07	0.07	..
5. Mesures en faveur des handicapés	0.02	0.02	0.02	0.18	0.20	0.18	0.03	0.04	0.04	0.03	..	..	..	..
a) Réadaptation professionnelle	-	-	0.01	0.11	0.12	0.10	0.03	0.04	0.04	0.03	..	..	..	..
b) Emplois destinés aux handicapés	0.02	0.02	0.02	0.08	0.08	0.08	-	-	-	-	..	..	..	..
6. Indemnisation du chômage	0.80	0.64	0.58	11.29	10.46	10.16	0.26	0.25	0.25	0.23	..	..	..	..
7. Retraite anticipée pour motifs liés au marché du travail	-	-	-	-	-	-	-	-	-	-	-	-	-	-
TOTAL	1.18	0.98	0.94	15.91	12.88	12.72	0.42	0.42	0.42	0.38	..	..	..	..
Mesures actives (1-5)	0.39	0.34	0.37	4.61	2.42	2.56	0.17	0.17	0.17	0.15	..	..	..	..
Mesures passives (6 et 7)	0.80	0.64	0.58	11.29	10.46	10.16	0.26	0.25	0.25	0.23	..	..	..	..
Pour référence : PIB (monnaie nationale, aux prix courants, milliards)	787	832	871				8 194	8 666	9 153	9 824				
Population active (milliers)				27 594	28 338	28 666					137 075	138 528	140 177	141 761

a) Excluant l'Irlande du Nord. Années fiscales commençant le 1er avril.
b) Années fiscales commençant le 1er octobre.
* Les données sur les nouveaux participants aux programmes n'ont pas été collectées pour la catégorie 1 « Administration et services publics de l'emploi ».
  Les totaux figurant dans le tableau doivent être interprétés avec prudence.
Source : Base de données de l'OCDE sur les programmes du marché du travail. L'OCDE compile chaque année les données sur la base des contributions des pays Membres.
Les programmes ont été classés en catégories et sous-catégories standardisées. Pour les définitions, voir OCDE (1992), *Perspectives de l'emploi*, Paris.

LES ÉDITIONS DE L'OCDE, 2, rue André-Pascal, 75775 PARIS CEDEX 16
IMPRIMÉ EN FRANCE
(81 2001 08 2 P 1) ISBN 92-64-28689-6 – n° 51842 2001